KB070258

최신 행동수정

Raymond G. Miltenberger 저
안병환 · 윤치연 · 이영순 · 이효신 · 천성문 공역

6th ed.
Behavior Modification:
Principles and Procedures

CENGAGE 학지사

Andover · Melbourne · Mexico City · Stamford, CT · Toronto · Hongkong · New Delhi · Seoul · Singapore · Tokyo

Behavior Modification: Principles and Procedures, 6th Edition

Raymond G. Miltenberger

© 2018 Cengage Learning Korea Ltd.

Original edition © 2016 Wadsworth, a part of Cengage Learning.
Behavior Modification: Principles and Procedures, 6th Edition by Raymond G. Miltenberger
ISBN: 9781305109391

This edition is translated by license from Wadsworth, a part of Cengage Learning, for sale in Korea only.

ALL RIGHTS RESERVED. No part of this work covered by the copyright herein may be reproduced, transmitted, stored or used in any form or by any means graphic, electronic, or mechanical, including but not limited to photocopying, recording, scanning, digitalizing, taping, Web distribution, information networks, or information storage and retrieval systems, without the prior written permission of the publisher.

For permission to use material from this text or product, email to
asia.infokorea@cengage.com

ISBN-13: 978-89-997-1378-1

Cengage Learning Korea Ltd.
14F YTN Newsquare 76 Sangamsan-ro
Mapo-gu Seoul 03926 Korea
Tel: (82) 2 330 7000
Fax: (82) 2 330 7001

Cengage Learning is a leading provider of customized learning solutions with office locations around the globe, including Singapore, the United Kingdom, Australia, Mexico, Brazil, and Japan. Locate your local office at: **www.cengage.com**

Cengage Learning products are represented in Canada by Nelson Education, Ltd.

To learn more about Cengage Learning Solutions, visit **www.cengageasia.com**

Printed in Korea
Print Number: 03   Print Year: 2022

역자 서문

우리는 최근 정보통신기술(ICT)이 제조업, 서비스업 등 다양한 산업과 결합하며 지금까지는 볼 수 없었던 새로운 형태의 제품과 서비스, 비즈니스를 만들어 내는 4차 산업혁명시대에 진입하였다. 그것은 우리가 겪어야 할 변화의 시대이며 미지의 세계이기도 하다. 이처럼 21세기의 최대 화두는 '변화(change)'이다. 21세기만큼 '변화'를 강조한 시대가 없는 것 같다. 인간이 생존하고 발전하기 위해서는 그 환경에서 먼저 자신부터 진정한 변화가 있어야 한다. 내가 먼저 변해야 내 삶과 가정이 그리고 사회가 변화된다. 내가 먼저 변해야 정치, 경제, 교육, 문화가 탈바꿈하고 발전한다. 이러한 모든 변화는 학습의 산물이다. 학습 원리를 이용하여 인간의 행동 변화를 강조하는 학문 중 하나가 바로 행동수정이다. 즉, 여러 가지 학습 원리를 이용하여 우리 인간의 바람직하지 못한 행동(혹은 기대 이상으로 나타나는 초과행동)은 감소시키고, 바람직한 행동(혹은 기대 이상으로 나타나지 않는 결핍행동)은 증가시키는 것이다.

인간행동을 이해하고 변화시키기 위한 행동수정 기법들은 지난 70여 년 동안 많은 발전을 거듭해 왔다. 또한 수많은 학문과 전문가들이 인간의 삶의 질을 향상시키기 위해 행동수정을 관련 분야와 접목시켜 왔다. 오늘날과 같이 급변하는 현대 문명 속에서 이처럼 오랫동안 많은 사람으로부터 주목을 받고 인기가 있는 학문은 그리 많지 않을 것이다. 이는 우리 인간에게는 타인을 도와주려는 성향과 자신도 더 성숙한 인간이 되고자 하는 고유 속성이 존재하기 때문인지도 모른다.

'행동수정'과 '응용행동분석'이라는 과목을 강의하면서 환경이 인간행동에 영향을 미치는 행동원리와 인간행동을 변화시키기 위한 행동수정 전략들을 학생들에게 어떻게 쉽게 전달할 것인가를 고민해 왔다. 국내의 여러 자료를 검토해 보았지만 대부분이 이론 위주의 내용으로 특정 대상이나 영역에 초점을 맞추고 있었으며, 이해하기가 쉽지 않은 점도 많았다. 여러 학문에서 공통적으로 사용할 수 있는 '행동수정' 교재가 있었으면 하는 바람을 간직한 채 여러 해를 보내다가 Miltenberger 박사의 『Behavior Modification: Principles and Procedures(6th ed.)』를 접하게 되었다. 각 장마다 행동수정의 원리와 절차를 도표와 그림을 통해 비교적 상세하고 쉽게 설명하고 있으며, 저자가 직접 임상 경험한 사례를 소개하고 있어 학생은 물론 임상가 등 많은 독자에게 아주 훌륭한 교재가 될 것으로 판단하였다. 역자들은 가능한 한 원문에 충실하고자 노력하고 우리말에 적합하게 표현하여 독자들의 이해를 돕고자 노력하였으며, 특히 국내에서 학문마다 다르게 사용하는 용어는 원어를 삽입하여 혼동을 피하도록 하였다. 그러나 새로운 용어가 추가되고 개념이 약간 변화되어 용어 선택에 많은 어려움을 겪었다. 앞으로 독자들의 고견을 기다리며 추후 보충·보완할 것을 약속드린다.

이 책은 실생활에서 적용할 수 있는 행동수정 기법과 최신 정보를 다루고 있어 대학에서는 행동수정, 응용행동분석, 행동치료, 학습심리 등 행동 관련 분야의 과목을 수강하는 학생들에게, 그리고 인간 서비스 분야에서는 교육(특수교육, 유아교육), 심리학(임상, 지역사회, 산업, 스포츠 등), 재활, 정신의학, 간호, 사회사업, 언어치료, 물리치료, 작업치료 전공자들에게 큰 도움이 될 것으로 기대한다.

끝으로, 원고가 나오기를 간절한 마음으로 기다려 출판해 주신 김진환 사장님과 세심하게 정성을 다해 교정을 봐 주신 편집부 여러분께도 머리 숙여 감사의 마음을 전한다.

2017년 9월
역자 대표 윤치연

저자 서문

이 책의 초판이 나왔을 때 제자와 교수들이 아낌없는 찬사를 보내 주심에 진심으로 감사한다. 6판은 5판의 장점을 유지하면서 독자들의 지적 사항을 다루었으며, 행동수정에 관한 최근 연구를 소개하고 있다.

전 판과 마찬가지로 6판의 목적은 행동의 기본 원리들을 통해 독자로 하여금 환경이 인간행동에 어떠한 영향을 미치는가를 이해하도록 하고, 행동수정 절차들을 통해 인간행동을 변화시킬 수 있는 전략들을 배우도록 하기 위함이다. 이 교재는 비교적 짧은 25개 장으로 나누어져 있지만, 각 장에는 원리와 절차에 대한 충분한 정보를 담고 있다. 또 이 교재는 행동수정, 응용행동분석, 행동관리 등의 과목용으로 한 학기 동안 사용할 수 있다.

이 교재의 내용은 개론 수준으로 쉽게 설명되어 있어 사전 지식이 없는 독자들도 잘 이해할 수 있을 것이다. 또한 이 교재는 인간의 행동을 관리하기 위한 행동수정 절차를 사용해야만 하는 인간서비스, 교육 혹은 재활에 종사하는 사람에게 유용할 것이다.

저자는 남녀 평등원칙을 고수하고자 혼신의 노력을 하였다. 사례를 들더라도 남녀 성비를 동등하게 하였음을 밝혀 둔다.

6판 교재의 특징

이 교재는 독자들이 쉽게 이해하도록 하기 위해 다음과 같은 특징을 지니고 있다.

교재의 구성　제1장에서는 행동수정 분야를 개관하고 있고, 제2~3장은 행동기록법, 그래프 작성법 및 변화 측정법 등을 다루고 있는데, 이후 각 장에서 유용하게 사용될 것이다. 다음 제4~8장은 조작적 및 수동적 행동원리를 소개하고 있는데, 이러한 원리는 나머지 17개 장에서 적용되고 있다. 새로운 행동을 형성하는 절차는 제9~12장에, 바람직한 행동을 증가시키고 바람직하지 못한 행동은 감소시키는 절차는 제13~19장에, 기타 중요한 행동수정 절차는 제20~25장에 나와 있다.

원리 및 절차   행동을 변화시키는 다양한 절차는 지난 80여 년 동안 연구되어 온 기본 행동원리에 기초하고 있다. 기본 원리들을 배우고 난 후에야 절차들을 더 잘 이해하리라 믿기 때문에, 제4~8장에 조작적 및 수동적 행동의 원리들을 개관하였고, 제9~25장에 행동수정 절차들을 다루고 있다.

일상생활과 관련된 사례   각 장에서는 원리와 절차를 생활에 적용시키기 위해 실생활과 관련된 다양한 사례(대학생과 관련된 사례와 저자가 임상경험한 사례)를 들고 있다.

연구 사례   행동수정 원리와 절차에 대한 고전 연구는 물론 최근 연구를 교재에 포함시켰다.

단계적 접근   각 장의 특별한 행동수정 절차를 소개하기 위하여, 절차의 실행방법을 단계적으로 요약하여 놓았다.

핵심 상자   교재 전반에 걸쳐 각 장에 나오는 정보를 상자 안에 요약하여 놓았다. 이러한 핵심 상자들은 독자로 하여금 내용을 잘 이해하도록 도움을 줄 것이다.

요약   각 장마다 맨 뒤에 그 장의 내용을 요약하여 놓았는데, 이는 독자가 그 장을 이해하는 데 도움이 될 것이다.

그림   각 장마다 중요한 원리와 절차를 설명하기 위해 연구 문헌에 나온 그림들을 포함시켰다.

더 읽을거리 각 장마다 더 읽을거리 란을 추가하였다. 여기에 그 장의 내용과 관련된 흥미로운 논문들을 소개하고 간략하게 기술하여 놓았다.

용어 해설 교재의 맨 뒤에 중요한 행동수정 용어를 간결하고도 정확하게 해설해 놓았다.

다음의 웹사이트는 행동수정 혹은 응용행동분석에 관한 귀중한 정보를 제공한다.

http://onlinelibrary.wiley.com/journal/10.1002/(ISSN)1938-3703	Journal of Applied Behavior Analysis
http://onlinelibrary.wiley.com/journal/10.1002/(ISSN)1938-3711	Journal of the Experimental Analysis of Behavior
http://www.abainternational.org	The Association for Behavior Analysis
http://www.apbahome.net	Association of Professional Behavior Analysts
http://www.apa.org/about/division/div25.aspx	APA Division 25 (Behavior Analysis)
http://www.abct.org	Association for Behavioral and Cognitive Therapy
http://fabaworld.org	Florida Association for Behavior Analysis
http://www.calaba.org	California Association for Behavior Analysis
http://www.txaba.org	Texas Association for Behavior Analysis
http://www.babat.org	Berkshire Association for Behavior Analysis and Therapy
http://www.baojournal.com	The Behavior Analyst Online
www.autismspeaks.org	Autism Speaks
http://www.behavior.org	Cambridge Center for Behavioral Studies
http://www.bfskinner.org	B.F. Skinner Foundation
http://www.bacb.com	Behavior Analyst Certification Board

Raymond G. Miltenberger

차례

제3부
새로운 행동형성 절차

제4부
바람직하지 않은 행동 감소 및 바람직한 행동 증진 절차

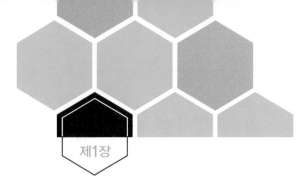

제1장

행동수정에 대한 개관

주요 학습문제

- 인간행동을 어떻게 정의하는가?
- 행동수정의 특징을 어떻게 정의할 수 있는가?
- 행동수정의 역사적 배경은 무엇인가?
- 행동수정은 어떤 방식으로 인간의 삶을 증진시킬 수 있는가?

이 교재를 통해 인간행동을 이해하고 변화시키는 데 사용되는 행동수정의 원리 및 절차를 배우게 될 것이다. 행동수정 절차에는 많은 형태가 있는데, 다음의 예를 살펴보자.

테드와 제인은 잦은 논쟁으로 부부갈등을 겪고 있다. 결혼 상담자는 이 부부에게 매일 서로에게 몇 가지 좋은 일을 하도록 하는 행동계약을 맺게 하였다. 그 결과, 부부는 긍정적인 상호작용이 증가하였고 부정적인 상호작용(논쟁)은 감소하였다.

카렌은 쉴 새 없이 자기 머리카락을 뽑는 버릇이 있다. 그 결과, 그녀의 머리 가운데에는 직경 2.5cm 정도의 대머리 반점이 생겼다. 이로 인해 그녀는 놀림거리가 되었지만 그래도 계속해서 머리카락을 뽑았다. 그녀를 담당하는 심리학자는 머리카락을 뽑으려고 할 때나 뽑고 싶은 충동을 느낄 때마다 다른 활동(예: 뜨개질)을 하도록 하는 중재를 하였다. 시간이 경과하자 머리카락을 뽑는 행동은 멈추게 되었고 다시 머리카락이 자라났다.

프란시스코는 체중과다로 인해 고민하다가 뭔가를 하기로 결심하였다. 그는 체중감량 집단에 참가하였다. 각 집단모임에서 그는 일정 금액을 맡겨 놓고, 일일 연습목표를 정하여 매주 연습목표를 달성하면 점수를 얻도록 하였다. 특정 점수를 얻으면 맡겨 놓은 돈을 다시 찾아가고 특정 점수를 얻지 못하면 맡겨 놓은 돈을 찾아가지 못한다는 규칙을 정하였다. 이 집단에 참여한 후, 그는 규칙적으로 운동을 하게 되었고 체중도 감소하였다.

신시네티 주민들은 하루 평균 수천 건의 불필요한 무료 안내전화를 이용하였다. 이로 인해 전화가 불통되기도 하였으며, 전화국 재정이 낭비되었다. 전화국이 안내전화를 유료화하자 그 건수가 극적으로 감소하였다.

이러한 예들은 여러 측면의 인간행동에 초점을 맞추어 그 행동을 변화시키는 방법을 설명하고 있다. 행동수정은 행동과 행동변화에 초점을 맞추고 있으므로, 이제 행동에 대한 논의부터 시작하기로 한다.

인간행동에 대한 정의

행동수정의 주제는 인간행동이다. 행동을 정의하는 특성은 다음과 같다.

- **행동**(behavior)이란 인간의 행위(실행하거나 말하는 것)이며, 행위동사로 설명한다. 행동은 개인의 움직임이 없는(static) 특성이 아니다. 어떤 사람이 화났다고 말한다면 그 사람의 행동을 확인한 것이 아니라 단지 그 행동을 명명한 것일 뿐이다. 그 사람이 화날 때 말하거나 실행하는 것을 확인한다면 행동을 확인한 것이다. 예를 들면, "제니퍼는 어머니에게 소리 지르고 계단을 뛰어 내려가 자기 방문을 쾅 닫았다."와 같다. 이는 분노(화)라 명명될 수 있는 행동을 설명한 것이다.
- 행동은 측정할 수 있는 **차원**(dimensions)이 있다. 여러분은 어떤 행동의 **빈도**(frequency)를 측정할 수 있다. 바꿔 말하면 행동이 발생하는 횟수를 셀 수 있다(예: 쉐인은 수업 중에 손톱을 12번 물어뜯었다). 또 어떤 행동이 시작해서 마칠 때까지의 시간, 즉 **지속시간**(duration)을 측정할 수 있으며(예: 리타는 25분 동안 조깅을 하였다), 그 행동에 내재되어 있는 물리적 힘, 즉 행동의 **강도**(intensity)를 측정할 수 있다(예: 가쓰는 220파운드의 힘으로 눌렀다). 빈도, 지속시간 및 강도는 모두 행동에 대한 차원이다. 차원이란 그 행동에 대한 측정 가능한 측면을 말한다.
- 행동은 타인이 관찰하고 설명하고 기록할 수 있다. 하나의 행동은 물리적 차원을 지니는 행위이기 때문에 일어나는 행동을 관찰할 수 있다. 행동이 발생하면 인간은 그 행동을

볼 수 있다(혹은 오감 중 어느 하나를 통해 탐지할 수 있다). 행동은 관찰 가능하기 때문에 그 행동을 보는 사람은 그것을 설명할 수 있고 또 그 발생을 기록할 수 있다(제2장 행동 기록법 참조).

■ 행동은 물리적 · 사회적 환경에 영향을 미친다. 행동은 시공간 운동을 포함하는 행위이기 때문에(Johnston & Pennypacker, 1981), 어떤 행동이 발생할 경우 그 환경에 어떤 영향을 미치게 된다. 때로 환경에 미치는 영향은 분명하다. 당신이 전등 전원을 켜면 불이 들어온다(물리적 환경에 대한 영향). 당신이 수업 중에 손을 들면 선생님은 당신을 지명한다(타인에 대한 영향). 당신이 전화번호를 암기하면 정확하게 전화를 걸기가 더 쉽다(자신에 대한 영향). 하지만 어느 때는 행동이 환경에 미치는 영향이 분명하지 않다. 즉, 그 행동을 하는 사람에게만 영향을 미친다. 그러나 모든 인간은 부지중에 어떤 방식으로든 물리적 · 사회적 환경에 영향을 미친다.

■ 행동에는 법칙이 있다. 즉, 행동의 발생은 환경사건(environmental events)에 체계적인 영향을 받는다. 기본적인 행동원리는 행동과 환경사건 간의 기능적 관계를 설명해 준다. 이러한 원리는 우리 행동이 환경사건에 의해 어떤 영향을 받는지 혹은 어떤 기능으로서 일어나는지를 설명해 준다(제4~8장 참조). 이러한 행동원리들은 행동수정 절차의 주를

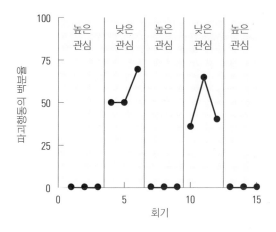

[그림 1-1] 이 그래프는 교사의 관심이 특수학급의 어린 소년(폴)의 파괴행동(과제물 던지기, 큰 소리 지르기, 울기, 물건 두드리기 등으로 정의함)에 미치는 영향을 보여 준다. 이 그래프를 보면 폴의 파괴행동은 선생님의 많은 관심을 받으면 일어나지 않는다. 그러나 선생님의 관심을 적게 받으면 수업시간의 약 50%는 파괴행동을 하는 것으로 나타났다. 이 그래프는 교사의 관심과 폴의 파괴행동 간의 기능적 관계를 보여 준다.

출처: Durand, V., & Carr, E. G. (1992). An Analysis of maintenance following functional communication training. *Journal of Applied Behavior Analysis, 25,* 777-794.

이루고 있다. 행동이 발생하도록 만드는 환경사건을 이해한다면 행동을 변화시키기 위해 환경 속의 사건을 변화시킬 수 있다.

[그림 1-1]의 그래프는 수업 중의 자폐아동의 파괴행동을 보여 준다. 그 아동의 파괴행동은 교사로부터 많은 관심을 받으면 거의 일어나지 않지만 관심을 적게 받으면 더 자주 일어난다. 따라서 파괴행동과 교사의 관심 수준은 기능적 관계(functional relationship)가 있다고 결론지을 수 있다.

■ 행동은 외현적·내면적으로 나타날 수 있다. 행동수정 절차는 대부분 외현행동을 이해하고 변화시키고자 한다. **외현행동**(overt behavior)이란 그 행동을 하는 사람보다는 다른 사람이 관찰하고 기록할 수 있는 행위이다. 그러나 어떤 행동들은 내면적이다. **내면행동**(covert behavior)은 개인적인 사건이라 불리는데(Skinner, 1974), 타인의 관찰이 불가능하다. 예를 들면, 생각(사고)은 내면행동이다. 이것은 타인이 관찰하고 기록할 수 없으며, 다만 그 행동을 하는 사람만이 관찰할 수 있다. 행동수정 분야는 일차적으로 관찰 가능한 행동이나 외현행동에 초점을 두고 있다. 그러나 8, 24, 25장에서는 내면행동과 이를 응용하는 행동수정 절차를 다루고 있다.

행동의 특성

- 행동은 인간이 행하고 말하는 것이다.
- 행동은 하나 이상의 차원을 지니고 있다.
- 행동은 관찰, 설명 및 기록이 가능하다.
- 행동은 환경에 영향을 미친다.
- 행동은 법칙이 있다.
- 행동은 외현적으로 혹은 내면적으로 나타날 수 있다.

행동의 예

이러한 행동특성을 몇 가지 예를 들어 살펴보기로 하자. 다음의 예들은 행동수정 절차에 사용될 수 있는 행동과 문제행동이다.

마르타는 컴퓨터에 앉아 부모에게 편지를 쓰고 있다.

이는 타이핑할 때 키보드의 자판을 누르기 때문에 물리적 차원(자판을 누르는 빈도, 타이핑하는 지속기간)을 지닌 행동이고, 환경에 영향을 미치는 관찰과 측정 가능한 행동이며(화면에 문자를 만들어 냄), 법칙이 있다(자판을 누르면 화면에 글자를 생성하는 이전 학습 때문에 발생함).

맨디는 아기침대에 누워 큰 소리로 울고 있다. 그러자 어머니는 아이를 들어 올려 우유를 준다.

이 행동은 앞서 기술한 특성(측정 가능한 차원을 지닌 행위이고, 타인이 관찰 가능하며, 환경에 영향을 미치고, 법칙이 있음)을 모두 지니고 있다. 한 가지 차이가 있다면 우는 것이 사회적 환경에 영향을 미친다는 점이다. 어머니는 그 아이를 들어 올려 우유를 줌으로써 울음에 반응한다. 과거에도 울음은 어머니가 그 아이에게 우유를 주도록 만들었으며, 그래서 울음은 맨디가 배가 고플 때 계속해서 나타나게 된다. 즉, 울음과 우유를 주는 어머니의 행동 간에는 기능적 관계가 있는 것이다.

제리는 행동수정 과목 과제물을 일주일 늦게 제출한다. 제리는 담당교수에게 편찮으신 할머니를 문병하러 집에 다녀오느라 늦었다고 거짓말을 한다. 그러자 교수는 벌점 없이 과제물을 인정한다. 또한 제리는 역사시험을 보지 못했다. 그는 편찮으신 할머니 때문에 시험을 보지 못했다고 역사교수에게 말한다. 그 교수는 일주일 늦게 시험을 보게 한다.

편찮으신 할머니를 문병하러 집에 다녀와야 했다고 거짓말을 하는 제리의 행동은 다섯 가지 행동특성을 모두 지니고 있다. 이는 교수가 관찰한 두 번(빈도)의 행위(그가 말한 것)이고, 사회적 환경에 영향을 미치는 결과를 가져왔다(교수가 늦은 과제물을 벌점 없이 받아 준 것과 시험을 늦게 보도록 한 것). 이는 행동(거짓말)과 성과(늦은 과제물 제출과 시험을 모면한 것) 간에 기능적 관계가 있으므로 법칙이 있는 것이다.

시만다는 특수교육을 받는 6세의 지적장애아이다. 교사가 다른 학생을 도와주며 자기에게 관심을 보이지 않을 때, 그 아이는 울며 책상이나 마룻바닥에 머리를 박는다. 그 아이가 머리를 박을 때마다 교사는 그 아이의 행위를 못하게 하고 들어 올려 편안하게 해 준다. 또 교사는 달래는 말을 하고 껴안아 주며 자주 무릎 위에 앉도록 한다.

? 사만다의 행동의 다섯 가지 특성을 확인해 보라.

사만다의 머리 박기는 하나의 행동이다. 이는 하루에도 수없이 반복되는 행위이다. 교사는 매일 관찰하고 발생횟수를 기록할 수 있다. 머리 박기는 사회적 환경에 영향을 미친다. 즉, 교사는 그 행동이 일어날 때마다 관심을 보인다. 마지막으로 그 행동에는 법칙이 있다. 머리 박기 행동과 교사의 관심 간에 기능적 관계가 있기 때문에 계속해서 발생한다.

행동수정에 대한 정의

행동수정(behavior modification)은 인간행동을 분석하고 수정하는 심리학 분야이다.

- **분석한다**(analyzing)는 것은 행동에 대한 이유를 이해하기 위하여 또는 어떤 사람이 왜 그렇게 행동했는가를 결정하기 위하여 환경과 특정 행동 간의 기능적 관계를 확인하는 것을 말한다.
- **수정한다**(modifying)는 것은 행동을 변화시키도록 돕기 위하여 절차를 개발하고 수행하는 것을 말한다. 이는 행동에 영향을 주기 위하여 환경사건을 변경하는 것을 포함한다. 행동수정 절차는 개인의 삶을 증진시킬 목적으로 사회적으로 중요한 행동을 변화시키도록 돕기 위하여 전문가나 준전문가가 사용한다. 행동수정의 대체용어는 응용행동분석(applied behavior analysis)이다(Baer, Wolf, & Risley, 1968, 1987). 행동수정 특성은 다음과 같다(Gambrill, 1977; Kazdin, 1994).

행동수정의 특성

- **행동에 초점을 둠**   행동수정 절차는 개인의 특성이나 특질이 아닌 행동을 변화시키고자 한다. 따라서 행동수정은 명칭 사용을 강조하지 않는다. 예를 들면, 행동수정은 자폐증

(명칭)을 변화시키기 위해 사용되지는 않지만 자폐아동들이 보이는 문제행동을 변화시키기 위해 사용된다.

초과행동 및 결핍행동은 행동수정 절차에서 변화의 표적이 된다. 행동수정에서는 수정되어야 할 행동을 **표적행동**(target behavior)이라고 한다. **초과행동**(behavioral excess)은 개인이 빈도, 지속기간 혹은 강도를 감소시켜야 하는 바람직하지 못한 표적행동이다. 흡연은 초과행동의 예이다. **결핍행동**(behavioral deficit)은 개인이 빈도, 지속시간 혹은 강도를 증가시켜야 하는 바람직한 표적행동이다. 운동과 공부는 결핍행동의 예이다.

■ **행동주의 이론과 철학에 기초**   행동수정 이면의 이론적 토대는 행동주의(behaviorism)이다. 초기에 스키너(Skinner, 1953a, 1974)가 주장하는 행동주의의 핵심 견해는 행동이란 법칙이 있으며 그 행동과 밀접하게 관련되어 발생하는 환경사건에 의해 통제된다는 것이다(Baum, 1994; Chiesa, 1994).

■ **행동원리에 기초한 절차**   행동수정은 동물을 대상으로 실험연구를 하여 도출된 기본 원리를 응용한 것이다(Skinner, 1938). 이러한 행동에 대한 과학적 연구를 **실험적 행동분석**(experimental analysis of behavior) 또는 행동분석이라 한다(Skinner, 1953b, 1966). 그러나 인간행동에 대한 과학적 연구는 실험적 인간행동분석 혹은 **응용행동분석**(applied behavior analysis)이라 한다(Baer et al., 1968, 1987). 행동수정 절차는 40년 이상 수행되어 온 응용행동분석의 연구에 기초하고 있다(Ullmann & Krasner, 1965; Ulrich, Stachnik, & Mabry, 1966).

행동수정과 응용행동분석

행동수정과 응용행동분석은 실제적으로 동일한 영역에 사용되는 용어이다. 인간의 행동을 변화시키도록 돕는 행동원리(행동수정)를 응용한 연구들이 1950대 후반부터 이루어지고 있지만, 응용행동분석이라는 용어는 1968년 응용행동분석을 정의한 Baer, Wolf 그리고 Risley의 논문이 Journal of Applied Behavior Analysis에 첫 주제로 게재되면서 소개되었다. 이 논문에서 Baer 등(1968)은 응용행동분석의 특징을 다음과 같이 기술하고 있다. (1) 사회적으로 중요한 행동에 초점을 둔다. (2) 환경과 행동 간의 기능적 관계를 입증한다. (3) 절차를 명확하게 기술한다. (4) 기본 행동원리와 연관이 있다. (5) 유의미하고 일반화할 수 있으며 오래 지속되는 행동 변화를 일으킨다. 또한 응용행동분석에 대한 이러한 정의는 이 교재에서 기술하는 현대 행동수정 영역의 특징을 기술하고 있다.

■ **현 환경사건(events)을 강조**   행동수정은 그 행동과 기능적으로 관련된 현 환경사건을 평가하고 수정하는 것을 포함한다. 인간행동은 직접적인 환경사건에 의해 통제되는데, 행동수정의 목표는 이러한 사건을 확인하는 것이다. 이러한 **통제변인**(controlling variables)을 확인하면 행동을 수정하기 위해 그 변인들을 변경하게 된다. 성공적인 행동수정 절차들은 바람직한 행동변화를 위한 환경에서 행동과 통제변인 간의 기능적 관계를 변경한다. 때로는 명칭이 행동의 원인으로 잘못 확인되는 경우가 있다. 예를 들면, 흔히 자폐아동은 자폐증이 있기 때문에 소리 지르기, 자해, 지시이행 거부 등과 같은 행동을 한다고 말한다. 이는 자폐증이 아동으로 하여금 그 행동을 하도록 만들었다는 얘기이다. 그러나 자폐증은 그 아동이 행하는 행동양상을 설명하는 명칭일 뿐이다. 명칭은 물리적 실체나 사건으로 존재하지 않기 때문에 행동의 원인이 될 수 없다. 행동의 원인은 그 아동의 생물학적 원인을 포함하여 그 환경에서 찾아야만 한다.

■ **행동수정 절차에 관한 정확한 설명**(Baer et al., 1968)   행동수정 절차는 그 행동과 기능적으로 관계가 있는 환경사건을 변화시키는 것을 포함하고 있다. 그 절차를 사용할 때마다 효과가 있으려면 환경사건에서 특정 변화가 매번 나타나야 한다. 절차를 정확하게 기술함으로써 연구자들과 전문가들은 절차를 매번 정확하게 사용할 수 있다.

■ **일상생활에서 인간이 실행하는 처치**(Kazdin, 1994)   행동수정 절차는 행동수정을 훈련받은 전문가나 준전문가가 개발하지만, 교사, 부모, 직업지도 감독자나 행동을 변화시키도록 돕는 사람들이 흔히 사용한다. 행동수정 절차를 사용하려는 사람은 충분히 훈련을 받아야만 한다. 부모, 교사 및 기타 사람들은 절차에 관한 정확한 이해와 전문 지도감독을 통해 절차를 정확하게 사용할 수 있다.

■ **행동변화의 측정**   행동수정의 장점 중 하나는 행동수정 절차를 통해 나타나는 행동변화를 알아보기 위하여 중재 전후의 행동을 측정한다는 것이다. 또한 행동변화가 오랫동안 유지되는지를 알아보기 위하여 지속적으로 그 행동을 사정한다. 어떤 지도감독자가 작업 생산성을 증가시키기 위한 행동절차를 사용하고 있다면 그 절차를 실행하기 전에 일정 기간 동안 노동자의 행동을 기록해야 한다. 그 후 지도감독자는 행동수정 절차를 실행하고 행동을 계속 기록해야 한다. 이러한 기록은 행동의 증가 여부를 결정짓는 데 기초가 된다. 노동자의 행동이 중재 후 변화되었다면 그 행동을 계속해서 기록해야 한다. 이러한 지속적인 관찰을 통해 노동자가 계속 더 많은 작업을 하는지 혹은 중재가 더 필요한지 등을 결정하게 된다.

■ **행동의 원인으로서 과거 사건을 강조하지 않음**   앞에 진술한 것처럼 행동수정은 행동의
원인으로서 현 환경사건을 강조한다. 그러나 과거에 대한 지식도 현 행동과 관련된 환
경사건에 관한 유용한 정보를 제공해 준다. 예를 들면, 이전 학습경험은 현 행동에 영향
을 미치는 것으로 알려져 있다. 따라서 이러한 학습경험을 이해하는 것은 현 행동을 분
석하고 행동수정 절차를 선택하는 데 있어서 매우 중요하다. 비록 과거 사건에 대한 정
보는 유용하지만 현 통제변인을 변화시킬 수 있기 때문에 효과적인 행동수정 중재를 하
는 데 이러한 변인이 더 밀접하게 관련되어 있다.

■ **행동에 대한 가설적인 기저 원인 반대**   Freud의 정신분석 접근과 같이 일부 심리학 분야
는 해결할 수 없는 오이디푸스 콤플렉스와 같은 가설적인 기저 원인에 관심을 두고 있지
만, 행동수정은 행동에 대한 그러한 가설적 설명을 반대한다. Skinner(1974)는 이러한 설
명을 "허구적 설명"이라 하였는데, 그 이유는 결코 입증할 수 없을 뿐더러 비과학적이기
때문이다. 이러한 가정적 기저 원인은 행동과의 기능적 관계를 측정할 수 없으며, 증명
하기 위해 조작할 수도 없다.

행동수정의 특성

- 행동에 초점을 둠
- 행동주의 이론과 철학에 기초
- 행동원리에 기초한 절차
- 현 환경사건을 강조
- 행동수정 절차에 관한 정확한 설명
- 일상생활에서 인간이 실행하는 처치
- 행동변화의 측정
- 행동의 원인으로서 과거 사건을 강조하지 않음
- 행동에 대한 가설적인 기저 원인 반대

행동수정의 역사적 배경

행동수정 발달에 기여한 수많은 역사적 사건이 있는데, 몇 명의 주요 인물, 출판물, 기구
등을 간략하게 살펴보기로 한다.

주요 인물

행동수정의 기초가 된 과학적 원리를 개발하는 데 기여한 몇 명의 주요 인물이 있다([그림 1-2] 참조; Michael, 1993a).

Ivan P. Pavlov(1849~1936)   Pavlov는 기초적인 수동적 조건형성 과정을 설명하는 실험을 하였다(제8장 참조). 그는 반사(음식에 대한 반응으로 침 분비)가 중성자극으로 조건화될 수 있다는 사실을 증명하였다. Pavlov 실험에서 그는 개에게 음식과 중성자극(메트로놈 소리)을 동시에 제시하였다. 그 후 개는 메트로놈 소리에 대한 반응으로 침을 흘리게 되었다. Pavlov

[그림 1-2] 행동수정의 기초가 된 과학적 원리를 개발한 네 명의 주요 인물(좌상: I. P. Pavlov/우상: E. L. Thorndike/좌하: J. B. Watson/우하: B. F. Skinner)

는 이를 조건반사라고 했다(Pavlov, 1927).

Edward L. Thorndike(1874~1949)   Thorndike의 주요 업적은 **효과의 법칙**(law of effect)을 설명하였다는 것이다. 효과의 법칙이란 그 환경에서 유익한 효과를 나타내는 행동은 미래에 반복될 가능성이 더 크다는 것을 의미한다. Thorndike는 그의 유명한 실험에서 고양이를 우리에 넣고 고양이가 볼 수 있도록 우리 밖에 음식을 놓아두었다. 고양이는 우리 문을 열기 위하여 발로 지렛대를 눌러야만 했다. Thorndike는 고양이가 지렛대를 누르는 것을 학습하고 우리 문을 연다는 것을 입증하였다. 고양이가 우리 안에 있을 때마다 더 빨리 지렛대를 누르게 되었는데, 그 이유는 지렛대를 누르는 행동이 그 환경에서 유익한 효과(즉, 음식)를 나타냈기 때문이다(Thorndike, 1911).

John B. Watson(1878~1958)   Watson은 1913년 「행동주의자로서 바라보는 심리학에 대한 견해(Psychology as the Behaviorist Views It)」라는 논문에서 관찰 가능한 행동은 적절한 심리학 주제가 될 수 있으며, 모든 행동은 환경사건을 통해 통제될 수 있다고 주장하였다. 특히 그는 환경사건(자극)이 반응을 유발한다는 자극－반응 심리학을 주창하였다. Watson은 이러한 심리학 운동을 **행동주의**라 부르기 시작했다(Watson, 1913, 1924).

B. F. Skinner(1904~1990)   Skinner는 Watson이 처음 설명한 행동주의 분야를 확장시켰다. Skinner는 수동적 조건형성(Pavlov와 Watson이 설명한 조건화된 반사)과 조작적 조건형성(행동의 결과가 미래에 그 행동이 다시 발생하는 것을 통제한다는 Thorndike의 효과의 법칙) 간의 차이를 설명하였다. Skinner는 연구를 통해 조작적 행동에 대한 기초원리를 자세히 설명하였다(제4~7장 참고). Skinner는 기본 행동원리를 증명한 실험연구 외에도 인간행동에 대한 행동분석 원리를 응용한 많은 책을 저술하였다. Skinner의 업적은 행동수정의 기초가 되고 있다(Skinner, 1938, 1953a).

초기 행동수정 이론가

Skinner가 조작적 조건형성 원리를 주창한 이후로 연구자들은 실험실에서 조작적 행동에 대해 계속 연구하였다(Catania, 1968; Honig, 1966). 1950년대 연구자들은 인간을 대상으

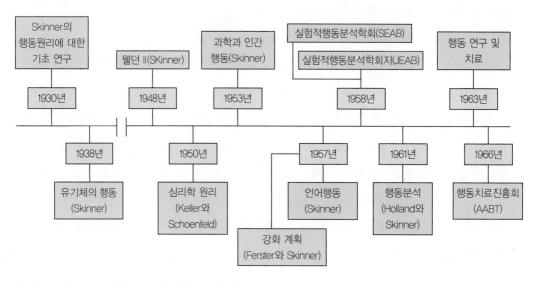

[그림 1-3] 행동수정 발달의 주요 연대별 사건. 행동원리에 대한 Skinner의 기초 연구가 1930년대에 처음 이루어지면서 연대별로 주요 저서, 저널 및 전문 조직들이 형성되고 있다.

로 행동원리를 증명하고 행동수정 절차를 평가하기 시작하였다. 이러한 초기 연구자들은 아동(Azrin & Lindsley, 1956; Baer, 1960; Bijou, 1957), 성인(Goldiamond, 1965; Verplanck, 1955; Wolpe, 1958), 정신병 환자(Ayllon & Azrin, 1964; Ayllon & Michael, 1959) 및 지적장애인(Ferster, 1961; Fuller, 1949; Wolf, Risley, & Mees, 1964)의 행동을 연구하였다. 1950년대에 인간을 대상으로 행동수정 연구가 시작된 후, 수많은 연구가 행동수정 원리 및 절차의 효과를 입증하고 있다.

주요 출판물 및 사건

수많은 책이 행동수정 분야의 발달에 큰 영향을 주었고, 과학저널도 행동분석과 행동수정 연구를 출판하기 위해 발행되었으며, 전문기구도 행동분석 및 행동수정 연구와 전문활동을 지원하기 위해 구성되기 시작하였다. 이러한 책, 저널 및 기구는 [그림 1-3]에 시대별로 약술되어 있다. 이러한 주요 출판물과 기구를 더 자세히 알고 싶으면 Cooper, Heron 그리고 Heward(1987; 2007)의 저서나 Michael(1993a)의 저서를 참고하라.

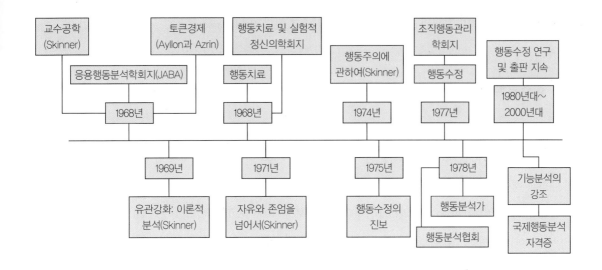

행동수정 응용 분야

행동수정 절차는 여러 영역에서 다양한 문제행동을 변화시키기 위해 사용되고 있는데 (Carr & Austin, 2001; Gambrill, 1977; Lutzker & Martin, 1981; Vollmer, Borrere, Wright, Van Camp, & Lalli, 2001), 응용분야를 간략하게 소개하면 다음과 같다.

발달장애

대부분의 행동수정 연구는 다른 분야보다도 발달장애 분야에서 이루어지고 있다(Iwata et al., 1997). 흔히 발달장애인은 심한 행동결함을 가지고 있는데, 이러한 결함을 제거하기 위한 여러 가지 기능적 기술을 가르치기 위해 행동수정을 이용하고 있다(Repp, 1983). 또한 발달장애인은 자해행동, 공격행동, 파괴행동과 같은 심한 문제행동을 일으키기도 한다. 이러한 행동들은 행동중재를 이용하여 통제·제거될 수 있다는 것이 수많은 행동수정 연구를 통해 입증되고 있다(Barrett, 1986; Beavers, Iwata, & Lerman, 2013; Repp & Horner, 1999; Van Houten & Axelrod, 1993; Whitman, Scibak, & Reid, 1983; Williams, 2004). 또한 행동수정 절차는 발달장애 분야의 직원훈련 및 직원관리에도 폭넓게 사용되고 있다(Reid, Parsons, & Green, 1989, 2012).

정신질환

몇몇 초기 행동수정 연구는 시설에 있는 정신병자를 효과적으로 도울 수 있다는 것을 입증하였다(Ayllon, 1963; Ayllon & Michael, 1959). 행동수정은 만성 정신병자들의 일상생활 기술, 사회적 행동, 공격행동, 치료순응, 정신병적 행동 및 작업기술 등과 같은 행동을 수정하기 위해 사용되고 있다(Dixon & Holcomb, 2000; Scotti, McMorrow, & Trawitzki, 1993; Wilder, Masuda, O'Connor, & Baham, 2001). 행동수정이 특별하게 기여한 점은 토큰경제라는 동기향상 절차의 개발이다(Ayllon & Azrin, 1968). 토큰경제는 지금도 다양한 치료장면에서 사용되고 있다(Kazdin, 1982).

교육 및 특수교육

행동수정 절차는 교육(Alberto & Troutman, 2003)에 폭넓게 사용되고 있으며, 행동수정 연구로 인해 교육 분야는 획기적인 발달을 거듭하고 있다(Bijou & Ruiz, 1981). 연구자들은 교실에서 학생—교사 상호작용을 분석하고 교수법을 향상시키며 수업 중 문제행동을 감소시키기 위한 절차를 개발하고 있다(Bambara & Kern, 2005; Becker & Carnine, 1981; Madsen, Becker, & Thomas, 1968; Sugai & Horner, 2005; Thomas, Becker, & Armstrong, 1968). 또한 행동수정 절차는 수업기법을 향상시키고 학생들의 학습을 증진시키기 위해 고등교육에서도 사용되고 있다(Michael, 1991; Saville & Zinn, 2009).

행동수정은 발달장애인을 위한 특수교육, 즉 교수법 개발, 학급 내 문제행동 통제, 사회적 행동 및 기능기술 향상, 자기관리 증진, 교사훈련 등에도 커다란 영향을 미치고 있다(Rusch, Rose, & Greenwood, 1988).

재활

재활은 사고로 인한 머리손상이나 뇌졸중으로 인한 뇌손상 등과 같이 손상이나 외상(trauma) 후 정상기능을 되찾도록 돕는 과정이다. 행동수정은 물리치료와 같은 재활 프로그램에의 순응, 손상이나 외상으로 상실한 기술을 대치할 수 있는 새로운 기술 교수, 문제행동 감소, 만성통증 관리지원, 기억력 향상 등 재활에도 사용되고 있다(Bakke et al., 1994; Davis & Chittum, 1994; Heincke, Carr, & Mozzone, 2009; O'Neill & Gardner, 1983; Tasky, Rudrud, Schulze, & Rapp, 2008).

지역사회 심리학

행동중재는 지역사회 심리학에서도 모든 사람에게 유익을 주도록 많은 사람의 행동에 영향을 미치는 데 사용되고 있다. 지역사회 내 행동중재의 목표는 쓰레기 감소, 재활용 증가, 에너지 소비 감소, 난폭운전 감소, 약물남용 감소, 안전벨트 착용 증가, 장애인을 위한 주차 공간의 불법주차 감소 및 운전속도 감소 등이 될 수 있다(Cope & Allred, 1991; Cox & Geller, 2010; Geller & Hahn, 1984; Ludwig & Geller, 1991; Van Houten & Nau, 1981; Van Houten, Van Houten, & Malenfant, 2007).

임상심리학

임상심리학에서도 개인 문제를 지닌 사람을 돕기 위해 심리학적 원리와 절차를 응용하고 있다. 전형적으로 임상심리학은 심리학자가 실시하는 개인 · 집단치료를 포함하고 있다. 임상심리학 분야에서의 행동수정은 행동치료라고 부르며, 다양한 인간 문제를 치료하기 위해 응용되고 있다(Hersen & Bellack, 1985; Hersen & Rosqvist, 2005; Hersen & Van Hasselt, 1987; Spiegler & Guevremout, 2010; Turner, Calhoun, & Adams, 1981). 또한 행동수정 절차는 임상심리학자를 훈련시키기 위해 사용되기도 한다(Veltum & Miltenberger, 1989).

기업, 산업, 인간서비스

이 분야에서 행동수정은 조직 행동수정 또는 조직 행동관리라고 불린다(Bailey & Burch, 2010; Daniels, 2000; Frederickson, 1982; Luthans & Kreitner, 1985; Reid et al., 1989, 2012; Stajkovic & Luthans, 1997). 행동수정 절차는 작업수행 및 직무만족을 향상시키고 나태, 결근, 사고를 감소시키기 위해 사용되고 있다. 또한 행동수정 절차는 지도감독자의 수행을 향상시키기 위해 사용되기도 한다. 기업과 산업에서 행동수정을 사용한 결과, 생산성과 이윤이 증대되고 노동자의 직무만족이 증가되었다.

자기관리

인간은 자신의 행동을 관리하기 위해 행동수정을 사용한다. 즉, 개인습관, 건강 관련 행동, 직업행동 및 개인 문제를 다루기 위해 행동수정을 사용한다(Brigham, 1989; Epstein, 1996; Stuart, 1977; Watson & Tharp, 1993, 2007; Yates, 1986). 제20장에서는 자기관리를 위한 행동수정 절차를 다루고 있다.

아동행동 관리

행동수정은 아동행동을 관리하기 위해 다양하게 응용되고 있다(Durand & Hieneman, Childs, & Sergay, 2006; Miller, 1975; Miltenberber & Crosland, 2014; Patterson, 1975; Schaeffer & Millman, 1981). 부모와 교사는 아동의 오줌 싸기, 손톱 물어뜯기, 울화, 불복종, 공격행동, 나쁜 습관, 말더듬 및 기타 문제 등을 해결하도록 돕는 행동수정 절차 사용법을 배울 수 있다 (Christophersen & Mortweet, 2001; Gross & Drabman, 2005; Watson & Gresham, 1998).

예방

행동수정 절차는 아동기의 문제를 예방하는 데에도 응용되고 있다(Roberts & Peterson, 1984). 기타 예방 영역에서의 행동수정은 아동 성학대, 아동유괴, 집안에서의 사고, 아동학대 및 성전환병 등에 다양하게 응용되고 있다(Beck & Miltenberger, 2009; Carroll, Miltenberger, & O'Neill, 1992; Dancho, Thompson, & Rhoades, 2008; Miltenberger et al., 2013; Montesinos, Frisch, Greene, & Hamilton, 1990; Poche, Yoder, & Miltenberger, 1988). 행동수정을 이용하여 지역사회의 문제를 예방하는 것은 지역사회 심리학의 한 분야이기도 하다.

스포츠 수행능력

행동수정은 스포츠 수행능력을 향상시키기 위해 널리 사용되고 있다(Martin & Hrycaiko, 1983). 행동수정 절차는 다양한 스포츠에서 연습 및 경기 중 수행성적을 향상시키기 위해 사용되고 있다(Boyer, Miltenberger, Batsche, & Fogel, 2009; Brobst & Ward, 2002; Hume & Crossman, 1992; Kendall, Hrycaiko, Martin, & Kendall, 1990; Luiselli, Woods, & Reed, 2011; Wack, Crosland, & Miltenberger, 2014; Wolko, Hrycaiko, & Martin, 1993; Zeigler, 1994). 행동수정 절차는 전통적 지도 절차보다 운동경기 성적을 더 향상시키는 것으로 보고되고 있다.

건강 관련 행동

행동수정 절차는 건강한 생활습관 행동(예: 운동 및 적절한 영양)을 증진시키고 건강에 해로운 행동(예: 흡연, 음주, 과식)을 감소시키기 위해 사용된다. 또한 행동수정 절차는 두통, 고혈압, 소화불량(Blumenthal & McKee, 1987; Dallery, Raiff, & Grabinski, 2013; Dallery, Meredith, & Glenn, 2008; Gentry, 1984; Reynolds, Dallery, Shroff, Patak, & Leraas, 2008; Van Camp & Hayes, 2012; Van Wormer, 2004))과 같은 신체 혹은 의학 문제에 긍정적인 영향을 주는 행동과 의학적 지시에 순종(Levy, 1987)하는 행동을 증가시키기 위해 사용된다. 행동수정을 건강 관련 행동에 응용하는 것을 행동의학 혹은 건강심리학이라고 한다.

노인학

행동수정 절차는 노인의 행동관리를 돕기 위해 가정과 기타 보호시설에서 응용되고 있다(Hussian, 1981; Hussian & Davis, 1985). 행동수정 절차는 노인으로 하여금 저하되는 신체능력을 다루도록 돕고, 가정간호에 잘 적응하게 하며, 건강 관련 행동과 적절한 사회적 상호작용을 증가시키고, 알츠하이머병이나 기타 치매를 유발하는 문제행동을 감소시키기 위해 사용된다(Carstensen & Erickson, 1986; Dwyer-Moore & dixon, 2007; Moore, Delaney, & Dixon, 2007; Stock & Milan, 1993).

전문적 훈련, 자격 및 윤리

사회적으로 중요한 행동을 변화시키기 위한 행동수정 절차의 효과성을 증명해 많은 연구가 발표됨에 따라, 행동수정 실제가 더 널리 보급되고, 응용행동분석이라는 분야가 출현하게 되는 계기가 되었다(Baer et al., 1968). 응용행동분석가로서 일하는 사람이 점점 더 많아짐에 따라, 이 분야는 행동수정 절차 이용을 규제하기 위해 전문적 훈련, 자격 및 윤리를 강화하기 시작하였다(Bailey & Burch, 2011; Shook, 1993; Starin, Heminway, & Hartsfield, 1993). 행동분석가 자격위원회(BACB)가 전문가로서 행동분석을 하는 사람들에게 자격증을 발급하기 위해 설립되었다. BACB는 교육 및 훈련 표준안을 만들고, 개인이 행동분석가 자격위원회 일원 혹은 준행동분석가 자격위원회 일원이 되기 위해 합격해야만 하는 시험을 출제하였다. 또한 국제행동분석연합회는 행동분석의 실제에 대한 윤리적 지침을 제정하였다(Baily & Burch, 2011). 오늘날 사람들의 행동을 변화시키기 위하여 행동수정 절차를 사용하는 개인들은 응용행동분석의 자질과 윤리적 절차를 따르고 있다는 것을 보장하기 위해 BACB를 통하여 자격을 취득해야만 한다.

이 책의 구성

이 책은 행동변화 측정, 기본 행동원리, 새로운 행동형성 절차, 바람직하지 않은 행동 감소 및 바람직한 행동 증진 절차, 기타 행동변화 절차 등 제5부로 나누어진다.

제1부 행동변화 측정

제1부에는 2개 장이 있는데, 제2장에서는 행동수정 프로그램을 통해 수정되는 행동을 관찰하고 기록하는 법을 배우게 된다. 제3장에서는 행동수정 프로그램을 통해 나타난 행동변화를 분석하기 위한 그래프 작성법 및 자료 평가법을 배우게 된다.

제2부 기본 행동원리

제2부의 5개 장에서는 행동분석의 과학적 연구에서 도출된 기본 행동수정 원리를 다루고 있다. 뒤에 나오는 행동수정 프로그램은 여기에서 소개하는 강화, 소거, 벌, 자극통제 및 수동적 조건형성을 포함하는 기본 행동원리에 기초하고 있다. 이러한 기본 원리를 알고 나면 후반부에 나오는 행동수정 절차를 이해하고 응용하기가 쉬울 것이다.

제3부 새로운 행동형성 절차

행동수정의 목표 중 하나는 바람직한 새로운 행동과 기술을 형성하는 것이다. 제3부의 4개 장에서는 행동형성, 촉구와 자극통제, 행동연쇄, 그리고 행동기술훈련 절차 등과 같은 새로운 행동을 형성하기 위해 사용되는 행동수정 절차를 다루고 있다.

제4부 바람직하지 않은 행동 감소 및 바람직한 행동 증진 절차

행동수정 절차의 또 다른 목표는 바람직하지 않은 행동을 감소시키고 바람직한 행동을 증가시키는 것이다. 바람직하지 않은 행동의 발생은 초과행동이고, 바람직한 행동이 너무 나타나지 않는 것은 결핍행동이다. 제4부의 7개 장에서는 바람직하지 않은 행동은 감소시키고 바람직한 행동은 더 증가시키기 위하여 행동을 분석하는 방법과 강화, 소거, 자극통제, 벌을 응용하는 법을 다루고 있다.

제5부 기타 행동변화 절차

제5부의 6개 장에서는 더 복잡한 행동수정 절차를 다루고 있다. 제20장에서는 자기관리 절차를, 제21장에서는 습관장애와 초과행동을 감소시키기 위한 절차를 다루고 있다. 제22장에서는 토큰경제를, 제23장에서는 행동계약을 다루고 있는데, 이는 강화와 벌 절차를 확대시킨 것이다. 제24장은 공포와 불안을 감소시키기 위해 수동적 조건형성에 기초한 절차들을 다루고 있으며, 제25장은 내면행동의 한 유형인 인지행동을 변화시키기 위한 행동수정 절차를 다루고 있다.

🖥️ 요약

1. 인간행동은 하나 이상의 물리적 차원을 가지고 있는 행위라고 정의할 수 있으며, 관찰과 기록이 가능하다. 행동은 물리적 · 사회적 환경에 영향을 준다. 행동은 법칙이 있으며, 환경사건에 영향을 받아 발생한다. 어떤 행동은 외현적이거나 내면적일 수 있다.

2. 행동수정 절차는 행동을 변화시키기 위하여 현 환경사건을 분석하고 조작하는 것을 포함한다. 초과행동이나 결핍행동이 행동수정 절차를 통해 변화시키고자 하는 목표가 될 수 있다. 행동수정 절차는 과학적 연구에서 도출된 행동원리에 기초하고 있다. Skinner는 행동수정의 기초가 된 과학적 연구를 하였고, 또한 일상생활에 행동원리를 응용한 수많은 책을 출간하였다. 행동수정 절차는 일상생활에서 인간이 실행한다. 행동수정 절차의 효과를 입증하기 위하여 그 절차를 수행하기 전후의 행동을 측정한다. 행동수정은 과거 사건을 강조하지 않으며 행동의 가설적 원인을 반대한다.

3. 행동수정의 역사적 기원은 Pavlov, Thorndike, Watson, 특히 Skinner의 연구에서 찾아볼 수 있는데, 이들은 많은 행동원리를 밝혀내고 행동분석 원리를 인간행동에 응용한 책을 출간하였다.

4. 행동수정 절차는 발달장애, 정신질환, 교육 및 특수교육, 재활, 지역사회 심리학, 임상심리학, 기업, 산업 및 인간서비스, 자기관리, 아동관리, 예방, 스포츠 수행능력, 건강 관련 행동, 노인학 등 모든 인간행동에 성공적으로 적용되고 있다.

✏️ 핵심용어

강도(intensity)

결핍행동(behavioral deficit)

내면행동(covert behavior)

빈도(frequency)

실험적 행동분석(experimental analysis of behavior)

외현행동(overt behavior)

응용행동분석(applied behavior analysis)

지속시간(duration)

지연시간(latency)

차원(dimension)

초과행동(behavioral excess)

통제변인(controlling variable)

표적행동(target behavior)

행동(behavior)

행동수정(behavior modification)

행동주의(behaviorism)

효과의 법칙(law of effect)

Behavior
Modification

제1부

행동변화 측정

제2장

행동 관찰과 기록

주요 학습문제

- 행동수정 프로그램에서 표적행동을 어떻게 정의하는가?
- 표적행동을 기록하는 데 어떤 방법을 사용할 수 있는가?
- 연속 기록법은 간격 기록법 혹은 시간표집 기록법과 어떻게 다른가?
- 행동 기록에서 반응성은 무엇이며, 어떻게 최소화할 수 있는가?
- 관찰자 간 신뢰도는 무엇이며, 왜 중요한가?

행동수정의 기초 중 한 가지는 표적행동 측정이다. 행동수정에서는 표적행동 측정을 **행동평가**(behavioral assessment)라고 하며, 이것은 여러 가지 측면에서 매우 중요하다.

- 처치 이전의 행동측정은 처치가 필요한지를 결정하는 데 도움이 되는 정보를 제공한다.
- 행동평가는 최선의 처치를 선택하는 데 도움이 되는 정보를 제공할 수 있다.
- 처치 전후에 표적행동을 측정함으로써 처치가 주어진 이후에 행동이 변화되었는지를 알 수 있다.

다음의 예를 생각해 보자.

어떤 공장의 한 감독관은 사원들이 늦게 출근하는 것이 회사의 문제점이라고 생각하고 있었다. 감독관은 어떤 조치를 취하기 전에 며칠 동안 사원들이 회사에 도착하는 시간을 기록하였다([그림 2−1] 참조). 그랬더니 결과는 사원들이 지각하는 예가 극히 드문 것으로 나

[그림 2-1] 감독관이 지각하는 사원 수에 대한 자료를 수집하고 있다.

타났다. 행동평가를 통하여 어떤 조치가 필요하지 않다는, 즉 문제가 없다는 것을 밝히게 된 것이다. 만일 사원들의 도착시간에 대한 측정치가 문제가 있는 것으로 나타났다면, 감독 관은 사원들의 행동을 변화시킬 행동수정 절차를 고안하였을 것이다. 그리고 감독관은 중 재가 주어지는 동안 도착시간을 지속적으로 기록하였을 것이다. 중재 전과 중재기간 동안, 그리고 중재 후에 사원들의 도착시간을 측정하면 중재로 인하여 사원들의 지각이 감소하는 지를 알게 된다.

직접평가와 간접평가

행동평가에는 직접평가와 간접평가로 두 가지 유형이 있다(Iwata, Vollmer, & Zarcone, 1990; Martin & Pear, 1999; O'Neill et al., 1997). **간접평가**(indirect assessment)는 표적행동을 나타내는 본인이나 다른 사람(예: 부모, 교사, 다른 직원)에게서 표적행동에 대한 정보를 얻기 위해 면접, 질문지, 평정척도 등을 사용한다. **직접평가**(direct assessment)는 표적행동이 나타날 때 누군가 가 그것을 관찰하고 기록한다. 관찰자는 표적행동을 관찰하기 위해 행동을 나타내는 대상 가 까이에서 표적행동을 볼 수(혹은 들을 수) 있어야 한다. 더욱이 관찰자는 표적행동의 발생을 다른 행동의 발생과 변별할 수 있도록 표적행동에 대한 명확한 정의를 가지고 있어야 한다. 표적행동을 기록하기 위해 관찰자는 표적행동이 관찰되었을 때 그것을 표시해야만 한다. 이에 대한 다양한 기록방법은 이 장의 후반부에 소개된다. 학교의 심리학자가 사회적으로 위축된 아동이 다른 아동과 갖는 사회적 상호작용을 운동장에서 관찰하여 기록하는 것은 직접평가를 하는 것이다. 반면에 심리학자가 아동의 교사를 면접하여 아동이 얼마나 자주 다른 아동들과 상호작용하는지를 묻는다면 이것은 간접평가를 하는 것이다.

일반적으로 직접평가는 간접평가보다 정확하다. 왜냐하면 직접평가는 표적행동이 나타나는 즉시 그것을 관찰하고 기록하는 특별한 훈련을 받은 관찰자가 하기 때문이다. 간접평가에서는 표적행동에 대한 정보를 사람들의 기억에 많이 의존하게 된다. 더욱이 정보를 제공하는 사람이 표적행동을 관찰하는 방법을 훈련받지 않았을 수 있으며, 모든 행동 발생을 주의 깊게 살피지 않을 가능성이 있다. 그렇기 때문에 대부분의 연구와 행동수정을 적용할 때 직접평가를 더 신뢰한다.

이 장에서는 표적행동의 관찰과 기록을 위한 직접평가 방법을 논의할 것이다. 구체적으로 행동 기록을 계획하는 데 필요한 다음과 같은 절차에 대해 알아본다.

1. 표적행동 정의하기
2. 기록 요건 결정하기
3. 기록법 선정하기
4. 기록 수단 선정하기

표적행동 정의하기

행동 기록을 계획하는 데 있어서 첫 번째 절차는 표적행동을 정의하는 것이다. 어떤 사람의 표적행동을 정의하기 위해서는 그 사람이 하는 말이나 행동(초과 혹은 결핍의 형태로 나타나는)을 정확하게 규정해야 한다. 행동의 정의는 사람이 나타내는 특정한 행동을 설명하는 동작성 동사로 객관적이고 명확하게 하여야 한다. 표적행동을 정의한 예를 들면, 야구에서 스포츠맨답지 않은 행동이란 외설적인 말로 소리 지르기, 야구 방망이나 헬멧 던지기, 삼진 아웃 후에 발길질을 하며 들어가기 등으로 정의할 수 있다.

이 예에서 행동 정의가 분노나 화 혹은 슬픔과 같은 개인의 내적 상태로 표현되지 않았음에 주의해야 한다. 그와 같은 내적 상태는 타인이 관찰하고 기록할 수 없는 것이다. 행동 정의는 한 개인의 의도를 추측하는 것이 아니다. 의도는 관찰될 수 없을 뿐 아니라 의도를 추측하는 것은 흔히 빗나가기 쉽다. 결과적으로 어떤 명칭(나쁜 스포츠)은 행동을 정의하는 데 사용되지 않는다. 왜냐하면 명칭은 개인의 행위를 확인하지 못하기 때문이다.

명칭은 행동이 아니다. 행동에 대한 명칭은 서로 다른 것을 의미할 수 있기 때문에 애매하다. 예를 들어, 어떤 사람은 스포츠맨답지 않은 행동을 팀의 다른 구성원과 싸우는 것으로 볼 수 있고, 또 어떤 사람은 욕을 하거나 야구 방망이를 던지는 것, 발길질을 하는 것으로 볼 수도 있다. 구체적인 행동은 관찰되고 기록될 수 있지만 행동에 대한 명칭은 그렇지 못하다. 게다가 명명(命名)하는 것은 행동을 설명하는 것으로 잘못 사용될 수도 있다. 예를 들어, 어떤 사람의 대화 중 반복되는 음절이나 단어를 관찰할 때, 우리는 그를 말더듬이로 명명할 수도 있다. 그리고 그가 말더듬이이기 때문에 음절이나 단어를 반복한다고 말한다면 그것은 명명을 행동의 원인으로 잘못 사용하는 것이다. 음절이나 단어를 반복하는 행위를 말더듬에 의해서 야기된 것으로 볼 것이 아니라 중얼거림이라는 하나의 행동으로 보아야 한다. 명명이 필요한 이유는 표적행동을 언급할 때 편리하기 때문이며, 명명된 행동을 관찰하고 기록하기 전에 반드시 그 행동을 정의해야 한다.

2명의 관찰자가 동의하는가? 행동 정의를 잘했다는 것은 서로 다른 관찰자들이 행동 정의를 보고 하나의 행동을 관찰하면서 행동이 발생했다고(표적행동으로 간주할 수 있다고) 동의할 수 있는 것이다. 2명 이상의 관찰자가 같은 행동을 독립적으로 관찰하고 둘 다 행동 발생으로 기록할 때, 이것을 관찰자 간 일치도(interobserber agreement: IOA) 혹은 관찰자 간 신뢰도(interobserber reliability)(Bailey, 1977; Bailey & Burch, 2002)라고 한다. 행동수정 연구에서 일반적으로 보고되는 IOA는 이 장의 후반부에서 상세하게 논의될 것이다.

〈표 2-1〉은 일반적인 표적행동의 정의, 그리고 그와 연관된 명칭들의 목록이다. 서술된 행동들은 관찰 가능하고, 2명의 독립적인 관찰자가 동의할 수 있는 것들이다. 한편, 명칭은 설명된 형태의 행동에 대해 보편적으로 사용하는 이름이라고 볼 수 있다. 이러한 명칭들은 정의된 행동이 아닌 다른 행동적 특성을 의미할 수도 있다. 예를 들어, 〈표 2-1〉에서 바비에게 주어진 정의와는 다르게 울화는 소리 지르기, 부모에게 욕하기, 문을 쾅 닫기, 장난감 던지기 등을 의미할 수도 있다. 따라서 관찰할 대상이 나타내는 표적행동과 정확히 맞도록 구체적인 행동 정의를 하여야 한다.

행동수정 관련 연구자들은 처치가 주어질 연구 대상의 표적행동을 주의 깊게 정의한다. 예를 들면, Iwata와 동료들(Iwata, Pace, Kalsher, Cowdery, & Cataldo, 1990)은 지적장애 아동의 자해행동을 감소시키기 위해 행동수정 절차를 사용하였다. 세 가지 유형의 자해행동에 대한 연구자들의 정의는 "팔 물기─손가락에서 팔꿈치까지의 부위를 윗니와 아랫니로 무는 것, 얼굴 때리기─얼굴이나 머리를 주먹이나 손바닥으로 소리 나게 접촉시키는 것, 머리 박기─고정된 물체(예: 책상, 바닥, 벽)에 머리의 어느 부위를 소리 나게 접촉시키는 것"(p. 13)이었다. 또 다른 예로, Rogers-Warren, Warren과 Baer(1977)는 유치원 아동의 나누어 쓰기 행동을 증가시키기 위해 행동수정 절차를 이용하였다. 연구자들은 나누어 쓰기 행동을 "한 아동이 다른 아동에게 물건을 전해 줄 때, 아동들이 물건을 교환할 때, 2명 이상의 아동이 같은 자료를 동시에 사용할 때(예: 하나의 도화지에 2명의 아동이 색칠을 할 때)"(p. 311) 등으로 정의하였다.

〈표 2-1〉 행동 정의와 명칭의 예

행동 정의	명칭
바비가 울거나, 바닥에 눕거나, 벽이나 바닥을 발로 찰 때, 혹은 장난감이나 다른 물건을 바닥에 던질 때 이를 울화라 정의함	울화
래의 공부하기는 교과서를 읽거나, 교과서의 문장에 밑줄을 치거나, 수학이나 물리 자습서의 문제를 풀거나, 공책을 읽거나, 교과서의 내용을 요약하는 것임	공부하기
패트가 할 일이 아닌데 누군가가 그것을 하라고 말할 때, 사무실에서 담배 피우지 말라고 요청할 때, 사무실에 들어올 때는 노크를 하라고 요구할 때 이것을 자기주장이라고 정의함	자기주장
조엘의 말더듬은 단어나 단어음을 반복하는 것, 단어를 말할 때 길게 빼는 것, 한 문장이나 한 단어의 음절 간에 2초 이상의 망설임을 나타내는 것으로 정의함	말더듬
마크의 손가락이 입 안에 있고 이가 손톱이나 주변의 살갗에 맞물려 있으면 이것을 손톱 물기라 정의함	손톱 물기

더 읽을거리

사회적 타당도

사람들의 행동을 변화시키기 위해 행동수정 절차를 사용할 때, 사회적으로 중요한 표적행동을 선택하는 것이 중요하다. 내담자가 동의한 행동이 변화의 주요 표적이다. 중요한(사회적으로 의미 있는) 표적행동을 선정하는 확실한 방법은 내담자의 의견이나 다른 주요 인물(부모, 교사 등)의 의견을 알아보는 것이다. 이 사람들이 표적행동이 중요하고 수용 가능하다고 동의해 줄 때 표적행동의 사회적 타당도가 확립되는 것이다. Kazdin(1977a)과 Wolf(1978)는 행동수정에 있어서 사회적 타당도의 중요성과 사회적 타당도를 사정하는 방법에 대해 논하였다.

기록 요건 결정하기

관찰자

앞에서 표적행동을 나타내는 내담자, 즉 행동수정 프로그램이 적용될 사람의 표적행동을 정의하였다. 다음 절차는 행동을 관찰하고 기록할 사람을 결정하는 것이다. 행동수정 프로그램에서는 일반적으로 표적행동을 나타내는 내담자가 아닌 다른 사람이 표적행동을 관찰하고 기록한다(즉, 독립적인 관찰자). 이러한 관찰은 대개 심리학자나 아동의 자연스러운 일상생활에서 일상적으로 관련이 있는 사람, 즉 교사나 부모, 관련 직원이 할 수 있다. 관찰자는 표적행동이 발생했을 때 그것을 관찰해야 하므로 아동 가까이에 있어야 하지만, 비디오를 통해 표적행동을 관찰할 때는 예외가 있을 수 있다. 또한 관찰자는 표적행동의 발생을 알고 즉각 그것을 기록할 수 있도록 훈련받아야 하며, 행동을 관찰하고 기록할 만한 충분한 시간이 있어서 관찰자로서의 기능을 할 수 있는 사람이어야 한다. 예를 들어, 어떤 교사는 자기 반 학생의 행동을 관찰하고 기록하도록 요청받을 수 있지만, 교사로서의 업무가 많아 관찰자로서 기능을 할 시간이 충분하지 않기 때문에 요청에 응하지 못할 수도 있다. 그러나 대부분의 경우에 행동 기록은 개인의 일상을 크게 방해하지 않고 이루어질 수 있다.

어떤 경우에는 표적행동을 나타내는 내담자 자신이 관찰자가 될 수도 있다. 내담자가 자신의 표적행동을 관찰하고 기록하는 경우를 **자기점검**(self-monitoring)이라고 한다. 자기점검은 표적행동이 드물게 발생하거나 아무도 없을 때만 발생하는 경우와 같이 다른 사람이 표적

행동을 기록하기가 불가능할 때 매우 좋은 방법이다(Stickney & Miltenberger, 1999; Stickney, Miltenberger, & Wolff, 1999). 또한 자기점검을 다른 사람이 관찰하는 직접관찰과 혼합적으로 적용할 수도 있다. 예를 들면, 머리카락 당기기와 같은 신경질적인 행동에 대한 처치를 받고 있는 내담자의 행동을 심리학자가 관찰하고 기록하지만, 치료회기가 아닌 시간에 대해서는 내담자 스스로 표적행동을 자기점검하도록 할 수 있다. 행동수정 프로그램에서 자기점검이 사용될 때, 자기점검을 하는 내담자는 자신의 행동을 기록하는 방법에 대해 다른 관찰자들처럼 훈련을 받아야 한다.

기록 시기와 장소

관찰자는 관찰기간(observation period)이라고 하는 특정한 기간 동안에 표적행동을 기록하게 된다. 표적행동이 잘 발생하는 시간을 관찰기간으로 설정하는 것이 매우 중요하다. 대상이나 다른 사람으로부터 얻는 간접평가 정보로 어떤 시간이 최적의 관찰기간인지를 알아낼 수 있다. 예를 들어, 정신병동의 직원이 환자가 식사시간에 분열적 행동을 많이 한다고 보고한다면 관찰기간을 식사시간으로 정할 수 있다. 또한 관찰기간의 설정은 관찰자가 가능한 시간 혹은 대상이 하는 활동이나 선호하는 것에 의해서도 결정될 수 있다. 행동을 관찰·기록하기 전에 대상이나 대상의 보호자에게 동의를 구해야 한다는 것을 유념해야 한다. 이것은 내담자가 모르는 상태에서 관찰이 행해질 때 특히 중요하다. 그러한 경우에는 내담자가 모르는 어떤 순간에 관찰이 행해진다는 것을 이해시키고 내담자로부터 관찰에 대한 동의를 받아야 한다.

행동의 관찰과 기록은 자연스러운 장면이나 아날로그 장면에서 행해진다. **자연스러운 장면**(natural setting)은 보통 표적행동이 발생하는 장소를 의미한다. 교실에서의 표적행동 관찰과 기록은 학생들을 위한 자연스러운 장면의 한 예이다. 임상치료실에서의 표적행동 관찰은 아날로그 장면(analogue setting)의 예이다. 왜냐하면 임상실에 있다는 것은 대상의 정상적인 일상생활의 부분이라고 볼 수 없기 때문이다. 자연 장면에서는 표적행동이 더 많이 표출될 수 있다. 아날로그 장면에서는 표적행동이 그 상황의 영향을 받을 수 있고, 이러한 장면에서의 관찰은 정상적인 환경에서의 행동이 아닌 예를 제공할 수도 있다. 그러나 아날로그 장면에서의 관찰이 갖는 장점도 있다. 즉, 아날로그 장면은 자연스러운 환경보다 더 통제되고 행동에 영향을 주는 변인들을 조작하기가 더 쉽다.

표적행동 관찰은 **구조화**될 수도 있고 **비구조화**될 수도 있다. 구조화된 관찰에서는 관찰기간 동안에 특정 사건이나 활동이 발생하도록 관찰자가 조정을 한다. 예를 들어, 아동의 문제행동을 관찰할 때 부모가 아동에게 어떤 요구를 하도록 요청할 수도 있다. 비구조화된 관찰에서는 관찰기간 동안에 특정한 사건이나 활동, 교수 등이 주어지지 않는다.

자기점검을 사용할 때는 특정한 관찰기간에 구애받지 않고 표적행동을 하루 종일 관찰하고 기록할 수도 있다. 예를 들어, 하루에 피우는 담배 개수를 자기점검하는 대상은 언제 담배를 피우든 관계없이 담배 개수를 기록할 수 있다. 그러나 어떤 행동들은 대상이 하루 동안에 지속적으로 기록할 수 없는 빈도로 발생할 수도 있다. 예를 들어, 말을 더듬는 행동은 하루 동안에 수백 번 일어날 수도 있는 것이다. 이러한 경우에는 심리학자가 동의한 방법으로 내담자가 행동을 기록하도록 교육받아야 한다.

행동수정 연구에서 표적행동을 관찰·기록하는 사람들은 연구 보조원으로서 훈련을 받아야 한다. 그들(이후 관찰자라 함)은 표적행동의 정의에 대해 학습하고 연구자의 감독하에 기록에 관한 실질적 훈련을 받는다. 관찰자들이 연습회기 동안에 연구자와 높은 관찰자 간 신뢰도를 나타내어 신뢰할 수 있는 행동 기록을 할 수 있게 되면 실제 관찰기간 동안에 연구의 한 부분으로 표적행동을 관찰·기록하는 일에 참여하게 된다. 행동수정 연구에서 적용되는 관찰기간은 대개 15~30분 정도의 짧은 시간이다. 자연 상황에서 관찰이 이루어지는 경우, 연구자는 표적행동이 잘 발생하는 때를 관찰기간으로 선정한다. 예를 들면, 관찰은 교실이나 사무실, 병원 또는 표적행동이 잘 발생하는 어떤 장면 등에서 이루어진다. 치과에서의 아동행동을 개선하기 위한 행동수정 연구에서 Allen과 Stokes(1987)는 치과용 의자에 누워 치료를 받는 동안에 머리나 몸 움직이기, 울기, 큰 소리 내기, 신음하기 등으로 정의한 아동의 파괴행동을 기록하였다. 또한 Durand와 Mindell(1990)은 크게 소리 지르기, 가구 때리기로 정의한 잠투정 행동을 감소시키기 위하여 부모에게 행동수정 절차를 적용하는 방법을 가르쳤다. 이 연구에서 부모들은 자녀가 잠자리에 들기 전 1시간 동안 표적행동을 기록하였다. 왜냐하면 잠들기 전 1시간 동안이 표적행동이 발생하는 시기이기 때문이다.

인위적 장면(아날로그 장면이라고도 함)에서 관찰을 할 때는 대개 연구자가 자연 상황에서 발생하기 쉬운 사건들을 가상적으로 구성한다. 예를 들면 Iwata, Dorsey, Slifer, Bauman과 Richman(1982)은 병원 내 치료실에서 지적장애 아동의 자해행동을 관찰·기록하였다. 연구자들은 관찰기간 동안에 아동이 가정이나 학교에서 쉽게 경험하는 활동이나 사건들을 가상적으로 구성하였다. 예를 들어, 아동이 장난감을 가지고 노는 상황이나 교사가 학습활동을 지시하는 상황을 구성하고 그때 아동을 관찰하였다. 연구 결과, 연구자들은 각 아동이 서로 다른 사건과 활동이 가상적으로 구성되는 관찰기간에 따라 자해행동이 다른 비율로 발생한다는 것을 발견하였다.

기록법 선정하기

표적행동을 측정 · 기록하는 방법에는 연속 기록법, 성과 기록법, 간격 기록법, 시간표집 기록법 등이 있다.

연속 기록법

연속 기록법(continuous recording)에서는 관찰자가 전 관찰기간 동안 지속적으로 내담자를 관찰하고 발생하는 모든 행동을 기록한다. 그렇게 하기 위해서는 관찰자가 정의된 각 행동의 시작과 끝을 분명하게 규정할 수 있어야 한다. 연속 기록법에서 관찰자는 표적행동의 빈도나 지속시간, 강도, 지연시간 등의 형태로 표적행동을 기록할 수 있다.

행동의 **빈도**(frequency)는 관찰기간 동안에 행동이 발생하는 횟수를 의미한다. 행동이 발생할 때마다 간단히 횟수를 측정하는 것이다. 1회 발생이란 표적행동이 한 번 시작하여 끝나는 것으로 정의된다. 예를 들어, 어떤 사람의 담배 피우는 행동의 측정은 담배의 개수로 셀 수 있다. 이 표적행동에서 행동의 시작은 담배에 불을 붙이는 것이고, 행동의 끝은 피우던 담배를 버리는 것이 될 수 있다. 일반적으로 행동 발생 횟수가 행동에 관한 중요한 정보가 될 때 빈도 측정을 사용한다. 빈도는 대개 관찰기간의 시간으로 나눈 비율(rate)로 나타낸다. 비율은 주로 분당 반응으로 보고된다.

행동의 **지속시간**(duration)은 행동이 시작되어 끝날 때까지의 전체 시간을 의미한다. 그러므로 행동이 시작될 때부터 끝날 때까지의 시간을 측정해야 한다. 예를 들어, 학생이 하루에 공부하는 시간을 기록할 때, 연습하는 시간을 기록할 때, 환자의 재활 훈련 중 도움 없이 혼자서 있는 시간을 기록할 때 등에 적용될 수 있다. 행동이 얼마나 오래 지속되었는지가 행동의 가장 중요한 측면일 때 지속시간 측정을 사용한다. 지속시간은 관찰기간을 시간으로 나눈 백분율로 나타낸다(Miltenberger, Rapp, & Long, 1999).

어떤 연구자들은 표적행동이 시작되는 시간과 끝나는 시간을 정확하게 기록하는 **실시간 기록법**(real-time recording)을 사용하기도 한다(Miltenberger et al., 1999; Miltenberger, Long, Rapp, Lumley, & Elliott, 1998). 이 방법은 행동 발생의 정확한 시간에 대한 정보뿐만 아니라 행동 발생의 빈도와 지속시간에 대한 정보도 제공해 준다. 실시간 기록법은 표적행동을 비디오로 촬영한 자료에도 적용될 수 있다. 이때는 비디오테이프를 재생하는 시점에서 흘러간 시간을 비디오로 촬영했던 시각에 합하여 계산한다(Rapp, Carr, Miltenberger, Dozier, & Kellum, 2001). 사건의 정확한 시간을 기록할 수 있는 프로그램이 장착된 컴퓨터를 이용하여 실시간 기록을 할 수도 있다(Kahng & Iwata, 1998).

행동의 **강도**(intensity)는 행동의 힘, 에너지, 노력 등의 정도를 의미한다. 강도(크기라고도 함)는 빈도나 지속시간보다 측정하기가 어렵다. 왜냐하면 간단히 행동의 횟수를 세거나 시간의 양을 측정하는 것이 아니기 때문이다. 강도는 흔히 측정도구로 기록하거나 평정척도를 사용하여 기록한다. 예를 들어, 소리의 크기를 측정하기 위하여 음압측정기를 사용할 수 있다. 물리치료사들은 상해의 회복 여부를 파악하기 위해 흔히 악력(握力)을 측정한다. 또한 부모들은 자녀의 울화 정도를 측정하기 위해 1~5의 평정척도를 사용한다. 이때 부모들은 평정결과를 신뢰롭게 하기 위해 평정척도의 각 점수가 어떤 수준의 행동을 의미하는지를 잘 알고 있어야 하는데, 하나의 울화행동에 대해 같은 평정점수를 주면 신뢰롭다고 할 수 있다. 강도는 빈도나 지속시간에 비해 자주 사용되지는 않지만, 한 연구에서 행동의 정도나 수준이 중요한 사항이라면 이 방법을 사용할 수 있다(Bailey, 1977; Bailey & Burch, 2002).

행동의 **지연시간**(latency)은 자극이 주어지고 행동이 발생하기까지의 시간을 의미한다. 즉, 특정 자극이나 사건 후에 내담자가 행동을 개시하기까지의 시간을 측정하는 것이다. 예를 들어, 장난감을 치우라고 말한 이후부터 아동이 장난감을 치우기 시작하는 시점까지의 시간이 지연시간이다. 지연시간이 짧을수록 아동은 지시에 즉각적으로 반응하는 것이다. 또 다른 예로 전화벨이 울리고 난 후 받기까지의 시간도 지연시간이라고 볼 수 있다.

? 지연시간은 지속시간과 어떻게 다른가?

지연시간은 어떤 자극사건으로부터 행동이 개시되기까지의 시간인 반면, 지속시간은 행동 개시 시각으로부터 행동 종료 시각까지의 시간이다. 다시 말하면, 지연시간은 행동이 시작되기까지의 시간을 의미하고, 지속시간은 행동이 얼마나 오래 지속되는가를 의미한다.

연속 기록법을 사용할 때, 한 가지 혹은 그 이상의 측정 형태를 선택할 수 있다. 측정 형태의 선정은 행동의 어떤 측면이 가장 중요한가, 어떤 형태의 측정이 처치 후의 행동변화를 가장 예민하게 나타내 줄 수 있는가를 고려해야 한다. 예를 들어, 어떤 사람의 말더듬을 기록하고 싶을 때 말을 더듬는 횟수에 관심이 있다면 빈도가 가장 중요한 측정 형태가 될 수 있다. 처치하기 전과 처치기간 동안 그리고 처치 후의 말더듬 횟수를 비교할 수 있으며, 처치가 성공적이라면 말더듬 횟수가 감소할 것이다. 그러나 말을 길게 늘인다든지 불필요한 음으로 시간을 지연하는 현상이 나타나면 지속시간 역시 중요한 말더듬의 측정 형태가 될 수 있다. 이 경우에는 처치 후에 말더듬의 지속시간이 감소되는 것을 기대하게 될 것이다.

? 아동의 울화행동(소리 지르기, 장난감 던지기, 문 세게 닫기)을 기록한다면 어떤 형태로 측정할 것인가?

아동의 울화행동의 예는 조금 애매모호하다. 하루 동안의 울화행동 횟수(빈도)에 관심이 있을 수도 있고, 각 울화가 얼마나 오래 지속되는가(지속시간)에 관심이 있을 수도 있다. 또한 얼마나 크게 소리 지르는가, 얼마나 세게 장난감을 던지는가, 얼마나 세게 문을 닫는가(강도)에 관심이 있을 수도 있다. 결국 우리는 처치 후에 울화의 빈도나 지속시간, 강도가 감소되기를 기대한다. 즉, 울화행동이 덜 나타나고, 오래 지속되지 않으며, 심하게 나타나지 않음을 의미한다.

적절한 형태로 행동을 측정하지 않으면 처치의 효과를 판단할 수 없게 된다. 만일 선택한 측정 형태가 의심스럽거나 여러 가지 형태로 행동을 측정하고 싶다면 한 가지 이상의 측정 형태를 적용하는 것이 최선이다. 아동의 울화행동의 예를 다시 들어 보자. [그림 2-2]를 보면 아동의 울화행동이 기초선에서 하루 평균 6회 이상 발생하다가 처치기간 동안에 하루 2회 이하로 감소되었다[기초선(baseline)이란 처치가 주어지기 전에 표적행동이 기록된 기간을 의미한다]. 여기에서는 처치의 효과가 있는 것으로 나타났다. [그림 2-3]은 처치 전과 후의 울화 지속시간을 나타내고 있는데, 처치 전에는 울화행동을 1회에 약 1분씩 하루에 5~8회를 나타내어 전체 시간이 하루에 5~8분이었다. 그러나 처치기간 동안에는 각 울화행동의 지속시간이 더 길어져서 하루 중 울화행동의 총 시간이 더 많아지는 결과가 되었다. 그러므로 지속시간 측정으로는 울화행동이 처치로 인해 더 나빠지게 된 것이다. 이러한 예는 표적행동의 측정 형태가 한 가지 이상 되어야 한다는 사실의 중요성을 강조하고 있다. 왜냐하면 측정 형태에 따라 처치의 효과가 다르게 표현되기 때문이다.

또한 처치의 효과를 증명하기 위해서는 일정한 연구방법과 실험설계를 사용해야 한다는 점을 유념해야 한다. 단순히 처치 전과 처치 중 그리고 처치 후의 행동을 측정하는 것은 표적 행동이 변화하였는지를 나타내기는 하지만 처치가 행동변화의 원인으로 작용하였는지는 입증하지 못한다(제3장 참조).

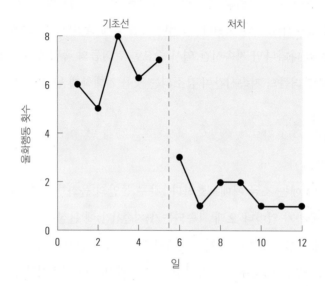

[그림 2-2] 기초선 및 처치 기간의 울화행동 빈도. 기초선기간 동안에는 표적행동이 기록되었고 처치가 주어지지 않았다. 울화행동은 기초선기간 동안 하루에 평균 6회 이상에서 처치기간 동안에는 하루 2회 이하로 감소하였다.

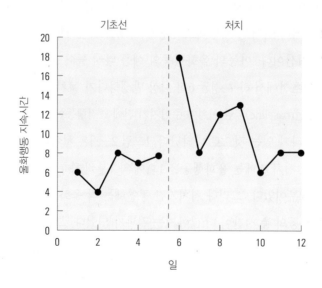

[그림 2-3] 기초선 및 처치 기간의 울화행동 지속시간. 울화행동은 기초선기간 동안에 1회 평균 지속시간이 1분으로 하루 총 5~8분에서 처치기간 동안에는 1회 약 6분씩 하루 총 6~18분으로 증가하였다. 따라서 하루의 울화행동 빈도는 감소하였으나 지속시간은 감소하지 않았다.

반응 기회의 백분율

시행의 백분율 혹은 정확한 시행의 백분율은 사건 기록법을 실시할 수 있는 최종 방법이다. 이 방법에서 관찰자는 학습 시행 혹은 반응 기회와 같은 몇몇 다른 사건에 관한 행동의 발생을 기록하여 그 행동이 발생한 기회의 백분율로 그 결과를 보고한다. 관찰기간 동안에 어떤 학생이 교사의 지시를 11번 따랐다든가, 철자 검사에서 맞은 단어가 13개라고 말하는 것은 반응 기회에 대한 언급이 없기 때문에 부정확한 정보라 할 수 있다. 행동 발생 수를 반응 기회 수로 나누어 그 결과를 보고하는 것이 더 유익한 정보라 할 수 있다. 교사가 12번 지시를 했는데 학생이 11번 지시를 따랐을 때 순종의 백분율은 11/12, 즉 92%이다. 그러나 교사가 25번 지시를 했는데 학생이 11번 지시를 따랐을 때 백분율은 44%로 순종행동 수준이 훨씬 낮아진다.

성과 기록법

행동을 기록하는 또 다른 방법은 행동의 성과를 측정하여 기록하는 것이다. 불변적 산물 기록이라고도 불리는(Marholin & Steinman, 1977) **성과 기록법**(product recording)은 행동의 결과로 어떤 실체가 생성되었을 때 사용될 수 있는 간접평가 방법이다. 예를 들어, 감독관은 사원들의 작업수행력을 측정하기 위해 조립한 물건의 수를 셀 수 있고, 교사는 학생의 학업 수행력을 측정하기 위해 숙제의 정답 수를 기록할 수도 있다(Noell et al., 2000). Marholin과 Steinman(1977)은 학생의 행동 문제와 학업 수행에 관한 연구에서 학생의 학업 수행에 대한 불변적 산물로 산수 문제지 중 정답 수를 계산하였다.

성과 기록법의 한 가지 장점은 행동 발생 시에 관찰자가 함께 있지 않아도 된다는 것이다. 교사는 학생이 숙제를 할 때 함께 있지 못하지만 학생의 행동을 측정할 수 있다. 성과 기록법의 한 가지 문제는 학생이 그 행동을 할 때 누가 개입했는지를 알 수 없다는 것이다. 예컨대 교사는 학생이 혼자서 숙제를 했는지, 누군가가 도와주어서 끝냈는지, 아니면 누군가가 대신해 주었는지를 알 수 없다.

간격 기록법

행동을 기록할 수 있는 또 다른 방법은 행동이 일정한 시간에 일어났는지를 기록하는 것이다. 이것을 간격 기록법(interval recording)이라고 한다. 간격 기록법을 사용하기 위해서는 먼저 관찰기간을 작은 시간 단위 혹은 간격으로 나누어야 한다. 나누어진 각 간격마다 표적행동이 발생했는지를 관찰하고 기록하는 것이다. 관찰이 종료되면 관찰자는 행동이 관찰된 간격의 백분율(행동 발생 간격 수를 관찰기간의 총 간격 수로 나눔)을 보고한다. 간격 기록법에는 부분 간격 기록법과 전체 간격 기록법 두 가지가 있다. **부분 간격 기록법**(partial-interval recording)을 사용할 때는 행동의 빈도나 지속시간에 관심을 두지 않는다. 따라서 행동의 시작과 종료를 규정하지 않아도 된다. 다만 각 간격에서 행동이 발생했는지를 기록하는 것이다. '간격 기록법'이라는 용어는 '부분 간격 기록법'과 동의어이다.

어떤 교사가 수업시간에 매 15분마다 한 학생이 수업 방해행동을 하는지를 기록한다고 가정해 보자. 먼저 교사는 매 15분마다 소리가 울리도록 타이머를 작동시켜 놓고, 수업 방해행동이 발생하면 기록지의 해당 칸(간격)에 표시를 한다. 일단 간격에 표시가 되면 다음 간격의 시간이 될 때까지 15분 중 나머지 시간 동안에는 행동을 관찰하지 않아도 된다. 부분 간격 기록법은 한 간격 동안 행동이 몇 번 발생하는가 또는 얼마나 오래 지속되는가에 관계없이 한 번만 기록하면 되므로 시간과 노력이 덜 든다는 장점이 있다. **전체 간격 기록법**(whole-interval recording)에서는 행동이 한 간격의 전 시간에 걸쳐 발생할 때 행동 발생으로 기록한다. 행동이 한 간격에서 부분적으로 발생한다면 그 간격에서는 행동이 발생하지 않은 것으로 간주한다. 예를 들어, 수업에서의 과제수행 행동을 10초 간격의 전체 간격 기록법으로 기록한다면, 한 간격의 10초 동안 내내 과제수행을 했을 때만 행동 발생으로 기록된다. 전체 간격 기록법은 행동 발생의 지속시간이 긴 행동에 사용되며, 연구와 실제에서의 사용은 드문 편이다.

연구자들은 간격 기록법을 사용할 때 6초 혹은 10초와 같은 매우 짧은 시간 단위의 간격을 선정한다(Bailey, 1977; Bailey & Burch, 2002). 이렇게 하면 긴 시간 단위의 간격을 사용할 때보다 표적행동 발생에 관한 자료를 더 많이 수집할 수 있다. 예를 들어, Iwata, Pace, Kalsher, Cowdery와 Cataldo(1990)는 지적장애 아동의 자해행동(머리 돌리기, 뺨 때리기, 할퀴기) 발생을 기록하기 위해 10초 간격을 사용하였다. Miltenberger, Fuqua와 McKinley(1985)는 성인의 운동틱(머리와 얼굴 근육의 경련, 빠르게 눈 깜박이기) 발생을 기록하기 위해 6초 간격을 사용하였다. 이 연구에서 연구자들은 관찰회기 동안에 내담자를 비디오로 촬영하여 그것을 재생해 보면서 운동틱의 발생을 간격에 기록하였다. 연구자들은 6초마다 틱 행동이 발생했는지를 기록하였다.

어떤 경우에는 빈도 기록법과 간격 기록법을 혼합하여 **간격 내 빈도 기록법**(frequency-within-interval recording)을 사용할 수 있다. 이 방법에서는 관찰자가 연속되는 각 간격 내에서 표적행동의 빈도를 기록한다(Bailey, 1977; Bailey & Burch, 2002). 따라서 간격 내 빈도 기록법은 행동 발생 빈도와 더불어 특별히 행동이 발생한 간격에 관한 정보를 제공해 준다.

시간표집 기록법

시간표집 기록법(time sample recording)으로 행동을 관찰할 때는 일단 관찰기간을 단위 간격으로 나누고, 각 간격에서 한순간 동안만 행동을 관찰하고 기록한다. 관찰하는 기간과 관찰하지 않는 기간이 분리되는 것이다. 예를 들어, 15분으로 나누어진 간격에서 단 1분 동안만 행동을 관찰·기록하거나 각 간격의 끝부분에서 행동 발생 여부를 기록할 수도 있다. 시간표집 기록법으로 아동의 나쁜 자세(꾸부정한 자세, 뒤로 구부린 자세로 정의)를 기록하는 경우를 생각해 보자. 관찰자는 타이머를 10분마다 울리도록 맞추어 놓고 타이머가 울릴 때 아동의 자세가 나쁜지를 관찰하여 기록하면 된다. 시간표집 기록법의 변형으로는 **순간표집 기록법**(momentary time sample recording: MTS)이 있다. MTS에서는 간격의 마지막 순간에 행동이 발생했을 때에만 행동 발생으로 기록된다. 이처럼 시간표집 기록법은 관찰자가 관찰기간 동안 내내 관찰하지 않고 간격의 일부분 혹은 간격의 특정한 시점에만 관찰해도 된다는 장점이 있다.

간격 기록법이나 시간표집 기록법에서 행동의 수준은 행동이 발생하는 간격의 백분율로 보고된다. 즉, 행동 발생이 기록된 간격 수를 관찰기간의 총 간격 수로 나누어 계산한다.

다음 자료는 시간표집 기록법과 간격 기록법의 차이를 보여 주는 예이다. 관찰기간은 1분이고 각각의 짧은 세로줄은 한 번의 반응을 나타낸다. 자료에서는 1분 관찰에서 20회의 반응이 발생했음을 알 수 있다. 시간표집 기록법에는 10개의 10초 간격이 있고 간격의 마지막(예: 각 10초 간격의 마지막 3초)에 행동이 발생했을 때에만 행동 발생으로 기록된다. 만일 행동이 10초 간격의 앞 7초 부분에서 발생했다면 행동 발생으로 기록되지 않는다. 간격 기록법에서는 전체 10초 간격 중 어느 때라도 행동이 발생하면 행동 발생으로 기록된다. 이 예에서 시간표집 기록법으로는 행동 발생이 40%로 기록되었지만, 간격 기록법으로는 90%로 기록되었다.

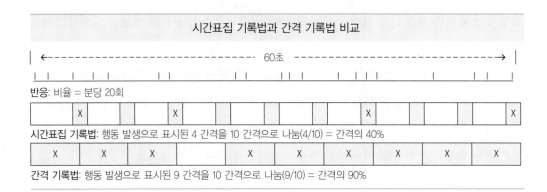

기록방법	
연속 기록법	관찰기간 내 모든 행동 발생에 대해 빈도, 지속시간, 강도, 혹은 지연시간을 기록한다.
성과 기록법	행동 발생의 결과인 영속적인 산물이나 실체가 있는 결과물을 기록한다.
간격 기록법	관찰기간의 각 간격에서 지속적으로 행동 발생과 비발생을 기록한다.
시간표집 기록법	관찰기간의 각 간격에서 비지속적으로 행동 발생과 비발생을 기록한다.

기록 수단 선정하기

행동 기록을 계획하는 데 있어서 마지막 단계는 기록 수단을 선정하는 것이다. 기록 수단은 행동 발생을 기록하기 위해 사용되는 도구를 의미하는데, 종이와 연필이 가장 많이 사용된다. 관찰자가 행동을 관찰하는 시간을 간단히 종이에 메모하는 것이다. 효과적으로 행동을 기록하기 위해서는 특정한 행동 기록에 맞게 미리 준비된 양식을 사용하는 것이 좋다. 양식을 이용하면 행동이 발생했을 때 명확하게 기록할 수 있기 때문에 조직적으로 기록할 수 있다.

[그림 2-4]와 같은 양식은 표적행동의 빈도를 기록할 때 사용된다. 특정 일의 행동 발생에 대해 해당 네모 칸에 표시(×)를 하는 것이며, 하루에 표시된 칸의 수가 빈도를 나타낸다.

[그림 2-5]의 양식은 표적행동의 지속시간을 기록하는 데 사용된다. 날짜별로 행동이 시작된 시간과 종료된 시간을 기록하는 칸이 있어 각 행동의 시작시간과 종료시간을 기록함으로써 행동이 얼마나 자주 발생했는가(빈도)뿐만 아니라 행동이 얼마나 오래 지속되었는가(지속시간)를 기록할 수 있다.

빈도 양식

이 름: _____

관찰자: _____

기록할 행동 정의: _____

_____

_____

날짜	빈도												합계
	1	2	3	4	5	6	7	8	9	10	11	12	

[그림 2–4] 행동의 빈도를 기록하기 위해 사용되는 양식. 행동이 발생할 때마다 칸에 표시(×)를 한다. 하루에 표적행동이 12회 이상 발생하면 다음 줄에 계속해서 기록한다.

지속시간 양식

이 름: _____

관찰자: _____

기록할 행동 정의: _____

_____

_____

날짜	지속시간						합계
	시작	종료	시작	종료	시작	종료	

[그림 2–5] 행동의 지속시간을 기록하기 위해 사용되는 양식. 각 발생 행동의 시작시간과 종료시간을 기록한다. 하루에 행동 발생이 3회 이상이면 다음 줄에 계속해서 기록한다.

[그림 2–6]은 10초 간격 기록법에 사용되는 양식의 예이다. 총 15줄이고 각 줄은 6칸으로 되어 있다. 각 칸은 10초 간격을 나타내고 있어 총 15분이 90개의 간격으로 나누어져 있다. 10초 간격 기록법을 사용하려면 10초 간격마다 신호음이 나도록 녹음한 테이프를 이용하는

것이 좋다. 표적행동이 발생하면 해당 칸에 표시를 하고, 표적행동이 발생하지 않으면 해당 칸을 빈칸으로 둔다. 각 칸(간격)에는 하나 이상의 코드를 선택적으로 배정할 수 있다. 관찰자가 각 칸에 관찰된 행동을 나타내는 해당 코드를 적어 넣거나 동그라미를 치도록 할 수 있다. 예를 들어, 아동과 상호작용하는 부모의 행동을 관찰할 때 주의하는 행동을 AT(attention)로, 비난하는 행동을 RP(reprimand)로 코드화할 수 있다. 즉, 해당 관찰 간격에서 부모가 아동에게 주의집중을 하면 AT로 기록하거나 AT에 동그라미를 치고, 아동을 비난하면 RP로 기록하거나 RP에 동그라미를 치게 한다.

간격 기록 양식

이 름: _____

관찰자: _____

관찰일과 시간: _____

기록할 행동 정의: _____

_____

10초 간격

	1	2	3	4	5	6
1						
2						
3						
4						
5						
6						
7						
8						
9						
10						
11						
12						
13						
14						
15						

관찰시간(분)

[그림 2-6] 간격 기록법 양식. 각 칸은 간격에 상응하며, 간격시간 동안에 행동이 발생하면 각 칸에 표시한다. 간격시간 동안 행동이 발생하지 않으면 빈칸으로 남겨 둔다.

행동을 기록하는 또 다른 방법은 행동이 발생할 때마다 표시해 두는 것이다. 예를 들어, 하루에 담배를 몇 개비나 피우는지를 알고자 하는 경우에는 담뱃갑에 작은 쪽지를 넣어 두고 담배를 비울 때마다 쪽지에 표시를 하고 하루가 끝날 때 표시된 개수를 센다. 마찬가지로 자신의 무례한 행동을 기록하고자 하는 경우에도 셔츠의 주머니에 작은 메모지를 넣어 가지고 다니면서 무례한 행동을 할 때마다 메모지에 표시를 한다.

행동을 기록하는 수단이 종이와 연필만 있는 것은 아니다. 행동 발생을 표시할 수 있는 어떤 것도 행동 기록 수단으로 사용될 수 있다. 다음과 같은 것들이 그 예가 된다.

- 행동 빈도를 기록하기 위해 골프 스트로크 카운터기를 사용한다. 골프 스트로크 카운터기를 손목시계처럼 손목에 차고 한 번 칠 때마다 카운터기의 버튼을 누른다(Lindsley, 1968). 작은 휴대용 카운터기도 유사한 형태로 사용될 수 있다.
- 행동 지속시간을 기록하기 위해 스톱워치를 사용한다. 행동이 발생할 때 스톱워치를 누르고 행동이 종료될 때 다시 누른다. 조깅이나 달리기를 하는 사람들은 시간을 재기 위해 스톱워치 기능이 있는 시계를 착용하고 지속시간을 기록한다.
- 여러 가지 행동의 빈도와 지속시간을 한 번에 기록하는 앱이 있는 휴대용 컴퓨터, 스마트폰, 기타 휴대용 전자장치를 사용한다. 여러 가지 행동의 빈도와 지속시간을 한 번에 기록하기 위해 이동형 컴퓨터를 사용한다. 서로 다른 행동이 발생할 때마다 컴퓨터의 서로 다른 키를 계속해서 눌러 지속시간을 기록한다(Dixon, 2003; Fogel, Miltenberger, Graves, & Koehler, 2010; Iwata, Pace, Kalsher, Cowdery, & Cataldo, 1990; Jackson & Dixon, 2007; Kahng & Iwata, 1998). 행동 기록에 스마트폰을 사용하는 것이 점점 보편화되고 있고 수많은 앱이 이러한 목적으로 개발되어 있다(예: Whiting & Dixon, 2012). 예를 들어, 간격 기록뿐만 아니라 빈도와 지속시간을 기록하는 두 가지 인기 있는 앱은 D.A.T.A(the Direct Assessment Tracking Application; Behaviorscience.org)와 행동추적프로(Behavior Tracker Pro; Behaviortrackerpro.com)이다.
- 행동 기록을 위해 바코드 기술을 사용한다. 기록될 각 행동에 고유의 바코드를 부여하고 관찰자는 모든 행동 바코드가 적힌 종이에 기록한다. 어떤 행동이 발생하면 관찰자는 그 행동의 바코드를 스캔한다.
- 행동 빈도를 기록하기 위해 코인을 한쪽 주머니에서 다른 쪽 주머니로 이동한다. 행동이 관찰될 때마다 오른쪽 주머니에 있는 코인을 왼쪽 주머니로 옮긴다. 관찰기간이 끝났을

때 왼쪽 주머니에 있는 코인의 수가 행동의 빈도이다(왼쪽 주머니의 코인을 다른 용도로 사용하지 않는 것이 전제되어야 함).

■ 종이를 사용한다. 행동이 발생할 때마다 종이에 표시하고 관찰기간이 끝나면 종이에 표시된 수를 세어 행동 빈도를 산출한다(Epstein, 1996).

■ 레인저 구슬을 사용한다. 가죽이나 나일론 끈에 구슬을 꿰어 사용한다. 2개의 줄에 각각 9개의 구슬을 꿰어(줄의 길이를 여유 있게 함) 한 줄은 1단위의 1~9를, 나머지 한 줄은 10단위의 10~90을 기록하는 데 사용한다. 따라서 최고 99까지 셀 수 있게 되는데, 행동 발생이 일어날 때마다 1단위 줄의 구슬을 1개씩 줄의 다른 쪽 끝으로 옮긴다(예를 들어, 왼쪽에서 오른쪽으로). 1단위 줄의 9개가 모두 옮겨지면 열 번째에는 10단위 줄의 첫 번째 구슬을 옮겨 놓는다. 관찰기간이 끝났을 때 2개 줄의 옮겨져 있는 구슬의 수가 행동 발생 빈도이다. 유사한 방법으로 손목에 차고 사용할 수도 있다.

■ 신체활동 기록 장치를 사용한다(보수계, 가속도계, GPS 장치). 보수계는 허리띠에 매어 걷거나 뛸 때 걸음 수를 측정하도록 고안된 장치이다. 비슷한 것으로, 가속도계는 걷기 같은 다양한 신체 활동에 대한 기록이 가능한 장치를 사람이 입도록 고안된 것이다(예: Fitbit[Fitbit.com], Nike Fuelband[Nike.com]). GPS 장치는 손목에 차는 것으로 걷거나 뛰거나 자전거를 탄 거리를 측정하여 기록하는 장치이다.

기록은 즉각적이고 실제적이어야 한다. 어떤 수단을 사용하든지 간에 행동을 기록하는 모든 절차의 한 가지 특성은 사람이 행동을 관찰하고 즉각적으로 기록한다는 것이다. 행동이 발생한 뒤 빨리 기록할수록 오류가 줄어들며, 기록하기 위해 기다리거나 시간을 지체하면 행동을 잊어버리기 쉽다. 행동 기록 절차의 또 다른 특성은 그것에 익숙해져야 한다는 것이다. 표적행동을 기록하는 사람은 어려움이나 장해 없이 기록 절차를 사용할 수 있어야 한다. 기록 절차에 익숙한 사람은 기록(혹은 자기점검)을 보다 성공적으로 할 수 있다. 부가적인 시간이나 노력이 필요한 기록 절차는 경험이 많은 경우라고 보기 어렵다. 더욱이 기록 절차는 관찰과 기록을 하는 사람의 주의를 끌어서는 안 된다. 만일 그렇게 되면 기록을 잘할 수 없다.

반응성

  행동을 기록하다 보면 때로 어떤 처치가 개입되기 전에 행동상의 변화가 나타난다. 이것을 **반응성**(reactivity)이라고 한다(Foster, Bell-Dolan, & Burge, 1988; Hartmann & Wood, 1990; Tryon, 1998). 반응성은 관찰자가 다른 사람의 행동을 기록할 때나 자기점검을 할 때 나타날 수 있다. 반응성은 연구 목적으로 관찰이 진행될 때 특히 바람직하지 않다. 왜냐하면 관찰기간 동안에 기록되는 행동이 관찰자가 없을 때 혹은 자기점검을 하지 않을 때의 행동 수준을 잘 나타내지 못하기 때문이다. 예를 들어, 파괴적인 아동이 교실에서 누군가가 자신의 행동을 기록하고 있는 것을 본다면 그 아동은 관찰자가 있는 동안 파괴행동을 덜 하게 된다. 이러한 행동상의 변화는 보통 일시적으로 나타나는데, 관찰자가 있다는 사실에 익숙해지면 아동은 원래의 행동 수준으로 되돌아가게 된다.

  반응성을 줄일 수 있다. 반응성을 줄이는 한 가지 방법은 내담자가 관찰자에게 익숙해질 때까지 기다렸다가 관찰을 시작하는 것이다. 또 다른 방법은 행동이 관찰되고 있다는 사실을 내담자에게 알리지 않고 기록하는 것이다. 이 방법은 주로 일방경을 사용하거나 참여관찰을 통해 할 수 있다. 참여관찰은 관찰자가 표적행동이 발생하는 장면인 교실에서 보조교사로 직접 참여하면서 이루어진다. 반응성을 줄이는 또 다른 방법은 비디오 기록을 이용하는 것이다. 일단 카메라에 익숙해지거나 카메라가 숨겨져 있으면 반응성이 문제되지는 않는다.

  반응성은 바람직한 것일 수도 있다. 자기관리를 목적으로 자신의 행동을 기록하는 경우에 행동이 자기점검의 결과로 자신이 원하는 방향으로 변화될 수 있다(Epstein, 1996). 이러한 이유로 자기점검은 가끔 표적행동을 변화시키기 위한 처치로 사용된다. 예를 들어, Ollendick(1981), Wright와 Miltenberger(1987)는 운동틱에 대한 자기점검이 틱 발생빈도를 감소시킨다는 것을 발견하였다. Ackerman과 Shapiro(1984)는 지적장애 성인에게 자신의 생산성을 자기점검하게 했을 때 생산성이 높아졌음을 보고하였다. Winett, Neale와 Grier(1979)도 가정에서의 전기 사용을 자기점검하게 했을 때 전기 사용량이 감소했음을 밝혔다. 자기점검과 다른 자기관리 전략들은 제20장에서 자세하게 논의된다.

관찰자 간 신뢰도

표적행동이 일관성 있게 기록되는가를 알아보기 위해 관찰자 간 일치도(interobserver agreement: IOA)를 구해야 한다. IOA는 2명의 관찰자가 동일한 내담자에 대해 동일한 관찰기간 동안 동일한 표적행동을 독립적으로 관찰하고 기록하여 구한다. 두 관찰자의 기록을 비교하여 일치된 백분율을 계산하는데, 이 백분율이 높으면 두 관찰자 간 점수 부여가 일관성이 있음을 의미한다. 이렇게 되기 위해서는 표적행동의 정의가 명확하고 객관적이어야 하며, 관찰자들이 기록 체계를 바르게 사용해야 한다. 어떤 연구에서 IOA가 높게 보고되었다면 그것은 연구에 참여한 관찰자들이 표적행동을 일관성 있게 기록했다는 것을 의미한다. 연구활동이 아닌 경우에도 직접적 관찰과 기록을 가끔 점검하여야 한다. 연구에서의 IOA는 90% 이상이면 좋지만 최소한 80%는 되어야 수용 가능하다고 할 수 있다.

IOA는 기록 방법에 따라 달리 계산된다. 빈도 기록법을 사용하는 경우에는 적은 빈도를 많은 빈도로 나누어 IOA를 백분율로 나타낸다. 예를 들어, 관찰자 A가 관찰기간 내 공격적 행동 발생을 10회로 기록하고 관찰자 B가 9회로 기록했다면 일치도는 90%이다. 지속시간 기록법을 사용하는 경우에는 적은 지속시간을 많은 지속시간으로 나누어 IOA를 계산한다. 예를 들어, 어떤 연습량에 대해 관찰자 A가 48분으로 기록하고 관찰자 B가 50분으로 기록했다면 IOA는 48/50, 즉 96%이다. 간격 기록법에서는 두 관찰자 간에 일치된 간격 수를 조사하여 그것을 전체 간격 수로 나누어 계산한다. 일치란 각 간격에서 두 관찰자가 모두 표적행동이 발생했다고 표시했거나 모두 발생하지 않았다고 표시한 경우 전체를 의미한다.

[그림 2-7]은 두 관찰자가 같은 시간에 같은 대상의 행동을 독립적으로 관찰하여 기록한 간격기록법 자료이다. 두 관찰자는 20개의 관찰 간격에서 17개의 간격에 일치되게 표시를

	A	A	A	A		A	D	A	A	A	A	A	D	A	A	D	A	A	A	A	A
관찰자 A	X	X	X			X			X	X				X		X		X	X		X	
관찰자 B	X	X	X			X	X	X	X					X	X	X				X		X

$$A/(A + D) = 17/20 = 0.85 = 85\%$$

[그림 2-7] 두 관찰자의 간격 기록법 비교. A는 행동 발생 혹은 비발생이라는 관찰자 간 일치를 나타내며, D는 관찰자 간 불일치(한 관찰자는 행동 발생으로, 나머지 관찰자는 행동 비발생으로 기록)를 나타낸다.

하였다. 따라서 17을 20으로 나누면 0.85이므로 85%의 신뢰도를 나타내고 있다. 시간표집 기록법에서도 간격기록법과 같은 방법으로 IOA를 계산한다.

　간격기록법의 IOA 산출방법은 행동 발생 IOA와 행동 비발생 IOA 등의 두 가지가 있다. 행동 발생 IOA는 두 관찰자가 모두 행동이 발생한 것으로 기록한 간격들만 일치로 간주한다. 두 관찰자 모두 행동이 발생하지 않은 것으로 기록한 간격은 계산에 포함시키지 않는다. 행동 비발생 IOA는 두 관찰자가 모두 행동이 발생하지 않은 것으로 기록한 간격들만 일치로 간주한다. 두 관찰자 모두 행동이 발생한 것으로 기록한 간격은 계산에 포함시키지 않는다. 행동 발생 IOA는 행동 비발생에 대한 동의가 우연하게 이루어지기 쉬운 저비율행동에 대해 좀 더 엄격한 수치를 제공해 준다. 행동 비발생 IOA는 행동 발생에 대한 동의가 우연하게 이루어지기 쉬운 고비율행동에 대해 좀 더 엄격한 수치를 제공해 준다. [그림 2-8]은 행동 발생 IOA 산출, 그리고 [그림 2-9]는 행동 비발생 IOA 산출의 예이다.

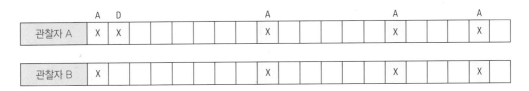

$$A/(A + D) = 4/5 = 80\%$$

[그림 2-8] 행동 발생에 대한 동의를 이용한 IOA 산출. 행동 발생에 대한 동의 간격 수를 동의+비동의 간격 수로 나눈다. 두 관찰자가 행동 발생으로 기록하지 않은 간격은 계산에 포함시키지 않는다.

$$A/(A + D) = 5/6 = 83.3\%$$

[그림 2-9] 행동 비발생에 대한 동의를 이용한 IOA 산출. 행동 비발생에 대한 동의 간격 수를 동의+비동의 간격 수로 나눈다. 두 관찰자가 행동 발생으로 기록한 간격은 계산에 포함시키지 않는다.

　간격 내 빈도 기록법에서는 각 간격에서 작은 빈도수를 큰 빈도수로 나누어 각 간격의 관찰자 간 일치도를 구하고 그 일치도를 모두 합한 후 관찰기간의 간격 수로 나누어 IOA를 산출한다. [그림 2-10]은 간격 내 빈도 기록법을 사용한 IOA 산출의 예이다.

관찰자 A	XXX	X	XX		XXXX	XXX		X	XX	XXX
관찰자 B	XXX	X	XXX		XXX	X		X	XXX	XXX
	3/3	1/1	2/3	0/0	3/4	1/3	0/0	1/1	2/3	3/3

100% + 100% + 67% + 100% + 75% + 33% + 100% + 100% + 67% + 100% = 842%

[그림 2-10] 간격 내 빈도기록법의 관찰자 간 신뢰도 계산. 각 간격의 일치율을 계산하고 모두 합하여 총 간격 수로 나눈다.

요약

1. 내담자가 말하는 것이나 행동하는 것을 명확하게 규정하여 행동 과다 혹은 행동 부족으로 나타나는 표적행동을 정의한다. 행동 정의는 대상이 나타내는 행동을 설명하는 동작성 동사로 표현해야 한다.

2. 표적행동을 기록하는 방법에는 연속 기록법(행동의 빈도, 지속시간, 지연시간이나 강도 기록), 성과 기록법, 간격 기록법, 시간표집 기록법이 있다.

3. 연속 기록법을 사용할 때는 관찰자가 대상을 관찰기간 내내 지속적으로 관찰하고 행동이 발생할 때마다 기록을 한다. 간격 기록법과 시간표집 기록법은 관찰기간을 작은 시간 단위(간격)로 나누고 각 간격 동안에 행동이 발생했는지 여부를 기록하는 것이다. 간격 기록법에서는 전 간격에 걸쳐 관찰이 연속으로 이루어지며, 시간표집 기록법에서는 각 간격의 한 시점에서 관찰과 기록이 이루어지고 각 간격의 나머지 시간 동안에는 관찰을 하지 않는다.

4. 행동을 기록하는 것 자체가 어떤 처치 이전에 행동변화를 야기할 수 있는데, 이것을 반응성이라고 한다. 반응성을 최소화하기 위한 한 가지 방법은 내담자가 관찰되고 있다는 데 익숙해질 때까지 기다리는 것이다. 또 다른 방법은 내담자에게 관찰되고 있다는 사실을 알리지 않고 관찰하는 것이다.

5. 관찰자 간 일치도(IOA)는 2명 이상의 관찰자가 독립적으로 한 내담자의 행동을 동일한 관찰기간 동안 관찰하고 각각의 기록을 비교하여 구한다. 관찰자 간 신뢰도는 표적행동이 일관성 있게 관찰되었는지를 평가하는 것이다.

🖉 핵심용어

간격 기록법(interval recording)

간격 내 빈도 기록법(frequency-within-
  interval recording)

간접평가(indirect assessment)

강도(intensity)

관찰기간(observation period)

관찰자 간 신뢰도(interobserber reliability)

관찰자 간 일치도(interobserber agreement)

구조화 관찰(structured observation)

기초선(baseline)

반응성(reactivity)

부분 간격 기록법(partial-interval recording)

비구조화 관찰(unstructured observation)

비율(rate)

빈도(frequency)

성과 기록법(product recording)

순간표집 기록법(momentary sample
  recording)

시간표집 기록법(time sample recording)

실시간 기록법(real-time recording)

아날로그 장면(analogue setting)

연속 기록법(continuous recording)

인위적 장면(contrived setting)

자기점검(self-monitoring)

자연 상황(natural setting)

전체 간격 기록법(whole-interval recording)

지속시간(duration)

지연시간(latency)

직접평가(direct assessment)

행동평가(behavioral assessment)

제3장

그래프 작성과 행동변화 측정

주요 학습문제

- 행동수정 그래프의 여섯 가지 핵심 구성요소는 무엇인가?
- 행동적 자료를 어떻게 그래프로 나타내는가?
- 그래프로 행동의 어떤 다른 영역들을 보여 줄 수 있는가?
- 기능적 관계란 무엇이며, 행동수정에서 기능적 관계를 어떻게 증명하는가?
- 행동수정에서 어떤 상이한 설계를 사용할 수 있는가?

　제2장에서 공부한 바와 같이 행동수정을 사용하는 사람들은 표적행동을 정의하고 그것을 직접 관찰·기록한다. 이렇게 함으로써 행동수정 절차가 적용되었을 때 행동상의 변화가 일어났는지를 밝혀낼 수 있다. 행동변화를 밝히는 가장 좋은 도구는 그래프이다.

　그래프는 전 시간에 걸친 행동 발생에 대한 시각적 표현이다. 표적행동 발생이 기록된(자료 양식 혹은 다른 방법으로) 후에 그 정보는 그래프로 전환된다. 그래프는 관찰기간 동안의 전체 기록 결과를 보여 주기 때문에 행동 발생을 전체적으로 볼 수 있는 효과적인 방법이다.

　행동분석가들은 처치 전과 처치가 시작된 후의 행동 수준을 규정하기 위해 그래프를 사용한다. 그들은 이 방법을 통해 처치 동안의 행동변화를 밝히고, 처치를 계속할 것인지에 대해 결정한다. 그래프는 행동 수준을 시각적으로 비교할 수 있도록 제시하기 때문에 처치 전과 처치 동안 그리고 처치 후 행동 수준의 비교를 용이하게 해 준다. 예를 들어, [그림 3-1]에서 행동의 빈도가 처치 전(기초선)보다 처치 동안(경쟁반응)에 훨씬 낮게 나타난 것을 쉽게 알 수 있다. 이 그래프는 한 학생의 자기관리에 대한 자료인데, 표적행동은 학습 중 자신의 입 안을

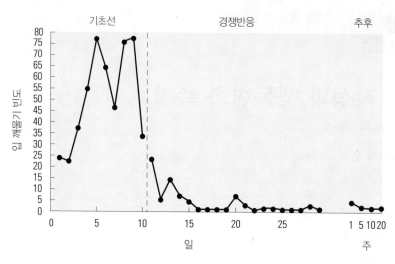

[그림 3-1] 기초선과 처치(경쟁반응) 단계 및 추후기간 동안의 입 깨물기 빈도 그래프

깨무는 것이었다. 학생은 자신이 표적행동을 나타낼 때마다 자료 양식에 기록하였다. 어떤 처치도 주어지지 않은 채로 10일 동안 기록한 후에(기초선) 경쟁반응(입 깨물기 행동과 양립할 수 없으면서 그 발생을 방해하는 행동)을 사용한 행동수정 절차를 적용하였다. 경쟁반응 절차를 시작하면서 20일 동안 행동을 기록하고 1, 5, 10, 20주 후에 4회 더 행동을 기록했는데, 이 기간을 추후기간(follow-up period)이라고 한다. 이 그래프를 보면 학생이 기록한 입 깨물기 행동은 처치가 이루어지는 동안 대폭 감소하였으며, 처치 20주 후까지도 낮은 수준으로 발생하였음을 알 수 있다.

그래프의 구성요소

전형적인 행동수정 그래프에서 설명되는 두 가지 변인은 시간과 행동이다. 그래프상의 각 자료점들은 두 가지 정보를 제공해 준다. 즉, 행동이 언제(시간) 기록되었는지와 그 시점에서의 행동수준에 대한 정보이다. 시간은 수평축(x축 혹은 가로축이라고도 함)에, 행동 수준은 수직축(y축 혹은 세로축이라고도 함)에 나타낸다. [그림 3-1]에서 입 깨물기 빈도는 수직축에, 일과 주는 수평축에 나타내었다. 이 그래프를 보면 처치 전이나 후 어떤 특정 일의 입 깨물기 빈도를 알 수 있다. 추후 기록이 있기 때문에 처치 후 20주까지의 행동 빈도를 알 수 있다.

그래프로 나타내기 위해서는 여섯 가지 구성요소가 필요하다.

- **x축과 y축**　수평축과 수직축이 왼쪽 밑에서 만나도록 구성된다. 대부분의 그래프에서 x축은 y축보다 약 2배 정도 길다([그림 3-2] 참조).

- **x축과 y축의 명칭**　y축의 명칭은 기록된 행동 영역을 나타내고, x축의 명칭은 행동이 기록된 기간 동안의 시간 단위를 나타낸다. [그림 3-3]에서 y축의 명칭은 '공부시간'이고, x축의 명칭은 '일'이다. 따라서 내담자의 공부시간이 매일 기록되는 것이다.

- **x축과 y축의 숫자**　y축의 숫자는 행동의 측정 단위를 나타내고, x축의 숫자는 시간의 측정 단위를 나타낸다. [그림 3-4]에서 y축의 숫자는 공부한 시간 수를 나타내며, x축의 숫자는 공부하는 것을 측정한 날을 나타낸다.

- **자료점**　자료점은 각 특정 시간에 발생한 행동 수준을 정확하게 나타내도록 표시되어야 한다. 자료점이 나타내는 행동 수준과 시간에 대한 정보는 자료 양식이나 다른 행동기록 도구로부터 수집되는 것이며, 각 자료점은 근접한 점끼리 선으로 연결한다([그림 3-5] 참조).

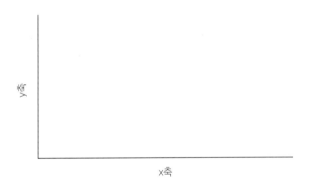

[그림 3-2] x축과 y축

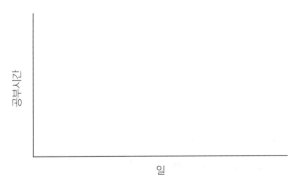

[그림 3-3] x축과 y축의 명칭

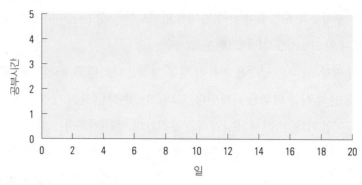

[그림 3-4] x축과 y축의 숫자

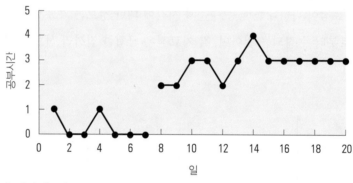

[그림 3-5] 그래프상의 자료점

■ **단계선**   단계선은 그래프상에 수직선으로 나타내는데, 이는 처치의 상태가 달라졌음을 의미하는 것이다. 처치 상태의 변화란 비처치 단계에서 처치 단계로, 처치 단계에서 비처치 단계로 혹은 한 처치 단계에서 다른 처치 단계로의 전이를 말한다. 한 단계는 동일한 처치(또는 비처치)가 주어지는 기간을 의미한다. [그림 3-6]에서 단계선은 기초선(비처치) 단계와 처치 단계를 나누어 놓고 있다. 단계선에 근접한 자료점은 서로 연결되지 않는다. 이것은 각 단계에서 나타나는 행동 수준의 차이를 보다 쉽게 파악할 수 있도록 해 준다.

■ **단계 명칭**   그래프의 각 단계에는 명칭이 부여되어야 한다. 단계 명칭은 그래프의 각 단계 상단에 적어 넣는다([그림 3-7] 참조). 대부분의 행동수정 그래프는 비처치 단계와 처치 단계 등의 최소 두 가지 단계를 갖는다. '기초선'은 비처치 단계를 명명하는 일반적인 명칭이며, 처치 단계의 명칭은 적용된 특정한 처치로 정해진다. [그림 3-7]에서 두 가지

단계의 명칭은 '기초선'과 '행동계약'인데, 행동계약은 학생이 공부하는 것을 증가시키기 위해 처치한 행동수정 절차이다. 어떤 그래프들은 처치 단계나 기초선 단계를 하나 이상 두기도 한다.

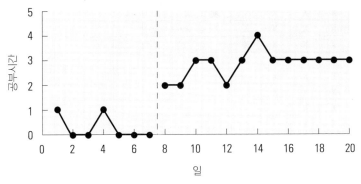

[그림 3-6] 그래프의 단계선

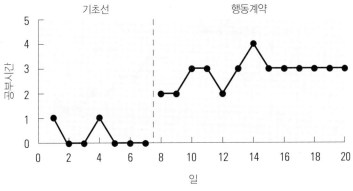

[그림 3-7] 그래프상의 단계 명칭

행동 자료의 그래프 작성

제2장에서 학습한 바와 같이 행동 자료는 직접관찰을 통한 자료 양식이나 다른 도구를 사용하여 수집된다. 일단 행동이 자료 양식에 기록되면 그것을 그래프로 옮길 수 있다. 예를 들어, [그림 3-8]의 (a)는 2주 동안의 행동을 빈도로 기록한 자료 양식이고, [그림 3-8]의 (b)는 자료 양식의 행동 자료를 그래프로 나타낸 것이다. 자료 양식상의 1~14일이 그래프 x축의

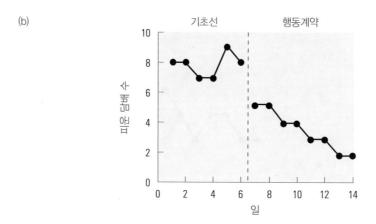

(a) 빈도

일	1	2	3	4	5	6	7	8	9	10	11	12	
1	X	X	X	X	X	X	X	X					8
2	X	X	X	X	X	X	X	X					8
3	X	X	X	X	X	X	X						7
4	X	X	X	X	X	X	X						7
5	X	X	X	X	X	X	X	X	X				9
6*	X	X	X	X	X	X	X	X					8
7	X	X	X	X	X								5
8	X	X	X	X	X								5
9	X	X	X	X									4
10	X	X	X	X									4
11	X	X	X										3
12	X	X	X										3
13	X	X											2
14	X	X											2

* 6일은 기초선의 마지막 날이며, 7일은 처치의 첫째 날임.

(b)

[그림 3-8] (a)는 자료 양식상의 빈도이다. 각 일에 피운 담배 수가 양식에 기록되어 있다. (b)는 자료 양식의 행동 자료를 그래프로 나타낸 것이다. 처치는 담배를 이틀마다 1개비씩 적게 피우기로 한 행동계약이다. 행동계약은 제23장에 서술되어 있다.

14일과 일치해야 한다. 또한 그래프 y축의 빈도는 자료 양식상 매일의 행동 빈도에 부합되는 것이다. 그래프를 보면 행동 빈도가 기초선보다 처치기간 동안에 현저히 낮아졌음을 한눈에 알 수 있다. 기초선과 처치 단계 간의 차이점을 보다 자세히 알아보기 위해서는 자료 양식을 보아야 한다. 이 그래프에는 그래프의 여섯 가지 핵심 구성요소가 모두 포함되어 있다.

두 번째 예를 살펴보자. [그림 3-9]의 (a)는 지속시간 자료 양식이며, [그림 3-9]의 (b)는 자료 양식에 기록된 행동 지속시간을 요약한 표이다. 요약표에 나타난 20일간의 행동 지속시간은 행동 양식에 나타나 있는 행동 지속시간에 상응하는 것이다.

자료 요약표([그림 3-9]의 (b) 참조) 밑의 그래프는 부분적으로 완성된 것이다([그림 3-9]의 (c) 참조). 자료 요약표의 정보를 사용하여 이 그래프를 완성하게 되는데, 앞서 언급한 바와

(a)

일	시작시간	종료시간	시작시간	종료시간	시작시간	종료시간	합계
1							0
2	7:00	7:15					15
3							0
4							0
5	7:10	7:25					15
6							0
7*							0
8	7:00	7:15					15
9	7:30	8:00					30
10	7:30	8:00					30
11	6:30	6:45					15
12	6:45	7:15					30
13							0
14	7:00	7:30					30
15	6:30	6:45	7:00	7:30			45
16	6:45	7:15					30
17	6:30	7:15					45
18	7:00	7:30	7:45	8:00			45
19							0
20	6:45	7:15	7:30	8:00			60

* 기초선은 7일에 끝남. 8일에 행동계약의 처지가 시작됨.

(b)

일	1	2	3	4	5	6	7	8	9	10	11	12	13	14	15	16	17	18	19	20
지속시간 (분)	0	15	0	0	15	0	0	15	30	30	15	30	0	30	45	30	45	45	0	60

(c)

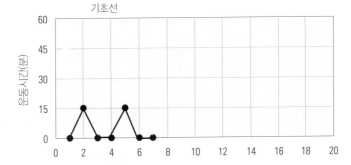

[그림 3-9] (a)는 자료 양식상의 빈도로 매일의 운동 지속시간을 기록한 것이다. (b)는 자료 요약표이며, (c)는 연습을 위한 미완성 그래프이다.

같이 완성된 그래프는 여섯 가지 구성요소가 모두 포함되어야 함을 잊지 말아야 한다.

[그림 3-9]의 (c)가 완성되려면 네 가지 구성요소를 더 포함시켜야 한다. 첫째, 8일에서 20일까지의 자료점을 찍고 선으로 연결해야 한다. 둘째, 7일과 8일 사이에 단계선을 넣어야 한다. 7일과 8일의 자료점은 연결하지 말아야 한다. 셋째, 단계선 오른쪽에 '행동계약'이라는 단계 명칭을 넣어야 한다. 넷째, x축에 '일'이라는 명칭을 넣어야 한다. 이와 같은 네 가지 구성요소가 추가되면 그래프는 여섯 가지 구성요소를 모두 갖추게 되는 것이다([그림 3-10] 참조).

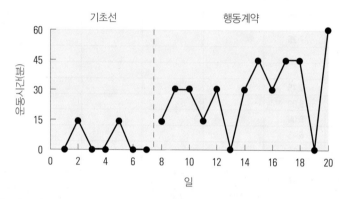

[그림 3-10] [그림 3-9]의 (b) 요약표의 자료로 완성된 그래프

📖 더 읽을거리

엑셀로 그래프 그리기

모눈종이에 자와 연필을 이용하여 그래프를 그리는 것이 쉽기는 하지만, 컴퓨터를 이용하여 그래프를 그릴 수 있는 프로그램이 있다. 그래프를 그릴 수 있는 2개의 마이크로소프트 오피스 프로그램이 있는데, 파워포인트와 엑셀이다(Vaneslow & Bourret, 2012). Carr와 Burkholder(1988), 그리고 Dixon 등(2007)은 응용행동분석 저널에 마이크로소프트 엑셀을 이용하여 행동수정이나 응용행동분석에서 사용되는 유형의 그래프를 그리는 방법에 대해 단계별 교수법을 게재하였다. Vaneslow와 Bourret(2012)은 마이크로소프트 엑셀을 이용하여 그래프를 그리는 것에 대한 온라인 강의를 이용하는 방법을 설명하였다. 엑셀을 이용하여 그래프를 그리는 방법에 대해 배우고자 하는 학생은 이와 같은 논문들을 읽으면 도움을 받을 수 있다.

상이한 기록 절차에서 나온 자료의 그래프 작성

[그림 3-8]과 [그림 3-10]은 빈도 자료와 지속시간 자료를 그래프화한 것이다. 행동은 다른 영역도 있기 때문에 다른 형태의 그래프로도 가능하다. 그러나 행동의 어떤 영역을 그래프화하든 여섯 가지 구성요소는 반드시 있어야 한다. 행동 영역이 달라짐에 따라 변화되어야 할 것은 y축의 명칭과 숫자이다. 예를 들어, 어떤 학생이 수업시간 중에 푼 산수 문제의 정답을 백분율로 기록한다면 y축의 명칭은 '산수 문제 정답 백분율'이 되고 그 숫자는 0부터 100%가 되어야 한다. 이미 학습한 바와 같이 y축의 명칭은 행동(정답)과 기록된 행동의 차원(백분율)을 규정하는 것이어야 한다.

다른 예를 들어 보자. 신체의 근육이 불수의적으로 경직되는 뚜렛장애(운동 틱장애라고 함)를 연구하는 경우에 연구자는 간격 기록법을 사용하여 30분의 관찰기간을 10초 간격으로 나누고 각 간격 동안에 운동틱이 나타나는지를 기록한다. 관찰기간이 끝나면 틱이 발생한 백분율을 구한다. 그래프의 y축 명칭은 '틱의 간격 백분율'이 되고 숫자는 0부터 100%가 될 것이다. 간격 기록법이 사용될 때 y축의 명칭은 언제나 '행동의 간격 백분율'이 된다. x축의 명칭은 행동이 기록된 때를 나타내며(예: 회기, 일) 그에 맞게 숫자가 부여된다. 한 회기는 표적행동이 관찰되고 기록된 시간을 의미한다. 일단 처치가 시작되면 그것은 회기 내에서 이루어지는 것이다. 강도나 성과물과 같은 행동의 또 다른 측면이 관찰되고 그래프로 만들어질 수도 있다. 각 경우에 y축의 명칭은 기록된 행동과 그 영역을 명확히 반영하는 것이어야 한다. 예를 들어, 아동의 울화행동이 얼마나 강하게 나타나는가 혹은 얼마나 심각한가를 측정하는 경우에 y축의 명칭은 '울화 평정점수'로 하고 y축의 숫자는 평정척도의 점수로 해야 할 것이다. 소리의 크기를 측정하기 위해서 y축의 명칭은 'dB'로, 숫자는 dB의 수준을 나타내는 숫자로 하여야 할 것이다. 성과 기록법에 의한 자료를 그래프화할 때도 역시 y축은 행동과 측정 단위를 나타내야 한다. 예를 들어, '인형 조립 수'가 y축의 명칭이 되고, 숫자는 인형을 조립하여 완성한 개수를 나타내는 것이어야 한다.

연구설계법의 유형

행동수정 연구를 할 때는 좀 더 복잡한 형태의 그래프를 사용하는 연구설계를 사용한다. **연구설계**(research design)의 목적은 처치(독립변인)가 표적행동(종속변인)의 변화에 영향을 끼쳤는지를 결정하고, 행동변화를 야기할 수 있는 다른 변인들을 제거하는 것이다. 연구에서 **독립변인**(independent variable)은 표적행동을 변화시키기 위해 연구자가 조작하는 것을 의미하고, 이때 표적행동을 **종속변인**(dependent variable)이라고 한다. 다른 변인들이란 간섭변인이라고도 하는데, 행동에 영향을 끼칠 것이라고 계획하지 않았던 모든 사건을 의미한다. 문제를 가진 사람에게 행동수정 절차를 적용하면 행동변화가 긍정적으로 나타날 것은 명백하다. 그러나 행동수정을 연구하는 사람들은 행동수정 절차가 행동변화의 원인임을 입증하고자 한다.

연구자가 행동수정 처치로 표적행동이 변화되었음을 밝히면 처치와 표적행동 간의 **기능적 관계**(functional relationship)를 입증한 것이다. 즉, 연구자는 행동이 행동수정 처치의 기능으로 변화하였음을 밝힌 것이다. 기능적 관계는 (1) 다른 모든 변인이 일정하고 독립변인이 적용되었을 때(처치가 실행될 때), (2) 처치가 한 번 이상 반복되고 그때마다 행동이 변화되었을 때 성립된다.

행동수정 연구자들은 이 기능적 관계를 밝히기 위해 연구설계를 사용하는데, 연구설계는 처치의 실행과 반복을 모두 포함한다. 만일 처치가 실행되는 각 절차마다 표적행동이 변화하거나 처치가 실행될 때만 표적행동이 변화한다면 기능적 관계는 입증된 것이다. 이러한 경우에 표적행동에 대한 실험적 통제가 입증되었다고 말할 수 있다. 처치가 적용될 때만 행동이 변화했다는 것은 다른 변인이 행동변화를 야기했을 가능성이 희박하다는 것을 의미하기 때문이다. 이 절에서는 행동수정에서 사용되는 연구설계에 대하여 살펴볼 것이다[행동수정 연구설계에 대해서는 Bailey(1977), Barlow와 Hersen(1984), Hayes, Barlow 및 Nelson-Gray(1999), Poling과 Grossett(1986)를 참조한다].

A-B 설계

행동수정에서 사용되는 가장 단순한 형태의 설계는 단지 두 단계(기초선과 처치)만을 가진다. 이것을 A-B 설계(A-B design)라고 하는데, A는 기초선이고 B는 처치이다. A-B 설계는

[그림 3-1]과 [그림 3-7], [그림 3-8]의 (b), [그림 3-10]에 나타나 있다. A-B 설계에서는 기초선과 처치를 비교하여 행동이 처치 후에 원하는 방향으로 변화되었는지를 결정한다. 그러나 A-B 설계는 처치가 두 번 실행되지 않으므로 기능적 관계를 밝히지는 못한다. 그러므로 A-B 설계는 진실험설계가 아니다. A-B 설계는 다른 변인들이 행동변화에 영향을 끼쳤을 가능성을 배제하지 못한다. 예를 들어, [그림 3-1]에서 보는 바와 같이, 경쟁반응 처치가 주어졌을 때 입 깨물기 행동이 감소되었더라도 처치가 실행된 같은 시간에 다른 사건(외부로부터의 변인)이 발생했을 가능성도 있는 것이다. 이런 경우에는 입 깨물기 행동의 감소가 다른 사건의 결과일 수도 있고, 처치와 다른 사건의 상호작용의 결과일 수도 있다. 예를 들어, 연구 대상이 신경성 습관을 조절하는 것과 관련된 TV 프로그램을 보고 자신의 입 깨물기를 조절하는 방법을 배웠을 수도 있다.

행동수정 연구자들은 A-B 설계가 다른 원인을 배제하지 못하기 때문에 잘 사용하지 않는다. A-B 설계는 행동수정 절차가 행동변화의 원인임을 증명하기보다는 단지 행동변화가 일어났음을 밝히는 데 관심이 있는 비연구 상황에서 자주 적용된다. 행동수정 절차가 실행된 후에 행동변화가 일어났는지를 알기 위한 자기관리 프로그램에서 A-B 그래프를 사용할 수 있다.

A-B-A-B 반전설계

A-B-A-B 반전설계(A-B-A-B reversal design)는 단순 A-B 설계(A=기초선, B=처치)의 확장이다. A-B-A-B 설계에서 기초선과 처치 단계는 두 번씩 실행된다. 첫 번째 처치 단계 후에 처치를 제거하고 기초선으로 되돌아가기 때문에 반전설계라고 부른다. 이 두 번째 기초선 뒤에는 처치의 반복이 뒤따른다. [그림 3-11]은 A-B-A-B 설계를 나타내고 있다.

[그림 3-11]의 A-B-A-B 그래프는 지적장애인인 밥의 공격행동에 대한 교사 요구의 효과를 보여 주고 있다. Carr 등(1980)은 교사가 빈번하게 요구하는 단계와 아무런 요구도 하지 않는 단계를 교대로 적용함으로써 밥의 공격행동에 대한 요구의 영향을 연구했다. [그림 3-11]에서 볼 수 있는 바와 같이 행동은 세 차례 변화하였다. 기초선 단계(요구)에서 공격적 행동이 빈번하게 발생했다. 처치 단계(비요구)가 처음으로 실행되었을 때는 행동이 감소하였다. 두 번째 '요구' 단계에서는 행동이 첫 번째 '요구' 단계 수준으로 되돌아갔다. 마지막으로 '비요구' 단계가 두 번째로 실행되었을 때 행동이 다시 감소하였다. 행동이 세 번 변화했다는

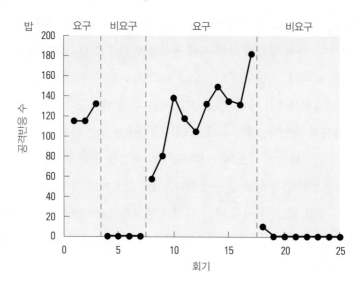

[그림 3-11] 기초선 단계에 요구(A), 처치 단계에 비요구(B)를 적용하여 지적장애인의 공격행동 빈도를 나타낸 A-B-A-B 그래프

출처: Carr, E. G., Newsom, C. D., & Binkoff, J. A. (1980). Escape as a factor in the aggressive behavior of two retarded children. *Journal of Applied Behavior Analysis, 13*, 101-117.

사실과 단계가 바뀔 때만 변화했다는 사실은 다른 외부로부터의 변인보다는 요구 변화(요구 → 비요구)가 행동변화의 원인임을 증명하는 것이다. 요구를 했느냐(요구) 안 했느냐(비요구)에 따라 행동이 변화한 것이다. 외부로부터의 변인이 요구가 바뀔 때마다 동시에 정확하게 개입되었을 가능성은 매우 희박하기 때문이다. 따라서 요구 변화가 아닌 다른 변인이 행동변화의 원인이 되기는 매우 어렵다.

A-B-A-B 반전설계의 변형은 한 가지 이상의 처치를 평가하고자 할 때 사용될 수 있다. 예를 들어, 한 가지 처치(B)를 실행했는데 변화가 없어서 두 번째 처치(C)를 실행했고, 그것이 행동변화를 가져왔다고 가정해 보자. 이것에 대한 실험적 통제를 보여 주려면 A-B-C-A-C 설계를 사용해야 할 것이다. 만일 두 번째 처치(C)가 실행될 때마다 표적행동에 변화가 나타났다면 이 처치와 행동 간의 기능적 관계를 확인한 것이다.

A-B-A-B 설계를 사용할 것인지를 결정하기 위해서는 여러 가지 상황을 고려해야 한다. 첫째, 만일 행동이 위험하다면(예: 자해행동) 두 번째 기초선 단계에서 처치를 철회하는 것은 윤리적이지 못하다. 둘째, 처치가 철회되었을 때 행동 수준이 반전될 것이라는 확신이 어느 정도 있어야 한다. 만일 처치가 철회되었을 때 행동이 변화하지 않으면 기능적 관계는 입증될 수 없다. 셋째, 처치가 실행된 이후에 실제로 처치를 제거할 수 있는지가 고려되어야 한

다. 예를 들어, 처치가 어떤 교수 절차여서 연구 대상이 새로운 행동을 학습하는 것이라면 습득한 학습 능력을 원점으로 되돌릴 수는 없다[A−B−A−B 설계 사용에 관한 보다 구체적인 논의는 Bailey(1977), Bailey와 Burch(2002), Barlow와 Hersen(1984), Gast(2009), 그리고 Kazdin(2010)의 문헌을 참조하라].

중다기초선 설계

중다기초선 설계(multiple-baseline design)에는 세 가지 형태가 있다.

- 대상별 중다기초선 설계는 서로 다른 2명 이상을 대상으로 동일한 표적행동에 대해 기초선 단계와 처치 단계를 갖는다.
- 행동별 중다기초선 설계는 동일한 대상의 서로 다른 두 가지 이상의 행동에 대해 기초선 단계와 처치 단계를 갖는다.
- 상황별 중다기초선 설계는 동일한 대상의 동일한 행동을 두 가지 이상의 상황에서 측정하는 기초선 단계와 처치 단계를 갖는다.

A−B−A−B 설계도 2개의 기초선 단계와 처치 단계를 갖지만 기초선과 처치 단계 모두 동일한 장면에서 동일한 대상의 동일한 행동 발생을 다룬다. 그러나 중다기초선 설계는 다른 대상이나 다른 행동 혹은 다른 상황에서 발생하는 서로 다른 기초선과 처치 단계를 갖는다.

중다기초선 설계는 (1) 여러 대상자가 보이는 동일한 표적행동에 관심이 있을 때, (2) 동일 대상의 2개 이상의 행동을 표적으로 삼을 때, (3) 2개 이상의 장면에서 한 대상의 행동을 측정할 때 사용된다. 중다기초선 설계는 앞서 설명한 대로 A−B−A−B 설계를 사용할 수 없을 때 사용된다. 중다기초선 설계를 사용할 적절한 시기에 관한 내용은 Bailey(1977), Bailey와 Burch(2002), Barlow와 Hersen(1984)에 상세히 소개되어 있다.

[그림 3−12]는 대상별 중다기초선 설계의 예이다. DeVries, Burnette과 Redmon(1991)의 연구에서 나온 이 그래프는 응급실 간호사들이 환자를 대할 때 고무장갑을 끼는 것에 대해 피드백해 주는 중재의 효과를 보여 주고 있다. 여기에는 4명의 대상(간호사)에 대한 기초선과 처치 단계가 있음을 주의하기 바란다. [그림 3−12]는 또한 중다기초선 설계의 중요한 특성을 잘 보여 주고 있다. 즉, 각 대상의 기초선은 그 기간이 서로 다르다. 대상 1이 처치에 들어

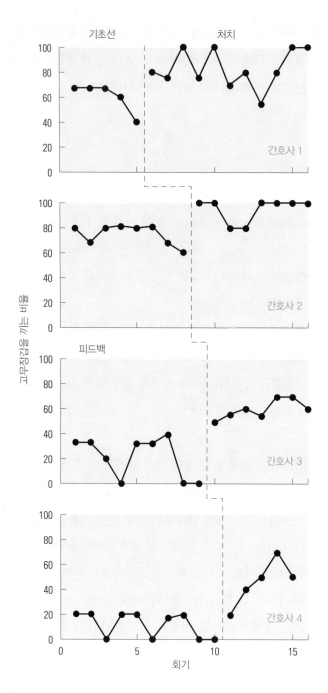

[그림 3-12] 4명의 응급실 간호사가 환자를 대할 때 고무장갑을 끼는 비율을 나타내는 대상별 중다기초선 그래프. 감독 관으로부터 피드백을 받는 처치가 엇갈리게 실행되었고, 4명의 간호사 각각의 행동이 증가되는 결과를 낳았다.

출처: DeVries, J. E., Burnette, M. M., & Redmon, W. K. (1991). AIDS prevention: Improving nurses'compliance with glove wearing through performance feedback. *Journal of Applied Behavior Analysis*, *24*, 705-711.

갈 때 대상 2, 3, 4는 여전히 기초선 단계에 있다. 또한 대상 2가 처치에 들어갈 때 대상 3과 4는 여전히 기초선 단계이며, 대상 3이 처치에 들어갈 때 대상 4는 여전히 기초선 단계에 있다. 처치가 서로 다른 시간에 실행되는 경우를 엇갈린 처치라고 한다. 처치가 각 대상에 대해 시작된 직후에만 각 대상의 행동이 증가하였음에 주목하라. 대상 1에게 처치가 주어졌을 때 행동이 증가했다. 그러나 그 시점에 여전히 기초선 단계에 있으면서 처치를 받지 않았던 대상 2, 3, 4의 행동은 증가하지 않았다. 각 대상의 행동이 처치가 시작된 후에만 변화하였다는 사실은 외부로부터의 변인이 아닌 처치가 행동변화의 원인임을 증명하는 것이다. 4명의 대상에게 처치가 시작된 직후 정확히 같은 시간에 외부로부터의 변인이 우연히 작용할 확률은 거의 없다고 할 수 있다.

[그림 3–13]은 **행동별 중다기초선 설계**의 예이다. Franco, Christoff, Crimmins와 Kelly (1983)는 이 그래프에서 부끄럼이 많은 청소년의 네 가지 사회적 행동[질문하기, 다른 사람의 의견 알기, 눈 맞춤 하기, 정서 나타내기(예: 미소 짓기)]에 대한 처치(사회적 기술 훈련)의 효과를 보여 주고 있다. 이 그래프에서 처치는 네 가지 행동 간에 엇갈리게 실행되고 있으며, 각 행동은 처치가 주어진 직후에만 변화되었다는 사실에 주목하기 바란다. 처치가 주어진 바로 그 행동에 대해서만 변화가 나타났기 때문에 행동변화를 일으킨 변인은 외부로부터의 변인이라기보다는 처치였음이 증명되는 것이다.

상황별 중다기초선 설계에 사용되는 그래프는 [그림 3–12]나 [그림 3–13]과 비슷하다. 차이점은 상황별 중다기초선 그래프에서는 둘 혹은 그 이상의 상황에서 동일한 대상의 동일한 행동이 기초선과 처치 단계에 기록된다는 것과 처치가 상황별로 엇갈리게 된다는 것이다.

? 그래프의 여섯 가지 구성요소에 유념하면서 가상적 자료를 이용하여 상황별 중다기초선 설계의 그래프를 그려 보자. 간격 기록법을 사용하여 서로 다른 두 교실에서 학생의 파괴 행동을 기록했다고 가정하자. 그래프에 두 상황의 기초선과 처치 단계를 포함시킨다.

Dunlap, Kern-Dunlap, Clarke와 Robbins(1991)가 연구한 [그림 3–14]의 그래프는 두 장면(오전과 오후의 교실)에서 나타나는 기초선과 처치(개정된 교과과정) 단계에서의 파괴행동 간격 백분율을 보여 주고 있다. 이것은 일주일에 한 번씩 10주 동안 수집한 추적 자료도 나타내 주고 있다. 처치는 한 장면에서 먼저 실행되었고, 그러고 나서 다른 장면에서 실행되었으며, 학생의 파괴행동은 처치가 각 장면에서 실행된 후에만 변화하였다는 점에 주목하라. 앞서 연습해 보았던 상황별 중다기초선 설계의 그래프는 [그림 3–14]와 비슷하게 나타날 것이다.

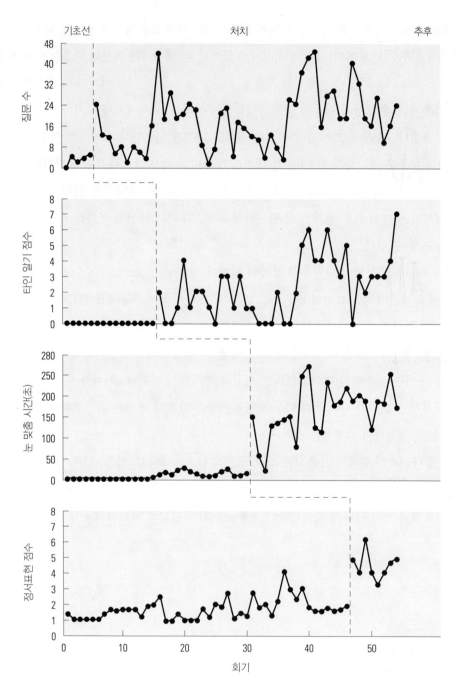

[그림 3-13] 부끄럼을 타는 청소년이 보이는 네 가지 사회적 행동을 나타내는 행동별 중다기초선 그래프. 사회적 기술 훈련 중재가 네 가지 행동에 적용되었고 각 행동이 증가하였다.

출처: Franco, D. P., Christoff, K. A., Crimmins, D. B., & Kelly, J. A. (1983). Social skills training for an extremely shy young adolescent: An empirical case study. *Behavior Therapy, 14,* 568-575.

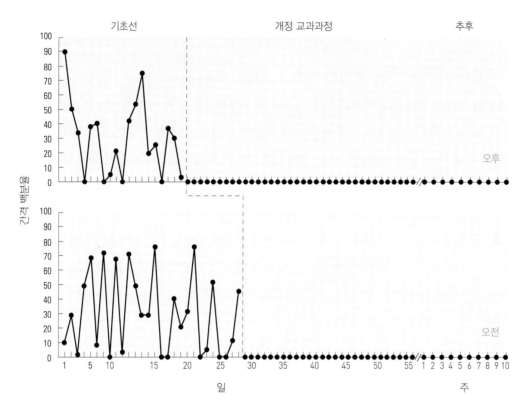

[그림 3-14] 오전의 교실 장면과 오후의 다른 교실 장면에서 나타나는 청소년의 파괴행동에 대한 개정 교과과정 적용의 효과를 보여 주는 상황별 중다기초선 설계. 간격 기록법을 사용하였고 파괴행동의 간격 백분율을 그래프에 나타냈다.

출처: Dunlap, G., Kern-Dunlap, L., Clarke, S., & Robbins, F. (1991). Functional assessment, curricular revision, and severe behavior problems. *Journal of Applied Behavior Analysis*, 24, 387-397.

📖 더 읽을거리

비동시 대상별 중다기초선 설계

대상별 중다기초선 설계에서 자료 수집은 동일한 시간인 각각의 기초선(각 대상의)에서 시작되고, 따라서 처치 구간은 시간에 따라 지그재그식으로 나타난다. 그러나 비동시 대상별 중다기초선 설계(nonconcurrent multiple-baseline-across-subjects design)(Carr, 2005; Watson & Workman, 1981)에서는 대상들이 동시에 연구에 참여하지 않는다. 비동시 MBL 설계에서는 2명 혹은 그 이상의 대상에 대한 기초선이 시간적으로 다른 시점에서 시작한다. 비동시 MBL은 서로 다른 기초선 구간을 갖는 각 대상에 대한 여러 개의 A-B 설계와 같다. 처치는 시간보다는 서로 다른 기초선 길이에 따라 나타난다. 처치가 실행되기 전 각 대상의 기초선 자료 수가 다르다면, 연구설계는 비동시 MBL로 간주된다. 비동시 MBL의 장점은 대상자가 서로 다른 시점에서 평가되므로, 연구에 동시에 참여할 필요 없이 순차적으로 참여할 수 있어 연구자가 연구를 수행하기가 수월하다는 것이다(Carr, 2005).

처치변경 설계

다요인 설계라고도 하는 **처치변경 설계**(alternating-treatments design: ATD)는 앞서 살펴본 기초선과 처치 조건(혹은 두 가지 처치)을 가지는 연구설계와는 달리 **빠르게** 연속되고 서로 비교되도록 실행된다. 예를 들어, 첫 번째 날에 처치가 주어지고 다음 날에 기초선, 그다음 날에 처치, 다시 다음 날에 기초선 식으로 진행된다. A−B, A−B−A−B, 중다기초선 설계에서는 처치 단계가 기초선 단계 다음에 일정 기간 동안 실행되었다. 다시 말해서, 기초선과 처치가 순차적으로 일어났다. ATD에서는 두 가지 조건(기초선과 처치, 두 가지 서로 다른 처치)이 일/회기 동안에 교대로 주어진다. 그러므로 두 가지 조건이 동일한 기간 내에서 비교될 수 있다. 이것은 외부로부터의 어떤 변인이 두 가지 조건에 모두 비슷하게 영향을 끼쳤고, 그러므로 외부로부터의 그 변인은 두 조건 간에 나타난 차이의 원인이 될 수 없다는 점에서 가치를 지닌다.

다음의 ATD 예를 살펴보자. 어떤 교사는 폭력적인 만화영화가 학령 전 유아의 공격행동을 이끌어 내는지 아닌지에 대해 관심을 갖고 있다. 교사는 폭력적 만화영화와 공격행동 간의 기능적 관계를 입증하기 위해 ATD를 사용하였다. 첫째 날에 교사는 유아들에게 만화영화를 보여 주지 않고(기초선) 유아들의 공격행동을 기록한다. 다음 날에는 유아들에게 폭력적인 만화영화를 보여 주고 그들의 공격행동을 기록한다. 이와 같이 교사는 일별로 만화영화를 보여 주기와 보여 주지 않기를 교대로 계속한다. 몇 주 후에 교사는 기능적 관계가 존재하는지를 결정할 수 있게 된다. 만일 만화영화를 보여 준 날에 공격행동이 지속적으로 더 많이 나

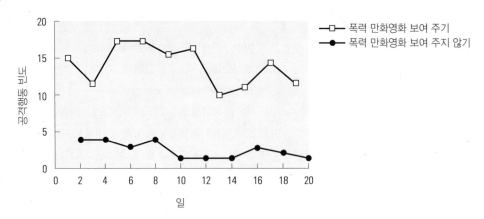

[그림 3-15] 아동에게 폭력적 만화영화를 보여 주었을 때와 보여 주지 않았을 때 나타나는 공격행동의 빈도를 보여 주는 처치변경 설계 그래프. 공격행동 수준이 만화영화를 보지 않은 날보다 본 날에 더 높게 나타났다.

타나고 만화영화를 보여 주지 않은 날에 공격행동이 지속적으로 덜 나타났다면, 폭력적 만화
영화와 유아들의 공격행동 간의 기능적 관계를 입증하게 되는 것이다.

ATD의 가상적 자료에 대한 그래프의 예는 [그림 3-15]에 나타나 있다. 이 그래프에서 공
격행동의 발생 수는 유아가 폭력적 만화영화를 본 날(홀숫날)과 보지 않은 날(짝숫날) 위에 각
각 나타나 있다. 유아가 만화영화를 본 날에 공격행동이 더 빈번하게 발생했음에 주목하라.
공격행동이 만화영화를 본 날에 항상 높게 나타났기 때문에 연구자는 공격행동이 폭력적 만
화영화 시청의 작용으로 발생했다고 결론짓게 된다.

준거변경 설계

준거변경 설계(changing-criterion design)는 전형적으로 기초선과 처치 단계를 갖는다. 준거
변경 설계가 A-B 설계와 다른 점은 처치 단계 내에서 실행 준거가 순차적으로 지정된다는 것
이다. 즉, 표적행동이 처치 단계 동안에 얼마나 변화해야 한다는 표적행동의 달성 수준이 지
정된다. 처치의 효과는 대상의 행동이 실행 준거에 도달되도록 변화하였는지로 결정된다. 즉,
대상의 행동이 각 목표 수준으로 변화하였는가? 준거변경 설계의 그래프는 각 준거 수준과 행
동 수준점을 나타내 주기 때문에 행동 수준이 준거 수준에 도달했는지를 쉽게 알 수 있다.

Foxx와 Rubinoff(1979)가 연구한 [그림 3-16]의 그래프를 보자. 연구자들은 정적 강화와
반응대가 절차(이는 제15장과 제17장에서 논의됨)로써 사람들의 과도한 카페인 섭취량을 감소
시키려고 하였다. 그래프에서 볼 수 있는 바와 같이 카페인 섭취가 점차로 낮아지도록 4개의
서로 다른 준거 수준을 설정하였다. 대상들이 준거 수준보다 카페인을 덜 섭취하면 현금을 받
고 더 많이 섭취하면 현금을 빼앗긴다. 이 그래프에서 보면 처치가 성공적이었다. 즉, 내담자
들의 카페인 섭취 수준이 준거 수준보다 항상 낮게 나타났다. 내담자의 행동이 실행 준거가
변화할 때마다 변화했기 때문에 행동변화가 외부로부터의 변인에 의한 반응이라고 보기 어
렵다.

DeLuca와 Holborn(1992)은 비만 소년들이 운동을 좀 더 많이 하도록 설계한 연구에서 준
거변경 설계를 사용하였다. 소년들은 훈련용 자전거를 타고 밟은 페달 수만큼 점수를 얻어
그 점수를 장난감과 교환하거나 다른 보상을 받았다. 이 연구에서는 훈련 수행 준거를 매번
증가시켰고(받은 점수보다 더 많은 페달을 밟아야 했음) 소년들의 연습 수준이 그에 따라 증가하
여 결과적으로 처치와 페달을 밟는 행동 사이의 기능적 관계가 입증되었다.

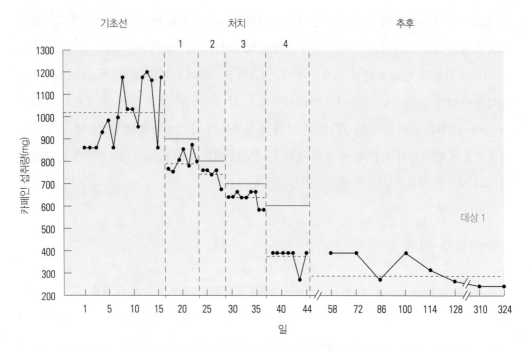

[그림 3-16] 준거변경 그래프. 카페인 섭취량이 매번 낮게 설정되는 준거 수준 이하로 감소되었다. 처치 단계 1~4의 수평선은 준거선이다.

출처: Foxx, R. M., & Rubinoff, A. (1979). Behavioral treatment of caffeinism: Reducing excessive coffee drinking. *Journal of Applied Behavior Analysis, 12*, 335-344.

📇 요약

1. 행동수정 그래프의 여섯 가지 핵심 특징은 x축과 y축, 각 축의 명칭, 각 축의 단위, 자료점, 단계선, 단계 명칭이다.

2. 행동 자료를 그래프로 그리기 위해서는 그래프 x축상의 시간 단위와 y축상의 행동 수준에서 해당 자료점의 위치를 찾아 찍는다.

3. 그래프에는 행동의 다른 측면, 즉 행동의 빈도, 지속시간, 강도, 지연시간을 나타낼 수 있다. 그 밖에도 간격 기록법이나 시간표집 기록법으로 측정한 행동의 수준을 간격 백분율로 나타낼 수 있다.

4. 처치와 표적행동 간의 기능적 관계는 처치가 행동변화를 야기할 때 존재하게 된다. 처치가 실행된 후에 행동이 변화하고 이것이 한 번 이상 반복되면서 그때마다 행동이 변화하면 기능적 관계가 입증된다.

5. 행동수정 연구에서 사용할 수 있는 연구설계에는 다음과 같은 것들이 있다.

- A−B 설계는 한 대상의 행동에 대한 기초선과 처치를 보여 준다.
- A−B−A−B 설계는 한 대상의 행동에 대한 반복된 기초선과 처치를 보여 준다.
- 중다기초선 설계는 다음과 같은 행동에 대한 기초선과 처치 단계를 나타낸다. 즉, 한 대상의 여러 행동, 여러 대상의 한 행동, 여러 상황에서 한 대상의 한 행동 등이 그것이다. 중다기초선 설계의 각 형태에서 처치는 행동별, 대상별 또는 상황별로 엇갈리게 주어진다.
- 처치변경 설계는 빠르게 교대되는 두 가지 실험조건에 대한 자료를 나타내게 된다(기초선과 처치 혹은 두 가지 처치)
- 준거변경 설계에서는 기초선 단계 다음에 처치 단계가 오게 되는데, 처치 단계에서는 표적행동의 실행 준거가 순차적으로 지정된다.

A−B 설계를 제외한 모든 연구설계는 외부변인의 영향을 통제하므로 처치의 효과를 평가할 수 있다.

✎ 핵심용어

A−B 설계(A−B design)

A−B−A−B 반전설계(A−B−A−B reversal design)

가로축(abscissa)

그래프(graph)

기능적 관계(functional relationship)

기초선(baseline)

대상별 중다기초선 설계(multiple-baseline-across subjects design)

독립변인(independent variable)

상황별 중다기초선 설계(multiple-baseline across settings design)

세로축(ordinate)

연구설계(research design)

준거변경 설계(changing-criterion design)

종속변인(dependent variable)

처치변경 설계(alternating-treatments design: ATD)

행동별 중다기초선 설계(multiple-baseline across behaviors design)

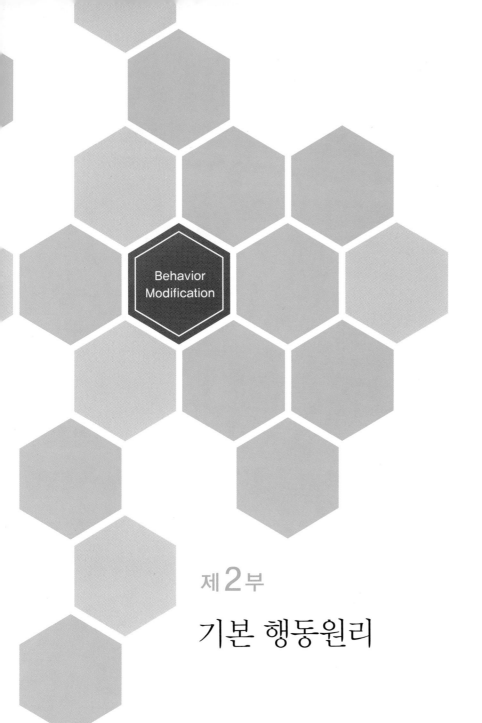

Behavior
Modification

제 2부

기본 행동원리

제4장

강화

주요 학습문제

- 강화의 원리는 무엇인가?
- 정적 강화와 부적 강화는 어떻게 다른가?
- 무조건강화인과 조건강화인은 어떻게 다른가?
- 강화의 효과에 영향을 미치는 요인은 무엇인가?
- 간헐강화 계획은 무엇이며, 행동 비율에 어떠한 영향을 미치는가?

이 장은 기본적인 강화의 원리에 초점을 두고 있다. 과학적 연구는 인간과 기타 동물들의 행동을 설명하는 기본적 원리들을 수립해 왔다. 강화는 행동과학자들이 체계적으로 연구한 가장 중요한 기본 원리 중의 하나이며, 이 책에서 설명하고 있는 많은 행동수정 응용의 한 요소이다. 강화(reinforcement)는 행동 발생에 뒤따르는 즉각적인 결과가 그 행동을 증가시키는 과정이다. 즉, 강화되면 그 행동은 미래에 다시 쉽게 발생한다.

강화에 대한 최초의 논거는 1911년에 Thorndike가 제시하였다. Thorndike는 배고픈 고양이를 상자 안에 넣고 상자 밖에 음식을 놓아 고양이가 볼 수 있도록 한 후, 고양이가 발로 지렛대를 밟으면 문이 열리도록 장치해 두었다. 고양이는 앞발로 쳐서 문에 달린 빗장을 당겨 보려고 시도하였다. 그러다가 우연히 발로 지렛대를 밟자 문이 열렸고, 고양이는 상자 밖으로 나와 음식을 먹었다. Thorndike는 다시 배고픈 고양이를 상자 안에 넣고 같은 일을 되풀이하였는데, 고양이가 지렛대를 밟아 문을 여는 데 소요되는 시간이 점차 줄어들었고, 마침내 고양이는 Thorndike가 상자에 넣자마자 지렛대를 밟아 문을 열 수 있게 되었다

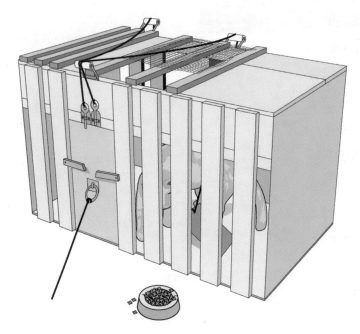

[그림 4-1] 배고픈 고양이는 상자 안에. 음식은 상자 밖에 있다. 고양이가 지렛대를 밟으면 상자의 문이 열리고 고양이는 음식을 먹게 된다. 결국 고양이는 상자에 갇혔을 때 더 쉽게 지렛대를 누를 수 있게 된다.

(Thorndike, 1911). 그는 이 현상을 효과의 법칙이라고 하였다.

　이 예에서 배고픈 고양이를 상자에 다시 넣었을 때([그림 4-1] 참조) 지렛대를 밟기가 더 쉬워졌다. 왜냐하면 지렛대를 밟는 행동이 상자에서 탈출하여 음식을 먹을 수 있는 즉각적인 결과를 가져왔기 때문이다. 즉, 고양이가 발로 지렛대를 밟는 행동을 강화시킨 결과로 음식을 쟁취할 수 있게 된 것이다.

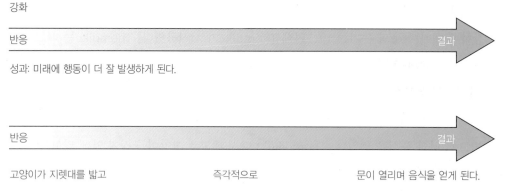

강화

반응　　　　　　　　　　　　　　　　　　　　　　　　　　　　　　　결과

성과: 미래에 행동이 더 잘 발생하게 된다.

반응　　　　　　　　　　　　　　　　　　　　　　　　　　　　　　　결과

고양이가 지렛대를 밟고　　　　　　　　　즉각적으로　　　　　　　　문이 열리며 음식을 얻게 된다.

성과: 미래에 고양이가 상자 안에 있을 때 지렛대를 더 잘 밟게 된다.

1930년대 초 B. F. Skinner는 쥐와 비둘기 같은 실험실 동물로 강화의 원리에 관한 수많은 연구를 하였다(Skinner, 1938, 1956). 예를 들어, Skinner는 쥐 실험에서 실험용 상자에 쥐를 넣고 쥐가 상자의 한쪽 벽에 위치한 지렛대를 누를 때마다 구멍을 통하여 먹이 한 알을 주었다. 처음에 쥐는 상자 안을 맴돌고 냄새를 맡으며 기어오르는 등의 탐색을 하였다. 그러다가 앞발로 우연히 지렛대를 누르자 상자에 난 구멍의 문이 열리고 자동으로 먹이 한 알이 주어졌다. 즉, 쥐는 지렛대를 누를 때마다 먹이 한 알을 먹을 수 있었다. 이후로는 쥐를 상자 안에 넣을 때마다 쥐가 지렛대를 누르는 것이 점점 수월해졌다. 지렛대를 누르는 행동이 발생할 때마다 즉각적으로 먹이가 주어졌기 때문에 그 행동이 강화된 것이다. 쥐를 상자에 넣었을 때 나타났던 다른 모든 행동에 비해 지렛대를 누르는 행동은 상대적으로 그 빈도가 증가하였다.

반응		결과
쥐가 지렛대를 누르고	즉각적으로	음식이 주어진다.

성과: 미래에 쥐는 지렛대를 더 잘 누르게 된다.

강화에 대한 정의

Thorndike의 고양이 예와 Skinner의 쥐 예는 강화의 원리를 매우 명확하게 설명해 준다. 좋아하는 결과물(복지나 생존에 기여하는 것)이 행동의 결과로 주어질 때, 그 행동은 미래에 유사한 상황에서 반복되기 쉽다. 강화의 원리가 처음에 실험실 동물들로 설명되었다 하더라도 강화는 인간의 행동에도 영향을 미치는 자연스러운 과정이다. Skinner는 『과학과 인간행동 (Science and Human Behavior)』(1953a)에서 광범위한 인간행동을 결정하는 강화의 역할을 논의하였다. Sulzer-Azaroff와 Mayer(1991)가 언급한 바와 같이 강화는 일상적인 사회적 · 물리적 환경과의 상호작용의 결과로 자연스럽게 발생할 수도 있으며, 인간의 행동을 변화시키기 위해 사용되는 행동수정 프로그램의 일부로 계획적으로 적용될 수도 있다. 〈표 4-1〉에는 강화의 예가 제시되어 있다.

〈표 4-1〉에서와 같이 강화는 다음과 같이 정의된다.

1. 특정한 행동의 발생에

2. 즉각적인 결과가 뒤따르고

3. 결과적으로 행동의 증가를 가져온다(미래에 다시 그 행동을 하기가 쉽다).

〈표 4-1〉 자기평가(강화)의 예

- 밤에 잠자리에 든 아이가 울어서 부모는 아이를 달래려고 자신의 방으로 데리고 가서 진정시켰다. 그 결과, 이제 아이는 취침시간에 더 자주 운다.
- 버스를 기다리는 한 여성이 비가 오자 우산을 펼쳤다. 우산은 그녀가 비 맞는 것을 막아 주었다. 이제 그녀는 비가 내릴 때 항상 우산을 펼친다.
- 요리사가 스테이크를 요리하자 연기가 났다. 그는 환풍기를 틀었고 연기가 부엌 밖으로 빠져나갔다. 이 제 그는 스테이크를 요리할 때마다 환풍기를 튼다.
- 한 대학생이 수업시간에 행동수정에 대한 질문을 받았다. 그는 답을 몰라 옆의 친구에게 물어보았고 친 구는 정확한 답을 말해 주었다. 결과적으로 그는 자신이 모르는 질문에 대해서 친구에게 더 자주 묻게 된다.
- 선생님은 존이 교실에서 자리에 앉아 주목할 때 미소를 보내고 상을 주었다. 그 결과, 존은 자신의 자리 에 앉아 주목을 잘하게 된다.
- TV를 보고 있는데 화면이 흐리게 나오자, 패트리샤는 안테나에 금속 조각을 붙였다. 그랬더니 화면이 깨끗해졌다. 이제 그녀는 TV 화면이 흐리게 나올 때마다 안테나에 금속 조각을 붙일 것이다.
- 자전거 제조 회사가 사원들에게 시간당 임금을 지불하는 대신, 조립한 자전거 수에 따라 임금을 지불하 기 시작하였다. 그 결과, 사원들은 자전거를 더 많이 조립하여 더 많은 돈을 번다.
- 두 살 난 아이가 사탕을 사 달라고 했는데 어머니가 대꾸하지 않자 가게 안에서 울며 소리친다. 어머니 는 할 수 없이 사탕을 사 주었고 아이는 짜증을 멈추었다. 결과적으로 어머니는 아이가 사탕을 사 달라 고 짜증을 부릴 때마다 사탕을 사 주게 될 것이고, 아이는 가게에서 짜증을 부리는 일이 더 잦아질 것 이다.

강화를 통해 증가된 행동을 **조작적 행동**(operant behavior)이라고 한다. 조작적 행동은 환경 내에서 결과를 갖기 위해 작용하고, 다음에는 즉각적인 결과에 의해 통제되거나 그 결과로서 미래에 다시 발생하게 된다. 조작적 행동을 강화하는 결과를 **강화인**(reinforcer)이라고 한다.

〈표 4-1〉의 첫 번째 예에서 밤에 부모가 아이를 잠자리에 눕히면 아이가 울었다. 아이의 울음은 조작적 행동이고, 그것의 강화인은 부모의 관심이다. 밤에 우는 행동은 즉각적 결과 (강화인)를 가져오기 때문에 증가되었다. 아이는 앞으로 밤에 우는 일이 더 많아질 것이다.

? 〈표 4-1〉의 다른 예에서 조작적 행동과 강화인을 찾아보자.

[그림 4-2]는 행동에 대한 강화의 효과를 나타내는 가상적 자료의 그래프이다. 행동의 빈도가 기초선 동안에는 낮게 나타나고 강화 단계에서는 높아졌음에 주목하라. [그림 4-2]에서 설명되었듯이 행동 발생이 강화되면 시간이 지남에 따라 그 발생 빈도가 높아진다. 강화의 기능으로 행동의 다른 차원(지속기간, 강도, 속도)도 증가될 수 있다.

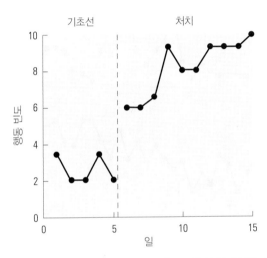

[그림 4-2] 강화의 효과를 행동 빈도로 나타낸 가상 자료 그래프. 기초선 단계 뒤에 강화가 주어졌을 때 행동 빈도가 증가하였다.

[그림 4-3]의 그래프는 행동의 지속시간에 대한 강화의 효과를 보여 준다. Liberman, Teigen, Patterson과 Baker(1973)의 연구에서의 이 그래프는 시설에서 치료받는 조현병 환자들이 이성적 대화를 하는 지속시간을 나타내고 있다. 연구자들은 환자들이 간호사와 대화할 때 이성적으로 이야기하는 시간을 측정하였다. 연구자들은 지속시간이 증가하도록 이성적 대화를 강화하였고, 환자들은 점점 정상적으로 되었다. 이 연구에서 강화는 쉬는 시간에 간호사들이 환자들의 이성적 이야기에 대해 관심을 가지고 대화해 주는 것이었으며, 동시에 망상적인 이야기에 대해서는 전혀 관심을 주지 않았다. [그림 4-3]에서는 사회적 강화가 사용될 때 처치 단계에서 이성적 이야기의 지속시간이 증가하였음을 볼 수 있다.

? [그림 4-3]의 그래프에서는 어떤 형태의 연구설계가 사용되었는가?

[그림 4-3]은 대상별 중다기초선 설계를 보여 주고 있다. 4명의 환자에 대한 각각의 기초선과 처치 단계(강화)가 있고, 강화 절차가 4명의 환자에 대해 서로 다른 시간에 실행되었다.

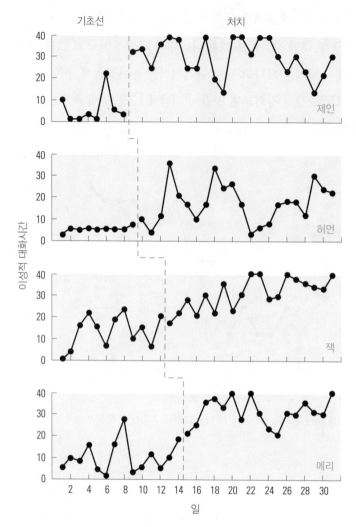

[그림 4-3] 4명의 조현병 환자가 보인 이성적 대화의 강화 효과를 지속시간으로 나타낸 대상별 중다기초선 설계 그래프. 4명 모두의 이성적 대화시간이 강화가 주어졌을 때 증가하였다.

출처: Liberman, R. P., Teigen, J., Patterson, R., & Baker, V. (1973). Reducing delusional speech in chronic paranoid schizophrenics. *Journal of Applied Behavior Analysis, 6*, 57-64.

용어 정리: 사람이 아닌 사람의 행동을 강화

- 행동(혹은 반응)을 강화한다고 말하는 것은 **옳다**. 당신은 강화함으로써 행동을 강하게 할 것이다. "선생님은 조용히 줄지어 서 있는 것을 칭찬으로 강화하였다."라고 말하는 것은 옳다.
- 사람을 강화한다고 말하는 것은 **틀리다**. 사람을 강화하는 것이 아니라 사람의 행동을 강화하는 것이다. "교사는 조용히 줄 서 있는 Sarah를 강화하였다."고 말하는 것은 옳지 않다.

이제 우리는 강화의 기본적인 정의를 이해하였고, 이는 정적 강화와 부적 강화 간의 차이를 이해하는 데 매우 중요하다.

정적 강화와 부적 강화

강화에는 정적 강화와 부적 강화 등의 두 가지 형태가 있다. 이것은 모두 행동을 증가시키는 과정임에 주목해야 한다. 즉, 두 가지 강화 모두 앞으로 일어날 가능성이 있는 행동을 증가시킨다. 단지 행동에 뒤따르는 결과가 무엇인지에 따라 정적 강화와 부적 강화가 구별된다.

정적 강화(positive reinforcement)는 다음과 같이 정의된다.

1. 행동 발생 뒤에
2. 자극이나 자극 강도의 증가가 뒤따르며
3. 결과적으로 행동이 증가한다.

이와 반대로 **부적 강화**(negative reinforcement)는 다음과 같이 정의된다.

1. 행동 발생 뒤에
2. 자극의 제거나 자극 강도의 감소가 뒤따르며
3. 결과적으로 행동이 증가한다.

자극(stimulus)은 하나의 감각에 의해 발견될 수 있는 대상이나 사건이며, 따라서 사람에게 영향을 줄 수 있는 잠재력을 가진다. 여기서 대상이나 사건은 물리적 환경이나 사회적 환경(자신의 행동이나 다른 사람의 행동)의 한 특성일 수도 있다.

정적 강화에서 행동 후에 주어지는 자극을 **정적 강화인**(positive reinforcer)이라고 한다. 그리고 부적 강화에서 행동 후에 제거되거나 회피되는 자극을 **혐오자극**(aversive stimulus)이라고 한다. 따라서 근본적인 차이는 정적 강화에서는 행동이 자극을 산출하는(정적 강화인) 반면, 부적 강화에서는 행동이 자극의 발생을 제거하거나 막는다(혐오자극). 두 경우 모두 미래에 더 많은 행동이 발생할 것이다.

〈표 4-1〉의 여덟 번째 예를 살펴보자. 아이에게 사탕을 사 주는 어머니의 행동은 아이의 짜증을 멈추게 한다(혐오자극이 제거됨). 그 결과, 어머니는 아이가 가게에서 짜증을 부릴 때 사탕을 사 줄 가능성이 커지는데, 이는 부적 강화의 예이다. 반면에 아이는 짜증을 부릴 때 사탕을 얻게 된다(정적 강화인이 제시됨). 그 결과, 아이는 가게에서 짜증을 부릴 가능성이 커지는데, 이는 정적 강화의 예이다.

부적 강화는 벌이 아니다. 때로 우리는 부적 강화와 벌(제6장 참조)을 혼동하는데, 부적 강화와 벌은 같지 않다. 부적 강화는 정적 강화처럼 행동을 증가시키거나 강화시키는 반면, 벌은 행동을 감소시키거나 약화시킨다. 부적 강화에서 '부적'이라는 단어 때문에 혼란스러울 수 있는데, '부적'이라는 단어는 나쁘거나 불쾌함을 뜻하는 것이 아니라 단지 행동 후 자극의 제거를 의미한다.

우리의 일상생활에는 정적 강화와 부적 강화의 수많은 예가 있다. 〈표 4-1〉의 여덟 가지 예에는 네 가지 정적 강화와 네 가지 부적 강화가 포함되어 있다.

❓ 〈표 4-1〉에서 정적 강화의 예는 무엇인가? 또 부적 강화의 예는 무엇인가?

정적 강화와 부적 강화 모두 행동을 강하게 한다. 정적 강화와 부적 강화 모두 행동에 똑같이 영향을 미친다는 점을 유념해야 한다. 즉, 정적 강화와 부적 강화 모두 행동을 증가시킨다. 강화는 그것이 행동에 어떤 영향을 미치는가에 따라 정의되는데(Skinner, 1958), 이것을 기능적 정의라고 한다. 다음 예를 생각해 보자. 아동이 스스로 학습과제를 완성하였고, 교사가 아동에게 다가가서 "잘했다!"라고 말하며 등을 토닥거려 주었다.

❓ 이것은 정적 강화의 예인가?

이 예에서는 충분한 정보를 얻을 수 없기 때문에 무어라 말할 수 없다. 그러나 만일 상으로 등을 토닥인 것이라면 정적 강화의 예라고 할 수 있고, 앞으로 아동은 스스로 학습과제를 더 잘할 것이다. 이것은 강화의 기능적 정의이다. 다시 말해서, 행동의 후속 결과가 나중에 행동을 다시 발생시킬 가능성을 증가시킨다. 대부분의 아동에게 상이나 교사의 관심은 학습과제를 완성하는 행동을 증가시키는 강화인이다. 그러나 일부 아동(예: 자폐 아동)에게는 교사의 관심이 강화인이 되지 않을 수도 있다. 그러므로 상이나 등을 토닥이는 것은 행동을 증가시키지 않을 수도 있다(Durand, Crimmins, Caufield, & Taylor, 1989). Durand와 동료들은 특정한 후속 결과가 특정인에게 강화인으로 작용하는가 아닌가를 결정하기 위해서 후속 결과가 행동에 미치는 영향을 마지막까지 측정해야 한다고 설명하였다. 그들은 중중 발달장애 아동을 대상으로 학업 성취에 대한 두 가지 후속 결과를 비교하였다. 하나의 후속 결과는 아동이 옳은 수행을 했을 때 칭찬을 하는 것이고, 다른 하나는 옳은 수행에 대해 휴식시간을 주는 것이었다. 연구자들은 칭찬이 모든 아동이 아닌 일부 아동들의 학업 성취를 증가시켰고, 휴식 또한 일부 아동들의 학업 성취를 증가시켰음을 발견하였다. Durand는 이와 같이 행동에 대한 효과를 측정함으로써 강화인을 확인하는 것이 중요하다고 강조하였다.

상황을 분석하고 그것이 정적 강화인지 부적 강화인지를 알고자 할 때 다음의 세 가지를 염두에 두는 것이 중요하다.

1. 행동은 무엇인가?
2. 행동 후에 즉시 일어나는 것은 무엇인가? (자극이 부가되었는가, 제거되었는가?)
3. 앞으로 행동은 어떻게 되겠는가? (행동이 증가될 것인가?)

이러한 세 가지 질문에 답할 수 있다면 정적 강화인지 부적 강화인지 또는 둘 다 아닌지를 확인할 수 있다.

사회적 강화와 자동적 강화

강화에는 행동에 뒤따르는 강화인의 추가(정적 강화)나 혐오자극의 제거(부적 강화)가 포함된다. 두 가지 경우 모두에서 행동이 강화되는데, 행동은 다른 사람의 행동 혹은 물리적 환경과의 직접 접촉을 통해 결과를 생산해 낸다(예: Iwata, Vollmer, & Zarcone, 1990; Iwata, Vollmer, Zarcone, & Rodgers, 1993). 행동이 다른 사람의 행동을 통해 강화적 결과를 가져오는 경우를 사회적 강화라고 한다. 친구에게 과자 봉지를 가져다 달라고 요청하는 것은 사회적 정적 강화의 예가 될 수 있다. 또 친구에게 TV 소리를 줄여 달라고 요청하는 것은 사회적 부적 강화의 예가 될 수 있다. 두 가지 경우 모두에서 행동의 결과는 다른 사람의 행동에 의해 나타났다. 한편, 물리적 환경에 직접 접촉함으로써 행동이 강화적 결과를 가져오는 경우를 자동적 강화라고 한다. 과자 봉지를 가져오기 위해 스스로 부엌에 간다면 이것은 자동적 정적 강화의 예이다. 또한 TV 소리를 줄이기 위해 스스로 리모컨을 사용한다면 이것은 자동적 부적 강화의 예가 된다. 두 가지 경우 모두 다른 사람에 의해서 강화적 결과가 나타나는 것이 아니다.

정적 강화의 또 다른 형태로 낮은 확률의 행동(싫어하는 행동)을 증가시키기 위해 낮은 확률의 행동 결과로 높은 확률의 행동(좋아하는 행동)에 참여할 기회를 주는 것이 있는데(Mitchell & Stoffelmayr, 1973), 이것을 **프리맥 원리**(Premack principle)라고 한다(Premack, 1959). 예를 들어, 친구들과 밖에 나가서 놀기 전에 숙제를 마치라고 아동에게 요구하는 것이다. 숙제를 마친 뒤에 뒤따르는 놀 수 있는 기회는 숙제하는 행동을 강화한다. 즉, 놀기 위해 숙제를 빨리 끝낼 것이다.

용어 정리: 정적 강화와 부적 강화를 구별하기

일부 학생들은 정적 강화와 부적 강화를 혼동한다. 이것들은 둘 다 강화의 형태이며, 따라서 모두 행동을 강하게 한다. 유일한 차이는 행동에 뒤따라 자극이 더해지는가(정적 강화) 아니면 제거되는가(부적 강화)이다. 정적은 더하기 혹은 (+) 표시로 생각하고 부적은 빼기 혹은 (−) 표시로 생각하면 된다. + 강화에서는 행동 이후에 자극(강화인)을 더하고, − 강화에서는 행동 이후에 자극(혐오적 자극)을 빼거나 제거해 버리는 것이다. 정적과 부적에 대한 생각을 행동 이후에 자극을 더하거나 빼는 것으로 가지면 구별하기 쉬워질 것이다.

도피행동과 회피행동

부적 강화를 정의할 때, 도피와 회피 간에 차이를 두었다. **도피행동**(escape behavior)에서 행동 발생은 이미 존재하고 있는 혐오자극의 종결을 가져온다. 즉, 특별한 행동을 함으로써 혐오자극에서 벗어나고 그 행동이 강화된다. **회피행동**(avoidance behavior)에서 행동 발생은 혐오자극의 출현을 방지한다. 즉, 특별한 행동을 함으로써 혐오자극을 피하게 되고 그 행동이 강화된다. 회피 상황에서 경고자극은 혐오자극의 출현을 예고하는데, 사람들은 경고자극이 나타나면 회피행동을 하게 된다. 도피와 회피는 모두 부적 강화의 형태이다. 즉, 모두 혐오자극의 종결이나 회피로 행동이 증가되는 결과를 가져온다.

다음 상황에서 도피와 회피 간의 차이를 생각해 보자. 칸막이로 분리된 양쪽 칸 각각에 전기가 흐르도록 장치된 상자 안에 실험용 쥐가 있다. 전기 충격이 오른쪽 방에 주어지면 쥐는 점프하여 왼쪽 칸으로 넘어가 전기 충격을 피할 수 있다. 왼쪽 칸으로 점프하는 것은 혐오자극(전기 충격)에서 벗어나려고 하는 것이므로 도피행동이다. 전기 충격을 왼쪽 칸에 가하면 쥐는 오른쪽 칸으로 점프한다. 쥐는 전기 충격이 가해지는 칸의 다른 쪽 칸으로 재빨리 점프하는 도피행동을 배운다.

회피 상황은 소리 자극을 미리 주고 전기 충격을 가할 때 나타난다(쥐는 시각보다 청각에 더 좋다).

? 소리가 났을 때 쥐는 어떻게 하는 것을 배웠을까?

전기 충격 전에 소리 자극을 주는 일을 여러 번 반복했더니 쥐는 소리를 듣자마자 다른 쪽 칸으로 점프하기 시작하였다. 소리는 경고자극이고, 쥐는 경고자극이 울리자마자 다른 쪽 칸으로 점프하여 전기 충격을 피하는 것이다.

도피

반응		결과
전기 충격이 주어지자 쥐는 다른 쪽 칸으로 점프한다.	즉시	쥐는 전기 충격을 피하게 된다.

성과: 미래에 전기 충격이 주어지면 쥐는 다른 쪽 칸으로 더 잘 점프하게 된다.

회피

반응		결과
소리가 나자 쥐는 다른 쪽 칸으로 점프한다.	즉시	쥐는 전기 충격을 피하게 된다.

성과: 미래에 소리가 나면 쥐는 다른 쪽 칸으로 더 잘 점프하게 된다.

도피행동과 회피행동의 일상적 예

도피	어떤 사람이 뜨거운 아스팔트 위를 맨발로 걷다가 재빨리 잔디 위로 올라와 걷는다. 잔디 위를 걷는 것은 뜨거운 아스팔트의 열기에서 도피하는 결과이다.
회피	다음에는 신발을 신고 뜨거운 아스팔트 위를 걷는다. 신발을 신은 것은 뜨거운 아스팔트의 열기에서 회피하려는 결과이다.
도피	자동차에 시동을 걸자, 이전에 누군가가 불륨을 높이고는 낮추지 않았기 때문에 라디오에서 찢어지는 듯한 큰 굉음이 났다. 굉음에서 도피하기 위해 불륨을 줄인다.

회피	자동차에 시동을 걸기 전에 라디오의 볼륨을 줄인다. 이는 라디오의 굉음을 회피하기 위한 것이다.
도피	극장에서 10대 소녀 무리 주변에 앉았다. 소녀들이 영화 관람 동안 매우 떠들었기 때문에 그 소음에서 벗어나기 위해 소녀들과 떨어져 앉으려고 이동할 것이다.
회피	극장에 갔을 때 10대 소녀 무리로부터 떨어져 앉는다. 이것은 그들의 소음으로부터 벗어나는 방법이다.

조건강화인과 무조건강화인

강화는 인간과 다른 동물들의 행동에 영향을 주는 자연스러운 과정이다. 진화 과정을 통해서 우리는 생존에 기여하는 어떤 생물학적인 특성을 물려받았다. 우리에게 유전된 한 가지 특성은 강화를 통해 새로운 행동을 배우는 능력이다. 특히 어떤 자극은 생존 가치를 가지기 때문에 자연스럽게 행동을 강화한다(Cooper, Heron, & Heward, 1987; 2007). 예를 들어, 음식, 물, 성적 자극은 개인과 종족의 생존에 기여하기 때문에 자연스러운 정적 강화인이다. 고통스러운 자극이나 심한 수준의 자극(추위, 더위, 기타 불쾌·혐오 자극)을 벗어나는 것 또한 생존에 기여하기 때문에 자연적으로 부적 강화가 되었다. 이러한 자연강화인은 처음 인간에게 제시될 때 강화인으로 기능하였기 때문에 **무조건강화인**(unconditioned reinforcer)이라고 한다. 즉, 강화인으로 기능하기 위한 선제 경험이 필요하지 않다. 무조건강화인은 생물학적으로 중요하기 때문에 때로 1차 강화인이라고도 한다(Cooper et al., 1987; 2007).

또 다른 강화인으로는 **조건강화인**(conditioned reinforcer)이 있다. 조건강화인(또는 2차 강화인이라고 한다)은 처음에 중립적(이것은 강화인으로서 기능하지 않는 것을 의미한다. 즉, 행동에 영향을 주지 않는다)이었으나 이미 형성된 조건강화인이나 무조건강화인과 짝지어져서 강화인으로 형성된 자극을 의미한다. 예를 들어, 관심은 어린아이에게 음식, 온정이나 다른 강화인과 함께 제시되었기 때문에 대부분의 아이에게 조건강화인이다. 돈은 아마도 가장 보편적인 조건강화인일 것이다. 돈은 인간의 생활에서 다양한 무조건·조건강화인을 살 수 있기 때문에 조건강화인이다. 만일 돈으로 살 수 있는 것이 없다면 돈은 더 이상 조건강화인이 아니다. 다른 강화인을 얻기 위해 돈을 사용할 수 없다면 사람들은 돈을 얻기 위해 어떤 행동도 하지 않을 것이다. 이것은 조건강화인의 중요한 특성이다. 즉, 조건강화인은 최소한 가끔씩이라도 다른 강화인과 짝지어져야만 강화인으로서 유지된다.

어떤 자극이라도 기존의 강화인과 함께 이용된다면 조건강화인이 될 것이다. 예를 들어, 돌고래에게 물속에서 재주를 부리도록 가르칠 때, 조련사들은 돌고래의 행동을 강화하기 위해 가끔 손바닥 크기의 딸깍 하고 소리가 나는 기구를 사용한다. 훈련 과정 초에 조련사는 강화인으로 생선을 줄 때 딸깍 소리를 함께 냈다. 마침내 딸깍 소리 자체가 조건강화인이 되었다. 그 후 조련사는 무조건강화인(생선)과 함께 가끔 소리를 사용하였고, 딸깍 소리는 조건강화인이 되었다(Pryor, 1985). 토큰강화 프로그램에서 인간의 행동을 수정하기 위해서는 플라스틱 조각이나 작은 컬러판 같은 중성자극을 조건강화인[또는 토큰(token)]으로 사용할 수 있다. 토큰강화 프로그램에서는 바람직한 행동을 하면 토큰을 받고, 나중에 그것을 다른 강화인[교환강화인(backup reinforcer)이라고도 함]으로 교환한다. 교환강화인과 토큰은 한 쌍(교환하도록)이므로 토큰은 그 자체가 바람직한 행동을 위한 강화인이 되었다[토큰강화 프로그램에 대한 연구는 Kazdin(1982)을 참고한다]. 토큰강화 프로그램은 제22장에 더 자세히 설명되어 있다.

조건강화인을 다양한 다른 강화인과 함께 사용될 때, 그것을 **일반화된 조건강화인**(generalized conditioned reinforcer)이라고 한다. 돈은 거의 대부분의 다른 강화인과 함께 사용되기 때문에 (교환을 위해) 일반화된 조건강화인이다. 따라서 돈은 아무리 모아도 그 가치가 좀처럼 줄어들지 (포만되지) 않는 강력한 강화인이다. 다시 말해, 포만(강화인으로서의 가치를 잃어버리는 것)은 돈과 같은 일반화된 강화인에서는 잘 일어나지 않는다. 토큰경제에서 사용되는 토큰은 다양한 다른 교환강화인으로 교환되기 때문에 일반화된 조건강화인의 또 다른 예이다. 따라서 사람들은 포만 없이 토큰을 모을 수 있다. 칭찬 또한 인간의 생애에서 수많은 다른 강화인과 함께 이용될 수 있기 때문에 일반화된 조건강화인이다.

강화의 효과에 영향을 미치는 요인

강화의 효과에 영향을 미치는 요인은 많다. 여기에는 결과의 즉시성, 유관성, 유인력, 강화의 강도, 개인차 등이 포함된다.

즉시성

행동의 발생과 강화 간의 시간은 중요하다. 결과가 가장 효과적인 강화인이 되기 위해서는 행동 발생(반응) 후에 결과가 즉시 일어나야 한다. 행동과 결과 간의 시간이 오랫동안 지연되면 둘의 결합이나 관계가 약해지기 때문에 결과의 효과가 줄어들 것이다. 행동과 결과 간의 시간이 너무 길어서 서로 연결되지 않으면 결과는 행동에 효과를 가져오지 않을 것이다. 예를 들어, 개에게 앉기를 가르치려 할 때, 개가 앉은 지 5분 뒤에 보상을 준다면 그 보상은 앉기에 대한 강화인으로 기능하지 않을 것이다. 이 경우에는 시간이 너무 오래 지연되었다. 그 보상은 개가 상을 받기 바로 직전에 했던 행동(대개는 구걸 행위)에 대한 강화인으로 기능할 것이다. 반면에 개가 앉은 후 즉시 보상을 주었다면 보상은 앉는 행동을 강화할 것이고, 개는 앞으로 앉으라는 명령이 있을 때마다 더 잘 앉게 될 것이다.

사회적 행동에 대한 즉시 강화의 중요성을 생각해 보자. 당신이 누군가에게 말을 할 때, 그 말에 대한 강화로 미소나 고개 끄덕임, 눈맞춤, 웃음과 같은 즉각적인 사회적 행동을 받을 것이다.

이러한 사회적 강화는 당신이 적절한 사회적 행동을 증가시킨다. 즉, 당신은 듣는 이로부터의 즉각적인 행동에 따라 적절하게 말한 것과 적절하지 않게 말한 것이 무엇인지를 배우게 된다. 예를 들어, 당신이 농담을 했을 때 사람들이 웃었다면 당신은 앞으로 농담을 더욱 자주 하게 될 것이다. 만일 사람들이 즉각 웃지 않았다면 아마 당신은 앞으로 농담을 하지 않을 것이다.

유관성

행동에 대해 즉각적인 결과가 일관적으로 뒤따르면 그 결과는 행동을 더 잘 강화한다. 행동이 결과를 낳고 그 결과는 행동이 나타날 때만 일어난다면 그 행동과 결과 간에 유관성(contingency)이 존재한다고 말한다. 유관성이 존재할 때 결과는 행동을 더 잘 강화한다(예: Borrero, Vollmer, & Wright, 2002). 유관성의 예로 자동차에 시동을 걸기 위해 열쇠를 돌렸다고 생각해 보자. 우리는 매일 열쇠를 돌리고 차를 출발시킨다. 열쇠를 돌리는 행동은 차가 출발하는 것으로 강화를 받았다. 만일 열쇠를 돌렸을 때 가끔 차가 출발한다면, 그리고 열쇠를 돌리지 않아도 가끔 차가 출발한다면 차를 출발시키기 위해 열쇠를 돌리는 행동이 크게 증가하지는 않을 것이다. 인간은 일관적으로 강화되는 결과일 때 행동을 더 잘 반복하게 된다. 다시 말해, 행동은 강화인이 행동에 유관되어 있을 때(행동이 발생할 때만 강화인이 일어날 때) 증가한다.

유인력

어떤 경우에는 어떤 사건으로 말미암아 후속 결과가 행동을 더 잘 강화하거나 덜 강화하는 일이 있을 수 있다. 유인력(motivating operations: MOs)이라고 불리는 이러한 선행사건들은 강화인의 가치를 바꿔 놓는다. MOs는 유인력 증가와 유인력 감소의 두 가지 형태가 있다. **확대 유인력**(establishing operations: EO)은 강화인을 보다 효능 있는 것으로 만든다(강화인의 효능을 확립함). **축소 유인력**(abolishing operations: AO)은 강화인의 효능을 약하게 만든다(강화인의 효능을 폐지하거나 감소시킴).

작동 동기화는 두 가지 효능을 가진다.

(1) 강화인의 가치를 바꾼다.
(2) 특정 시점에서 행동이 더 잘 혹은 덜 발생하도록 만든다.

- EO는 강화인을 더 효능 있는 것으로 만들고, 그 강화인과 관련된 행동을 더 많이 발생시킨다.
- AO는 강화인을 덜 효능 있는 것으로 만들고, 그 강화인과 관련된 행동을 덜 발생시킨다.

확대 유인력의 예를 좀 더 살펴보자. 음식은 오랫동안 먹지 않은 사람에게 더 강력한 강화인이다. 얼마 동안 음식을 먹지 않은 것은 그 시점에서 음식을 더 강력한 강화인으로 만드는 EO이며, 음식을 먹는 행동이 더 잘 발생되게 만드는 EO이다. 마찬가지로 하루 종일 물을 마시지 못했거나 100미터 달리기를 한 사람에게 물은 강화인으로서의 효능이 더 크다. 물이나 음료수는 짠 팝콘을 많이 먹었을 때 더 크게 강화 작용을 한다(그것이 일부 음식점에서 짠 팝콘을 무료로 주는 이유이다). 이상의 예에서, 음식이나 물이 없는 것(박탈), 100미터를 뛰는 것, 그리고 짠 팝콘을 먹는 것 등은 작동 확립이라고 부르는 사건들이다. 왜냐하면 (1) 특정 시점 혹은 상황에서 강화인의 효능을 증가시켰고, (2) 강화인과 관련된 행동이 더 잘 발생되도록 하기 때문이다.

용어 정리: EO는 행동을 유발한다.

- EO가 행동을 유발한다는 말은 EO가 행동 발생을 쉽게 만든다는 뜻이다.
- 이것을 EO의 유발 효과라고 한다.

박탈(deprivation)은 대부분의 무조건강화인과 일부 조건강화인의 효과를 증가시키는 EO의 한 형태이다. 특별한 강화인(음식이나 물 같은 것)은 일정 시간 동안 인간에게 주어지지 않을 때 더욱 강력하다. 예를 들어, 일정 시기에 관심을 못 받고 지낸 아이들에게 관심은 더 강력한 강화인이 될 것이다. 유사한 예로, 돈은 대부분의 경우에 항상 강화인이지만 일정 시기 동안 돈 없이(또는 충분한 돈을 가지고) 지낸 일부 사람들에게는 더욱 강력한 강화인이 될 수도 있다. 게다가 돈을 더욱 필요로 하는(예: 예기치 못한 의료 청구서) 상황이 벌어지면 돈은 더욱 강력한 강화인이 된다.

축소 유인력의 예를 살펴보자. 방금 많은 양의 식사를 한 사람에게 음식은 강화인이 되기 어렵다. 방금 많은 양의 음식을 먹은 것은 그 시점에서 음식을 덜 강력한 강화인으로 만들고 음식을 먹고자 하는 행동 발생을 어렵게 만드는 AO이다. 방금 충분한 양의 물을 마신 사람에게 물이나 음료수는 강력한 강화인이 되기 어렵다. 많은 양의 물을 마신 것은 그 시점에서 물을 덜 강력한 강화인으로 만들고 물을 먹고자 하는 행동 발생을 어렵게 만든다. 이러한 사건들을 작동 폐지라고 한다. 왜냐하면 (1) 특정 시간 혹은 상황에서 강화인의 효과를 감소시키거나 폐지시키고, (2) 강화인과 관련된 행동이 덜 발생되도록 하기 때문이다.

용어 정리: AO는 행동을 억제한다.

- AO가 행동을 억제한다는 말은 AO가 행동 발생을 어렵게 만든다는 뜻이다.
- 이것을 AO의 억제 효과라고 한다.

이러한 예들은 포만이라고 불리는 축소 유인력을 설명해 준다. 포만(satiation)은 바로 얼마 전에 많은 양의 특정 강화인(음식이나 물 같은)을 소비했을 때 혹은 강화 자극에 상당히 노출되어 왔을 때 발생한다. 결과적으로 이러한 강화인들은 그 시점에서 효능이 덜하다. 예를 들어, 좋아하는 음악을 5시간 동안 계속해서 들었다면 즐거움이 덜할 수 있다. 비슷하게, 교사로부터 일대일의 충분한 관심을 받은 아동에게 어른의 관심은 강화력이 다소 떨어질 수도 있다. 비록 강화인에 대한 상당한 노출이나 소비가 강화인의 효과를 감소시키지만 포만의 효과는

시간에 따라 줄어든다. 강화인을 소비한 시간이 길어질수록 강화인의 힘은 점점 회복된다.

교수나 규칙 또한 확대 유인력이나 축소 유인력으로서 기능할 수 있고 자극의 가치를 강화하는 데 영향을 준다(Schlinger, 1993). 예를 들어, 대부분의 사람에게 1원짜리는 매우 강력한 강화인이 아니다. 그러나 어떤 일을 하기 위해 1원짜리 몇 개가 부족한 상황이거나 1원이 100원의 가치를 가진 상황이라면 1원짜리의 가치는 올라갈 것이고, 아마 사람들은 1원을 얻기 위한 행동에 참여하게 될 것이다.

❓ 앞의 예는 확대 유인력의 예인가, 축소 유인력의 예인가?

이 예는 1원짜리의 가치가 커졌으므로 EO의 예이다. 다른 예를 들어 보자. 당신이 가려는 놀이공원의 티켓이 친구에게 있는데, 티켓의 유효기간이 종료되어 더 이상 쓸 수 없는 것이라면 티켓의 가치는 없어진 것이고, 당신은 친구에게 더 이상 티켓을 부탁하지 않을 것이다.

❓ 앞의 예는 확대 유인력의 예인가, 축소 유인력의 예인가?

이 예는 티켓의 가치가 없어졌으므로 AO의 예이다.

다른 예를 들어 보자. 컴퓨터와 프린터를 놓기 위해 새 테이블을 샀다고 하자. 테이블을 조립하기 위해 조립 설명서를 읽을 것이고, 드라이버가 필요함을 알게 되어 그것을 찾게 된다면, 이것은 그 시간에 강화인으로서 드라이버의 가치를 증가시킨다. 결국 드라이버를 찾는 행동을 할 것이고, 그 행동은 드라이버를 찾아서 테이블을 성공적으로 조립하게 됨으로써 강화된다.

❓ 앞의 예는 확대 유인력의 예인가, 축소 유인력의 예인가?

이 예는 드라이버의 가치가 커졌으므로 AO의 예이다.

확대 유인력과 축소 유인력은 부적 강화의 효과에도 영향을 미친다. 어떤 사건이 자극의 혐오성을 증가시킬 때, 자극으로부터의 도피나 자극 회피행동은 더욱 강화된다(EO). 어떤 사건이 자극의 혐오성을 감소시킬 때, 자극으로부터의 도피나 자극 회피행동은 덜 강화된다(AO). 예를 들어, 두통은 시끄러운 음악을 더욱 혐오스럽게 만드는 확대 유인력이 될 수 있다. 그러므로 두통이 있을 때 시끄러운 음악을 끄는 행동이 더욱 강화된다(즉, 사람들은 두통이 있을 때 시끄러운 음악을 잘 듣지 않는다). 그러나 주말에 음악과 친구가 되는 것은(두통이 없을 때) 시끄러운 음악의 혐오성을 줄여 주고, 음악을 끄는 행동은 덜 강화된다. 다른 예를 생객해 뿐께.. 애패도 대부분의 사람은 맑은 날씨를 혐오하지 않지만, 어떤 사람이 햇볕에 탔다면 햇볕의 뜨거움에서 벗어나려는 행동이 더 강화된다. 그러므로 햇볕에 타는 것은 수영을 해게나 그늘에 앉게 만드는 작동 확립이다. 왜냐하면 이러한 행동들은 태양으로부터의 열(혐오제극)을 팩어 주기 때문이다. 다른 한편, 태양차단막 설치는 햇볕의 혐오성을 감소시키고 햇볕으로부터의 도피를 덜 강화하는 축소 유인력이 될 수 있다[확대 유인력과 축소 유인력에 대한 추가 자료는 Michael(1982, 1993b), Laraway, Snycerski, Michael, & Poling(2003) 참고].

📖 더 읽을거리

유인력(MO)

확대 유인력(EO)은 강화인을 더 강력하게 만드는 어떤 사상을 설명하기 위해 사용되는 용어이다. 또한 확대 유인력은 강화인이 더 잘 발생하도록 행동을 유발시킨다. 확대 유인력에 대한 개념은 Michael(1982)의 논문에 상세하게 기술되었으며, 그 이후 폭넓게 소개되고 있다(McGill, 1999). Michael은 자신의 논문에서 확대 유인력이라는 용어를 정의하고, 또 다른 유형의 선행사건, 즉 식별자극 혹은 S⁰(제7장 참조)와 구분하여 설명하고 있다. 최근에 Laraway 등(Laraway, Snycerski, Michael, & Poling, 2003)은 확대 유인력의 개념을 상세히 설명하고 더 큰 개념인 동기라는 맥락에서 논의하면서 유인력(motivating operation)의 개념을 소개하였다. 그들은 또한 축소 유인력(abolishing operation: AO)이라는 개념도 소개하였다. 확대 유인력과 축소 유인력은 강화의 효과에 중대한 영향을 미치기 때문에, 그리고 사람들의 행동을 변화시키기 위해 행동수정에서 흔히 조작되기도 하기 때문에 중요하다(제13장과 제16장 참조).

개인차

결과가 강화인이 될 수 있는 가능성은 개인마다 다양하기 때문에 어떤 결과가 누구에게 강화인이 되는가를 알아내는 것은 매우 중요하다. 또한 어떤 자극이 대부분의 사람에게 강화인으로 작용한다는 이유만으로 특정 개인에게도 강화인이 될 것이라고 가정하지 말아야 한다. 예를 들어, 칭찬은 대부분의 사람에게 강화인일지라도 일부 사람에게는 의미가 적을 수도 있다. 초콜릿은 대부분의 아이에게 강화인이지만, 초콜릿을 먹었을 때 알레르기나 탈이 나는 아이에게는 그렇지 않다. 제15장에서 결과가 사람들에게 강화인으로 기능하는지를 알아내는 여러 가지 방법에 대해 논의할 것이다.

강도

자극이 강화인으로서 강력한가에 관련된 또 다른 특성은 자극의 양이나 강도이다. 일반적으로 적절한 확대 유인력이 있을 때 자극의 양이나 강도가 더 커지면 강화인으로서 자극의 효과는 더 커진다. 이것은 정적 강화와 부적 강화 모두의 경우에 해당된다. 정적 강화인이 클수록 행동은 더욱 강화된다. 예를 들어, 사람들은 적은 액수의 돈보다 많은 액수의 돈에 대해 더 오랫동안 열심히 일한다. 마찬가지로, 제거되는 혐오자극이 약할 때보다 강할 때 행동이 더 잘 강화된다. 또한 사람들은 조금 고통스러울 때보다 많이 고통스러울 때 그 고통을 제거하기 위한 행동을 더 적극적으로 하게 된다. 즉, 뜨거운 햇볕을 피하려는 행동보다는 불이 난 건물에서 나가려는 행동이 훨씬 강도 높게 일어난다.

강화의 효과에 영향을 미치는 요인	
즉시성	자극은 행동 후 즉시 주어졌을 때 강화인으로서 더욱 효과가 크다.
유관성	자극은 행동에 유관되어 있을 때 강화인으로서 더욱 효과가 크다.
유인력	박탈은 특정한 시기에 강화인으로서의 자극을 더욱 효과적이게 만든다.
개인차	강화인은 사람마다 다르다.
강도	일반적으로 더 강한 자극이 더 효과적인 강화인이다.

강화 계획

강화 계획(schedule of reinforcement)은 강화인이 모든 행동 뒤에 뒤따르는지, 아니면 어떤 행동에만 뒤따르는지에 따라 달라지는 것이다. **연속강화 계획**(continuous rein-forcement schedule: CRF 계획)은 모든 행동이 강화되는 것이다. 이와 대조적으로 **간헐강화 계획**(intermittent reinforcement schedule)은 모든 행동이 강화되지 않고 가끔씩 또는 간헐로 강화되는 것이다.

다음 예를 생각해 보자.

마리아는 최근에 가구 만드는 회사에 취직하여 장식장 문 손잡이의 나사 조이는 일을 하였다. 일을 시작한 첫날 감독관이 나사 조이는 법을 시범 보여 주었는데, 마리아가 정확하게 따라 하자 나사를 조일 때마다 칭찬을 해 주었다. 이것은 나사 조이는 모든 행동에 강화(감독자에게 칭찬받는 것)가 뒤따르기 때문에 연속강화 계획이다. 마리아가 일을 1시간쯤 하자 감독관은 마리아가 혼자 하도록 자리를 떠났고, 가끔씩 와서 그녀가 정확하게 손잡이에 나사를 조였을 때 칭찬을 하였다. 이것은 나사를 조이는 모든 행동에 대한 강화가 아니므로 간헐강화 계획이다.

이 예에서 마리아가 처음 기술을 배울 때는 연속강화 계획이 사용되었고, 후에 마리아가 익숙해졌을 때는 간헐강화 계획이 사용되었다. 이것은 연속강화 계획과 간헐강화 계획 사용의 서로 다른 점을 설명하고 있다. CRF 계획은 사람들이 행동을 배우거나 처음 그 행동을 해 볼 때 사용된다. 이것을 습득(acquisition)이라고 한다. 즉, 사람들은 CRF 계획에 의해 새로운 행동을 습득한다. 일단 행동을 습득하거나 학습하면 간헐강화 계획으로 그 행동을 지속시키는데, 이것을 유지(maintenance)라고 한다. 즉, 간헐강화의 사용으로 습득된 행동이 시간이 지나도 유지된다. 감독관이 마리아 곁에 서서 매일 그녀가 정확히 일을 할 때마다 칭찬을 할 수는 없다. 이것은 불가능하지는 않지만 불필요한 일이다. 간헐강화는 행동 유지를 위해 CRF 계획보다 더 효과적이다.

? 자동판매기의 예를 들어 CRF 계획을, 슬롯머신의 예를 들어 간헐강화 계획을 설명하라.

자동판매기에 돈을 넣고 선택 버튼을 누르는 행동은 기계가 지불한 만큼의 품목을 주기 때

[그림 4-4] 슬롯머신(왼쪽)은 간헐강화 계획이 적용된다. 기계에 돈을 넣을 때마다 돈을 얻지 못하고 잭팟이 터지지도 않는다. 자동판매기(오른쪽)는 연속강화 계획이 적용된다. 자동판매기에 돈을 넣을 때마다 상품을 얻는다.

문에 항상 강화되는 것이다. 슬롯머신에 돈을 넣고 핸들을 당기는 행동은 슬롯머신이 가끔씩만 보상을 주기 때문에 간헐로 강화되는 것이다([그림 4-4] 참조).

Ferster와 Skinner(1957)는 간헐강화 계획의 다양한 형태를 연구하였다. 그들은 벽에 동그란 버튼이 달린 실험용 상자를 만들어 그 안에 비둘기를 넣고, 비둘기가 버튼을 쫄 때마다 자동으로 기록되도록 장치하여 그때마다 강화인으로 버튼 밑의 구멍을 통해 먹이를 주었다. Ferster와 Skinner는 계획의 네 가지 기본 형태(고정비율, 변동비율, 고정간격, 변동간격)를 설명하였다. 이러한 강화 계획은 실험실 동물로 연구된 것이지만 인간의 행동에도 적용된다.

고정비율

강화의 고정비율과 변동비율 계획에서 강화인의 제시는 행동이 나타난 횟수에 기초한다. **고정비율**(fixed ratio: FR) 계획은 정해진 수만큼의 행동이 발생해야만 강화인이 주어진다. 다시 말해 강화인이 주어지기 전에 일정한 횟수의 행동이 일어나야 한다. 예를 들어, 고정비율 5(FR 5) 계획에서 강화인은 항상 다섯 번째 행동 다음에 뒤따른다. FR 계획에서 강화인이 주어지기 전에 필요한 행동의 횟수는 변하지 않는다. Ferster와 Skinner(1957)는 비둘기가 FR 계획에 따라 잘 행동하는 것을 발견하였는데, 강화인이 주어진 직후에는 행동이 일시적으로 멈추기도 하였다.

Ferster와 Skinner는 FR 2에서 FR 400까지 연구하였다. 전형적으로 FR 계획에서 행동 비율은 강화 전 요구되는 행동이 더 많을 때 더 높게 나타났다.

FR 강화 계획은 때로 바람직한 행동을 유지하기 위한 학업이나 작업 상황에서 사용되기도 한다. 공장에서 부품을 포장하는 26세의 지적장애인 폴의 예를 생각해 보자. 폴은 부품을 집어서 상자에 넣는 일을 하는데, 감독관은 폴이 20상자를 완성했을 때 항상 토큰을 준다. 이것은 FR 20의 예이다. 폴은 점심시간이나 일을 마친 후에 토큰을 교환강화인(예: 간식이나 아이스캔디)으로 교환한다. FR 계획은 학교 상황에서도 이용될 수 있다. 즉, 학생이 일정한 수의 과제를 했거나 학업 수행을 정확히 완성했을 때 강화인(예: 별, 스티커, 점수)을 준다. 그 밖에도 인형을 10개 조립할 때마다 1,000원씩 지불하는 것도 FR 계획의 예이다.

변동비율

FR 계획처럼 **변동비율**(variable ratio: VR) 계획도 강화인이 주어지기 위해서는 일정한 수의 행동이 필요하다. 그러나 이 경우에는 강화를 위한 행동의 수가 그때마다 다르다. 즉, 평균에 기초한다. 다시 말해, 강화인은 평균 횟수(x)의 행동 후에 주어진다. 예를 들어, 변동비율 10(VR 10) 계획에서는 강화인이 평균 10회의 행동 후에 제공된다. 각 강화인을 받기 위해 필요한 행동의 수는 2 이상에서부터 20 또는 25의 범위일 테지만 평균 행동의 수는 10으로 동등하다. Ferster와 Skinner는 비둘기로 VR 계획을 실험했는데, 비둘기의 행동 비율이 매우 높고 꾸준히 발생한다는 것을 발견하였다. 이와 대조적으로 FR 계획에서는 강화인이 주어진 후에 잠시 동안 행동이 중지되는 시간이 있었다. Ferster와 Skinner는 VR 360과 같은 다양한 VR 계획을 연구하였다.

일부 VR 계획은 자연적으로 존재하고 다른 것은 임의로 만들어진다. 공장에서 부품 포장 일을 하는 지적장애인 폴의 예를 다시 생각해 보자.

? 폴에게 VR 20 강화 계획이 어떻게 적용될 수 있는지 설명하라.

감독관은 폴이 평균 20개의 상자를 포장한 다음 토큰을 주는 VR 20 계획으로 폴의 일을 강화할 수 있다. 행동의 수는 20보다 적거나 더 많이 필요하게 될 것이다. 예를 들어, 처음에는 18상자를 완성한 후에, 그리고 다음에는 22상자를 완성한 후에 토큰을 주면 평균 20상자를 완성한 후에 토큰을 주는 것이다. 몇 상자를 완성해야 토큰을 받을 수 있을지 폴은 예측할 수 없다. 이와 대조적으로 FR 20 계획에서는 토큰이 항상 20번의 행동(부품 포장하기) 후에 제공된다. VR 계획의 다른 일반적인 예는 카지노의 슬롯머신이다. 기계에 돈을 넣고 핸들을 당기는 행동은 VR 계획으로 강화를 받는다. 사람들은 잭팟(강화인)이 터지려면 많은 행동(돈 넣고 당기기)이 필요하다는 것을 결코 알지 못한다. 그러나 행동을 많이 할수록 잭팟은 더 쉽게 터질 것이다(왜냐하면 VR 계획은 시간이나 다른 요인이 아닌 강화의 수에 기초하기 때문이다). 그러므로 사람들이 VR 계획인 슬롯머신을 할 때의 행동 비율은 높고 안정적이다. 물론 카지노는 확실히 VR 계획임에 틀림없으며, 사람들은 그 기계에서 강화인으로 나오는 돈보다 실제로 더 많은 돈을 그 기계에 넣는 것이 분명하다. VR 계획의 또 다른 예는 물건을 팔기 위해 사람들에게 전화하는 판매원에게서 발견할 수 있다. 판매가 이루어지기 전에 몇 사람에게 전화해야 하는지는 다양하다. 판매원이 전화를 많이 할수록 판매는 더 많이 이루어질 것이다. 그러나 몇 번째의 전화 통화가 판매로 이어질지는 예측할 수 없다.

　FR 계획과 VR 계획에서 강화인의 제시는 행동의 수에 기초한다. 결과적으로 FR 계획과 VR 계획 모두 행동이 많을수록 더 빈번한 강화를 받게 된다. 비율계획이 행동수정 절차에서 가장 많이 사용되는 간헐강화 계획인 이유가 바로 이것이다.

고정간격

　간격 계획(고정간격, 변동간격)에서 행동은 시간이 지난 후에 강화된다. 여기서 행동이 어떻게 일어나는가는 중요하지 않고, 일정한 시간이 지나면 그 후 첫 번째 행동이 강화된다. 고정간격(fixed interval: FI) 계획에서는 시간 간격이 고정되거나 동일한 시간만큼 머무른다. 예를 들어, 고정간격 20초(FI 20초) 계획에서는 20초가 경과한 후에 발생하는 첫 번째 행동을 강화한다. 20초가 경과되기 전에 발생한 행동은 강화하지 않는다(아무리 빨리 행동을 해도 강화하지 않는다). 일단 20초가 경과하면 강화인이 유효하게 되며 첫 번째로 발생한 행동이 강화된다. 다시 20초가 경과한 후 강화인이 다시 유효하게 되고 처음으로 발생한 행동이 강화된다. 폴의 예를 다시 생각해 보자.

? FI 30분 계획이 폴에게 적용되는 방법을 설명하라.

　폴에게 FI 30분 계획이 효과적이려면 감독관이 매 30분마다 와서 폴의 첫 행동(부품 포장하기)에 대해 토큰을 주어야 한다. 30분 동안 폴이 몇 상자를 포장하는지는 의미가 없다. 감독관은 30분 간격 후에 자신이 본 첫 번째 폴의 행동에 대해 토큰(강화인)을 제공할 것이다. 이것은 포장 개수에 따라 토큰을 받았던 FR 계획이나 VR 계획과는 매우 다르다. FI 계획에서는 강화를 위해 단 한 번의 행동이 필요하며, 그것이 시간 간격 후에 일어나야 한다.

　Ferster와 Skinner(1957)는 강화의 FI 계획이 어떤 행동의 패턴을 갖는다는 것을 발견하였다. 즉, 비둘기는 강화인이 주어질 때까지의 시간 간격 중에서 간격의 거의 끝 무렵에 많은 행동을 보였다. 비둘기는 일단 강화인을 받으면 행동을 일시 중지했다가 간격의 끝으로 갈수록 강화인을 받을 때까지 더욱 재빠르게 다시 행동하기 시작하였다. 공장에서의 폴의 행동에도 동일한 패턴이 나타날 수 있을 것이다. 감독관이 토큰을 주고 다른 사람들을 감독하기 위해 나가면 폴은 속도를 늦추거나 일을 멈추었다가 30분이 거의 다 되어 갈 때 다시 일을 시작할지도 모른다. 그는 30분 간격이 끝난 후에 부품 포장에 대한 토큰을 받기 때문에 부품을 포장하는 그의 행동은 간격의 끝이 가까워짐에 따라 더 자주 일어나게 된다. 그는 30분 간격 동안에는 부품 포장에 대한 토큰을 받지 않기 때문에 간격 초기에는 자연히 행동을 덜 하게 된다. 이러한 패턴(간격의 끝에 가까워졌을 때 행동이 높은 비율로 나타나는 것)의 행동이 FI 계획의 특성이다. 그렇기 때문에 학습 상황이나 훈련 프로그램에서는 FI 계획이 잘 사용되지 않으며, 대신에 높고 일정한 행동 비율을 나타내는 FR 계획이나 VR 계획이 더 일반적으로 사용된다. FR 계획이나 VR 계획에서 폴은 토큰을 더 받기 위해 더욱 열심히 부품을 포장해야 한다는 것을 배웠다. 그러나 FI 계획에서는 각 30분 간격의 끝에서만 열심히 부품을 포장해도 된다는 것을 배웠다.

변동간격

변동간격(variable interval: VI) 계획은 FI 계획과 같이 시간 간격이 경과된 후에 발생한 첫 행동에 대해 강화인이 주어진다. 그러나 VI 계획이 FI 계획과 다른 점은 각 시간 간격의 길이가 다르다는 것이다. 간격은 평균 시간을 기준으로 다양하게 정해진다. 예를 들어, 변동간격 20초(VI 20초) 계획이라면 간격은 20초보다 길거나 짧게 정해진다. 즉, 강화인이 주어지는 시간 간격의 길이를 예측할 수 없으나 그 평균 길이가 20초이다. Ferster와 Skinner(1957)는 다양한 VI 계획을 연구했는데, VI 계획의 행동 패턴이 FI 계획과 다르다는 것을 발견하였다. 즉, FI 계획에서는 간격 초기에 행동이 감소하고 간격 끝에서 증가하였으나 VI 계획에서는 비둘기의 행동(버튼을 쪼는 것)이 일정한 비율로 발생하였다. VI 계획에서는 간격의 길이를 예측할 수 없기 때문에(즉, 강화인이 언제 주어질지 알 수 없기 때문에) FI 계획에서 나타났던 행동 패턴이 나타나지 않았다.

다시 한 번 폴의 경우를 생각해 보자.

? 감독관이 폴에게 VI 30분 계획을 적용하는 방법을 설명하라. FI 30분 계획에서 폴의 행동과 VI 30분 계획에서 폴의 행동이 어떻게 다른지 설명하라.

VI 30분 계획을 사용할 때, 감독관은 예측할 수 없는 시간 간격 후(예: 5분, 22분, 45분, 36분 후)에 와서 폴을 보고 첫 번째 행동에 대해 토큰을 주었다. 이때, 다양한 시간 간격은 평균 30분이다. 강화인(토큰)은 간격 후의 첫 행동에 대해 주어진다. VI 30분 계획에서 아마도 폴은 더욱 일정하게 부품을 포장할 것이다. FI 30분 계획에서는 폴의 행동이 느리게 나타났다가 빠르게 나타나는 양상을 보였는데, VI 계획에서는 간격의 길이를 예측할 수 없으므로 이러한 행동 패턴이 나타나지 않을 것이다.

강화 계획	
고정비율	강화인이 일정한 횟수의 행동 후에 주어진다. 행동이 높은 비율로 나타나고 강화 후에 일시 중지된다.
변동비율	강화가 평균 횟수(x)의 행동 후에 주어진다. 행동이 높고 일정한 비율로 나타나고 강화 후에 일시 중지되지 않는다.
고정간격	고정된 시간 간격 후에 발생하는 첫 행동에 대해 강화인이 주어진다. 행동이 하다-말다 패턴의 낮은 비율로 나타난다. 간격의 거의 끝 부분에서 행동 비율이 증가한다.
변동간격	다양한 시간 간격 후에 발생하는 첫 행동에 대해 강화인이 주어진다. 행동은 낮거나 중간 정도의 비율로 꾸준히 나타나고 하다-말다 패턴이 보이지 않는다.

상이한 행동 차원의 강화

강화는 행동 비율을 증가시키는 데 사용된다 하더라도 지속시간, 강도, 반응시간 같은 행동의 다른 차원에 영향을 줄 수도 있다. 강화인이 특별히 행동의 지속시간에 유관되어 있다면 행동의 지속시간은 더욱 잘 지켜질 것이다. 예를 들어, 30분 동안 숙제를 해야만 밖에 나가 놀 수 있다면 아동은 30분 동안 숙제를 더 잘할 것이다. 또한 강화인이 특별히 행동의 강도를 조건으로 한다면 행동은 강도가 강조되어 나타날 것이다. 예를 들어, 얼어서 잘 열리지 않는 문을 열어야 한다면 힘껏 미는 행동이 강화되어 문을 열기 위해 더욱 힘을 쓸 것이다(강도가 증가됨). 그리고 강화인이 행동시간을 감소시키는 것과 유관되어 있다면 반응시간은 점차 감소될 것이다. 예를 들어, 아동이 지시가 주어지자마자 즉시 행동을 보이는 행동에 대해 강화인을 받고 있다면 즉각적인 행동(짧은 행동시간)이 강화되고, 아동은 지시가 있을 때 더욱 즉각적으로 행동할 것이다.

동시강화 계획

거의 모든 상황에서 사람들은 두 가지 이상의 행동에 관여하게 된다. 특정한 시간에 사람들이 관여하는 모든 행동을 강화하는 특별한 강화 계획이 있다. 사람의 행동을 한 번에 효과적으로 강화하는 계획을 **동시강화 계획**(concurrent schedules of reinforcement)이라고 한다. 다시 말해, 사람들은 동시에 서로 다른 많은 행동을 할 수 있고 행동의 선택도 다양하다. 이것을 **동시 작동 요소**(concurrent operants)라고 한다. 특정 시간에 서로 다른 행동을 선택하기 위한 동시강화(벌) 계획은 특정 행동이 그 시간에 발생할 가능성에 영향을 준다. 사람들은 전형적으로 (a) 강화 계획, (b) 강화의 크기, (c) 강화의 즉시성, (d) **반응 효과**에 따라 행동을 선택하게 될 것이다(Neef, Mace, & Shade, 1993; Neef, Mace, Shea, & Shade, 1992; Neef, Shade, & Miller, 1994). 예를 들어, 어떤 사람에게 시간당 10달러로 음식점에서 일할 기회와 시간당 8달러로 금속 가게에서 일할 기회가 있다면 그는 아마 강화의 크기가 더 큰 음식점을 선택할 것이다. 만일 두 가지 일 모두 시간당 10달러이고 어떤 하나가 더 쉬운 일이라면 그는 아마 더 쉬운 일을 선택할 것이다. 그러나 만일 오후에 여자 친구와 함께 수상스키를 타야 한다면 그는 아마 돈 액수보다는 오전에만 일할 수 있는, 즉 더욱 강력한 강화인을 가지는 다른 일을 선택할 것이다.

동시강화 계획에 대한 연구에서는 대부분의 사람이 강화가 자주 일어나고, 강화의 크기가 크며, 보다 즉각적으로 강화가 주어지고, 행동 효과가 적은 행동에 참여하게 된다는 것을 밝혔다(Friman & Poling, 1995; Hoch, McComas, Johnson, Faranda, & Guenther, 2002; Hoch, McComas, Thompson, & Paone, 2002; Neef et al., 1992, 1993, 1994; Piazza, Roane, Keeney, Boney, & Abt, 2002). 바람직하지 않은 행동을 위한 강화 계획이 바람직한 행동을 위한 강화 계획과 공존할 수도 있기 때문에 행동수정의 적용에서 동시적 계획에 대한 정보는 중요하다. 바람직한 행동을 증가시키기 위해 강화를 사용할 때, 바람직하지 않은 행동을 위한 강화 계획도 고려해야 한다(Mace & Roberts, 1993).

🔖 요약

1. 강화는 행동의 기본 원리이다. 강화는 미래에 행동이 발생할 확률을 증가시키거나 행동을 강력하게 만드는 즉각적인 결과가 뒤따를 때 일어나는 것이다. 강화는 조작적 행동의 발생을 초래하는 과정이다.

2. 정적 강화와 부적 강화 모두 행동을 증가시킨다. 단지 행동에 뒤따르는 결과가 다른데, 정적 강화에는 자극의 추가(정적 강화인), 부적 강화에는 자극의 제거(혐오자극)가 뒤따른다.

3. 무조건강화인은 생존 가치나 생물학적 중요성을 가지기 때문에 자연히 강화되는 자극이다. 조건강화인은 원래는 중립적 자극인데, 무조건강화인이나 다른 조건화된 강화인과 한 쌍을 이루어 반복적으로 제시되기 때문에 강화인이 된 것이다.

4. 강화의 효과에 영향을 미치는 요인은 많다. 강화인은 최대의 효과를 가지기 위해 즉각적으로 주어져야 한다. 강화인은 행동에 유관되어 있을 때, 즉 행동이 발생할 때에만 강화인이 주어지는 경우 가장 효과적이다. 강화인은 박탈이나 일부 다른 유인력이 있을 때 효과적이다. 일반적으로 강화인은 그 양이나 강도가 클 때 더욱 효과적이다.

5. 강화는 행동이 발생할 때마다 일어나도록 계획될 수도 있고(연속강화, CRF), 간헐로 일어나도록 계획될 수도 있다. CRF 계획은 습득, 즉 새로운 행동을 학습할 때 사용되고, 간헐적 계획은 일단 학습된 행동의 유지에 사용된다. 간헐강화 계획은 기본적으로 네 가지가 있다. 간헐강화 계획은 크게 비율계획과 간격 계획으로 나뉘고 비율계획은 고정비율(FR)과 변동비율(VR), 간격 계획은 고정간격(FI)과 변동간격(VI)으로 나뉜다. 비율계획에서는 강화인이 주어지기 위해 많은 행동이 발생해야 한다. FR 계획에서는 행동의 수가 고정되거나 일정하고, VR 계획에서는 강화를 위해 필요한 행동의 수가 평균으로 지정된다. 간격 계획에서는 행동이 강화되기 전에 일정한 시간이 흘러야 한다. FI 계획에서는 간격이 고정되고, VI 계획에서는 간격이 평균을 중심으로 다양하게 지정된다. 비율 계획 중 FR 계획에서 강화 후에 행동이 일시 중지되기는 하지만 비율계획은 행동 비율이 가장 높다. 반면에 간격 계획은 비율계획보다 행동 비율이 낮다. FI 계획은 시간 간격의 끝 부분에서 주로 행동이 나타나는 하다—말다 패턴의 행동이 나타나는 반면, VI 계획에서는 꾸준한 비율로 행동이 나타난다.

✐ 핵심용어

간헐강화 계획(intermittent reinforcement
　　schedule)

강화(reinforcement)

강화 계획(schedule of reinforcement)

강화인(reinforcer)

결과(consequence)

고정간격(fixed interval: FI)

고정비율(fixed ratio: FR)

교환강화인(backup reinforcer)

도피행동(escape behavior)

동시 작동 요소(concurrent operants)

동시강화 계획(concurrent schedules of
　　reinforcement)

무조건강화인(unconditioned reinforcer)

박탈(deprivation)

반응(response)

반응 효과(response effort)

변동간격(variable interval: VI)

변동비율(variable ratio: VR)

부적 강화(negative reinforcement)

습득(acquisition)

연속강화 계획(continuous reinforcement
　　schedule)

유관성(contingency)

유지(maintenance)

일반화된 조건강화인(generalized
　　conditioned reinforcer)

유인력(motivating operation: MO)

자극(stimulus)

정적 강화(positive reinforcement)

정적 강화인(positive reinforcer)

조건강화인(conditioned reinforcer)

조작적 행동(operant behavior)

축소 유인력(abolishing operation: AO)

토큰(token)

포만(satiation)

프리맥 원리(Premack principle)

확대 유인력(establishing operation: EO)

혐오자극(aversive stimulus)

회피행동(avoidance behavior)

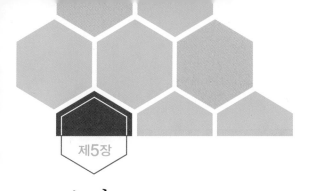

제5장

소거

주요 학습문제

- 소거의 원리는 무엇인가?
- 소거폭발 동안에 어떤 일이 일어나는가?
- 정적 강화와 부적 강화 후에 소거는 어떻게 다른가?
- 소거에 대한 일반적인 오해는 무엇인가?
- 소거에 영향을 미치는 요인은 무엇인가?

제4장에서 학습한 바와 같이 강화는 조작적 행동을 습득·유지시킨다. 이 장에서는 조작적 행동을 약하게 하는 과정인 소거에 대해 살펴볼 것이다. 다음의 두 가지 예를 생각해 보자.

레이는 매주 월·수·토요일 오전 8시에 행동수정 수업을 받으러 간다. 그녀는 항상 교실 앞 오른쪽에 있는 커피 자동판매기에 멈추어 서서 동전을 넣고 버튼을 눌러 커피를 빼 들고 교실로 간다. 어느 날, 레이는 자동판매기에 돈을 넣고 버튼을 눌렀는데 커피가 나오지 않았다. 다시 버튼을 눌렀는데도 커피가 나오지 않았다. 이번에는 더 힘껏 버튼을 누르다가 쾅 하고 쳐 보았으나 결과는 마찬가지였다. 마침내 그녀는 포기하고 커피 없이 교실로 걸어갔다. 그 후 일주일 동안 레이는 자동판매기에서 커피를 뽑지 않다가 어느 날 다시 시도해 보았는데 역시 커피가 나오지 않았다. 그 일이 있은 후, 그녀는 커피를 사기 위해 자동판매기에 동전을 넣지 않게 되었고, 대신 학교 가는 길의 편의점에서 커피를 샀다.

반응　　　　　　　　　　　　　　　　　　　　　　　　　　　　　결과

레이가 자동판매기에 돈을 넣는다.　　　　　　　　　　　자동판매기에서 커피가 나오지 않는다.

성과: 미래에 레이는 자동판매기에 돈을 넣으려 하지 않을 것이다.

　　그렉은 저녁에 일을 마치고 집으로 갈 때 아파트의 정문으로 가는 것보다 비상문으로 가는 것이 빠르기 때문에 늘 비상문을 이용하였다. 그런데 어느 날 관리인이 비상문을 잠궈 놓아서 문이 열리지 않았다. 그렉은 문을 열기 위해 더 힘껏 손잡이를 돌려 보았으나 문이 열리지 않았고, 하는 수 없이 정문으로 돌아가서 집에 갔다. 그 후로도 이틀 동안 퇴근 때마다 비상문을 열기 위해 시도해 보았으나 결과는 마찬가지였다. 결국 그렉은 비상문을 통해 집으로 들어가려는 시도를 더 이상 하지 않았다.

반응　　　　　　　　　　　　　　　　　　　　　　　　　　　　　결과

그렉은 비상문의 손잡이를 돌린다.　　　　　　　　　　　문이 열리지 않는다.

성과: 미래에 그렉은 비상문을 열려고 하지 않을 것이다.

소거에 대한 정의

　　앞의 예에서 설명된 기본적 행동원리는 소거(extinction)이다. 각 예에서 행동은 일정 시간 동안 강화되었으나 더 이상 강화되지 않자 행동 발생이 멈추었다. 커피 자판기에 돈을 넣고 버튼을 누르는 레이의 행동은 커피를 얻는 것으로 강화되었다. 또 비상문을 열고 아파트에 들어가는 그렉의 행동은 멀리 돌아가지 않고도 쉽게 자신의 집에 들어갈 수 있으므로 강화되었다. 이러한 행동들은 연속 계획으로 강화된 것이다. 일단 강화가 멈추자 레이와 그렉은 행동을 차차 덜 하다가 마침내 그 행동을 하지 않게 되었다.

　　소거는 행동의 기본 원리로 그 행동적 정의는 다음과 같다. 즉, 소거는 다음과 같은 경우에 발생한다.

　　1. 이미 강화되어 온 행동이

2. 더 이상 강화되는 결과를 갖지 못하여

3. 향후 그 행동이 더 이상 발생하지 않는다.

행동이 강화되어 온 기간만큼 오랫동안 최소한 간헐로라도 행동이 지속적으로 발생할 것이다. 그러나 더 이상 강화가 뒤따르지 않으면 그 행동은 멈추게 될 것이다. 행동이 더 이상 강화받지 않기 때문에 그 행동이 멈출 때, 행동이 소거되었다고 말한다.

Skinner(1938), Ferster와 Skinner(1957)는 실험실 동물로 소거의 원리를 설명하였다. 실험 상자 안의 비둘기가 버튼을 쪼는 것에 대한 강화로 먹이를 더 이상 받지 못하면 비둘기의 쪼는 행동은 멈춘다. 실험용 쥐가 지렛대를 밟았을 때 더 이상 먹이를 받지 못하면 지렛대를 누르는 행동이 감소하고 종국에는 멈추게 된다.

물론 수많은 연구에서 인간행동에 대한 소거원리를 입증하였다(Lerman & Iwata, 1996b). 문제행동을 감소시키기 위해 소거를 적용한 최초의 연구 중 하나는 Williams(1959)의 연구로, 그는 유아의 심한 잠투정을 감소시키는 데 소거가 효과적이라고 설명하였다. 이 연구에서 그는 아이의 잠투정 행동이 부모의 관심으로 강화되었다고 보았기 때문에, 소거 절차를 이용하여 부모로 하여금 밤에 아이가 잠투정을 하더라도 관심을 주지 않도록 하였다.

반응 → 결과

아동이 잠투정을 한다.   부모는 아동에게 관심을 보이지 않는다.

성과: 미래에 아동은 잠투정을 덜 할 것이다.

수많은 연구가 아동이나 성인의 문제행동을 감소시키기 위한 소거의 효과를 입증하였다(Ayllon & Michael, 1959; Ducharme & Van Houten, 1994; Holz, Azrin, & Ayllon, 1963; Lerman & Iwata, 1995; Mazaleski, Iwata, Vollmer, Zarcone, & Smith, 1993; Neisworth, & Moore, 1972; Rincover, 1978; Wright, Brown, & Andrews, 1978). 이러한 연구들을 보면 문제에 대한 강화인이 제거되고 행동이 감소한다. 8세 소년의 산수 문제 풀기 실수를 줄이기 위해 소거를 사용한 Hasazi와 Hasazi(1972)의 연구를 생각해 보자. 그 아동은 답이 두 자릿수로 나오는 덧셈 문제를 풀 때마다 자릿수를 거꾸로 썼다(예를 들어, 7+5의 답을 12 대신 21로 썼다). 연구자는 아동이 틀린 답을 쓸 때 교사가 관심(옳은 답을 가르쳐 주는 것)을 보이는 것이 숫자를 뒤바꿔 쓰는 아동의 행동을 강화한다고 보았다. 소거 절차의 적용으로 교사가 틀린 답에 대해 관심을 보이는 것을 중지하고 옳은 답을 썼을 때 아동을 칭찬하였다(이것은 차별강화이다. 제15장을 참조하라). 자릿수를 거꾸로 쓰는 아동의 행동은 소거를 적용하여([그림 5-1] 참조) 극적으로 감소되었다. 많은 전문가가 자릿수 바꿔 쓰기 행동을 학습장애의 신호로 보아 왔기 때문에 이 연구는 특별히 흥미가 있다. 그러나 이 연구의 연구자들은 자릿수 바꿔 쓰기 행동을 교사의 관심으로 강화된 조작적 행동으로 파악하였다. 다른 예를 들면, Lovaas와 Simmons(1969)는 지적장애 아동의 자해행동을 줄이기 위해 소거를 사용하였다. 연구자들은 아동의 머리 박기 행동이 성인들의 관심으로 강화를 받는다고 믿었다. 그러므로 아동이 머리를 박을 때마다 성인의 관심을 제거하는 소거 절차를 적용하였다. 그 결과 1시간에 2,500회 이상 머리를 박는 빈도가 0으로 감소하였는데, 행동 빈도가 0으로 감소하기까지 소거 절차는 10회기 동안 적용되었다.

반응   결과

아동이 자신의 머리를 때린다.   어른들로부터 관심을 받지 못한다.

성과: 아동의 행동이 어른들의 관심으로 더 이상 강화되지 않기 때문에 아동은 자신의 머리를 덜 때리게 된다.

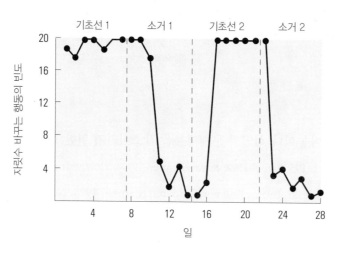

[그림 5-1] 8세 소년의 자릿수 바꿔 쓰기 행동에 대한 소거의 효과를 보여 주는 그래프. A-B-A-B 반전설계로, 기초선 동안에 자릿수 바꿔 쓰기 행동이 교사의 관심에 의해 강화되었다. 교사의 관심으로 더 이상 강화되지 않자 행동의 빈도가 극적으로 감소하였다.

출처: Hasazi, J. E., & Hasazi, S. E. (1972). Effects of teacher attention on digit reversal behavior in an elementary school child. *Journal of Applied Behavior Analysis*, 5, 157-162.

용어 정리: 소거에 대해 바르게 말하기

소거나 소거의 효과에 대해 말할 때:

- 행동을 소멸시켰다(extinguished)라고 말하는 것은 옳다. 반면, 행동을 "소거시켰다(extincted)."라고 말하는 것은 옳지 않다.
- 행동을 소거 절차에 넣었다고 말하는 것은 옳다. 반면, 사람을 소거 절차에 넣었다고 말하는 것은 옳지 않다.
- 행동이 소멸되었다고 말하는 것은 옳다. 반면, 행동이 소거되었다고 말하는 것은 옳지 않다.

소거폭발

소거의 한 가지 특징은 일단 행동이 더 이상 강화되지 않으면 그 행동이 감소되어 궁극적으로 멈추기 전에 잠시 동안 행동의 빈도나 지속시간, 강도 등이 증가한다는 것이다(Lerman & Iwata, 1995). 첫 번째 예에서 레이는 커피가 나오지 않자 자동판매기의 버튼을 반복적으로 눌렀고, 포기하기 전까지 더욱 힘껏(강도의 증가) 눌렀다. 그렉은 아파트로 가는 비상문이 열리지 않자 계속 손잡이를 돌리고 잡아당겼으며(빈도의 증가), 포기하기 전까지 손잡이를 더욱 힘껏(강도의 증가) 잡아당겼다. 소거 과정 동안에 나타나는, 강화되지 않은 행동의 빈도, 지속기간, 강도 등의 증가를 **소거폭발**(extinction burst)이라고 한다. 다른 두 가지 예를 생각해 보자.

마크는 TV 리모컨 버튼을 눌렀는데 TV 채널이 바뀌지 않자(건전지가 다 닳았기 때문) 완전히 포기하기 전까지 오랫동안 더욱 힘껏(강도의 증가) 버튼을 눌렀다. 버튼을 누르는 행동은 더 이상 강화되지(TV 채널이 바뀌) 않았으므로 그는 포기하기 전까지 오랫동안 힘껏 누르기(소거폭발)를 시도하였다.

4세인 아만다는 매일 밤 취침시간에 10~15분 동안 우는데, 아이가 울면 부모는 아만다의 방으로 와서 잠들 때까지 이야기를 들려주었다. 그렇게 함으로써 부모는 우연히 아만다의 우는 행동을 증가시켰다. 이 문제로 부모는 전문가와 상담을 한 후에 아만다가 취침시간에 울 때 아만다의 방으로 가거나 이야기를 해 주지 않기로 결정했다. 첫날 밤 아만다는 잠들기 전에 25분 동안 울었다. 일주일이 지나자 아만다는 취침시간에 울지 않았다. 아만다의 부모는 아만다가 울면 그 방으로 가는 것을 멈추는 소거를 사용한 것이다. 첫날 밤 우는 시간이 증가한 것은 소거폭발이다. [그림 5-2]는 소거를 적용하기 전과 후 아만다의 울음 지속시간에 대한 그래프이다. 일단 부모가 소거를 적용하자 행동이 잠시 증가하다가 이내 감소하였고, 결

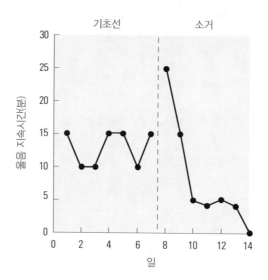

[그림 5-2] 기초선과 소거기간 동안의 울음 지속시간에 대한 가상적 그래프. 소거 첫째 날에 행동의 지속시간이 증가하는 소거폭발이 발생했다. 이후로 행동이 감소되어 결국은 멈추었다.

국은 완전히 사라졌다.

　소거의 또 다른 특징은 행동이 더 이상 강화받지 않을 때 그 시기에 새로운 행동이 발생할 수 있다는 것이다(Bijou, 1958; Lalli, Zanolli, & Wohn, 1994). 예를 들어, 아만다의 부모가 우는 것을 더 이상 강화하지 않자 아만다는 더 오랫동안 더 크게 울었고(지속기간, 강도의 증가), 또한 소리를 지르며 베개를 쳤다(새로운 행동). 첫 번째 예에서 레이는 커피가 나오지 않자 동전 삽입 버튼을 누르고 자동판매기를 흔들었다(새로운 행동, [그림 5-3] 참조).

[그림 5-3] 자동판매기에서 커피가 나오지 않자 레이는 기계의 버튼을 계속 누르고 흔들었다. 이것은 소거폭발의 예이다.

　때로 소거폭발 동안에 나타나는 새로운 행동이 정서반응의 형태로 나타날 수도 있다(Chance, 1988). 예를 들어, 레이는 커피 자동판매기에 대고 욕을 하거나 걸어차는 분노 형태의 행동을 할 수도 있다. Azrin, Hutchinson과 Hake(1966)는 소거가 사용될 때 종종 공격행동이 나타날 수 있다고 보고하였다. 행동이 더 이상 강화되지 않을 때 유아들에게 정서반응이 나타나는 것은 흔히 있는 일이다. 사탕을 사 달라는 요구가 거절되었을 때 아이는 소리치며 울 것이다. 부모는 그

때 무의식 중에 아이에게 사탕을 사 주어 소리치고 우는 행동을 강화할 수도 있다. 제4장에서 배운 강화를 상기해 볼 때, 아이에게 사탕을 사 주는 부모의 행동은 소리치고 우는 행동이 없어지는 것에 의한 부적 강화이다.

더 이상 강화되지 않는 행동이 증가하거나 새로운 행동(때로 정서적인)의 발생이 일시적으로 나타나는 소거폭발은 강화의 종료에 대한 자연스러운 반응이다. 소거폭발에서 나타나는 행동의 빈도, 지속시간, 강도 등의 증가(또는 새로운 행동의 발생)는 강화될 수도 있으며, 따라서 소거폭발은 다른 목적에 사용되기도 한다. 예를 들어, 그렉이 비상문의 손잡이를 매우 힘껏 당겼을 때 비상문이 잠겨 있지 않아 열렸을 수도 있다. 또한 아만다가 소리치고 비명을 지르며 울 때 부모가 방으로 건너와 울음을 그치게 하기 위해 관심을 보였을 수도 있다.

그러나 소거폭발은 반드시 의식적인 과정이 아니다. 아만다는 아마 '내가 크게 소리치고 비명을 지르며 베개를 치면 부모의 관심을 얻을 거야.'라고는 생각하지 않았을 것이다. 소거폭발은 단순히 소거 상황의 자연스러운 특징이다.

소거폭발

행동이 더 이상 강화되지 않을 때, 다음과 같은 일이 일어날 수 있다.
- 행동의 빈도, 지속시간, 강도 등이 증가할 수 있다.
- 새로운 행동이 일어날 수 있다.
- 정서적 반응 또는 공격적 행동이 일어날 수 있다.

📖 더 읽을거리

소거폭발

소거폭발은 소거를 사용하여 행동 문제를 감소시키고자 할 때 직접적인 관계가 있는 중요한 현상이다(14장 참조). 많은 연구자가 소거폭발을 연구하여 왔다. Lerman과 Iwata(1995)는 소거를 평가한 연구들을 검토하였는데 연구의 24%에서 소거폭발이 분명하다는 것을 발견하였다. 그들은 소거 기간의 초기에 행동 증가가 나타나는 것으로 소거폭발을 확인하였다. Lerman, Iwata, Wallace(1999)는 9년에 걸쳐 41사례의 자해행동에 대해 소거를 적용하였다. 그들은 사례의 39%에서 분명한 소거폭발(행동의 초기 증가)이 나타났으며, 사례의 22%에서 공격적인 행동이 증가하였다고 밝혔다. 흥미로운 것은, 정적 강화된 행동에 소거를 적용했을 때보다 부적 강화된 행동에 소거를 적용했을 때 소거폭발이 더 많이 발생했다는 것이다. 이 두 연구 모두에서 소거가 다른 처치와 함께 사용되었을 때보다 소거 한 가지만 사용되었을 때 소거폭발이 더 쉽게 발생했다.

자발적 회복

소거의 다른 특징은 행동이 일정 시간 동안 일어나지 않다가 그 후에 다시 일어날 수 있다는 것이다. 이것을 **자발적 회복**(spontaneous recovery)이라고 한다. 자발적 회복은 소거 전에 일어났던 것과 유사한 상황에서 다시 일어나는 자연적인 경향이다(Chance, 1988; Lerman, Kelly, Van Camp, & Roane, 1999; Zeiler, 1971). 자발적 회복이 일어났는데 여전히 소거가 진행 중이라면, 즉 강화가 없으면 그 행동은 아주 오랫동안 지속되지 않을 것이다. 아만다는 소거 후 가끔씩 밤에 울었을 수도 있으나 관심을 받지 못하면 오래가지 못한다. 그러나 자발적 회복이 일어나고 그 행동이 다시 강화를 받는다면 소거의 효과는 사라지게 될 것이다. 예를 들어, 그렉은 가끔 아파트 비상문을 열어 볼 것이다. 그러다가 어느 날 그 문이 열리면 비상문을 사용하는 그의 행동은 강화를 받을 것이고, 비상문을 사용할 가능성이 커진다. 우연히 문이 열리는 것은 향후 소거에 대한 저항력을 증가시키는 간헐강화의 예가 된다.

소거 절차의 결과

제4장에서 학습한 바와 같이 강화에는 정적 강화와 부적 강화로 두 가지 형태가 있다.

? 정적 강화를 정의하라. 부적 강화를 정의하라.

아는 바와 같이, 정적 강화는 행동 이후에 자극(정적 강화인)의 추가로 행동이 강화될 때 발생한다. 부적 강화는 행동 이후에 자극(혐오자극)의 제거로 행동이 강화될 때 발생한다. 행동이 정적 강화로 유지되어 왔든 부적 강화로 유지되어 왔든 상관없이 모두 소거될 수 있다. 소거의 결과는 동일하다. 즉, 행동이 감소하다가 중지된다. 그러나 소거는 절차상 두 가지 경우에서 약간 다르다. 만일 행동이 긍정적으로 강화받은 것이라면 행동 후에 결과가 주어지기 때문에 이 행동의 소거는 행동 후 이전에 받았던 결과를 더 이상 주지 않는 것이다. 다시 말해서, 어떤 행동이 강화되는 결과를 더 이상 가져오지 않을 때 그 행동은 더 이상 발생하지 않는다.

만일 부적 강화를 받은 것이라면 행동은 혐오자극으로부터의 도피나 회피의 결과를 가져온다. 그러므로 부적 강화를 받은 행동의 소거는 도피나 회피의 제거를 뜻한다. 행동이 혐오자극의 회피나 그로부터 도피하는 결과를 더 이상 가져오지 않을 때, 그 행동은 마침내 중단 된다. 예를 들어, 기계의 시끄러운 소음을 줄이려고 공장에서 작업 시 귀마개를 착용하였을 때, 귀마개를 착용하는 것은 시끄러운 소음에서 벗어나는 것으로 부적 강화를 받는 것이다. 그런데 귀마개가 닳아서 더 이상 소음을 줄일 수 없다면 귀마개를 착용하지 않을 것이다. 즉, 귀마개를 착용하는 행동은 더 이상 소음을 막을 수 없기 때문에 중지될 것이다. 이것은 어려 운 개념일 수도 있는데, 다음의 예들을 생각해 보자.

소거 절차의 결과

- 정적 강화인은 행동 후 더 이상 주어지지 않는다.
- 혐오자극은 행동 후 더 이상 제거되지 않는다.

산드라는 귀가시간이 밤 11시이다. 11시가 넘어서 들어오면 부모님에게 꾸지람을 듣고 일 주일 동안 외출 금지를 당한다. 부모님은 밤 10시에 잠자리에 들기 때문에 산드라가 몇 시에 귀가했는지 모른다. 부모님은 다음 날 아침 딸에게 몇 시에 들어왔는지 묻는데, 산드라는 11시 이후에 들어왔더라도 더 일찍 집에 들어왔다고 거짓말을 한다. 거짓말은 부모님으로부터의 혐오자극을 회피하게 하여 부적으로 강화된다. 만일 산드라가 거짓말을 하더라도 더 이상 혐 오자극을 회피할 수 없게 된다면 거짓말은 사라질 것이다. 즉, 부모님이 10시 이후에도 안 자 고 있어서 산드라가 몇 시에 귀가했는지를 안다면 산드라는 거짓말로 혐오자극을 피할 수 없 게 된다. 그 결과, 산드라는 늦게 귀가했을 때 더 이상 거짓말을 하지 않을 것이다.

강화

반응   결과

산드라는 늦게 귀가했을 때 거짓말을 한다.   산드라는 혼나는 것을 피한다.

성과: 미래에 산드라는 늦은 귀가에 대해 거짓말을 더 잘할 것이다.

소거

반응   결과

산드라는 늦게 귀가했을 때 거짓말을 한다.   부모는 산드라를 꾸짖고 산드라는 혐오자극을 피하지 못한다.

성과: 미래에 산드라는 늦게 귀가했을 때 거짓말을 안 할 것이다.

다른 예를 생각해 보자. 조는 파트타임으로 청소를 하는 대학생이다. 그는 화장실 청소를 싫어하는데 감독관이 조에게 청소했냐고 물어볼 때마다 조는 핑계를 댔고, 그때마다 감독관은 조 대신 다른 사람으로 대치하였다. 핑계를 대는 조의 행동은 화장실 청소에서 벗어나도록 해 주는 결과를 가져왔으므로 부적 강화된 것이다.

? 감독관은 조가 핑계를 못 대도록 소거를 어떻게 사용할 수 있는가?

조가 핑계를 댈 때마다 감독관은 어떻게 해서든지 화장실 청소를 하라고 말한다. 그러므로 조는 핑계를 대는 것으로 화장실 청소를 면할 수 없고 핑계 대는 것을 그만두게 된다.

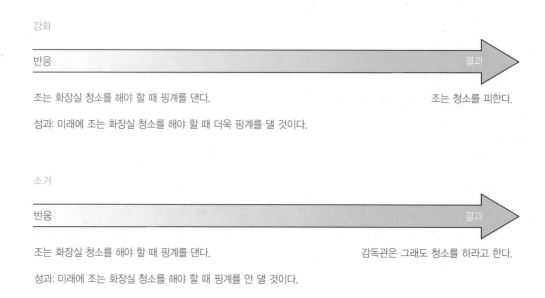

강화

반응 → 결과

조는 화장실 청소를 해야 할 때 핑계를 댄다.　　조는 청소를 피한다.

성과: 미래에 조는 화장실 청소를 해야 할 때 더욱 핑계를 댈 것이다.

소거

반응 → 결과

조는 화장실 청소를 해야 할 때 핑계를 댄다.　　감독관은 그래도 청소를 하라고 한다.

성과: 미래에 조는 화장실 청소를 해야 할 때 핑계를 안 댈 것이다.

Iwata와 동료들의 연구(Iwata, Pace, Cowdery, & Miltenberger, 1994)는 행동이 정적 강화에 의해 유지되었을 때와 부적 강화에 의해 유지되었을 때의 소거 절차가 다르다고 설명하였다. 그들은 지적장애 아동의 자해행동(자신을 때리는 것)을 연구했는데, 아동의 자해가 성인들의 관심으로 정적 강화됨을 발견하고 자해행동 후 성인의 관심을 제거시키는 소거를 적용하였다. 그러나 일부 아동은 학습 활동에서 벗어나기 위해 자해행동을 하였으므로 자해행동이 부적으로 강화되었다. 즉, 아동이 자해행동을 하기 시작하면 교사는 아동이 해야 할 과제를 중지시켰다. 이러한 부적 강화의 사례에서 소거는 아동이 자해행동을 할 때 교사가 과제를 제거하지 않는 것이다. 이렇게 되면 아동은 자해행동으로 학습 상황을 피할 수 없게 된다. 연구자들은 소거에서는 행동의 강화인이 명확히 확인되어 그 강화인이 제거되어야 한다고 설명하였다. 강화인을 확인하여 제거하지 않는다면 소거의 기능이 없다.

Carr 등(Carr, Newsom, & Binkoff, 1980)은 지적장애 아동의 행동 문제를 연구하였다. 그들은 두 아동의 공격행동이 요구 상황에서만 일어나고 도피행동으로 작용하는 것을 보여 주었다. 즉, 공격행동이 요구의 종결(요구의 충족)로 부적 강화되었다.

? 이 두 아동의 공격행동에 사용된 소거는 무엇인가?

Carr 등은 아동이 공격행동을 함으로써 요구 상황에서 도피할 수 없게 될 때(요구가 충족되지 않을 때) 공격행동이 극적으로 감소한다고 설명하였다. 왜냐하면 도피가 공격행동을 강화하므로, 도피를 막는 것이 소거로 작용하기 때문이다.

소거에 대한 오해

강화의 형태에 따라 소거 절차가 다르다 하더라도 행동이 멈춘다는 결과는 항상 동일하다. 일반적으로 소거에 대한 잘못된 개념은 소거의 사용이 단순히 행동의 무시를 의미한다는 것이다. 이것은 대부분의 사례에서 맞지 않다. 소거는 행동에 대한 강화인의 제거를 의미한다. 단, 관심이 강화인이라면 소거의 기능은 문제행동을 무시하는 것이다. 예를 들어, 도둑질은 훔친 상품으로 강화된다. 만약 판매원이 가게에서 물건 훔치는 행동을 무시한다면 이것은 훔치는 행동을 멈추게 하지 못할 것이다. 또 한 예로, 한 아동이 채소를 먹으라는 말을 들을 때마다 식탁 밑으로 들어가고, 그 결과 채소를 먹지 않게 된다고 가정하자. 부모가 그 행동을 무시한다면 그것은 중단되지 않을 것이다. 식탁 밑으로 들어가는 행동은 채소를 먹지 않게 되는 것으로 강화되었다. 이 예에서 행동을 무시하는 것은 강화인을 제거하는 것이 아니며, 따라서 소거의 기능을 갖지 못한다.

? 〈표 4-1〉에 나타난 각 강화의 예를 소거의 예로 바꾸라.

소거 효과에 영향을 미치는 요인

소거 전 강화 계획과 소거 후 강화의 발생은 소거 절차에 영향을 미치는 중요한 두 가지 요인이다. 강화 계획은 소거가 행동을 급격히 감소시키는지, 아니면 점진적으로 감소시키는지를 부분적으로 결정한다(Bijou, 1958; Kazdin & Polster, 1973; Lerman, Iwata, Shore, & Kahng, 1996; Neisworth, Hunt, Gallop, & Madle, 1985). 제4장에서 학습한 바와 같이 연속강화는 행동 발생 시 항상 강화인이 따르고, 간헐강화는 행동 발생 결과 항상 강화인이 따르지는 않지만 우연적으로 강화된다. 행동이 연속으로 강화를 받아 온 것일 때, 강화인이 주어지지 않으면 그 행동은 급격하게 감소한다. 반면, 간헐로 강화된 행동은 강화를 종결하면 점진적으로 감소한다. 이것은 행동이 가끔 강화될 때보다 매번 강화될 때 강화인의 존재가 보다 명확하게 드러나기 때문이다. 즉, 강화와 소거 간의 강화인 유무가 간헐강화 때보다 연속강화일 때 더 변별적(훨씬 대조적)이라는 것이다.

예를 들어, 자동판매기에 돈을 넣고 버튼을 눌렀을 때 항상 원하는 품목을 얻었다고 하자. 이것은 연속강화로서 소거가 일어나면 행동은 아주 빨리 감소한다. 만약 기계가 고장 나서 돈을 넣어도 더 이상 상품을 얻지 못한다면 자동판매기에 돈을 넣는 행동은 즉각적으로 철회될 것이다. 이러한 예는 슬롯머신이나 비디오 도박 기계에 돈을 넣을 때와는 대조적이다. 이 기계들은 간헐강화의 사례로서 슬롯머신에 돈을 넣는 것은 잭팟이 터지는 것으로 가끔씩 강화되었다. 만일 이 기계가 고장 나면 즉각 포기하지 않고 오랫동안 더 시도할 것이다. 간헐강화된 행동을 멈추기까지는 더 오랜 시간이 필요하다. 왜냐하면 더 이상 강화되지 않는다고 결정하기가 어렵기 때문이다.

소거 전 간헐강화는 소거저항(resistance to extinction)을 만든다. 다시 말해, 일단 소거가 개입되어도 행동은 존속한다. 소거 전 연속강화는 소거에 대한 저항과 행동의 존속이 훨씬 약하다. 소거 전 강화 계획은 소거저항의 문제 때문에 행동수정 프로그램에서 성공적인 소거 사용과 관련하여 중요한 의미를 지닌다(제14장 참조).

소거 효과에 영향을 주는 두 번째 요인은 소거 후 강화의 발생이다. 만일 강화가 소거의 진행 중에 일어났다면 행동이 감소하는 데 오랜 시간이 걸릴 것이다. 이는 일단 소거가 시작된 행동의 강화가 소거에 더 잘 저항하는 간헐강화가 되기 때문이다. 만일 행동이 자발적 회복기에 강화된다면 그 행동은 소거 전 수준으로 증가할 수도 있다. 아만다의 경우를 다시 생각해 보자. [그림 5−2]를 보면 밤에 우는 것이 소거가 시작된 7일 후에 0으로 감소하였다. 만일 13일째 날 밤에 아만다가 울 때 보모가 방에 와서 이야기를 해 주었다면 어땠을까? 이는 우는 행동을 강화할 것이고, 아이는 더 여러 날 동안 울게 될 것이다([그림 5−4] 참조). 보모의 행동 ([그림 5−5] 참조)은 결국 간헐강화를 시키는 격이 되고 소거의 저항을 만들 것이다.

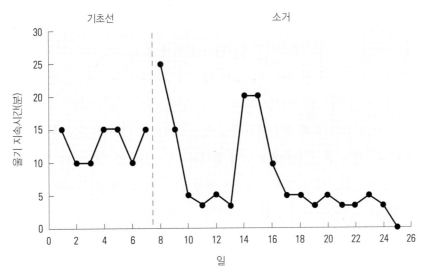

[그림 5−4] 13일째에 우연히 울기 행동이 강화된 사례의 가상 그래프. 13일 후에 행동의 지속시간이 증가하고 소거가 지연되었다.

[그림 5−5] 아만다가 밤에 울 때, 보모가 방에 와서 이야기를 해 주고 있다. 그렇게 함으로써 보모는 우연적으로 울기 행동을 강화하고, 그 결과 행동이 감소하고 멈추게 되는 데 더 오랜 시간이 걸릴 것이다.

Williams(1959)가 보고한 취침시간의 잠투정 소거 사례에서 잠투정은 부모가 며칠 동안 소거를 사용한 후에 거의 멈추었다. 그러나 어느 날 밤, 아동의 잠투정에 누군가가 관심을 보였다면 그 강도는 증가한다. 부모가 다시 일관된 소거를 사용했을 때만 잠투정이 멈출 것이다.

요약

1. 소거는 기본적인 행동원리이다. 소거는 이전에 강화받아 왔던 행동이 더 이상 강화받지 않을 때 일어나고, 그 결과 행동이 감소하다가 멈추게 된다.
2. 소거는 행동의 빈도, 강도, 지속시간 등이 일시적으로 증가하거나 새로운 행동이 일시적으로 나타나는 소거폭발의 특성을 갖는다.
3. 부적으로 강화받은 행동과 정적으로 강화받은 행동의 소거는 절차상 다르다. 그러나 두 경우 모두 행동에 대한 특정한 강화인이 종결되고, 그 결과는 행동의 배제이다. 정적으로 강화받은 행동의 소거에서 정적 강화인은 행동 후 더 이상 주어지지 않는다. 부적으로 강화받은 행동의 소거에서 혐오자극은 행동 후 더 이상 제거되지 않는다.
4. 일반적으로 소거에 대한 잘못된 개념은 소거가 행동의 무시를 의미한다는 것이다. 소거의 기능으로 행동이 무시되는 것은 행동의 강화인이 관심인 경우이다.
5. 행동이 소거 전 연속 계획으로 강화되고 소거 과정 동안 한 번도 강화되지 않았다면 행동은 소거 과정으로 급속히 감소한다.

핵심용어

소거(extinction)

소거폭발(extinction burst)

소거저항(resistance to extinction)

자발적 회복(spontaneous recovery)

제6장

벌

주요 학습문제

- 벌의 원리는 무엇인가?
- 행동수정에 있어서 벌의 정의에 대해 보통 오해하고 있는 것은 무엇인가?
- 정적 벌과 부적 벌은 어떻게 다른가?
- 무조건화 벌과 조건화 벌은 어떻게 다른가?
- 벌의 효과에 영향을 미치는 요인들은 무엇인가?

　제4장과 제5장에서 강화와 소거의 기본 원리에 대해 논의하였다. 정적 · 부적 강화는 조작적 행동을 촉진하는 과정이고, 소거는 조작적 행동을 약화시키는 과정이다. 이 장은 조작적 행동을 약화시키는 또 다른 과정인 벌에 중점을 두고 있다. 하나의 예를 들어 보기로 하자.

　대학교 4학년인 캐시는 학교 주위의 새 아파트로 이사하였다. 강의실로 가는 길에 크지만 온순하게 보이는 개가 있는 마당의 울타리를 지나갔다. 어느 날 그 개가 울타리 가까이에 있었을 때, 캐시는 그 개를 쓰다듬어 주려고 손을 내밀었다. 그러자 바로 그 개는 이빨을 드러내고 으르렁거리며 그녀의 손을 물었다. 그녀는 이 일이 일어난 뒤에 다시는 그 개를 쓰다듬으려고 하지 않았다.

　어머니의 날에 오티스는 일찍 일어나서 어머니를 위해 아침식사를 준비하기로 결심하였다. 그는 주철로 된 프라이팬을 가스레인지 위에 올려놓고 불을 세게 켰다. 그런 후에 약간의 우유가 든 그릇에 몇 개의 달걀을 저어서 섞었다. 그는 약 15분 후에 그릇 속의 달걀을 프라이팬에 부었다. 즉시 달걀이 끓고 김이 나기 시작했다. 오티스는 프라이팬을 옮기려고 손잡이를 움켜쥐었다. 손잡이에 닿자마자 손에 통증이 왔다. 그래서 비명을 지르며 그것을 떨어뜨렸다. 이 일이 있은 후 오티스는 뜨거운 프라이팬의 손잡이를 다시는 잡으려 하지 않았다. 그는 뜨거운 것을 피하기 위해 항상 손에 안전장갑을 꼈다.

벌에 대한 정의

이상과 같은 두 가지의 예는 벌에 대한 행동원리를 보여 주고 있다. 각 예에서 두 사람은 행동에 참여함으로써 즉각적인 결과가 있었는데, 그것은 그 사람이 미래에 유사한 상황에서 그 행동을 반복할 가능성이 더 줄어들 것이다. 캐시가 그 개를 쓰다듬으려고 울타리에 다가가자 개는 즉시 그녀를 물었다. 그 결과, 캐시는 그 개 또는 그와 유사한 개를 쓰다듬기 위하여 울타리에 다가갈 가능성이 더 줄어들 것이다.

오티스는 프라이팬의 뜨거운 손잡이를 잡았는데, 그것은 바로 그의 손을 뜨겁게 함으로써 고통스러운 자극이 되는 결과를 가져왔다. 그 결과, 오티스는 가스레인지 위에 있는 프라이팬의 손잡이를 잡을 가능성이 더 줄어들 것이다(적어도 손에 안전장갑을 끼지 않고서는).

반응		결과
캐시가 울타리로 간다.	그러자 즉시	개가 손을 문다.

성과: 미래에 캐시는 울타리에 덜 다가가게 된다.

반응		결과
오티스는 뜨거운 프라이팬을 잡는다.	즉각적으로	그는 손에 화상을 입는다(고통스러운 자극).

성과: 미래에 오티스는 뜨거운 주철 프라이팬을 잘 만지지 않을 것이다.

이러한 예를 통하여 알 수 있듯이 벌(punishment)은 세 부분으로 나누어 정의할 수 있다.

1. 특정 행동이 발생한 후

2. 그 행동에 뒤이어 즉시 어떤 결과가 따르게 되면,

3. 결과적으로 미래에 그 행동이 일어날 가능성은 적을 것이다(행동이 약화된다).

벌 인자(punisher; 또는 혐오자극)는 미래에 특정 행동이 덜 일어나게 하는 결과를 가져온다. 캐시의 경우, 개가 무는 것은 울타리에 다가선 그녀의 행동에 대한 하나의 벌 인자였다. 오티스의 경우, 고통스러운 자극(그의 손이 뜨거워지는 것)은 주철로 된 프라이팬의 손잡이를 움켜쥔 데 대한 하나의 벌 인자였다. 벌 인자는 그것이 다음 행동에 영향을 미치는 정도에 의하여 정의된다. 자극 또는 사건은 그것이 다음 행동의 빈도를 감소시킬 때 하나의 벌 인자가 된다.

가령, 5세의 남자 어린이 주안이 자신의 여동생들이 울 때까지 집적거리고 때리는 경우를 생각해 보자. 주안의 어머니는 그가 여동생들을 집적거리거나 때릴 때마다 꾸짖고 볼기짝을 찰싹 때린다. 주안은 어머니가 자신을 꾸짖고 볼기짝을 찰싹 때리는 순간에는 여동생들을 집적거리고 때리는 행동을 멈출지라도, 그는 매일 여동생들에게 공격적이고 파괴적인 행동을 계속하고 있다.

? 어머니가 주안을 꾸짖고 볼기짝을 때리는 것은 주안의 공격 및 파괴행동에 대한 벌 인자인가? 왜 그런가, 아니면 왜 그렇지 않은가?

아니다. 꾸짖고 볼기짝을 때리는 것은 벌 인자로서 작용하는 것이 아니다. 꾸짖고 볼기짝을 때리는 것은 시간이 경과하여도 주안의 문제행동을 감소시키는 결과를 가져오지 못했다. 이러한 예는 정적 강화를 실제로 보여 주는 것이다. 주안의 행동(집적거리고 때리기)은 결과(어머니에 의한 꾸지람과 볼기짝 맞기, 그리고 여동생들의 울음)를 가져오고, 그 결과 주안이 매일 그 행동에 계속해서 참여한다. 이러한 것은 정적 강화의 정의에 대한 세 부분이다.

반응		결과
주안의 집적거리기와 때리기	즉시	여동생들의 울음
		어머니에게 꾸지람과 볼기짝 맞기

성과: 미래에 주안은 계속 여동생들을 때리고 집적거린다.

이것은 벌을 정의하는 데 있어서 중요한 점을 제기하고 있다. 그 결과가 비호의적이거나 불쾌하든지 또는 혐오적으로 나타나든지 간에 그것에 따라 벌을 정의할 수는 없다. 우리는 그 행동이 미래에 감소되는 경우에만 특정 결과는 벌을 내리는 것으로 결론 내릴 수 있다. 주안의 경우에 꾸짖기와 볼기짝 때리기는 비호의적인 결과로 나타나지만 그는 계속 여동생들을 때리고 집적거린다. 만약에 꾸짖기와 볼기짝 때리기가 벌 인자로서 작용한다면 주안은 시간의 경과와 더불어 때리기와 집적거리기를 중단할 것이다. 그 결과로서 미래에 그 행동이 감소하느냐, 증가하느냐에 따라 벌(강화)을 정의할 때, 우리는 기능적 정의(functional definition)를 채택하고 있는 것이다. 〈표 6-1〉은 벌의 예를 제시해 놓은 것이다.

〈표 6-1〉 **벌의 예**

- 에드는 자전거를 탈 때 너무 앞만 내려다보면서 페달을 밟는다. 그는 갑자기 주차 중인 차의 뒤로 돌진하여 얼굴을 자동차의 지붕에 부딪혔다. 이 과정에서 그는 앞니가 흔들렸다. 미래에 그는 앞만 내려다보면서 자전거를 탈 가능성이 훨씬 적을 것이다.
- 어린이집에 있을 때, 앨마는 다른 아이들이 자기 인형을 가지고 놀 경우에 가끔 아이들을 때렸다. 앨마의 선생님은 앨마가 다른 아이들을 때릴 때마다 노는 것을 중지시키고 2분 동안 다른 방에서 앉아 있게 하였다. 그 결과, 앨마는 다른 아이들을 때리지 않았다.
- 캘튼은 여름에 매주 이웃의 잔디를 깎아 주고 돈을 번다. 어느 날, 캘튼은 정원에 물을 뿌리는 호스를 잔디 깎는 기계로 잘못 건드려 그 호스를 못 쓰게 만들었다. 이웃은 캘튼에게 호스 값을 지불하라고 하였다. 그때 이후로 캘튼은 잔디를 깎을 때마다 호스나 잔디밭에 놓여 있는 다른 어떤 물건도 망가뜨리지 않았다.
- 사라는 몇 시간 정도의 거리에 떨어져 사는 친구를 만나러 차를 몰고 가는 도중에 약간 지루함을 느껴 옆자리에 있는 신문을 집어 들고 읽기 시작하였다. 그녀가 신문을 읽고 있는 동안 자동차가 자기도 모르게 점점 오른쪽으로 방향이 바뀌었다. 갑자기 차가 길 옆으로 미끄러져 속도 제한 표지판과 부딪혔다. 그 결과, 사라는 고속도로에서 운전할 때 신문을 읽지 않는다.
- 헬렌은 행동장애아들을 위한 특수학급에서 수업을 받는다. 선생님들은 헬렌의 학업 성취를 위하여 조건강화인으로 포커칩을 사용한다. 선생님들은 헬렌의 올바른 답을 강화하기 위하여 포커칩을 그릇 속에 둔다. 그러나 헬렌이 허락 없이 자리에서 일어날 때마다 선생님들은 헬렌에게 포커칩 하나씩을 빼앗는다. 그 결과, 헬렌은 허락 없이 자리에서 일어나는 행동을 중지한다.
- 케빈은 파티에서 자기 부인이 요리하는 것에 대해 농담을 하곤 하여 친구들을 많이 웃겼다. 처음에 부인은 그의 농담에 미소를 지었지만, 마침내 부인은 기분이 언짢아져서 케빈이 요리에 대해 농담을 할 때마다 그에게 차가운 눈길을 보냈다. 그 결과, 케빈은 부인의 요리에 관한 농담을 중지하였다.

또 하나 고려해야 할 점은 벌을 주는 과정에서 그 행동이 단지 일시적으로 감소하거나 정지하는가 혹은 그 행동이 미래에도 감소하는가 하는 점이다. 주안은 어머니에게 볼기짝을 맞

을 때에는 그의 여동생들을 때리는 행동을 중지하였지만, 미래에 여동생들을 때리는 행동을 중지하지는 않았다. 어떤 부모들은 그들의 자녀들을 계속해서 꾸짖거나 볼기짝을 때린다. 왜냐하면 비록 그들의 꾸짖기와 볼기짝 때리기가 미래에 자녀의 문제행동을 감소시킬 가능성이 적을지라도 그것이 문제행동을 즉시 중지시키기 때문이다. 그러한 부모들은 그들이 벌을 사용하고 있다고 믿고 있다. 그러나 그 행동이 미래에도 계속해서 일어난다면 꾸짖기와 볼기짝 때리기는 벌로서 기능하지 않는 것이며, 결국에는 강화인으로서 기능할 수도 있을 것이다.

❓ 무엇이 자녀들을 꾸짖고 볼기짝을 때리는 것과 같은 부모들의 행동을 강화하는가?

아동은 꾸지람을 듣거나 볼기짝을 맞고 난 뒤에 문제행동을 일시적으로 중단하기 때문에, 꾸지람하거나 볼기짝 때리는 것과 같은 부모들의 행동은 부적으로 강화된다. 따라서 부모들은 미래에도 자녀들이 잘못을 저질렀을 때에는 꾸지람하거나 볼기짝을 때리게 된다.

벌에 대한 오해

행동수정에 있어서 벌이란 특정 의미를 지닌 기술적(technical) 용어이다. 행동분석가들이 벌에 대해 언급할 때, 그들은 행동의 결과가 미래에 그 행동출현의 감소를 가져오는 과정을 언급하고 있다. 이것은 대부분의 사람이 벌에 대해 생각하고 있는 것과는 아주 다르다. 일반적으로 벌은 다른 의미로 많이 사용될 수 있으며, 그것들 중의 대부분은 유쾌하지 못하다.

많은 사람은 벌을 범죄를 저지르거나 기타 적절하지 못한 행동을 한 사람에게 해당되는 것으로 정의한다. 이러한 맥락에서 벌은 행동이 중지될 것이라는 희망뿐만 아니라 보복의 요소들을 포함하고 있으며, 일부 의도는 범죄를 저지른 사람을 해치는 것이다. 범죄자에 해당하는 것으로 볼 경우에 벌은 도덕적이거나 윤리적인 의미가 함축되어 있다. 정부, 경찰 또는 부모와 같은 권위적인 인물은 적절하지 못한 행동을 못하게 하도록 하기 위하여, 즉 법이나 규칙을 위반하지 못하도록 하기 위하여 벌을 부과한다. 벌은 교도소, 전기의자, 벌금, 지옥으로 가게 하는 위협, 볼기짝 때리기 또는 꾸짖기 등을 포함할 수 있다. 그러나 일상적인 벌의 의미는 행동수정에서 사용되고 있는 기술적인 정의와는 아주 다르다.

벌에 대한 기술적 정의에 익숙하지 못한 사람들은 행동수정에서 벌의 사용은 잘못되거나 위험하다고 믿을 수도 있다. Skinner가 기존의 의미와 부정적인 의미를 가지고 있는 용어인 벌이란 용어를 채택했다는 것은 불행한 일이다. 따라서 행동수정에서의 벌에 대한 기술적 정의를 이해해야 할 뿐만 아니라 사회에서의 벌에 대한 일반적인 관점과는 매우 다르다는 것을 깨닫는 것이 중요하다.

용어 정리: 사람을 벌하는 것이 아니라 행동을 벌하는 것이다.

- 행동(또는 반응)을 벌한다고 하는 것이 올바른 표현이다. 행동을 벌함으로써 그 행동을 약화시키게 된다. "교사는 타임아웃을 통해 사라의 파괴적 행동을 벌한다."라고 하는 것이 올바른 표현이다.
- 사람을 벌한다고 하는 것은 옳지 않은 표현이다. 사람을 약화시키는 것이 아니라 사람의 행동을 약화시키는 것이다. "교사는 파괴적 행동 때문에 사라를 벌한다."라는 말은 올바른 표현이 아니다.

정적 벌과 부적 벌

벌에는 기본적으로 정적 벌과 부적 벌이 있다. 정적 벌과 부적 벌의 차이는 행동의 결과에 의해 결정된다. **정적 벌**(positive punishment)은 다음과 같이 정의된다.

1. 행동의 발생 후
2. 혐오자극이 제공되고
3. 그 결과, 미래에 그 행동이 일어날 가능성은 보다 적을 것이다.

부적 벌(negative punishment)은 다음과 같이 정의된다.

1. 행동의 발생 후
2. 강화자극이 제거되고
3. 그 결과, 미래에 그 행동이 일어날 가능성은 보다 적을 것이다.

이러한 정의의 중요한 차이점은 강화는 행동을 촉진하거나 미래에 보다 더 많이 일어나게 하는 반면에, 벌은 행동을 약화시키거나 미래에 덜 일어나게 한다는 것이다.

많은 연구자는 벌이 실험실 동물의 행동에 미치는 영향을 연구하였다. Azrin과 Holz(1966)는 벌에 관한 초기 동물연구에 대해 논의하였는데, 그러한 연구의 많은 것을 자신이 수행하였다. 그 이후 연구자들은 정적 벌과 부적 벌이 인간행동에 미치는 영향을 구체적으로 연구하였다(Axelrod & Apsche, 1983). 가령 Corte, Wolf와 Locke(1971)는 지적장애 청소년들에게 벌을 사용하여 자해행동을 감소시키는 데 도움을 주었다. 피험자는 스스로 자기 얼굴을 찰싹 때렸다. 그렇게 할 때마다 연구자들은 바로 손에 쥐고 있던 충격기구로 간단한 전기 충격을 가했다(비록 그 충격이 고통스럽더라도 그 소녀에게 해가 되지는 않았다). 이러한 절차의 결과, 매 시간 그녀가 자기 얼굴을 찰싹 때리는 횟수가 즉시 300~400회에서 거의 0에 가깝게 감소하였다(이러한 연구는 1971년부터 이루어졌다는 것에 주목할 필요가 있다. 오늘날 전기 충격은 윤리적 문제 때문에 벌 인자로 거의 사용되지 않지만, 전기 충격을 벌 인자로 사용하는 것을 지지하려는 것이 아니라 정적 벌의 기본 원리를 실제로 보여 주기 위해 인용하였다).

? 왜 이것을 정적 벌의 예로 들었는가?

이것은 정적 벌에 대한 하나의 예이다. 왜냐하면 그 소녀가 자신의 얼굴을 때릴 때마다 고통스러운 자극이 제시되었으며, 그 결과로 그 행동이 감소되었기 때문이다. 또한 Sajwaj, Libet와 Agras(1974)는 6개월 된 유아의 생명에 치명적인 반추(rumination)행동을 감소시키기 위하여 정적 벌을 사용하였다. 유아의 반추행동은 반복적으로 음식을 토하고 그것을 다시 꿀꺽 삼키는 것을 말한다. 이는 탈수, 영양실조, 그리고 마침내 죽음에 이르게 할 수도 있다. 이 연구에서 연구자들은 유아가 반추행동을 일으킬 때마다 소량의 레몬주스를 유아의 입에 넣었다. 그 결과, 반추행동은 즉시 감소했으며 유아의 체중이 다시 늘기 시작했다.

또 다른 형태의 정적 벌은 프리맥 원리(Premack principle)에 기초하고 있다. 즉, 발생비율이 높은 행동(high-probability behavior)과 유관시켜 발생비율이 낮은 행동(low-probability behavior)을 하게 하면 발생비율이 높은 행동의 빈도는 감소될 것이다(Miltenberger & Fuqua, 1981). 예를 들면, 어떤 사람이 문제행동을 일으켰을 때 하고 싶어 하지 않는 것을 하게 하면 그 사람은 미래에 문제행동을 덜 일으키게 될 것이다. Luce, Delquadri와 Hall(1980)은 이 원리를 사용하여 6세의 발달지체 소년이 공격행동에 참여하는 것을 멈추게 하는 데 도움을 주었다. 그 소년이 교실에서 어떤 사람을 때릴 때마다 소년에게 일어섰다 앉았다 하기를 10번 반복시켰다. [그림 6-1]에서 보는 바와 같이 소위 유관연습(contingent exercise)이라고 하는 이러한 벌 절차는 공격행동을 즉시 감소시켰다.

[그림 6-1]과 같이 벌은 표적행동에서 즉시 감소됨을 볼 수 있다. 비록 소거도 행동을 감소시키지만 보통 행동이 감소되기 위해서는 더 긴 시간이 소요되며, 행동이 감소되기 전에 종종 소거폭발(extinction burst)이 일어난다. 벌에는 소거폭발이 없다. 그러나 다른 측면의 효과가 벌의 사용과 관련되어 있는데, 이러한 것들은 나중에 살펴보고자 한다.

또한 부적 벌도 광범위한 연구주제였다. 부적 벌의 두 가지 예는 정적 강화로부터의 타임아웃(time-out)과 반응대가(response cost)이다(제17장 참조). 이 두 가지 모두 문제행동 발생 이후의 강화자극이나 활동의 손실을 포함하고 있다. 어떤 사람들은 부적 벌과 소거를 혼동할지도 모른다. 두 가지 모두 행동을 약화시킨다. 소거는 행동을 유지하고 있던 강화인을 억제하는 것이다. 반대로 부적 벌은 행동 후에 정적 강화인을 제거하거나 억제하며, 부적 벌에서 제거된 강화인은 개인이 이미 획득한 것이므로 그 행동을 유지하고 있던 동일한 강화인일 필요는 없다. 예를 들어, 조니는 그의 부모의 이야기를 가로막을 때 그러한 행동은 부모의 관심에 의해 강화되고 있다(부모는 이야기를 가로막을 때마다 그를 꾸짖는다). 이 경우에 소거는 조니가 이야기를 가로막을 때마다 부모의 관심의 억제를 포함할 것이다. 부적 벌은 그가 이야기를

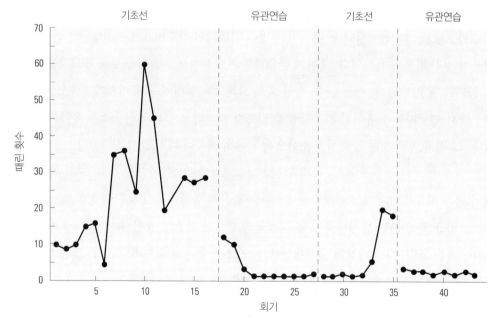

[그림 6-1] 이 그래프는 유관연습이라고 하는 정적 벌 절차가 6세 소년의 공격행동을 감소시켰다는 것을 보여 준다. 기초선과 처치조건이 두 번씩 이행된 A-B-A-B 연구설계이다.

출처: Luce, S., Delquadri, J., & Hall, R. V. (1980). Contingent exercise: A mild but powerful procedure for suppressing inappropriate verbal and aggressive behavior. *Journal of Applied Behavior Analysis, 13,* 583-594.

가로막을 때마다 어떤 다른 강화, 즉 용돈, TV 시청기회와 같은 것의 상실을 포함한다. 두 가지 모두의 절차는 끼어드는 빈도를 감소시키는 결과를 가져올 것이다.

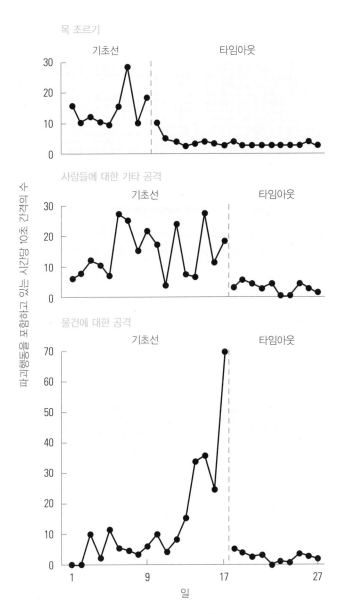

[그림 6-2] 이 그래프는 다운증후군 아동의 공격 및 파괴행동에 대한 부적 벌 절차(타임아웃)의 효과를 보여 준다. 이 그래프는 행동별 중다기초선 설계를 실제로 보여 주고 있다. 타임아웃은 한 주제에 대한 세 가지 다른 행동을 위해 수행되었으며, 타임아웃의 사용은 시간이 경과하므로 엇갈리게 배열되었다.

출처: Clark, H., Rowbury, T., Baer, A., & Baer, D. (1973). Time out as a punishing stimulus in continuous and intermittent schedules. *Journal of Applied Behavior Analysis*, 6, 443-455.

[그림 6-3] 8세 아동은 교실에서 공격행동에 참여할 때마다 혼자서 작은 타임아웃실에 앉아 있어야만 한다. 타임아웃실에 앉아 있음으로써 교사의 주의집중, 다른 학생들의 주의집중 및 인형과 같은 강화인에 접근하지 못하게 된다. 그 결과, 공격행동이 감소한다.

Clark, Rowbury, Baer와 Baer(1973)는 8세의 다운증후군 소녀의 공격 및 파괴행동을 감소시키기 위하여 타임아웃을 사용하였다. 타임아웃에서 그 소녀는 문제행동이 일어난 후 잠시 동안 강화 상황으로부터 이동된다. 그 소녀는 교실에서 문제행동을 일으킬 때마다 3분 동안 작은 타임아웃실에서 혼자 앉아 있어야만 했다. 타임아웃 결과, 그녀의 문제행동은 바로 감소하였다([그림 6-2] 참조). 타임아웃을 사용함으로써 문제행동은 교실에서 교사와 여타 강화인으로부터 관심(사회적 강화)을 받을 수 있는 기회를 박탈당했다([그림 6-3] 참조).

Phillips, Phillips, Fixsen과 Wolf(1971)에 의한 연구에서, 주거처치 프로그램에서 심각한 문제행동을 가진 비행 전 청소년들(predelinquent youth)은 적절한 행동에 참여하는 동안 점수를 획득하고 스낵, 돈, 특권과 같은 대체 강화물과 그들이 획득한 점수를 교환하였다. 점수는 조건강화인이었다. 연구자들은 저녁식사에 늦게 도착하는 사람의 수를 감소시키기 위하여 소위 반응대가라고 하는 부적 벌 절차를 사용하였다. 청소년들이 늦게 도착하면 그들이 획득한 점수의 일부를 잃게 된다. 그 결과, 늦게 도착하는 행동은 감소하였으며, 그 후 청소년들은 항상 정각에 도착하였다.

? 〈표 6-1〉에 있는 벌의 예를 보라. 어떤 것이 정적 벌이며, 또 어떤 것이 부적 벌인가?

이러한 모든 예를 통해서 볼 때, 그 과정은 미래의 행동 발생을 감소시키는 결과를 가져왔다. 따라서 각 예에서 행동 결과에 대해 자극을 제시하거나 제거하는 것은 벌로서의 기능을 수행하는 것이다.

용어 정리: 정적 벌과 부적 벌의 차이

일부 학생은 정적 벌과 부적 벌을 혼동하고 있다. 이 둘은 모두 벌의 유형이므로, 행동을 약화시킨다. 한 가지 차이점은 행동 발생 후에 자극이 제공되는가(정적 벌) 혹은 제거되는가(부적 벌)의 여부이다. 정적이란 자극이 제공(+)되는 것을, 부적이란 자극이 제거(-)되는 것을 의미한다. 정적 벌에서는 행동을 한 후에 혐오자극이 제공되고, 부적 벌에서는 강화자극을 제거한다. 행동 발생 후 어떤 자극을 제공하거나 제거한다는 의미로 정적(positive) 혹은 부적(negative)이란 용어를 사용한다.

조건 별 인자와 무조건 별 인자

강화와 마찬가지로 벌은 인간행동에 영향을 미치는 자연적 과정이다. 어떤 사건이나 자극은 이러한 자극과의 접촉을 회피하거나 최소화하는 것이 존재가치를 가지고 있기 때문에 자연적으로 벌이 되고 있다(Cooper et al., 1987). 고통자극이나 지나친 자극은 종종 위험하다. 고통자극이나 지나친 자극을 가져오는 행동은 자연적으로 약화되며, 그러한 자극의 회피나 도피를 가져오는 행동은 자연적으로 촉진된다. 이 경우에 고통자극이나 지나친 자극은 생물학적 중요성을 가지고 있다. 그러한 자극은 소위 **무조건 벌 인자**(unconditioned punisher)이다. 진화 과정을 통하여 우리는 이전의 어떤 훈련이나 경험 없이 자연적으로 혐오사건에 의해 벌을 받을 수 있는 상황에 대처할 수 있는 능력을 발달시켜 왔다.

예를 들어, 극도로 덥거나 추울 경우 극도의 시각·청각자극 또는 어떤 고통스러운 자극(전기 충격, 예리한 물체, 강력한 타격 등)은 자연적으로 행동을 약화시킨다. 만약 이러한 것들이 무조건 벌 인자가 아니라면 우리는 상해나 죽음을 가져올 수 있는 위험한 행동에 더 많이 참여할 수도 있을 것이다. 우리는 우리의 손을 불 속으로 밀어 넣거나 태양을 직접 쳐다보거나 날카로운 물체에 닿거나 눈 속이나 뜨거운 아스팔트 위를 맨발로 걷지 않도록 빠르게 학습한다. 왜냐하면 이러한 행동 각각이 자연적으로 결국 벌이 가져오는 결과이기 때문이다.

벌 자극의 두 번째 유형은 소위 **조건 벌 인자**(conditioned punisher)이다. 조건 벌 인자는 무조건 벌 인자 또는 여타 기존의 조건 벌 인자와 짝을 이룬 후에만 단지 벌 인자로서 기능하는 자극이나 사건이다. 어떤 자극이나 사건은 만약 그것이 이미 설정되어 있는 기존의 벌 인자 (established punisher)와 짝을 이룬다면 조건 벌 인자가 될 것이다.

"안 돼."라는 단어는 보통 조건 벌 인자이다. 왜냐하면 그것은 종종 많은 다른 벌 자극과 짝을 이루고 있기 때문에 그것 자체가 결국 벌 인자가 된다. 가령, 어떤 아동이 전기 콘센트에 손을 대자 부모가 "안 돼."라고 말한다면 그 아동이 미래에 손을 댈 가능성은 적을 것이다. 아동이 단어를 잘못 써서 선생님이 "아니야."라고 말할 때, 그 아동이 미래에 그 단어를 잘못 쓸 가능성은 적을 것이다. "아니요."라는 단어는 일반화된 조건 벌 인자이다. 왜냐하면 그것은 사람들의 생활 과정에 대한 다양한 다른 무조건 벌 인자 및 조건 벌 인자와 짝이 되었기 때문이다. Van Houten과 동료들은 학생들이 교실에서 파괴행동을 할 때 단호한 질책을 했을 경우, 학생들의 파괴행동이 감소되었다는 것을 발견하였다. 이 연구(Van Houten, Nau, Mackenzie-Keating, Sameoto, & Colavecchia, 1982)에서 질책은 학생들의 파괴행동에 대한 조건 벌 인자였다. 상해에 대한 위협은 과거의 고통스러운 자극과 관련되어 왔기 때문에 위협은 조건 벌 인자가 될 수도 있을 것이다.

강화인의 손실과 관련된 자극은 조건 벌 인자가 될 수도 있을 것이다. 불법주차 딱지나 속도위반 딱지는 금전의 손실(요금 지불)과 관련되어 있으므로 딱지는 많은 사람에게 조건 벌 인자이다. 실제로 불법주차 딱지가 조건 벌 인자로서 기능하는가는 벌의 계획과 벌 자극의 크기 등 많은 요인에 의존한다. 벌의 효과에 영향을 미치는 여러 요인에 대해서는 이 장의 말미에서 논의될 것이다.

부모로부터의 경고는 그것이 돈, 특권 또는 선호활동과 같은 강화인의 손실과 짝을 이루면 조건 벌 인자가 될 수도 있을 것이다. 그 결과, 아동이 비행을 저질러서 부모가 경고를 할 때 그 아동이 미래에 동일한 행동을 할 가능성은 적을 것이다. 부인하는 것을 나타내는 얼굴표정은 부모나 교사와 같은 중요한 사람으로부터의 주의집중이나 승인의 손실과 관련될 때, 조건 벌 인자와 관련될 수도 있을 것이다. 얼굴 표정은 꾸짖거나 볼기짝 때리기와 같은 혐오자극과 관련될 수도 있으므로 조건 벌 인자로서 기능할 수도 있을 것이다(Doleys, Wells, Hobbs, Roberts, & Cartelli, 1976; Jones & Miller, 1974).

조건 벌 인자가 기능적으로 정의되고 있음을 다시 한 번 기억하는 것이 중요하다. 조건 벌 인자가 뒤이어 나타나는 행동을 약화시킬 때만 벌 인자로 정의될 것이다. 만약 어떤 사람이 제한속도를 초과하여 속도위반 딱지를 받고서 미래에 속도초과를 덜 하는 성과를 가져온다면 그 딱지는 벌 인자로서의 기능을 한 것이다. 그러나 어떤 사람이 딱지를 받은 후에도 속도를 계속 위반한다면 그 딱지는 벌 인자가 아닐 것이다. 다음의 예를 생각해 보자.

반응		결과
아동이 저녁 식탁에서 트림을 한다.	즉시	어머니는 화난 표정을 짓는다.

성과: 미래에 아동은 저녁 식탁에서 계속 트림을 한다.

❓ 이 상황에서 어머니의 화난 표정은 조건 벌 인자인가?

어머니의 표정은 조건 벌 인자가 아니다. 왜냐하면 식탁에서 아동이 트림을 하는 행동이 약화되거나 그 행동을 중지하지 않았기 때문이다. 어머니의 표정은 아동이 트림을 함으로써 트림행동을 강화했을 때 정적 강화인으로서 기능을 하거나 아마 다른 가족 구성원들은 비웃었을지도 모른다. 트림은 위 속의 불쾌감을 제거해 주기 때문에 자연적으로 강화될 수도 있을 것이다.

강화와 벌의 비교

정적·부적 강화와 정적·부적 벌 사이에는 중요한 유사점과 차이점이 있다. 각 원리의 특징은 행동이 결과에 뒤이어 일어나며, 결과는 미래의 행동 발생에 영향을 미친다는 점이다. 강화와 벌이라는 두 유형 사이의 유사점과 차이점을 요약하면 다음과 같다.

	행동의 결과	
성과	자극 제시	자극 제거
행동 촉진(미래 증가)	정적 강화	부적 강화
행동 약화(미래 감소)	정적 벌	부적 벌

■ 행동 후에 자극이 제시될 때, 그 과정은 정적 강화와 정적 벌이 될 수 있으며, 이는 미래에 행동이 촉진(강화)되는지, 약화(벌)되는지에 달려 있다.

■ 행동 후에 자극이 제거될 때, 그 과정은 부적 강화 또는 부적 벌이 될 수 있다. 만약 행동이 촉진되면 부적 강화이고, 행동이 약화되면 부적 벌이다.

■ 어떤 행동이 증가하면, 그 과정은 강화(정적 혹은 부적)이다.

■ 어떤 행동이 약화되면, 그 과정은 벌(정적 혹은 부적)이다.

행동 후에 어떤 자극이 제시되느냐, 제거되느냐에 따라 동일한 상황에서 다른 행동의 강화와 벌에 특정 자극이 포함될 수도 있다. 캐시와 개의 예를 생각해 보자. 캐시가 울타리에 다가섰을 때, 이 행동에는 혐오자극(개가 그녀를 문다)이 바로 뒤따랐다. 개가 무는 것은 벌로서 작용한다. 즉, 캐시는 미래에 울타리에 덜 다가설 것이다. 그러나 캐시가 자신의 손을 재빨리 뒤로 숨겼을 때, 그녀는 개가 무는 것을 중지시켰다. 그녀의 손을 뒤로 숨긴 것은 물리는 고통을 제거하였기 때문에 이 행동은 촉진되었다. 이것은 부적 강화의 예이다. 이미 살펴본 바와 같이 개가 무는 것이 어떤 특정 행동 후에 제시되었을 때 그 행동은 약화되었다. 그리고 개가 무는 것이 또 다른 행동 후에 제거되었을 때 그 행동은 촉진되었다.

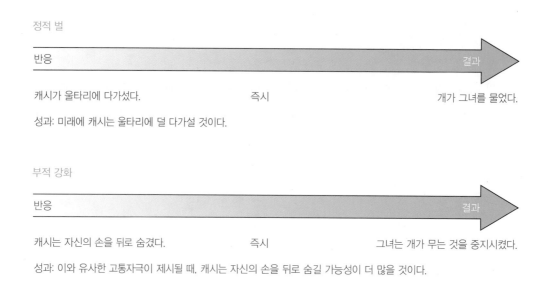

정적 벌

반응 ────────────────────────────────▶ 결과

캐시가 울타리에 다가섰다.   즉시   개가 그녀를 물었다.

성과: 미래에 캐시는 울타리에 덜 다가설 것이다.

부적 강화

반응 ────────────────────────────────▶ 결과

캐시는 자신의 손을 뒤로 숨겼다.   즉시   그녀는 개가 무는 것을 중지시켰다.

성과: 이와 유사한 고통자극이 제시될 때, 캐시는 자신의 손을 뒤로 숨길 가능성이 더 많을 것이다.

오티스와 뜨거운 프라이팬의 예에서 프라이팬 손잡이를 잡는 즉각적인 결과는 고통자극이었다. 그 결과는 오티스가 미래에 뜨거운 프라이팬 손잡이를 잡을 가능성이 보다 적다는

것이었다. 이것이 정적 벌이다.

? 이 예에 부적 강화가 포함되었는가?

　오티스는 패드를 사용함으로써 고통자극을 회피하게 되었다. 그 결과, 그는 미래에 뜨거운 프라이팬을 잡을 때 패드를 사용할 가능성이 커지게 된다(부적 강화). 뜨거운 프라이팬을 잡는 것은 고통자극이 제시됨으로써 벌이 되고, 패드를 사용하는 것은 고통자극을 피하게 됨으로써 강화된다.

　이제 동일한 자극이 하나의 행동에 대한 부적 벌과 또 다른 행동에 대한 정적 강화에 어떻게 관련되는지를 생각해 보자. 만약 강화자극이 행동 후에 제거된다면 그 행동은 미래에 감소할 것이다(부적 벌). 그러나 강화자극이 행동 후에 제시되면 그 행동은 미래에 증가될 것이다(정적 강화). 자극은 행동 후에 제시되어 그 행동을 증가시킬 때, 그리고 행동 후에 제거되어 그 행동을 감소시킬 때 정적 강화인으로서 작용한다. 가령 프레드의 부모는 프레드가 어두워진 후에 자전거를 타자 일주일 동안 자전거를 빼앗는다. 이것은 프레드로 하여금 어두워진 후에는 자전거 타기를 덜 하게 할 것이다(부적 벌). 그러나 며칠 후에 프레드는 부모님에게 자전거를 다시 탈 수 있게 해 달라고 간청하며 다시는 어두워진 후에 자전거를 타지 않겠다고 약속을 한다. 그러자 부모님은 자전거를 되돌려 준다. 그 결과, 앞으로 프레드는 자전거를 빼앗겼을 때 부모님에게 더 많이 간청할 것이다(정적 강화).

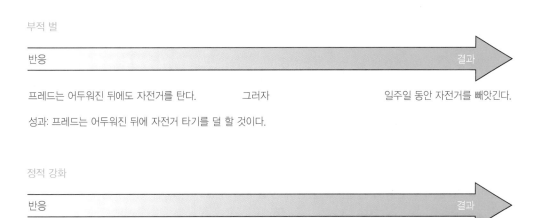

부적 벌

반응 　　　　　　　　　　　　　　　　　　　　　　　　　　　　결과

프레드는 어두워진 뒤에도 자전거를 탄다.　　　그러자　　　　일주일 동안 자전거를 빼앗긴다.

성과: 프레드는 어두워진 뒤에 자전거 타기를 덜 할 것이다.

정적 강화

반응 　　　　　　　　　　　　　　　　　　　　　　　　　　　　결과

프레드는 부모님에게 간청한다.　　　　　　　그러자　　　　부모님은 프레드에게 자전거를 준다.

성과: 프레드는 자전거를 빼앗겼을 때 부모님에게 간청할 가능성이 더 많아질 것이다.

벌의 효과에 영향을 미치는 요인

벌의 효과에 영향을 미치는 요인은 강화에 영향을 미치는 요인과 유사하다. 이를 보면 즉시성, 유관성, 유인력, 개인차, 그리고 벌 인자의 강도이다.

즉시성

행동을 한 후 벌 자극이 바로 따르게 될 때 또는 행동 후에 강화인이 즉시 상실될 때 행동은 더 약화될 가능성이 크다. 다시 말하면, 벌이 가장 효과적이 되기 위해서는 행동 후에 결과가 즉시 뒤따라야 한다. 행동과 결과 사이의 지체가 증가할수록 벌로서의 결과의 효과는 감소한다.

예를 들어, 행동이 발생한 후 어느 정도 시간이 흐른 뒤에 벌 자극이 제시되면 어떻게 될 것인지를 생각해 보자. 어떤 학생이 수업시간에 빈정대는 말을 하자 교사는 즉시 화난 표정으로 바라본다. 그 결과, 그 학생은 수업시간에 빈정대는 말을 덜 할 것이다. 만약에 교사가 그 학생이 빈정대는 말을 한 후 30분 후에 그 학생을 화난 표정으로 바라보았다면 그것은 빈정대는 말을 한 행동에 대한 벌로서의 기능을 하지 않을 것이다. 대신에 교사의 화난 표정은 아마 그 학생이 교사의 표정을 보기 전에 바로 했던 행동이 무엇이건 간에 그것에 대한 벌로서의 기능을 할 것이다.

유관성

벌이 가장 효과적이기 위해서는 행동이 일어날 때마다 매번 벌 자극이 제시되어야 할 것이다. 일반적으로 행동이 발생할 때마다 그 행동 뒤에 벌 인자가 따를 때 벌의 결과는 행동과 유관하고, 행동이 발생하지 않을 때 벌 인자는 발생하지 않는다고 한다. 벌 인자가 행동과 유관할 때 행동을 가장 약화시킬 것이다. 이는 벌이 일관성 없이 적용될 때 효과가 낮다는 것을 의미한다. 즉, 벌 인자가 단지 몇 가지 행동의 발생에만 주어질 때 또는 행동을 하지 않는 상태에서 벌 인자가 주어질 때에는 효과가 낮다는 것이다. 만약 강화 계획이 행동에 계속 효과가 있고 벌이 일관성 있게 적용되면 어떤 행동의 발생은 벌 인자에 의해서, 또 어떤 행동은 강화인에 의해서 나타날 수도 있을 것이다. 이 경우에 행동은 간헐강화 계획에 의해 영향을 받으므로 결국 간헐강화 계획과 같게 된다. 동시적 강화 계획이 벌과 필적할 때 아마 벌의 효과는 감소될 것이다.

만약에 굶주린 쥐가 실험실에서 지렛대를 눌러서 음식을 얻는다면 그 쥐는 계속해서 지렛대를 누를 것이다. 그러나 벌이 제공되어 쥐가 지렛대를 누를 때마다 전기 충격을 받는다면 지렛대를 누르는 행동은 중지될 것이다. 쥐가 지렛대를 누르기 때문에 계속 음식을 얻고 지렛대를 누를 때 가끔씩 전기 충격을 받는다고 생각해 보자. 이 경우에 벌 자극은 매우 효과가 낮을 것이다. 왜냐하면 일관성이 없거나 간헐로 적용되기 때문이다. 이 경우 벌 자극의 효과는 자극의 강도(전기 충격이 얼마나 강한가), 행동 후 벌 자극의 빈도, 그리고 음식을 위한 유인력(쥐가 얼마나 굶주렸는가)의 크기에 달려 있다.

유인력

확대 유인력(EOs)과 축소 유인력(AOs)은 강화인의 효과에 영향을 미치듯이 벌 인자의 효과에도 영향을 미친다. 확대 유인력은 벌 인자(강화인)로서 결과가 더 효과적이도록 하는 하나의 사건이며 조건이다. 축소 유인력은 벌 인자(강화인)로서 결과가 덜 효과적이도록 하는 하나의 사건이며 조건이다.

부적 벌의 경우, 박탈(deprivation)은 강화인을 제거해도 벌 인자로서 더 효과적이게 하는 확대 유인력이며, 포만(satiation)은 강화인을 제거하면 벌로서의 효과가 감소되게 하는 축소 유인력이다. 예를 들어, 아동에게 저녁 식탁에서 행동을 잘못할 경우 후식이 없을 것이라고 말하는 것은 (1) 아동이 어떠한 후식도 먹지 못해서 아직도 배가 고프다면 더 효과적인 벌 인자가 될 것이며(확대 유인력), (2) 아동이 이미 두세 가지 후식을 얻어서 더 이상 배가 고프지 않다면 그것은 효과적인 벌 인자가 되지 않을 것이다(축소 유인력). 나쁜 행실로 인해 용돈을 받지 못하게 될 경우를 생각해 보자. 돈이 한 푼도 없는 상태에서 용돈을 잃게 될 경우, (1) 이미 그 돈으로 인형을 살 계획을 가지고 있었다면 벌 인자로서 더 효과적이며(확대 유인력), (2) 아이가 최근에 다른 사람으로부터 돈을 받았다면 벌 인자는 덜 효과적이다(축소 유인력).

정적 벌의 경우에 자극사건의 혐오성을 높이는 어떤 사건이나 조건은 그러한 사건을 더 효과적인 벌 인자가 되게 한다(확대 유인력). 반면에 자극사건의 혐오성을 최소화하는 사건은 벌 인자로서의 효과를 떨어뜨리게 한다(축소 유인력). 가령 모르핀은 벌 인자로서의 고통자극의 효과를 최소화시키며, 알코올은 벌 인자로서의 사회적 자극(예: 또래거부)의 효과를 감소시킨다.

? 이러한 예는 축소 유인력인가 혹은 확대 유인력인가?

모르핀과 알코올은 모두 자극의 효과를 감소시키기 때문에 축소 유인력의 예이다. 지침이나 규칙은 벌 인자로서 어떤 자극의 효과를 높일 수도 있을 것이다. 가령 목수는 그의 도제에게 전기톱이 작동하기 시작할 때 톱에 해를 주거나 톱날이 부서질 수도 있다고 알려 준다. 이러한 설명을 들은 후, 톱에서 나는 진동은 벌 인자로서 작용하며, 진동 소리를 내는 행동(예: 톱을 세게 밀기)은 약화된다.

? 이것은 확대 유인력의 예인가 혹은 축소 유인력의 예인가?

그러한 설명은 진동소리가 톱을 올바르지 않게 사용한 것에 대한 벌 인자로서 더 혐오적으로 만들기 때문에 확대 유인력의 예이다. 더욱이 톱을 올바르게 사용하면 진동을 피하게 되므로 이러한 행동은 부적 강화를 통해서 촉진된다.

유인력이 강화와 벌에 미치는 영향

확대 유인력은 강화인을 더 영향력이 있게 하기 때문에 다음과 같은 것을 증대시킨다.	축소 유인력은 강화인을 덜 영향력 있게 함으로써 다음과 같은 것을 감소시킨다.
• 정적 강화의 효과 • 부적 벌의 효과	• 정적 강화의 효과 • 부적 벌의 효과
확대 유인력은 혐오자극을 더 영향력이 있게 하기 때문에 다음과 같은 것을 증대시킨다.	축소 유인력은 혐오자극을 덜 영향력 있게 함으로써 다음과 같은 것을 감소시킨다.
• 부적 강화의 효과 • 정적 벌의 효과	• 부적 강화의 효과 • 정적 벌의 효과

개인차와 벌 인자의 강도

벌의 효과에 영향을 미치는 또 다른 요인은 벌 결과의 성격이다. 벌 인자로서 기능하는 사건은 사람에 따라 차이가 있다(Fisher et al., 1994). 사람들은 서로 다른 경험을 가지고 있기 때문에 어떤 사건이 어떤 사람에게는 조건 벌 인자로 인식되지만 다른 사람에게는 그렇지 않을 수 있다. 자극이 벌 인자로서의 기능을 하는가는 그것의 강도에 달려 있다. 일반적으로 보다 더 강한 혐오자극은 벌 인자로서의 기능을 더 많이 할 것이다. 이것 또한 사람마다 차이가 있다.

예를 들면, 모기가 무는 것은 대부분의 사람에게 혐오자극이다. 따라서 숲 속에서 짧은 옷을 입는 행동은 모기에게 물리기 때문에 벌이 될 수도 있을 것이다. 그리고 긴 옷을 입는 것은 모기가 무는 것에서 벗어날 수 있으므로 부적 강화될 수 있다. 그러나 어떤 사람들은 모기가 물 때 외출하지 않으려고 하는 반면에, 다른 사람들은 외출할 때 모기에 크게 신경을 쓰지 않는 것 같다. 이것은 모기가 무는 것이 어떤 사람에게는 벌 자극이 될 수도 있지만 어떤 사람에게는 그렇지 않을 수도 있다는 것을 시사하고 있다. 반대로 벌에 쏘이는 고통의 강도는 아마 대부분의 사람에게 벌 인자가 될 것이다. 사람들은 벌에 쏘이는 결과를 가져오는 행동에 참여하는 것을 중지할 것이며, 벌에 쏘이는 것을 피하기 위하여 다른 행동에 참여할 것이다. 벌에 쏘이는 것은 모기에 물리는 것보다 고통이 더 크므로 더 효과적인 벌 인자가 된다.

벌의 효과에 영향을 미치는 요인

즉시성	자극이 행동 후에 바로 제시될 때 벌 인자로서 더 효과적이다.
유관성	자극이 행동과 유관하게 제시될 때 벌 인자로서 더 효과적이다.
유인력	어떤 선행사건은 특정 시간에 벌 인자로서의 자극을 더 효과적이게 한다(확대 유인력). 어떤 사건은 특정 시간에 벌 인자로서의 자극을 덜 효과적이게 한다(축소 유인력).
개인차와 강도	벌은 사람에 따라 다양하다. 일반적으로 더 강렬하고 혐오적인 자극은 더 효과적인 벌 인자가 된다.

📖 더 읽을거리

벌에 영향을 미치는 요인

벌에 대한 행동수정 원리는 오랫동안 연구자들에 의해 연구되어 왔다. 벌을 사용할 때 추천하고 싶은 한 가지는 벌과 함께 강화 절차를 이용하는 것이다. 예를 들면, Thompson, Iwata, Conners 와 Roscoe(1999)는 자해행동에 대해서 차별강화와 벌을 함께 사용했을 때 더 효과적이라는 것을 입증하였다. 유사하게 Hanley, Piazza, Fisher와 Maglieri(2005)는 벌과 함께 차별강화를 사용했을 때 강화 절차가 더 효과적이라는 것을 입증하였다. 흥미롭게도 이 연구에서 아동들은 강화 한 가지보다는 강화와 벌을 포함한 절차를 더 선호하였다. 이 두 연구는 강화와 벌을 함께 사용하는 것의 중요성을 시사한다. 벌의 강도에 대한 연구를 한 Vorndan과 Lerman(2006)은 덜 강압적인 벌 절차가 더 강압적인 벌 절차와 연합되어야 효과가 있었다는 것을 입증하였다. 마지막으로 Lerman, Iwata, Shore와 DeLeon(1997)은 간헐적 벌은 지속적 벌보다 효과가 적으며, 몇몇 참가자에게 간헐적 벌은 연속적 벌을 사용하고 난 후에야 효과가 있었다는 것을 보여 주었다. 이러한 두 연구는 벌의 유관성과 강도가 벌의 효과에 미치는 중요한 요인임을 시사하고 있다.

벌의 문제점

벌을 사용할 때는, 특히 고통스러운 자극이나 다른 혐오자극의 사용을 포함한 정적 벌의 경우 수많은 문제점과 쟁점을 고려하여야 한다.

- 벌은 공격성 혹은 여타 정서적 측면에서 부정적 효과를 초래할 수 있다.
- 벌은 벌 받는 사람에게 회피나 도피행동을 초래할 수도 있다.
- 벌은 벌을 주는 사람에게 부적 강화되어 벌의 오용이나 남용을 초래할 수도 있다.
- 벌은 모방될 수 있으므로 벌 받는 행동을 관찰한 사람들은 미래에 벌을 더 많이 사용할 가능성이 있다.
- 벌은 많은 윤리적 문제와 수용의 문제와 관련되어 있다. 이러한 문제들은 제18장에서 상세히 논의될 것이다.

벌에 대한 정서반응

동물 연구에서 고통자극이 벌 인자로서 제시될 때 공격행동과 다른 정서반응이 일어난다는 것이 입증되었다. Azrin, Hutchinson과 Hake(1963)는 동물실험에서 고통자극(충격)을 제시할 때 공격행동을 초래한다는 것을 보여 주었다. 이 연구에서 어떤 원숭이가 충격을 받았을 때 옆에 있는 다른 원숭이를 바로 공격하였다. 그러한 공격행동이나 다른 정서반응은 고통자극 또는 혐오자극이 중단되었을 때 부적 강화된다. 즉, 공격행동(특히 혐오자극원으로 촉발될 때)을 일으키는 경향성은 생존 본능일 수 있다.

도피와 회피

벌 절차에서 혐오자극을 사용할 때는 언제나 도피와 회피행동을 초래할 수 있다. 혐오자극이 제시될 때, 도피나 회피행동은 부적 강화를 통하여 촉진된다. 따라서 표적행동을 감소시키기 위하여 혐오자극을 표적행동 뒤에 제시할 수 있지만, 그 혐오자극을 종결시키거나 회피하려는 행동은 강화된다(Azrin, Hake, Holz, & Hutchinson, 1965). 예를 들면, 아이는 자신을 때리려고 하는 부모로부터 숨거나 달아날 수 있다. 사람들은 가끔 벌을 피하기 위하여 거짓말을 하거나 벌 자극을 주는 사람을 피한다. 벌 절차를 수행할 때, 부적절한 도피와 회피행동이 나타나지 않도록 주의를 기울여야 한다.

벌 사용의 부적 강화

몇몇 학자는 벌이 너무 쉽게 오용되거나 남용되지 않을까 우려하고 있다. 왜냐하면 벌은 벌을 주는 사람에게 부적 강화되기 때문이다(Sulzer-Azaroff & Mayor, 1991).

❓ 벌 사용은 어떻게 부적으로 강화될 수 있을까?

벌을 사용하면 문제행동은 즉시 감소된다. 만약 벌에 의해 감소된 행동이 벌을 주는 사람에게 혐오적이라면, 벌 사용은 혐오자극을 중단시키므로 부적으로 강화될 것이다. 그 결과, 미래에 유사한 상황에서 벌을 사용할 가능성이 더 높아질 것이다. 예를 들어, Hopkins 박사는 수업 중에 학생들이 잡담하는 것을 싫어하였다. 어떤 학생이 수업 중에 잡담을 할 때마다 Hopkins 박사는 수업을 중단하고 그 학생을 노려보았다. 그러자 그 학생은 수업 중에 잡담하는 것을 바로 멈추었다. 그 결과, 학생들을 노려보는 Hopkins 박사의 행동은 수업 중 학생들의 잡담을 멈추게 하므로 강화되었다. Hopkins 박사는 노려보는 방법을 자주 사용하게 되었다.

벌과 모델링

자주 벌을 사용하는 것을 관찰한 사람들은 유사한 상황에서 그들도 벌을 사용할 가능성이 더 커질 수 있다. 특히 적절한 행동과 부적절한 행동 발달에서 관찰학습은 아이에게 중요한 역할을 한다([그림 6−4] 참조). 예를 들어, 뺨 맞기를 자주 경험하거나 공격행동을 관찰한 아

[그림 6-4] 벌에 의해 일어날 수 있는 문제 중 하나는 그림에서 보는 바와 같이 관찰학습이다. 딸의 잘못을 벌하기 위해서 어머니가 딸을 때리고 있다. 어머니를 관찰한 결과, 딸 역시 인형에게 그러한 행동을 하게 된다.

이들은 공격행동을 할 가능성이 더 높다(Bandura, 1969; Bandura, Ross, & Ross, 1963).

윤리적 문제

행동 변화를 위하여 사용하는 벌이 특히 고통스럽거나 혐오적인 자극인 경우, 윤리적인지 아닌지는 전문가들 간에 논란이 있다(Repp & Singh, 1990). 어떤 사람은 벌을 사용하는 것이 정당화될 수 없다고 주장한다(Meyer & Evans, 1989). 또 어떤 사람은 유해한 행동이거나 심각한 행동이라면 벌 사용은 정당화될 수 있다고 주장한다(Linscheid, Iwata, Ricketts, Williams, & Griffin, 1990). 벌은 행동수정 절차로 사용되기에 앞서 윤리적 문제가 명백히 고려되어야 한다. 행동분석가 자격위원회가 제시하는 다음과 같은 윤리적 지침을 준수해야 한다. (1) 벌을 사용하기 전에 먼저 강화를 사용해야 하며, (2) 벌이 꼭 필요하다면, 대체행동 강화와 함께 사용하여야 한다(제15장 참고)(Bailey & Burch, 2011). 벌을 포함하는 절차들은 강화 또는 다른 원리들을 사용하는 행동수정 절차보다 전문직에서 덜 수용적이라는 것을 보여 주고 있다(Kazdin, 1980; Miltenberger, Lennox, & Erfanian, 1989). 전문가들은 벌에 기초한 행동수정 절차의 사용을 결정하기에 앞서 많은 문제를 고려해야만 한다. 이 밖에 벌 절차는 바람직한 행동

을 촉진하기 위하여 소거를 강조하는 기능평가와 기능 중재, 문제행동 예방 전략 및 정적 강
화 절차와 관련지어 사용해야 한다(상세한 논의는 제13~18장 참조).

📑 요약

1. 벌은 행동의 기본 원리이다. 벌에는 세 가지 기본요소가 포함되어 있다. 어떤 행동이 발생
   한 후 즉각적인 결과가 뒤따르며 미래에는 그 행동이 감소할 것이다.
2. 일반적으로 벌은 다른 사람에게 해를 입히거나 바로 그 사람의 비행 때문에 또 다른 사람
   에게 보복을 강요하는 것으로 잘못 이해되고 있다. 대신에 벌은 그 단어에 함축되어 있는
   합법적 또는 도덕적 의미가 아닌 단지 행동원리에 대한 용어이다.
3. 벌에는 정적 벌과 부적 벌이 있다. 정적 벌에서는 행동 후에 자극을 제시하고 부적 벌에서
   는 행동 후에 자극을 제거한다. 두 경우 모두 미래에 행동이 감소한다.
4. 벌 자극의 두 가지 유형은 무조건 벌 인자와 조건 벌 인자이다. 무조건 벌 인자는 자연스럽
   게 벌이 되며, 조건 벌 인자는 중성자극이 무조건 벌 인자 또는 다른 조건 벌 인자와 짝연
   합을 이룸으로써 발달된다.
5. 벌의 효과에 영향을 미치는 요인은 즉시성, 유관성, 유인력, 개인차 및 벌 인자의 강도 등
   이다.
6. 벌 사용과 관련된 문제는 벌에 대한 부정적 정서반응, 도피와 회피행동, 벌 사용에 대한 부
   적 강화, 벌 사용의 모델링, 윤리적 쟁점 등이다.

✏️ 핵심용어

무조건 벌 인자(unconditioned punisher)

반응대가(response cost)

벌(punishment)

벌 인자(punisher)

부적 벌(negative punishment)

일반화된 조건 벌 인자(generalized
　　conditioned punisher)

정적 강화로부터 타임아웃(time-out from
　　positive reinforcement)

정적 벌(positive punishment)

조건 벌 인자(conditioned punisher)

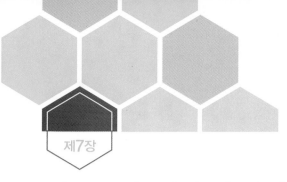

제7장

자극통제: 식별 및 일반화

주요 학습문제

- 선행자극은 무엇이며, 그것은 조작적 행동의 자극통제에 어떻게 포함되는가?
- 자극통제는 자극식별 훈련을 통하여 어떻게 이루어지는가?
- 3단계 유관이란 무엇인가?
- 일반화란 무엇이며 식별과 어떻게 다른가?

지금까지 강화, 소거, 벌에 대해 공부하면서 조작적 행동(operant behavior)의 통제에서 결과사건의 중요성을 알게 되었다. 조작적 행동은 결과를 강화함으로써 촉진되며, 결과에 대해 더 이상 강화가 없을 때 약화된다(소거). 결과에 대한 벌 역시 행동을 약화시킨다. 이러한 행동의 기본 원리(강화, 벌, 소거)는 행동이 왜 증가하고 계속 발생하거나 중지되는지를 설명해 준다. 조작적 행동은 그 결과에 의해 통제되기 때문에 행동분석가들은 행동이 일어나는 이유를 이해하기 위하여 행동 뒤에 일어나는 사건을 분석하며, 행동수정을 위하여 행동의 결과를 다루고 있다.

이 장에서는 조작적 행동분석을 확대하여 선행사건(antecedent)의 중요성에 대해 알아보고자 한다. 행동의 선행사건은 행동하기 전에 일어나거나 제시되었던 자극사건, 상황 또는 환경이다. 조작적 행동을 이해하고 수정하기 위해서는 행동결과뿐만 아니라 선행사건을 분석하는 것이 중요하다. 그러므로 이 장은 선행사건(antecedent), 행동(behavior), 결과(consequence), 즉 조작적 행동의 ABC에 초점을 두고 있다.

? 조작적 행동의 선행사건을 이해하는 것이 왜 중요한가?

조작적 행동의 선행사건을 이해할 때, 우리는 행동이 강화되는 환경과 행동이 강화되지 않거나 벌을 받는 환경에 대한 정보를 가지고 있다. 행동은 과거에 강화되어 온 상황에서 계속 일어나며, 강화되지 않거나 과거에 벌을 받아 온 상황에서는 행동 발생이 중지된다. 강화, 소거, 벌의 효과는 특정한 상황과 관련되어 있다. 다음의 예를 보자.

자극통제의 예

제이크가 돈이 더 필요할 때 어머니에게 요청하면, 어머니는 언제나 소액의 용돈을 준다. 그러나 아버지에게 요청하면 아버지는 대개 용돈을 주지 않고 취업하라고 말한다. 그 결과, 그는 늘 아버지보다는 어머니에게 더 요청한다. 돈을 요청하는 행동은 어떤 상황(어머니)에서는 강화되지만 다른 상황(아버지)에서는 강화되지 않았다. 그러므로 행동은 강화된 상황에서는 계속 일어나고 그렇지 않은 상황에서는 더 이상 일어나지 않는다. 즉, 제이크는 그의 어머니에게만 용돈을 요청할 것이다. 그의 어머니는 용돈을 요청하는 제이크의 행동에 대한 선행사건이다. 그의 어머니는 용돈을 요청하는 행동에 대한 자극통제이다.

선행사건	행동	결과
어머니가 있다.	제이크는 용돈을 요청한다.	어머니는 용돈을 준다.
아버지가 있다.	제이크는 용돈을 요청한다.	아버지는 용돈을 주지 않는다.

성과: 미래에 제이크는 어머니에게 용돈을 요청하고 아버지에게는 용돈을 요청하지 않는다.

또 다른 예를 들어 보자. 지니는 뒤뜰 수풀에서 딸기 몇 개를 따기로 하였다. 그녀가 붉은 딸기를 따서 먹어 보니 달콤하고 즙이 많으며 아주 맛이 있었다. 그러나 그녀가 아직 덜 익은 약간 푸른 딸기 하나를 따서 먹었을 때, 그것은 시고 단단하며 아주 맛이 없었다. 그녀는 계속 딸기를 따서 먹을 때 붉은 딸기만을 고른다. 붉은 딸기는 하나의 선행자극이다. 붉은 딸기를 따서 먹는 행동이 강화되므로 그녀는 붉은 딸기를 따서 먹을 가능성이 더 클 것이다. 푸른 딸기를 먹는 행동은 강화되지 않으므로 그녀는 더 이상 푸른 딸기를 따지 않는다. 붉은 딸기만 먹고 푸른 딸기를 먹지 않는 것은 자극통제의 한 예이다. 붉은 딸기는 지니가 딸기를 따서 먹는 행동에 대한 자극통제이다.

선행사건	행동	결과
붉은 딸기	지니는 그것을 따서 먹는다.	맛이 아주 좋다.
푸른 딸기	지니는 그것을 따서 먹는다.	맛이 아주 없다.

성과: 지니는 붉은 딸기를 따서 먹고 푸른 딸기는 먹지 않을 것이다.

자극통제에 대한 정의

앞의 두 가지 예는 **자극통제**(stimulus control)의 원리를 보여 준다. 두 가지 예에서 어떤 행동은 구체적인 선행자극이 제시될 때 일어날 가능성이 더 크다. 제이크의 경우, 그가 용돈을 요청했을 때 제시된 선행자극은 어머니였다. 지니의 경우, 딸기를 따서 먹었을 때의 선행자극은 붉은 딸기였다. 구체적인 선행자극이나 구체적인 **자극부류**(stimulus class)에서 나온 자극이 제시됨으로써 행동이 일어날 가능성이 증대될 때, 그 행동은 자극통제하에 있다고 말할 수 있다(붉은 딸기는 자극부류이다. 어떤 특정 붉은 딸기도 이러한 자극부류의 한 구성요소이다).

? 자극통제하에 있는 당신의 행동에는 어떤 것이 있는가?

이러한 질문에 답하기 위하여 여러분의 행동 중에 어떤 것이 구체적인 상황이나 어떤 환경 (즉, 구체적인 선행자극이 제시될 때)에서만 일어나는지 자신에게 물어 보라. 당신의 행동 중 거의 모든 것이 자극통제하에 있다는 것을 알 수 있을 것이다. 행동은 보통 닥치는 대로 일어나는 것이 아니라 과거에 강화된 구체적인 상황이나 환경에서 일어난다. 〈표 7-1〉에 자극통제하에 있는 행동의 예가 나와 있다.

〈표 7-1〉의 예는 선행자극, 행동, 결과를 보여 주고 있다. 각 예에서 행동은 선행자극이 제시될 때 일어날 가능성이 더 많다. 다음의 예를 생각해 보자.

■ "당신을 사랑해."라고 말하는 것은 부인에 의해 강화된다. 만약 그가 같이 일하는 사람들에게 "당신을 사랑해."라고 말한다면 그들은 그 행동을 강화하지 않을 것이다(그들은 그를 이상한 눈빛으로 바라보거나 나쁜 사람으로 취급할지도 모른다).

〈표 7-1〉 **자극통제의 예**

1. 어떤 사람은 자기 부인에게 "사랑해."라고 말하지만 직장 동료에게는 그런 말을 하지 않는다.

선행사건 ➞	행동 ➞	결과
그의 부인이 등장한다.	그는 "사랑해."라고 말한다.	그녀는 그에게 같은 말을 한다.

2. 빨간불로 바뀌면 멈추고 파란불일 때는 가도 된다.

선행사건 ➞	행동 ➞	결과
파란불	가속 장치를 밟는다.	가고자 하는 곳으로 가며, 경적을 울리는 차들을 피한다.

선행사건 ➞	행동 ➞	결과
빨간불	브레이크 페달을 밟는다.	교통사고나 범칙금 딱지를 피한다.

3. 당신은 친구에게 상스러운 농담을 하지만 부모나 교사에게는 그렇게 하지 않는다.

선행사건 ➞	행동 ➞	결과
친구들이 등장한다.	상스러운 농담을 한다.	친구들은 웃거나 농담을 한다.

4. 전화벨이 울릴 때, 당신은 전화기를 들고 통화를 한다.

선행사건 ➞	행동 ➞	결과
전화벨이 울린다.	전화를 받는다.	송신자와 대화한다.

5. 재충전할 수 있는 전기 드릴에 불이 들어오면 드릴을 사용한다.

선행사건 ➞	행동 ➞	결과
재충전 가능한 드릴에 불이 들어온다.	드릴을 들고서 구멍을 뚫는다.	드릴이 잘 작동한다.

■ 운전 중 빨간불에 정지하는 것은 선행사건과 교통위반 딱지(부적 강화)를 회피함으로써 강화된다. 그러나 파란불에 정지하는 것은 사람들이 경적을 울리고 화난 제스처(정적 벌)를 취하는 결과를 초래할 것이다. 그러므로 당신은 빨간불에서는 정지하고 파란불에서는 정지하지 않을 것이다.

■ 당신의 친구에게 상스러운 농담을 건네는 경우, 웃음과 주의집중에 의해 강화된다. 그러나 당신의 부모에게 그러한 농담을 하는 것은 강화되지 않을 것이며, 질책으로 벌을 받을 수도 있을 것이다. 그러므로 당신의 친구에게만 상스러운 농담을 하게 된다.

■ 벨이 울릴 때 전화기를 드는 것은 송신자와 대화를 함으로써 강화된다. 벨이 울리지 않을 때 전화기를 드는 것은 아무도 없는 상태이므로 강화되지 않는다. 그 결과, 당신은 벨

이 울릴 때만(당신이 전화를 하지 않는다면) 전화기를 들게 된다.

■ 충전기에 불이 들어올 때 드릴 사용이 강화된다. 왜냐하면 드릴이 효과적으로 작동하기 때문이다. 불이 들어오지 않을 때 드릴 사용은 결코 강화되지 않는다. 왜냐하면 드릴이 작동하지 않기 때문이다. 그 결과, 당신은 불이 들어올 때만 드릴을 사용한다.

자극식별 훈련

이러한 예를 통하여 알 수 있듯이, 자극통제는 특정 선행자극이 나타날 때만 행동이 강화되기 때문에 발달된다. 그러므로 행동은 선행자극이 나타날 때에만 미래에도 계속 일어난다. 행동이 강화되고 있을 때 나타나는 선행자극을 **식별자극**(discriminative stimulus: S^D, 에스디)이라 한다. 구체적인 선행자극(식별자극)이 나타날 때만 행동을 강화하는 과정을 **자극식별 훈련**(stimulus discrimination training)이라고 부른다.

자극식별 훈련에는 두 가지 단계가 포함된다.

1. 식별자극(S^D)이 나타날 때 행동은 강화된다.
2. 식별자극을 제외한 다른 어떤 자극이 제시될 때 행동은 강화되지 않는다. 식별훈련을 하는 동안 행동이 강화되지 않을 때 나타나는 선행자극을 에스델타(S-delta: $S^\triangle$)라고 한다.

식별훈련의 결과, 에스디(S^D)가 나타날 때에는 미래에도 행동이 발생할 가능성이 더 크고 에스델타($S^\triangle$)가 나타날 때에는 행동이 발생할 가능성이 더 작다. 이것이 자극통제에 대한 정의이다. 식별자극의 출현이 행동을 일으키는 원인이 되지 않는다는 것을 기억하는 것이 중요하다. 오히려 그것은 과거의 행동의 강화와 관련되었기 때문에 현재에 행동의 가능성을 증대시킨다. 강화는 식별자극이 제시될 때 행동을 발생시키도록 하는 것이다.

실험실에서의 식별훈련

Holland와 Skinner(1961)의 실험에서 굶주린 비둘기가 작은 실험상자 안에 있다. 비둘기 앞에 있는 벽은 한 개의 원반(key라고도 부름)에 푸른빛과 붉은빛이 나오도록 되어 있다. 비둘기는 자연스럽게 물체를 쪼는 경향이 있다. 비둘기가 키를 쫄 때, 소량의 먹이가 상자 입구에 나온다. 먹이는 키를 쪼는 비둘기의 행동을 강화시킨다.

? Holland와 Skinner는 붉은빛의 자극통제하에서 어떻게 비둘기로 하여금 키를 쪼는 행동을 하게 하였는가?

연구자들은 붉은빛(S^D)을 켜고 비둘기가 키를 쫄 때마다 먹이를 주었다(강화). 그들은 가끔 푸른빛(S^Δ)을 켜고 비둘기가 키를 쫄 때 먹이를 주지 않았다(소거). 식별훈련 과정을 통해 비둘기는 붉은빛일 때 키를 쫄 가능성이 더 크며, 푸른빛일 때는 키를 덜 쪼게 된다. 즉, 붉은빛은 키를 쪼는 것을 강화시키고, 푸른빛은 키 쪼는 행동을 강화시키지 않게 된다.

선행사건	행동	결과
붉은빛(S^D)	비둘기가 키를 쫀다.	음식이 제공된다.
푸른빛(S^Δ)	비둘기가 키를 쫀다.	음식이 제공되지 않는다.

성과: 비둘기는 붉은빛이 들어올 때만 키를 쪼게 된다.

이와 유사한 실험에서, 쥐는 레버를 누르는 반응이 먹이에 의해 강화될 때 실험실에서 레버 누르기를 학습한다. 쥐는 식별훈련을 통하여, 어떤 소리의 톤이 제시될 때 레버를 누르고 다른 톤이 제시될 때 레버를 누르지 않는 것을 학습한다(Skinner, 1938).

선행사건	행동	결과
높은 음조(S^D)	쥐가 지렛대를 누른다.	음식이 제공된다.
낮은 음조(S^Δ)	쥐가 지렛대를 누른다.	음식이 제공되지 않는다.

성과: 쥐는 높은 음조가 제시될 때만 지렛대를 누른다.

이와 유사하게 초등학교에서 휴식을 알리는 벨소리도 아동의 행동에 대한 자극통제이다. 벨이 울리자마자 학생들은 일어나서 휴식을 취하러 밖으로 나간다. 이러한 행동은 즐거운 마음으로 놀게 될 때 강화된다. 만약에 학생들이 벨이 울리기 전에 일어난다면 그 행동은 강화되지 않을 것이다(교사는 학생들이 밖으로 나가 놀도록 허용하지 않을 것이다). 이러한 휴식을 알리는 벨소리는 교실을 떠나도록 하는 하나의 식별자극이다. 왜냐하면 벨이 울리고 난 후에 교실을 떠나는 시간만 강화되기 때문이다.

? 〈표 7-1〉에 제시된 자극통제의 예에서 S^D와 S^Δ를 밝히라.

답은 〈표 7-2〉에 제시되어 있다.

〈표 7-2〉 〈표 7-1〉의 예에 대한 S^D와 S^Δ

예	행동	S^D	S^Δ
1	"사랑해."라고 말함	부인	직장 동료
2	멈춤	붉은빛	푸른빛
3	상스러운 농담을 함	친구들	부모, 교사들
4	전화기를 듦	벨이 울림	벨이 울리지 않음
5	드릴을 사용함	불이 켜짐	불이 꺼짐

식별훈련을 통한 읽기 및 철자 지도

읽기는 자극식별 훈련 과정을 통하여 발달되는 하나의 행동이다. 읽기행동은 우리가 지면에서 보는 글자와 단어의 자극통제하에 있다. 만약에 '개'라는 글자를 보면 우리는 "개"라고 말할 것이다. 그러나 어떤 다른 단어를 본 후에 "개"라고 말한다면 그 반응은 올바르지 않은 것이다. 우리는 어렸을 때 식별훈련을 통하여 정확한 읽기반응을 배운 것이다.

선행사건	행동	결과
개(S^D)	아이가 "개"라고 말한다.	교사나 부모로부터 칭찬을 받는다.
다른 단어(S^Δ)	아이가 "개"라고 말한다.	어떤 칭찬도 없거나 교사가 "틀렸어."라고 말한다.

성과: 아이는 '개'라는 글자가 제시될 때 "개"라고 말하지만 다른 단어가 제시될 때에는 "개"라고 말하지 않는다.

이러한 예에서 "틀렸어."라고 말하는 어른의 반응은 조건 벌 인자임을 주목해야 한다.

우리는 읽기를 배울 때 자모의 소리를 식별할 수 있으며, 수천 단어를 읽는 법을 배운다. 이 경우에 특정 글자는 한 가지 소리와 관련되어 있고, 특정 글자들의 조합은 하나의 단어와 관련된다. 우리가 하나의 글자를 보고 올바른 소리를 낼 때 또는 기록된 단어를 보고 올바른 단어를 말할 때, 우리의 행동은 교사나 부모로부터 칭찬을 받음으로써 강화된다. 따라서 그러한 글자나 단어는 우리의 읽기행동에 대한 자극통제를 발달시킨다.

? 철자 쓰기 행동이 자극식별 훈련을 통하여 어떻게 발달하는지를 기술하라.

철자 쓰기의 경우에 구어(spoken word)는 식별자극이며, 우리의 반응은 글자를 쓰거나 말하는 것을 포함한다. 글자를 바르게 쓰거나 말할 때 우리의 철자행동은 강화된다.

선행사건	행동	결과
교사가 "나무를 쓰세요."(S^D)라고 말한다.	'나무'라고 쓴다.	교사가 칭찬을 한다.
교사가 "고기를 쓰세요."(S[△]) 혹은 어떤 다른 단어를 쓰라고 말한다.	'나무'라고 쓴다.	교사가 "틀렸어요."라고 말한다.

성과: 교사가 "나무"라고 말할 때 '나무'를 쓸 가능성이 더 크고, 어떤 다른 구어를 들을 때는 그럴 가능성이 없을 것이다.

식별훈련의 결과, 자극통제는 철자 쓰기 행동을 발달시킨다. 청취하는 각 특정 단어(그리고 우리가 경험하는 대상이나 사건)는 단지 정확한 철자 쓰기와 관련되어 강화된다. 부정확한 철자 쓰기는 강화되지 않거나 벌을 받음으로써 더 이상 일어나지 않는다.

자극식별 훈련 및 벌

자극식별 훈련은 벌과 함께 이루어질 수도 있다. 선행자극이 제시될 때 어떤 행동을 하면 벌을 받는 경우, 그 행동은 그러한 자극이 나타날 때 감소하거나 미래에는 나타나지 않을 것이다. 그 행동은 다른 선행자극이 나타날 때도 계속 나타날 것이다. 가령, 국이 끓고 있을 때 맛을 보기 위하여 한 숟가락을 입에 넣는다고 생각해 보자. 그 결과, 입을 데고 미래에는 끓는 국을 입에 넣지 않게 될 것이다. 그러나 아주 뜨거운 경험이 없었다면 계속해서 입에 넣을지도 모른다.

선행사건	행동	결과
국이 끓고 있다.	한 숟가락 맛을 본다.	고통자극(입을 덴다.)
국이 끓지 않는다.	한 숟가락 맛을 본다.	어떠한 고통자극도 없다.

성과: 미래에 국이 끓고 있는 동안에는 국의 맛을 보는 것을 덜 할 것이다.

끓고 있는 국은 식별자극이고, 국을 맛보는 것은 벌이 될 것이라는 신호이다. 자극통제는 끓고 있는 국을 더 이상 맛보려 하지 않을 때 이루어진다. 다른 예를 들어 보자. 당신이 도서관에서 큰 소리로 말하고 웃을 때, 사서는 조용히 하거나 나가라고 요청할 것이다. 그러나 큰 소리로 말하고 웃는 것에 대해서 다른 많은 상황(예: 파티나 구기경기)에서는 벌을 받지 않는다. 따라서 큰 소리로 말하고 웃는 행동은 도서관에서는 일어날 가능성이 적지만 그 행동으로 벌을 받지 않는 다른 상황에서는 계속 일어날 것이다.

도서관은 식별자극으로서 큰 소리로 말하고 웃는 것이 벌을 받게 될 것이라는 신호이다. 도서관에서 큰 소리로 웃고 말하지 않을 때 당신의 행동은 자극통제하에 있는 것이다.

선행사건	행동	결과
도서관에서	크게 웃고 말한다.	비난을 받는다.
파티에서	크게 웃고 말한다.	비난을 받지 않는다.

성과: 도서관에 있을 때는 크게 웃고 말할 가능성이 더 적을 것이다.

3단계 유관

Skinner(1969)에 의하면 자극식별 훈련은 **3단계 유관**(three-term contingency)을 포함하고 있는데, 결과(강화인 또는 벌 인자)는 소위 식별자극이라는 구체적인 선행자극이 제시될 때에만 행동 발생과 유관되어 있다. 즉, 3단계 유관이란 선행자극, 행동, 행동의 결과 간의 어떤 관계를 말한다. 행동분석가들은 종종 이것을 행동의 ABC(antecedent, behavior, consequence)라고 한다(Arndorfer & Miltenberger, 1993; Bijou, Peterson, & Ault, 1968). 강화를 포함한 3단계 유관을 표기하면 다음과 같다.

$$S^D \rightarrow R \rightarrow S^R$$

여기서 S^D는 식별자극, R은 반응(행동), S^R은 강화인(또는 강화자극)이다. 벌을 포함하는 3단계 유관을 표기하면 다음과 같다.

$$S^D \rightarrow R \rightarrow S^P$$

여기서 S^P는 벌 인자(벌 자극)이다.

선행자극은 행동에 대한 자극통제를 발달시킨다. 왜냐하면 행동은 특정 선행자극이 제시될 때에만 강화되거나 벌을 받기 때문이다. 소거의 경우도 마찬가지이다. 행동이 특정 상황(특정 선행자극이 제시될 때)에서 더 이상 강화되지 않을 때, 미래에 행동은 그러한 특정 상황에서만 감소된다.

자극통제 연구

사람의 행동을 변화시키기 위하여 자극통제 원리와 그것을 응용한 연구가 이루어져 왔다. 예를 들면, Azrin과 Powell(1968)은 지나치게 흡연을 하는 사람들이 매일 피우는 담배의 수를 줄이도록 도움을 주기 위한 연구를 수행하였다. 연구자들은 흡연가가 담배를 꺼낸 후 일정 시간(1시간) 동안 자동적으로 잠기는 담뱃갑을 개발하였다. 일정 시간이 끝날 무렵에 담뱃갑은 또 하나의 담배를 위해서 열릴 것이라는 신호소리를 냈다. 소리(청각신호)는 식별자극으로서 담뱃갑에서 담배를 꺼내려는 노력이 강화될 것이라는 신호였다. 결국 청각신호(S^D)가 제시될 때만 흡연가가 담배를 꺼낼 수 있기 때문에 자극통제가 발달하게 된다. 그 신호가 제시되지 않을 경우 담배를 꺼내려고 노력하는 것은 담뱃갑이 잠겨 있기 때문에 강화되지 않는다.

Schaefer(1970)는 자극통제하에서 리서스 원숭이(rhesus monkey)가 머리 박기 행동을 유발할 수 있음을 실증적으로 보여 주었다. Schaefer는 머리 박기에 관심을 가졌는데, 이러한 자해행위는 가끔 지적장애 아동에게서 볼 수 있기 때문이다. Schaefer는 소위 행동형성이라고 하는 절차(제9장 참조)를 통하여 음식으로 원숭이의 머리 박기 행동을 강화하였다. 식별훈련은 다음과 같은 방법으로 이루어졌다. Schaefer는 원숭이 우리 앞에 서서 가끔 원숭이에게 말을 하거나(S^D) 아무 말도 하지 않았다($S^\vartriangle$). Schaefer가 "멍청한 놈! 그런 짓 하지 마. 너 자신을 해치는 거야."라고 말하고 난 뒤, 원숭이가 머리 박기 행동을 하면 음식을 주었다. 아무런 말을 하지 않았는데 머리 박기 행동을 하면 음식을 주지 않았다. 그 결과, 자극통제가 발달하여 원숭이는 Schaefer가 말을 했을 때(S^D가 제시되었을 때)만 머리 박기 행동을 보였다. Schaefer

가 사용한 구어적 진술은 자해행동을 하는 지적장애인에게 직원이 말한 것과 유사하였다. 따라서 원숭이를 통한 연구는 인간의 자해행동의 자극통제를 위한 시사점을 주고 있다. 다른 연구자들은 자해행동(Lalli, Mace, Livezey, & Kates, 1998; Pace, Iwata, Edwards, & McCosh, 1986), 지적장애인의 다른 행동(Conners et al., 2000; Dixon, 1981; Halle, 1989; Holle & Holt, 1991; Kennedy, 1994; Oliver, Oxener, Hearn & Hall, 2001; Striefel, Bryan, & Aikens, 1974), 아동의 학습과 문제행동(Asmus et al., 1999; Birnie-Selwyn & Geurin, 1997; Geren, Stromer, & Mackay, Howell, McVay, & flusser, 1996; Stromer, Mackay, & Remington,, 1996; Tiger & Hanley, 2004; Van Camp et al., 2000) 등에 대한 자극통제의 효과를 평가하였다. 또한 다양한 사람들과 표적행동에 대한 자극통제 연구가 이루어지고 있다(Cooper, Heron, & Heward, 1987; 2007; Sulzer-Azaroff & Mayer, 1991). 사람들이 자신의 행동을 변화시키도록 도움을 주기 위한 자극통제에 대한 적용은 제16장에서 다루게 될 것이다.

📖 더 읽을거리

자극통제와 규칙

자극통제는 어떤 식별자극이 있을 경우에 특정 행동이 강화될 때 이루어지고, 그 후 이 행동은 식별자극이 있을 경우에 더 잘 일어나게 된다. 전형적으로 그런 행동은 자극통제가 이루어기 전에 여러 번 식별자극이 있을 경우에 강화된 것이다. 때때로 자극통제는 규칙이 있을 때 더 잘 이루어질 수 있다. 어떤 규칙은 유관성을 규정하는 언어적 진술로서 행동이 강화될 때(상황)를 대상에게 말하는 것이다. Tiger와 Hanley(2004)는 취학 전 아동의 관심 끌기 행동에 대한 규칙의 영향을 연구하였다. 이 연구에서 취학 전 아동은 교사가 자신의 목에 색깔이 있는 수건(레이)을 둘렀을 때만 관심 끌기를 할 수 있었다. 수건(레이)은 관심 끌기를 요청하는 식별자극이었고, 관심을 얻는 것은 강화인이었다. 이 연구자들은 어떤 규칙("내가 빨간 수건을 둘렀을 때, 나는 너의 질문에 답할 거야.")을 취학 전 아동에게 정해 놓았을 때, 규칙이 없을 때보다 자극통제를 더 잘하게 되었다. 즉, 규칙이 있을 때만(교사가 수건을 둘렀을 때만), 관심 끌기를 더 많이 하게 될 것이다.

일반화

어떤 경우에 행동이 촉진(강화를 통하여)되거나 약화(소거나 벌을 통하여)되는 선행조건은 매우 구체적이며, 또 다른 경우에 선행조건은 보다 광범하거나 다양하다. 행동의 자극통제가 보다 광범할 때(즉, 행동이 선행 상황의 범위에서 일어날 때) 자극 일반화가 일어났다고 말한다.

일반화(generalization)는 자극식별 훈련 동안에 식별자극과 유사한 자극들이 제시될 때 어떤 행동이 발생하면 이루어진다(Stokes & Osnes, 1989). Skinner(1953a)에 의하면, "일반화란 자극통제가 공통 속성을 가진 다른 자극에서도 동일하게 이루어진다는 사실을 기술하는 용어이다." 어떤 자극이 식별자극과 더 유사할수록 그 자극이 제시될 때 행동이 일어날 가능성은 더 커지고, 식별자극과 유사하지 않을수록 행동은 점점 덜 발생하게 된다. 이것을 일반화 쏠림(generalization gradient) 현상이라고 한다(skinner, 1957). [그림 7-1]은 Guttman과 Kalish(1956)가 연구한 일반화 쏠림 현상의 예를 보여 준다. Guttman과 Kalish는 키를 쪼는 것을 강화하였다. 그 결과, 빛은 행동에 대한 자극통제를 발달시킨 식별자극이었으며, 비둘기는 빛이 있을 때마다 키를 쪼았다. 이 그래프는 비둘기가 유사한 빛의 파장이 제시되었을 때 역시 키를 쪼았다는 것을 보여 주고 있다. 빛의 파장이 식별자극과 덜 유사해질 때 키를 쪼는 행동이 덜 일어난다. 일반화 쏠림 현상은 행동이 식별자극과 유사한 자극에 일반화된다는 것을 보여 준다.

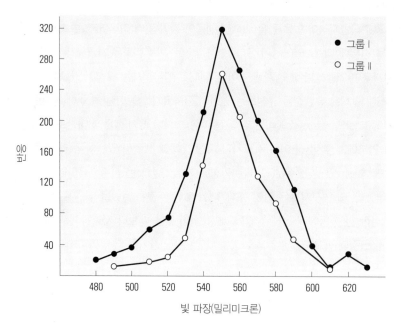

[그림 7-1] 이 그래프는 비둘기의 키 쪼는 행동이 550밀리미크론의 빛을 비추었을 때(S⁰) 강화된 2개의 자극 일반화를 보여 주고 있다. 비둘기들은 유사한 빛 파장이 제시되었을 때 키를 쪼았다. 처음의 S⁰와 유사할수록 비둘기가 키를 쪼를 가능성이 더 커졌다.

출처: Guttman, N., & Kalish, H. I. (1956). Discriminability and stimulus generalization. *Journal of Experimental Psychology*, *51*, 79-88.

Lalli와 동료들(1998)은 또 다른 일반화 쏠림 현상의 예를 제시하였다. 연구자들은 10세의 지적장애 여아의 머리 박기 행동이 어른의 관심에 의해 강화되었다는 것을 입증하였다. 어른의 출현은 그 문제행동의 식별자극이었다. 이 사례에서 일반화 쏠림 현상은 어른과 그 아이 간에 떨어진 거리였다. 어른이 그 아이에게 더 가까이 가면, 이 아이는 머리 박기 행동을 더 많이 보였다. 어른이 더 멀리 있으면 있을수록 머리 박기 행동은 감소하였다. [그림 7-2]는 Lalli와 동료들(1998)의 연구에서 일반화 쏠림 현상을 보여 준다. Oliver와 동료들(2001)의 다른 연구에서는 치료자의 근접성과 지적장애아의 공격성은 밀접한 관계가 있음을 입증하였다.

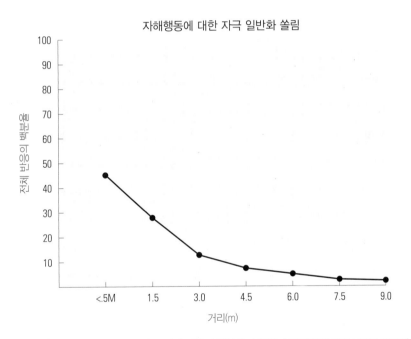

[그림 7-2] 일반화 검증 시 일정 거리에 따른 전체 반응의 백분율. 아동이 문제행동을 강화시켰던 어른이 더 가까워질수록 그 아이는 문제행동을 더 많이 일으켰다.

출처: Lalli, Mace, Liverzey, & Kates. (1988). Society for the Experimental Analysis of Behavior의 허락하에 게재함.

일반화의 예

1학년인 에린은 단어장을 사용하여 읽기를 배우고 있다. 그녀가 '남자'라고 적혀 있는 단어장을 보고, "남자"라고 말하자 칭찬을 받는다. '남자'라고 쓰여 있는 단어장은 "남자"라고 말한 것에 대한 식별자극이다. 어느 날 에린은 부모와 함께 상점에 갔는데, 남자 화장실의 '남자'라는 표시를 보고서 "남자"라고 말한다. 화장실의 '남자'라는 표시는 처음에 식별자극이었던 '남자'라는 단어장과 유사하기 때문에 우리는 일반화가 이루어졌다고 말한다. 처음의 식별자극과 동일한 속성을 공유한 다른 자극이 제시될 때 그 반응이 일어났다. 이제 에린이 '남자'라는 글자를 볼 때, 가령 책의 어디서나 '남자'라는 단어를 읽는다면 우리는 일반화가 모든 적절한 자극에서 일어났다고 말할 수 있다. 이 경우에 자극 일반화는 바람직한 훈련의 성과였다. 에린은 '남자'라는 단어가 쓰일 수 있는 다른 모든 상황에서도 식별하는 법을 학습하였다.

어떤 반응이 처음에 학습하였던 것과는 다른 상황(다른 맥락에서, 다른 시간에 또는 다른 사람들과 함께)에서 발생하면 자극 일반화가 일어난 것이다. 예를 들어, 부모는 어린 자녀에게 가르친 것을 따르게 하거나 자신의 명령에 순응하도록 가르칠 수도 있다. 부모가 명령할 때(식별자극) 자녀가 그 명령에 순응하면(반응) 부모는 자녀를 칭찬한다(강화인). 아동이 부모의 새로운 명령에 순응하면 자극 일반화가 일어난다. 어떤 명령은 새로울지도 모르지만 식별훈련을 하는 동안에 제시되었던 특징들을 공유하고 있다. 즉, 그것은 부모가 가르치거나 명령한 것이다. 부모가 명령하는 것들은 자극부류, 즉 유사한 특징을 공유하고 있는 선행자극의 일부이다. 아동이 다른 맥락이나 다른 시간에 다른 성인(교사)의 요구나 지시에 순응할 때 자극 일반화가 일어난다. 아동이 다른 성인의 요구에 순응하면, 아동의 순응에 대한 자극통제를 일으키는 자극부류는 성인에 의한 요구(부모의 요구와는 반대되는)를 포함한다.

자극통제는 매우 구체적일 수도 있고 또는 더욱 광범할 수 있다. 어떤 구체적인 선행자극이 제시될 경우에 어떤 행동이 강화된다면 자극통제는 구체적이며, 바로 그 자극이 미래에 제시될 경우 그 행동이 발생할 가능성은 더 클 것이다. 어떤 행동이 동일한 특징들(동일한 자극부류에 있는)을 공유하고 있는 수많은 선행자극이 제시됨으로써 강화된다면, 자극통제는 더 광범하게 되어 그러한 자극부류로부터 나온 선행자극 중 어떤 하나가 미래에 나타날 때 행동이 발생할 가능성이 더 클 것이다. 일반화는 광범한 자극통제 또는 새롭거나 훈련받지 않은 선행자극에 의한 자극통제와 관련되어 있다.

4세 된 밀리에의 경우를 예로 들어 보자. 이 아이는 중도(severe) 지적장애이며 자해행동을 보이고 있다. 특히 어머니가 방에 있을 때 이 아이는 무릎을 꿇고 마루에 머리를 박는다. 밀리에가 머리를 박을 때 어머니가 다가가서 붙잡고 말하면서(관심을 줌으로써) 그 행동을 못하게 한다.

? 밀리에의 머리 박기 행동에 포함되어 있는 3단계 유관(ABC)을 설명하라.

선행자극 또는 식별자극은 어머니이다. 행동은 아이가 마루에 머리 박기이며, 강화는 어머니의 관심이다(아이를 붙잡고 말하기). 머리 박기는 아이의 어머니가 옆에 있느냐 없느냐에 따라 자극통제를 받게 된다. 아이의 여동생은 방에 있지만 어머니가 방에 없을 때, 밀리에는 머리 박기 행동이 여동생에 의해 결코 강화되지 않기 때문에 그 행동을 하지 않는다. 밀리에가 최근 병원에 갔는데 간호사와 함께 있을 때도 자신의 머리를 박았다. 이것은 일반화의 예이다. 간호사는 새로운 선행자극이지만 식별자극(아이의 어머니, 여자)과 유사하다. 밀리에가 간호사 옆에서 자신의 머리를 박을 때, 간호사는 마치 어머니가 하는 것처럼 그 아이를 붙잡고 말하였다. 이러한 방법으로 간호사는 밀리에의 행동을 강화하였다. 병원에 있는 동안 밀리에는 다른 성인들이 방에 들어왔을 때 자신의 머리를 박았다. 그리고 그 성인들 또한 그 행동을 강화하였다. 그러나 밀리에가 다른 아이와 병원 놀이실에 있었을 때(어른은 아무도 없었다) 자신의 머리를 박지 않았다.

? 그 방에 다른 아이만 있었을 때, 밀리에는 왜 자신의 머리를 박지 않았는가?

밀리에는 아이만 있을 때는 자신의 머리를 박지 않는다. 왜냐하면 다른 아이들은 그 행동을 강화하지 않기 때문이다. 그리고 그 아이들은 밀리에가 머리를 박을 때 밀리에를 무시한다. 그러므로 아이는 행동에 대한 하나의 에스델타($S^\triangle$)이다. 어른들만 머리 박기 행동을 강화하기 때문에 어른이 있는 경우에만 그 행동이 발생하게 된다.

선행사건	행동	결과
방에 어른이 있다.	머리 박기	주의집중
방에 어른은 없고 다른 아이가 있다.	머리 박기	주의집중하지 않음

성과: 밀리에는 어른이 있을 때만 자신의 머리를 박는다.

자극 일반화의 몇 가지 예는 〈표 7-3〉에 제시되어 있다.

〈표 7–3〉 **자극 일반화의 예**

- 에이미는 빨간색을 찾는 방법을 배우고 있다. 선생님이 빨간 벽돌을 보여 줄 때, 에이미는"빨강"이라고 말할 수 있다. 선생님이 에이미에게 빨간 볼펜, 빨간 책 또는 다른 어떤 빨간 물건을 보여 줄 때 역시 "빨강"이라고 말하면 일반화가 일어난 것이다.
- 스콧은 자기 발을 탁자에 올리는 것을 멈추었다. 왜냐하면 부인이 탁자에 발을 올리는 행동에 대해 큰 소리를 쳤기 때문이다. 부인이 집에 없을 때에도 탁자에 발 올리는 행동을 중지하면 일반화가 일어난 것이다.
- 샤론이 소유하고 있는 버드라는 개는 샤론에게 음식을 달라고 청하지 않는다. 왜냐하면 음식을 청할 경우에는 절대로 음식을 주지 않기 때문이다. 그러나 샤론이 휴가기간에 친척을 방문했을 때, 그녀의 친척들은 버드에게 음식을 줌으로써 구걸행동을 강화하였다. 휴가를 마치고 집에 돌아왔을 때, 버드는 샤론과 그녀의 친구들에게 음식을 구걸하였다. 일반화가 일어났다.
- 샤론은 벌을 사용함으로써 버드라는 개가 집 주위의 거리로 나가지 못하도록 훈련을 시켰다. 그녀는 버드에게 목줄을 채우고 집 주위의 거리를 걸어갔다. 버드가 거리로 발을 들여놓을 때마다 샤론은 개의 목줄을 낚아챘다. 결국 버드는 줄로 매어 놓지 않았을 때에도 거리로 나가지 않았으며 일반화가 일어났다. 또한 버드는 다른 사람들의 집 주위의 거리로 걸어가지 않았다. 이것은 또 다른 일반화의 예이다.
- 당신은 형과 함께 형 소유의 수동 변속기 자동차 운전을 배우고 있다. 따라서 그 행동은 다른 대부분의 수동 변속기 차에도 일반화된다.

? [그림 7–3]의 코믹 만화에서 일반화의 예를 어떻게 제공하고 있는지를 기술하라.

처음에 대그우드는 다음의 3단계 유관을 사용하여 강아지에게 신문을 가져오도록 가르쳤다.

선행사건	행동	결과
신문이 앞마당에 있다.	강아지는 신문을 집으로 가져온다.	대그우드는 강아지에게 음식을 준다.

성과: 미래에 강아지는 앞마당에 신문이 배달될 때 그것을 가져온다.

대그우드의 앞마당에 있는 신문은 식별자극이다. 일반화는 강아지가 이웃집의 앞마당에 있는 신문도 가져왔을 때 일어난다. 반응을 통제하는 자극부류는 어떤 집의 앞마당에 있는 신문이었다. 대그우드는 자극부류가 단지 그의 집 앞의 신문이기만을 바랐다.

[그림 7–3] 이 코믹 연재만화에서 일반화의 예를 볼 수 있다. 식별자극은 대그우드의 앞마당에 있는 신문이었다. 그러나 행동은 이웃의 앞마당에 있는 신문에도 일반화되었다.

? 대그우드는 올바른 자극통제를 하기 위하여 강아지에게 어떻게 식별훈련을 할 것인지를 설명해 보라.

대그우드는 강아지가 대그우드의 신문을 가져올 때만 음식을 주고 이웃집의 신문을 가져올 때는 어떤 음식도 주지 않을 것이다(벌을 줄 수도 있다).

선행사건	행동	결과
대그우드 집 앞의 신문(S^D)	강아지는 신문을 가져온다.	강아지는 음식을 얻는다.
이웃집 앞의 신문($S^\triangle$)	강아지는 신문을 가져온다.	음식을 안 준다(대그우드는 "안 돼."라고 말한다).

성과: 강아지는 대그우드의 신문을 가져오지만 이웃집의 신문은 가져오지 않는다.

    행동수정 연구자들은 자극 일반화에 아주 많은 관심을 가지고 있다. 그들은 사람들이 결핍행동을 증가시키거나 초과행동을 감소시키는 데 도움을 주기 위하여 행동수정 절차를 사용할 때, 모든 적절한 자극 상황에서 행동변화가 일반화되기를 원한다. 많은 연구자는 행동변화의 일반화를 촉진시키기 위한 전략들을 논의해 왔다(Edelstein, 1989; Kendall, 1989; Stokes & Baer, 1977; Stokes & Osnes, 1989). 이러한 전략들은 제19장에서 논의될 것이다.

요약

1. 선행자극은 행동 발생보다 먼저 일어나는 자극이다. 특정 선행사건이나 수많은 특정 자극 부류가 제시되어 조작적 행동이 일어날 가능성이 더 클 때 조작적 행동은 자극통제하에 있게 된다.

2. 자극통제는 자극식별 훈련 과정을 통해 발달되는데, 행동은 어떤 자극(또는 자극부류)을 제시할 때 강화되지만 다른 자극이 제시될 때는 강화되지 않는다. 행동이 강화될 때 나타나는 선행자극을 식별자극(S^D)이라 하고, 행동이 강화되지 않을 때 나타나는 선행자극을 에스델타(S-delta: $S^\triangle$)라고 한다. 자극식별 훈련은 강화, 벌 또는 소거와 함께 일어날 수 있다. 따라서 행동의 발생 여부는 자극통제하에 있을 수 있다. 그러나 그것은 행동을 발생시키거나 발생시키지 않는 식별자극은 아니다. 강화, 소거, 벌은 특정 선행 상황에서 행동의 발생 여부에 영향을 주는 과정이다.

3. 3단계 유관은 식별자극, 식별자극이 있을 때 나타나는 반응, 그 후 나타나는 결과를 강화하기이다($S^D \rightarrow R \rightarrow S^R$).

4. 자극통제가 광범할 때 또는 최초의 식별자극과 유사한 새로운 선행자극이 제시될 때 행동이 발생하면 우리는 일반화가 이루어졌다고 말한다. 자극통제는 특별한 특징을 공유하고 있는 자극부류에 일반화를 가져온다.

✐ 핵심용어

3단계 유관(three-term-contingency)

선행사건(antecedent)

식별자극(discriminative stimulus: S^D)

에스델타(S-delta: $S^\triangle$)

일반화(generalization)

자극부류(stimulus class)

자극식별 훈련(stimulus discrimination training)

자극통제(stimulus control)

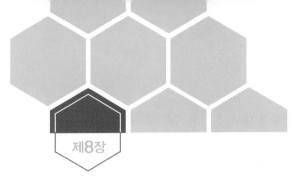

제8장

수동적(반응적) 조건형성

주요 학습문제

- 수동적 조건형성이란 무엇인가?
- 조건 정서반응이란 무엇인가?
- 수동적 행동의 소거는 어떻게 일어나는가?
- 수동적 조건형성에 영향을 미치는 요인은 무엇인가?
- 수동적 조건형성과 조작적 조건형성의 차이점은 무엇인가?

제4~7장에서는 강화, 소거, 벌, 자극통제 등 조작적 조건형성의 원리에 대해 설명하였다. 이 장에서는 다른 유형의 조건형성, 즉 수동적 조건형성에 대해 논의하고자 한다. 조작적 행동(operant behavior)은 행동의 결과에 의해 통제되며, **조작적 조건형성**(operant conditioning)은 결과와 관련이 있다. 이와 반대로 **수동적 행동**(respondent behavior)은 선행자극에 의해 통제되고, **수동적 조건형성**(respondent conditioning)은 선행자극과 관련이 있다. 다음의 예를 생각해 보자.

수동적 조건형성의 예

칼라는 어린이용 인형을 만드는 공장에서 일하고 있다. 그녀는 인형 플라스틱 부품을 찍어 내는 기계를 조작하고 있다. 플라스틱 부품은 컨베이어를 거쳐 기계로 공급된다. 각 부품들이 기계 속으로 들어갈 때, 그 기계는 찰깍 하는 소리를 내면서 기계 속의 금속펀치(punch)가 플라스틱을 아래로 찍었다. 기계가 플라스틱을 찍을 때, 수압호스 중 하나에서 순간적인 강한 바람이 나와 칼라의 얼굴을 때렸다. 위험하지는 않았지만 강한 바람은 기계가 부품을 찍을 때마다 그녀의 눈을 깜박이게 하였다. 칼라는 얼굴에 강한 바람을 뿜어내기 직전에 기계가 찰깍 하는 소리를 내자마자 눈을 깜박이기 시작하였다는 것을 알았다. 며칠 후에 관리직원이 기계를 고정시켜서 수압호스에서 더 이상 강한 바람이 나오지 않았다. 칼라는 기계가 찰깍 하는 소리를 낼 때마다 눈을 깜박거렸으나, 며칠 후에 눈 깜박거림은 사라졌다는 것에 주목하였다. 칼라의 눈 깜박거림은 얼굴에 순간적인 강한 바람이라는 선행자극에 의해 유도된 수동적 조건형성의 한 예이다. 찰깍 하는 소리는 매번 순간적인 강한 바람보다 앞서 즉시 일어났기 때문에 칼라의 눈 깜박거림은 찰깍 하는 소리에 나타나는 조건반응으로, 이는 수동적 조건형성의 한 예이다.

줄리오는 오후 9시 30분에 마지막 수업을 마쳤다. 그는 오후 9시 40분에 버스를 타고 밤 10시에 집에 도착했다. 버스에서 내려 그의 집으로 가기 위해서는 철도 아래의 터널을 지나 걸어야만 했다. 그런데 터널 속의 대부분의 조명이 고장 나 있었기 때문에 그곳을 걸어갈 때는 늘 어두웠다. 학기가 시작된 후 터널 속의 많은 사건이 그를 깜짝 놀라게 하였다. 예를 들면, 줄리오가 걸어갈 때 큰 쥐가 그의 앞으로 달려왔으며, 10대 몇 명이 위협적인 말을 하거나 노숙자들이 갑자기 달려들기도 했다. 그럴 때마다 줄리오는 가슴이 두근거리기 시작했으며 근육이 수축되고 호흡이 빨라졌다. 이러한 신체 반응들은 줄리오가 터널을 빠져나갈 때까지 계속되었다. 이 사건들이 있은 후, 줄리오는 터널 쪽으로 걸어갈 때마다 가슴이 두근거리기 시작했으며 근육이 수축되고 호흡이 더 빨라졌다. 이러한 반응은 터널 반대편 밖으로 나올 때까지 감소되지 않았다. 그는 터널 안쪽에서는 항상 빠르게 걷거나 더 빨리 나가기 위해 뛰기도 하는데, 이것은 수동적 행동의 한 예이다. 터널 속에서의 위협적인 사건들은 처음에 소위 공포반응이라는 신체반응을 유발하였다. 이 사건들은 터널 속에서 일어났기 때문에, 터널에 가까이 가는 것은 공포나 불안이라 부르는 조건반응을 유발하는 선행자극이다.

수동적 조건형성에 대한 정의

어떤 자극은 전형적으로 특수한 신체반응을 유발한다. 유아들은 젖꼭지와 같은 물체가 입술에 닿을 때 빨기 반응을 한다. 사람은 눈으로 직접 강한 바람이 휙 불 때 눈을 깜박거린다. 그리고 음식이 입 안에 있을 때 타액이 분비되고, 어떤 음식물이 목에 걸렸을 때 기침을 하거나 구역질을 한다. 이러한 것들과 기타 반응들(〈표 8-1〉 참조)을 **무조건반응**(unconditioned response: UR)이라고 한다. 이러한 반응들은 어떠한 조건형성 또는 학습이 일어나지 않더라도 선행자극에 의해 유도된다. 무조건반응은 **무조건자극**(unconditioned stimulus: US)이 제시될 때 모든 건강한 사람들에게서 일어난다. 무조건반응은 생존에 필요하기 때문에 인간은 무조건자극에 반응하게 된다(Skinner, 1953a; Watson, 1924).

〈표 8-1〉 **무조건자극과 무조건반응의 예**

무조건자극	무조건반응
물체가 유아의 입에 닿는다.	빨기반사
입속의 음식	타액
목구멍에 걸린 물체	구역질반사
목구멍에의 자극	기침
눈에 강한 바람	눈깜박임
눈에 밝은 빛	눈을 찡그림
신체에 대한 고통자극	몸을 움츠림(뜨거운 난로로부터), 자율각성(날기)
갑작스러운 강한 자극(큰 소리)	깜짝 놀라는 반사(심장박동률 증가, 근육 수축)
성적 자극(사춘기 이후)	발기
무릎뼈에 대한 타격	무릎반사

〈표 8-1〉에 제시되어 있는 무조건반응들은 생존을 위해 필수적이다.

- 빨려고 하는 자연적인 경향은 젖꼭지를 입에 댈 때 유아가 먹도록 해 준다.
- 타액의 분비는 음식을 씹고 소화하는 데 도움을 준다.
- 외부의 물체가 목구멍에 있을 때 기침을 하면 질식을 예방할 수 있다.
- 구역질을 하는 것은 목구멍 속의 외부 물체를 제거할 수 있다.
- 공기나 다른 물질이 눈에 접근할 때 눈을 깜박거리는 자연적인 경향은 외부의 물질이 눈으로 들어가지 못하게 하거나 시력상실을 예방할 수 있다.
- 밝은 불빛에서 학생들이 눈을 찡그리는 것은 눈을 보호하여 시력상실을 예방한다.

■고통자극으로부터 몸을 재빨리 움츠리는 것은 상처를 예방할 수 있다.

■자율신경계 각성반응은 위험한 상황에서 벗어나거나 방어행동을 하도록 해 준다 (Asterita, 1985). 자율각성에 포함되어 있는 신체반응은 〈표 8-2〉에 제시되어 있다.

■깜짝 놀라는 반응은 자율각성의 구성요소들을 포함하고 있는데, 신체가 위험한 상황을 대비하게 해 준다.

■성적 각성에 포함되어 있는 반응들은 생존에 꼭 필요하지는 않지만, 성적 행동을 촉진시 킴으로써 종족의 보존을 위해서는 꼭 필요하다.

■무릎반사는 직접적으로 생존에 꼭 필요하지 않지만, 정상적인 운동기능을 하도록 하는 자세통제와 근육협응과 관련된 반사들 중 하나이다.

〈표 8-2〉 **자율신경계 각성과 관련된 신체반응**

• 심장 박동률 증가	• 혈류 속으로 아드레날린 분비
• 호흡 증가	• 땀 증가
• 근육 수축 증가	• 구강 건조
• 주요 근육에 대한 혈류 증가	• 동공 확대
• 피부에 대한 혈류 감소	• 위장 활동 감소

무조건반응은 무조건자극이 제시될 때 일어나는 자연적인 신체반사 행동이다. 무조건반 응은 모든 사람에게 있어서 공통적이다. 수동적 조건형성은 이전의 중성조건 형성이 무조건 자극과 짝을 이룰 때(중성자극과 무조건자극은 함께 제시된다), 중성자극(neutral stimulus)은 조 건자극(conditioned stimulus: CS)이 되고, 무조건반응과 비슷한 조건반응(conditioned response: CR)을 이끌어 낸다. 무조건반응이나 조건반응은 수동적 행동이라고 한다.

수동적 조건형성은 **고전적 조건형성**(Rachlin, 1976) 또는 **Pavlovian 조건형성**(Chance, 1988) 이라고도 한다. 러시아의 과학자인 Pavlov(1927)는 이 현상을 처음으로 입증하였는데, 이 실 험에서 Pavlov는 개의 입에 고기 분말이 들어갈 때 타액이 분비된다는 것을 보여 주었다. 이 것은 무조건자극이 무조건반응을 이끌어 낸다는 것이다. Pavlov는 개의 입에 고기 분말을 넣 기 바로 전에 중성자극(메트로놈 소리)을 제시하였다. 그는 수많은 시간 동안 메트로놈 소리 와 고기 분말을 함께 제시하였다. 이렇게 한 후 메트로놈 소리만 제시하자 개는 입에 고기 분 말이 없는데도 메트로놈 소리에 타액을 분비한다는 것을 발견하였다. 메트로놈 소리는 고기 분말과 수십 번 짝을 이루었기 때문에 조건자극이 되었다.

수동적 조건형성

| 과정 | 무조건자극(고기 분말) | 무조건반응(타액) |

무조건자극은 중성자극(메트로놈)과 짝을 이룬다.

| 성과 | 조건자극(메트로놈) | 조건반응(타액) |

과정은 무조건자극과 중성자극이 수없이 많은 짝연합을 이루고 있다는 것을 주목하라.
짝연합의 성과는 중성자극이 조건자극이 되어 조건반응을 유발한다.

만일 어떤 자극이 무조건자극과 수십 번 짝을 이룬다면 조건자극이 될 수 있다. 줄리오의 경우를 생각해 보자. 터널에 접근하는 것은 무조건자극(터널에서 깜짝 놀란 사건)과 짝을 이루었기 때문에 조건자극이 되었다. 그 결과, 터널에 접근하는 것은 이전에 놀라게 한 사건에 의해 유도된 자율적 각성(**공포**나 **걱정**)의 조건반응을 이끌어 냈다.

? 공장에서의 칼라의 예에서 무조건자극, 무조건반응, 조건자극, 조건반응을 찾아보라.

무조건자극은 그녀의 얼굴에 부는 강한 바람이다. 그것은 눈 깜박거림의 무조건반응을 이끌어 낸다. 기계로부터의 찰칵 하는 소리는 강한 바람과 짝을 이루었기 때문에 찰칵 하는 소리는 조건자극이 되었다. 찰칵 하는 소리는 눈 깜박거림을 이끌어 내고 그것은 조건반응이 되었다. 눈 깜박거림이 조건자극에 의해 유도될 때는 조건반응이지만 무조건자극에 의해 유도될 때는 무조건반응이다.

수동적 조건형성

| 과정 | 강한 바람(무조건자극) | 눈 깜빡임(무조건반응) |

강한 바람은 찰칵 하는 소리와 짝을 이룬다.

| 성과 | 찰칵 소리(조건자극) | 눈 깜빡임(조건반응) |

중성자극과 무조건자극의 시기

수동적 조건형성이 일어날 경우 중성자극과 무조건자극의 시기가 중요하다. 전형적으로 무조건자극은 중성자극이 일어난 후에 바로 일어난다(Pavlov, 1927). Pavlov의 연구에서 메트로놈 소리가 나고 약 0.5초 이내에 개의 입에 고기 분말을 넣었다. 이러한 시기는 메트로놈이 조건자극으로서 조건화될 가능성을 증대시킨다. 만약 Pavlov가 고기 분말을 개의 입에 넣고 메트로놈 소리를 낸다면 조건형성이 일어날 가능성이 거의 없을 것이다. 중성자극과 무조건자극 사이의 시간관계는 [그림 8−1]에 제시되어 있다(Pierce & Epling, 1995).

흔적 조건형성(trace conditioning)에서 중성자극이 무조건자극보다 앞서지만 중성자극은 무조건자극이 제시되기 전에 종료된다. 눈 깜박임의 예에서 찰깍 하는 소리를 내고 찰깍 하는 소리가 중지된 후 휙 하는 바람을 제시한다.

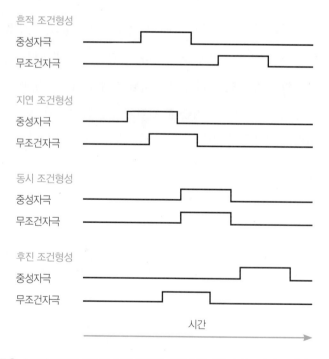

[그림 8-1] 이 선들은 수동적 조건형성의 네 가지 유형을 위한 중성자극과 무조건자극 사이의 시간 관계를 보여 주고 있다. 각 시간의 상승 부분은 자극(중성자극 또는 무조건자극)이 언제 제시되어야 하는가를 나타내고 있다. 중성자극이라고 명명된 자극은 무조건자극과 짝을 이룬 다음 바로 조건자극이 된다. 조건형성이 되기 전에 그것은 중성자극이다.

출처: Pierce, W. D., & Epling, W. F. (1995). *Behavior Analysis and Learning*, p. 65.

지연 조건형성(delay conditioning)에서 중성자극이 제시되고 무조건자극은 중성자극이 끝나기 전에 제시된다. 눈 깜박임 조건형성의 예를 들어 보자. 찰깍 하는 소리가 제시되고 찰깍하는 소리가 종료되기 전에 휙 하는 바람이 제시된다면 지연 조건형성이 일어날 것이다.

동시적 조건형성(simultaneous conditioning)에서 중성자극과 무조건자극은 동시에 제시된다. 찰깍 소리와 휙 하는 바람이 동시에 제시된다.

후진형 조건형성(backward conditioning)에서 무조건자극은 중성자극보다 먼저 제시된다. 예에서 보듯이, 눈에 휙 하는 강한 바람이 불 때 찰깍 하는 소리가 제시된다. 그러한 상황에서 찰깍 하는 소리는 눈 깜박임 반응을 이끌어 낼 가능성이 거의 없을 것이다.

이러한 유형의 수동적 조건형성 중 흔적조건 형성과 지연 조건형성에서 중성자극이 먼저 제시되는 것이 일반적으로 가장 효과적이다. 후진형 조건형성은 가장 효과가 적을 것이다. 수동적 조건형성이 중성자극과 무조건자극의 밀접한 시간적 거리와 상관없이 일어날 수 있는 경우에만 미각혐오(taste aversion) 현상이라고 한다. 다음의 예를 생각해 보자.

머피는 상한 우유 한 잔을 마셨다. 비록 우유의 맛이 괜찮았지만, 머피는 우유를 마신 후 15분 동안 심한 구역질과 구토를 경험하였다. 이 사건 이후, 그는 우유를 마시려고 할 때 더 이상 우유의 좋은 맛을 느낄 수가 없었다. 상한 우유는 무조건자극이었고 구토와 구역질은 조건반응이었다. 무조건자극이 우유의 맛과 짝을 이루었기 때문에 우유맛은 머피가 처음에 경험한 구역질과 유사한 조건반응을 이끌어 낸 조건자극이 되었다. 머피는 다시 우유를 마실 때 실제로 아프지 않을 수도 있지만 우유는 맛이 없고 처음의 구역질과 유사한 생각을 하게 될 수도 있을 것이다. 이러한 유형의 수동적 조건형성을 미각혐오 현상이라고 한다(Garcia, Kimeldorf, & Koelling, 1955).

고차 조건형성

지금까지 중성자극이 무조건자극과 짝을 이루었을 때 조건자극이 될 수 있다는 것을 배웠다. 그 다음 조건자극이 조건반응을 이끌어 낸다. 이것은 수동적 조건형성의 기본 과정이다. **고차 조건형성**(higher-order conditioning)은 중성자극이 이미 확립된 조건자극과 짝을 이루고 중성자극이 조건자극이 될 때 일어난다. 칼라의 눈 깜박임 반응의 예를 생각해 보자. 찰깍 하는 소리가 수차례에 걸쳐 강한 바람과 짝을 이룰 때, 그 찰깍 소리는 칼라의 눈 깜박임 반응을 위한 조건자극이 되었다. 만약 또 하나의 중성자극이 찰깍 하는 소리와 짝을 이루면 역시 조건자극이 될 수 있다. 예를 들어, 찰깍 하는 소리가 일어날 때마다 불이 번쩍인다면 그 불은 결국 조건자극이 될 것이며, 심지어 찰깍 하는 소리가 없을 때에도 눈 깜박임을 이끌어 낼 것이다. 고차 조건형성은 그것이 중성자극과 짝을 이룰 때 조건자극을 얼마나 잘 설정하였는가에 달려 있다.

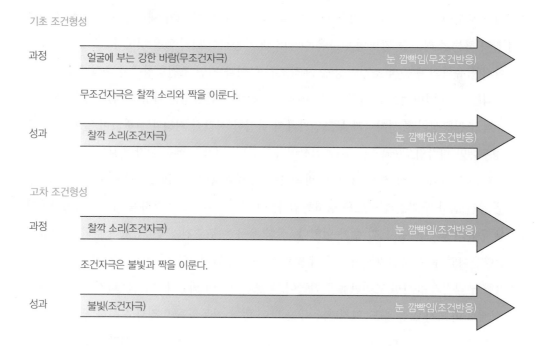

기초 조건형성

과정　얼굴에 부는 강한 바람(무조건자극)　　　　　　　　　　　　눈 깜빡임(무조건반응)

무조건자극은 찰깍 소리와 짝을 이룬다.

성과　찰깍 소리(조건자극)　　　　　　　　　　　　　　　　　　눈 깜빡임(조건반응)

고차 조건형성

과정　찰깍 소리(조건자극)　　　　　　　　　　　　　　　　　　눈 깜빡임(조건반응)

조건자극은 불빛과 짝을 이룬다.

성과　불빛(조건자극)　　　　　　　　　　　　　　　　　　　　눈 깜빡임(조건반응)

조건 정서반응

수동적 조건형성으로 나타난 몇 가지 유형의 조건반응을 조건 **정서반응**(conditioned emotional responses: CERs)이라고 한다. 이 용어는 Watson과 Rayner(1920)에 의해 제안되었는데, 그들은 1세 알버트의 공포반응을 조건화하기 위하여 수동적 조건형성 절차를 사용하였다. 어린 알버트는 처음에 실험용 흰쥐를 두려워하지 않았으며 소리 지르거나 달아나려 하지 않았다. 쥐는 중성자극이었다. Watson과 Rayner는 알버트에게 쥐를 보여 주자마자 바로 알버트의 머리 뒤에 있는 망치로 쇠막대기를 쳤다([그림 8-2] 참조). 망치로 쇠막대기를 내리침으로써 갑자기 나는 큰 소리는 알버트에게서 깜짝 놀라는 반응(무조건반응)을 이끌어 내는

[그림 8-2] Watson은 알버트가 쥐에 손을 대자마자 큰 소리를 내기 위하여 막대기를 친다. 깜짝 놀라게 하는 소리와 쥐가 여러 번 짝을 이룬 후 알버트는 나중에 쥐를 제시했을 때 공포반응을 보인다.

무조건자극이었다. 깜짝 놀라는 반응은 공포나 불안에 포함된 것과 같은 유형의 반응인 자율 각성을 포함한다. 그들이 쥐의 출현과 두 회기 내에 일주일 간격으로 일곱 번 큰 소리를 짝지은 후 그 쥐는 조건자극이 되었다. 쥐를 보는 것은 공포(울기, 자율각성 등)라고 하는 조건 정서반응을 유도하였다.

알버트를 통한 Watson과 Rayner의 실험은 조작적 조건형성을 포함하고 있다. 처음에 알버트는 흰쥐에 다가가게 되고 실험가들은 크고 깜짝 놀랄 소리를 냈다. 쥐에 다가가는 행동은 벌을 통하여 약화되었으며, 쥐로부터 벗어나려는 행동은 부적 강화(도피)를 통하여 촉진되었다. 공포반응이 의도적으로 유발된 이와 같은 연구는 비윤리적이다.

수동적 조건형성의 과정은 정적인(바람직한) 조건 정서반응 또는 부적인(바람직하지 않은) 조건 정서반응을 위한 조건자극을 발달시킬 수 있다(Watson, 1924). Watson과 Rayner의 연구에서 어린 알버트에게서 나타난 공포는 부적 조건 정서반응의 한 예이며, 다른 것들로는 분노, 반감, 편견이 포함된다. 같은 방법으로 정적 조건 정서반응(예: 행복, 사랑)은 조건자극에 의해 유도될 수 있다. 처음에 정서반응은 어머니의 신체접촉에 대한 아이의 반응과 같은 무조건자극에 의해 유도된 무조건반응이다. 어머니가 아이의 얼굴을 어루만지면 아이는 웃고 정적 정서를 나타내는 다른 반응을 한다. 결국 이러한 조건 정서반응은 어머니의 목소리나 어머니의 얼굴 모습으로 조건화된다. 또 다른 예는 청소년이 여자친구의 향수 냄새를 맡고 정적 정서반응을 이끌어 내는 경우이다. 정적이고 애정 있는 상호작용과 친구와의 신체접촉은 정적 정서반응을 이끌어 내는 무조건자극일 것이다. 향수는 무조건자극과 짝이 되었기 때문에 조건자극이다. 그러므로 여자친구가 없더라도 향수 냄새는 청소년이 자신의 여자친구와 함께 있을 때 경험하게 되는 것과 같은 감정(정적 정서반응)을 이끌어 낼 수 있다.

? 일상생활에서 일어나는 정적 정서반응과 부적 정서반응, 그리고 이러한 정서반응을 유도하는 조건자극을 말해 보라.

정적 정서반응의 개념이 얼핏 보기에는 설득력을 가지고 있더라도 정서반응을 조작하거나 측정하기에는 몇 가지 어려움이 있을 수 있다. 어떤 정서반응은 겉으로 드러나므로 쉽게 관찰할 수 있다. 예를 들어, 울음, 웃음, 기타 얼굴 표정, 그리고 공포나 침묵을 나타내는 자세 등이 여기에 해당된다. 마찬가지로 자율각성(심장 박동률 증가, 근육수축, 충격적인 피부반응 등)에 포함되는 생리적 반응은 비록 드러나지 않더라도 적절한 도구로 측정할 수 있다. 예를 들어, 근육수축은 근전계(electromyographic) 기록으로 측정할 수 있다. 이것은 전극을 피험자의 팔에 부착한다. 충격적인 피부반응은 땀샘활동을 증가시키기 때문에 자율각성을 수행하는 피부전기 활동(electrodermal activity)의 변화를 기록한다. 또한 자율각성은 손가락 끝의 피부 온도를 기록하여 알아낼 수도 있을 것이다. 혈관은 자율각성을 하는 동안 피부표피로부터 깊숙히 있기 때문에 손과 손가락의 온도는 내려간다.

그러나 다른 정서반응, 즉 사랑이나 행복과 같은 감정은 관찰되거나 측정되지 않는다. 사람들이 직접 관찰될 수 없는 정적·부적 정서를 경험하고 있다는 것은 분명하다. 어려운 점은 따로 분리하여 관찰할 수 없고 사람들이 보고한 정서에 어떤 반응이 포함되어 있는지가 명확하지 않기 때문이다. 정서반응에 대한 사람들의 보고는 대부분 그것이 일어나는 상황, 사건에 대한 해석, 명시적·암시적 사건을 명명하기 위해 학습해 온 방법 등 실질적으로 조건 정서반응에 대한 복합적 기능이다.

조건반응의 소거

조건반응의 소거, 즉 **수동적 소거**(respondent extinction)는 무조건자극을 제시하지 않고도 조건자극의 반복된 제시를 포함한다. 만약 조건자극이 무조건자극이 없는 데도 계속해서 일어난다면 조건반응은 결국 강도와 중지에서 감소할 것이다. Pavlov가 메트로놈 소리(조건자극)를 계속 제시하지만 고기 분말과 메트로놈이 짝을 이루지 않는다면 개는 메트로놈 소리에 타액을 점점 덜 분비하게 될 것이고, 결국에는 메트로놈 소리를 들었을 때 타액이 분비되지 않을 것이다.

어린 알버트의 경우, 흰쥐는 공포반응(조건반응)을 유도하는 조건자극이었다. 왜냐하면 쥐는 크고 놀라게 하는 소리(무조건자극)와 짝이 되었기 때문이다. 이 경우에 무조건자극 없이 흰쥐를 수십 번 알버트에게 제시한다면 수동적 소거가 일어날 것이다. 결국, 흰쥐를 제시하더라도 더 이상 공포반응을 유도하지 않을 것이다.

❓ 수동적 소거가 인형공장의 칼라에게 어떻게 일어나는지 설명해 보라.

관리자가 수압호스를 고정시키자 플라스틱 부품을 찍을 때 기계가 내는 찰깍 하는 소리가 난 후에 바로 강한 바람이 불지 않았다. 조건자극(찰깍 하는 소리)은 무조건자극(강한 바람)이 없는데도 계속 제시되었기 때문에, 조건반응(눈 깜박임)은 결국 조건자극이 일어났을 때 중지되었다.

❓ 수동적 소거는 줄리오가 밤에 터널을 지나 걸어갈 때 공포를 없애도록 도움을 주기 위하여 어떻게 사용되고 있는가?

당신은 조건자극을 제시하고 무조건자극의 출현을 방지해야 할 것이다. 다시 말하면, 터널에 접근하는 것은 조건자극이기 때문에 줄리오는 어떠한 두려움이나 놀라움을 주는 사건(무조건자극) 없이 터널을 거쳐 걸어가야만 할 것이다. 터널에서 다시 어떤 나쁜 일도 일어나지 않는다면 터널은 더 이상 자율각성(공포반응)을 유도하지 않을 것이다. 이것은 터널 안에 있는 사람이 누구인지 혹은 거기서 무엇이 일어나는지를 통제할 수 없기 때문에 달성하기가 쉽지 않다. 하나의 해결점은 시 당국으로 하여금 터널 속에 조명을 재배치하도록 설득하는 일일 것이다. 터널 속에 불이 밝게 켜진다면 놀라움을 주는 사건과 사람을 위협하는 사건들이 터널에서 덜 발생할 것이다.

자발적 회복

수동적 소거기간 후에 조건자극이 무조건자극 없이도 반복적으로 제시되면 조건자극은 조건반응을 이끌어 내지 않는다. 그러나 조건자극이 나중에 제시될 경우 조건반응은 다시 일어날 것이다. 가령, Pavlov가 개의 입에 고기 분말을 넣지 않고 반복해서 메트로놈 소리를 제시했다고 하자. 결국 개는 메트로놈 소리에 대한 타액 분비를 중지한다. 그러나 Pavlov가 나중에 메트로놈 소리를 제시했을 때, 비록 소거 이전보다 낮은 정도일지라도 그 개는 다시 타액을 분비하였다. 소거가 일어난 후에 조건자극이 조건반응을 이끌어 낼 때, **자발적 회복**(spontaneous recovery)이 일어난다. 조건반응의 크기는 보통 자발적 회복이 일어나는 동안에 더 작다. 그리고 조건반응은 자발적 회복 동안 무조건자극이 조건자극과 함께 제시되지 않으면 다시 사라질 것이다.

수동적 행동의 식별 및 일반화

수동적 조건형성에 있어서 식별은 조건반응이 단일의 조건자극 혹은 특정의 조건자극에 의해 유도되는 상황이다. 일반화는 수많은 유사 조건자극이나 보다 광범한 조건자극이 동일한 조건반응을 이끌어 낼 때 이루어진다. 만약 어떤 사람이 특정 개나 특정 품종의 개를 두려워한다면 식별이 일어난 것이다. 만약 어떤 사람이 모든 품종의 개를 두려워한다면 일반화가 일어난 것이다.

식별이 수동적 조건형성에서 어떻게 이루어지는지를 생각해 보자. 특정 자극(S1)이 무조건자극과 짝을 이루지만 유사한 자극(S2, S3, S4 등)은 무조건자극 없이 제시될 때, 단지 S1만이 조건반응을 이끌어 낸다. 이것이 식별훈련이다. 독일 양치기 개에 의해 공격을 받았던 마데린의 경우를 생각해 보자. 그 공격 이후 그녀는 독일 양치기 개가 있는 마당을 거닐 때마다 개를 보는 것(조건자극)이 자율각성이나 공포반응(조건반응)을 일으킨다. 그러나 그녀는 다른 개가 있는 다른 집 앞을 지나갈 때 공포반응을 일으키지 않는다. 양치기 개를 보는 것은 그것이 공격(무조건자극)과 짝을 이루기 때문에 조건자극이 된다. 다른 개를 보는 것은 그것이 공격과 결코 관련되지 않기 때문에 조건자극이 되지 않는다. 독일 양치기 개를 보는 것만이 공포반응(조건반응)을 일으킨다.

이제 일반화가 어떻게 이루어지는지를 생각해 보자. 일반화는 수동적 조건형성에서 처음 무조건자극과 짝을 이루었던 조건자극과 유사한 자극을 제시할 때 조건반응을 일으키는 경향성이다. S1이 무조건자극과 짝을 이루게 되고 무조건자극 없이 유사한 자극(S2, S3, S4 등)을 제시할 경우, 이러한 다른 자극에 의해 조건 반응이 더 일반화될 것이다. 마데린이 독일 개에게 공격을 받는다면(그녀는 우호적인 개와 만난 적이 없다) 그녀의 공포반응은 어떤 점에서 독일 개와 유사한 다른(비슷한 크기, 비슷한 색깔, 비슷한 형태) 개에게 더 일반화될 것이다. 이 경우에 유사한 자극(다른 개들)이 무조건자극이 없을 때는 제시되지 않았기 때문에 어떠한 식별훈련도 없었다.

일반화는 수동적 조건형성 동안 유사한 수많은 자극이 처음 무조건자극과 짝을 이룬다면 확대될 수 있다. 마데린이 불행하게도 독일 개, 금빛 사냥개, 독일종 테리어 등에게 많은 공격을 받는다면 그녀의 공포는 아마 거의 모든 개에게 일반화될 것이다. 여러 가지 비슷한 조건자극(다른 개)이 무조건자극(공격 받는 상황)과 짝을 이루었기 때문에 일반화는 확대될 것이다.

수동적 조건형성에 영향을 미치는 요인

수동적 조건형성의 강도는 다음과 같은 다양한 요인에 의해 좌우된다(Pavlov, 1927).

- 조건자극과 무조건자극의 본질
- 조건자극과 무조건자극 간의 시간관계
- 조건자극과 무조건자극 간의 유관
- 짝연합의 수
- 조건자극에 대한 사전 노출

조건자극과 무조건자극의 본질

자극의 강도는 조건자극이나 무조건자극과 같은 자극의 효과에 영향을 미친다. 일반적으로 자극이 강할수록 무조건자극의 효과가 더 크다(Polenchar, Romano, Steinmetz, & Patterson, 1984). 예를 들어, 눈에 더 강한 바람이 불면 눈 깜박임 반응을 위한 무조건자극으로서 약한 자극보다 더 효과적이다. 마찬가지로 더 고통스러운 자극은 자율각성을 위한 무조건자극으로 덜 고통스러운 자극보다 더 효과적이다. 또한 더 강한 자극은 조건자극으로서 더 효과적으로 기능하므로, 자극이 더 강할수록 영향력이 더 현저하다(salient)고 할 수 있다.

중성자극과 무조건자극 간의 시간적 관계

조건형성이 가장 효과적이기 위해서는 중성자극이 무조건자극보다 선행되어야 한다. 그러므로 지연 조건형성과 흔적 조건형성이 가장 효과적이다. 중성자극과 무조건자극 사이의 시간 간격이 어느 정도가 최적인지를 말하기란 불가능하다. 그러나 간격은 짧아야 한다(1초 이하로). 예외는 미각혐오 현상이다. 미각혐오 조건형성에서 상한 음식(무조건자극)에 의해 유도된 구역질과 구토(무조건반응)는 조건자극(음식의 맛)이 출현한 지 수 분 후에 일어날 수 있다.

중성자극과 무조건자극 간의 유관성

중성자극과 무조건자극 간의 유관성은 중성자극과 무조건자극이 매번 함께 제시된다는 의미이다. 조건형성이 일어날 때, 매번 중성자극이 제시된 후에 무조건자극이 제시되지 않는다면 혹은 무조건자극이 매번 중성자극 없이 일어나는 경우, 조건형성이 더 많이 일어날 것이다. 칼라의 얼굴에 강한 바람이 불기 전에 항상 기계가 찰깍 소리를 내는 경우가 가끔(예: 열 번 중 한 번) 찰깍 소리가 나는 경우보다 조건자극이 될 가능성이 더 크다. 마찬가지로 기계가 플라스틱 부품을 찍을 때 가끔씩만 찰깍 소리를 내고 강한 바람이 분다면 찰깍 하는 소리는 조건자극이 될 가능성이 적어진다.

짝연합의 수

중성자극과 무조건자극 사이의 하나의 짝연합이 종종 조건자극으로서 중성자극을 설정하는 데 충분하더라도, 중성자극과 무조건자극의 짝연합이 더 많이 이루어질수록 일반적으로 더 강한 조건형성을 만들어 낸다. 부저소리(중성자극) 후에 팔에 간단한 전기 충격(무조건자극)을 받는 실험실의 한 학생을 생각해 보자. 충격은 고통스럽지만 어떤 행동 실험실에서와 마찬가지로 학생에게 큰 피해가 가는 것은 아니다. 하나의 짝연합 이후에 부저는 아마도 자율각성(조건반응)을 유도할 것이다. 그러나 만약 부저와 충격이 수십 번 짝을 이룬다면 자율각성은 더 강해질 것이며, 소거가 일어나려면 더 긴 시간이 소요될 것이다.

짝연합이 더 많이 이루어질수록 더 강한 조건형성을 가져올지라도, Rescorla와 Wagner (1972)는 최초의 짝연합이 가장 강한 조건형성을 가져오고 그 이후의 짝연합에 의해 야기된 부가적인 조건형성은 확고하게 감소한다는 것을 보여 주었다. 가령, 크고 검은 까마귀가 어린이의 머리 위로 날아가면서 큰 소리로 울고 있다고 생각해 보자. 그 결과, 그 어린이는 까마귀를 볼 때마다 공포반응을 경험한다. 까마귀(중성자극)와 공격(무조건자극)의 첫 번째 짝연합은 까마귀가 공포반응(조건반응)을 이끌어 내는 조건자극이 된다. 만약 까마귀가 다시 어린이를 덮치면서 큰 소리로 운다면 어린이의 공포반응을 촉진시킬 수도 있겠지만, 처음의 공격에 의해 나타난 공포반응만큼 크게 증가하지는 않을 것이다. 각각의 부가되는 공격은 점진적으로 더 작은 공격으로도 어린이의 공포를 증가시킬 것이다.

조건자극에 대한 사전 노출

어떤 사람이 과거에 무조건자극 없이 자극에 노출되었다면 그 자극은 무조건자극과 짝을 이룰 때 조건자극이 될 가능성이 적을 것이다. 예를 들어, 2세 그레이스는 많은 시간을 집에 있는 개와 함께 보내고 있는데 아무런 나쁜 일도 일어나지 않았다. 그 개에 대한 이러한 노출의 결과, 그 개가 우연히 그레이스를 넘어뜨리는 경우에도 그 개가 그레이스의 공포반응을 위한 조건자극이 될 가능성은 거의 없을 것이다. 그러나 그레이스의 친구 파울라가 와서 그 개를 처음 본다고 상상해 보자. 만약 그 개가 파울라를 넘어뜨린다면 파울라는 그 개에게 사전에 노출되지 않았기 때문에 공포반응을 유발하는 조건자극이 될 가능성이 더 클 것이다.

? 개와 파울라의 예에서 무조건자극, 조건자극, 무조건반응, 조건반응을 말해 보라.

개에 의해 넘어진 것은 파울라에게서 자율각성(공포반응)인 무조건반응을 유발시키는 무조건자극이다. 그 결과, 파울라는 개를 볼 때마다 공포반응(조건반응)을 일으키게 된다.

더 읽을거리

수동적 조건형성과 조건 벌 인자

수동적 조건형성은 중성자극과 무조건자극을 연합하는 과정이다. 조건강화인과 조건 벌 인자는 수동적 조건형성 과정을 통해 이루어진다. 중성자극이 어떤 강화인과 연합하여 조건강화인이 되거나 중성자극이 어떤 벌 인자와 연합하여 조건 벌 인자가 된다. 1960년대의 연구는 조건 벌 인자와 관련된 많은 요인들을 증명하였다. 예를 들면, Evans(1962)는 실험실 쥐가 바를 누르는 동안 어떤 소리가 충격과 연합될 때 그 소리는 조건 벌 인자로서 기능한다는 것을 입증하였다. 충격 후에 소리가 더 효과적인 벌 인자로 작용하였다. 또 다른 연구에서 Hake와 Azrin(1965)은 비둘기가 키를 쫄 때 찰깍 소리가 충격과 연합되는 경우 찰깍 소리가 조건 벌 인자로 기능한다는 것을 입증하였다. 더 나아가 찰깍 소리가 더 강한 충격과 연합될 때 찰깍 소리가 더 효과적인 조건 벌 인자가 된다는 것을 입증하였다.

조작적 조건형성과 수동적 조건형성의 차이

앞에서 본 바와 같이 수동적 조건형성과 조작적 조건형성은 명백한 차이가 있으며, 수동적 행동과 조작적 행동은 다른 유형의 반응을 포함한다(Michael, 1993a). 수동적 행동은 선행자극에 의해 유도된 무조건반응 또는 조건반응이다. 수동적 행동은 생물학적 기초를 가진 신체반응이고 조작적 행동은 그것의 결과에 의해 통제된다. 비록 그것이 식별자극의 자극통제 하에 있다 하더라도 조작적 반응은 선행자극에 의해 유도되지 않는다. 조작적 반응은 그것이 동일하거나 유사한 상황에서 강화되어 왔기 때문에 특정의 선행 상황에서 개인에 의해 나타난다.

중성자극이 무조건자극과 짝을 이루어 왔기 때문에, 중성자극이 조건반응을 유도할 영향력이 있을 때 수동적 조건형성이 이루어진다. 수동적 조건형성은 단순히 중성자극과 무조건자극이라는 두 가지 자극과 짝을 이룬다. 수동적 조건형성의 결과는 이전의 중성자극이 조건자극이 된 것이다. 조작적 조건형성은 특정 자극 상황에서 구체적인 반응이 강화 결과가 뒤따를 때 이루어진다. 다시 말하면, 조작적 조건형성은 반응과 강화인 간의 유관을 포함한다. 조작적 조건형성의 결과는 강화된 행동이 유사한 환경에서 미래에 일어날 가능성이 더 크다.

수동적 소거는 조건자극이 무조건자극과 더 이상 짝을 이루지 않을 때 일어난다. 그 결과,

[그림 8-3] 까마귀가 아이를 덮칠 때 두 가지 유형의 행동이 발생한다. 즉, 두려움 반응(자율각성)은 수동적 행동이고, 아이의 아버지에게 달려가는 것은 조작적 반응이다.

조건자극은 더 이상 조건반응을 일으키지 못한다. 조작적 행동의 소거는 행동이 더 이상 결과를 강화하지 않을 때 일어나며, 그 결과 미래에는 행동이 일어나지 않는다.

조작적 행동과 수동적 행동은 동일한 상황에서 같이 일어날 수 있다. 크고 검은 까마귀가 뒷마당에 있는 아이를 내리 덮치면서 큰 소리를 낼 때, 수동적 행동과 조작적 행동이 모두 일어난다. 까마귀에 의한 공격은 자율각성을 이끌어 내며, 아이는 비명을 지르고 마당에 앉아서 신문을 읽고 있는 아버지에게로 달려간다([그림 8-3] 참조). 자율각성이 까마귀에 의해 유도된 수동적 행동이라 하더라도, 비명을 지르면서 아버지한테 달려가는 것은 안락함과 보호(정적 강화), 까마귀로부터의 도피(부적 강화)라는 결과를 가져온 조작적 행동이다.

용어 정리: 유도하다(elicit)와 촉발시키다(evoke)의 차이

어떤 선행자극은 수동적 행동을 유도한다.
- 무조건 자극(US)은 무조건 반사로서 무조건 반응(UR)을 유도한다.
- 조건 자극(CS)은 조건반응(CR)을 유도하는데, CS가 US와 짝지어졌기 때문이다.

어떤 선행자극이나 사건은 조작적 행동을 촉발시킨다.
- 식별자극(S^D)은 어떤 행동을 촉발시키는데, 그 행동은 S^D이 있을 때 강화되어 왔기 때문이다.
- 확대 유인력(EO)은 어떤 행동을 촉발시키는데, 그 행동을 일으킨 강화인의 가치를 증가시키기 때문이다.

인형공장에서 일하는 칼라의 예를 생각해 보자. 강한 바람이 불기 전에 기계의 찰깍 하는 소리는 눈 깜박임 반응(조건반응)을 이끌어 내는 조건자극이다. 왜냐하면 찰깍 하는 소리는 강한 바람과 짝이 되었기 때문이다. 이것은 수동적 조건형성이다. 잠시 후에 칼라는 찰깍 하는 소리를 들을 때마다 머리를 옆으로 움직이는 습관이 생겼다. 그렇게 함으로써 그녀는 얼굴에 부는 강한 바람을 피하였다. 그녀가 머리를 옆으로 움직이는 것은 그것의 결과(강한 바람 피하기)에 의해 강화된 조작적 행동이다. 찰깍 하는 소리는 그녀의 머리를 돌리는 행동에 대한 자극통제를 발달시키는 식별자극이다. 행동은 찰깍 하는 소리가 일어날 때만 강화된다. 어느 때건 강한 바람이 없다면 그녀의 머리 돌리기는 강화되지 않을 것이다.

그녀가 찰깍 하는 소리를 들을 때마다 머리 돌리기를 일단 학습하게 되면 수동적 소거가 일어난다. 그녀는 아직도 찰깍 하는 소리를 듣지만 강한 바람은 더 이상 그녀의 얼굴을 때리지 않는다. 그 결과, 그녀는 찰깍 하는 소리(조건자극)를 들을 때 눈 깜박임(조건반응)을 중지한다.

수동적 조건형성

과정   무조건자극(까마귀의 울음소리, 어린이를 내리 덮치기) ➔ 무조건반응(자율각성)

무조건자극은 까마귀를 보는 것과 짝을 이룬다.

성과   조건자극(까마귀 보기) ➔ 조건반응(자율각성)

조작적 조건형성

선행사건 ──── 행동 ──── 결과 ➔

까마귀가 내리 덮치고 운다.   아이가 아버지에게 달려간다.   아버지는 안락함을 제공한다. 아이는 까마귀로부터 도피한다.

성과: 아이는 뒤뜰에서 까마귀를 보았을 때 아버지에게 달려갈 가능성이 더 크다.

수동적 행동

조건자극(찰깍 하는 소리) ──── 행동 ──── 조건반응(눈 깜빡임) ➔

조작적 행동

| 식별자극(S°, 찰깍 하는 소리) | 반응(R, 머리 돌리기) | 강화인(S°, 얼굴의 바람 피하기) |

❓ 줄리오와 어두운 터널의 예에서 조작적 행동과 수동적 행동을 찾아보라.

수동적 행동은 터널에 근접함으로써 일어난 자율각성이다. 놀라게 하는 사건(무조건자극)이 터널 속에서 일어났기 때문에 터널에의 근접은 조건자극이 되었다. 조작적 행동은 터널 속을 빠르게 걷거나 뛰어가는 것이다. 이러한 행동은 터널에서 더 빨리 도피함으로써 강화된다. 줄리오가 터널 속에서 일단 나오면 자율각성은 감소한다. 그러므로 행동은 또한 혐오적인 자율각성의 생리적 상태가 중지됨으로써 부적 강화가 된다.

수동적 행동

| 조건자극(터널 보기) | 조건반응(자율각성, 공포반응) |

조작적 행동

| 식별자극 | 반응 | 강화인 |

| 터널 | 터널을 통과하며 달리기 | 터널로부터 도피와 자율각성으로부터의 도피 |

수동적 조건형성과 행동수정

대부분의 행동수정 절차는 조작적 행동을 변화시키고자 한다. 왜냐하면 조작적 행동은 사람들이 변화를 위한 대부분의 행동으로 구성되어 있기 때문이다. 그러나 일부 수동적 행동은 어려운 과정이므로 변화를 위한 표적이 되고 있다. 사람들이 종종 변화시키고자 하는 수동적 행동의 유형은 정상기능을 방해하는 조건 정서반응이다. 따라서 어떤 사람들은 불안(예: 대중 연설에 대한 불안 또는 성행위 상황에서의 불안)의 결과로서 상당히 불편해한다. 공포자극에 의해 유도된 자율각성은 가끔 너무 심각해서 사람들은 그것을 피하기 위하여 자신의 생활을 바꾸게 된다. 예를 들면, 고공 공포증을 가진 사람은 특정 다리 위로 운전하지 않으려 할 것이다. 제24장에는 사람들이 공포와 불안을 포함한 수동적 행동을 변화시키도록 도움을 주기 위한 행동수정 절차가 나와 있다.

요약

1. 수동적 조건형성에서 이전의 중성자극은 그것이 무조건자극과 짝연합이 될 때 조건자극이 된다. 조건자극은 무조건자극에 의해 유도된 무조건반응과 유사한 조건반응을 유도한다. 수동적 조건형성은 조건자극이 무조건자극보다 바로 직전에 올 때 가장 효과적이다. 고차 조건형성은 중성자극이 이미 확립된 조건자극과 짝연합이 될 때 일어날 수 있다. 수동적 행동은 신체반응을 포함한다.

2. 수동적 행동의 한 유형은 조건 정서반응이다. 조건 정서반응은 부적(공포와 불안)일 수도 있고 정적(행복)일 수도 있다.

3. 수동적 소거는 무조건자극이 없이 조건자극이 자주 제시될 때 일어난다. 그 결과, 조건자극은 더 이상 조건반응을 이끌어 내지 않는다.

4. 수동적 조건형성에 영향을 미치는 요인으로는 무조건자극이나 중성자극의 강도, 중성자극과 무조건자극 간의 시간관계, 중성자극과 무조건자극 간의 유관성, 짝연합의 수, 중성자극에 대한 사람들의 사전노출 등을 들 수 있다.

5. 수동적 조건형성은 중성자극이 무조건자극과 짝이 되고 중성자극이 조건반응을 유도할 수 있는 조건자극이 될 때 일어난다. 조작적 조건형성은 어떤 행동이 어떤 식별자극 앞에서 강화될 때 이루어지며, 식별자극이 존재할 때 그 행동은 미래에 발생할 가능성이 더 크다.

핵심용어

고차 조건형성(higher-order conditioning)

동시 조건형성(simultaneous conditioning)

무조건반응(unconditioned response: UR)

무조건자극(unconditioned stimulus: US)

수동적 소거(respondent extinction)

수동적 조건형성(respondent conditioning)

수동적 행동(respondent behavior)

자발적 회복(spontaneous recovery)

조건반응(conditioned response: CR)

조건자극(conditioned stimulus: CS)

조건 정서반응(conditioned emotional responses: CER)

조작적 조건형성(operant conditioning)

조작적 행동(operant behavior)

지연 조건형성(delay conditioning)

현저하다(salient)

후진 조건형성(backward conditioning)

흔적 조건형성(trace conditioning)

Behavior
Modification

제3부

새로운 행동형성 절차

제9장

행동형성

주요 학습문제

- 새로운 행동이 일어나도록 어떻게 행동형성을 사용할 수 있는가?
- 어떤 표적행동에 대한 점진적 행동들이란 무엇인가?
- 행동형성에 포함되어 있는 강화와 소거의 원리는 무엇인가?
- 문제행동이 발생하도록 어떻게 행동형성이 우연하게 사용되고 있는가?
- 행동형성을 성공적으로 사용하기 위해 어떤 단계들이 포함되어야 하는가?

제4장에서 상세하게 설명하였듯이, 강화는 바람직한 행동의 빈도를 증가시키기 위한 절차이다. 강화를 사용하려면, 먼저 바람직한 행동이 적어도 가끔은 일어나야만 한다. 만일 어떤 사람에게 표적행동이 전혀 나타나지 않는다면, 그 행동을 일으킬 다른 전략이 필요한데, 그런 전략 중의 하나가 행동형성이다.

행동형성의 예: 아이에게 말 가르치기

행동형성은 아이들의 모든 영역에서 자연적으로 이루어진다. 아직 말을 배우지 않은 아이는 옹알이를 한다. 즉, 이 아이는 부모의 언어를 따라 하는 소리를 낸다. 처음으로 아이가 옹알이를 하면 부모는 곧 흥분하고 아이에게 관심을 기울이게 된다. 부모는 아이를 보고 웃고, 아이에게 말을 걸고, 아이의 소리를 따라 하고, 아이를 쓰다듬는 등의 관심을 보이면서 옹알이 행동을 강화한다. 결국, 아이는 점점 더 옹알이를 하게 된다. 아이는 '빠' '마'와 같이 익숙한 단어들('아빠'나 '엄마' 대신)과 닮은 소리를 내게 된다. 다시금 부모는 이러한 분명해진 소리에 대해 흥분하고 관심을 기울인다. 그 결과, 아이는 이러한 소리들을 더 자주 내게 된다. 이때 아이가 익숙한 소리를 내기 시작하면, 부모는 옹알이에 전처럼 많은 반응을 하지 않는다. 이러한 과정이 계속되면서 아이는 결국 단어를 만들기 위해 '빠빠' 혹은 '마마'와 같은 소리를 낸다. 그러면 다시 부모는 신이 나서 아이에게 더 많은 주의를 기울인다. 동시에 아이가 전에 소리 냈던 짧은 미완성의 단어에 대해서는 주의를 덜 기울이게 된다. 그러면서 아이는 정확한 단어를 더 많이 말하게 되고 미완성의 단어들은 덜 말하게 되는 것이다. 언어를 발달시키는 몇 달의 과정 동안 부모는 실제 단어들과 더 가까운 말에 강화를 한다. 행동형성의 과정은 부모가 아이의 옹알이를 강화할 때부터 시작된다. 옹알이할 때의 어떤 임의의 소리가 실제 단어에 대한 점진적 행동이다. 아이가 어떤 단어에 더 가까운 소리를 낼 때마다 부모에게서 더 많은 관심(강화)을 받게 되며, 아이는 이전의 점진적 행동에 대해서는 관심이 더 적어지게 된다.

부모가 아이의 언어를 행동형성할 뿐 아니라, 또한 그것이 적절한 자극 통제를 가져온다는 것을 인식하는 것이 중요하다. 부모는 아이에게 공을 보여 주면서 '고' 또는 '공'을 강화한다. 그리고 아이가 아빠를 보거나 가리킬 때 '빠' 또는 '빠빠'를 강화한다. 이러한 행동형성을 통하여 아이는 단어를 말하는 것을 학습한다. 또한 식별훈련을 통하여 아이는 올바른 단어, 즉 상황에 적절한 단어를 말하는 것을 배운다.

행동형성에 대한 정의

행동형성(shaping)은 현재에 나타나지 않는 표적행동을 발생시키는 데 이용된다. 행동형성은 표적행동이 보일 때까지 표적행동을 위한 점진적 행동 **차별강화**(differential reinforcement)라 정의할 수 있다. 차별강화는 특정 상황에서 어떤 특정 행동은 강화가 되고 그 밖의 다른 행동은 강화가 되지 않을 때 일어난다(차별강화의 과정에 대한 더 자세한 설명은 제15장 참조).

행동형성이 언어발달을 위해 사용되는데, **점진적 접근법**(successive approximations) 또는 행동형성 단계는 옹알이, 단어소리, 부분 단어, 전체 단어, 일련의 단어와 문장을 포함한다. 행동형성을 시작하려면, 표적행동과 가까운 초기행동을 확인해야 한다. 이를 **시작행동**(starting behavior)이라 부른다. 시작행동을 강화하면 결국 이 행동은 더욱 자주 나타나게 되며, 그 후에는 이 행동에 대한 강화를 중단한다. 그러면 차후의 소거폭발의 일부로서 새로운 행동이 나타나기 시작한다. 이때, 표적행동에 좀 더 가까운 새로운 행동을 강화하기 시작한다. 그 결과, 새로운 행동이 더 자주 나타나고 이전의 행동은 덜 나타나게 된다. 이러한 차별강화(표적행동과 더 가까운 행동에 대한 강화와 이전 행동에 대한 소거)의 과정은 표적행동이 보일 때까지 계속되어야 한다.

Skinner(1938)는 실험용 쥐에게 정방 1피트 실험상자에 있는 지렛대를 누르게 하기 위해 행동형성을 사용하였다. 지렛대는 상자의 한쪽 벽면에 튀어나와 있는 막대기처럼 생겼으며, 쥐는 쉽게 지렛대에 발을 올려놓고 누를 수 있었다. 또한 상자는 먹이가 쉽게 나오도록 벽면에 작은 구멍이 있었다. 쥐를 처음 상자 안에 넣었을 때는 주위를 돌아다니면서 탐색을 했다.

? 쥐로 하여금 지렛대를 누르게 하기 위하여 어떻게 행동형성을 사용하는가?

먼저 시작행동을 선택한다. 그리고 상자의 지렛대가 있는 쪽으로 쥐가 움직일 때마다 먹이가 나오도록 한다. 그러면 쥐는 상자의 지렛대가 있는 쪽에서 대부분의 시간을 보내게 된다. 이제는 그다음 행동을 강화하고 이전의 행동은 소거한다. 즉, 쥐가 지렛대 쪽을 향할 때만 먹이를 주는 것이다. 결과적으로 쥐는 지렛대 쪽을 자주 향하게 된다. 그 후 쥐가 지렛대 쪽으로 가까이 다가갈 때 먹이를 준다. 다음으로는 쥐가 지렛대 쪽으로 다가가서 뒷다리로 일어날 때만 먹이를 준다. 쥐가 이러한 행동을 지속적으로 하게 되면 이를 소거하고, 쥐가 지렛대 쪽으로 움직일 때만 먹이를 준다. 이 행동이 자주 일어나면 그다음 행동으로 넘어가 쥐가 가서 발로 지렛대를 건드렸을 때 먹이를 준다. 이 행동이 강화되었기 때문에 쥐는 지렛대를 자주 건드리게 된다. 결국에는 마지막 단계로 가서 쥐가 지렛대를 눌렀을 때만 먹이를 준다. 이제 이 배고픈 쥐는 실험상자에 들어갔을 때마다 발로 지렛대를 누를 것이다. 이는 그 행동이 강화되었기 때문이다. 행동형성은 쥐가 자주 하는 행동(상자의 한쪽 면에 서 있기)을 강화하는 것으로부터 시작하여 전혀 행하지 않는 행동(지렛대 누르기)을 쥐에게 하도록 함으로써 끝나게 된다.

쥐가 지렛대를 누르는 반응을 행동형성할 때, 비록 7단계의 행동형성만을 살펴보았지만 더 많은 단계들이 포함될 수 있다. 예를 들면, 쥐가 지렛대 쪽으로 다가가는 3단계는 2, 3단계로 더 나누어질 수 있을 것이다. 중요한 점은 각각의 단계가 이전의 단계보다 표적행동에 더 가까운 점진적 행동이어야 한다는 것이다.

동물원의 돌고래나 다른 바다 포유동물들이 어려운 묘기를 어떻게 배우는지 궁금한 적이

지렛대 누르기의 점진적 접근법

1. 쥐가 지렛대 있는 쪽으로 움직인다.
2. 쥐가 지렛대를 바라본다.
3. 쥐가 지렛대 쪽으로 접근한다.
4. 쥐가 뒷다리로 일어선다.
5. 쥐가 발을 지렛대 쪽을 향해 움직인다.
6. 쥐가 지렛대를 건드린다.
7. 쥐가 지렛대를 누른다.

있는가? 조련사들은 동물들이 이러한 행동들을 하도록 행동형성을 이용한다(Pryor, 1985). 돌고래 조련사는 생선을 무조건강화인으로, 기계의 찰깍 소리를 조건강화인으로 사용하면서 돌고래가 자주 나타내는 자연적인 행동으로부터 시작하여 복잡한 행동들을 형성할 수 있는 것이다. 조련사들은 점진적 행동들을 강화함으로써 돌고래에게 전에는 전혀 나타나지 않은 행동들(물에서 나오면서 점프하기, 코로 고리 등을 받기 등)을 할 수 있도록 만든 것이다.

? 조련사들은 어떻게 찰깍 하는 소리를 조건강화인으로 만들 수 있는가? 그리고 왜 조건강화인이 필요한가?

조련사는 돌고래에게 강화인으로 생선을 줄 때마다 찰깍 소리를 낸다. 찰깍 소리가 무조건강화인과 짝지어졌기 때문에 이는 조건강화인이 된다. 조련사는 찰깍 소리를 빨리 그리고 쉽게 사용할 수 있기 때문에 조건강화인으로 사용한다. 그러면 생선을 먹기 위해 쉬어야 하는 번거로움 없이 돌고래의 행동을 즉시 강화할 수 있다. 행동형성을 사용할 때, 타이밍은 매우 중요하다. 정확한 점진적 행동이 일어나는 바로 그 시점에서 강화를 주지 않으면 실수로 다른 행동을 강화할 수 있게 된다. 더군다나 돌고래가 생선을 배불리 먹을 수 없도록 조건강화인이 사용된다. 강화인으로서 생선을 주면, 결국 돌고래는 생선을 많이 먹게 되어 다시 배가 고파질 때까지 생선은 강화인으로서의 기능을 할 수 없게 된다. 동물들의 행동형성에 대하여 더 알고 싶다면 Pryor(1985)와 Skinner(1938, 1951, 1958)를 참조하라.

행동형성의 적용

O'Neill과 Gardner(1983)는 재활치료 현장에서 인간의 행동을 형성하는 2개의 흥미로운 예에 대해 기술하고 있다.

다시 걷도록 만들기

첫 번째는 골반복구 수술을 받은 75세의 F씨의 사례이다. F씨는 다시 혼자의 힘으로 걷기 위해 물리치료가 필요했다. 더 구체적으로 말하자면, F씨는 평행으로 놓인 양쪽의 봉을 붙잡고 그 사이를 혼자의 힘으로 걸어야 했다. 그러나 F씨는 이 물리치료를 받기 거부했다. F씨가 표적행동을 보이지 않았기 때문에 O'Neill과 Gardner는 행동형성을 사용하기로 결정했다. 표적행동은 보조기에 의지하여 혼자 힘으로 걷는 것이었다. O'Neill과 Gardner는 시작행동으로 F씨가 평행봉이 있는 물리치료실에 가는 것을 설정했다. F씨가 휠체어를 타고 물리치

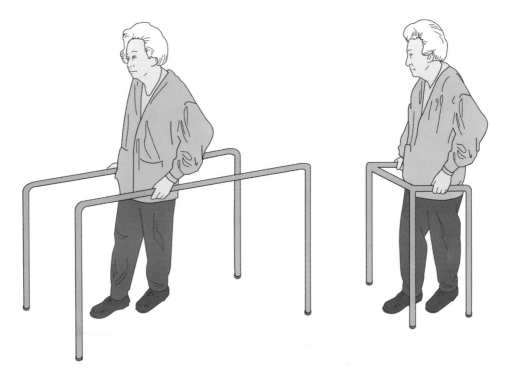

[그림 9-1] F씨는 보조기를 사용하여 걷는 표적행동을 형성하기 위한 연속적 근사치 중 하나로서 평행봉 사이에 서 있다.

료실에 도착했을 때, 치료사는 F씨를 따뜻하게 대하고 그녀에게 마사지 치료(이것은 F씨에게 기분 좋은 경험이다)를 해 주었다. 결과적으로 물리치료실에 가는 것이 강화를 받아 F씨는 이제 매일 기꺼이 물리치료실에 갔다. 며칠 후에 치료사는 F씨가 마사지를 받기 전에 그 평행봉 사이에 1초간만 서 있을 것(걷기 위한 점진적 행동)을 요구했다. F씨는 1초간 서 있은 후에 마사지를 받았다. 치료사는 그다음 날에 지속기간을 15초로 늘렸고, F씨는 마사지를 받기 전에 평행봉에 서 있었다([그림 9-1] 참조). F씨가 평행봉 사이에 성공적으로 서 있게 된 후, 어느 날 치료사는 그녀에게 몇 걸음을 걸을 것을 요구했고, 그다음 날에는 조금 더 걷기를 요구하였으며, 결국에는 그 평행봉 전체의 길이를 다 걷도록 요구했다. 마지막에 F씨는 보조기에 의지하여 혼자의 힘으로 걷게 되었고, 마침내 병원에서 퇴원하였다. 행동형성은 이미 그 사람이 할 수 있는 단순한 행동에서 시작하고 표적행동으로 발전시키기 위하여 작은 단계들(점진적 행동)을 사용하기 때문에 새로운 표적행동이나 이전에 거부했던 표적행동을 할 수 있도록 해 준다.

화장실 가는 시간 늘리기

다른 예로 복합경화증을 앓고 있는 32세의 S씨의 사례이다. 이 S씨는 병원에서 화장실 가는 것을 참을 수가 없어서(방광 조절능력을 잃어) 치료 프로그램을 종종 중단시키곤 했다. S씨는 화장실을 1시간에 한 번 이상 가곤 했다. O'Neill과 Gardner(1983)는 S씨와 협력하여 화장실 가는 간격을 늘리기 위해 행동형성을 사용하기로 결정했다. 표적행동은 2시간에 한 번 화장실에 가는 것이었다. 시작행동은 1시간 동안 화장실에 가지 않고 기다리는 것으로 결정되었다. 왜냐하면 S씨는 행동형성 프로그램이 시작되기 전에 때때로 1시간 동안 화장실에 가지 못할 수 있기 때문이다. S씨는 며칠 만에 이 목표점에 성공적으로 도달할 수 있었고 강화인으로서 치료자의 승인과 칭찬을 얻게 되었다. 그다음의 행동은 70분을 기다리는 것이었다. S씨는 며칠 동안 70분을 성공적으로 기다릴 수 있었고 지속기간은 90분, 105분, 그리고 마침내 120분으로 증가되었다. S씨가 화장실 가는 간격을 120분으로 하는 표적행동에 도달하는 데에는 행동형성의 5단계와 12일이 걸렸다([그림 9-2] 참조). 그녀가 병원에서 퇴원하였을 때, 화장실에 가는 평균 간격은 130분이었다. 퇴원한지 몇 달 후, S씨는 치료 결과를 유지할 수 있었고, 결국 자신의 삶이 향상되었다고 보고하였다.

이 사례들에서 살펴볼 수 있듯이 행동형성은 다음과 같은 방식으로 사용될 수 있다.

1. 새로운 행동(어린아이의 언어, 실험용 쥐의 지렛대 누르기, 돌고래의 묘기 부리기)을 만들어 낼 수 있고,

2. 원래 있었던 행동을 복구시킬 수 있으며(F씨가 거부했던 다시 걷기),

3. 현존하는 행동의 차원을 변화시킬 수 있다(S씨의 소변 간격).

각 사례에서 표적행동은 현재 특별행동을 보이지 않는다는 점에서 새로운 행동이다.

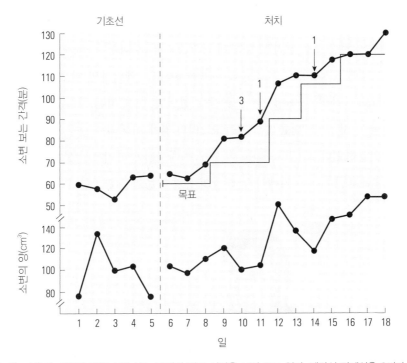

[그림 9-2] 이 그래프는 S씨가 매일 소변 보는 간격의 평균 시간을 보여 주고 있다. 계단식 단계선은 S씨가 매일 이뤄야 하는 목표(연속적 근사치)를 의미한다. 행동형성을 하는 동안 소변을 보는 간격이 증가하고 항상 목표선보다 위에 있다는 점을 주목하라. 또한 소변을 보는 간격이 증가하면서 한 번 소변을 볼 때마다 소변의 양도 증가한다. 이 그래프에서 점 위의 숫자는 S씨가 참지 못하고 화장실에 간 횟수이다.

출처: O'Neill, G. W., & Gardner, R. (1983). *Behavioral Principles In Medical Rehabilitation: A Practical Guide*, p. 49.

행동형성에 관한 연구

행동형성이 고난이도의 체육(예: Scott, & Goldwater, 1997), 두통 치료를 위한 운동(Fitterling, Martin, Gramling, Cole, & Milan, 1988), 영아의 용변훈련(Smeets, Lancioni, Ball, & Oliva, 1985),

지적장애인들의 의약 처방 따르기(Hagopian & Yhompson, 1999; Slifer, Koontz, & Cataldo, 2002), 아동의 콘택트렌즈 사용(Mathews, Hodson, Crist, & LaRoche, 1992) 등을 포함한 다양한 사람의 다양한 표적행동을 발생시키기 위해 사용되어 왔다.

　Jackson과 Wallace(1974), Howie와 Woods(1982)의 연구들은 현존하는 행동 차원을 수정하기 위한 행동형성의 이용에 관한 결과를 보고하고 있다. Jackson과 Wallace는 사회적으로 위축되어 있는 경도 지적장애 15세의 소녀를 연구하였다. 그녀는 거의 알아들을 수 없는 음조(소리 크기)로 말을 하였다. 표적행동은 정상의 음조로 말을 하게 하는 것이었다. Jackson과 Wallace는 데시벨 미터기로 그녀의 말소리 크기를 측정하였고, 그녀가 좀 더 정상적인 음조로 말할 때까지 토큰으로 점진적 행동(더 큰 목소리)을 강화했다. 데시벨 미터기의 사용은 행동형성 프로그램을 성공으로 이끄는 데 한몫을 하였다. 왜냐하면 데시벨 미터기로 인하여 말의 크기에서도 약간의 증가(점진적 행동)를 보였으며, 이에 따른 강화를 제공할 수 있었기 때문이다([그림 9-3] 참조). 다른 연구자들도 2명의 장애 아동의 음량을 증가시키는 데 행동형성 과정을 사용하였다. [그림 9-4]는 이 연구의 대상별 중다기초선 설계 그래프를 보여 주고 있다(Fleece et al., 1981). 여기에서 두 대상의 음량의 증가를 관찰할 수 있다.

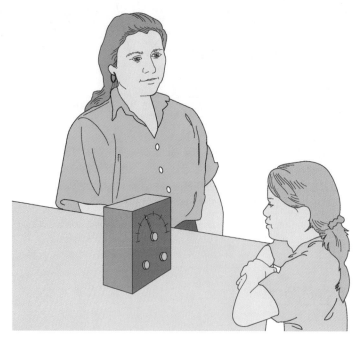

[그림 9-3] 아이가 말할 때 음량을 증가시키는 행동형성의 과정에서 심리학자가 데시벨 미터기를 사용한다. 각각의 행동형성 단계에는 연속적으로 더 큰 목소리를 내는 것이 포함되는데, 이때 데시벨 미터기로 측정한다.

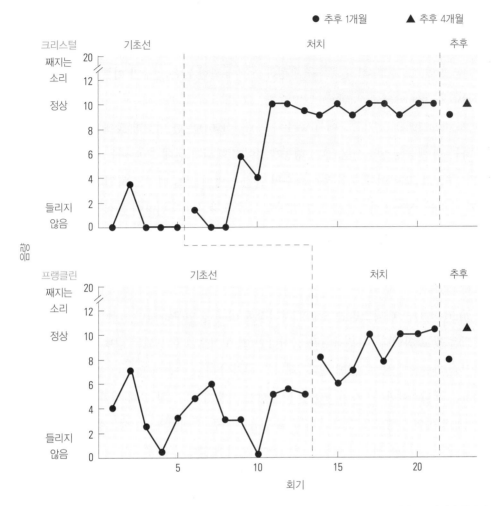

[그림 9-4] 이 그래프는 행동형성 치료를 통해 효과를 본 두 학생의 음량 증가를 보여 주고 있다. 두 아이의 음량이 정상 수준까지 증가하였고, 행동형성을 사용한 한 달 이후와 넉 달 이후에도 계속 지속되었다. 이 그래프는 대상별 중다기초선 설계를 보여 준다. 치료는 각각의 치료 대상자에 대해 다른 시간대에 효과가 있었으며, 치료가 효과가 있을 때만 각 대상의 행동이 변화된다는 점을 주목하라.

출처: Fleece, L., Gross, A., O'Brien, T., Kistner, J., Rothblum, E., & Drabman, R. (1981). Elevation of voice volume in young developmentally delayed children via an operant shaping procedure. *Journal of Applied Behavior Analysis, 14*, 351-355.

Howie와 Woods(1982)는 말더듬 치료를 받고 있는 성인들이 단어를 말하는 빈도수를 증가시키는 데 행동형성을 사용하였다. 치료의 한 부분으로서 치료 대상자들은 더듬지 않고 말하는 것을 배우기 위해 우선 말의 속도를 줄였다. 그 후 치료대상들이 말을 더듬지 않게 되면, 다시 말의 속도를 정상 수준으로 되돌리기 위해 말의 속도(1분당 말하는 음절)를 증가시키는 데 행동형성을 사용하였다. 이 연구에서 행동형성 단계로서 분당 5음절씩 증가시켜 나갔다. 40~50회의 치료에서 행동형성을 사용하면서 모든 치료 대상자는 말하는 속도를 정상수준으로 증가시키게 되었다.

다양한 형태(새로운 형태)의 행동을 형성하는 것에 관한 많은 연구가 이루어져 왔다(Horner, 1971; Issacs, Thomas, & Goldiamond, 1960; Lovaas, Berberich, Perdoff, & Schaeffer, 1966; Wolf, Risley, & Mees, 1964). 초기연구에서 Wolf와 동료들(1964)은 한 미취학 장애 아동이 안경을 쓰도록 하는 데 행동형성을 사용했다. 행동형성이 진행되기 전에 그 아이는 안경 쓰기를 거부하였다. 누군가 그 아이에게 안경을 씌우면 안경을 벽에 던져 버리곤 하였다. 연구자들은 그 아이가 안경을 쓰는 표적행동을 위한 점진적 행동을 강화하기 위하여 음식을 사용했다. 점진적 행동들에는 안경 만지기, 안경 집어 들기, 안경을 얼굴 쪽으로 가져가기, 그리고 최종적으로 안경 쓰기와 같은 과정이 포함된다. 이 연구가 종료될 무렵에 그 아이는 정기적으로 안경을 쓰게 되었다.

Horner(1971)는 데니스라는 5세의 지적장애 아동을 연구하였다. 데니스는 이분척추라는 질병을 갖고 있었다. 이분척추란 태어나기 전에 척수가 손상되는 질병으로서 이로 인하여 다리를 자유롭게 쓸 수 없게 된다. 데니스는 기어 다닐 수는 있었으나 걸을 수는 없었다. Horner는 데니스에게 두 가지 행동형성 절차를 사용하였다. 첫 번째 절차에서 표적행동은 데니스가 양쪽의 평행봉을 잡고 혼자서 열 걸음을 가는 것이었다. 이 행동형성 절차는 6단계를 포함한다. 첫 번째 점진적 행동은 데니스가 의자에 앉아서 두 손으로 평행봉을 잡는 것이다. Horner는 데니스가 각 단계를 성공적으로 끝마쳤을 때 음료수를 강화인으로 사용하였다. 데니스가 평행봉에 의지하여 걸을 수 있게 되자 두 번째 행동형성의 절차가 시작되었다. 이 행동형성 절차에서의 표적행동은 데니스가 목발을 사용하여 열두 걸음을 걷는 것이었다. 표적행동의 첫 번째 점진적 행동은 데니스가 바른 자세로 목발을 짚는 것이었다. 두 번째는 실험자의 부축을 받으면서 목발을 사용하여 일어나기, 세 번째는 도움 없이 일어나기 등과 같은 것이었다. 120회의 훈련 동안 10단계의 행동형성 단계 이후에 데니스는 표적행동을 달성하게 되었다. 데니스가 목발을 사용하는 것을 성공적으로 배운 후에 그는 살면서 활동하는 어느 곳으로도 걸어 다닐 수 있게 되었다. Horner의 행동형성 절차의 결과로 데니스는 한 행동(걷기)을 배웠고, 이는 그를 좀 더 독립적으로 만들었으며 그의 삶의 질을 향상시켰다. 두 가지 행동형성 절차(Horner, 1971)에 포함된 점진적 접근법이 〈표 9-1〉에 나와 있다.

〈표 9-1〉 **Horner(1971)가 사용한 두 가지 행동형성 절차의 점진적 접근법**

평행봉을 사용하도록 하는 점진적 접근법 단계들의 순서는 다음과 같다.

단계 1: 의자에 앉아서 왼손으로 왼쪽 평행봉을 잡고 오른손으로 오른쪽 평행봉을 잡는다.

단계 2: 단계 1에 이어 평행봉에 서서 음료수를 한입 마시는 동안 서 있는 자세를 유지한다.

단계 3: 단계 1과 2에 이어 강화를 받기 전에 평행봉에 의지하여 한 걸음을 걷는다.

단계 4: 단계 3과 모두 같되, 한 걸음 대신 세 걸음을 걷는다.

단계 5: 단계 3과 모두 같되, 한 걸음 대신 다섯 걸음을 걷는다.

단계 6: 단계 3과 모두 같되, 한 걸음 대신 열 걸음을 걷는다.

목발을 사용하도록 하는 점진적 접근법 단계들의 순서는 다음과 같다.

단계 1: 목발을 고무 붕대로 손에 부착시키고, 실험자는 아이 옆에 서 있는다. 시작점을 둘로 나누는 중심 선에서 18인치 앞에, 그리고 각각 18인치 떨어져 바닥에 표시한 점 위에 목발을 놓는 모델의 반응 을 따라하면 강화인이 주어진다.

단계 2: 목발을 고무 붕대로 손에 부착시키고, 실험자는 아이 옆에 서 있는다. 단계 1을 마치고, 실험자의 도움을 받으면서 목발에 의지하여 곧은 자세로 매달려 있으면 강화인이 주어진다. 강화인이 주어 지기 전에 15초간 곧은 자세를 유지한다.

단계 3: 목발을 고무 붕대로 손에 부착시키고, 실험자는 아이 옆에 서 있는다. 단계 1을 마치고, 처음 움직 일 때만 실험자의 도움을 받으면서 목발에 의지하여 곧은 자세로 매달려 있으면 강화인이 주어 진다.

단계 4: 목발을 고무 붕대로 손에 부착시키지 않는다. 처음 움직일 때 더 이상 도와주지 않는다. 목발에 의 지하여 곧은 자세로 혼자 힘으로 매달려 있는 것에 대해 강화인이 주어진다.

단계 5: 단계 4를 마치고, 실험자의 손을 아이의 등에 올린 채 균형을 유지하면서 목발을 앞으로 움직였을 때 강화인이 주어진다.

단계 6: 단계 5를 마치고, 덧붙여서 발을 목발 끝과 연결되어 있는 가상의 선 쪽으로 움직이며, 실험자의 손을 아이의 등에 올린 채 균형을 유지하면서 목발을 앞으로 움직였을 때 강화인이 주어진다.

단계 7: 단계 6을 마치고, 덧붙여서 목발을 앞으로 움직이는 또 다른 동작과 실험자의 손을 아이의 등에 올린 채 균형을 유지하면서 목발을 앞으로 움직였을 때 강화인이 주어진다.

단계 8: 목발을 앞으로 움직이는 네 번의 동작을 마치고 계속해서 균형을 유지하는 동안 실험자의 보조를 줄여 나가는 데 대하여 강화인이 주어진다.

단계 9: 목발을 앞으로 움직이는 여덟 번의 동작을 마치고, 실험자의 보조 없이 균형을 유지하면서 목발 을 앞으로 움직인 데 대하여 강화인이 주어진다.

단계 10: 목발을 앞으로 움직이는 열두 번의 동작을 마치고 균형을 유지하며, 겨드랑이에 의지하는 목발 대신 팔뚝에 고정시키는 목발을 계속해서 사용하는 데 대하여 강화인이 주어진다.

📖 더 읽을거리

행동형성과 의료 절차 따르기

의료 절차에서 환자는 흔히 진단검사나 의료검사[예: 자기공명영상법(MRI)]를 하는 데 소요되는 시간을 인내해야 한다. 또한 질병 치료를 위한 의료적 식이요법을 진행하려면 환자는 특별행동을 해야 한다(매일 당뇨병을 위한 포도당 검사와 같은). 행동형성법을 통해 의료 절차나 의료적 식이요법을 성공적으로 마치기 위해 필요한 행동을 증진시키는 연구가 있다. 예를 들면, Slifer, Koontz 그리고 Cataldo(2002)는 행동형성법을 이용하여 아동들이 MRI 절차를 따르는 데 필요한 행동을 습득하도록 하였다. 이 연구에서 연구자들은 MRI 장치 안에서 움직이지 않고 누워 있는 시간을 점점 늘리기 위하여 행동형성법을 이용하였다. Hagopian과 Thompson(1999)은 행동형성법을 이용하여 지적장애와 자폐를 지닌 아동이 방광 섬유증 치료를 위해 식이요법을 따르도록 하는 연구를 하였다. 치료를 받기 위해서는 흡입기가 부착된 마스크를 20초 동안 착용해야 하는데, 그 아이는 이를 거부하였다. 행동형성 절차에서 그 아이가 처음에는 5초 동안만 흡입기가 부착된 마스크를 착용하여도 강화(칭찬, 캔디, 장난감)를 하였고, 나중에는 점점 지속기간을 늘려 나갔다.

행동형성 사용방법

앞의 예들에서 보았듯이, 행동형성 적용에 관한 많은 연구가 이루어지고 있다. 치료 목표가 현재 보이고 있지 않은 표적행동을 발달시키고자 할 때 행동형성을 사용할 수 있다. 행동형성은 이런 목표를 달성하는 데 사용될 수 있는 많은 절차 중 하나이다(제10~12장 참조).

행동형성을 적절히 사용하기 위해서는 다음 단계들을 따라야 한다(Cooper, Heron, & Heward, 1987; Martin & Pear, 1992; Sulzer-Azaroff & Mayer, 1991; Sundel & Sundel, 1993 참조).

1. 표적행동을 정의하라. 표적행동을 정의함으로써 행동형성 프로그램이 성공적인지 아닌지, 그리고 언제 성공적인지를 측정할 수 있다.
2. 행동형성이 가장 적합한 절차인지를 결정하라. 만일 대상자가 표적행동을 이미 약간이라도 보이고 있다면 행동형성을 사용할 필요가 없다. 이때에는 단지 표적행동의 빈도를 증가시키기 위하여 차별강화만을 사용하면 된다. 행동형성은 새로운 행동이나 행동의

새로운 차원을 획득하기 위하여 또는 현재 보이고 있지 않은 행동을 회복시키기 위하여 사용된다. 그러나 다른 효과적인 행동 습득 기법(예: 촉구, 모델링, 교수법 등)이 더 적합할 수도 있다. 만일 어떻게 표적행동에 참여할 수 있는지 간단히 말할 수 있다면 또는 올바른 행동을 대상자에게 보여 줄 수 있다면 굳이 행동형성을 사용할 필요가 없다. 이러한 다른 기법들에 대하여 제10~12장을 참조하기 바란다.

3. 시작행동을 규명하라. 최초의 시작행동은 대상자가 적어도 때때로 이미 행하고 있는 행동이어야만 한다. 또한 시작행동은 표적행동과 어느 정도 연관이 있어야 한다. 이 장에 있는 모든 예에서 선택된 시작행동은 이미 일어난 행동이며 표적행동에 가까워질 수 있는 점진적 행동이다.

4. 행동형성의 단계들을 선택하라. 행동형성에서 다음 단계로 넘어가기 전에 각 단계를 숙달해야 한다. 각 단계는 전 단계에 비하여 표적행동에 더 가까운 행동이어야 한다(점진적 접근법). 그러나 한 단계에서 다음 단계로의 행동의 변화는 그렇게 큰 것이 아니어서 표적행동으로 나아가는 과정은 매우 느리다. 한 단계에서 다음 단계로의 적당한 행동변화가 가장 적절하다. 만일 행동형성 단계가 너무 작으면 진행이 너무 느리고 고된 작업이 될 것이다. 행동형성의 단계들을 선택하는 데 어떤 쉬운 법칙이 있는 것은 아니다. 한 특정 단계가 숙달되면 다음 단계에 있을 행동이 촉진될 것이라고 기대하고 행동형성 단계들을 선택해야만 한다.

5. 행동형성 과정에서 사용할 강화인을 선택하라. 행동형성 과정에 참가하는 대상에게 강화인이 될 결과물을 선택해야 한다. 훈련자는 적절한 행동에 유관하여 즉시 강화인을 제공할 수 있어야 한다. 강화인의 양은 그 사람이 쉽게 만족할 수 없는 것이어야 한다. 조건강화인(토큰이나 칭찬과 같은)은 종종 포만을 피하게 하는 데 용이하다.

6. 각 점진적 행동에 대해 차별적으로 강화하라. 시작행동에서부터 이 법칙이 적용되는데, 행동이 확실하게 나타날 때까지 행동이 일어날 때마다 강화하라. 그 후 이전의 행동을 더 이상 강화하지 말고 그다음 단계의 행동을 강화하라. 이 행동이 꾸준히 일어나게 되면 그 행동을 강화하지 말고 다음 단계의 점진적 행동을 강화하라. 이러한 점진적 행동들에 대한 차별강화의 과정을 표적행동이 발생하여 강화될 때까지 계속하도록 한다.

7. 적절한 속도로 행동형성 단계를 진행해 나아가라. 각각의 점진적 행동은 다음 단계로 가기 위한 디딤돌이라는 것을 명심하라. 한 점진적 행동을 숙달하면(적어도 여러 번 숙달해야 할 행동들을 성공적으로 수행해 낸다면) 이때가 다음 단계로 나아갈 시점인 것이다. 한

점진적 행동을 너무 많이 강화하는 것은 다음 단계로 나아가는 데 어려움을 줄 수 있다. 왜냐하면 이전의 점진적 행동을 계속 수행하고 싶어 할 수 있기 때문이다. 한편, 한 점진적 행동을 숙달하지 못하면 다음 단계를 진행하는 것이 불가능하거나 어려울 수 있다. 한 단계에서 다음 단계로 나아갈 때, 그 사람이 원하는 것을 얘기해 주거나 적절한 행동을 알려 주거나 격려함으로써 촉진될 수 있다(O'Neill & Gardner, 1983; Sulzer-Azaroff & Mayer, 1991). 예를 들면, O'Neill과 Gardner는 F씨에게 마사지를 받기 전에 평행봉을 이용하여 1초간 서 있어야 한다는 것을 말해 주었다. O'Neill과 Gardner는 행동형성의 각 단계에서 강화인을 얻기 위해 F씨에게 기대하는 것이 무엇인지를 이야기해 주었다.

행동형성 지침

1. 표적행동 정의하기
2. 행동형성이 가장 적합한 절차인지 결정하기
3. 시작행동을 규명하기
4. 행동형성 단계를 선택하기
5. 강화인을 선택하기
6. 점진적 행동들을 차별하여 강화하기
7. 적절한 속도로 행동형성 단계를 진행해 나가기

문제행동에 대한 행동형성

어떤 특정 환경에서 문제행동들이 행동형성에 의해 우연히 발생할 수 있다. 이는 좋지 않은 행동의 점진적 행동이 강화된 경우이다. 다음의 예를 살펴보자.

스미스 부인은 파괴행동을 보이는 4세짜리 토미라는 아들 때문에 골머리를 앓고 있다. 스미스 부인은 집에서 우편과 관련된 일을 하고 있다. 그녀가 바쁠 때 토미는 종종 엄마를 방해하거나 자기와 놀아 줄 것을 요구한다. 토미가 고집을 피우기 때문에 스미스 부인은 보통 하던 일을 멈추고 잠시 토미와 놀아 준다. 3단계 유관은 다음과 같다.

선행사건	행동	결과
엄마가 일을 한다.	토미는 엄마를 방해하고 놀아 달라고 조른다.	엄마는 토미와 놀아 준다.

성과: 엄마가 일할 때마다 엄마를 방해하는 토미의 행동이 강화된다.

스미스 부인은 토미의 소아과 의사에게 어떤 대책이 있는지를 물었다. 의사는 토미가 놀아 달라고 할 때마다 "나중에 놀아 줄게, 토미야."라고 말하고 하던 일을 계속할 것을 제안하였다. 스미스 부인은 앞으로 토미가 계속 방해한다 해도 무시해야 한다.

? 이 계획에 포함되어 있는 행동원리는 무엇인가?

소아과 의사는 스미스 부인이 소거를 사용하여 토미의 잦은 요구를 강화하지 않도록 하였다. 스미스 부인이 처음 소거를 사용했을 때 토미는 매우 화를 냈다. 토미는 다른 방으로 달려가서 소리를 질렀다(소거폭발). 스미스 부인은 아들이 염려가 되어 토미를 따라가서 진정을 시키고 토미와 몇 분간 놀아 주었다. 다음번에 토미가 다시 놀아 달라고 요구했을 때 그녀는 다시 소거를 사용했다. 다시 토미는 소리를 지르면서 다른 방으로 달려갔고 스미스 부인이 뒤쫓아 가서 토미를 달래고 다시 놀아 주자 소리 지르기를 그쳤다.

? 토미가 소리를 질렀을 때, 스미스 부인이 토미와 놀아 주는 행동은 어떤 강화인가?

토미가 소리를 지를 때 스미스 부인이 토미와 놀아 주는 행동은 토미의 소리 지르는 행동을 멈추게 했기 때문에 부적 강화가 된 것이다.

스미스 부인은 토미가 놀아 달라고 요구하기 위해 자주 소리친다는 것을 알아차렸다. 그녀는 소아과 의사의 조언대로 이런 행동을 무시하기로 결심했다. 토미가 3분간 계속해서 소리를 지른 후, 스미스 부인은 무언가가 깨지는 소리를 들었다. 그녀는 방으로 뛰어가서 토미가 그의 트럭 장난감을 벽에다 던지는 것(소거폭발)을 목격했다. 토미는 여전히 흐느껴 울었다. 스미스 부인은 토미를 앉히고 토미에게 장난감을 던지지 말라고 했다. 그런 후 토미와 놀아 주었다. 스미스 부인은 토미가 트럭의 조각들을 줍는 것을 도와주었고 함께 다시 조립을 하였다. 그녀는 토미가 진정될 때까지 토미와 이야기를 하였다.

스미스 부인은 다시 일을 하러 돌아갔고 조금 후에 토미는 다시 소리를 지르기 시작했다. 스미스 부인이 방에 오지 않으면 그는 다시 장난감을 던졌다. 스미스 부인은 이 행동을 무시할 수 없다고 판단하고 곧 방으로 뛰어가서 토미를 꾸짖었다. 그녀는 토미의 올바르지 못한 행동에 대해 주의를 주는 동안 그를 소파에 앉혔다. 2주 후 스미스 부인이 다시 소아과에 갔을 때, 토미는 자주 소리를 지르고 장난감을 던지는 상태였다. 그의 문제행동은 전보다 훨씬 나빠졌다. 스미스 부인은 자신도 모르게 문제행동이 더 나빠지도록 행동형성을 사용하고 있었던 것이다.

? 소리 지르기와 장난감을 던지는 토미의 문제행동을 나타나도록 어떻게 행동형성이 사용되었는지 살펴보자.

스미스 부인은 점진적 행동들에 대한 차별강화를 한 것이다. 토미의 방해행동과 엄마를 조르는 시작행동은 스미스 부인이 토미와 놀아 줄 때 스미스 부인의 관심 끌기에 의해 강화되었다. 그런 후 스미스 부인은 토미가 방해하고 놀아 줄 것을 요구하는 행동을 무시했고(소거), 소리 지르기와 다른 방으로 달려가는 행동이 강화되었다. 다음 단계로 스미스 부인은 토미가 방으로 달려가서 소리 지르는 행동을 무시했고(소거), 소리 지르고 장난감을 던지는 행동을 강화하였다. 스미스 부인은 의식하지 못한 채 새로운 문제행동에 관심을 주는 것으로 강화를 해 왔다. 이와 같이 사람들(특히 어린이)이 보이는 심각한 문제행동들은 이와 비슷한 행동형성 과정을 통하여 발생하게 되는 것이다.

? 행동형성을 통하여 생겨난 문제행동들의 몇몇 사례를 살펴보자.

한 가지 예는 자랑하는 행동이다. 사람은 다른 사람의 관심을 끌기 위하여 점점 더 자기 자랑을 하게 된다(Martin & Pear, 1992). 다른 사례는 머리 박기와 같은 자해행동이다. 이것은 행동형성을 통하여 심각하지 않은 행동에서 점점 더 심각한 행동으로 발전할 수 있다. 처음에 아이가 화가 나서 머리를 박을 때 부모는 걱정스럽게 반응(관심)을 한다. 이것은 그 행동을 강화시킨다. 이 행동이 지속되면 부모는 이를 무시하고자 한다. 그러나 아이가 머리를 더 심하게 박으면 부모는 다시 관심을 갖고 반응을 하게 되고, 이것은 더 심하게 머리를 박는 행동을 강화시킨다. 이러한 과정이 더 반복이 되고 점점 더 심하게 머리를 박아 결국 상처 나는 행동을 강화하게 된다. 행동형성은 또한 부부 사이의 다툼에서도 찾아볼 수 있다. 다투는 동안 한쪽은 상대방이 포기할 때까지 더 길게, 더 큰 소리로, 더 심하게 다툴 수도 있다. 따라서 더 심하게 다투는 행동이 강화된다. 행동형성은 많은 문제행동을 설명하게 해 준다. 그러나 각각의 경우에서 자신의 행동이 문제행동들을 행동형성하고 있다는 것을 알지 못한다.

밤에 어린아이의 울음의 지속시간은 행동형성에 의해 더 길어질 수 있다. 그 아이의 울음은 부모가 울음을 멈추도록 하기 위해 방에 들어오는 행동을 강화시킨다. 결국 부모는 그 울음을 무시하게 되지만, 울음이 지속되면 그 방으로 들어가게 됨으로써 울음의 지속시간이 더 길어지도록 강화하게 된다.

행동형성이 사람들의 문제행동을 만들어 낼 수 있다는 일화적 예는 많다. 그러나 이러한 결론을 증명할 연구는 없다. 왜냐하면 이전에 보이지 않은 인간의 행동을 의도적으로 행동형성한다는 것은 비윤리적이기 때문이다. 한편, 몇몇 연구에서는 이러한 행동형성이 실험실 동물의 문제행동을 형성하는 데 사용될 수 있음을 입증했다.

예를 들면, Schaefer(1970)는 2마리의 리서스 원숭이가 앞발을 들어 자신의 머리를 때리는 행동을 하도록 행동형성을 사용했다. Shaefer는 먹이를 강화인으로 사용하여 세 가지 점진적 행동을 차별강화함으로써 머리 때리기 행동을 형성시켰다. 첫 번째 점진적 행동에서 Schaefer는 원숭이가 앞발을 들 때마다 먹을 것을 주었다. 원숭이가 지속적으로 앞발을 들게 되자 Schaefer는 이 행동을 소거시켰고, 두 번째 점진적 행동인 발을 머리 쪽까지 올리는 행동을 강화하기 시작했다. 원숭이가 발을 머리 위로 올리는 행동을 지속하게 되자 Schaefer는 더 이상 이 행동에 대한 강화를 하지 않고 머리 위에 발을 갖다 대는 표적행동에만 강화를 하였다. 한 원숭이는 자신의 머리 때리기 행동을 형성하는 데 12분이 걸렸고, 다른 원숭이는 20분이 걸렸다. 이러한 표적행동은 발달장애인에게 종종 나타나는 자해행동과 꽤 비슷하다. 이 연구는 그러한 행동들이 적어도 리서스 원숭이에게 있어서는 행동형성의 결과일 수 있다는 것을 시사하고 있다. 또한 몇몇 발달장애인이 보이는 자해행동은 행동형성이 원인일 수 있다.

이 연구와 또 다른 연구들(Rasey & Iversen, 1993)은 실험실 상황에서 행동형성이 부적응 행동을 만들어 낸다는 것을 증명하였다. 또한 임상경험을 통해 행동형성이 종종 일상생활에서 문제행동을 일으킨다는 것을 알 수 있다. 예를 들면, 한 엄마는 아들을 순종시키기 위해 종종 소리를 지른다. 집에서 아들이 뭔가를 하길 바랄 때마다 그 엄마는 5번에서 10번까지 요구를 반복하고, 결국에는 아들에게 소리를 지르게 된다. 이러한 행동 또한 행동형성을 통해 나타나게 된 것이다.

❓ 엄마가 요구를 반복하고 아들에게 소리를 지르는 행동이 어떻게 행동형성에 의해 발달
되었는지 살펴보자.

처음에 엄마가 아들에게 뭔가를 하라고 요구하면 그는 즉시 순종하였다. 얼마 후 그 아들
은 첫 번째 요구를 무시했고, 엄마가 요구를 반복했을 때만 엄마의 말을 들었다. 그러다가 두
세 번의 요구를 무시했고, 엄마가 네다섯 번의 요구를 했을 때만 엄마의 말을 들었다. 마침내
아들은 반복되는 요구를 무시했고, 엄마가 언성을 높이면서 반복해서 말을 할 때만 엄마의
요구를 들어 주었다. 결국에 엄마는 원하는 것을 아들에게 시키기 위해서 소리치고 반복해서
요구를 해야 했다. 아들은 엄마가 점점 더 크게 소리지르는 행동을 차별강화함으로써 엄마의
행동을 형성해 온 것이다. 우리는 유익한 표적행동을 정확하게 나타나도록 하기 위해 행동형
성을 사용할 뿐 아니라 문제행동의 우연한 행동형성을 막기 위해서는 행동형성의 중요성을
인식해야 한다.

📑 요약

1. 행동형성은 표적행동을 위한 점진적 행동들이 표적행동을 할 때까지 차별강화되는 과정
   이다. 행동형성은 현재 보이고 있지 않은 표적행동을 발달시키는 데 사용된다.
2. 점진적 행동들은 점차 표적행동과 더 유사하게 되는 행동이다.
3. 행동형성에서 표적행동을 위한 점진적 행동을 강화하고 이전의 행동을 소거시킬 때 강화
   와 소거가 포함된다.
4. 행동형성은 무심결에 문제행동을 발달시키는 데 사용되기도 한다. 가벼운 문제행동이 소
   거되면 소거폭발 동안 문제가 더 심각해질 수 있는데, 이때 부모가 더 심각한 행동을 강화
   할 수 있다. 이런 과정이 몇 번 지속되면 문제행동은 점점 더 심한 행동들(더 심한 강도, 더
   자주, 더 긴 지속기간)에 대한 차별강화 과정을 거치면서 점차 더 심각해질 수 있다.
5. 다음 단계들은 행동형성을 성공적으로 사용하는 데 포함되는 내용이다.
   1) 표적행동을 정의하기
   2) 행동형성이 가장 적합한 절차인지를 결정하기
   3) 시작행동을 규명하기
   4) 행동형성 단계(점진적 행동들)를 선택하기
   5) 행동형성 과정에서 사용할 강화인을 선택하기

6) 점진적 행동을 차별강화하기

7) 적절한 속도로 행동형성 단계를 진행해 나가기

✎ 핵심용어

점진적 접근법(successive approximations)   행동형성(shaping)

차별강화(differential reinforcement)

제10장

촉구와 용암

주요 학습문제

• 촉구란 무엇이고, 왜 쓰이는가?
• 용암이란 무엇이고, 왜 쓰이는가?
• 반응촉구와 자극촉구는 어떻게 다른가?
• 반응촉구의 여러 다른 형태에는 무엇이 있는가?
• 용암이란 어떤 의미이고, 어떻게 할 수 있는가?

바람직한 행동을 형성하기 위한 절차로서 행동형성에 대해 앞 장에서 살펴보았다. 이 장에서는 특정 행동에 대한 적절한 자극통제를 발달시키는 데 사용되는 촉구와 용암에 대하여 논의한다(Billingsley & Romer, 1983).

촉구 및 용암의 예: 선수들에게 공 치는 법 가르치기

맥콜 코치는 1학년 학생들에게 야구 투수가 던진 공을 치는 법을 가르치고 있었다. 선수들은 처음에 목표점을 겨냥하지 않고 야구 방망이만 휘둘렀다. 루크는 제법 잘하는 야구선수이며 가르쳐 주는 것을 빨리 습득했다. 맥콜 코치는 루크에게 타석에 서는 법, 야구 방망이를 잡는 법, 공이 홈플레이트에 들어오기 조금 전에 방망이를 휘두를 것, 휘두르는 정도, 공이 방망이에 맞는 순간까지 공을 끝까지 쳐다봐야 한다는 것 등에 대해서 설명해 주었다. 부코치인 데이브는 맥콜 코치가 루크 옆에 서 있는 동안 루크에게 몇 개의 공을 던져 주었다. 맥콜 코치는 루크가 공을 치는 동안 칭찬을 했고 고쳐야 할 것에 관해 좀 더 설명을 해 주었다. 루크가 공을 성공적으로 치자 코치는 더 이상의 설명을 하지 않고 다만 그가 공을 칠 때마다 칭찬을 하였다.

다음 학생은 톰이었다. 그는 루크가 들었던 것과 같은 설명을 들었지만 공을 칠 수 없었다. 맥콜 코치는 그를 돕기 위하여 약간의 도움을 더 주었다. 그는 톰에게 어디에 서야 하는지 손으로 가리켰고, 어떻게 공이 홈플레이트로 들어오는지 그리고 톰이 어디서 방망이를 휘둘러야 하는지에 대해 몸짓과 함께 설명을 하였다. 이러한 추가적 도움으로 톰은 공을 치기 시작했고, 맥콜 코치는 매번 그를 칭찬했다. 드디어 톰은 어떤 추가 도움이나 설명 없이 공을 칠 수 있었다.

매트라는 학생은 맥콜 코치가 하는 말을 듣고 코치의 몸동작을 보았지만 여전히 공을 칠 수 없었다. 매트를 돕기 위하여 맥콜 코치는 어떻게 공을 치는지 똑같이 보여 주기로 했다. 데이브가 몇 개의 공을 맥콜 코치에게 던졌고, 그는 공을 치면서 그의 행동에서 중요한 부분을 설명하였다. 매트는 그 설명을 듣고 코치가 공을 치는 것을 보면서 스스로 공을 칠 수 있게 되었다. 매트가 공을 치기 시작하자 맥콜 코치는 그에게 더 이상의 도움(설명이라든지 모델링과 같은)을 줄 필요가 없어졌다. 단지 매트가 공을 정확하게 칠 때마다 칭찬을 하기만 하였다.

마지막으로 트레버라는 학생이 남았다. 트레버는 맥콜이 말하고 행동하는 것 모두를 보고 들었지만, 그는 단지 이것들을 연결시킬 수 없었다. 트레버는 가장 큰 도움이 필요했기 때문에 맥콜 코치는 그가 공을 칠 때 그의 뒤에 섰다. 그리고 트레버 뒤에서 트레버의 손을 쥐고 트레버가 공을 칠 때 도와주었다([그림 10-1] 참조). 이것을 몇 번 반복한 후에 맥콜 코치는 약간 뒤로 물러났다. 즉, 트레버가 자세를 잡고 공을 휘두를 때 함께 도와주었지만 방망이를 휘두르는 마지막은 트레버가 할 수 있도록 하였다. 몇 분 후에 트레버는 공을 혼자서 쳤고, 그때마다 코치는 칭찬만 했다.

이러한 관점에서 데이브는 선수들이 치기 쉬운 공을 던졌다. 느린 속도로 홈플레이트에 바로 들어가도록 던졌다. 선수들이 이 쉬운 모든 공을 쳐 낼 수 있게 되자, 데이브는 좀 더 어려운 공을 던지기 시작했다. 처음에는 빠른 공을 던졌다. 그런 후 좀 더 어려운 위치에 공을 던졌다. 그는 네다섯 번의 연습 동안 점점 더 어려운 공을 던졌고, 선수들은 계속해서 성공적으로 공을 쳐냈다.

이 예는 **촉구**와 **용암**이라고 불리는 행동수정 절차에 대하여 기술하고 있다. 맥콜 코치가

[그림 10-1] 코치는 손에서 손으로 지도하는 신체촉구를 사용하여 트레버가 야구공을 치도록 도와주고 있다. 후에 그는 트레버가 어떤 도움 없이 야구공을 칠 때까지 신체촉구를 서서히 철회하면서 도움을 제거해 나간다.

선수들이 공을 치도록 도와준 모든 것은 **촉구**(prompt)이다. 맥콜 코치는 루크에게 어떻게 공을 바르게 치는지 설명하는 **언어촉구**(verbal prompt)를 제공했다. 톰에게는 언어촉구와 **자세촉구**(gestural prompt)를 제공했다. 코치가 설명과 함께 어떻게 방망이를 휘둘러야 하는지를 몸짓으로 알린 것이다. 매트에게는 **모델링촉구**(modeling prompt)를 제공했다. 즉, 코치는 어떻게 공을 치는지 설명하면서 바른 행동을 직접 보여 주었다. 마지막으로 맥콜 코치는 트레버에게 언어촉구와 **신체촉구**(physical prompt)를 모두 제공하였다. 맥콜 코치는 신체촉구로 트레버가 스스로 할 수 있을 때까지 올바른 행동에 대하여 신체적으로 지도하였다.

촉구에 대한 정의

촉구는 정확한 시간에 정확한 행동을 할 가능성을 증가시키는 데 사용된다. 촉구는 식별자극이 있을 때 정확한 행동을 하도록 도와주는 식별훈련을 할 때 사용된다. "촉구는 행동을 수행하기 전 또는 수행하는 동안 주어지는 자극이다. 즉, 정확한 행동을 하도록 하여 강화를 제

공받을 수 있도록 도와주는 역할을 한다."(Cooper, Heron, & Heward, 1987)

이 예에서 식별자극은 타자에게 다가오는 공이다. 정확한 반응은 방망이를 휘둘러서 공을 맞추는 것이고, 강화인은 공을 쳐서 코치의 칭찬을 받는 것이다.

선행사건	행동	결과
투수가 공을 던진다.	타자는 방망이를 정확하게 휘두른다.	타자는 공을 치고 코치로부터 칭찬을 받는다.

성과: 타자는 야구 방망이를 좀 더 정확하게 휘둘러서 투수가 던지는 공을 쳐 낼 수 있다.

그러나 올바른 행동이 발생하지 않는다면(선수들이 야구공을 치기 위해 정확하게 방망이를 휘두르지 않는다면) 그 행동은 강화될 수 없다. 촉구의 기능은 바른 행동을 하여 그 행동이 강화를 받도록 하는 것이다. 지도의 핵심은 다음과 같다. 즉, 교사가 식별자극이 있을 때 부가적인 자극(촉구)을 제공하면 학생들은 올바른 행동을 보이게 될 것이다. 그런 후 교사는 학생의 올바른 행동에 대해 강화를 하고, 결국에는 식별자극이 있을 때마다 올바른 행동이 나타나게 될 것이다(Skinner, 1968).

선행사건	행동	결과
투수는 공을 던진다(식별자극). 설명이 주어진다(촉구).	루크는 방망이를 정확하게 휘두른다.	루크는 공을 치고 코치는 칭찬을 한다.

촉구는 교육을 하거나 훈련을 할 때 더욱 효과적이다. 맥콜 코치는 어떤 촉구 없이 선수들이 공을 치기만을 기다렸다가 그들이 공을 치면 칭찬을 할 수도 있었다. 그러나 이러한 시도와 오류의 과정은 매우 속도가 느릴 것이다. 또한 어떤 선수들은 결코 바른 반응을 보이지 않을 수도 있다. 맥콜 코치가 촉구를 제공했을 때, 선수들이 올바른 반응을 할 가능성은 증가되었다. 그는 각각의 선수들에게 상이한 촉구(교수, 자세, 모델링, 신체적 보조)를 사용하여 식별자극(투수가 던진 공)이 있을 때 올바른 반응을 하도록 할 수 있었다.

용암에 대한 정의

일단 선수들이 공을 정확하게 치기 시작하면 맥콜 코치는 촉구를 점점 제공하지 않았다. 용암(fading)이란 어떤 부가적인 자극 없어도 식별자극이 있을 경우 올바른 행동이 일어날 때까지 점차 촉구를 제공하지 않는 것을 말한다. 다시 말하면, 코치는 공을 치는 선수들을 돕기 위한 설명을 그만두고 더 이상 행동의 모델이 되지 않으며 신체적 도움도 주지 않았다. 맥콜 코치가 트레버에게 신체촉구를 사용하여 올바른 행동을 하도록 하였다. 즉, 그는 코치가 도와주었기 때문에 공을 칠 수 있었던 것이다. 그러나 트레버는 경기에서 공을 칠 때는 코치의 신체적인 도움을 받을 수는 없다. 그는 혼자의 힘으로 공을 쳐야만 한다. 따라서 촉구가 완전히 용암되어서야(도움이 없어질 때까지) 지도가 끝나게 된다.

선행사건	행동	결과
투수는 공을 던진다(식별자극). 더 이상 촉구는 없다.	트레버는 방망이를 정확하게 휘두른다.	트레버는 공을 치고 코치는 그를 칭찬한다.

성과: 미래에 트레버는 날아오는 공을 쳐 낼 수 있다.

또 다른 촉구와 용암의 예를 살펴보자. 최근에 이민 온 나타샤는 성인 교실에서 영어를 배우고 있다. 수업은 간단한 단어 읽기를 배우는 것이다. 교사는 '자동차'라는 단어가 있는 단어장을 쥐고 있다. 나타샤가 반응을 하지 못하면 교사는 "자동차"라고 말을 하고 나타샤가 다시 "자동차"라는 단어를 따라 하게 된다. 교사는 그 단어장을 다시 들어 보이고 나타샤가 "자동차"라는 단어를 말하면, 교사는 "잘했어요."라고 칭찬해 준다. 이때 교사는 10개의 단어장에 대하여 각각 이와 같은 과정을 반복한다.

선행사건	행동	결과
'자동차'(식별자극)라는 단어장을 제시한다. 교사가 "자동차"라고 말한다(촉구).	나타샤가 "자동차"라고 말한다.	교사가 칭찬을 한다.

? 교사는 어떤 종류의 촉구를 사용하고 있는가?

교사가 단어장에 있는 단어를 말하면 이것은 언어촉구가 된다. 이 경우 언어촉구는 모델링촉구이기도 하다. 단어장에 쓰인 단어는 식별자극이다. 단어를 말하는 것(읽기)은 나타샤에게 있어서 올바른 반응이다. 언어촉구는 식별자극이 있을 때 나타샤로 하여금 정확한 반응을 하도록 도움을 준다. 그러나 나타샤는 단어장의 단어를 보았을 때 촉구 없이 정확한 반응을 할 줄 알아야 한다. 그러기 위하여 교사는 언어촉구들을 용암시키기 시작한다. 단어장을 두 번째로 반복하면서 나타샤에게 단어를 보여 주었을 때 그녀가 반응을 하지 못하면 촉구로서 단어의 일부만을 말하고 나타샤가 전체 단어를 말하게 하였다. 그 후 교사는 단어장을 다시 보여 주고, 나타샤는 촉구 없이 단어를 읽는다. 교사는 각각의 올바른 반응에 대하여 칭찬을 한다. 그다음에 단어장을 보여 줄 때 나타샤가 단어를 읽지 못하면 교사는 촉구로서 단어의 첫 글자를 말하고 나타샤는 전체 단어를 말하였다. 그 후 교사는 단어장을 다시 보여 주고, 나타샤는 촉구 없이 단어를 읽는다. 결국 나타샤는 아무런 촉구 없이 단어장의 단어들을 읽게 될 것이다([그림 10-2] 참조).

선행사건	행동	결과
'자동차'(식별자극) 촉구가 없다.	나타샤가 "자동차"라고 말한다.	교사가 칭찬을 한다.

성과: 나타샤는 '자동차'라는 글자를 볼 때마다 "자동차"라고 말한다.

[그림 10-2] 교사는 학생들에게 단어가 쓰인 단어장을 보여 준다(식별자극). 만일 학생들이 정확한 반응(단어 읽기)을 하지 못하면 교사는 언어촉구(단어 말해 주기)를 제공한다. 마침내 교사는 촉구를 용암시킬 것이며, 학생들은 단어장에 쓰인 단어들을 어떤 도움 없이도 읽을 수 있게 될 것이다.

어떤 촉구 없이 정확한 행동을 수행하도록 하는 것이 촉구와 용암의 목적이다. 최종적으로 식별자극은 그 행동에 대한 자극통제를 해야 한다. 촉구와 용암은 적절한 자극통제를 하도록 돕는다. 촉구는 올바른 행동을 형성하게 하며, 용암은 식별자극에 대한 자극통제를 하게 만든다.

이러한 예에서 교사는 3단계로 촉구를 용암시켜 나갔다. 첫 번째로 교사는 단어장을 보여 주고 전체의 단어를 말했다. 두 번째로 그녀는 단어의 첫 부분만을 말했다. 세 번째로 그녀는 단어장을 보여 주고 그 단어의 첫 글자만을 말했다. 결국에 그녀는 단어장을 보여 주고 아무런 말도 하지 않았다. 각 단계는 점진적으로 촉구를 줄여 간다. 교사는 촉구를 점차적으로 제거하면서 식별자극(쓰여진 단어)을 자극통제하도록 만들었다. 용암에서 자극통제가 일어나는데, 올바른 반응이 강화될 때 식별자극이 항상 존재하고 반면에 시간이 지나 촉구가 제공되지 않기 때문이다. 촉구와 용암은 자극식별 훈련을 용이하게 해 준다. 즉, 식별자극(단어장에 있는 단어)이 있을 경우 정확한 읽기 반응을 하게 하여 강화를 받을 수 있도록 한다.

촉구의 유형

앞에서 살펴본 바와 같이 촉구는 특정 상황에서 적절한 행동을 하도록 하는 선행자극 또는 사건이다. 다양한 촉구가 행동수정에서 사용되고 있는데, 촉구에는 **반응촉구**(response prompt)와 **자극촉구**(stimulus prompt) 등 두 범주가 있다(Alberto & Troutman, 1986; Cooper et al., 1987).

반응촉구

반응촉구는 식별자극이 있을 경우 원하는 반응을 일으키게 하는 다른 사람의 행동이다. 반응촉구에는 언어촉구, 자세촉구, 모델링촉구, 신체촉구 등이 있다.

언어촉구 다른 사람들의 언어가 식별자극이 있을 때 정확한 반응을 이끈다면, 이것은 언어촉구이다. 다른 사람에게 뭔가를 말해서 그 사람이 정확한 행동을 하도록 도왔다면 그것은 언어촉구이다. 나타샤가 글 읽기를 배울 때, 교사는 그녀에게 '자동차'라는 단어가 쓰여 있는 단어장을 보여 주고 "자동차"라고 말했다(언어촉구). 그 교사는 "자동차"라고 말하면서 나타샤가 올바른 반응을 하도록 촉구했다. 맥콜 코치가 루크에게 어떻게 공을 치는지에 대하여 말했을 때, 그는 언어촉구(교수)를 제공했던 것이다. 언어촉구는 식별자극(투수에 의해 던져진 공)이 존재할 때 희망하는 행동(방망이를 올바르게 휘두르기)을 이끌었다. 다른 사람이 한 어떤 말도 그것이 적절한 시기에 정확한 행동을 더 많이 이끈다면, 그것은 언어촉구이다. 언어촉구에는 교수, 규칙, 힌트, 주의, 질문, 다른 언어적 보조 등이 포함될 수 있다.

자세촉구 식별자극이 있을 경우 어떤 다른 사람의 동작이나 자세가 정확한 행동을 이끈다면, 이것은 자세촉구이다. 그러나 그 사람이 전체 행동을 똑같이 시범 보이거나 모델을 보여 준다면, 그것은 (다음에 기술할) 모델링촉구이다. 맥콜 코치는 톰이 타석의 어디에 서야 할지를 손으로 가리켰는데, 이것은 자세촉구이다. 공의 움직임과 방망이를 어디에서 휘둘러야 하는지를 가르칠 때, 맥콜 코치는 톰이 공을 칠 수 있도록 자세촉구를 이용하였다. 다른 예를 생각해 보자. 한 특수교사는 '출구'와 '입구'라고 쓰여 있는 두 카드를 학생들에게 보여 주면서 '출구'라는 단어를 가리켜 보라고 했다. 학생들은 '출구'라는 단어를 모르기 때문에(한 번도 정확히 식별해 내지 못했다) 교사는 학생들이 '출구' 카드를 지적하도록 하는 촉구를 제공하였다. 즉, 교사는 몸을 돌려 '출구' 카드를 바라보게 한다. 만일 이런 자세가 그 학생으로 하여금 '출구' 카드를 더 잘 지적하도록 한다면, 이는 자세촉구라 할 수 있다.

모델링촉구 다른 사람이 행동을 똑같이 시범 보여 준 것이 적절한 시기에 올바른 행동을 더 많이 하도록 하였다면, 이것은 모델링촉구이다(시범도 또한 모델링이라 부름). 어떤 사람은 식별자극이 있을 때 모델을 관찰하고 모델의 행동을 따라 한다(정확한 반응을 한다). 맥콜 코치가 매트에게 어떻게 공을 치는지를 보여 주기 위해 직접 공을 쳤을 때, 그는 올바른 행동을 모델링한 것이다(모델링촉구 제공). 매트는 코치의 행동을 모방했고, 혼자서도 공을 성공적으로 치게 되었다. 모델링촉구가 성공하기 위해서는 학습자가 모델의 행동을 모방할 수 있어야 한다(Baer, Peterson, & Sherman, 1967). 모방은 대부분의 사람이 인생 초기에 배우는 행동의 한 유형이기 때문에 사람들은 모델의 행동을 관찰함으로써 배울 수 있다(Bandura, 1969).

신체촉구 적절한 시기에 올바른 행동을 할 수 있도록 다른 사람들을 신체적으로 도와주는 것이 신체촉구이다. 맥콜 코치는 트레버와 함께 같은 방망이를 쥐고 방망이를 휘둘렀으며 공을 칠 때 그를 도왔다. 신체촉구를 사용하는 사람은 학습자와 같이 행동의 전부 또는 부분을 실행한다. 신체촉구에는 훈련자가 행동을 통해 그 사람의 손을 안내해 주는 '손 위에 손' 안내가 포함된다. 예를 들면, 미술교사는 찰흙을 반죽하는 방법을 가르칠 때 직접 학생의 손을 안내한다. 투수코치는 여러 형태의 투구를 하기 위해 공을 어떻게 쥐어야 하는지를 알려 주기 위해 야구공 위로 투수 손가락을 직접 이동시킨다. 장애학생들에게 양치질하는 방법을 가르칠 때, 훈련자는 칫솔을 쥐고 있는 학생의 손에 자신의 손을 올려놓고 이를 닦는 자세로 움직인다. 이러한 각각의 예에서처럼 언어촉구, 자세촉구, 모델링촉구의 도움으로도 그 행동을 정확하게 실행하지 못할 경우, 행동을 통해 안내하는 신체촉구를 사용할 수 있다. Sulzer-Azaroff와 Mayer(1991)에 따르면 어떤 행동에 대해 말하거나 보여 주는 것이 유용하지 않을 때(언어촉구, 자세촉구, 모델링촉구가 행동을 이끌어 내지 못할 때), 신체촉구가 적절하다고 한다. 사람들이 이에 대해 저항하지 않는 한 대부분의 행동은 신체적으로 촉구될 수 있다(언어 배우기는 예외이다. 왜냐하면 어떤 것을 말하게 하는 것은 신체적으로 촉구할 수 없기 때문이다). 신체촉구는 **신체지도**(physical guidance)라고도 알려져 있다.

반응촉구의 이 네 가지 유형은 (교수나 모델링 등에 의해) 다른 사람의 행동에 영향을 주고자 하는 사람의 행동과 관련되어 있다. 따라서 반응촉구는 강제적이다. 즉, 한 사람이 다른 사람에게 영향을 미치고자 하는 것이 포함되어 있다. 물론 가르치는 상황에서 이것은 필요하고 받아들일 만하다. 그러나 항상 최소의 강제적 반응촉구를 사용해야 하며, 좀 더 강제적인 촉구들을 사용할 때는 학습자로 하여금 적절한 행동을 수행하게 하는 데 꼭 필요할 때에만 사용되어야 한다. 〈표 10-1〉에서 볼 수 있듯이 언어촉구는 덜 강제적이고 신체촉구가 가장 강제적이다.

〈표 10-1〉 **강제성의 정도에 따른 반응촉구의 등급**

반응촉구의 유형	강제성의 정도
언어촉구	가장 약함
자세촉구	보통 이하
모델링촉구	보통 이상
신체촉구	가장 강함

자극촉구

자극촉구는 정확한 반응을 더 잘하도록 자극을 약간 변화시키기 혹은 자극을 증가시키기나 자극을 제거하기 등을 포함한다. 자극촉구는 식별자극(S^D) 혹은 에스델타(S^Δ)를 변화시켜 식별자극을 더 분명하게 하도록 하고 에스델타(S^Δ)는 덜 분명하게 함으로써 식별자극에더 잘 반응하도록 한다. 또한 식별자극(S^D)을 더 분명하게 하도록 하기 위해 식별자극(S^D) 혹은 에스델타(S^Δ)를 연관시켜 다른 자극을 사용함으로써 정확한 식별을 하도록 할 수 있다. 식별자극을 변화시키는 것을 **자극 내 촉구**(within-stimulus prompt)라고 하며, 다른 자극을 추가하거나 식별자극에 대한 단서를 주는 것을 **가외자극 촉구**(extrastimulus prompt)라고 한다 (Schreibman, 1975).

자극 내 촉구   수많은 방법으로 식별자극 혹은 에스델타(S^Δ)의 특성을 변화시킬 수 있다. 식별자극의 위치를 바꿀 수도 있고, 식별자극이나 에스델타(S^Δ)의 어떤 차원, 예를 들면 크기, 모양, 색깔, 강도 등을 변화시킬 수 있다. 맥콜 코치는 선수들에게 야구공 치는 법을 가르칠 때, 자극촉구(반응촉구와 함께)를 사용했다. 식별자극은 야구공이 정상 속도로 타자에게 날아가는 것이다. 반응은 방망이를 올바르게 휘두르는 것이고, 결과를 강화하는 것은 공을 쳐서 코치로부터 칭찬을 받는 것이다.

? 맥콜 코치는 아이들이 더 쉽게 공을 치도록 어떻게 식별자극을 변화시켰는가?

맥콜 코치는 데이브로 하여금 처음에 아이들에게 쉬운 공을 던지도록 하였는데, 이때 자극촉구를 사용했다. 쉬운 투구는 자극촉구였다. 왜냐하면 식별자극의 강도를 변화시킴으로써 아이들이 좀 더 정확한 반응을 하도록 하였기 때문이다. 학생들에게 '출구' 카드를 지적하도록 하였던 교사가 '출구' 카드를 '입구' 카드보다 학생들에게 더 가깝게 놓거나(위치) '출구' 카드의 글씨를 '입구' 카드의 크기보다 크게 하였다면(크기), 이는 자극촉구를 사용한 것이 된다. 학생들은 이렇게 크기나 위치를 변화시키는 것으로 인해 정확한 카드를 더 올바르게 지적할 수 있다. 또한 스테레오시스템에서 스피커 줄 중 한 가닥을 은색으로 칠하는 것도 자극촉구이다. 이 은색 줄무늬는 두 갈래의 줄을 스테레오에 올바르게 접속하도록 도울 것이다. 이러한 각각의 예에서 올바른 반응이 더 잘 일어나도록 하기 위한 몇 가지 방법으로서 식별자극을 변형한 것이다(자극 내 촉구).

가외자극 촉구　자극촉구에는 종종 학습자가 정확히 식별하는 것을 돕기 위하여 자극을 첨가한다(가외자극 촉구). 부모들은 아이들이 물건을 콘센트에 집어넣지 못하도록 전기제품 콘센트에 플라스틱 덮개를 덮기도 한다. Wacker와 Berg(1983)는 지적장애 청소년들이 복잡한 작업을 올바르게 수행하도록 사진촉구를 사용하였다. 그 작업에는 제품을 조립하고 포장을 하는 것이 포함되어 있는데, 이 사진촉구는 청소년들이 정확한 시간에 정확한 부분을 조립하고 포장하도록 도왔다. Alberto와 Troutman(1986)은 아이들에게 오른손을 구별하는 것을 가르치고자 한 교사가 사용한 흥미로운 자극촉구에 관해 상세하게 설명하였다. 그 교사는 아이의 올바른 식별을 돕기 위해 아이의 오른손에 X자를 써 넣었다. 시간이 지나면서 X자는 지워졌지만 아이들은 여전히 올바른 식별을 할 수 있었다. X자의 점차적인 제거는 자극촉구의 용암이 되었고, 자극통제를 자연스러운 식별자극(오른손)으로 전이하였다. 또 다른 예로, 한 학생이 카드를 사용하여 구구단을 배우고 있었는데, 카드의 앞면에 있는 구구단 문제(예: 8×2)는 식별자극이고, 카드의 뒷면에 있는 답은 자극촉구이다. 이것은 식별자극이 있을 때 학생들이 올바른 반응을 하도록 돕는 첨가된 자극이다.

촉구의 예

반응촉구: 다른 사람의 행동이 올바른 반응을 유발시킨다.

- 언어촉구
- 자세촉구
- 모델링촉구
- 신체촉구

자극촉구: 식별자극을 어떤 면에서 변화시키거나 또는 다른 자극을 추가 또는 제거함으로써 올바른 반응을 더 많이 유발시킨다.

- 자극 내 촉구
- 가외자극 촉구

용암

올바른 반응이 일어나면 식별자극을 통제할 수 있도록 촉구는 제거되어야 한다(Billingsley & Romer, 1983). 트레버가 아무런 도움 없이 야구공을 칠 수 있을 때, 나타샤가 언어촉구 없이 단어장에 있는 단어들을 읽을 때, 아이들이 X자 없이 오른손을 구분해 낼 수 있을 때 비로소 훈련은 끝나게 된다. 이처럼 **용암**의 최종 결과는 어떤 도움(촉구) 없이 적절한 시기에 올바른 행동을 하는 것이다. 용암 방법에는 촉구용암, 촉구지연, 자극용암 등이 있다.

촉구용암

촉구용암(prompt fading)은 가장 흔하게 사용되고 있는데, 촉구용암을 이용하여 학습하는 동안 반응촉구가 더 이상 제공되지 않을 때까지 반응촉구를 천천히 제거해 나간다(Martin & Pear, 1992). 맥콜 코치는 루크가 공을 치는 동안 그에게 설명을 점점 덜 하였는데, 이는 언어촉구 용암이다. 그리고 트레버가 공을 성공적으로 치기 시작하자 그에게 신체지도를 점점 덜 하였는데, 이는 코치가 신체촉구 용암이다.

? 단어장에 있는 단어 읽기를 나타샤에게 가르칠 때, 교사는 어떻게 언어촉구를 용암하
    였는가?

처음에 교사는 언어촉구로서 단어를 말하였고, 다음으로 그 단어의 일부만을 말하였다. 그 다음 첫 글자만을 말했고, 결국 식별자극이 있을 때 아무런 말도 하지 않았다. 시간이 지나면서 점점 덜 말하는 것이 언어촉구 용암이다. 이러한 예들에서는 촉구의 한 가지 유형만이 용암되었는데, 이를 촉구 내 용암이라고 한다.

Berkowitz, Sherry와 Davis(1971)의 연구는 심한 지적장애 청소년들에게 숟가락으로 밥을 먹는 것을 가르치기 위한 신체촉구와 촉구 내 용암의 예를 기술하고 있다. 처음에 연구자들은 숟가락을 잡은 아이의 손을 잡고 숟가락으로 음식을 떠서 입에 갖다 넣는 전체 행동을 신체적으로 촉구했다. 그 후 그들은 아이들이 어떤 보조 없이 숟가락을 쓸 때까지 7단계로 신체촉구를 용암시켰다. 신체촉구가 점차 제거되면서 각각의 용암단계에서 신체보조가 점점 줄어들었다.

용암

- 촉구용암: 반응촉구가 점차 제거되는 것
- 촉구지연: 식별자극이 있은 후에 촉구 없이도 반응이 나타나게 하기 위하여 촉구가 지연되어 제공되는 것
- 자극용암: 자극촉구가 점차 제거되는 것

어떤 경우에는 단지 한 단계에서 촉구를 제거할 수도 있다. 올바른 행동을 실행시키기 위해 단지 한 번만 말함으로써 올바른 행동을 하게 할 수도 있다. 이와 마찬가지로 한 번의 행동을 시범 보임으로써 더 이상의 촉구가 필요하지 않게 될 수도 있다. 또한 단 한 번의 신체 촉구 이후에 올바른 행동을 하게 할 수도 있다.

또 다른 유형의 촉구용암으로는 상이한 유형의 촉구별 용암이 있다. 다음의 예를 생각해 보자. 루시라는 중도(severe) 지적장애 여성은 대형 할인매장의 신발파트 창고에서 일을 한다. 그녀의 업무는 신발 진열장에 전시하기 위하여 신발에 끼워 넣었던 종이들을 빼내는 것이다. 그녀가 신발에서 종이를 빼내면 다른 사람들이 그 신발을 신발 진열장에 갖다 놓는다. 코치는 이 업무를 루시에게 올바르게 가르쳐야 한다. 3단계 유관은 다음과 같다.

선행사건	행동	결과
신발 안에 있는 종이(식별자극)	루시가 종이를 빼낸다.	작업코치가 칭찬을 한다.

루시가 올바른 행동을 해낼 수 없었기 때문에 작업코치는 행동을 형성시키기 위하여 촉구를 사용한 후 촉구를 용암시킨다. 한 가지 방법은 '최소에서 최대'의 촉구와 용암이다. 작업코치는 처음에는 가장 덜 강요적인 촉구를 제공한다. 그리고 올바른 행동을 하도록 하는 데 꼭 필요할 때만 점점 더 강요적인 촉구를 사용한다. 루시는 혼자서 신발의 종이를 빼내지 못했고, 작업코치는 "루시, 신발에서 종이를 빼내세요."라고 말을 한다. 이것은 가장 덜 강요적인 언어촉구이다. 만일 루시가 5초 이내에 반응을 하지 않으면 언어촉구를 반복하고 신발에 있는 종이를 가리킨다(자세촉구 제공). 그리고도 5초 이내에 루시가 반응하지 않으면 언어촉구를 제공하면서 올바른 행동을 시범으로 보여 준다. 만일 루시가 여전히 반응하지 않으면 작업코치는 언어촉구를 제공하면서 신체지도를 사용한다. 즉, 루시의 손을 잡고서 그녀가 종이를 빼내도록 돕는다. 그런 후 루시를 칭찬한다. 다음에도 작업코치는 루시가 올바르게 반응할 때까지 똑같은 절차를 밟는다. 언젠가 루시는 신체촉구 전에 올바른 반응을 할 것이고, 그리고 모델링촉구 전에, 그 후에는 자세촉구 전에, 결국에는 어떤 촉구 없이도 신발에서 종이를 빼낼 수 있게 될 것이다. 루시에게 점점 더 도움이 필요 없어지면서 촉구들은 용암된다. 학습자가 올바른 행동을 하는 데 신체촉구까지는 필요 없다고 판단될 때, 학습자에게 최소한 도움으로 업무수행을 하도록 하는 기회를 제공하고 싶을 때, '최소에서 최대로'의 촉구가 사

용된다.

촉구별 용암을 사용하는 다른 방법에는 '최대에서 최소'의 촉구와 용암이 있다. 이러한 방법에서는 가장 강요적인 촉구가 처음에 사용되고, 그 후 가장 덜 강요적인 촉구들을 사용한다. '최대에서 최소'의 촉구는 학습자가 올바른 행동을 하기 위해서 신체촉구가 필요할 때 사용된다. 루시의 경우에서 '최대에서 최소'의 촉구를 사용할 때, 작업코치는 언어촉구와 함께 신체촉구를 제공함으로써 시작한다. 그런 후 루시가 성공적으로 행동을 하면 신체촉구에 대한 용암이 시작된다. 작업코치는 신체촉구를 용암한 후 언어촉구와 자세촉구를 제공한다. 그 후 루시가 계속해서 성공하면 자세촉구가 사라지고, 대신 언어촉구만 한다. 결국에 루시가 어떤 도움 없이 신발에서 종이를 잘 빼내면 언어촉구도 용암된다. 촉구 내의 용암이건 촉구별 용암이건 간에 최종 목적은 자연적인 식별자극을 통제하여 촉구가 더 이상 사용되지 않게 하는 것이다.

촉구용암

촉구 내 용암
촉구별 용암
• '최소에서 최대'의 촉구
• '최대에서 최소'의 촉구

촉구지연

반응촉구로부터 자연적인 식별자극을 통제하여 용암시키는 다른 방법은 **촉구지연**이다. 이 과정에서는 처음에 식별자극을 제시하고 몇 초간 기다린다. 그 후 올바른 반응을 보이지 않으면 자극을 제공한다. 식별자극의 제시와 촉구 간의 시간 지연은 일정하거나 점진적일 수 있다(Handen & Zane, 1987; Snell & Gast, 1981).

Cuvo와 Klatt(1992)은 장애 청소년에게 일상생활에서 흔히 마주치게 되는 단어(예: 남자, 여자, 정지, 출입구) 읽기를 가르쳤다. 장애 청소년들에게는 일정한 촉구지연 절차를 사용하였다. 그들은 단어장에 단어(식별자극)를 제시한 후 4초 동안 학생들이 반응을 하지 않으면 학생들에게 그 단어를 읽어 주었다(언어촉구). 이 목적은 촉구가 제공되기 전에 학생들이 4초 이내에 단어를 읽게 하는 것이다. 결국에 모든 학생은 촉구가 제공되지 않아도 4초 이내에 단어들을 읽을 수 있었다.

Matson, Sevin, Fridley와 Love(1990)는 자폐아동에게 적절한 사회적 반응("부탁합니다." "감사합니다." "천만에요."와 같은)을 가르치기 위해 점진적인 촉구지연을 사용하였다. 아이들에게 "감사합니다."라는 말을 가르치기 위하여 장난감을 주었다(식별자극). 그리고 만일 아이들이 "감사합니다."라는 말을 하면 실험자는 이에 따른 강화인과 칭찬을 해 주었다.

선행사건	행동	결과

아이에게 장난감을 준다(식별자극).　아이가 "감사합니다."라고 말한다.　아이는 이에 따른 강화인과 칭찬을 받는다.

성과: 아이는 다른 사람들로부터 장난감을 받았을 때 "감사합니다."라는 말을 더 많이 하게 된다.

그러나 자폐아동들이 "감사합니다."라는 말을 하지 않았기 때문에 훈련자는 장난감을 아이에게 준 후 2초 후에 언어촉구를 사용했다(훈련자가 "감사합니다."라고 말한다). Matson은 아이들에게 이미 언어촉구를 따라 하는 능력이 있기 때문에 이 언어촉구가 올바른 행동을 유발할 것이라고 생각했다. 촉구지연이 2초간 지속되는 동안 아이가 "감사합니다."라는 말을 하면 촉구지연이 10초가 될 때까지 2초 간격으로 촉구가 점차 증가된다. 마침내 촉구지연이 2초에서 10초까지 증가되면서 아이들은 촉구 없이도 "감사합니다."라는 말을 하기 시작했다. 이러한 행동이 지속적으로 발생하였을 때 촉구는 더 이상 주어지지 않았다([그림 10-3] 참조).

촉구지연이 일정하든 점진적이든 첫 시도에서 식별자극과 촉구 간의 간격은 0초 지연으로부터 시작된다. 그 후 시도들에서 촉구가 주어지기 전에 올바른 반응을 하게 하도록 촉구지연을 한다. 만일 올바른 반응을 할 수 없으면, 식별자극이 있을 때 반응을 일으키기 위해 촉구를 한다. 결국 몇 번의 시도로 올바른 반응이 촉구되고 강화된 후, 올바른 반응은 식별자극이 제시되었으나 촉구가 주어지기 전에 일어날 것이다.

자극용암

올바른 반응을 형성시키는 데 자극촉구들을 사용할 때, 올바른 식별을 위해 식별자극이나 자극환경을 변화시킨다. 결국 자연적인 식별자극을 통제하기 위해 **자극용암**의 과정을 통하여 자극촉구를 제거하여야 한다. 만일 자극촉구가 올바른 반응을 유발시키기 위해 자극을 첨가하였다면(가외자극 촉구), 식별자극이 존재하는 동안 반응이 분명히 일어나기 시작하였을

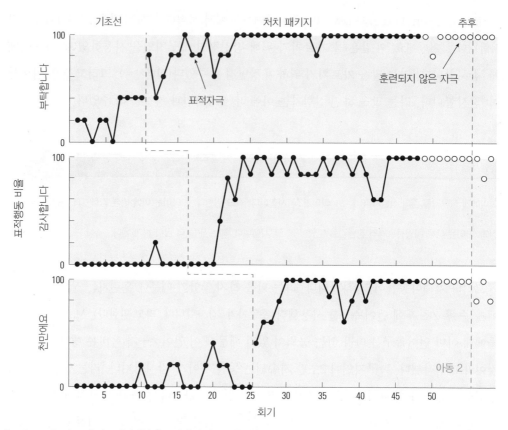

[그림 10-3] 이 그래프는 점진적인 촉구지연 절차를 사용한 후 자폐아동이 세 가지 사회적 행동을 획득한 것을 보여 주고 있다. 이 그래프는 행동별 중다기초선 설계이다.

출처: Matson, J. L., Sevin, J. A., Fridley, D., & Love, S. R. (1990). Increasing spontaneous language in three autistic children. *Journal of Applied Behaviour Analysis, 23*, 227-233.

때 부가적인 자극을 점차적으로 제거해 나간다. 이 부가적 자극이 완전히 제거되고도 식별자극이 있을 경우 계속해서 반응이 일어난다면 용암이 이루어진 것이다.

학생들이 카드를 구구단 학습에 이용할 때, 카드의 뒷면에 있는 답은 자극촉구이다. 학생들이 카드를 통해 학습을 하는 동안 점점 더 문제의 해답을 보지 않게 된다면 자극용암이 된 것이다. 아이들이 오른손에 X자를 썼을 때, 이 자극촉구는 어떤 손이 오른손인지를 알게 도와준다. 며칠이 지나면서 X자가 없어질 때 자극용암이 되고, 아이들은 X자 없이도 어느 손이 오른손인지를 알게 된다.

자극촉구가 식별자극의 일부를 변화시키는 것이라면 자극용암을 사용할 수 있다(자극 내 촉구). 이 경우에 자극용암은 식별자극의 변형된 유형에서 자연적인 유형으로의 점진적인 변화를 포함한다. 맥콜 코치는 데이브로 하여금 선수들에게 쉬운 공을 던지게 하였을 때 이 자극촉구를 사용했다. 이 경우에 자극용암은 선수들이 정상속도의 공을 칠 수 있을 때까지 공의 속도를 증가시키는 것을 말한다. 아이들이 공을 성공적으로 쳐낼 때까지 공의 속도를 점차 증가시키는 것은 자극촉구의 용암 및 자연적 촉구(정상속도의 투구)로의 자극통제에 대한 전이에 해당한다.

학생들에게 '출구' 카드를 지적하도록 가르치는 교사는 '출구' 카드를 '입구' 카드보다 크게 만들어 자극촉구를 사용하였다.

? 이 교사는 어떻게 자극용암을 사용하였는가?

이 교사는 '출구' 카드의 크기를 '입구' 카드의 크기와 같아질 때까지 서서히 줄임으로써 자극용암을 사용한다. 즉, 두 카드가 같은 크기가 되었을 때, 그 단어를 식별하도록 만든다.

몇몇 연구자가 자극용암과 자극형성의 차이점을 구분하고 있다(Cooper et al., 1987; Etzel, LeBlanc, Schilmoeller, & Stella, 1981). 비록 두 절차는 형식상 차이점이 존재하지만, 매우 비슷하며(Deitz & Malone, 1985), 모두 자극촉구를 점진적으로 제거해 나간다. 이러한 이유로, 그리고 행동형성(제9장)과 자극형성의 혼동을 피하기 위해 여기서는 자극촉구의 점차적 제거를 포함하고 있는 모든 절차를 자극용암이라는 용어를 사용한다(자극용암과 자극형성의 차이점에 대해서는 Cooper et al., 1987; Etzel & LeBlanc, 1979; Etzel et al., 1981 참조).

더 읽을거리

다양한 촉구와 용암의 적용

촉구와 용암은 다양한 학습자의 다양한 기술을 가르치기 위한 응용행동분석에서 폭넓게 사용되고 있다. 촉구와 용암이 사용되는 한 영역은 자폐아동에게 기술을 가르치는 데 자주 사용된다. 예를 들면, 많은 연구자들은 성문 스크립트(written script)가 자폐아동의 사회적 기술을 시작하도록 돕는 촉구로서 사용될 수 있음을 시사한다(예: Krantz & McClannahan, 1993, 1998; Sarokoff, Taylor, & Poulson, 2001). 촉구와 용암법의 또 다른 적용 예는 직원관리 영역이다. Petscher와 Bailey(2006)는 장애학생 수업에서 직원들이 소리 나는 종이를 통하여 교수 활동에 참여하도록 하기 위해 촉구를 사용하였다. 직원이 적절한 시간에 교수 활동을 하지 않으면, 그들의 종이가 촉구로서 소리를 내었다. 직원들은 정확한 때에 정확한 행동을 하게 되었고, 촉구가 사라졌을 때도 계속 그렇게 하였다. 촉구와 용암법의 또 다른 적용 예는 체육 기술이다. Osborne, Rudrud와 Zezoney(1990)는 야구선수의 커브볼 던지기 능력을 향상시키기 위해 자극촉구를 사용하였다. 또 다른 예로, Luyben, Funk, Morgan, Clark와 Delulio(1986)은 중증 지적장애인의 축구공 패스 기술을 향상시키기 위해 촉구와 용암법을 사용하였다.

촉구와 용암 사용방법

어떤 행동에 대한 적절한 자극통제를 하는 것이 목표라면(적절한 시간에 올바른 곳에서 새로운 행동이나 기존의 행동을 유발시키고자 한다면), 촉구와 용암을 사용해야 한다. 그러한 절차들을 사용하기 전에 자극통제의 문제점인지 불복종의 문제점인지(할 수 없는 문제인지 하지 않으려는 문제인지)를 짚고 넘어가는 것이 중요하다. 만일 어떤 사람이 그 행동을 학습하지 못하거나 적절한 시기에 그 행동을 학습하지 못한다면(할 수 없다면), 적절한 절차는 촉구와 용암법이다. 그러나 만일 어떤 사람이 과거에는 적절한 시기에 올바른 행동을 보였지만 이제는 그것을 거부한다면(하지 않으려 한다면) 그것은 불복종의 문제이다. 따라서 촉구와 용암은 적절한 절차가 될 수 없다. 불복종과 기타 행동문제들을 다루려면 제13~19장을 참조하기 바란다. 촉구와 용암을 위한 지침은 다음과 같다(Alberto & Troutman, 1986; Martin & Pear, 1992; Rusch, Rose, & Greenwood, 1988; Sulzer-Azaroff & Mayer, 1991).

1. **가장 적절한 촉구 전략을 선택하라.**   여러 가지 반응촉구와 자극촉구들이 사용 가능하다. 그중에서 학습자와 학습과제에 가장 잘 맞는 것 중 하나를 선택한다. 만일 새로운 행동을 배우고 있다면 반응촉구가 가장 적합하다. 왜냐하면 이 촉구는 적절한 상황에서 새로운 행동을 일으키기 위해 사용될 수 있다. 능력이 제한되어 있는 학습자들(예: 발달장애 성인이나 아동)에게는 신체촉구와 같은 좀 더 강하고 더 강제적인 촉구가 가장 적합하다. 만일 학습자가 덜 강제적이거나 약한 촉구(예: 언어촉구)로도 도움이 된다면 그것을 사용할 수 있다. 어느 정도의 촉구가 필요한지 확실하지 않다면 '최소에서 최대'의 전략(최소 촉구체계라고도 함)과 같은 점진적인 촉구전략들을 사용할 수 있다. 여기에서는 가장 덜 강제적인 촉구를 먼저 사용하고 점점 더 강제적인 촉구를 사용한다. 어떤 사람으로 하여금 올바른 식별을 하도록 도와주고자 한다면 자극촉구가 가장 적당하다. 왜냐하면 자극촉구는 식별자극을 강조하므로 식별자극이 제시되었을 때 학습자 반응의 경향성을 높일 수 있기 때문이다.

2. **학습자의 주목을 끌라.**   촉구하기 전에 학습자가 주의집중하고 있는지 확인해야 한다. 자극 집중을 방해하는 것들을 제거하거나 줄이도록 하고, 가능하다면 촉구하기 전에 학습자의 주의를 끌도록 하라. 예를 들면, 코치가 매트에게 모델링촉구를 제공하기 전

에 매트의 주의를 끌기 위하여 "매트야, 내가 방망이로 치는 것을 보아라."라고 말할 수 있다.

3. **식별자극을 제시하라.**　학습은 항상 식별자극이 제시되면서 시작된다. 이 식별자극은 학습자가 훈련을 끝마쳤을 때 올바른 반응을 유발시켜야 하는 자극이다. 만일 학습자가 식별자극이 있을 경우 올바른 반응을 한다면 촉구는 더 이상 필요 없어진다.

4. **정확한 반응을 촉구하라.**　식별자극이 올바른 반응을 유발시키지 않을 경우, 촉구를 제공한다. 자극촉구를 사용할 때, 식별자극이 제시되거나 일부 식별자극을 변화시키는 방식으로 자극 상황을 변경시킨다. 만일 반응촉구를 사용할 때, 식별자극을 제시한 후 즉시 적당한 촉구를 제공한다.

5. **정확한 행동을 강화하라.**　식별자극이 있을 경우 학습자가 올바른 행동을 하게 되면(촉구가 주어지든 주어지지 않든 간에) 즉시 강화인을 제공하라. 학습자가 식별자극이 있을 경우 촉구 없이 정확한 행동을 하는 것이 목표이기 때문에, 촉구가 없었던 반응들에 대하여 강화의 양을 증가시켜야 한다. 예를 들면, 더 강력하게 칭찬을 해 준다거나 더 많은 강화인을 제공할 수 있다.

6. **용암하라.**　자연적인 식별자극을 자극통제하기 위해서는 가능하면 빨리 촉구가 제거되어야 한다. 만일 반응촉구가 사용되고 있다면 용암이나 촉구지연 절차를 사용할 수 있다. 자극촉구가 사용되고 있다면 자극용암 절차를 사용할 수 있다. 반응촉구나 자극촉구의 용암을 사용할 때는 그 용암의 단계가 매우 적어야 한다(즉, 그 과정이 점차적이어야 한다). 그래야 사람들이 촉구가 용암되는 동안에도 올바른 반응을 계속할 수 있기 때문이다. 용암의 단계가 너무 크면 정확한 행동이 없어질지도 모른다(오류가 생길 수 있다). 만일 이러한 일이 발생하면 이전의 용암 단계로 돌아가서 더 많은 혹은 더 강한(또는 더 강제적인) 촉구를 사용해야 한다. 촉구지연 절차를 사용할 때, 촉구가 주어지기 전 지연기간 동안에 일어난 반응에는 더 많은 강화인을 제공해야 한다.

7. **촉구가 없을 때의 반응을 계속 강화하라.**　촉구가 제거된 후에도 식별자극이 있을 경우 정확한 행동을 한다면, 그 행동에 대한 강화를 계속해야 한다. 학습자가 정확한 행동을 계속하면 연속강화 계획에서 간헐강화 계획으로 변경하라. 이것은 시간이 지남에도 올바른 행동을 유지하는 데 도움이 될 것이다.

촉구와 용암을 위한 지침

1. 가장 적절한 촉구 전략을 선택하라.
2. 학습자의 주목을 끌라.
3. 식별자극을 제시하라.
4. 정확한 반응을 촉구하라.
5. 정확한 행동을 강화하라.
6. 용암하라.
7. 촉구가 없을 때의 반응을 계속 강화하라.

자폐증 치료에서의 촉구와 용암

자폐아에게 기술을 가르치기 위해 촉구와 용암을 일반적으로 적용할 수 있다. 자폐아가 종종 초기 집중적인 행동중재(early intensive behavioral intervention: EIBI)를 받는 동안에, 행동분석가들이나 다른 행동 관련 전문가들은 중요한 학업기술(academy skill)을 가르침으로써 자폐아가 학교에 입학했을 때 장애가 없는 일반 또래들과 동일한 기술을 발달시키고 성공할 수 있게 된다. 초기 집중적인 행동중재를 실시하기에 앞서, 행동분석가들은 훈련에 필요한 기술들을 단계별로 사정하여 확인한다. 촉구와 용암의 절차는 그다음 각 기술을 훈련시키기 위해 단계별로 사용된다. 예를 들어, 어린 자폐아동을 위한 기술의 초기 단계에는 (1) 눈 마주치기, (2) 동작 모방하기, (3) 특정 행동 모방하기, (4) 간단한 지시 따라 하기 등이 포함된다(자폐증이 있는 어린아이를 위한 교육과정의 예로 Taylor & McDonough, 1996 참조). 이러한 각각의 기초 기술은 다른 기술을 학습하는 데 중요하며, 심화기술은 이러한 기초 기술을 토대로 습득된다.

촉구와 용암이 어떻게 동작 모방 기술을 가르치는 데 사용되는지 살펴보자. 먼저 조그만 테이블에 자폐아와 조용히 마주 앉는다. 아이의 주의를 집중시킨 후, 식별자극(S^D)을 제시하며(박수를 치며 "따라 해 보세요."라고 말하며), 정확한 반응을 촉구하고(아이의 손을 맞잡고 박수를 치게 하며) 그리고 칭찬이나 간식거리 등의 즉각적인 강화인을 제공한다. 식별자극을 제시하고, 반응을 촉구하며, 강화인을 제공하는 일련의 과정을 학습수행(learning trial)이라고 한다. 이러한 학습수행을 수차례 반복하고 직접 "이것 해 보세요."라고 말하면서 직접 박수를 칠 때, 자폐아 스스로 박수를 칠 수 있을 때까지 신체촉구를 점점 줄여 나간다(용암). 일단 아이가 촉구 없이 동작을 모방하기 시작하면, 다른 동작(예: 책상 두드리기, 파도치기, 팔 위로 올리기 등)을 선택하여 가르치게 된다. 결국, "이렇게 해 보렴."이라고 말하고 어떤 동작을 했을 때, 아이가 어떤 운동이라도 모방할 것이다. 이런 점에서 자폐아가 동작 모방을 학습했다고 말 할 수 있으며, 다음 순서로 넘어갈 수 있다. 자폐아의 능력 수준에 따라 동작을 따라 하고 다음 단계로 넘어갈 때까지 수일에서 몇 주가 걸릴 수 있다.

요약

1. 촉구는 식별자극을 제시하거나 식별자극을 변화시키거나 혹은 식별자극에 또 다른 자극을 첨가시킨 후에 제공된다. 촉구는 식별자극이 있을 경우 정확한 상황에서 정확한 행동을 일으킬 가능성을 증가시키기 위해 사용된다.
2. 용암은 촉구의 점차적인 제거이다. 용암은 식별자극이 있을 경우 어떤 촉구가 없어도 행동이 발생하도록 하기 위해 사용된다.
3. 반응촉구는 다른 사람의 행동에 의해 학습자의 행동이 나타나는 것을 말한다. 자극촉구는 정확한 식별을 하도록 식별자극이나 다른 자극의 일부를 변화시키는 것을 포함한다.
4. 반응촉구에는 언어촉구, 자세촉구, 신체촉구, 모델링촉구가 있다.
5. 자극통제에 대한 전이는 행동을 식별자극에 대한 자극통제하에 두고자 촉구를 제거하는 것이다. 자극통제에 대한 전이 절차는 용암과 촉구지연을 포함하고 있다. 용암에서는 어떤 촉구 없이 식별자극이 있을 경우 반응이 일어날 때까지 점진적으로 어떤 반응촉구나 어떤 자극 촉구를 제거한다. 촉구지연 절차에서는 식별자극의 제시와 반응촉구 간의 시간을 지연시킨다.

핵심용어

가외 자극촉구(extrastimulus prompt)	용암(fading)
모델링촉구(modeling prompt)	자극 내 촉구(within-stimulus prompt)
반응촉구(response prompt)	자극용암(stimulus fading)
신체지도(physical guidance)	자극촉구(stimulus prompt)
신체촉구(physical prompt)	자극통제 전이(transfer of stimulus control)
언어촉구(verbal prompt)	자세촉구(gestural prompt)

촉구(prompt)

촉구용암(prompt fading)

촉구지연(prompt delay)

학습수행(learning trial)

제11장

행동연쇄

주요 학습문제

- 자극–반응연쇄란 무엇인가?
- 자극–반응연쇄의 과제분석 수행은 왜 중요한가?
- 행동연쇄를 가르치기 위해 전진 행동연쇄와 후진 행동연쇄를 어떻게 사용하는가?
- 전체 과제제시법은 무엇이며, 행동연쇄 절차와는 어떻게 다른가?
- 행동연쇄를 가르치기 위한 세 가지 전략은 무엇인가?

    촉구는 행동을 일으키기 위해 사용되고, 자극통제의 전이는 촉구를 제거하고 관련된 식별자극(S^D)이 있을 때 행동이 발생되도록 하기 위해 사용된다. 대개 이러한 절차들은 간단한 식별 능력을 발달시켜 어떤 식별자극이 있을 때 어떤 반응이 일어나도록 하기 위해 사용된다. 예를 들어, 야구선수가 공을 치려고 방망이를 휘두른다. 어떤 학생이 정확하게 단어를 읽는다. 전원에 스피커 전선을 꽂는다. 누군가로부터 뭔가를 받았을 때 "고맙습니다."라고 말한다. 이러한 각 예들은 어떤 상황에서 일어나는 하나의 행동이다. 그러나 어떤 상황이든 여러 가지 반응 요소로 구성된 복잡한 행동을 요구한다. 순차적으로 함께 일어나는 많은 요소로 구성된 복잡한 행동을 **행동연쇄**(behavioral chain)라고 한다.

행동연쇄의 예

껌을 씹고 싶을 때, 우리는 일련의 순차적 반응을 보여야 한다. 즉, (1) 주머니 속에 손을 집어넣는다. (2) 껌을 꺼낸다. (3) 여러 개의 껌 중 1개를 꺼낸다. (4) 포장지를 벗긴다. (5) 입속에 껌을 넣는다. 이처럼 껌 하나를 씹기 위해 순차적으로 일어나는 최소한 다섯 가지 행동에 관여해야 한다. 순차적 행동에서는 이전의 행동이 끝나야만 다음 행동을 할 수 있다. 만일 껌의 포장지를 벗기지 않았다면 입 안에 껌을 넣을 수 없다. (물론 그럴 수는 있겠으나 왜 포장지를 벗기지도 않고 먹겠는가?) 또한 여러 개의 껌 중에서 1개를 꺼내지 않으면 껌의 포장지를 벗길 수 없고, 주머니에서 껌을 꺼내지 않으면 여러 개 중에서 1개를 꺼낼 수도 없다.

다른 예를 생각해 보자. 바비는 세탁소에서 일을 하는데, 그의 일은 수건을 거래처(예: 호텔, 헬스클럽, 병원)에 가져갈 수 있도록 접어서 상자에 담는 것이다. 수건이 건조대에서 나오면 다른 인부들이 수건을 큰 바구니에 담아서 바비에게 가져온다. 바비의 일은 다음과 같은 행동연쇄로 이루어진다. (1) 바구니의 수건을 집는다. (2) 테이블 위에 놓는다. (3) 한쪽 끝을 잡고 반으로 접는다. (4) 반으로 접은 수건의 한쪽 끝을 잡고 다시 반으로 접는다. (5) 1/4로 접힌 수건의 한쪽 끝을 잡고 다시 반으로 접는다. (6) 접은 수건을 집어 든다. (7) 상자 안에 넣는다. 상자가 가득 차면 다른 인부들이 수건 상자를 트럭에 싣는다. 수건을 접는 바비의 일은 7단계 행동연쇄로 이루어진다. 행동연쇄에서 각 요소 행동은 이전 행동의 발생에 따라 일어난다.

이 장에서는 행동연쇄의 요소분석법과 행동연쇄를 가르치기 위한 다양한 방법에 대해 살펴본다.

자극–반응연쇄의 분석

각 행동연쇄는 순차적으로 함께 일어나는 많은 자극–반응 요소로 구성되어 있다. 그렇기 때문에 행동연쇄는 종종 자극–반응연쇄(stimulus-response chain)라고도 한다. 연쇄의 각 행동이나 반응은 다음 반응에서 식별자극 역할을 하는 자극 변화를 산출한다. 첫 번째 반응은 두 번째 반응을 위한 식별자극을 산출하고, 두 번째 반응은 세 번째 반응을 위한 식별자극을 산출하며, 이와 같이 연쇄의 모든 반응이 끝날 때까지 차례대로 발생한다. 물론, 전체의 자극-반응연쇄는 자극통제하에 있기 때문에 첫 번째 반응은 특정한 식별자극이 제시될 때 일어난다. 주머니 안에 있는 껌은 연쇄의 첫 반응을 위한 식별자극이다. 바비 곁에 수건이 쌓인 바구니는 첫 반응(상자의 수건을 집는 것)을 위한 식별자극이다. 물론, 행동연쇄는 마지막 반응이 강화되는 결과를 가져올 때에만 계속된다. 껌을 씹는 것은 입으로 껌을 넣는 행동연쇄에 대한 강화인이다. 상자 안의 접힌 수건은 수건을 접는 행동연쇄에 대한 조건화된 강화인이다. 왜냐하면 접힌 수건은 칭찬을 듣거나 임금을 받는 것과 같은 다른 강화인과 연관되어 있기 때문이다.

껌을 씹는 행동연쇄에서 자극과 반응의 순차적 요소는 다음과 같다.

1. S^D1(주머니 속의 껌) → R1(주머니 속으로 손을 뻗는다.)
2. S^D2(주머니 속의 손) → R2(껌을 주머니에서 꺼낸다.)
3. S^D3(손에 든 껌 꾸러미) → R3(껌 하나를 꺼낸다.)
4. S^D4(손에 든 껌 하나) → R4(껌의 포장지를 벗긴다.)
5. S^D5(손에 든 포장지를 벗긴 껌) → R5(입으로 껌을 넣는다.) → 강화인(껌을 씹는다.)

앞에서 보는 바와 같이, 각 반응은 다음 반응을 위한 식별자극이 있는 자극 상황을 만든다. 그러므로 연쇄의 다음 반응은 이전 반응의 발생에 좌우된다.

다섯 가지 자극-반응연쇄 요소는 다음과 같이 설명될 수 있다.

$$S^D1 → R1$$
$$S^D2 → R2$$
$$S^D3 → R3$$
$$S^D4 → R4$$
$$S^D5 → R5 → 강화인$$

수건을 접어 상자에 넣는 바비의 일을 일곱 가지 자극-반응 요소로 분석하라.

1. S^D1(수건이 가득 찬 바구니) → R1(상자의 수건을 집어 든다.)
2. S^D2(손에 든 수건) → R2(테이블 위에 놓는다.)

3. S^{D}3(테이블 위의 수건) → R3(수건을 반으로 접는다.)

4. S^{D}4(테이블 위의 반으로 접힌 수건) → R4(수건을 다시 반으로 접는다.)

5. S^{D}5(테이블 위의 1/4로 접힌 수건) → R5(수건을 다시 반으로 접는다.)

6. S^{D}6(테이블 위의 완전히 접힌 수건) → R6(접힌 수건을 집는다.)

7. S^{D}7(손 안의 완전히 접힌 수건) → R7(상자 안에 수건을 배열한다.) → 강화인(상자 안의 접힌 수건)

바비가 일을 하기 전에 다른 인부들은 바비에게 수건이 가득 찬 바구니를 가져오고, 가득 찬 바구니는 자극-반응연쇄의 첫 반응에서 자극통제를 하는 첫 식별자극이다. 연쇄의 각 후속 반응은 이전 반응이 자극통제를 하는 식별자극을 창출하기 때문에 발생하는 것이다.

더 나아가기 전에 자극-반응연쇄의 처음 부분을 좀 더 면밀히 살펴보자. 확대 유인력으로 연쇄 성과를 더 강화할 수 있다. 첫 번째 예에서 확대 유인력(EOs)은 특정 시간에 껌을 얻도록 더 강화하는데, 이는 주머니에 손을 뻗거나 껌 포장지를 벗김으로써 행동연쇄를 일으킬 가능성을 증가시킨다. 확대 유인력은 입 안에서 양파 냄새가 난다든지, 입 안에 껌의 단물이 다 빠졌다든지, 담배를 피웠다든지, (남자 친구나 여자 친구와 대화하는 것과 같은) 좋은 향기를 풍겨야 할 상황 등이 될 수 있다. 이러한 상황에서 껌을 씹고 싶다고 말할 수 있지만, 이 진술은 왜 특정 시간에 껌이 더 강화되는지를 이해하는 데 도움이 되지 않는다. 확대 유인력으로서 기능할 수 있는 자극을 찾는 것이 훨씬 나을 것이다.

과제분석

행동연쇄를 자극-반응 요소로 잘게 나누는 절차를 **과제분석**(task analysis)이라고 한다. 당신의 목표가 누군가에게 두 가지 이상의 반응 요소로 구성된 복잡한 과제를 가르치는 것이라면, 첫 번째 단계는 수행해야 할 모든 행동을 규정하고 그것을 순서대로 써 내려가는 것이다. 다음으로는 과제의 각 요소 행동과 연관된 식별자극을 확인한다. 누군가에게 과제를 가르치는 일은 행동연쇄의 각 자극-반응 요소의 식별훈련이기 때문에, 각 자극-반응 요소들을 잘 이해하기 위해서는 자세하게 과제분석을 해야 한다.

행동연쇄에는 행동의 순서를 확인하는 여러 가지 방법이 있다(Cooper, Heron, & Heward,

1987; Rusch, Rose, & Greenwood, 1988). 하나의 방법은 과제에 관여하는 사람을 관찰하고 각 자극-반응 요소를 기록하는 것이다. 예를 들어, Horner와 Keilitz(1975)는 지적장애 청년에게 양치질을 가르치는 연구를 하였는데, 연구자들은 지적장애인들의 이를 닦아 주는 직원들의 행동을 관찰하여 이 닦기 과제분석을 하였다. 다른 방법은 그 과제를 잘 수행하는 이들에게 과제의 모든 요소에 대한 설명을 요청하는 것이다. 마지막 방법은 당신 스스로 과제를 수행해 보고 그 순서를 기록하는 것이다. Bellamy, Horner와 Inman(1979)은 과제분석을 할 때 스스로 해 보는 방법이 과제의 각 반응과 그 반응에 연관된 자극에 대한 최상의 정보를 얻을 수 있다고 주장한다. 다시 말해, 과제와 관련된 자신의 경험으로부터 최상의 정보를 얻을 수 있는 것이다.

과제분석을 하기 위한 다른 방법

- 과제에 참여할 사람을 관찰하라.
- 전문가(과제를 잘 수행하는 사람)에게 요청하라.
- 자신의 과제를 수행하고 각 구성요소의 식별자극과 반응을 기록하라.

일단 과제분석의 초안을 완성했으면 훈련을 시작한 후에 어느 정도 교정해야 하는 경우도 있다. 한 가지 행동을 보다 자세한 구성요소로 나누어야 한다든지, 두세 가지 구성요소를 하나로 합쳐야 하는 경우도 발생할 수 있다. 과제분석을 교정할 것인지 아닌지는 훈련이 얼마나 잘 진행되는가에 달려 있다. 만일 학습자가 연쇄의 어떤 행동에서 어려움을 겪는다면 그 행동은 두세 가지의 구성요소로 좀 더 세분화될 필요가 있다. 그러나 학습자가 행동을 잘 수행한다면 두 가지 혹은 세 가지의 구성요소를 하나로 묶을 수도 있다. 다음의 예를 생각해 보자.

최중도 지적장애 아동에게 숟가락 사용을 가르치고자 할 때, 다음과 같이 과제분석을 할 수 있다.

1. S^D1(테이블 위의 음식이 담긴 그릇과 숟가락) → R1(숟가락을 집는다.)
2. S^D2(손 안의 숟가락) → R2(그릇 안의 음식에 숟가락을 넣는다.)
3. S^D3(음식 속의 숟가락) → R3(숟가락으로 음식을 뜬다.)
4. S^D4(숟가락 위의 음식) → R4(숟가락으로 뜬 음식을 그릇에서 옮긴다.)
5. S^D5(숟가락에 담긴 음식) → R5(입 안으로 음식을 넣는다.) → 강화인(음식을 먹는다.)

이 과제분석은 5단계(또는 구성요소)로 되어 있다. 각 단계는 자극과 반응으로 이루어져 있다. 이 과제분석은 숟가락 사용법을 배우는 아동에게 적합하다. 그러나 이것이 너무 쉬운 아동에게는 몇 개의 단계를 합칠 수도 있다. 이 예는 다음과 같이 구성될 수 있다.

1. S^D1(테이블 위의 음식이 담긴 그릇과 숟가락) → R1(숟가락을 집어 그릇 안의 음식에 넣는다.)
2. S^D2(음식 속의 숟가락) → R2(숟가락으로 음식을 뜬다.)
3. S^D3(숟가락 위의 음식) → R3(숟가락으로 뜬 음식을 옮겨 입 안으로 가져간다.) → 강화인(음식을 먹는다.)

3단계 과제분석과 5단계 과제분석 간의 유일한 차이점은 5단계 과제분석에서 행동을 더 작은 단위로 나누었다는 것이다. 각 단계는 모두 자극과 반응으로 구성되어 있으나 반응의 크기가 다르다. 일부 학습자에게는 5단계 과제분석이 적절하고, 일부 다른 학습자에게는 3단계 과제분석이 더 적절하다. 과제분석에서 단계의 수는 옳고 그름의 문제가 아니다. 과제분석을 적절한 단계로 구성했는지를 알아보는 유일한 방법은 과제분석이 학습자에게 잘 적용되는지를 보는 것이다.

많은 연구에서 연구자들은 복잡한 과제분석을 하여 연구 대상에게 적용하였다. 예를 들어, Cuvo, Leaf와 Borakove(1978)는 여섯 가지 관리 기술 각각을 과제분석하여 지적장애인에게 가르쳤는데, 각 기술의 과제분석은 13~56단계로 이루어졌다. Alavosius와 Sulzer-Azeroff(1986)는 치료시설에서 지체장애인을 휠체어에서 안전하게 이동시키는 법에 대한 18단계 과제분석을 하여 직원들에게 가르쳤다. 이 밖에도 생리 처리 기술(Richman, Reiss, Bauman, & Bailey, 1984), 아파트 유지 기술(Williams & Cuvo, 1986), 도로 안전보행 기술(Page, Iwata, & Neef, 1976), 여가 기술(Schleien, Wehman, & Kiernan, 1981), 지역사회 자원봉사 지침서 작성 기술(Fawcett & Fletcher, 1977) 등이 있다.

[그림 11-1]은 복잡한 과제에 대한 학습자의 진행 과정을 기록하는 과제분석지이다. 여기에는 과제의 모든 식별자극 반응이 목록화되어 있음에 주목하라. 학습자가 그 단계를 완전히 습득했을 때(촉구 없이 할 수 있을 때) 각 단계의 오른쪽에 있는 숫자에 동그라미를 친다.

일단 복잡한 기술의 과제분석이 개발되면 다음 단계는 그 기술을 가르치는 전략을 선택하는 것이다. 복잡한 과제(행동연쇄)를 가르치기 위한 전략을 **연쇄 절차**(chaining procedures)라고 한다. 연쇄 절차는 연쇄의 각 자극-반응 구성요소에 촉구와 용암법을 체계적으로 적용하는 것을 의미한다. 연쇄 절차에는 후진 행동연쇄, 전진 행동연쇄, 전체 과제제시법으로 세 가지가 있다.

	S^D	반응	연속적 시행 횟수																					
1	상자 안의 부품	베어링을 집어 책상 위에 놓는다.	1	1	1	1	1	1	1	1	1	1	1	1	1	1	1	1	1	1	1	1	1	1	1
2	책상 위의 베어링	한 베어링 모서리에 너트를 놓는다.	2	2	2	2	2	2	2	2	2	2	2	2	2	2	2	2	2	2	2	2	2	2	2
3	한 모서리의 너트	두 번째 베어링 모서리에 너트를 놓는다.	3	3	3	3	3	3	3	3	3	3	3	3	3	3	3	3	3	3	3	3	3	3	3
4	두 모서리의 너트	세 번째 베어링 모서리에 너트를 놓는다.	4	4	4	4	4	4	4	4	4	4	4	4	4	4	4	4	4	4	4	4	4	4	4
5	세 모서리의 너트	베어링 안에 캠(운동장치)을 놓는다.	5	5	5	5	5	5	5	5	5	5	5	5	5	5	5	5	5	5	5	5	5	5	5
6	베어링 안의 캠	베어링 안에 굴림대를 놓는다.	6	6	6	6	6	6	6	6	6	6	6	6	6	6	6	6	6	6	6	6	6	6	6
7	베어링 안의 굴림대	베어링 안에 빨간 용수철을 놓는다.	7	7	7	7	7	7	7	7	7	7	7	7	7	7	7	7	7	7	7	7	7	7	7
8	놓여 있는 빨간 용수철	베어링과 캠을 180도 회전시킨다.	8	8	8	8	8	8	8	8	8	8	8	8	8	8	8	8	8	8	8	8	8	8	8
9	회전된 베어링	베어링 안에 굴림대를 놓는다.	9	9	9	9	9	9	9	9	9	9	9	9	9	9	9	9	9	9	9	9	9	9	9
10	베어링 안의 굴림대	베어링 안에 녹색 용수철을 놓는다.	10	10	10	10	10	10	10	10	10	10	10	10	10	10	10	10	10	10	10	10	10	10	10
11	놓여 있는 녹색 용수철	천으로 베어링을 닦는다.	11	11	11	11	11	11	11	11	11	11	11	11	11	11	11	11	11	11	11	11	11	11	11
12	깨끗해진 베어링	가방 속에 베어링을 넣는다.	12	12	12	12	12	12	12	12	12	12	12	12	12	12	12	12	12	12	12	12	12	12	12
13	가방 속의 베어링	상자 속에 가방을 넣는다.	13	13	13	13	13	13	13	13	13	13	13	13	13	13	13	13	13	13	13	13	13	13	13
14			14	14	14	14	14	14	14	14	14	14	14	14	14	14	14	14	14	14	14	14	14	14	14
15			15	15	15	15	15	15	15	15	15	15	15	15	15	15	15	15	15	15	15	15	15	15	15
16			16	16	16	16	16	16	16	16	16	16	16	16	16	16	16	16	16	16	16	16	16	16	16
17			17	17	17	17	17	17	17	17	17	17	17	17	17	17	17	17	17	17	17	17	17	17	17
18			18	18	18	18	18	18	18	18	18	18	18	18	18	18	18	18	18	18	18	18	18	18	18
19			19	19	19	19	19	19	19	19	19	19	19	19	19	19	19	19	19	19	19	19	19	19	19
20			20	20	20	20	20	20	20	20	20	20	20	20	20	20	20	20	20	20	20	20	20	20	20
21			21	21	21	21	21	21	21	21	21	21	21	21	21	21	21	21	21	21	21	21	21	21	21
22			22	22	22	22	22	22	22	22	22	22	22	22	22	22	22	22	22	22	22	22	22	22	22
23			23	23	23	23	23	23	23	23	23	23	23	23	23	23	23	23	23	23	23	23	23	23	23
24			24	24	24	24	24	24	24	24	24	24	24	24	24	24	24	24	24	24	24	24	24	24	24
25			25	25	25	25	25	25	25	25	25	25	25	25	25	25	25	25	25	25	25	25	25	25	25

[그림 11-1] 이 과제분석 용지는 행동연쇄의 각 구성요소에 대해 식별자극과 반응을 기재하도록 되어 있다. 연구자들은 어떤 사람에게 복잡한 과제를 훈련시키기 위한 행동연쇄 절차를 이용할 때 이 용지에 진전 사항을 기재할 수 있다.

출처: Bellamy, G. T., Horner, R. H., & Inman, D. P. (1979). *Vocational habilitation of severely retarded adults*. Austin, TX: Pro-Ed Journals.

후진 행동연쇄

후진 행동연쇄(backward chaining)는 일반적으로 매우 제한된 능력을 가진 학습자에게 사용되는 집중훈련 절차이다. 후진 행동연쇄에서는 먼저 행동연쇄의 마지막 행동을 가르치기 위해 촉구와 용암법을 사용한다. 행동연쇄의 마지막 행동으로 시작하기 때문에 학습자는 매번 시도할 때마다 행동연쇄를 마무리하게 된다. 일단 마지막 행동이 완전히 습득되면(어떤 촉구 없이 식별자극의 제시에 따라 학습자가 행동을 나타내면) 전 단계의 행동을 가르친다. 마지막 두 단계의 행동을 어떤 촉구 없이 할 수 있게 되면 다시 그 이전 단계의 행동을 가르치고, 이렇게 하여 행동연쇄의 모든 행동 요소를 첫 번째 식별자극이 나타났을 때부터 촉구 없이 모두 할 수 있을 때까지 계속한다. 중도 지적장애 청년인 제리의 예를 들어 보자. 후진 행동연쇄를 사용하여 제리에게 다트 던지는 법을 가르치려고 할 때, 과제분석(Schleien et al., 1981)은 다음과 같은 요소로 구성된다.

1. S^D1(교사가 "제리야, 다트놀이 하자."라고 말한다.) → R1(제리가 다트판으로 걸어온다.)
2. S^D2(다트판에서 8피트 떨어진 선 근처에 서 있다.) → R2(제리가 선으로 다가가 선에 발끝을 대고 다트판을 향해 선다.)
3. S^D3(다트가 있는 테이블 근처 선에 서 있다.) → R3(제리가 엄지와 검지 사이에 다트를 쥔다.)
4. S^D4(엄지와 검지 사이에 다트를 쥐고 서 있다.) → R4(제리가 팔꿈치를 굽혀 팔뚝을 90도로 한다.)
5. S^D5(손에 다트를 쥐고 선에 서서 팔꿈치를 굽힌다.) → R5(제리가 다트판을 향해 팔뚝과 손을 밀고 팔을 뻗으며 다트를 놓는다.) → 강화인(다트가 다트판에 명중한다.)

후진 행동연쇄 절차를 시작하기 위해 마지막 식별자극(S^D5)을 제시하고 정확한 반응을 촉구한 후 강화인을 제공한다.

$$S^D5 + 촉구 → R5 → 강화인$$

이 예에서 교사는 제리를 다트판으로 데리고 가서 선에 발을 대게 하고 손에 다트를 쥐어 준 다음 팔뚝을 90도까지 굽혀 촉구해 준다. 이 상태는 연쇄의 마지막 단계(S^D5)를 위한 식별자극이다. 교사는 정확한 반응을 위해 신체촉구를 하는데, 손으로 제리의 손을 잡고 그의 손을 앞으로 밀어 팔을 뻗을 때 다트를 손에서 놓는다. 다트가 다트판에 명중하면 제리를 칭찬한다(칭찬은 제리를 위한 강화인이다). 이러한 신체촉구를 계속하다가 제리가 스스로 행동할 수 있게 되면 촉구를 줄이기 시작한다. 만일 이러한 촉구가 제리의 행동에 대해 자극통제를 갖는다면 신체촉구 대신에 자세촉구나 모델링촉구가 사용될 수도 있다. 항상 행동을 일으키기 위해 필요한 최소한의 촉구를 사용한다. 일단 제리가 행동연쇄의 다섯 번째 구성요소를 숙달하면(제리의 손에 다트를 쥐어 주고 팔꿈치를 굽혀 주자마자 제리가 독립적으로 다트를 던지면) 거꾸로 올라가면서 네 번째 구성요소를 가르친다.

연쇄의 네 번째 단계를 가르치기 위해 S^D4를 준비하고 정확한 반응($R4$)을 촉구하며 강화인으로 상을 제공한다. S^D4를 준비하는 것은 제리가 선에 섰을 때 그의 손에 다트를 쥐어 주는 것이다. 일단 다트가 그의 손에 쥐어지면 제리가 팔꿈치를 굽히도록($R4$) 신체적으로 촉구한다. 제리의 팔꿈치가 굽혀지면(S^D5), 제리는 다트 던지는 것을 이미 배웠기 때문에 다트를 던질 것이다($R5$). 즉, 다트를 던지는 것($R5$)은 이미 S^D5의 자극통제하에 있다.

$$S^D4 + 촉구 \rightarrow R4 \rightarrow 칭찬$$
$$S^D5 \rightarrow R5 \rightarrow 강화인$$

S^D4가 주어지자마자 제리가 독립적으로(어떠한 촉구 없이) 팔꿈치를 굽힐 때까지 팔꿈치 굽히기 도움을 점점 감소시키면서 촉구를 줄여 나간다. 이제 제리는 연쇄의 네 번째와 다섯 번째 구성요소를 숙달했기 때문에 세 번째 구성요소를 가르쳐야 할 때이다.

연쇄의 세 번째 구성요소를 가르치기 위해 S^D3을 제시하고 정확한 반응($R3$)을 촉구하며 칭찬을 제공한다. S^D3을 제시하는 것은 제리가 선을 발끝으로 밟고 서 있게 하는 것이다. 그리고 엄지와 검지 사이에 다트를 쥐도록($R3$) 신체적으로 촉구한다. 일단 다트가 손에 있으면(S^D4) 제리는 팔꿈치를 굽히고($R4$) 다트를 던질($R5$) 것이다. 왜냐하면 이 행동들을 이미 학습했기 때문이다(이미 S^D4의 자극통제하에 있다).

$$S^D3 + 촉구 \rightarrow R3 \rightarrow 칭찬$$
$$S^D4 \rightarrow R4$$
$$S^D5 \rightarrow R5 \rightarrow 강화인$$

제리가 도움을 덜 필요로 하게 되면 신체촉구를 줄여 나가고, 그러면 제리는 스스로 다트를 집어 들기 시작한다. 제리가 선에 다가가자마자 어떤 촉구 없이도 다트를 집어 들 수 있게 되면 이 단계를 숙달한 것이다(R3는 S^D3의 자극통제하에 있다). 이제 연쇄의 두 번째 단계를 가르칠 때이다.

두 번째 단계를 가르치기 위해 S^D2를 제시하고 정확한 반응(R2)을 촉구하며 칭찬을 제공한다. S^D2를 제시하는 것이란 다트판이 있는 방으로 제리를 데리고 가서 선에 다가서도록(R2) 신체적으로 촉구하는 것이다. 일단 선에 서게 되면(S^D3) 제리는 다트를 쥐고(R3) 팔꿈치를 굽히며(R4) 다트판을 향해 다트를 던질(R5) 것이다. 제리는 이미 마지막 3개의 행동을 배웠기 때문에 관련된 식별자극이 주어지자마자 정확하게 실행할 것이다.

$$S^D2 + 촉구 \rightarrow R2 \rightarrow 칭찬$$
$$S^D3 \rightarrow R3$$
$$S^D4 \rightarrow R4$$
$$S^D5 \rightarrow R5 \rightarrow 강화인$$

촉구를 줄이면 제리는 S^D2가 제시되었을 때 도움 없이 선이 있는 곳으로 걸어갈 것이다. 이제 연쇄의 첫 번째 단계를 가르칠 때가 되었다.

첫 번째 단계를 가르치기 위해 S^D1을 제시하고("제리야, 다트놀이 하자."라고 말함) R1(다트판이 있는 방으로 걸어가기)을 촉구하며 칭찬해 준다. 일단 다트판이 있는 방으로 걸어가면 제리는 선으로 걸어가서 다트를 들고 팔을 굽혀 던질 것이다. 왜냐하면 네 가지 행동이 S^D2(다트판 가까이에 있는 것)의 자극통제하에 있고, S^D2는 촉구해 준 행동인 R1의 결과이기 때문이다.

$$S^D1 + 촉구 \rightarrow R1 \rightarrow 칭찬$$
$$S^D2 \rightarrow R2$$
$$S^D3 \rightarrow R3$$
$$S^D4 \rightarrow R4$$
$$S^D5 \rightarrow R5 \rightarrow 강화인$$

일단 촉구를 줄이면 제리는 "제리야, 다트놀이 하자."(S^D1)라는 말을 듣자마자 독립적으로 다트판을 향해 걸어갈 것이다. 이제 행동연쇄의 모든 행동이 S^D1의 자극통제하에 있다. "제리야, 다트놀이 하자."라는 말을 하자마자 제리는 다트판 쪽의 선 있는 곳으로 걸어가서 다트를 집어 들고 팔을 굽혀 다트를 던질 수 있을 것이다.

제리의 후진 행동연쇄에서 각 훈련은 다트판에 다트를 명중시키는 것으로 끝났다. 다트가 다트판에 명중할 때마다 제리를 칭찬했기 때문에 다트를 꽂는 것은 다트를 던지는 것에 대한 조건강화인이다. 또한 제리가 각 훈련 단계에서 행동을 할 때마다 칭찬했기 때문에 행동에 의해서 생성된 각 식별자극도 조건강화인이다. 예컨대, 제리가 선으로 걸어갔을 때 칭찬했기 때문에 선에 서 있는 것이 칭찬과 연관되고, 따라서 조건강화인이 되었다. 또한 다트를 집어 들 때 제리를 칭찬했기 때문에 다트를 손에 드는 것은 조건강화인이 되었다. 이와 같이 후진 행동연쇄 과정에서 각 단계에 강화인을 사용하는 것은 매우 중요하다. 왜냐하면 강화인 사용은 다음 반응을 위한 식별자극뿐만 아니라 각 단계의 조건강화인을 만들기 때문이다.

제리가 독립적으로 다트놀이를 하게 되면 행동 유지를 위해 간헐로 칭찬을 한다. 또한 보다 면밀하게 강화하기 위하여 높은 점수를 얻었을 때 칭찬을 한다. 궁극적으로는 보다 성공적으로 다트놀이를 하는 것, 친구와 함께 놀이하는 것이 자연스럽게 강화되어야 하고, 더 이상 칭찬을 해서는 안 된다. 이것이 여가 기술 훈련의 궁극적인 목표이다.

전진 행동연쇄

전진 행동연쇄(forward chaining)는 한 번에 하나의 요소를 가르친 후 그것을 함께 연결시키고, 연쇄의 각 단계에서 식별자극과 연계된 행동을 가르치기 위해 촉구와 용암법을 사용한다는 점에서 후진 행동연쇄와 유사하다. 전진 행동연쇄와 후진 행동연쇄의 차이는 훈련 시작 위치이다. 배운 바와 같이 후진 행동연쇄는 제일 먼저 마지막 구성요소를 가르치고 그 뒤 마지막 구성요소의 전 단계를 가르치는 순서이기 때문에 연쇄의 끝에서 앞으로 이동하게 된다. 반면에 전진 행동연쇄에서는 먼저 첫 번째 요소를 가르치고 두 번째, 세 번째 순으로 나아간다. 즉, 연쇄의 앞에서 뒤로 이동하면서 가르치게 된다.

전진 행동연쇄는 첫 번째 식별자극을 제시하고 옳은 반응을 촉구하며, 반응 후에 강화인을 제공한다.

$$S^D1 + 촉구 \rightarrow R1 \rightarrow 강화인$$

첫 번째 식별자극이 제시되었을 때, 어떤 촉구 없이 첫 번째 반응을 하게 될 때까지 촉구를 줄여 나간다.

두 번째 구성요소 훈련에서 교사는 첫 번째 식별자극을 제시하고 학습자는 첫 번째 반응을 하게 된다. 첫 번째 반응은 두 번째 식별자극을 만들기 때문에 두 번째 반응을 촉구하고, 반응 후에 강화인을 제공한다.

$$S^D1 \rightarrow R1$$
$$S^D2 + 촉구 \rightarrow R2 \rightarrow 강화인$$

학습자가 어떤 촉구 없이 두 번째 반응을 하게 되면 촉구를 줄여 나간다. 이제 첫 번째 식별자극을 제시할 때마다 학습자는 연쇄의 두 번째 반응까지를 나타내게 된다.

연쇄의 세 번째 반응을 훈련시킬 때, 첫 번째 식별자극을 제시하면 학습자는 두 가지 반응을 나타낸다. 두 번째 반응은 세 번째 식별자극을 창출하므로 세 번째 반응을 촉구하고, 반응 후에 강화인을 제공한다.

$$S^D1 \rightarrow R1$$
$$S^D2 \rightarrow \quad R2$$
$$S^D3 + 촉구 \rightarrow R3 \rightarrow 강화인$$

다시 세 번째 식별자극이 주어졌을 때, 어떤 촉구 없이 세 번째 반응이 나타날 때까지 촉구를 줄여 나간다. 이제 세 가지 반응이 훈련을 통해 연쇄되었기 때문에 학습자는 최초의 식별자극이 주어질 때마다 세 가지 반응을 할 수 있다.

새로운 구성요소를 가르치는 이러한 과정은 연쇄의 마지막 구성요소를 가르칠 때까지 계속되고, 과제분석의 모든 단계는 적절한 순서로 함께 연쇄된다.

? 숟가락 사용의 행동연쇄를 3단계 과제분석으로 어떻게 가르칠 것인지 설명하라.

학습자 앞의 테이블에 음식(사과 소스)이 담긴 그릇과 숟가락을 놓고 시작한다. 이것이 첫 번째 식별자극이다. 이제 첫 번째 반응을 촉구한다. 학습자의 손을 잡고 숟가락을 들어 사과 소스 안에 넣고 강화인(칭찬과 때로 소량의 음식)을 제공한다. 학습자가 행동을 한다는 느낌이

들면 도움 없이 혼자 할 수 있을 때까지 촉구를 줄여 나간다.

이제 두 번째 단계를 시작한다. 첫 번째 식별자극을 제시함으로써 시작하는데, 학습자가 첫 번째 반응을 나타내고 숟가락을 그릇 속에 넣자마자(S^D2) 두 번째 반응(숟가락으로 음식을 뜨는 것)을 신체적으로 촉구하고 반응 후에 강화인을 제공한다. 학습자가 어떤 도움 없이 숟가락으로 음식을 뜰 수 있을 때까지 촉구를 줄여 나간다.

마지막으로 세 번째 단계는 다시 첫 번째 식별자극을 제시함으로써 시작한다. 학습자가 처음의 두 반응을 나타내고 숟가락으로 음식을 뜨자마자(S^D3) 숟가락을 들고 음식을 입에 넣도록(세 번째 반응) 촉구한다. 음식의 맛은 세 번째 반응에 대한 자연스러운 강화인이 될 것이다. 점차 촉구를 줄여 나간다. 이제 학습자는 어떤 도움 없이 세 가지 반응으로 사과 소스를 먹을 것이다.

훈련 동안 연쇄의 각 반응 후에 강화인을 제공했기 때문에 각 반응(다음 반응에 대한 S^D)의 결과는 조건강화인이 된다. 이것은 전진 행동연쇄에서 특히 중요한데, 전진 행동연쇄에서는 마지막 구성요소를 훈련하기 전까지 각 훈련의 끝에 자연적인 강화인이 주어지지 않기 때문이다. 후진 행동연쇄와 같이 일단 학습자가 연쇄의 모든 행동을 나타내면 행동의 유지를 위해 연속강화 계획에서 간헐강화 계획으로 변환해야 한다. 궁극적 목표는 자연적 강화인으로 행동을 유지하는 것이기 때문이다.

전진 행동연쇄와 후진 행동연쇄의 유사점

- 행동연쇄를 가르치기 위해 사용된다.
- 자극-반응 구성요소로 이루어지는 과제분석을 먼저 수행해야 한다.
- 한 번에 한 가지 행동을 가르치고 나서 그 행동들을 함께 연쇄시킨다.
- 각 구성요소를 가르치기 위해 촉구와 용암법을 사용한다.

전진 행동연쇄와 후진 행동연쇄의 차이점

- 전진 행동연쇄는 첫 번째 구성요소를 먼저 가르치는 반면, 후진 행동연쇄는 마지막 구성요소를 먼저 가르친다.
- 후진 행동연쇄에서는 마지막 구성요소를 먼저 가르치기 때문에 학습자가 모든 훈련에서 자연적 강화인을 받게 되는 반면, 전진 행동연쇄에서는 학습자가 모든 훈련을 마무리하지 않기 때문에 마지막 단계를 제외한 훈련에서는 인위적인 강화인이 사용된다. 전진 행동연쇄에서 자연적 강화인은 연쇄의 마지막 행동 후에 주어진다.

전체 과제제시법

전진 행동연쇄와 후진 행동연쇄는 둘 다 행동을 개개의 자극-반응 구성요소로 나누고 한 번에 한 가지 구성요소를 가르쳐서 그 구성요소들을 함께 연쇄시킨다. 이와 대조적으로 **전체 과제제시법**(total task presentation)에서는 복잡한 행동연쇄가 단일 단위로 학습된다. 이름에서 암시하듯이 각 학습 시도에서 전체 과제가 완성된다.

전체 과제제시법에서는 학습자가 행동의 시작부터 종료까지 전체 행동을 하도록 촉구를 사용한다. 학습자가 전체 과제를 하도록 하기 위하여 어떤 형태의 촉구 전략을 사용해도 좋다. 신체 촉구는 행동연쇄에서 많이 사용되어 온 전략이다. 신체촉구는 행동연쇄를 통해 학습자를 지도하는 데 많이 사용되어 왔다. 일단 촉구를 통해 학습자가 과제를 성공적으로 완성하게 되면 학습자가 도움 없이 과제를 할 수 있을 때까지 촉구를 줄여 나간다. 물론 촉구를 했느냐 안 했느냐에 관계없이 학습자가 과제를 완성할 때마다 강화인을 제공한다.

전체 과제제시법과 함께 사용되는 신체촉구나 용암의 한 형태를 **점진적 안내**(graduated guidance)라고 한다(Demchak, 1990; Foxx & Azrin, 1972; Sulzer-Azaroff & Mayer, 1991). 점진적 안내에서는 '손 위에 손' 방법을 많이 사용한다. 전체 훈련을 통해 도움을 점진적으로 줄여 나가고, 학습자가 과제를 완성할 때 학습자의 손에 그림자를 만드는 것이다. 그림자 만들기(shadowing)는 학습자가 행동을 할 때 교사의 손을 학습자의 손 위 가까이에 놓는 것을 의미한다. 이렇게 하면 학습자가 행동의 어떤 단계에서 실패할 때 교사가 즉각적으로 신체안내를 해 줄 수 있다. 이로써 실수를 예방하게 되는데, 학습자가 도움 없이 행동할 수 있으려면 많은 훈련이 필요하다. 예를 들어, 점진적 안내를 통한 전체 과제제시법으로 알렉스에게 숟가락 사용법을 가르친다고 생각해 보자. 이 예는 이 장의 앞부분에서 전진 행동연쇄를 설명하기 위해 예로 들었던 것과 동일한 것이다.

점진적 안내를 통한 전체 과제제시법은 먼저 식별자극을 제시하는 것으로 시작된다. 즉, 사과 소스가 담긴 그릇과 숟가락을 알렉스 앞의 테이블 위에 놓는다. 다음으로 점진적 안내를 사용하여 전 행동연쇄를 통해 알렉스를 신체적으로 안내한다. 알렉스 뒤에 서서 그의 손을 잡고 손가락으로 숟가락을 감아쥐도록 한 다음, 숟가락과 함께 손을 들어 올려서 사과 소스에 넣고 숟가락으로 사과 소스를 뜨도록 안내한다. 그리고 나서 사과 소스가 든 숟가락을 들어 올려 입으로 가져가 입 안에 넣게 한다. 이 행동의 시작부터 종료까지 신체적으로 안내해야 한다. 매 시도의 강화인은 알렉스가 먹게 되는 음식으로, 이는 행동의 자연스러운 결과이다.

알렉스의 손을 잡고 안내해 주는 훈련을 몇 번 정도 하게 되면 알렉스는 스스로 조금 움직이려 할 것이다. 알렉스가 행동을 하려는 어떤 움직임이 느껴지면 손을 느슨하게 하고 그림자 만들기를 한다. 만일 알렉스가 옳게 행동하면 계속해서 그림자 만들기를 한다. 어느 순간에 옳은 행동을 하지 못하면 신체안내를 다시 해 준다. 그러다가 행동을 바르게 하면 다시 그림자 만들기를 한다. 예를 들어, 테이블에서 숟가락을 집도록 알렉스의 손을 안내한 것처럼 사과 소스에 숟가락을 넣기 시작하는 것을 느낄 수 있다. 그러면 즉각 손을 덧잡아 안내를 하지 말고 그림자 만들기를 시작한다. 그릇 안에 숟가락을 넣었는데 음식을 뜨는 데 실패하면 신체안내를 다시 시도한다. 알렉스가 숟가락으로 음식을 뜨고 그릇에서 숟가락을 들기 시작하면 신체안내를 멈추고 다시 그림자 만들기를 한다. 이러한 과정이 계속됨에 따라 그림자 만들기는 더 많아지고 신체안내는 줄어들어 마침내 신체안내를 전혀 하지 않아도 된다. 신체안내는 그림자 만들기로 용암되고, 그림자 만들기는 알렉스가 음식을 떠 먹을 수 있게 되어 도움이 필요하지 않을 때까지 용암된다.

전체 과제제시법은 언제 사용하는가?

- 전체 과제제시법은 행동연쇄의 전체를 지도해야 하기 때문에 가르쳐야 할 과제가 너무 길거나 복잡하지 않은 것이 좋다. 과제가 너무 길거나 어렵다면 한 번에 하나의 구성요소에 초점을 맞추어 가르치고, 그것이 완전히 습득되면 서로 연결시키는 방법인 전진 행동연쇄나 후진 행동연쇄가 더 적절하다.
- 학습자의 능력 수준이 고려되어야 한다. 학습자의 능력이 매우 제한적이라면 후진 행동연쇄나 전진 행동연쇄가 더 적절하다.
- 마지막으로 교사의 능력 수준이 고려되어야 한다. 전진 행동연쇄와 후진 행동연쇄도 성공적으로 사용하기 위해서는 교사의 훈련이 필요하지만, 전체 과제제시법은 실행이 가장 어려운 절차이다. 왜냐하면 전체 과제제시법에서는 전체의 행동연쇄에 걸쳐서 교사가 임의적인 안내를 하거나 적시에 그림자 만들기를 해야 하기 때문이다. 이것이 잘못되면 학습자가 독립적으로 행동할 수 있게 학습되는 것이 아니라 학습자를 강요하는 결과를 초래할 수 있다.

점진적 안내를 정확하게 제공하기 위해서는 알렉스의 움직임을 매우 주의 깊게 살피고 도움을 더 주거나 덜 주는 일을 민감하게 할 수 있어야 한다. 만일 신체안내를 너무 오랫동안 하고 그림자 만들기로 용암시키지 않는다면, 알렉스는 신체촉구에 의존하게 되고 스스로 행동하는 것을 배우지 못할 수도 있다. 어떤 촉구 절차라도 그 목표는 일단 학습자가 더 이상

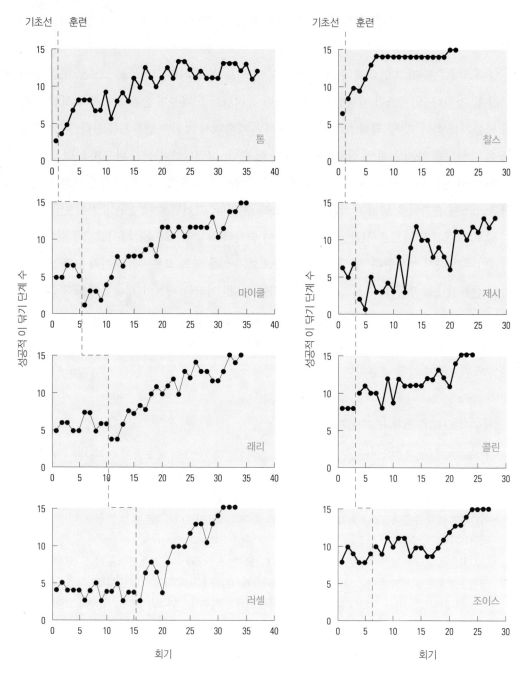

[그림 11-2] 이 그래프는 지적장애 아동 및 청소년이 성공적으로 완성한 이 닦기 단계 수를 나타낸다. 이 과제를 위해 전체 과제제시법이 사용되었다. 대상별 중다기초선 설계로, 처치가 주어진 후에 각 대상들의 이 닦기 완성 단계 수가 증가하였다.

출처: Horner, R. H., & Keilitz, I. (1978). Training mentally retarded adolescents to brush their teeth. *Journal of Applied Behavior Analysis, 8*, 301-309.

촉구를 필요로 하지 않게 되면 촉구를 용암시키는 것이다. 한편, 학습자가 옳은 움직임(행동)을 했다고 느껴졌을 때에만 신체안내를 그림자 만들기로 용암시켜야 한다. 또한 학습자가 옳은 움직임을 멈추었을 때 즉시 다시 신체안내를 시도해야 한다. 신체안내를 멈추고 그림자 만들기를 시작할 때 학습자를 칭찬하는 것이 중요하다. 여기서 학습자가 촉구 없이 행동했을 때 강화인을 제공하고, 촉구된 움직임과 대조되게 독립적인 움직임을 차별적으로 강화하게 되는 것이다. 이것은 옳은 행동을 강화하고 신체촉구를 보다 빨리 용암시켜 준다.

어떤 경우에는 점진적 안내와 다른 촉구 전략들이 전체 과제제시법에 사용될 수도 있다. 예를 들어, Horner와 Keilitz(1975)는 지적장애 아동과 청소년에게 양치질을 가르치기 위해 전체 과제제시법을 사용하였다. 그들은 이 닦기에 대한 15단계 과제분석을 하였고, 과제분석에서 행동을 가르치는 데 세 가지 형태의 촉구, 즉 신체안내＋언어식 교수, 시범＋언어식 교수, 단독 언어식 교수를 사용하였다. 연구자들은 매번 과제분석의 모든 단계를 촉구했는데, 필요할 때만 좀 더 강압적인 촉구를 사용하고 도움이 필요치 않을 때까지 용암시켜 나갔다. [그림 11-2]는 8명의 연구 대상에 대한 그래프이다.

전진 행동연쇄, 후진 행동연쇄, 전체 과제제시법의 유사점

- 복잡한 과제나 행동연쇄를 가르치기 위해 사용된다.
- 훈련 시작 전에 과제분석이 완성되어야 한다.
- 촉구와 용암법이 사용된다.

전진 행동연쇄, 후진 행동연쇄, 전체 과제제시법의 차이점

- 전체 과제제시법에서는 매번 전체 과제에 대해 촉구한다. 반면에 전진·후진 행동연쇄 절차에서는 한 번에 하나의 구성요소를 가르치고, 그러고 나서 그 구성요소들을 함께 연결시킨다.

기타 행동연쇄의 교육 전략

전진 행동연쇄나 후진 행동연쇄 혹은 전체 과제제시법으로 복잡한 과제를 가르치기 위해서 교사는 촉구나 용암법 적용에 관한 별도의 훈련을 받아야 한다. 그러나 복잡한 과제를 가르치기 위한 기타 전략들은 이러한 훈련시간이 덜 요구된다. 기타 전략들(성문 과제분석, 그림촉구, 자기교수)은 촉구를 독립적으로 사용한다.

성문 과제분석

성문 과제분석(written task analysis)은 읽기 능력이 있는 아동에게 행동연쇄를 가르칠 때 사용된다. 이 전략으로 행동을 가르칠 때, 교사는 가르칠 행동을 적절하게 과제분석하여 학습자에게 제시하고 학습자는 그것을 그대로 사용하면 된다. 예를 들어, 어떤 조립 상품을 샀을 때 지시사항을 읽고 그대로 따라 하면 되는 것과 같다. 이때, 지시사항이 바로 성문 과제분석이다. 성문 과제분석은 학습자가 지시를 읽고 이해할 수 있으며, 그것을 행동으로 옮길 수 있어야 적용이 가능하다. 이것이 효과적이기 위해서는 과제분석이 명료하고 행동의 각 요소들이 매우 구체적으로 작성되어야 한다.

Cuvo와 동료들은 경도 지적장애와 학습장애 청소년에게 난로나 냉장고와 같은 가전제품을 청소하는 것을 가르치기 위해 성문 과제분석(문서식 촉구라고도 함)을 이용하였다(Cuvo, Davis, O'Reilly, Mooney, & Crowley, 1992). 연구자들은 과제의 모든 단계가 적힌 목록(성문 과제분석)을 학습자에게 주고, 과제가 끝나면 바르게 완성된 것에 대해서 칭찬을 해 주었으며, 잘못된 것은 지적하여 피드백(추가적 교수)을 해 주었다. 연구자들은 모든 대상이 성문 과제분석과 강화로 과제를 잘 수행했다고 보고하였다.

그림촉구

그림촉구(picture prompt)는 행동의 결과나 행동연쇄의 각 단계에 참여하고 있는 사람을 사진으로 찍어서 학습자가 순서에 맞게 행동할 수 있도록 촉구로 이용하는 것이다. 학습자는 순서에 맞게 사진을 보아야 하고, 각 사진은 묘사된 행동에 대한 자극통제를 가져야 한다. 다음의 예를 생각해 보자.

지적장애인인 솔은 판촉물 회사에서 일한다. 그의 일은 우편물 봉투 안에 팸플릿을 넣는 것이다. 팸플릿은 스무 가지 종류가 있는데, 솔은 그중 3~6가지를 매일 다른 큰 봉투에 넣어야 한다. 감독관은 스무 가지 팸플릿의 사진을 모두 가지고 있고, 매일 일을 시작하기 전에 솔이 넣어야 할 팸플릿 종류의 사진을 벽에 붙여 놓는다. 그러면 솔은 벽에 붙은 사진을 보고 그날 봉투에 넣어야 할 팸플릿을 골라 정확하게 봉투에 넣을 수 있게 된다. 사진은 팸플릿을

[그림 11-3] 솔이 그림촉구를 통해 과제를 수행하고 있다. 각 그림은 과제의 구성요소를 완성하기 위한 촉구로 작용한다.

정확하게 선택하는 행동에 대한 자극통제를 가진다. 감독관은 일단 그림촉구를 만들어 놓으면 행동을 촉구하거나 용암하는 데 더 이상 시간을 소비하지 않아도 된다.

Wacker 등의 연구자들은 중도 지적장애 청소년에게 세탁물 정리나 공구 조립과 같은 일상의 일들을 가르치기 위해 그림촉구를 사용하였다(Wacker, Berg, Berrie, & Swatta, 1985). 연구자들은 공책에 과제의 각 단계에 대한 그림을 그려 두고, 연구 대상들에게 그림촉구를 보기 위하여 공책의 페이지를 넘기는 것을 가르쳤다. 3명의 연구 대상 청소년은 자신의 행동을 안내해 주는 공책의 그림촉구를 사용하는 법을 배우게 되었다. 그들은 그림촉구를 사용하는 것을 배웠기 때문에 과제를 완성하는 데 더 이상의 촉구가 필요하지 않았다.

비디오 모델링

학습자가 행동연쇄에 참여하도록 가르치는 또 다른 전략은 비디오 모델링(video modeling) 혹은 비디오 촉구(video prompting)이다. 이 교수 전략에서 학습자는 과제에 참여하기 직전에 누군가가 동일한 행동연쇄에 참여하는 비디오를 시청한다. 비디오에서 과제가 완성되는 것을 시청함으로써 학습자는 행동연쇄를 완성할 수 있게 된다. 비디오 모델링은 지적장애 학습자에게 세탁 기술(Horn et al., 2008), 식사 준비 기술(Rehfeldt, Dahman, Young, Cherry, & Davis, 2003), 접시 닦기 기술(Sigafoos et al., 2007), 전자오븐 사용 기술(Sigafoos et al., 2005) 등의 다양한 기술을 가르치기 위해 사용되어 왔다. 비디오 모델링 절차는 두 가지 방법이 있다. 한 가지는 학습자가 과제를 시도하기 바로 전에 비디오 전체를 시청하는 것이고(예: Rehfeldt et al., 2003), 다른 한 가지는 학습자가 과제의 한 단계에 대한 비디오를 시청한 후 그 과제를 수행하고, 그다음에 비디오에서 다음 단계를 시청한 후 그 단계를 수행하며, 이러한 방법으로 과제가 완성될 때가지 나아가는 것이다(예: Horn et al., 2008). Horn 등의 연구에서는 3명의 지적장애인이 10단계의 세탁 과제를 수행하였다. 그러나 비디오에서 각 참여자가 수행한 단계의 수는 서로 달랐다. 예를 들어, 한 참여자는 비디오에서 각 단계를 시청하고 다음 단계로 넘어가기 전에 시청한 단계의 과제를 수행할 수 있었고, 다른 참여자는 비디오에서 1~5단계의 행동 연쇄를 시청한 후에 그것을 수행할 수 있었고 연달아 비디오에서 나머지 5단계를 시청한 후에 그것을 수행할 수 있었다. 이 연구는 학습자가 행동연쇄를 수행하기 전에 과제를 그들이 할 수 있는 단계의 수로 나누어 준비한 비디오가 필요하다는 것을 알려 주었다.

자기교수

학습자들은 또한 **자기교수**(self-instruction)라고도 하는 자발적 언어촉구로 복잡한 과제를 배울 수 있다. 이 절차에서 교사는 학습자가 자기 자신에게 언어촉구를 하는 방법이나 행동 연쇄를 순서에 맞게 할 수 있는 지시사항을 가르쳐야 한다. 이 절차를 사용하기 위해서 학습자는 자기교수를 기억하고 적시에 그것을 말할 수 있으며, 정확하게 자기교수를 따를 수 있어야 한다. (자기교수는 전체의 행동에 대한 자극통제를 가져야 한다.) 학습자는 먼저 정확한 행동에 대한 촉구로서 자기교수를 큰 소리로 말하는 것을 배운다. 그리고 자기교수를 완전히 습득한 후에는 자기교수를 마음속으로 말하기 시작한다. 자기교수를 배울 수 있는 사람이라면 행동연쇄도 배울 수 있기 때문에 자기교수가 필요하지 않다고 생각할 수도 있다. 많은 경우에 그것은 사실이지만, 복잡한 과제를 완성하는 데 어려움이 있는 몇몇 학습자는 자기교수로 많은 도움을 받는다. 더욱이 자기교수는 대부분의 경우에 빨리 말할 수 있고 쉽게 기억되기 때문에 다양한 상황에서 행동을 촉구하는 데 많이 사용된다.

다음과 같은 일상의 자기교수 예를 생각해 보자. 사물함에 갈 때마다 그것을 열기 위해 일곱 자리 숫자를 기억하고 자기교수를 사용한다. 우리는 전화를 걸 때도 전화번호를 누르기 위해 자기교수를 한다. 우리는 요리를 할 때도 각 행동을 촉구하기 위해 자기교수를 사용한다("밀가루 두 컵, 건포도 한 컵, 베이킹파우더 한 스푼이 필요해.").

학습자가 복잡한 과제를 스스로 할 수 있도록 하기 위해 자기교수를 사용할 수 있다는 것이 많은 연구에서 밝혀졌다. 예를 들어, Salend, Ellis와 Reynolds(1989)는 중도 지적장애 성인에게 직업과제(플라스틱 빗 포장하기)를 수행하도록 하기 위해 자기교수를 가르쳤다. 여기서는 다음과 같은 네 가지의 간단한 자기교수를 사용하였다. 즉, "빗 들고, 빗 내리고, 봉투에 넣고, 상자에 담는다."이다. 연구 대상자들은 자신이 말하는 것에 따라 그대로 행동으로 옮겼고, 자기교수법을 사용함으로써 정확하게 과제를 수행할 수 있었다. Whitman, Spence와 Maxwell(1987)은 지적장애인에게 편지를 정확하게 분류하여 상자에 담는 행동을 가르치기 위해 자기교수를 사용하였다. Albion과 Salzburg(1982)는 정신장애 학생들이 수학 문제를 잘 풀도록 하기 위해 자기교수 사용법을 가르쳤다. 이러한 모든 예에서는 행동이 순서에 맞게 정확하게 일어나도록 자기교수가 옳은 행동을 촉구한 것이다.

성문 과제분석이나 그림촉구, 자기교수는 행동연쇄를 가르치기 위해 흔히 사용되는 촉구 전략이기는 하지만, 독립적으로 사용될 수도 있다.

행동연쇄 절차

- 후진 행동연쇄: 처음에 연쇄의 마지막 행동을 가르치고, 그 후 각 연쇄의 이전 행동을 가르친다.
- 전진 행동연쇄: 처음에 연쇄의 첫 행동을 가르치고, 그 후 각 연쇄의 다음 행동을 가르친다.
- 전체 과제제시법: 매번 전체의 자극-반응연쇄를 촉구한다.
- 성문 과제분석: 과제분석의 각 단계를 서술한 문서를 촉구로 사용한다.
- 그림촉구: 과제분석 각 단계의 그림을 촉구로 사용한다.
- 자기교수: 행동연쇄의 각 구성요소에 맞는 행동을 하도록 스스로 언어적 촉구를 준다.

📖 더 읽을거리

다양한 행동연쇄의 적용

많은 일상 활동과 과제는 행동연쇄로 이루어졌으며, 다양한 활동을 가르치는 데 행동연쇄 절차의 효과를 입증한 연구가 수행되고 있다. 예를 들어, Thompson, Braam과 Fuqua(1982)는 전진 행동연쇄를 이용하여 지적장애인에게 세탁 기술을 가르쳤다. 이 연구자들은 세탁기와 건조기를 작동하는 행동에 대한 과제분석을 하여 3명이 74개 반응으로 구성된 행동연쇄 행동을 배우게 되었다는 것을 입증하였다. 또 다른 연구에서 MacDuff, Krantz와 McClannahan(1993)은 4명의 자폐 아동들로 하여금 복잡한 여가 및 숙제를 완성시키기 위하여 그림촉구를 사용하였다. 이 아동들은 이런 활동들을 완성하는 그림이 있는 세 구멍 바인더를 사용하는 법을 학습하였다. 각 아동은 그 그림 속에 담겨 있는 활동 그림들을 순서대로 바라보았다. 아동들은 그림촉구를 사용하기 전에 활동을 완성할 수 있음에도 불구하고, 그림촉구를 사용하도록 훈련받고서야 비로소 그 활동들을 일관성 있게 수행하였다. Vintere, Hemmes, Brown과 Poulson(2004)은 취학 전 아동들에게 복잡한 댄스 스텝을 가르치는 데 전체 과제제시법 절차의 효과성을 입증하였다. 행동을 연쇄적으로 하도록 하기 위해 연구자들은 교수와 모델링을 사용하였고, 정확한 수행에는 칭찬을 해 주었다. 어떤 아동에게는 교수와 모델링뿐 아니라 자기교수법을 가르쳤다. 두 절차가 효과가 있었음을 입증했지만, 부가된 자기교수는 댄스 스텝을 더 빨리 학습하도록 하였다.

행동연쇄 절차 사용방법

복잡한 과제를 가르치는 것이 목표라면 이 장에 설명된 절차 중 하나를 사용하면 될 것이다. 여기에 설명된 모든 절차는 행동연쇄를 가르치는 데 사용되기 때문에 연쇄 절차로 간주된다. 따라서 연쇄 절차는 후진 행동연쇄, 전진 행동연쇄, 전체 과제제시법, 성문 과제분석, 그림촉구, 자기교수를 모두 포함하는 용어이다. 연쇄 절차를 효과적으로 사용하기 위해서는 다음과 같은 사항들을 단계적으로 검토하는 것이 중요하다(Cooper et al., 1987; Martin & Pear, 1992; Sulzer-Azaroff & Mayer, 1991 참조).

1. 연쇄 절차가 적절한지 결정하라. 행동 습득이 문제인가, 아니면 불순종이 문제인가? 만일 학습자가 능력이 부족하여 복잡한 과제를 완수할 수 없다면 연쇄 절차가 적절하다. 그러나 학습자가 과제를 완수할 수는 있지만 과제하는 것을 거부한다면 불순종을 다루는 절차가 타당하다.
2. 과제분석을 하라. 과제분석은 행동연쇄를 개개의 자극-반응 구성요소로 나누는 것이다.
3. 학습자의 능력에 대한 기초선을 평가하라. Cooper 등(1987)은 학습자의 수준을 평가하는 두 가지 방법이 있다고 하였다. 첫 번째는 단식기회 방법(single-opportunity method)인데, 이것은 과제를 완수할 기회를 학습자에게 주고 학습자가 도움 없이 정확한 순서로 몇 번째 구성요소까지 완수하는가를 보는 것이다. 즉, 첫 번째 식별자극을 주고 학습자의 반응을 평가한다. 단식기회평가에서 학습자가 처음으로 오류를 범하면 과제분석의 모든 단계가 틀리는 결과가 될 것이다. 두 번째는 복식기회 방법(multiple-opportunity

method)인데, 학습자가 연쇄의 각 구성요소를 완수하는 것을 평가하는 것이다. 먼저 첫 번째 식별자극을 주고 학습자의 반응을 기다린다. 만일 학습자가 제대로 반응하지 못하면 두 번째 식별자극을 주고 학습자의 반응을 평가한다. 거기에서도 옳은 반응을 하지 않으면 세 번째 식별자극을 주고, 이렇게 하여 연쇄의 모든 식별자극에 반응할 기회를 주는 것이다.

4. 사용할 연쇄방법을 선택하라. 매우 제한된 능력을 가진 학습자에게는 전진·후진 행동연쇄 방법이 가장 적절하다. 만일 과제가 덜 복잡하거나 학습자가 좀 더 능력 있는 경우라면 전체 과제제시법이 더 적절하다. 성문 과제분석이나 그림촉구 혹은 자기교수법과 같은 절차는 학습자의 능력이나 과제의 복잡성에 따라 적절하게 선택될 수 있다.

5. 연쇄 절차를 실행하라. 어떤 연쇄 절차를 사용하든지 간에 궁극적인 목표는 학습자가 도움 없이 행동을 올바르게 하는 것이다. 그러므로 촉구나 용암법을 적절하게 사용하는 것이 모든 연쇄 절차에서 매우 중요하다. 연쇄 절차를 실행할 때, 학습자의 수행에 대한 자료를 계속해서 수집한다.

6. 과제가 학습된 후에 강화를 계속하라. 학습자가 도움 없이 과제를 완수한 후에 간헐로라도 강화를 계속 제공하면 학습자는 그 행동을 끝까지 유지하게 될 것이다.

요약

1. 자극-반응연쇄라고도 일컫는 행동연쇄는 둘 또는 그 이상의 자극-반응 구성요소로 구성된 행동이다.

2. 과제분석은 연쇄의 각 구성요소에서 자극과 반응을 규명한다. 연쇄의 모든 구성요소(식별자극과 반응)가 명확하게 규명되기 때문에 과제분석을 수행하는 것은 중요하다.

3. 연쇄 절차는 행동연쇄를 가르치는 데 사용된다. 이 절차들에는 연쇄의 각 구성요소를 가르치기 위한 촉구와 용암법이 포함된다. 후진 행동연쇄에서는 마지막 자극-반응 요소를 가장 먼저 가르친다. 다음에는 그 전 단계, 다시 그 전 단계의 순서로 모든 구성요소를 가르치게 된다. 전진 행동연쇄에서는 첫 번째 자극-반응 구성요소를 가장 먼저 가르친다. 두 번째 구성요소는 두 번째로 가르치는 식으로 하여 모든 구성요소를 가르친다.

4. 전체 과제제시법은 행동연쇄 전체를 매번 촉구해 주는 것이다. 여기서는 점진적 안내가 자주 사용된다.

5. 성문 과제분석 절차는 학습자가 문서식 촉구를 사용하는 것이고, 그림촉구 절차는 행동을 촉구하기 위해 그림을 사용하는 것이다. 자기교수법은 학습자가 연쇄의 각 구성요소를 촉구하는 자기교수(언어촉구)를 사용하는 것이다.

✎ 핵심용어

과제분석(task analysis)

그림촉구(picture prompt)

단식기회 방법(single opportunity method)

복식기회 방법(multiple opportunity method)

비디오 모델링(video modeling)

성문 과제분석(written task analysis)

자극－반응연쇄(stimulus–response chain)

자기교수(self-instruction)

전진 행동연쇄(forward chaining)

전체 과제제시법(total task presentation)

점진적 안내(graduated guidance)

행동연쇄(behavioral chain)

후진 행동연쇄(backward chaining)

제12장

행동기술훈련 절차

주요 학습문제

- 행동기술훈련 절차의 네 가지 구성요소는 무엇인가?
- 행동기술훈련 절차를 사용할 적절한 시기는 언제인가?
- 집단에서 행동기술훈련 절차를 어떻게 사용하는가?
- 행동기술훈련 절차와 3단계 유관은 어떤 관련이 있는가?

　앞 장에서 정시에 정확한 행동을 하도록 가르치기 위하여(행동에 대한 자극통제를 형성하기 위하여) 이용할 수 있는 촉구와 용암 절차를 살펴보았다. 또 행동연쇄 절차, 즉 더 복잡한 과제를 가르치기 위해 사용되는 촉구와 용암도 살펴보았다. 이 장에서는 수업 기술을 위한 다른 절차를 살펴보기로 한다. 지도(instruction), 모델링, 시연 및 피드백 등 네 가지 **행동기술훈련**(behavior skills training: BST) 절차들이 사회적 기술 혹은 직무 관련 기술과 같은 유용한 기술을 습득하도록 돕기 위해 훈련 회기 중에 함께 사용된다. 전형적으로 BST 절차는 역할놀이 (role play) 맥락에서 시연될 수 있는 기술을 가르치기 위해 사용된다.

행동기술훈련 절차의 예

마샤에게 "아니요."라고 말하도록 가르치기

마샤는 모 대학의 조교이다. 그녀는 학과 교수가 자기에게 비합리한 지시(점심시간에 일하는 것, 개인 심부름을 하는 것)를 한다고 믿고 있지만 거절할 수가 없다. 그녀는 주장 기술을 배우기 위해 행동기술훈련 절차를 사용하는 밀 박사를 찾아간다. 연구실에서 그들은 마샤가 일터에서 직면하는 난처한 상황을 역할놀이를 한다. 밀 박사는 마샤의 주장 기술을 평가하고 더 주장적인 행동을 하도록 가르치기 위하여 여러 가지 역할놀이를 한다. 먼저 밀 박사는 마샤와 역할놀이하는 상황을 만든다. 그는 마샤에게 "마샤, 내가 오늘 오후 모임이 있는데, 점심시간에 세탁한 옷을 찾아 주세요."라고 비합리적인 요구를 한다. 그런 다음 이러한 요구에 대해 그녀가 어떻게 말하고 어떻게 행동하는지 언어적 및 비언어적 행동을 평가한다. 그후 밀 박사는 그 상황에서 어떻게 더 주장적으로 반응해야 하는지를 지도하고 또 다른 역할놀이에서 마샤에게 주장행동을 시범 보인다. 그런 다음 마샤가 비합리한 요구를 하고, 밀 박사는 마샤에게 주장적으로 반응하는 역할놀이를 한다. 역할놀이에서 밀 박사는 "미안합니다만, 저는 당신의 개인 심부름을 할 수 없어요."라고 말한다. 밀 박사의 이런 주장행동을 관찰한 후, 마샤는 그것을 연습(시연)한다. 즉, 그들은 역할을 바꾸고, 마샤는 역할놀이에서 동일한 주장 반응을 한다. 그다음 밀 박사는 그녀에게 수행에 대한 피드백을 제공한다. 밀 박사는 그녀가 잘 수행한 일부 행동에 대해 칭찬하고 더 잘할 수 있는 방안을 제시해 준다. 피드백을 받고 난 마샤는 다른 역할놀이에서 주장행동을 연습한다. 다시 밀 박사는 잘한 행동에 대해 칭찬해 주고 개선 방안을 알려 준다. 마샤가 이런 주장행동을 잘 학습하면, 그들은 직장에서 발생하는 다른 상황에서 역할놀이를 할 것이다. 마샤는 이러한 지도, 모델링, 시연 및 피드백 등의 과정을 통하여 여러 가지 주장 기술을 습득하게 될 것이다.

유괴 예방법을 가르치기

다음 예를 살펴보자. Poche는 취학 전 아동에게 유괴 예방법을 가르치기 위하여 모델링, 교육, 시연 및 피드백을 사용하였다(Poche, Brouwer, & Swearingen, 1981). 그녀는 아동에게 어른이 자기와 함께 가자고 유혹할 때 어떻게 반응해야 하는지를 가르쳤다. 그녀는 어른이 운동장에 있는 아동에게 다가와 자기와 함께 가자고 말하는 실제 역할놀이를 시작하였다. 어른은 "안녕! 나는 네가 좋아하는 장난감이 차 안에 있단다. 그걸 줄 테니 따라오렴."이라고 말한다. 이때 아동은 "안 돼요. 선생님께 여쭤봐야 해요."라고 말하고 교실 안으로 뛰어 들어가야 한다. 먼저 Poche는 훈련 전에 아동의 기술을 평가하기 위하여 역할놀이를 하였다. 그 다음 행동기술훈련을 시켰다. 그 아동은 2명의 훈련자가 연기하는 장면을 지켜보았다. 즉, 용의자 역할을 하고 있는 한 훈련자가 아동의 역할을 하고 있는 다른 훈련자에게 다가와서 "나와 같이 가자."라고 말한다. 그다음 아동의 역할을 하는 훈련자는 이런 유혹에 대한 정확한 반응을 연기한다. 이러한 모델을 지켜본 후, 아동은 다른 역할놀이에서 유괴 예방 기술을 연습한다. 한 훈련자가 그 아동에게 다가와서 유괴하려고 유혹한다. 이때 아동은 "안 돼요. 선생님께 여쭤봐야 해요."라고 말하고 교실 안으로 뛰어 들어간다([그림 12-1] 참조). 훈련자는 아동이 정확하게 수행하면 칭찬하고, 만일 일부만 정확할 경우 다시 지도를 하고 다시 모델링을 한다. 아동은 그 행동이 정확할 때까지 역할놀이를 반복 시연한다. 그다음 아동이 여러 상황에서 정확한 반응을 할 때까지 다른 유형의 유괴 유혹에 대해 훈련을 받는다. 이 연구의 결과가 [그림 12-2]에 제시되어 있다.

[그림 12-1] 어른의 유괴 유혹을 받았을 때, 아동은 "안 돼요. 선생님께 여쭤봐야 해요."라고 말하고, 교실 안으로 뛰어 들어간다. 훈련자는 아동이 정확하게 반응하자 칭찬한다.

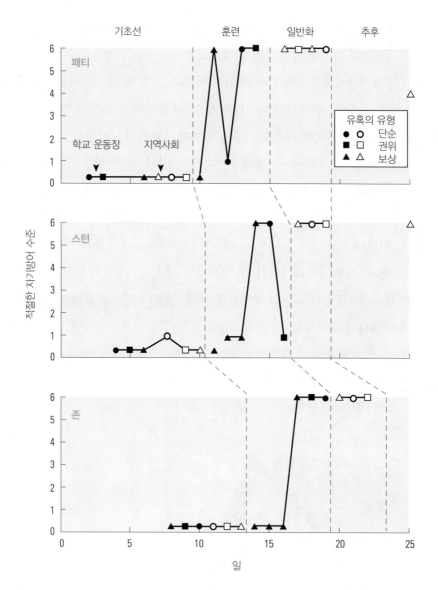

[그림 12-2] 이 그래프는 행동기술훈련 절차를 3명의 취학 전 아동에게 실행하기 전후의 자기보호 기술 수준을 나타내고 있다. 자기보호 기술을 0에서 6점까지 평정한다. 유괴 유혹을 받았을 때 "안 돼요. 선생님께 여쭤봐야 해요."라고 말하고 교실로 뛰어 들어가면 6점을 받는다. 어른이 유괴 유혹을 할 때 같이 가기로 동의하면 0점을 받는다. 간혹 운동장이나 지역사회에서 아동을 평가한다. 이 실험에서는 단순 유혹(어른이 아동에게 자기와 함께 가자고 단순히 말함), 권위 유혹(아동의 선생님이 자기와 함께 가도 좋다고 말함), 보상 유혹(아동에게 자기와 함께 가면 장난감과 같은 물건을 준다고 말함) 등 세 가지 유형의 유혹을 사용하였다. 이 그래프는 3명의 아동이 서로 다른 시간에 훈련을 받은 대상별 중다기초선 설계이다.

출처: Poche, C., Brouwer, R., & Swearengin, M. (1981). Teaching self-protection to young children. *Journal of Applied Behavior Analysis, 14,* 169-176.

행동기술훈련 절차의 구성요소

앞의 예에서 알 수 있듯이 흔히 이 기술을 가르치기 위해서는 네 가지 절차가 사용된다. 이러한 절차를 더 자세히 알아보자.

지도

지도(instructions, 指導)란 학습자에게 적절한 행동을 설명하는 것을 의미한다. 지도는 상세해야만 효과가 있으며, 학습자에게 기대하는 행동을 정확하게 설명해야 한다. 행동연쇄를 통해 적당한 순서로 연쇄의 각 요소를 자세하게 설명해야 한다. 또한 학습자가 행동해야 할 적절한 상황을 자세하게 설명해야 한다. 예를 들면, 어린 아동에게 유괴 예방 기술을 가르칠 때, 교사는 "어떤 어른이 자기와 함께 가자고 할 때, 너는 '안 돼요, 선생님께 여쭤봐야 해요.'라고 말하고 교실로 뛰어 들어가야 해. 너는 뛰어 들어와서 나에게 알려 줘야 해. 그러면 너를 칭찬해 줄 거야."라고 설명한다. 이러한 지도는 선행 상황과 정확한 행동은 물론 결과(교사의 칭찬)도 자세하게 설명해 놓은 것이다. 다음과 같은 요인들이 지도의 효과에 영향을 미칠 수 있다.

- 지도는 학습자가 이해할 수 있는 수준으로 제공해야 한다. 너무 어려울 경우, 학습자는 그 행동을 이해할 수 없다. 너무 쉬울 경우에도 학습자가 화를 낼 수도 있다.
- 지도는 학습자가 신뢰할 수 있는 사람(부모, 교사, 심리학자 등)이 제공해야 한다.
- 학습자는 지도를 받은 직후 그 행동을 시연할 기회를 가져야 한다.
- 행동을 관찰할 때마다 지도와 모델링을 동시에 제공해야만 그 행동을 학습할 가능성이 커진다.
- 지도는 학습자가 주의집중을 할 때만 제공해야 한다.
- 학습자가 지도 내용을 정확하게 들었는지를 확인하기 위하여 학습자가 지도 내용을 반복하도록 해야 한다. 또한 훈련 중에 지도 내용을 반복하면 학습자가 나중에 적절한 행동을 스스로 촉구하여 지도 내용을 반복할 가능성이 크다.

모델링

모델링(modeling)을 통해 학습자에게 정확한 행동에 대한 시범을 보인다. 학습자는 모델의 행동을 관찰하고 그 모델을 모방한다. 모델링이 효과가 있으려면, 학습자는 모방 능력이 있어야 한다. 즉, 학습자는 모델에 주의집중할 수 있어야 하고, 그 모델이 시범을 보이는 행동을 따라 수행할 수 있어야 한다.

대부분의 사람은 여러 상황에서 타인의 행동을 모방함으로써 이미 강화를 받아 왔기 때문에 모방 능력이 있다(Baer, Peterson, & Sherman, 1967). 전형적으로 모방에 대한 강화는 어린 시기부터 시작된다. 초기 발달 과정에서 모델들(부모, 교사, 형제 및 또래)을 모방하는 아동의 행동은 여러 사람을 모방하는 다양한 행동이 있을 때마다 자주 강화된다. 그 결과, 한 모델의 행동이 모방에 대한 식별자극(S^D)이 되고, 모방은 일반화된 반응 부류가 되는데, 이는 학습자에게 어떤 행동의 모델을 제공할 경우, 모방이 미래에 더 잘 이루어진다는 것을 의미한다(Baer & Sherman, 1964; Bijou, 1976; Steinman, 1970).

모델링은 실제로 할 수 있으며 혹은 상징적으로 할 수 있다. 실연 모델링에서는 어떤 사람이 적절한 상황에서 적절하게 행동하는 것을 직접 보여 준다. 상징 모델링에서는 비디오, 오디오 혹은 만화나 영화로 정확한 행동에 대한 시범을 보인다. 예를 들면, Poche 등의 또 다른 연구에서는 아동 배우가 유괴 예방 기술을 시범 보이는 비디오를 취학 아동에게 보게 하였다(Poche, Yoder, & Miltenberger, 1988). 그 비디오는 어떤 어른이 아동에게 다가와 유괴하려고 유혹하는 내용이었다. 그때 아동은 그 유혹에 대해 적절하게 대응하였다. 비디오의 모델 행동은 Poche의 이전 연구의 실연모델의 행동과 동일하였다. 이 연구에서 학급의 전체 아동들은 비디오의 모델을 한 번만 보았다. 또한 이 비디오는 정확한 행동에 관한 교수 내용이 포함되어 있었다. 아동들이 이 비디오를 본 후, 정확한 행동을 시연하면 칭찬을 하거나 또 필요할 경우 더 많은 설명을 해 주었다. 다른 집단의 아동들은 비디오를 보았지만 그 행동을 시연하지 않았다. 연구자들은 교수, 모델링, 시연 및 피드백을 받은 아동들이 시연과 피드백은 제외하고 교수와 모델링만 제공한 아동들보다 유괴 예방 기술을 더 잘 학습하였다는 것을 발견하였다.

수많은 요인이 모델링의 효과에 영향을 준다(Bandura, 1977).

■ 모델이 정확한 행동을 보여 줄 때, 성공적인 성과(강화인)를 얻을 수 있다.

- 모델은 모델을 관찰하는 사람과 비슷하거나 지위가 더 높아야 한다. 예를 들면, Poche 의 비디오 속 모델은 그 비디오를 지켜보는 아동과 같은 연령이었다. 흔히 교사가 아동들의 정확한 행동의 모델이 된다. 교사의 지위가 더 높기 때문에, 아동들은 교사로부터 더 잘 배우게 된다. 전형적으로 TV 상업광고에서는 스포츠 스타와 명사(높은 지위)들이 제품을 사용하는 장면을 보여 준다. 사람들이 그 모델을 모방하여 제품을 구입하기를 바라기 때문이다.

- 모델행동의 난이도는 학습자의 발달 수준이나 능력에 따라 적절해야 한다. 모델행동이 너무 복잡하다면, 학습자는 그것을 배울 수 없다. 그러나 모델행동이 너무 단순할 경우에는, 학습자가 주의를 기울이지 않을 수 있다.

- 모델행동을 학습하기 위해서 학습자는 그 모델에 주의집중해야 한다. 흔히 교사가 학습자로 하여금 모델행동의 중요한 측면에 주의집중을 하도록 한다. 밀 박사가 주장 기술을 모델링할 때, "자, 내 눈을 보고 단호한 목소리로 말하세요."라고 하면서 마샤에게 주의집중할 것을 강조하였다. Poche의 비디오에서는 어떤 모델이 제시되려고 할 때마다 해설자가 모델의 어떤 행동을 바라보아야 할지를 아동들에게 들려 주었다.

- 모델행동은 적절한 상황(관련 S^D에 대한 반응)에서 발생해야 한다. 실생활이나 실생활에 대한 역할놀이 상황에서 그 행동 모델을 보여 주어야 한다. 예를 들면, 아동들은 어른의 유괴 유혹에 대한 반응, 즉 아동이 당면한 상황에서 모델의 유괴 예방 기술을 지켜보았다. 마샤는 직장에서 직면한 난처한 상호작용에 대한 역할놀이 상황에서 밀 박사의 주장행동을 지켜보았다.

- 모델행동은 학습자가 정확하게 모방하기 위하여 필요할 때마다 반복되어야 한다.

- 일반화를 촉진하기 위해 다양한 방법과 상황에서 그 행동의 모델을 보여 주어야 한다.

- 모델을 관찰한 후 가능한 한 빨리 학습자에게 그 행동을 시연(모방)할 기회를 제공해야 한다. 모델행동을 정확하게 모방하면 즉시 강화를 제공해야 한다!

시연

시연(rehearsal)이란 교수를 받은 후에 혹은 어떤 모델이 행동하는 것을 관찰한 후 학습자가 그 행동을 연습하는 것을 말한다. 시연은 BST의 중요한 부분이다. 그 이유는 (1) 교사는 학습자가 정확한 행동을 하는지를 알고 난 후에야 학습자가 그 행동을 학습하였다고 확신할 수 있고, (2) 그 행동을 강화할 기회를 제공해 주며, (3) 그 행동을 수행할 때 나타날 수 있는 오류를 평가하고 정정하는 기회를 제공해 줄 수 있기 때문이다.

다음 요인들이 BST 절차의 일부로서 시연의 효과에 영향을 미칠 수 있다.

- 적절한 상황이나 그 상황과 유사한 역할놀이 상황에서 행동을 시연해야 한다. 적절한 상황에서 그 행동을 시연하는 것은 기술훈련을 마치고 난 후 일반화를 촉진시킨다.
- 성공을 위해 시연을 잘 계획해야 한다. 학습자가 성공할 수 있도록 쉬운 행동부터 연습해야 한다. 쉬운 행동을 성공하면, 학습자는 더 어렵고 복잡한 행동을 연습한다. 이런 식으로 시연을 하는 것은 강화를 주기 위함이며, 그래야 학습자가 계속해서 참여하게 된다.
- 정확한 행동을 시연할 경우 항상 즉각적으로 강화가 뒤따라야 한다.
- 부정확한 시연은 교정 피드백이 뒤따라야 한다.
- 적어도 몇 번 정확한 행동을 할 때까지 시연을 해야 한다.

피드백

학습자가 그 행동을 시연한 후에는, 훈련자는 즉각적으로 피드백(feedback)을 제공해야 한다. 피드백은 정확한 수행에 대한 칭찬이나 강화인을 포함한다. 필요할 경우, 실수를 정정해 주거나 잘 수행할 수 있는 방법을 설명해 줄 수 있다. 흔히 피드백은 어떤 행동을 정정해 줌으로써 그 행동에 대한 차별강화의 성격을 지니고 있다. BST 절차에서 피드백이란 정확한 행동에 대해 칭찬해 주고 부정확한 행동에 대해서는 더 자세한 설명을 해 주는 것을 의미한다. 많은 요인이 피드백의 효과에 영향을 미칠 수 있다.

- 그 행동이 발생한 즉시 피드백을 제공해야 한다.
- 피드백은 항상 그 행동에 대한 칭찬을 포함해야 한다. 행동이 부정확할 경우, 훈련자는 학습자의 성공한 부분은 칭찬해야 한다. 이는 시연을 통해 학습자의 경험을 강화시키는 데 중요하다.
- 칭찬은 설명적이어야 한다. 학습자가 한 말이나 정확하게 행동한 것이 무엇인지 설명해 준다. 모든 언어적 및 비언어적 행동(즉, 학습자가 어떤 말을 하고 행동하는지, 그리고 어떻게 말을 하고 행동하는지)에 초점을 맞춘다.

- 교정 피드백을 제공할 때, 부정적이어서는 안 된다. 학습자의 수행이 나쁘다 혹은 잘못 되었다 등으로 설명해서는 안 된다. 그보다는 학습자가 더 잘할 수 있는 것은 무엇인지 혹은 어떻게 하면 더 잘할 수 있는지를 확인하여 설명해야 한다.
- 교정 피드백을 제공하기 전에 수행한 일부 측면은 반드시 칭찬한다.
- 한 번에 그 수행의 한 가지 측면만 교정 피드백을 제공한다. 학습자가 여러 가지 부정확한 행동을 한다면, 학습자가 낙심하지 않도록 그중 한가지에만 초점을 둔다. 학습자가 차후 시연에서 점점 더 성공할 수 있도록 단계적으로 정확한 수행을 하게 한다.

행동기술훈련 후 일반화 촉진하기

BST 절차의 목표는 학습자로 하여금 훈련 후에 어떤 상황에서든 새로운 기술을 습득하고 이러한 기술을 사용하도록 하는 것이다. BST 후 적절한 환경에 대한 기술을 일반화하기 위해 몇 가지 전략을 사용할 수 있다.

첫째, 학습자가 실생활에서 직면할 수 있는 실제 상황과 유사한 다양한 역할놀이를 훈련 속에 포함시켜야 한다. 훈련 시나리오가 실제 상황과 가까우면 가까울수록 그 기술은 실제 상황에서 일반화되기가 쉽다(Miltenberger, Robers, et al., 1999).

둘째, 실생활 환경을 훈련에 통합시켜야 한다. 학습자는 실제 또래나 실제 상황(예: 학교, 운동장)에서 역할놀이로 그 기술을 시연할 수 있다. 예를 들면, Olson-Woods, Miltenberger 와 Forman(1998)은 아동들에게 유괴 예방 기술을 가르치고, 유괴가 실제로 일어날 수 있는 학교 운동장에서 여러 가지 역할놀이를 하였다.

셋째, 학습자가 BST 회기와 관계없이 학습했던 기술을 실제 상황에서 연습하도록 과제를 내준다. 훈련 회기와 관계없이 그 기술을 연습한 후, 그다음 학습자는 회기에서 경험을 이야기할 수 있고 자기 수행에 대해 피드백을 받는다. 어떤 경우에는 회기와 관계없이 그 기술을 연습할 때 즉각적으로 피드백을 제공할 수 있는 부모나 교사가 지도감독을 할 수 있다.

넷째, 훈련자는 훈련 회기 이외 상황에서 강화를 조정할 수 있다. 예를 들면, 훈련자는 가정이나 학교에서 학습자가 정확하게 반응할 때 부모나 교사로 하여금 강화를 제공하도록 할 수 있다.

실제상황평가

흔히 BST는 그 기술이 필요한 다른 상황에서 실시한다. 예를 들면, 유괴 예방 훈련은 교실에서 실시하지만, 그 기술은 유괴자가 유괴하려고 나타난 장소에 혼자 있을 때 공개적으로 사용되어야 한다. 따라서 그 기술이 필요한 장면에서 BST를 통해 배운 기술을 평가하는 것이 중요하다. 또한 개인이 평가받고 있다는 것을 알지 못하도록 하면서 그 기술을 평가해야 한다. 기술에 대한 평가가 그 기술이 필요한 자연 환경에서 이루어지고 개인이 평가받고 있다는 것을 알지 못할 때, 이를 **실제상황평가**(in situ assessment)라 부른다. 실제상황평가는 개인이 필요할 때 그 기술을 사용할지 여부를 정확하게 평가해야 하므로 아주 중요하다. 개인이 평가받고 있다는 것을 알고 있다면, 평가받고 있다는 것을 알지 못할 때보다 그 기술을 더 많이 사용할 가능성이 있다는 연구가 있다(Gatheridge et al., 2004; Himle, Miltenberger, Gatheridge, & Flessner, 2004; Lumley, Miltenberger, Long, Rapp, & Roberts, 1988).

예를 들면, Gatheridge 등(2004)의 연구에서 6세와 7세 아동들에게 총을 발견하고 주위에 어른이 없을 때 '총을 만지지 말고 거기에서 벗어나 부모에게 가서 말해야 한다'는 안전 기술 사용법을 가르쳤다. 훈련 후 총을 발견했을 때 어떻게 해야 하는지를 아동들에게 물었을 때, 그들은 정확한 반응을 하였다. 총을 발견했을 때 어떻게 해야 하는지를 연구자에게 보여 달라고 요청하였을 때, 정확한 행동을 연구자에게 보여 주었다. 그러나 어느 누군가가 지켜보고 있다는 것을 알지 못한 채, 연구용으로 사용하기 위해 경찰이 제공한 고장 난 총을 발견하였을 때, 그들은 정확하게 반응하지 못하였다. 아동들은 이미 그 기술을 배웠지만 연구자가 없으면 그 기술을 사용하지 않았으므로, 그 기술은 일반화되는 데 실패한 것이다.

? 왜 그 기술들은 연구자 앞에서 자극통제되었는가(왜 연구자가 그 기술을 사용할 때 식별자극이 된 것인가)?

그 기술들은 훈련 중에 연구자가 있을 때만 강화를 받았기 때문에, 연구자가 그 기술의 사용을 위한 식별자극(S[D])이 되었던 것이다. 그 기술을 일반화시키기 위해서는 연구자가 없을 때 자연 환경에서 그 기술들을 자주 강화해야만 한다. 이러한 절차를 실제상황훈련이라 부르는데, 다음에 기술하고 있다.

실제상황훈련

지적장애 아동 및 성인에게 안전 기술을 가르치기 위한 BST를 평가하는 최근 연구에서는 **실제상황훈련**(in situ training)이라 부르는 절차가 때때로 훈련 후 일반화를 촉진하는 데 필요하다는 것을 시사한다(Egemo, Helm et al., 2007; Himile, Miltenberger, Flessner, & Gatheridge, 2004; Miltenberger, Roberts et al., 1995, 2005). 실제상황훈련과 함께 훈련자는 아동이 평가받고 있다는 것을 알리지 않고 자연 장면에서 평가를 한다(실제상황평가). 아동이 실제상황평가 시에 그 기술을 사용하지 않을 경우, 훈련자는 그 상황에 들어가고 즉시 평가를 훈련 회기로 바꾼다. 그다음 훈련자는 아동이 평가 상황에서 그 기술을 반복 시연하도록 하여, 그 아동이 유사한 상황에 처했을 경우에 그 기술을 더 잘 사용하도록 한다.

4세와 5세 아이에게 유괴 예방 기술을 가르치기 위한 BST를 평가한 Johnson 등(2005)의 연구를 살펴보자. 5세 여아가 BST 회기 동안에 유괴 예방 기술을 사용하는 것을 본 후에, Johnson은 실제상황평가를 하였다. 평가를 할 동안에 연구보조자(아이가 알지 못하는)가 놀이터에 혼자 있는 그 아이에게 다가와 산보하러 가자고 요청하였다. 평가를 할 동안에 그 아이가 안전 기술을 사용하지 않았을 때("아니야, 싫어."라는 말을 하지 않고 달려가 어른에게 알림), 훈련자는 그 순간 밖으로 걸어 나가 그 아이에게 "낯선 사람이 너에게 함께 있자고 요청할 때 어떻게 해야 하지?"라고 묻는다. 그 아이가 정확한 반응을 하면, 훈련자는 "그래, 너는 그렇게 하지 않았어. 이런 일이 다시 일어날 경우 잘하기 위해 연습해 보자."라고 말한다. 그다음 훈련자는 그 아동에게 "아니야, 싫어."라고 말하는 연습을 시키고, 평가가 이루어지는 실제상황에서 역할놀이로 어른에게 달려가 알리도록 한다. 그 결과, 아이에 관한 정보가 없는 상황에서 그 아이를 평가해 보았는데, 그다음부터 정확한 행동을 하게 되었다. 많은 연구에 따르면 연구자들은 이러한 실제상황훈련을 하는 것은 BST 후에 그 기술을 사용하지 않는 아동에게 효과적이라고 주장한다(Gatheridge et al., 2004; Himle, Miltenberger, Flessner, & Gatheridge, 2004; Johnson et al., 2005, 2006; Jostad et al., 2008; Miltenberger et al., 2004, 2005).

행동기술훈련과 3단계 유관

지도, 모델링, 시연 및 피드백을 조합한 BST 절차는 3단계 유관의 세 가지 측면으로 이루어져 있다. 선행사건, 행동 그리고 그 결과를 포함한 3단계 유관을 어느 수업 상황에서도 사용해야 한다. 지도와 모델링은 정확한 행동을 유발하기 위해 사용되는 선행 전략이다. 대부분의 사람들은 과거에 성공적으로 교수를 받고 모델을 모방하여 왔기 때문에, 지도와 모델링이 정확한 행동에 대한 효과적인 식별자극(S^D)이 된다. 시연은 모델링이나 혹은 지시 과정에서 설명한 행동을 실행에 옮기는 것이다. 정확하게 행동을 시연할 경우, 정확한 행동을 강화시키는 피드백을 제공한다. 행동이 일부 부정확하다면, 수행을 증진시키기 위해 지시 형태의 교정 피드백을 제공한다. 교정 피드백은 다음 시연에서 정확한 행동이 강화되도록 하는 선행사건으로의 기능을 한다.

선행사건	행동	결과
역할놀이, 모델링, 지도	기술의 시연	피드백(정확한 수행에 대한 칭찬)

성과: 내담자는 역할놀이 상황에서 정확한 기술을 사용할 가능성이 크다.

어떤 기술을 가르치는 최상의 방법은 지도나 모델을 제공하고 강화되는 기술을 시연하도록 요구하는 것이다. 지도나 모델링이 단독으로 그 상황에서 정확한 행동을 유발할 수 있지만, 그 행동은 차후에 강화받지 않으면 지속되지 않는다. 예를 들면, 오른쪽 골목길은 놀이터로 진입하려는 차들로 막히기 때문에, 아내는 나에게 놀이터를 지나 왼쪽 골목길로 운전하라고 말한다. 이것은 지도의 예이다. 내가 아내의 지도를 따르자, 내 행동은 막힌 길을 벗어남으로써 강화를 받는다. 그 결과 나는 놀이터를 지나 왼쪽 골목길로 더 운전할 가능성이 크다. 그러나 내가 아내의 지도를 따라 왼쪽 골목길로 운전하였으나 빠르지 않았다면, 내 행동은 강화되지 않는다. 따라서 지도가 정확한 행동을 유발할지라도, 그 행동이 일어난 후 강화를 받지 않으면 그 행동은 계속되지 않을 것이다. 어떤 기술을 가르칠 때, 학습자에게 모델링하거나 지도함으로써 정확한 행동을 간단히 유발시킬 수 있다. 그러나 그 행동을 확실하게 학습시키기 위해서는 강화시킬 수 있는 모의 훈련 상황에서 학습자로 하여금 그 행동을 시연하도록 해야 한다. 학습자가 훈련 시 그 행동을 성공적으로 이미 수행하였다면, 실제상황에서도 그 행동을 수행할 가능성이 훨씬 크다.

집단 행동기술훈련

때때로 BST 절차는 유사한 기술을 학습할 필요가 있는 집단에서도 사용된다. 예를 들면, 자녀와 갈등을 겪는 부모 집단을 대상으로 부모 훈련을 실시할 수 있고, 주장 기술이 부족한 집단을 대상으로 주장 훈련을 실시할 수 있다. 집단 BST는 모든 구성원이 참여할 기회가 있는 소집단으로 실시해야 가장 효과가 있다(Himle & Miltenberger, 2004). 집단 BST에서는 모델링과 지도를 전체 집단에게 제공한다. 그다음 각 집단 구성원은 역할놀이로 그 기술을 시연하고, 훈련자나 그 집단의 다른 구성원으로부터 피드백을 받는다(Poche et al., 1988). 개별 BST와 마찬가지로 집단 BST에서도 각 사람은 여러 모의 상황에서 정확하게 수행할 때까지 그 기술을 시연한다.

집단 BST는 여러 가지 장점이 있다. 첫째, 지도와 모델링이 전체 집단에게 제시되기 때문에 개별 BST보다 더 효과가 있다. 둘째, 각 집단 구성원은 다른 구성원이 그 기술을 시연하는 것을 지켜봄으로써 배우며 자신의 수행에 피드백을 받는다. 셋째, 집단 구성원들은 다른 집단의 구성원의 수행을 평가하고 피드백을 제공함으로써 배우게 된다. 넷째, 다양한 집단 구성원들이 역할놀이에 참여함으로써 일반화가 잘 이루어진다. 마지막으로 성공적인 시연을 하면 훈련자뿐 아니라 다른 집단 구성원으로부터 칭찬을 통해 강화의 크기가 확대된다.

집단 BST의 단점은 각 사람이 훈련자의 집중된 주의를 받지 못한다는 것이다. 또 다른 문제는 일부 구성원들이 적극적으로 참여하지 않거나 다른 구성원의 참여를 방해할 수 있다. 훈련자는 모든 구성원들로 하여금 능동적인 역할을 하고 참여하게 함으로써 이러한 문제를 예방할 수 있다.

행동기술훈련 절차의 적용

수많은 연구를 통해 BST 절차가 다양한 기술을 가르치는 데 효과가 있다고 입증되고 있다

(Rosenthal & Steffek, 1991). 이러한 절차들은 아동에게 많이 사용되고 있다. 앞에서도 Poche 와 동료들의 연구들을 논의한 바 있다. 또한 다른 연구자들도 아동에게 유괴 예방 및 성 학 대 예방 기술을 가르치기 위해 BST 절차를 사용하였다(Carroll-Rowan & Miltenberger, 1994; Johnson et al., 2005, 2006; Miltenberger & Thiesse-Duffy, 1988; Miltenberger, Thiesse-Duffy, Suda, Kozak, & Bruellman, 1990; Olsen-Woods et al., 1998; Wurtele, Marrs, & Miller-Perrin, 1987; Wurtele, Saslawsky, Miller, Marrs, & Britcher, 1986). 이와 같은 연구에서도 아동에게 모델링과 지도를 통해 위험 상황에 대한 정확한 반응을 가르쳤고, 위험 상황에 대한 역할놀이에서 자 기보호 기술을 시연하도록 하였으며, 그 수행에 대해 피드백을 제공하였다. 이 연구자들은 시연과 피드백이 없이 지도와 모델링만 사용하는 것은 아동에게 자기보호 기술을 가르치는 데 효과가 적다는 것을 발견하였다. 아동은 지도와 모델링을 제공한 후 시연할 기회를 제공 하고 그들의 수행에 대한 피드백을 제공하였을 때 훨씬 학습을 잘하였다. 또한 지적장애 성 인에게도 동일한 BST 절차를 이용하여 유괴 예방 기술과 성 학대 예방 기술을 가르치고 있다 (Haseltine & Miltenberger, 1990; Lumley, Miltenberger, Long, Rapp, & Roberts, 1998; Miltenberger, Roberts et al., 1999). 어떤 경우에는 실제상황훈련이 지적장애 아동과 성인에게 그 기술을 배 워 실제 상황에서 활용하도록 돕기 위해 BST 후에 사용된다(Johnson et al., 2005, 2006).

또 다른 연구에서 아동들에게 화재 예방 기술을 가르치기 위하여 BST 절차를 사용하 였다. Jones와 Kazdin(1980)은 어린아이에게 소방서에 비상 전화를 거는 법을 가르쳤다. Jones, Kazdin과 Haney(1981)는 아동들에게 가정 화재 시 필요한 대처 기술을 가르쳤다. 그 들은 9개의 상이한 가정 화재 위험과 각 상황에 대한 올바른 화재 안전 대처행동을 확인할 수 있었다. 훈련 시 그들은 침실에서 화재 모의 상황을 만들고 아동에게 정확한 반응을 가르치 기 위하여 지도, 모델링, 시연 및 피드백을 사용하였다. 훈련자는 아동에게 정확한 행동을 하 라고 말하고 어떻게 해야 하는지를 아동에게 보여 주었다. 그 아동이 정확하게 행동할 때, 훈 련자는 칭찬과 기타 강화인을 제공하였다. 아동이 일부 행동을 부정확하게 행동할 경우, 훈 련자는 어떻게 하면 잘할 수 있는지 피드백을 제공하고 올바르게 행동할 때까지 반복하였다 ([그림 12-3] 참조). 일부 수행이 부정확할 때마다 연구자들은 교정을 하기 전에 아동이 일부 잘한 화재 안전 행동에 대해 항상 칭찬하였다. 그 결과가 [그림 12-4]에 제시되어 있다.

또한 BST 절차는 사회 기술이 부족한 사람들에게 많이 사용되고 있다. 예를 들면, Elder, Edelstein과 Narick(1979)은 공격성향이 있는 청소년에게 공격행동을 감소시키기 위하여 사 회 기술을 가르쳤다. Matson과 Stephens(1978)는 만성 조현병자에게 적절한 사회행동을 증가시키기 위해 사회 기술을 가르쳤는데, 그 결과 논쟁과 싸움이 감소하였다. Starke(1987)은 지체장애인에게 사회 기술을 향상시키기 위해 BST를 사용하였고, Warzak와 Page(1990)는 성적으로 문란한 소녀에게 소년으로부터 원치 않는 성적 제의를 거절하는 법을 가르쳤다. 각 연구에서 지도와 모델링, 놀이 상황에서의 시연 및 자신의 수행에 대한 피드백(강화 및 교정)을 통하여 거절하는 법을 가르쳤다. Starke는 BST 절차를 사용한 집단이 토론 집단보다 사회적 기술이 더 효과적으로 증진되었다는 것을 발견하였다. 이러한 결과는 시연과 피드백이 기술훈련 절차의 중요한 요소라는 것을 시사해 준다. 바꿔 말하면, 어떤 기술이 중요한지 듣거나 그 기술을 사용하는 것을 지켜보는 것만으로는 충분치 못하고, 기술을 배우는 최선책은 모의 혹은 실제 상황에서 그 기술을 강화시킬 수 있는 시연과 피드백의 기회를 제공해야 한다는 것이다.

마지막으로 연구자들은 BST 절차가 성인에게도 기술을 가르치는 데 효과적이라고 주장한다. Forehand와 동료들은 비순종 아동의 부모에게 아동관리 기술을 가르치기 위해 이 절차를 사용하였다(Forehand et al., 1979). 부모들에게 자녀에게 보상을 주는 기술, 적절하게 지시하는 기술, 자녀가 순종하지 않을 때 타임아웃을 사용하는 기술 등을 가르쳤다. 부모가 이런 기술을 배우자 자녀들의 행동은 개선되었다. 다른 연구자들은 BST 절차가 아동, 요양보호인 혹은 지적장애인의 교사 혹은 직원에게 행동수정을 가르치는 데 효과적이라고 주장한

[그림 12–3] 아동이 어떤 모델을 보고 훈련자로부터 화재 안전 기술을 지도받은 후 시연하고 있다. 시연 후에 훈련자는 피드백을 제공한다.

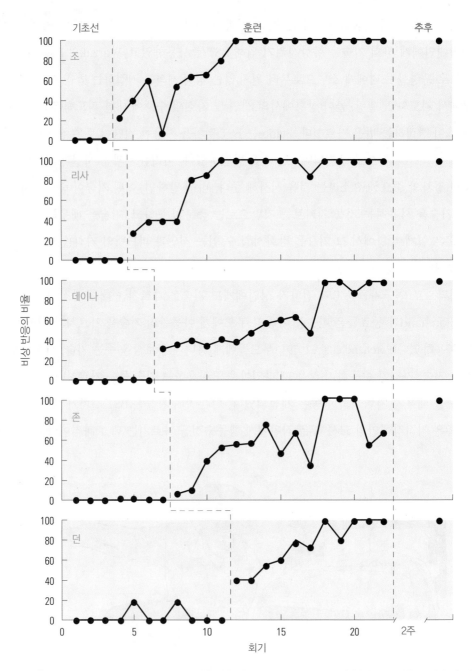

[그림 12–4] 이 그래프는 5명의 아동에게 행동기술훈련을 실시하기 전과 후의 정확한 화재 비상 반응에 대한 백분율을 보여 주고 있다(Jones et al., 1981). 모든 아동에게 기술을 훈련시켰다. 각 아동의 수행은 훈련을 받은 후에만 개선되었다. 이 그래프는 대상별 중다기초선 설계이다.

출처: Jones, R. T., Kazdin, A. E., & Haney, J. L. (1981). Social validation and training of emergency fire safety skills for potential injury prevention and life saving. *Journal of Applied Behavior Analysis, 14*, 249–260.

다(Engelman, Altus, Mosier & Mathews, 2003; Lavie & Sturmey, 2002; Moore et al., 2002; Sarokof & Sturmey, 2004). Miltenberger와 Fuqua(1985b)는 대학생들에게 임상면접 시험을 치는 법을 가르치기 위하여 지도, 모델링, 시연 및 피드백을 사용하였다. 그 학생들은 행동 문제가 있는 모의 대상인 연구 조교와 면접시험을 치를 때 올바른 형태로 질문하는 법을 배웠다. Dancer 와 동료들은 비행청소년을 위한 그룹홈을 운영하고 있는 부부에게 행동관찰 및 설명 기술을 가르쳤다(Dancer et al., 1978). 이 부부는 여러 행동 문제를 보이는 청소년을 효과적으로 다루기 위해 이러한 기술이 필요했기 때문이다.

앞에 인용한 연구들은 BST 절차를 적용한 예이다. 이 절차들은 모의 상황에서 지도나 모델링으로부터 배울 수 있는 사람들에게 사용되고, 제11장에 기술한 행동연쇄(chaining) 절차의 집중 훈련은 필요하지 않다. 일반적으로 행동연쇄 절차는 능력이 떨어지고 집중적 촉구가 필요한 사람에게 사용된다. 반대로 BST 절차는 흔히 정상 아동과 성인에게 사용하지만, 장애인에게도 사용할 수 있다. 예를 들면, Hall, Sheldon-Wildgen과 Sherman(1980)은 경도 혹은 중등도 장애를 가진 성인에게 직무 면접 기술을 가르치기 위하여 지도, 모델링, 시연 및 피드백을 사용하였다. 면접에서 중요한 언어 및 비언어적 기술을 설명하고 모델을 보여 준 후, 모의 면접에서 그 기술을 시연하도록 하였다.

? 모의 면접에서 시연하도록 한 후 Hall은 무엇을 하였을까?

시연 후에 Hall은 적절한 행동을 칭찬하였고, 개선해야 할 행동을 설명하였다.

Bakken, Miltenberger와 Schauss(1993)는 BST 절차를 이용하여 지적장애인 부모에게 자녀와 상호작용하는 중요한 기술을 가르쳤다. 그 부모들은 자녀에게 칭찬하는 법과 적절한 방법으로 정상발달을 촉진하기 위해 자녀에게 관심을 갖는 법을 배웠다. 이 연구에서 부모는 훈련 회기 중에 지도, 모델링, 시연 및 피드백을 사용하여 그 기술을 배웠지만, 그 기술을 가정의 일상 환경에 일반화시키지는 못하였다는 흥미로운 결과가 나왔다. Bakken이 가정에서 훈련을 실시하자, 그 부모는 그 기술을 사용하기 시작하였다. 이러한 결과는 그 기술이 필요한 자연 환경에서 일반화되는지를 평가해야 하고, 일반화가 이루어지지 않았을 경우 더 많은 훈련을 제공해야 한다는 사실을 시사해 준다(더 자세한 내용은 제19장을 참고하라).

📖 **더 읽을거리**

행동기술훈련을 이용하여 총 놀이 안전 기술 가르치기

어떤 아이가 어른이 방치한 총을 발견할 경우, 그 아이는 총을 가지고 놀게 된다(예: Himle et al, 2004). 그 결과, 방아쇠를 당길 경우 그 아이는 자신뿐 아니라 타인을 죽일 수 있다. 최근 연구자들은 아이들에게 총 놀이 안전 기술을 가르치는 데 BST의 효과를 연구해 왔다(예: Himle, Miltengerger, Flessner & Gatheridge, 2004; Miltenberger et al, 2004, 2005). 총을 발견할 때 아동이 배워야 할 안전 기술은 (1) 총을 만지지 말 것, (2) 즉시 피할 것, (3) 어른에게 알릴 것 등이었다. 연구자들은 4~7세 아동에게 이러한 기술을 가르치는 데 BST가 성공적일 수 있고, 어떤 경우에는 실제상황훈련이 필요하다는 사실을 입증하였다. 연구자들은 기초선과 훈련 후 실제상황평가를 이용하여, 그 아이가 평가받고 있다는 것을 알리지 않고 총(실제 총 같지만 발사되지 않는 총)을 발견토록 하는 상황을 설정하였다. 실제상황훈련을 위하여 연구자는 그 아이가 알지 못하도록 훈련 후 평가를 하였다. 그 아이가 총을 발견하였을 때 안전 기술을 사용하지 않는다면, 연구자는 그 방으로 걸어가서 총을 발견하였을 때 어떻게 하였는지를 그 아이에게 질문한다. 그런 다음 연구자는 아이가 총을 발견한 장소에서 다섯 번 그 기술을 연습하도록 지시한다. 연구자는 모든 아동이 BST와 실제상황훈련에서 그런 기술을 배울 수 있다는 것을 발견하였다.

행동기술훈련 절차를 사용하는 방법

효과적으로 BST 절차를 사용하는 단계는 다음과 같다.

1. 당신이 가르치기 원하는 기술을 확인하고 정의하라. 행동 정의를 잘해야 그 기술과 연루된 모든 행동을 명확하게 설명할 수 있다. 여러 상황에서 필요한 모든 기술을 정의하고 복잡한 기술에 대한 과제분석을 해야 한다(행동연쇄).

2. 그 기술을 사용해야 하는 모든 관련 자극 상황(S^Ds)을 확인하라. 예를 들면, 유괴 예방 기술을 가르칠 때, 아동이 모든 유괴 상황에 성공적으로 대처할 수 있도록 모든 예상 유괴 유혹들을 확인해야 한다. 주장 기술을 가르칠 때, 어떤 사람이 모든 상황에서 주장적인 반응을 할 수 있도록 그 사람이 주장적 행동을 하지 못하는 모든 상황을 확인해야 한다.

3. 기초선을 설정하기 위하여 자극 상황에서 학습자의 기술을 평가하라. 학습자의 기술을 평가하려면, 각 자극 상황(실제상황이든지 모의 상황이든지)을 제시해야 하고 그 상황에

대한 학습자의 반응을 기록해야 한다.

4. 가장 쉬운 기술과 가장 쉬운 자극 상황에서 훈련을 시작하라. 이러한 환경에서 학습자의 훈련은 성공할 가능성이 크며, BST 절차에 계속해서 더 잘 협조하게 될 것이다. 더 어려운 기술 혹은 더 어려운 상황에서 시작하면, 학습자가 처음에 성공하지 못하고 실망할 수도 있다.

5. 행동에 대해 지도를 하고 모델링을 제공함으로써 훈련을 시작하라. 관련 식별자극에 대한 반응으로 적절한 환경에서 그 행동을 모방해야 한다. 역할놀이를 함으로써 적절한 환경을 창출할 수 있다. 그 상황은 학습자에게 가능한 실제적이어야 한다. 때때로 실제 환경에서 훈련을 실시할 수 있다. 예컨대, Poche와 동료들(1981)은 유괴자가 아동에게 실제로 접근할 수 있는 놀이터에서 유괴 예방 기술을 모델로 보여 주었다.

6. 학습자가 지도를 받고 모델을 본 후에 시연할 기회를 제공하라. 그 행동을 위해 적절한 환경을 가상으로 설정해 놓고 학습자로 하여금 그 행동을 연습하도록 해야 한다. 때때로 가상 혹은 역할놀이는 자연스러운 환경에서 이루어질 수 있다. Poche와 동료들(1981)은 놀이터에서 아동에게 유괴 예방 기술을 시연하도록 하였다.

7. 시연 후에 즉각 피드백을 제공하라. 그 수행에 대한 일부 측면은 항상 칭찬한 후, 필요할 때 개선시키기 위해 지도를 제공하라.

8. 학습자가 그 행동을 정확하게 수행할 때까지 시연과 피드백 과정을 동시에 반복하라.

9. 한 훈련 상황에서 성공한 후에 또 다른 상황으로 옮겨가고, 학습자가 각 상황에서 각 기술을 숙달할 때까지 지도, 모델링, 시연 및 피드백의 과정을 계속하라. 새로운 상황을 제시해 주며, 학습자가 숙달해야 하는 훈련 상황을 계속해서 연습하도록 하라.

10. 학습자가 훈련 회기 중에 모든 가상 상황에서 모든 기술을 숙달하면, 그 기술이 필요한 자연 상황에서 일반화되도록 계획을 세우라. 훈련 상황이 가능한 한 자연 상황과 유사하거나 훈련이 자연 상황에서 이루어진다면(Poche et al., 1981), 일반화는 쉽게 일어날 것이다. 일반화를 증진시키는 또 다른 방법은 학습자로 하여금 점점 더 어려운 상황에서 그 기술들을 연습하도록 하는 것이다. 예를 들면, 사회 기술을 훈련한 후 학습자가 실제 상황에서 실제 인물과 사회 기술을 사용하도록 지도를 제공한다. 쉬운 과제부터 시작하고 학습자가 성공하면 더 어려운 과제로 진행해 나간다. 중요한 점은 학습자가 강화를 받을 수 있도록 계속해서 성공하도록 해야 한다는 것이다. 일반화를 촉진하는 또 다른 방법은 제19장에 나와 있다.

📖 요약

1. 행동기술훈련(BST) 절차는 지도, 모델링, 시연, 피드백 등 네 가지 구성요소로 이루어져 있다. 이러한 훈련 절차들은 중요한 기술을 가르치기 위하여 장애인과 기타 성인 및 아동까지 폭넓게 사용되고 있다. 첫째, 훈련자는 학습자가 그 행동을 수행하는 것을 보도록 실연 혹은 상징 모델링을 제공한다. 또한 훈련자는 학습자에게 그 행동의 중요한 측면을 설명하는 지도를 제공한다. 그다음 학습자에게 그 행동이 요구되는 자연 상황과 유사한 모의 상황에서 그 행동을 시연할 기회를 제공한다. 시연 후에 훈련자는 정확한 행동에 대해서는 강화하는 피드백을 제공하고 그 행동을 개선하는 법에 대해 교수를 제공한다. 학습자가 다양한 관련 상황에서 정확한 행동을 할 때까지 계속해서 시연을 하고 피드백을 제공한다.

2. 학습자에게 지도와 모델링이 효과가 있고, 그 기술을 배우기 위해 더 많은 집중 훈련(행동 연쇄 절차와 같은)이 필요하지 않을 때가 BST 절차를 사용할 적절한 시기이다.

3. 소집단으로 BST를 사용할 때는 전체 구성원에게 지도와 모델링을 제공하고, 그다음 역할놀이를 이용하여 각 구성원에게 개별적으로 시연을 하도록 하고 피드백을 제공한다. 훈련자는 물론 다른 집단 구성원은 피드백을 제공한다.

4. BST 절차는 배워야 할 기술에 대해 3단계 유관을 포함하고 있다. 지도와 모델링은 정확한 행동이 일어나도록 하는 선행사건이고, 정확한 행동을 시연하며, 시연 후 행동의 결과를 강화시키는 피드백을 제공한다. 또한 피드백은 다음 시연에서 그 행동의 대한 촉구로서 작용하는 더 많은 지도를 포함할 수 있다.

✏️ 핵심용어

모델링(modeling)	지도(instruction)
시연(rehearsal)	피드백(feedback)
실제상황평가(in situ assessment)	행동기술훈련(behavioral skills training
실제상황훈련(in situ training)	procedures: BST)

Behavior
Modification

제4부

바람직하지 않은 행동 감소 및
바람직한 행동 증진 절차

제13장

기능평가를 통한 문제행동 이해

주요 학습문제

• 문제행동에 대한 기능평가란 무엇인가?
• 기능평가의 세 가지 방법은 무엇인가?
• 기능평가의 간접 방법을 어떻게 사용하는가?
• 기능평가의 직접관찰법을 어떻게 사용하는가?
• 문제행동에 대한 기능분석이란 무엇인가? 기능분석을 어떻게 하는가?

제9~12장에서 바람직한 행동을 형성하는 절차를 살펴보았다. 이 장에서는 문제행동을 이해하고 행동을 증가시키거나 감소시키기 위한 행동 절차를 알아보기로 한다. 바람직한 행동을 증가시키고 바람직하지 못한 행동(문제행동)을 감소시키거나 제거하기 위해 행동수정 절차를 사용할 때 제일 먼저 왜 그러한 행동이 발생하는지를 이해하여야 한다. 그러기 위해서 행동을 유발하는 선행사건과 그것을 유지시키는 강화 요인(결과)을 파악하기 위하여 3단계 유관을 평가하여야 한다. 문제행동을 다루기 전에 이러한 변인들을 확인하는 것을 **기능평가**(functional assessment)라 부른다.

기능평가의 예

야곱

야곱은 2세의 남아로 어머니와 4세인 누나와 함께 살고 있다. 아이의 어머니는 탁아소를 운영하면서 10~15명의 어린 아동들을 돌보고 있다. 야곱은 물건 던지기, 땅바닥에 머리 박기 및 징징거리기 등의 문제행동을 보이고 있다. 어머니는 야곱의 문제가 염려가 되어 야곱의 문제행동을 감소시키기 위하여 심리학과 대학원생인 리치가 수행하는 행동수정 실험에 참여하기로 동의하였다(Arndirfer, Miltenberger, Woster, Rortvedt, & Gaffaney, 1994). 첫 단계로 리치는 야곱이 왜 이런 행동을 하는지를 알아보기 위해 기능평가를 하였다.

먼저, 리치는 야곱의 어머니와의 면접을 통해 문제행동에 대한 의문사항, 상황 및 탁아 일과, 선행 환경, 문제행동 이후의 결과, 야곱의 기타 행동 그리고 야곱이 전에 받았던 치료 등을 알아보았다. 면접 후 리치는 탁아소에서 야곱을 관찰하였고 문제행동이 나타날 때마다 선행사건, 행동 및 결과에 관한 정보를 기록하였다. 그는 며칠 동안 야곱을 관찰한 후, 선행사건과 결과들이 그 행동과 밀접한 관련이 있다는 것을 확인하였다.

면접과 관찰로부터 얻은 정보를 토대로, 리치는 문제행동들의 기능에 관한 가설을 세웠다. 그는 야곱이 탁아소에서 다른 아동들이 자기 물건을 가져가거나 가지고 놀 때 문제행동을 더 많이 일으킨다고 결론을 내렸다. 더구나 야곱이 머리 박기, 징징거리기 혹은 장난감 던지기 등을 할 때, 아동들이 그의 장난감을 가지고 노는 것을 멈추고 다시 그에게 장난감을 되돌려 주었다. 리치는 다른 아동들이 야곱에게 장난감을 되돌려 주는 것이 문제행동에 대한 강화인이 되었다는 가설을 세웠다.

이러한 가설이 옳은지를 확인하기 위하여, 리치는 간단한 실험을 하였다. 어떤 날에는 탁아소에서 다른 아동들에게 야곱의 장난감을 만지지 말라고 지시하였고, 또 다른 날에 그는 아동들에게 야곱의 장난감을 가지고 놀되 야곱이 문제행동을 일으키면 즉시 장난감을 되돌려주라고 지시하였다. 관찰 결과, 다른 아동들이 야곱의 장난감을 가지고 노는 날에 야곱이 문제행동을 더 많이 일으켰고, 다른 아동이 야곱의 장난감을 만지지 않는 날에 야곱은 거의 문제행동을 일으키지 않았다. 이 간단한 실험에서 문제행동의 선행사건은 다른 아동들이 야곱의 장난감을 가지고 노는 것이었고, 문제행동의 강화인은 다른 아동들이 장난감을 되돌려 주는 것이라는 사실을 입증해 주었다.

선행사건	행동	결과
다른 아동들이 야곱의 장난감을 가지고 논다.	야곱은 머리를 박고, 징징거리고, 장난감을 던진다.	다른 아동들이 야곱에게 장난감을 되돌려 준다.

성과: 다른 아동들이 야곱의 장난감을 가지고 놀 때 야곱의 머리 박기, 징징거리기 및 장난감 던지기가 더 많이 일어날 가능성이 크다.

　야곱의 문제행동을 치료하기 위해, 다른 아동들이 야곱의 장난감을 가져갈 때 자기 장난감을 되돌려 달라고 요청하도록 가르쳤다. 장난감을 요구하는 것과 문제행동은 기능적으로 동일하다. 바꿔 말하면, 장난감을 요구하는 것과 문제행동은 동일한 성과를 가져온다. 즉, 다른 아동들이 그에게 장난감을 되돌려 주었다. 그러나 야곱이 문제행동을 일으키면, 자기 장난감을 얻지 못하였다.

선행사건	행동	결과
다른 아동들이 야곱의 장난감을 가지고 논다.	야곱이 자기 장난감을 되돌려 달라고 요청한다.	다른 아동들이 야곱에게 장난감을 되돌려 준다.

성과: 야곱은 다른 아동들이 자기 장난감을 가지고 놀 때 장난감을 되돌려 달라고 요청할 가능성이 크다.

　야곱의 치료는 바람직하지 못한 행동(머리 박기, 징징거리기, 장난감 던지기)보다는 바람직한 행동(장난감에 대한 요청)으로 바꾸도록 도와주는 것인데, 이는 바람직한 행동을 증가시키고 바람직하지 못한 행동은 감소시키기 위한 차별강화를 이용한 것으로 제15장에 논의되고 있다. 리치가 야곱에게 실시한 기능평가는 야곱의 문제행동에 대한 효과적인 치료를 선택하는 데 도움이 되었다. 문제행동을 감소시키기 위한 행동수정 절차의 첫 번째 단계는 바로 기능평가인 것이다.

안나

안나는 3세의 여아로 어머니와 어린 여동생과 함께 살고 있다. 안나는 집에서 때리기, 차기, 소리 지르기 등의 문제행동을 보이고 있다. 리치는 이러한 문제행동의 기능을 파악하기 위하여 기능평가를 실시하였다. 그는 안나의 어머니와 면접을 하고 문제행동과 관련된 3단계 유관의 행동관찰을 하였다. 면접과 관찰의 결과를 토대로, 리치는 안나의 문제행동이 어머니의 관심 끌기에 의해 강화된다고 가정하였다. 안나는 어머니가 자기에게 관심을 주지 않을 때(어머니가 집안일을 할 때) 문제행동을 더 많이 일으킨다. 더구나 대부분 문제행동의 결과는 어머니가 하던 일을 곧 멈추고 안나에게 관심을 주는 것이었다. 리치는 이 가설을 증명하기 위해 간단한 실험을 하였다.

? 리치는 간단한 실험을 어떻게 하였을까?

리치는 어머니의 관심이 안나의 문제행동을 강화시켰는지를 알아보기 위하여 관심의 수준을 조작하도록 하였다. 첫 번째 조건에서, 그녀는 안나와 놀면서 관심을 보였다. 안나가 문제행동을 보일 경우, 어머니는 그것을 무시하였다. 두 번째 실험조건에서, 그녀는 안나에게 관심을 보이지 않고 대신 일에 몰두하였다. 안나가 문제행동을 일으킬 경우, 어머니는 즉시 하던 일을 멈추고 잠시 안나에게 관심을 보였다. 리치는 안나가 두 번째 조건에서 문제행동의 빈도가 더 많이 나타난다는 것을 발견하였다. 이는 안나의 문제행동에 대한 강화인이 바로 어머니의 관심이었다는 가설을 입증해 주는 것이다.

선행사건	행동	결과
어머니가 안나에게 관심을 보이지 않는다.	안나는 때리고, 차고, 소리 지른다.	어머니가 안나에게 관심을 보인다.

성과: 안나는 어머니가 자기에게 관심을 보이지 않을 때 때리기, 차기, 소리 지르기를 더 많이 할 가능성이 크다.

리치는 야곱에게 사용한 치료 전략을 세웠다. 그는 안나에게 어머니가 관심을 보이지 않을 때 관심을 끌기 위하여 요청하는 방법을 가르쳤다. 그는 그녀의 어머니로 하여금 안나가 관심을 끌기 위하여 요청하는 행동을 차별강화하도록 가르쳤다. 바꿔 말하면, 안나가 관심을 끌도록 요청할 때, 즉시 그녀의 어머니는 잠시 동안 안나에게 관심을 보였다. 그러나 안나가 문제행동을 일으킬 때, 그녀의 어머니는 소거를 사용하여 관심을 보이지 않았다.

선행사건	행동	결과
어머니가 안나에게 관심을 보이지 않는다.	안나가 관심을 달라고 요청한다.	어머니가 안나에게 관심을 보인다.

성과: 안나는 어머니가 자기에게 관심을 보이지 않을 때, 어머니의 관심을 위해 요청을 할 가능성이 크다.

안나가 문제행동을 일으킬 때, 어머니는 여동생이 다치지 않도록 하기 위하여(안나의 때리기와 차기 등 문제행동 때문에) 안나의 여동생과 함께 다른 방에 있었다. 리치는 차별강화를 사용하면 문제행동을 감소시키고, 어머니의 관심을 끌도록 요청하는 바람직한 행동을 증가시키는 결과를 가져온다는 사실을 발견하였다. 이번에도 치료 과정의 첫 단계로 기능평가를 통해 얻은 정보에 기초하여 안나의 치료법을 선택한 것이다.

때때로 어떤 아동이 문제행동에 대한 대체반응으로서 관심 끄는 법을 학습하면, 이러한 행동 자체가 또 다른 문제가 되어 계속 관심 끌기를 요구할 수 있음을 주의해야 한다. Carr과 동료들은 이러한 문제를 해결하기 위한 절차를 사용하였다. 관심 끌기를 계속 요청할 때마다, 부모는 점점 더 오랫동안 기다리다가 반응하였다. 결국 그 아이는 자주 요청하지 않게 되었다(Carr et al., 1994).

기능평가에 대한 정의

행동분석의 한 가지 기본 원리는 행동에는 법칙이 있다는 점이다. 행동은 바람직하든 바람직하지 않든 간에, 환경 변인에 의해 발생하게 된다. 바꿔 말하면, 행동은 환경 변인과의 함수관계라 할 수 있다. 수동적 행동은 선행자극에 의해 통제되고, 조작적 행동은 강화와 벌의 3단계 유관을 구성하는 선행사건과 결과에 의해 통제된다. 기능평가란 문제행동과 기능적으로 관련 있는 선행사건과 결과에 관한 정보를 수집하는 과정이다. 기능평가는 어떤 문제행동이 왜 일어나는지를 결정하는 데 도움을 주는 정보를 제공해 준다(Drasgow, Yell, Bradley, & Shiner, 1999; Ellis & Magee, 1999; Horner & Carr, 1977; Iwata, Vollmer, & Zarcone, 1990; Iwata, Vollmer, Zarcone, & Rodgers, 1993; Larson & Maag, 1999; Lennox & Miltenberger, 1989; Neef, 1994).

기능평가는 표적행동을 강화시키는 결과(기능)에 대한 정보뿐 아니라 행동이 발생하는 시간과 장소를 포함한 선행자극, 행동이 발생할 때 사람들이 제공하는 것, 행동이 발생하기 직전의 환경사건, 표적행동의 빈도 등에 대한 정보를 제공해 준다. 이러한 3단계 유관에 대한 정보는 그 행동에 대한 선행사건과 행동을 유지시키는 결과를 확인하는 데 도움을 줄 것이다.

또한 기능평가는 그 문제행동과 기능적으로 동등한 대체행동, 동기 변인(강화인과 벌 인자로서 자극 효과에 영향을 주는 확대 유인력 및 축소 유인력), 강화인으로서 기능하는 자극 및 과거의 치료 경험과 성과 등을 포함하여 문제행동을 치료하는 데 중요한 기타 정보를 제공해 준다(〈표 13-1〉 참조).

〈표 13-1〉 기능평가를 통해 얻을 수 있는 정보

범주	내용
문제행동	문제를 일으키는 행동들에 대한 객관적 설명
선행사건	물리적 환경 및 다른 사람들의 행동을 포함한 문제행동 이전의 환경사건에 대한 객관적 설명
결과	물리적 환경 및 다른 사람들의 행동을 포함한 문제행동 이후의 환경사건에 대한 객관적 설명
대체행동	문제행동을 다루기 위하여 강화될 수 있는 개인의 능력에 따른 바람직한 행동에 관한 정보
동기변인	문제행동과 대체행동에 대한 강화인과 벌 인자의 효과를 증진시키기 위하여 확대 유인력 혹은 축소 유인력으로 기능하는 환경사건에 관한 정보
잠재 강화인	강화인과 치료에서 사용될 수 있는 물리적 자극과 타인의 행동을 포함한 환경사건에 관한 정보
과거 중재	과거에 받아 왔던 중재 및 문제행동의 효과

문제행동의 기능

기능평가의 일차 목적은 문제행동의 기능을 확인하는 것이다. 문제행동의 기능이나 결과를 강화시키는 것에는 크게 네 가지 부류가 있다(Iwata et al., 1993; Miltenverger, 1998, 1999).

사회성 정적 강화

결과를 강화시키는 한 가지 유형은 타인에 의해 전달되는 정적 강화이다. 표적행동 후에 타인에 의해 정적으로 강화되는 결과가 나타날 때, 그것은 **사회성 정적 강화**(social positive reinforcement)라 부른다. 사회성 정적 강화는 타인에 의해 제공되는 관심, 활동 혹은 선호물 등을 포함한다. 예를 들면, 안나는 문제행동의 강화인으로서 어머니로부터 관심을 받았고, 야곱은 문제행동의 강화인으로서 다른 아동으로부터 장난감(선호물)을 되돌려 받았다.

사회성 부적 강화

어떤 경우에 표적행동은 타인에 의해 전달되는 부적 강화에 의해 유지된다. 어떤 사람이 혐오적인 상호작용, 과제 혹은 표적행동 발생 후의 활동을 중단할 경우, 그 행동은 **사회성 부적 강화**(social negative reinforcement)에 의해 유지된다고 말한다. 예를 들면, 어떤 아동이 부모가 허드렛일을 시켰을 때 불평을 한다면, 불평의 결과로 인해 허드렛일을 하지 않아도 된다. 비슷하게 숙제를 하라고 지시하면 자기 머리를 박는 학생은 그 결과 과제로부터 회피할 수 있다. 이처럼 허드렛일이나 과제로부터 회피하도록 허용하는 것은 문제행동을 강화시킨다. 어떤 친구에게 차 안에서 담배를 피우지 말라고 요청하는 것은 담배 냄새를 회피하거나 도피할 수 있으므로 부적으로 강화된다.

자동성 정적 강화

어떤 경우에, 표적행동의 강화되는 결과는 타인에 의해 전달되는 것이 아니라 행동 자체의 자동적 결과로서 일어난다. 행동이 자동적으로 강화되는 결과를 가져올 때, 그 행동은 **자동성 정적 강화**(automatic positive reinforcement)에 의해 유지된다고 말한다. 예를 들면, 어떤 행동은 그 행동을 강화시키는 감각자극을 유발한다. 물건을 돌리고 의자를 흔들거나 얼굴 앞에서 손가락을 까불거리는 자폐아동은 그 행동이 강화되는 감각자극을 유발하기 때문에 그렇게 할 수 있다. 이런 경우에 그 행동이 강화되는 결과는 타인에 의해 나타나지 않는다. 물을 마시러 부엌에 가는 것은 물을 먹음으로써 자동적으로 정적 강화되고, 어떤 사람에게 물을 마시게 해 달라고 요청하는 것은 타인이 물을 줌으로써 사회적으로 정적 강화된다.

자동성 부적 강화

자동성 부적 강화(automatic negative reinforcement)는 표적행동이 자동적으로 감소하거나 그 행동의 결과로서 혐오자극을 제거할 때 일어난다. 자동성 부적 강화, 즉 혐오자극으로부터의 도피는 타인의 행위에 의해 일어나지 않는다. 찬 공기가 들어오는 것을 막기 위해 창문을 닫는 것은 자동성 부적 강화이다. 어떤 사람에게 공기가 들어오는 것을 막기 위해 창문을 닫도록 요청하는 것은 사회성 부적 강화이다. 자동성 부적 강화에 의해 일어날 수 있는 문제행동의 예는 폭식이다. 어떤 경우에, 폭식은 폭식 전에 나타나는 불유쾌한 정서반응을 감소시키기 때문에 유지되는 것으로 알려져 있다(Miltenberger, 2005; Stickney & Miltenberger, 1999; Stickney, Miltenberger, & Wolff, 1999). 바꿔 말하면, 강한 불유쾌한 정서를 경험할 때, 폭식은 일시적으로 불유쾌한 정서를 감소시킨다. 따라서 폭식은 부적으로 강화된다.

기능평가 방법

기능평가를 수행하기 위해 사용하는 방법은 ① 면접과 질문지를 정보를 수집한 **간접 평가법**, ② 관찰자가 발생하는 선행사건, 행동 및 결과를 기록하는 **직접관찰법**, ③ 선행사건 및 결과를 조작하여 문제행동에 미치는 영향을 관찰하는 **실험법** 등 세 가지가 있다(Iwata, Vollmer, & Zarcone, 1990; Lennox & Miltenberger, 1989). 이러한 방법들을 차례대로 살펴보기로 하자.

기능평가 방법

- 간접평가법
- 직접관찰법
- 실험법(기능분석)

간접평가법

간접평가법에서는 문제행동을 일으키는 사람(대상)과 이 사람을 잘 알고 있는 타인(가족 혹은 교사)으로부터 정보를 수집하기 위해 행동 면접과 질문지를 사용한다. 또한 간접 방법은 보고자(어머니 등)가 평가 질문에 반응하면서 정보를 제공하기 때문에 보고자 평가 방법이라 부르기도 한다(Lennox & Miltenberger, 1989). 간접평가법은 실시하기가 쉽고 시간이 적게 소요된다는 장점이 있다. 또한 수많은 면접 양식과 질문지를 사용하여 기능평가를 수행할 수 있다(Bailey & Pyles, 1989; Durand & Crimmins, 1988; Iwata, Wong, Riordan, Dorsey, & Lau, 1982; Lewis, Scott, & Sugai, 1994; Miltenberger & Fuqua, 1985b; O'Neill, Horner, Albin, Storey, & Sprague, 1990; O'Neill et al., 1997). 그러나 간접평가법의 단점은 보고자의 기억을 기초로 한다는 점이다. 따라서 면접과 질문지를 통한 정보는 망각이나 오차 때문에 부정확할 수 있다.

간접평가법이 널리 사용되는 이유는 편리성 때문이다. 실제로 심리학자가 사용하는 가장 보편적인 평가 방법은 면접이다(Elliot, Miltenberger, Bundgaard, & Lumley, 1996; Swan & MacDonald, 1978). 명확하고 객관적인 정보를 보고자로부터 알아내기 위해 행동 면접을 구조화할 수 있다. 문제행동, 선행사건 및 결과에 대한 정보는 추론이나 해석이 필요없이 (타인의 행동을 포함한) 환경사건을 설명해 준다. 예를 들면, "당신의 자녀가 언제 울화행동을 나타냅니까?"(부모가 이미 울화라고 진술했다고 가정했을 때)라는 면접 질문에 서로 다른 두 가지 대답을 생각해 보자. 만일 부모가 "조니는 내가 TV를 끄고 식사하라고 말하면 울화를 터뜨립니다."라고 말한다면, 그 부모는 문제행동 직전에 환경사건에 관한 객관적인 정보를 제공하고 있는 것이다. 그러나 부모가 "조니는 자기가 원하는 일을 하지 못할 때 울화를 터뜨립니다."라고 말한다면, 그 부모는 그 상황을 해석하고 있는 것이다. 두 번째 대답은 문제의 선행사건에 관한 객관적인 정보를 제공하지 않고 있다. 즉, 특정의 환경사건을 설명하지 않고 있는 것이다.

행동 면접의 목적은 문제행동, 선행사건, 결과 그리고 문제행동에 대한 통제변인에 관한 가설을 형성해 줄 기타 변인에 관한 정보를 파악하기 위함이다. 동시에 면접을 통해 행동이나 사건을 확인하고 추론을 최소화하며, 행동을 이해하고 변화시킬 때 선행사건과 결과에 초점을 맞춰야 한다는 것을 내담자나 보고자에게 효과적으로 알려 줄 수 있다. 면접자는 아동의 문제행동에 대한 선행사건과 결과에 관한 정보를 얻기 위해 다음과 같은 질문을 한다.

선행사건

- 문제행동은 보통 언제 일어납니까?
- 문제행동은 보통 어디에서 일어납니까?
- 문제행동이 일어날 때 누가 있습니까?
- 문제행동이 일어나기 전의 활동과 사건은 무엇입니까?
- 문제행동이 일어나기 직전에 다른 사람이 어떤 말과 행동을 합니까?
- 그 아동은 문제행동 전에 어떤 다른 행동을 합니까?
- 문제행동은 언제, 어디에서, 누구와, 어떤 환경에서 일어날 가능성이 큽니까?

결과사건

- 문제행동이 일어난 후 어떤 일이 발생하였습니까?
- 문제행동이 일어날 때 당신은 어떻게 합니까?
- 문제행동이 일어날 때 다른 사람들은 어떻게 합니까?
- 문제행동이 일어난 후 어떤 변화가 있습니까?
- 문제행동이 일어난 후 무엇을 얻습니까?
- 문제행동이 일어난 후 무엇을 회피하게 됩니까?

각 질문들은 아동의 문제행동이 일어난 직전 및 직후의 사건에 관한 것이다. 면접자는 부모가 객관적인 정보를 제공할 것을 기대하고 이러한 질문을 한다. 부모가 하나 이상의 질문에 대한 반응으로 환경사건에 관한 자세한 정보를 제공하지 않는다면, 면접자는 문제행동 직전 및 직후의 명확한 사건을 나타내는 정보를 제공할 때까지 명료하게 질문을 해야 한다. 면접자는 선행사건과 결과가 신뢰롭다고 확신할 때, 문제행동을 일으키는 선행사건과 문제행동을 유지시키는 강화인에 관한 가설을 세울 수 있다.

여러 연구자는 행동면접에서 철저한 기능평가 정보를 파악하기 위하여 질문 목록을 작성하였다. 〈표 13-2〉를 보면, 지적장애인의 교사, 직원 및 다른 사람들이 사용하도록 개발된 기능분석 면접 양식(Functional Analysis Interview Format)에 나오는 평가 정보 범주와 간단한 면접 질문들이 나와 있다(O'Neill et al., 1990; 1997). 이런 질문들은 면접이나 질문지 양식으로 사용할 수 있다(Ellingson, Miltenberger, Stricker, Galensky, & Garlinghouse, 2000; Galensky, Miltenberger, Stricker, Galinghouse, 2001). 면접 양식에서는 면접자가 보고자에게 각 질문을 하고 그 대답을 기록한다. 질문지 양식에서는 보고자가 질문을 읽고 대답을 적는다. 이때 전문가는 그 대답을 검토한 다음, 완전하거나 객관적인 정보를 제공하지 않은 대답에 대해서는 명확해지도록 면접을 수행한다.

〈표 13-2〉 기능분석 면접 양식에 나오는 평가 정보 범주와 간단한 질문

A. 행동을 기술하시오.
• 걱정되는 행동들은 무엇입니까?
• 각 행동에 대해 그 행동이 어떻게 일어나고 얼마나 자주 그리고 얼마나 오랫동안 지속되는지를 정의하시오.

B. 그 행동들에 영향을 미칠 수 있는 잠재 환경사건들을 정의하시오.
• 그 사람은 어떤 의료적 처치를 받고 있으며, 이것이 그 행동에 어떤 영향을 미친다고 생각합니까?
• 얼마나 많은 사람들이 그 장면(일터, 학교, 가정)에 있었습니까? 사람의 수나 다른 사람과의 상호작용이 표적행동에 영향을 미친다고 생각합니까?
• 직원의 수, 직원의 훈련 및 직원과의 사회적 접촉의 질이 표적행동에 어느 정도 영향을 미친다고 생각합니까?

C. 그 행동의 발생을 예측하는 사건과 상황들(선행사건)을 정의하시오.
• 행동이 언제, 어디에서 누구에게 가장 많이 그리고 적게 나타납니까?
• 그 행동을 가장 많이 그리고 적게 일으키는 활동은 무엇입니까?

D. 바람직한 행동의 기능을 정의하시오. 어떤 결과가 그 행동을 유지시킵니까?
• 그 행동의 결과로 무엇을 얻고 무엇을 회피하게 됩니까?

E. 바람직하지 못한 행동들의 효율성을 정의하시오.
• 그 행동을 하는 데 어느 정도의 신체적 노력을 합니까?
• 그 행동을 하는 것이 매번 목적 달성을 해 줍니까?

F. 그 사람이 의사소통하기 위하여 사용하는 방법을 정의하시오.
• 그 사람은 어떤 표현적 의사소통 전략을 사용합니까?

G. 잠재 강화인을 정의하시오.
• 일반적으로 그 사람에게 강화시키는 어떤 요인(사건/활동/물건/사람)이 있습니까?

H. 그 사람은 어떤 기능적 대체행동을 알고 있습니까?
• 걱정되는 행동과 동일한 기능을 달성하는 수단이 될 수 있는 사회적 수용 행동이나 기술은 무엇입니까?

I. 바람직하지 못한 행동들에 대한 내력과 실행해 온 프로그램을 알려 주시오.
• 어떤 치료 프로그램을 받아 왔으며 효과는 얼마나 있었습니까?

출처: O'Neil, Horner, Albin, Storey, & Sprague (1990).

간접 기능평가 방법은 사건에 대한 보고자의 기억에 의존하는 단점이 있기 때문에, 연구자들은 〈표 13-1〉의 선행사건, 결과 및 기타 변인들에 대한 가장 정확한 정보를 파악하기 위하여 중다 기능평가 방법을 사용하도록 권고하고 있다(Arndorfer & Miltenberger, 1993; Arndorfer et al., 1994; Ellingson et al., 2000). Arndorfer와 동료들은 선행사건과 결과의 직접관찰과 행동면접을 동시에 실시하는 것이 문제행동의 기능에 대한 정확한 가설을 형성하는 데 유용한 정보를 제공해 준다고 주장한다.

직접관찰법

직접관찰법을 사용하여 기능평가를 할 때, 문제행동이 일어날 때마다 선행사건과 결과를 관찰하고 기록한다. 직접관찰 평가를 하는 사람(관찰자)은 문제행동을 보이는 당사자가 될 수 있고 혹은 부모, 교사, 직원, 간호사, 심리학자 등이 될 수 있는데, 문제행동이 나타나는 자연 환경에서 선행사건과 결과를 관찰하고 기록해야 한다. 그러나 치료 장면(예: 병원)에서 관찰이 이루어진다면 예외는 있을 수 있다. 또한 직접관찰은 **ABC 관찰**(ABC observation)이라 부른다. ABC 관찰의 목적은 정상 조건에서 문제행동과 관련된 직전 선행사건과 직후 결과를 기록하는 데 있다(Anderson & Long, 2002; Bijou, Peterson, & Ault, 1968; Lalli, Browder, Mace, & Brown, 1993; Repp & Karsh, 1994; Vollmer, Borrero, Wright, Van Camp, & Lalli, 2001).

어떤 문제행동에 대한 기능평가를 하는 방법으로서 ABC 관찰은 장단점이 있다. 간접평가법에 비해 ABC 관찰의 장점은 선행사건과 결과를 기억을 토대로 작성하는 것이 아니라 관찰자가 문제행동이 발생할 때마다 직접 기록한다는 점이다. 평가 정보는 직접관찰을 통해 얻을 때 더 정확하다. 그러나 ABC 관찰의 단점은 면접이나 질문지 방법보다 더 많은 시간과 노력이 필요하다는 점이다. 또한 ABC 관찰이 문제행동과 신뢰롭게 관련된 선행사건과 결과에 관한 객관적인 정보를 얻을 수 있지만, ABC 관찰은 기능적 관계가 아니라 문제행동과 연관된 선행사건 및 결과의 상관관계만을 입증해 준다. 기능적 관계가 있다는 것을 증명하기 위해서는 실험법을 사용해야 하는데, 뒤에 설명하기로 한다. ABC 관찰은 문제행동과 연관된 선행사건 및 결과의 상관관계만을 입증해 주지만, 그 정보를 토대로 행동을 유발하는 선행사건과 그 행동을 유지시키는 강화인에 관한 가설을 세울 수 있다. 선행사건과 결과의 통제에 관한 가설은 효과적인 치료 전략을 세우는 데 중요하다. 통제 변인에 관한 가설은 간접 평가로부터 나온 정보와 ABC 직접관찰 평가에서 나온 정보가 일치할 때 신뢰로울 수 있다.

　　ABC 관찰을 하려면, 관찰자는 내담자의 문제행동이 가장 잘 일어날 수 있는 자연 환경에서 있어야 한다. 예를 들면, 어떤 학생의 문제행동이 다른 수업시간에는 나타나지 않지만 어떤 특정 수업시간에 나타난다면, 관찰자는 특정 수업시간에 ABC를 관찰하고 기록해야 한다. 따라서 ABC 관찰이 더 효과적이기 위해서는 문제행동이 가장 잘 일어날 때를 사전에 알아 두어야 한다. Touchette와 동료들은 **분포도**(scatter plot)를 이용하여 문제가 가장 잘 일어나는

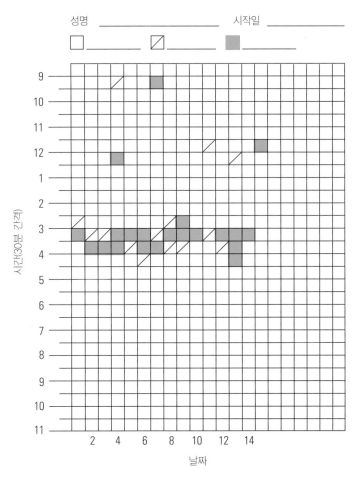

[그림 13-1] 문제행동이 발생하는 시간을 알아보기 위한 분포도 기록용지. 그리드상의 각 사각형은 특정한 날의 30분을 나타낸다. 분포도를 완성하기 위해, 관찰자는 문제가 30분 내에 발생하였는지의 여부를 각 30분마다 기록한다. 행동이 30분 내에 한 번 발생하면 관찰자는 사각형 안에 사선을 긋고, 두 번 이상 발생하면, 사각형 안을 까맣게 칠하고, 발생하지 않으면 텅 빈 채로 둔다. 1주나 2주 동안 분포도를 작성한 후, 행동이 가장 많이 발생하는 시간을 결정할 수 있다. 이 분포도를 보면, 문제행동은 오후 3시에 가장 많이 발생한다는 것을 알 수 있다. 이러한 정보를 토대로 행동분석가는 그 행동의 선행사건과 결과를 기록하기 위하여 오후 3시경에 ABC 관찰을 수행하게 된다.

출처: Touchette, P. E., MacDonald, R. F., & Langer, S. N. (1985). A scatter plot for identifying stimulus control of problem behavior. *Journal of Applied Behavior Analysis, 18*, 343-351.

시간을 평가하는 방법을 고안하였다(Touchette, MacDonald, & Langer, 1985). 분포도를 작성하려면 내담자의 자연 환경에서 문제행동이 30분 동안에 일어났는지 여부를 30분마다 한 번씩 기록한다. 제2장에서 살펴본 대로, 분포도 기록법은 간격 기록법이다. 며칠 동안 분포도를 기록한 후, 문제행동이 가장 잘 일어나는 시간을 알 수 있다. 그다음 그 시간대에 ABC 관찰을 수행할 수 있다. 분포도는 [그림 13-1]에 제시되어 있다.

ABC 평가를 하는 관찰자는 문제행동이 일어날 때마다 선행사건과 결과를 정확하게 관찰하고 기록하기 위해 훈련을 받아야 한다. 즉, 관찰자는 문제행동의 직전과 직후의 사건을 기록하기 위해서 각 문제행동을 식별할 수 있어야만 한다. 관찰자는 선행사건과 결과를 객관적으로 기술하도록 훈련받아야 하며, 기억에 의존하지 말고 즉시 기록해야만 한다.

ABC 관찰은 세 가지 방식으로 수행할 수 있다.

- 첫째, **기술식 방법**(descriptive method)은 관찰자가 그 행동에 대한 간단한 설명과 그 행동이 일어날 때마다 각 선행사건과 결과를 간단하게 적는다. 전형적으로 관찰자는 [그림 13-2]와 같은 유사한 양식을 사용한다. 이 방법은 개방형으로 그 행동과 관련 있는 모든

관찰 기록지

① 행동을 기술하라. _____
② 행동이 발생하기 전에 어떤 일이 일어났는지를 기술하라.
③ 행동이 발생한 후 어떤 일이 일어났는지를 기술하라.

일시	행동 전에 일어나는 일	행동(세부적으로 기술)	행동 후에 일어난 일

[그림 13-2] ABC 관찰 기록지. 여기에는 선행사건, 행동 및 행동의 결과가 포함된다. 문제행동이 발생할 때마다 관찰자는 즉시 선행사건, 행동 및 결과사건을 기술하여 적는다. ABC 관찰법을 사용하는 관찰자는 문제행동이 일어날 때 사건들을 기록하는 시간을 기입해야 한다.

사건을 기술한다. 또 이 방법은 관찰자가 관찰하는 모든 선행사건과 결과사건을 기술하
므로 간접 방법을 사용하기 전에 그리고 행동의 기능에 관한 가설을 세우기 전에 사용할
수 있다.

■ 둘째, ABC 관찰을 위한 **검목표 방법**은 관찰자가 있을 수 있는 선행사건, 행동 및 결과를
표시한다. 전형적으로 이 검목표는 문제행동, 선행사건 및 결과를 면접(혹은 기타 간접 평
가 방법)이나 관찰을 통해 확인한 후 작성한다. 검목표를 이용하여 ABC 관찰을 하기 위
해서, 관찰자는 관련 항목에 선행사건, 결과사건 및 특별한 문제행동이 발생할 때마다
체크 표시(✔)를 함으로써 기록한다. [그림 13-3]은 ABC 관찰 검목표의 예이다.

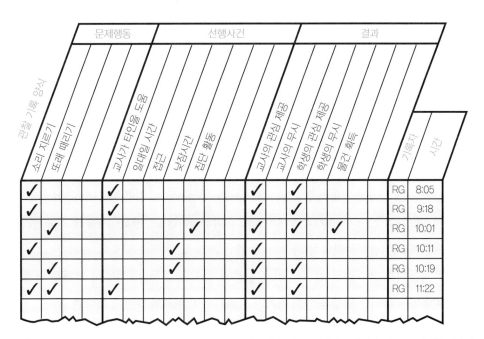

[그림 13-3] ABC 관찰 검목표. 여기에는 행동 발생 시간, 특정 선행사건, 행동, 결과가 포함된다. 행동이 발생할 때마다
관찰자는 그 시간을 기록하고, 발생한 행동, 행동 발생 전 선행사건, 행동 발생 후 결과를 나타내는 체크 표시를 한다. 관
찰자는 계속되는 활동에 방해받지 않고 빨리 ABC에 기재할 수 있다. 표적행동, 선행사건 및 결과를 기록하기 전에 상단
에 기록한다. ABC 관찰 검목표를 완성한 후 선행사건, 행동 및 결과 범주를 기입하고 관찰사항을 기록한다.

■ 셋째, ABC 관찰을 위한 방법은 **간격(실시간) 기록법**을 이용하여 선행사건, 행동 및 결과를
기록하는 것이다. 간격 기록법에서는 관찰 기간을 짧은 시간 간격으로 나누고 행동이 그
시간 내에 일어나는지의 여부를 각 간격이 끝날 때 자료 용지에 표시한다. 또한 각 간격
내에 기록해야 할 특정 선행사건과 결과를 확인하고 정의할 수 있다. 면접 혹은 기타 간
접 평가 방법이나 직접관찰을 통해 기록해야 할 특정 선행사건과 결과를 확인할 수 있다.

Rortvedt와 Miltenberger(1994)는 두 아동의 불순종 행동의 기능을 확인하기 위해 간격 기록법을 이용하여 ABC 관찰을 수행하였다. 불순종이란 부모가 지시한 과제를 완성하지 않는 것으로 정의하였다. 먼저 연구자들은 불순종의 기능을 평가하기 위하여 부모와 면접을 하였다. 두 아동의 부모는 자녀가 불순종할 때 관심 있게 반응한다고 보고하였다. 아동이 지시한 활동을 못하겠다고 거절할 때, 부모는 반복해서 지시를 하였고 소리를 질렀으며 벌을 주겠다고 위협하기도 하고 또 살살 달래기도 하였다. 이러한 정보를 토대로 연구자들은 부모의 관심이 불순종을 강화시킨다고 가정하였다. 연구자들은 집에서 부모와 아동에 대한 ABC 관찰을 하였다. 연구자들은 부모에게 많은 지시를 하라고 요청했고, 그다음 10초 간격 기록을 이용하여 자녀의 불순종 발생과 불순종 후 부모의 관심을 기록하였다. 이러한 관찰을 통해 부모의 지시의 50~80%를 불순종한다는 것과, 아동이 지시 따르기를 거부할 때마다 부모가 관심을 가지고 반응하였다는 사실을 알게 되었다. ABC 관찰의 결과는 면접에서 나온 정보와 일치하였고, 관심이 불순종을 강화시킨다는 가설을 지지해 주었다. 치료에는 순종에 대한 강화와 불순종 후에 부모의 관심을 제거하는 타임아웃(제17장 참고)이라는 절차를 사용하였다. 이러한 치료 절차는 기능평가 결과를 토대로 선정한 것이다.

간접 및 직접 기능평가 방법은 기억이든 그 사건에 대한 직접관찰이든 선행사건과 결과를 기술한다는 점에서 **기술식 평가**(descriptive assessments)로 분류된다(Arndorfer et al., 1994; Iwata, Wollmer, & Zarcone, 1990; Mace & Lalli, 1991; Sasso et al., 1992). 기술식 기능평가는 문제행동을 통제하는 선행사건과 결과 변인에 관한 가설을 세울 수 있도록 하지만, 그 변인이 그 행동과 기능적으로 관련이 있다는 것을 입증해 주지는 못한다. 기능적 관계를 입증하려면, 즉 문제행동에 미치는 영향을 알아보려면 선행사건이나 결과를 조작해야만 한다.

직접관찰 평가법

- 기술식 방법
- 검목표 방법
- 간격(실시간) 기록법

실험법(기능분석)

기능평가를 수행하는 실험법은 문제행동에 미치는 영향을 입증하기 위하여 선행 및 결과

변인들을 조작한다. 또한 실험법은 **기능분석**(functional analysis)이라 부른다. 이는 선행 및 결과 변인과 문제행동 간의 기능적 관계를 실험적으로 입증한다. 기능분석에서 결과사건이 문제행동을 증가시키는지 알아보기 위하여 문제행동 뒤에 잠재 강화인을 제공하거나 어떤 선행사건이 그 행동을 일으키는지를 알아보기 위하여 상이한 선행사건들(확대 유인력, EOs)을 제시할 수 있다.

용어 정리: 기능평가와 기능분석

- 기능평가란 선행사건과 결과사건이 행동에 영향을 미치는지를 확인하기 위하여 어떤 행동에 대한 선행사건 및 결과사건에 관한 정보를 수집하는 과정이다. 기능평가에는 세 가지 방법이 있다. 또한 기능평가는 기능 행동평가라 부른다.
- 기능분석은 세 가지 기능평가법 중의 하나이다. 이는 선행사건 및 결과사건과 행동 간의 기능적 관계를 증명하기 위하여 선행사건과 결과사건을 특별히 조작한다.

연구자들은 문제행동의 기능을 평가하기 위하여 선행 및 결과 변인 모두를 조작한다. 이는 강화인이 문제행동을 유지시키는지를 평가하는 가장 직접적인 방법이다. 예를 들면, Iwata, Dorsey 등(1982; Iwata, Pace, Cowdery, & Miltenberger, 1994)은 지적장애인이 보이는 자해행동(self-injurious behavior: SIB)의 기능을 평가하기 위하여 실험을 하였다. 그 실험에서 Iwata는 자해행동의 선행 및 강화시키는 결과로서 확대 유인력(EOs)을 조정하였다. 예를 들면, 자해행동의 결과로서 관심 끌기를 평가하기 위하여, Iwata는 아동이 어른으로부터 어떠한 관심도 받지 못하는 조건을 만들고(EO), 자해행동이 발생하면 어른은 사회적 비난의 형태로 관심을 제공하였다. 강화인으로서 과제로부터 회피를 평가하기 위하여 Iwata는 어려운 과제를 제시하고(EO), 자해행동이 발생하면 그 과제로부터 도피하는 것을 허용하였다. Iwata와 연구자들은 처치 변경 설계로 네 가지 조건을 평가하였고([그림 13-4] 참조), 아동들의 자해행동의 일부는 관심 끌기에 의해, 일부는 회피에 의해, 일부는 자동성 강화에 의해 유지된다는 것을 알게 되었다.

전형적인 기능분석이 선행사건과 환경사건을 모두 조작하지만, 일부 연구자들은 문제행동에 영향을 주는지를 알아보기 위해 선행사건만을 조작하는 기능분석을 하기도 한다. 그런 다음 문제행동에 대한 기능이 선행사건과 관련된 행동변화를 가져오는지를 추론한다. 예를 들면, Carr과 Durand(1985)는 수업 중에 행동장애를 보이는 아동들에게 관심을 감소시키고 과제 난이도는 증가시키는 조건에서 실험을 하였다. 문제행동이 관심 감소 조건에서 가장 많

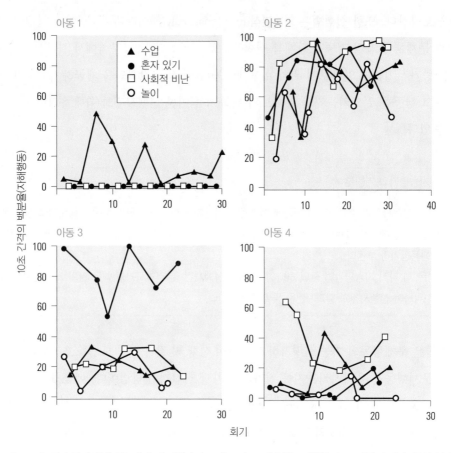

[그림 13-4] 처치 변경 설계 연구에서 네 피험자의 그래프 자료. 네 실험조건(학습요구, 사회적 비난, 혼자 있기, 비구조화된 놀이)에서 아동의 자해행동 수준을 기록하였다.

출처: Iwata, B. A., Dorsey, M. F., Slifer, K. J., Bauman, K. E., & Richman, G. S. (1994). Toward a functional analysis of self-injury. *Journal of Applied Behavior Analysis, 27*, 205.

이 발생하였을 때, 연구자들은 문제행동이 관심에 의해 유지된다고 추론하였다. 문제행동이 과제 난이도 증가 조건에서 가장 많이 발생하였을 때, 연구자들은 문제행동이 과제의 회피에 의해 유지된다고 추론하였다. Carr와 Durand는 일부 아동들의 문제행동이 관심 감소 조건에서, 일부 아동들의 문제행동은 과제 난이도 증가 조건에서 가장 많이 발생한다는 것을 입증하였다.

때때로 기능분석은 문제행동의 다양한 기능을 평가하기 위해 사용된다(Iwata, Dorsey et al., 1982). 그런 경우에 행동분석가는 문제행동을 유지시키는 결과사건에 관한 가설을 세우지 않고 기능분석에서 모든 가능성을 탐색한다. 이러한 형태의 기능분석을 **탐색적 기능분석**(exploratory functional analysis)으로 간주할 수 있는데, 탐색적 기능분석에서는 전형적으로

3개 혹은 4개의 검증조건과 하나의 통제조건을 가지고 있다. 각 검증조건(test condition)에서 확대 유인력(EO)과 문제행동의 잠재 강화인을 제공하고, 한 통제조건(control condition)에서 축소 유인력(AO)과 문제행동에 대한 잠재 강화인을 제거한다. 예를 들면, 문제행동의 기능에 관한 명료한 가설을 세우지 못할 경우 관심, 선호 강화인, 도피 혹은 감각자극이 문제행동을 강화시키는 결과인지를 평가하기 위하여 네 가지 상이한 조건에서 실험을 해야 한다 (Iwata, Dorsey, et al., 1982; Ellingson, Miltenberger, Stricker, Garlinghouse, et al., 2000; Rapp et al., 1999). 여러 가지 문제행동을 강화시키는 결과를 평가하는 탐색적 기능분석은 기타 기능들은 배제하고 문제행동에 대한 한 가지 특별한 기능을 확인할 수 있다.

어떤 사례에서 기능분석은 행동분석가들이 문제행동의 기능에 관한 어느 특정 가설 조건에 근거를 두고 있기 때문에 소수의 실험조건을 포함시킬 수 있다(Arndorfer et al., 1994). 그런 경우에 기능분석의 목표는 모든 가능한 기능을 평가하는 것이 아니라 가설을 확증하거나 확증하지 않는 것이 될 수 있다. 이런 형태의 기능분석을 가설-검증 기능분석(hypothesis-testing functional analysis)으로 간주할 수 있다. 이런 유형의 기능분석에서는 1개의 검증조건과 1개의 통제조건이 있다. 검증조건에서는 가설적인 확대 유인력(EO)을 제시하고서 문제행동이 발생하면 가설적인 강화인을 제공한다. 통제조건에서는 가설적인 축소 유인력(AO)을 제시하고서 문제행동이 발생하면 가설적인 강화인을 제공하지 않는다. 예를 들면, 표적행동이 관심에 의해 강화된다고 믿을 경우, 기능분석에서 두 가지 실험조건을 평가할 수 있다. 한 조건은 표적행동을 수반하는 관심 끌기일 경우(EO) 아무런 관심을 주지 않고, 다른 조건은 표적행동 후 관심 끌기 의도가 아닐 경우(AO) 관심을 더 많이 준다. 표적행동이 검증조건에서 더 많이 일어나고 통제조건에서 더 적게 일어난다면, 관심이 표적행동을 강화시키는 결과사건이라는 가설을 확증할 수 있다.

? 이전의 예에서 리치는 야곱의 문제행동의 기능분석을 어떻게 하였는가?

리치는 탁아소의 다른 아동들이 야곱과 상호작용하는 방식을 조작하였다. 리치는 야곱의 머리 박기, 징징거리기 및 장난감 던지기 행동의 선행사건은 다른 아동이 야곱의 장난감을 만지거나 가지고 노는 것이라는 가설을 세웠다. 이러한 선행사건이 문제행동과 기능적으로 관련되어 있는지를 분석하기 위하여, 리치는 이러한 선행사건이 있는 조건(검증조건)과 없는 조건(통제조건)에서 실험을 하였다. 더 나아가 리치는 야곱의 문제행동을 유지시키는 강화인이 그에게 장난감을 되돌려 주는 것이라는 가설을 세웠다. 이러한 결과가 문제행동과 기능적으로 관련되어 있는지를 분석하기 위하여, 리치는 결과가 있는 조건(검증조건)과 없는 조건 (통제조건)에서 실험을 하였다. 그 결과, 선행사건과 결과가 있는 검증조건에서 문제행동들 이 더 많이 발생하였다. 선행사건과 결과가 없는 통제조건에서 야곱은 머리 박기, 징징거리 기, 장난감 던지기가 거의 나타나지 않았다([그림 13-5] 참조). 따라서 리치는 이러한 특별한 선행사건 및 결과사건이 야곱의 문제행동과 기능적 관계가 있다는 것을 입증한 것이다. 이 러한 실험 결과는 리치가 면접 및 ABC 관찰 평가에 기초한 가설을 지지해 준다. 리치는 기능 평가의 실험 결과를 기초하여 치료를 하였기 때문에 성공할 수 있었다. 즉, 리치는 왜 야곱이 문제행동을 일으키는지를 이해하였기 때문에 적절한 치료를 할 수 있었던 것이다.

유사한 방법으로 리치는 안나의 차기와 소리 지르기에 대한 기능분석을 하였다. 그는 안나의 문제행동들이 어머니가 관심을 주지 않을 때 더 많이 일어나며, 강화인은 문제행동을 일으킨 후 어머니의 관심이라는 가설을 세웠다. 리치는 이런 선행사건과 결과사건을 조작하여 자기 가설을 입증하였다. 더구나 기능평가의 결과를 토대로 한 치료도 효과가 있었기 때문에 그런 결과를 지지해 준다. 안나의 문제행동에 대한 기능분석 결과가 [그림 13-5]에 제시되어 있다.

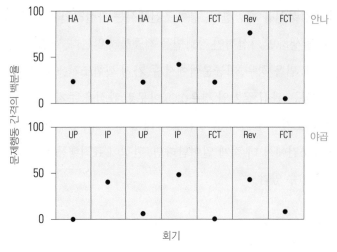

[그림 13-5] 안나와 야곱에게 실시한 기능분석 자료의 그래프. 안나의 문제행동은 낮은 관심(LA) 조건에서 증가되고 높은 관심(HA) 조건에서 감소된다. 이는 어머니의 관심이 문제행동을 강화시킨다는 것을 보여 준다. 치료 절차로 기능적 의사소통훈련(FCT)을 하였다(제15장 참고). 치료를 할 때마다 문제행동이 감소되었다. 야곱은 비방해 놀이조건(UP)과 방해 놀이조건(IP)에서 실험을 하였다. 그의 문제행동은 다른 아동이 놀이를 방해하거나 문제행동을 보인 후 장난감을 되돌려 줄 때 더 많이 발생하였다. 이는 자기 장난감을 되돌려 받는 것이 야곱의 문제행동의 강화인이라는 가설을 입증해 준다. FCT를 하자 문제행동이 감소되었다. 안나와 야곱에게 기능적 의사소통을 사용하지 않은 조건(Rev), 즉 반전실험을 하였다. 이 조건 후에 다시 기능적 의사소통을 하였다.

출처: Arndorfer, F. E., Miltenberger, R. G., Woster, S. H., Rortvedt, A. K., & Gaffaney, T. (1994). Home-based descriptive and experimental analysis of problem behaviors in children. *Topics in Early Childhood Special Education, 14*, 64-87.

기능분석의 유형

- 탐색적 기능분석: 수많은 잠재 강화인을 문제행동에 대한 강화인이 존재하거나 확대 유인력(EO)이 없는 통제조건에 따른 기능분석(예: 관심, 회피, 선호물 등) 조건에서 평가한다.
- 가설–검증 기능분석: 어떤 특정 강화 결과가 문제행동을 유지시킨다는 가설을 검증하기 위하여 1개의 검증조건과 1개의 통제조건을 사용한다.

 더 읽을거리

기능분석 방법론에 대한 임상적 응용

기능분석 절차는 응용행동분석 분야에서 널리 사용되고 있고 문제행동에 기여하는 변인들을 가장 잘 이해할 수 있으며 가장 효과적인 치료 절차를 선택할 수 있다. 기능분석 절차에 대한 초기 연구(예: Iwata et al., 1982) 이래로 연구자들은 기능분석을 실시할 수 있는 다양한 방법을 고안해 냈다. Dozier와 Iwata(2008)는 기능분석을 실시하기 위한 여덟 가지 상이한 방법을 기술하고 있다. 각 방법은 기능분석의 필수 요소를 통합하고 있지만(예: 1개 혹은 그 이상의 강화인과 행동 간의 기능적 관계를 증명할 때 검증조건과 통제조건에서 그 행동을 기록하기), 연구설계, 측정할 행동 차원, 실행되는 환경, 분석 기간 등에서 차이가 있다. 예를 들면, 시행 기반 기능분석에서는 자연스럽게 발생하는 교실 일과가 절차에 포함되어 있고(Bloom, Lambert, Dayton, & Samaha, 2013), 전조행동에 대한 기능분석에서 심한 형태의 문제행동에 앞서 더 가벼운 형태의 문제행동에 기능분석을 수행한다(Fritz, Iwata, Hammond, & Bloom, 2013).

기능분석 연구

발달장애 아동과 성인들의 문제행동을 통제하는 변인을 확인하기 위하여 기능분석을 이용한 연구가 많이 있다(Arndorfer & Miltenberger, 1993; Asmus et al., 2004; Hanley, Iwata, & McCord, 2003; Iwata, Pace, et al., 1994; Kurtz et al., 2003; Lane, Umbriet, & Beebe-Frnkenberger, 1999; Mace, Lalli, Lalli, & Shea, 1993; Sprague & Horner, 1995). Carr와 동료들은 두 지적장애 아이의 공격행동에 대해 기능분석을 하였다(Carr, Newsom, & Binkoff, 1980). 이 연구자들은 공격행동의 선행사건이 학습 요구이고, 그 요구로부터 도피가 문제행동의 강화인이라고 가정하였다. 이 가설을 검증하기 위해 이들은 두 실험조건에서 실험을 하였다. 첫 번째 조건에서

는 두 아동에게 학습 요구를 하였고, 두 번째 조건에서는 아무런 요구를 하지 않았다. Carr는 공격행동이 요구를 하면 크게 증가하였고, 요구가 없으면 크게 감소한다는 사실을 발견하였다. 아동들이 높은 요구 조건에서 공격행동을 일으켰기 때문에, 요구로부터 도피가 공격행동의 강화인이라는 것을 시사한다. Carr과 Durand(1985), Durand와 Carr(1987, 1991, 1992)의 다른 연구에서도 자폐증과 지적장애 학생들의 문제행동이 교사의 관심 끌기와 수업 중 학습 요구로부터 도피에 의해 강화될 수 있다는 것을 보여 주고 있다. 이러한 연구들의 연구자들은 교사의 관심 혹은 과제의 난이도 등의 선행변인을 조작하여 이러한 변인들과 문제행동 간의 기능적 관계를 알아냈고, 각 아동에 대한 문제행동의 기능에 기초하여 효과적인 치료를 하였다. [그림 13-6]은 Durand와 Carr(1987)가 실시한 기능분석 자료이다.

Iwata와 동료들의 연구에서도 자해행동(SIB)의 통제 변인을 확인하기 위해 기능분석 방법을 사용하였다. Iwata, Dorsey, Slifer, Bauman과 Richman(1982)은 심한 SIB 치료를 위해 입원한 발달장애 아동과 청소년을 연구하였다. 연구자들은 SIB의 강화인이 어른의 관심 끌기, 요구로부터 도피 혹은 그 행동 자체로 유발되는 감각자극인지를 결정하기 위해 상이한 조건에서 실험을 하였다. 관심 조건에서 어른은 아동을 무시하는 임무를 맡았고 SIB 발생 후에만 관심을 주었다. 어른으로부터의 관심 조건에서는 걱정스러운 말, 그 행동을 멈추라는 촉구, 장난감 놀이나 다른 활동을 하도록 하였다. 이 조건은 SIB에 대한 일반 성인의 반응을 위해 고안한 것이다. 도피 조건에서는 어떤 어른이 아동에게 전형적인 학습 요구를 하였고, SIB이 나타나면 잠시 그 요구를 중단하였다. 이 조건은 아동이 SIB을 할 때 흔히 수업 중에 발생하는 상황을 고안한 것이다. 마지막으로 혼자 있기 조건에서는 아동이 장난감 없이 혼자 방에 있도록 하였고 잠깐 동안 자극 활동을 하도록 하였다.

Iwata는 세 가지 실험조건에서 SIB의 수준을 비교하였다. SIB의 비율이 관심 조건에서 높고 다른 조건에서는 낮다면, 관심 끌기가 SIB를 유지시킨다는 것을 나타낸다. SIB의 수준이 요구 조건에서만 높다면, SIB가 요구로부터 회피에 의해 유지된다는 것을 나타낸다. SIB의 비율이 혼자 있기 조건에서 높다면, SIB 자체가 생성하는 감각적 결과에 의해 유지된다는 것을 나타낸다. 아동이 어른과의 상호작용 없이 혼자 있기 때문에, 이 조건에서 SIB는 관심 끌기나 회피에 의해 강화되지 않고 자기 자극화된 것으로 가정한다. Iwata는 이를 자동성 강화라 불렀는데, 행동이 다른 사람의 어떠한 반응도 없는데도 강화 결과를 자동적으로 유발시키기 때문이다.

Iwata와 동료들은 아동들의 SIB는 서로 다른 기능을 가지고 있다는 것을 증명하였다. 몇몇 아동의 SIB는 관심 끌기에 의해, 다른 몇몇 아동은 회피에 의해, 일부 아동은 감각자극(자동

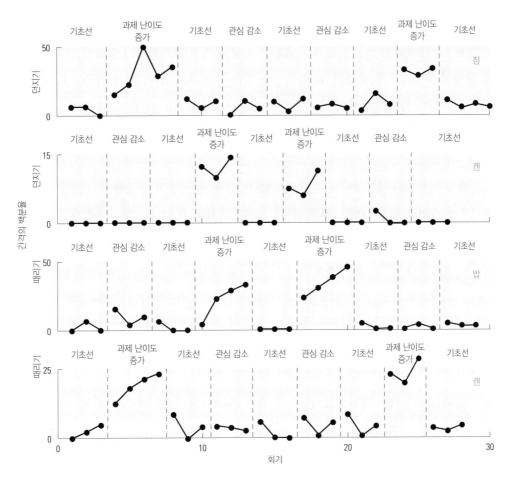

[그림 13-6] 네 장애 아동의 두 가지 행동 문제(던지기와 때리기)에 대한 기능분석 자료의 그래프. Durand와 Carr(1987)은 세 조건에서 실험을 하였다. 첫 번째로 기초선 조건에서는 아동이 쉬운 과제를 하고 큰 관심을 받았다. 두 번째 관심 감소 조건에서는 아동이 쉬운 과제를 하였지만 교사의 관심을 많이 받지 못하였다. 세 번째 과제 난이도 증가 조건에서 아동은 큰 관심을 받았지만 더 어려운 과제를 하였다. 이 그래프는 문제행동이 과제 난이도 증가 조건에서 가장 많이 나타났다는 것을 보여 준다. 이는 문제행동이 과제를 회피하기 위하여 강화되었다는 것을 시사한다.

출처: Durand, V. M., & Carr, E. G. (1987). Social influence of "self-stimulatory" behavior: Analysis and treatment application. *Journal of Applied Behavior Analysis, 20*, 119-132.

성 강화)에 의해 강화되었다. 아동들의 SIB는 서로 다른 유형의 강화인에 의해 유지된다는 사실은 아주 중요하다. Iwata와 동료들은 후속 연구에서 많은 발달장애인의 SIB에 대한 기능분석을 하였고, SIB의 효과적인 치료를 하였다(Iwata, Pace et al., 1990; Iwata et al., 1994; Lerman & Iwata, 1993; Pace, Iwata, Cowdery, Andree, & McIntyre, 1993; Smith, Iwata, Vollmer, & Zarcone, 1993; Vollmer, Iwata, Zarcone, Smith, & Mazaleski, 1993; Zarcone, Iwata, Hughes, & Vollmer, 1993). Carr와 Durand 등의 연구의 결과와 Iwata의 연구를 종합해 보면, 문제행동에 대한 기능평가를 하여

그 기능을 이해하고 가장 효과적인 치료를 선택해야 한다는 것을 시사해 준다.

연구자들은 문제행동을 일으키는 요인을 파악하기 위해 기능평가 방법을 실시하고 기능적 중재의 유용성을 입증하기 위한 연구를 계속 수행하고 있다. 최근 연구는 다양한 문제행동이 다양한 사람에게 나타난다는 것을 입증하고 있다(예: McKerchar & Thompson, 2004; Moore & Edwards, 2003; Ndoro, Hanley, Tiger, & Heal, 2006; Wallace & Knights, 2003; Wilder, Chen, Atwell, Pritchard, & Weinstein, 2006).

문제행동에 대한 기능평가를 위해 실험법(기능분석)을 사용하는 것은 장단점이 있다. 기능분석은 통제변인과 문제행동 간의 기능적 관계를 파악할 수 있다는 장점이 있다. 기능분석은 특별한 유형의 선행사건이 행동을 유발시키고 특별한 유형의 강화되는 결과가 행동을 유지시킨다는 과학적 증거를 제시해 준다. 기술식 방법은 확실성이 부족하지만, 통제변인에 관한 가설을 형성하도록 해 준다. 기능분석의 단점은 선행사건과 결과사건을 조작하고 행동의 변화를 측정하기 위해 많은 시간, 노력 및 전문적 식견이 요구된다는 점이다. 실제로 기능분석은 간단한 실험이다. 사람들은 그런 실험을 수행하기 위해 훈련받아야 한다. 문제행동에 대한 기능평가와 치료에 대한 발표된 대부분의 연구는 기능분석 방법을 사용하고 있지만, 행동수정 절차를 사용하는 개업치료사들은 기술적 기능평가 방법을 흔히 사용한다(Arndorfer & Miltenberger, 1993; Ellingson, Miltenberger, & Long, 1999).

📖 더 읽을거리

기능분석 방법의 연구

연구자들이 기능분석 절차의 유용성을 입증하고 난 후, 그들은 문제행동을 유지시키는 유관 관계를 잘 이해하기 위해 변형된 기능분석 절차를 연구하기 시작하였다. 예를 들면, 어떤 연구자들은 기능분석 성과에서 확대 유인력의 역할을 연구하였다(예: Call, Wacker, Rindahl, & Boelter, 2005; McComas, Thompson, & Johnson, 2003; O'Reilly et al., 2006). 다른 연구자들은 회기 지속기간의 영향(Wallace & Iwata, 1999), 기능분석 성과에 대한 단기 대 장기 기능분석 간의 차이(Kahng & Iwata, 1999)를 연구하였다. 지금도 어떤 연구자들은 기능분석 성과에 대한 교수법(Northup, Kodak, Grow, Lee, & Coyne, 2005) 혹은 약물(Dicesare, McCadam, Toner, & Varell, 2005)과 같은 기타 영향을 평가하고 있다. 또 다른 흥미로운 연구로, 연구자들은 시골 지역 아동들의 문제행동에 대한 기능분석을 하기 위하여 원격의약처방(telemedicine)을 평가하였다. 그들은 연구자들이 대화식 비디오방송을 통해 감독할 경우 부모와 교사도 기능분석을 수행할 수 있다는 것을 입증하였다(Barretto, Wacker, Harding, Lee, & Berg, 2006).

기능평가 수행하기

어떤 문제행동을 치료하기 전에 어떤 형태라도 기능평가를 반드시 해야 한다. 가장 적절한 치료를 하기 위해서는 그 행동을 통제하는 환경사건(선행 및 결과)을 이해하여야 한다. 행동의 변화를 유발하기 위해 선행 혹은 결과를 조작해야 하기 때문에 선행 및 결과사건에 대한 정보가 중요하다(제14~16장). 선행통제 절차를 사용하기 위해서 문제행동을 일으키는 선행 사건을 알아야 하며, 소거와 차별강화 절차를 효과적으로 사용하기 위해서는 행동에 대한 결과사건이 무엇인지를 알아야 한다.

1. 처음에 행동면접을 하라. 내담자나 혹은 내담자를 잘 알고 있는 사람(예: 부모, 교사, 직원)과의 면접을 실시하여 문제행동에 대한 기능평가를 시작한다.
2. 문제행동의 ABC에 관한 가설을 세우라. 면접의 결과를 토대로 문제행동에 대한 명확한 정의를 하고 그 행동을 일으키는 선행사건과 그 행동을 유지시키는 결과사건에 관한 가설을 세운다. 이 장에서는 통제변인에 관한 이러한 핵심 정보에 초점을 맞추고 있지만, 또한 면접에서도 대체행동, 환경 혹은 생태학적 변인, 기타 강화 자극, 사전 치료 등에 관한 귀중한 정보를 얻을 수 있다(〈표 13-2〉 참조).
3. 직접관찰평가를 하라. 면접을 통해 얻은 정보를 토대로 통제 변인에 관한 가설을 세웠으면, 그다음 단계는 자연적인 환경에서 ABC에 대해 직접관찰을 한다. ABC 관찰은 내담자, 전문가 혹은 관찰을 위해 전문가에게 훈련받은 사람 등이 실시할 수 있다. 예를 들면, 학교 심리학자가 교실에서 문제행동을 일으키는 아동을 직접 관찰하거나 학교 심리학자가 ABC 관찰을 위해 교사 혹은 보조교사를 훈련할 수 있다. ABC상의 정보가 전형적인 행동 수준 그리고 선행 및 결과사건을 반영할 수 있도록 관찰의 오류를 감소시키기 위해 단계를 거치는 것이 중요하다. 세심한 관찰, 참여 관찰을 통해 혹은 관찰자에게 자연 환경에 익숙해지도록 일정 시간을 허용함으로써 오류를 감소시킬 수 있다. ABC 관찰을 통해 얻은 정보와 면접으로부터 얻은 정보가 일치한다면, 선행 및 결과사건에 관한 초기 가설은 설득력이 있게 된다.
4. 문제행동의 ABC에 관한 처음 가설을 확인하라. 더 복합적인 평가 정보(면접과 직접 관찰)를 토대로 확고하게 가설을 설정하고, 기능평가로 확인된 선행사건과 결과사건을 다

루는 기능적 치료를 개발할 수 있다.

5. 필요하다면 추가 평가를 하라. ABC 관찰을 통해 얻은 정보와 면접으로부터 얻은 정보
가 일치하지 않는다면, 또 다른 면접과 더 많은 관찰이 필요하다. 더 많은 기술식 평가
를 통해 선행 및 결과사건에 관한 확고한 가설을 설정하도록 하는 일관성 있는 정보를
얻는다면, 기능평가가 완벽하다고 간주할 수 있고 기능적 중재를 개발할 수 있다.

6. 필요하다면 기능분석을 하라. 계속해서 면접 및 관찰의 정보가 일치하지 않는다면, 기
능분석이 필요하다. 또 기술식 평가들의 정보가 일치하지만 확고한 가설을 도출하지 못
할 경우에도 반드시 기능분석이 필요하다. 다음의 예를 고려해 보자.

다운증후군을 가진 크라이드는 직업교사가 훈련하고 감독을 하는 가운데 호텔에서 시간
제 청소일을 시작하였다. 방 안의 화장대와 책상의 먼지를 닦으라고 하면, 크라이드는 바닥
에 눕거나 앉아서 머리를 숙이고 일하기를 거부한다. 직업교사는 크라이드에게 일어나 일하
도록 권유한다. 직업교사는 반복해서 지시하고 크라이드가 왜 일해야 하는지를 설명하고 보
상도 주었지만, 그는 계속 바닥에 앉아 있다. 그 문제가 발생한 지 일주일 후, 직업교사는 상
담가의 도움을 요청하였다. 직업교사와의 면접과 ABC 관찰에서 나온 정보를 토대로, 크라이
드는 일하라는 요구를 받을 때마다 문제행동을 일으켰고, 직업교사는 그때마다 계속해서 일
하도록 말한다는 사실을 발견하였다.

? 이러한 정보를 토대로 문제행동의 강화인에 관한 가설을 어떻게 세울 수 있을까?

한 가지 가능성은 크라이드의 행동을 강화시키는 직업교사의 관심이고, 두 번째 가능성은
먼지 청소로부터의 회피이다. 문제행동을 강화시키는 요인을 결정하는 방법은 두 가지 강화
인을 조작하는 기능분석을 실시하는 것이다.

? 크라이드의 행동을 유지시키는 강화인을 확인하기 위해 어떻게 기능분석을 하겠는가?

조작하고 싶은 두 가지 변인은 그 행동의 결과로서 관심과 회피이다. 두 변인을 조작하기
위해서 도피 없는 관심조건과 관심 없는 도피조건 등 두 가지 조건을 설정하였다. 첫 번째 조
건에서는 직업교사가 크라이드에게 먼지를 청소하라고 말하고, 그가 바닥에 누울 때 언어촉
구와 신체안내를 하여 일어나 청소하도록 재촉하였다. 이 조건에서는 과제로부터 도피할 수
없지만(직업교사가 먼지를 청소하라고 자꾸 안내하기 때문) 거절할 때마다 교사의 관심을 계속

받는다. 두 번째 조건에서는 직업교사가 크라이드에게 먼지를 청소하라고 말하고, 그가 바닥에 누울 때 아무런 반응을 하지 않았다. 이 조건에서는 과제로부터 도피할 수 있지만, 관심을 받지 않는다. 어느 조건에서 문제행동 비율이 높은지를 알아보기 위해 직업교사가 두 조건을 날마다 바꾸기로 한다. 크라이드가 첫 번째 조건에서 일하기를 더 많이 거부한다면, 그 문제행동은 관심 끌기에 의해 강화된다는 것을 나타내며, 두 번째 조건에서 더 많이 거부한다면, 그 문제행동은 도피에 의해 강화된다는 것을 나타낸다. 그 문제행동이 양 조건에서 높게 나타난다면, 관심과 도피 모두 문제행동을 강화시킨다는 것을 나타낸다.

기능분석을 한 결과, 크라이드는 두 번째 조건에서 대부분 일하기를 거절하였는데, 따라서 도피가 일을 거절하는 강화인이라는 것을 보여 준다. 이러한 결과를 토대로 그 행동에 대한 도피 기능을 다루도록 치료를 고안하였다. 직원은 일할 때 강화인(과자 혹은 짧은 휴식)을 제공하였고, 그가 거절할 때마다 그 과제를 하도록 철저하게 신체지도를 함으로써 일하기를 거절하는 강화인을 제거하였다(제14, 15, 18장 참조).

이 예를 통해 알 수 있듯이 기능분석의 실시방법은 복잡하지도, 까다롭지도 않다. 기능분석의 특징은 (1) 상이한 실험조건에서 그 행동을 기록하기 위한 신뢰로운 자료 수집 방법이 있고, (2) 다른 변인이 개입하지 못하도록 하면서 선행 혹은 결과사건을 조작할 수 있으며, (3) 그 행동에 대한 실험통제를 위해 반전설계(혹은 기타 실험설계)를 사용하여 검증조건과 통제조건을 반복할 수 있다는 것이다.

기능적 중재법

기능평가 과정을 수행하고 나면, 중재법을 고안하기 위해 문제행동에 대한 선행 및 결과사건에 관한 정보를 사용한다. 문제행동을 감소시키고 바람직한 대체행동을 증가시키기 위하여 문제행동에 대한 선행 및 결과사건을 변경시키는 중재법을 고안할 수 있다. 이러한 **기능적 중재법**(functional interventions)은 소거(제14장), 차별강화(제15장) 및 선행사건 조작(제16장)이다. 이러한 중재법은 기능적이라 할 수 있는데, 기능평가에서 확인된 선행 및 결과사건을 다루기 때문이다. 또한 벌에 의존하지 않기 때문에 비혐오적인 기법이다. 제14, 15, 16장은 문제행동에 대한 이러한 기능적 중재법을 기술하고 있다.

📊 요약

1. 문제행동에 대한 기능평가는 그 문제를 치료하는 첫 번째 단계이다. 기능평가는 그 행동을 일으키는 선행사건과 그 행동을 유지시키는 결과사건을 확인하는 데 도움을 준다.

2. 기능평가는 간접 평가, 직접관찰평가, 실험 혹은 기능분석 등 세 가지 방식이 있다.

3. 간접 평가에서는 행동면접이나 질문지를 사용하여 보고자(내담자를 잘 알고 있는 사람)로부터 표적행동의 선행사건과 결과사건에 관한 정보를 수집한다.

4. 직접관찰평가(ABC기록법)에서는 자연적인 상황에서 발생하는 선행사건, 행동 및 결과사건을 관찰하고 기록한다. ABC 기록법은 기술식 방법, 검목표 혹은 간격기록법을 사용할 수 있다.

5. 기능평가를 하기 위한 실험법은 행동에 미치는 영향을 알아보기 위해 선행 혹은 결과사건을 조작한다. 또한 실험법은 기능분석 혹은 실험분석이라 부르며, 선행 및 결과사건과 문제행동 간의 기능적 관계를 파악할 수 있다.

✏️ 핵심용어

ABC 관찰(ABC observation)

가설-검증 기능분석(hypothesis-testing functional analysis)

검증조건(test condition)

기능분석(functional analysis)

기능적 중재법(functional interventions)

기능평가(functional assessment)

기술식 평가(descriptive assessment)

분포도(scatter plot)

사회성 부적 강화(social negative reinforcement)

사회성 정적 강화(social positive reinforcement)

자동성 부적 강화(automatic negative reinforcement)

자동성 정적 강화(automatic positive reinforcement)

탐색적 기능분석(exploratory functional analysis)

통제조건(control condition)

제14장

소거의 응용

- 소거 절차를 사용하기 전에 왜 기능평가를 하는 것이 중요한가?
- 소거 절차를 사용하기 전에 질문해야 할 다섯 가지는 무엇인가?
- 행동에 대한 강화 계획이 소거에 어떠한 영향을 미치는가?
- 소거를 사용할 때 대체행동을 강화하는 것이 왜 중요한가?
- 소거를 사용한 후 일반화와 유지를 어떻게 촉진할 수 있는가?

문제행동에 대한 기능평가를 한 후, 문제행동에 대한 선행사건이나 결과사건을 변경시키기 위한 치료 절차들을 사용하게 된다. 이 장에서는 문제행동을 제거하기 위한 소거 사용법을 알아본다. 제5장에서 살펴본 바와 같이, 소거는 어떤 행동을 강화시키는 결과를 제거하면 그 행동의 빈도를 감소시키는 결과를 가져온다는 기본 행동원리이다. 소거를 사용하려면 문제행동을 유지시키는 강화인을 먼저 확인한 후, 그다음 행동을 제거해야 한다. 더 이상 강화되지 않는 행동은 빈도가 감소하고 중단될 것이다. 다음의 예를 살펴보자.

윌리의 사례

윌리는 54세의 경도 지적장애인으로, 최근 그의 부모가 더 이상 돌볼 수 없게 되자 그룹홈으로 들어오게 되었다. 그는 그룹홈에 들어오기 전까지는 부모와 함께 줄곧 살아왔다. 그룹

홈에서 윌리는 다음과 같은 문제행동이 발생하였다. 직원이 그에게 요리, 청소, 세탁 혹은 자립생활 기술과 같은 훈련을 시킬 때마다 말다툼이 벌어졌다. 기능평가 면접과 ABC 관찰을 통해 문제행동, 선행사건 및 결과사건에 관한 정보를 얻었다. 선행 상황은 여직원이 윌리에게 일상생활 과제를 하도록 요구하는 것이었다. 남직원이 어떤 과제를 하도록 요구할 때는 문제행동을 보이지 않았다. 윌리의 문제행동은 "그것은 여자가 할 일이야." 혹은 "여자가 그 일을 해야 해." 혹은 "그건 남자 일이 아니야." 등과 같은 말로 과제를 거절하는 것이었다. 이런 행동은 15분 동안 지속되었지만, 나중에는 결국 그 과제를 완수하였다. 윌리의 행동으로 인해 여직원과 윌리가 말다툼하게 되었고, 여직원은 성차별적인 말을 해서는 안 되며 남자도 그런 일을 해야만 한다고 강요하였다. 여직원은 자주 윌리의 성차별적인 말로 인해 아주 당황하였고, 그가 과제를 수행하기 시작할 때까지 말다툼은 지속되었다.

기능평가를 한 결과, 선행사건은 여직원이 윌리에게 과제를 하도록 지시하는 것이었고, 문제행동 후 직원의 관심(말다툼, 설명, 정서반응)이 강화 결과라고 가정하였다. 윌리가 결국에는 지시한 과제를 완수하였기 때문에 부적 강화(회피)는 아닌 것으로 보였다.

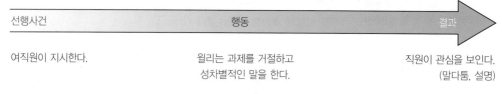

선행사건	행동	결과
여직원이 지시한다.	윌리는 과제를 거절하고 성차별적인 말을 한다.	직원이 관심을 보인다. (말다툼, 설명)

성과: 여직원이 지시를 할 때, 윌리는 과제를 거절하고 성차별적인 말을 더 많이 하게 될 가능성이 크다.

그 직원은 윌리의 성차별적인 말과 과제 거절의 빈도를 감소시키길 원했다. 기능평가를 통해 문제행동을 감소시키려면 문제행동이 발생하더라도 직원이 관심을 주지 않아야 한다는 결론을 얻었다. 그룹홈 관리자는 그 직원을 만나 소거의 사용법을 가르쳐 주었다.

먼저, 관리자는 여직원의 관심이 문제행동을 강화시킨다는 기능평가의 결과와, 또 문제행동을 제거하기 위해서는 그 행동에 대한 강화인을 제거해야 한다는 것을 설명해 주었다. 관리자는 여직원에게 '윌리에게 과제를 하도록 지시한 후 거절하거나 성차별적인 말을 할 때마다 그에게 지시를 반복하지 말고 어떤 식으로든 반응하지 말 것, 말다툼하지 말 것, 과제를 하라고 재촉하지 말 것, 성차별적인 말은 나쁘다고 설명하지 말 것, 어떤 형태로든 정서반응을 보이지 말 것, 당황한 얼굴 표정을 짓지 말 것, 윌리가 문제행동을 일으킬 때 다른 데로 가 다른 활동을 할 것' 등을 당부하였다.

그룹홈 관리자는 소거 사용을 위해 이러한 당부를 한 후, 소거 사용법에 대해 시범을 보였다. 관리자는 다른 직원과 함께 역할놀이를 하였다. 월리가 지시를 거절하고 성차별적인 말을 할 때 다른 데로 걸어갔고, 월리의 문제행동에 대해 아무런 반응을 하지 않았다. 월리의 문제행동에 대해 여러 가지 형태로 역할놀이를 하여 소거의 사용을 시범 보인 후, 지시하였을 때 월리가 문제행동을 보일 경우 이에 대한 소거의 사용법을 직접 가르쳐 주었다. 또한 모두가 일관성 있게 소거 절차를 사용하고 월리의 성차별적인 말을 무시해야 한다고 당부하였다. 만일 한 사람이라도 월리의 문제행동에 관심을 가지고 계속 반응한다면, 월리는 계속해서 문제행동을 보일 것이고 소거 절차도 실패로 돌아간다는 것을 강조하였다. 또 소거를 사용하기 시작할 때 월리의 문제행동이 더 증가할 수 있을 것이라고 직원들에게 말하였다. 즉, 그의 거부행동이 더 심해지고 오래갈 수 있고, 당황시키는 말을 더 많이 하게 될 수 있다고 하였다. 이러한 소거폭발(extinction burst)에 대비해야 하고, 계속해서 이 행동을 무시해야 한다고 강조하였다.

이러한 소거 절차와 함께, 그룹홈 관리자는 직원들에게 월리가 요청받은 과제를 하기 시작하면 즉시 칭찬하도록 주지시켰다. 관리자는 월리의 문제행동을 감소시키고 협력행동을 증가시키고자 할 때 협력행동에 더 관심을 줌으로써 강화시켜야 한다는 것을 강조하였다. 월리는 과제 거절과 성차별적인 말에 대해 더 이상 강화를 받지 않기 때문에, 직원의 관심을 얻기 위해 바람직한 행동을 하게 될 것이다.

소거

선행사건	행동	결과
여직원이 지시한다.	월리는 과제를 거절하고 성차별적인 말을 한다.	직원은 다른 데로 가고 관심을 보이지 않는다.

성과: 미래에 월리는 과제 거절과 성차별적인 말을 더 적게 할 것이다.

강화

선행사건	행동	결과
여직원이 지시한다.	월리는 지시에 순응한다.	직원은 칭찬을 한다.

성과: 미래에 월리는 직원의 지시에 더 잘 순응하게 될 것이다.

행동변화의 일반화를 촉진하기 위하여, 그룹홈 관리자는 모든 직원이 월리에게 모든 시간과 모든 상황에서 소거 절차(및 강화 절차)를 사용하도록 강조하였다. 더구나 그 관리자는 월리의 부모와 만나 월리가 주말에 방문하게 되면 협조해 줄 것을 부탁하였다. 그러한 행동이 주말에 강화되지 않도록 하기 위해서였다. 그 부모는 월리가 집에 있을 때 어떤 과제를 하도록 요청하지 않았고, 직원이 사용하던 방식대로 소거 절차를 사용하였다. 어떤 과제를 하도록 월리에게 요청하지 않는다면, 문제행동이 발생하지 않도록 문제행동에 대한 선행사건을 제거하는 자극통제를 사용하게 되는 것이다. 월리가 어떤 일을 하도록 요청받지 않는다면, 월리는 과제수행을 거절할 수 없게 된다.

직원들은 월리의 과제 거절 횟수의 백분율의 자료를 수집하였는데, 소거 절차를 사용한 후 시간이 경과하자 그의 거절이 감소한다는 사실을 발견하였다. 한동안 거절을 계속하였지만, 직원은 그 행동을 강화하지 않았고, 거절은 더 이상 지속되지 않았다. 대부분 월리는 직원이 요청한 과제를 완수하였다.

어떤 문제행동을 감소시키기 위하여 소거를 이용한 단계가 〈표 14-1〉에 제시되어 있다.

〈표 14-1〉 소거 사용 단계

1. 치료 효과를 평가하기 위한 자료를 수집하라.
2. 기능평가를 통해 문제행동에 대한 강화인을 확인하라.
3. 문제행동 발생 후의 강화인을 제거하라.
   - 강화인을 확인하였는가?
   - 강화인을 제거할 수 있는가?
   - 소거는 사용하기에 안전한가?
   - 소거폭발(문제행동 증가)을 대비할 수 있는가?
   - 일관성을 유지할 수 있는가?
4. 소거 사용 전 문제행동에 대한 강화 계획을 고려하라.
5. 대체행동을 강화하라.
6. 일반화 및 유지를 촉진시키라.

문제행동을 감소시키기 위한 소거 사용 단계

소거는 문제행동을 다루는 데 고려할 수 있는 첫 번째 접근 중의 하나이다. 어떤 문제행동이 오랫동안 지속된다면, 그 문제행동을 유지시키는 강화 결과가 틀림없이 존재한다. 따라서 문제행동을 감소시키려면, 강화 결과를 확인하고 그것을 제거하는 것이 중요하다. 문제행동이 더 이상 강화되지 않는다면, 소거될 것이다. 소거 절차를 효과적으로 사용하는 단계들을 살펴보자(Ducharme & Van Houten, 1994).

처치 효과를 평가하기 위한 자료 수집하기

제2장과 제3장에서 보았듯이, 표적행동에 대한 관찰과 기록이 행동수정 프로그램의 중요한 요소이다. 소거를 사용했을 때 문제행동이 감소되었는지를 결정하려면 소거 절차의 사용 전후의 문제행동을 기록해야만 한다. 감소시키려는 문제행동에 대한 조작적 정의, 신뢰로운 자료 수집 방법, 소거를 사용하기 전의 문제행동 수준을 평가하기 위한 기초선 평가, 문제행동의 감소와 일반화 여부를 결정하기 위한 처치 후 모든 관련 상황에서의 자료 수집, 그리고 행동변화의 유지를 평가하기 위해 시간의 경과에 따른 지속적인 자료 수집 등이 필요하다. 소거 절차의 효과를 실험적으로 평가하는 연구를 하려면, 실험설계(제3장)와 관찰자 신뢰도 평가가 필요하다. 명심해야 할 사항은 소거 절차(혹은 다른 행동수정 절차)를 사용하려고 할 때, 소거를 사용한 후 행동의 변화를 파악하기 위하여 반드시 문제행동에 대한 자료를 수집하여야 한다. 문제행동을 기록한 결과, 처치 후 행동변화가 없다면 문제 혹은 소거 절차를 재평가하여야 하며, 문제행동을 감소시키기 위한 또 다른 방법을 찾아보아야 한다.

기능평가를 통한 문제행동에 대한 강화인 확인하기

기능평가에서 문제행동에 대한 선행사건과 결과사건을 확인해야 한다(제13장). 이는 소거 절차를 효과적으로 사용하기 위한 중요한 단계이다. 소거 절차에서 문제행동을 제거하기 위하여 문제행동에 대한 특정 강화인을 확인해야만 한다. 어떤 특정 강화인이 문제행동을 유지시킨다고 단정할 수 없다. 타인이 보이는 동일한 문제행동도 다른 강화인에 의해 유지될 수 있다. 예를 들면, 어떤 아동의 공격행동은 부모의 관심에 의해 강화될 수 있고, 반면에 다른 아동의 공격행동은 또래로부터 장난감을 얻는 것에 의해 강화될 수 있다. 때때로 다른 상황에서 특정한 사람에게 나타나는 동일한 행동이 다른 강화인에 의해 유지될 수 있다(예: Romaniuk et al., 2002). 예를 들면, 어떤 아이는 자신의 신발을 신지 못할 때 우는데, 우는 것은 부모가 신발을 신도록 도와줄 때 강화된다. 이 아동은 또 부모가 지시(칫솔로 이 닦기) 할 때 우는데, 우는 것은 아이가 요청받은 과제로부터 벗어나도록 부모가 허용할 때 강화된다. 또 어떤 행동은 다른 상황에서 다른 기능을 할 수 있다(Day, Horner, & O'Neill, 1994; Haring & Kennedy, 1990).

소거 절차가 성공하려면 문제행동을 유지시키는 특정 강화인을 확인해야 한다. 다양한 자극사건이 문제행동들의 강화인으로서 기능할 수 있다. 문제행동들은 어떤 자극이나 사건이 제시될 때 정적 강화에 유지되거나 혹은 어떤 자극이나 사건을 회피하도록 하는 부적 강화에 의해 유지될 수 있다. 결과를 강화시키는 것은 또 다른 사람의 행동과 연루되거나 물리적(비사회적) 자극의 변화와 연루될 수 있다. 〈표 14-2〉에 다양한 문제행동과 이러한 행동을 강화시키는 자극사건들이 제시되어 있다.

? 〈표 14-2〉의 각 문제행동에 대하여 그 예가 사회성 정적 강화, 사회성 부적 강화, 자동적 정적 강화 혹은 자동성 부적 강화인지를 확인해 보라.

〈표 14-2〉 문제행동과 강화인

문제행동	강화시키는 결과사건
1. 어떤 아동이 집안일을 시키면 아프다고 호소한다.	부모가 아동 대신 집안일을 한다.
2. 어떤 지적장애인이 도로에 뛰어들어 나오질 않는다.	그가 도로에서 나오면 직원이 음료수를 제공한다.
3. 어떤 배우자가 의견이 불일치할 때 울화를 터뜨린다.	다른 배우자가 논쟁을 멈추고 그 배우자의 요구를 들어준다.
4. 어떤 자폐아동이 눈앞에서 손을 휙 움직인다.	이런 행동은 시각적 자극을 유발한다.
5. 어떤 사람이 돌아다니는 개를 보고 도망간다.	그 사람은 개에서 도망침으로써 두려움 반응이 감소한다.
6. 어떤 아동이 어떤 일을 하라는 부모의 지시를 거부한다.	그 아동은 과제를 회피하고 계속해서 TV를 본다.
7. 어떤 아동이 어떤 일을 하라는 부모의 지시를 거부한다.	부모가 계속 지시하고, 달래기도 하며 꾸짖는다.
8. 입원환자가 하루에 여러 번 간호사를 부른다.	어떤 간호사가 그 환자를 점검하러 매번 방에 오지만 아무런 문제를 발견하지 못한다.
9. 뇌손상 환자가 아침에 간호사가 방에 들어올 때마다 발가벗는다.	그 간호사는 놀라 그 환자에게 화를 내고 옷을 입으라고 명령한다.
10. 부품 조립공장 노동자가 생산이 중단되도록 파업한다.	노동자는 생산이 중단될 때마다 앉아서 담배를 피우며 커피를 마신다.

문제행동 발생 직후 강화인 제거하기

소거는 문제행동 발생 후 강화인을 제거하는 것이라고 정의할 수 있다. 이것이 맞는 말이라 할지라도, 소거를 성공적으로 사용하기 위해서는 많은 요인을 고려해야 한다.

강화인을 확인하였는가?　반드시 기능평가를 통해 문제행동에 대한 강화인을 확인한 후에 그것을 제거할 수 있다. 문제행동에 대한 강화인으로서 기능하는 특정 자극을 제거하지 못하면 소거 절차를 정확하게 수행하기 불가능하다(Iwata, Pace, Cowdery, & Miltenberger, 1994; Mazaleski, Iwata, Vollmer, Zarcone, & Smith, 1993).

소거 절차는 문제행동을 유지시키는 강화인에 따라 다를 수 있다. 예를 들면, Iwata와 동료들은 머리 박기 자해행동을 하는 3명의 발달장애 아동을 연구하였는데, 자해행동의 강화인이 서로 다르다는 것을 발견하였다(Iwata, Pace, Cowdery, & Miltengerger, 1994). 한 아동의 자해행동은 어른으로부터의 관심에 의해 강화되었고, 다른 아동의 자해행동은 학습과제 요구의 회피에 의해 강화되었으며, 세 번째 아동의 자해행동은 그 행동 자체의 감각적 결과에 의해 자동적으로 강화되었다. Iwata는 자해행동의 강화인이 각기 다르기 때문에 소거 절차를 각 아동에게 달리 적용해야 한다는 것을 증명하였다.

? Iwata는 어른의 관심으로부터 강화된 자해행동에 어떻게 소거를 적용하였는가?

자해행동이 관심에 의해 유지되고 있기 때문에, 소거는 자해행동 발생 후 관심을 보이지 않는 것을 포함하였다. 밀리는 8세 여아로 벽이나 마룻바닥에 자기 머리를 박는 문제행동을 보였다. 이 여아가 머리를 박을 때 함께 있는 어른이 어떤 식으로도 반응하지 않자 한동안은 계속 머리 박기 행동이 나타났다([그림 14-1] 참조). (이 아동이 자신을 상해하지 못하도록 주의를 요하는 것이 중요하다.) 그러나 밀리가 머리를 박지 않았을 때 어른은 관심을 제공하였다. 문제행동이 나타나지 않을 때 강화인을 제공하는 이러한 절차는 제15장에 나와 있다.

? Iwata는 학습과제 요구로부터 회피하기 위해 강화된 자해행동에 어떻게 소거를 적용하였는가?

자해행동은 학습과제 요구로부터 회피하기 위해 강화되었기 때문에, 소거는 자해행동 발생 후 회피를 못하도록 하는 것을 포함하였다. 잭은 12세 남아로, 교사가 사물 확인 혹은 단순 운동과제와 같은 학습과제를 하도록 요구하는 수업 상황에서 자해행동을 보였다. 자해행동이 발생했을 때, 교사는 잭이 그 과제를 회피할 수 없도록 신체안내(physical guidance)를 하였다. 자해행동을 얼마나 오랫동안 하는가에 상관없이, 교사는 계속해서 학습과제를 하도록 요구하였고, 또 회피하지 못하도록 신체안내를 하였다. 또한 교사는 그 아동이 학습과제에 순응하였을 때 칭찬을 하였다.

Iwata 연구의 세 번째 아이인 도니는 7세 남아로 자동적으로 강화되어 자해행동을 하였다. 머리 박기에 대한 사회적 강화가 없었기 때문에, 그 행동은 감각적 결과에 의해 강화된다고 가정하였다.

? Iwata는 감각적 결과로 자동적으로 강화되는 자해행동에 어떻게 소거를 적용하였는가?

Iwata와 동료들은 감각적 소거를 사용하였다. 즉, 도니의 머리 박기에 대한 감각적 결과를 바꾸기 위해 보호 헬멧을 착용하도록 하였다. 머리 박기가 더 이상 같은 감각적 강화를 유발하지 않는다면, 그 행동은 사라질 것이다. 그 결과, 도니가 보호 헬멧을 착용했을 때 자해행동이 감소하게 되었다.

[그림 14-1] 이 아동의 머리 박기는 어른의 관심에 의해 강화된다. 이 아동은 안전을 위해 헬멧을 쓰고 있다. 어른은 관심을 보이지 않음으로써 머리 박기에 대한 강화인을 제거한다. 그 행동은 더 이상 강화를 받지 않기 때문에 곧 사라질 것이다.

이 연구(Iwata et al., 1994)는 소거를 사용하려면 문제행동에 대한 강화인을 확인하고 그 강화인을 제거해야만 한다는 것을 입증해 주고 있다. 문제행동에 대한 강화인을 확인하지 않는다면, 소거를 사용할 수 없다. 예를 들면, 3세 아이가 하루 종일 과자 상자에서 자주 과자를 가져간다. 그 부모는 아이가 과자 상자에서 과자 가져가기를 중단하기를 원한다. 부모는 소거에 대한 이해가 부족하기 때문에, 그 행동이 일어날 때마다 무시하고 관심을 제공하지 않는 것이 문제행동을 감소시킬 것이라 믿고 있다.

? 부모의 이러한 태도에 어떤 문제가 있는가?

과자 상자에서 과자 가져가기는 부모의 관심이 아니라 과자를 먹는 것에 강화되기 때문에 문제가 있는 것이다. 따라서 문제행동 후 관심을 제공하지 않는다고 해서 그 행동의 강화인을 제거할 수 없다. 이러한 행동은 계속 강화되고, 계속 나타나게 된다(Martin & Pear, 1992).

? 이 경우에 부모는 어떻게 소거를 적용해야 하는가?

그 부모는 문제행동에 대한 강화인(과자)을 제거함으로써 소거를 적용해야 한다. 부모가 과자 상자 속에 있는 과자를 없앤다면, 과자를 얻기 위해 과자 상자 속에 손을 넣는 문제행동은 더 이상 강화되지 않을 것이다. 그 결과, 아동은 과자 상자에 손을 넣는 것을 멈추게 될 것이다.

기능적 소거 변형

- **정적 강화 후 소거**: 어떤 행동이 정적으로 강화되는 경우, 소거는 그 행동 후에 뒤따르는 강화인을 더 이상 얻지 못하게 하는 것이다.
- **부적 강화 후 소거**: 어떤 행동이 부적으로 강화되는 경우, 소거는 그 행동 후에 뒤따르는 혐오자극으로부터 더 이상 도피하지 못하도록 하는 것이다. 이러한 소거 변형을 **도피 소거**(escape extinction)라 부른다.

강화인을 제거할 수 있는가?   문제행동에 대한 강화인을 확인하기 위하여 기능평가를 한 후, 변화 주체(change agent: 부모, 교사, 직원, 간호사, 내담자)가 강화인을 통제할 수 있는지의 여부를 결정해야 한다. 관계자가 강화인을 통제할 수 없다면, 소거를 사용할 수 없다. 예를 들면, 월리의 불순종 및 성차별적인 말의 경우에, 월리의 문제행동의 강화인은 직원의 관심이었다. 이러한 강화인은 변화 주체, 즉 직원들이 통제할 수 있다. 문제행동을 일으킨 후에는 관심을 보이지 않고, 월리가 협조적인 행동을 한 경우에는 관심을 보이는 것이다. 따라서 그

들은 소거 절차를 성공적으로 수행할 수 있다.

그러나 어떤 문제행동은 관계자가 강화인을 통제할 수 없다. 어떤 상급 학생이 점심값을 구하기 위해 다른 아동들을 때리려고 위협한다면, 이러한 행동에 대한 강화인은 돈을 얻는 것이다. 교사는 이러한 강화인을 통제할 수 없는데, 그 이유는 문제행동이 교사나 어른이 없을 때 발생하기 때문이다. 따라서 교사는 소거를 사용할 수 없다. 교사는 아동들이 위협받을 때 돈을 주지 않도록 교육할 수 있지만, 위협받게 되면 자기 돈을 계속 주는 아동들에 의해 문제행동이 자주 강화될 가능성이 있다. 다음의 예를 고려해 보자.

어떤 십대가 다른 가족을 방해할 정도로 큰 소리의 입체음을 듣고 있다. 이 행동의 강화인은 큰 소리의 음악이다. 부모가 일정 수준까지는 볼륨을 올릴 수 없도록 전기 장치를 해 놓지 않는 한, 부모는 이러한 강화인을 통제할 수 없다. 십대가 큰 소리로 볼륨을 올리는 행동은 음악의 소리가 커질 때마다 즉각적으로 강화된다. 부모는 소리를 낮추라고 요구하거나 그 행동을 감소시키기 위하여 벌 절차를 사용할 수 있지만, 음악 소리의 크기(강화인)는 통제할 수 없기 때문에 소거를 사용할 수 없다.

어떤 문제행동을 감소시키기 위하여 소거를 사용하려고 할 때, 관계자가 문제행동을 유지시키는 강화인을 통제할 수 있는지를 결정해야만 한다. 변화 주체가 문제행동이 일어날 때마다 강화되는 결과를 통제할 수 있을 때만 소거를 사용할 수 있다.

소거는 사용하기에 안전한가?   소거를 사용하려고 결정하기 전에, 소거가 문제행동을 나타내는 당사자에게 혹은 다른 사람에게 해로운 결과를 유발하는지를 결정해야 한다. 다음의 예를 고려해 보자.

루퍼트는 하루 종일 보호 작업장에서 일하는 중도 지적장애인이다. 그는 3명의 다른 사람과 함께 책상에 앉아서 부품을 조립하고 있다. 루퍼트는 책상에서 사람들을 공격하는 문제행동을 가지고 있다. 그는 타인의 머리카락을 잡아당기고 책상에 머리를 부딪히게 한다. 이런 일이 발생하면, 직원은 즉각적으로 중재에 나서고 타인과 루퍼트를 떼어 놓는다. 기능평가를 한 결과, 문제행동을 유지시키는 강화인은 직원의 관심이라고 확인되었다. 소거 절차는 문제행동이 발생한 후 직원이 관심을 주지 않는 것이 포함될 수 있다. 그러나 직원이 빨리 중재하지 않으면 공격받는 사람은 심하게 다칠 수 있다. 따라서 이러한 경우에, 소거는 안전한 절차가 아니며, 사용할 수도 없다.

4세 애니는 뜰에서 놀다가 도로로 뛰어 들어간다. 뜰에 앉아서 책이나 잡지를 보고 있던 보모는 애니에게 소리쳐 도로에서 나오도록 한다. 애니가 거부하자 보모는 도로에 달려 들어가 애니를 데려온다. 이러한 행동에 대한 강화인은 보모의 관심이다. 그러나 이 경우에도 소거를 사용할 수 없는데, 그 이유는 도로에 뛰어 들어갈 때 아동에게 무관심한 것은 위험한 일이기 때문이다. 대신, 차별강화 혹은 선행통제와 같은 다른 절차를 사용해야 한다(제15~18장 참조).

벤은 수용시설 프로그램에 참가하고 있는 18세 지적장애인이다. 직원이 그에게 면도하기 혹은 이 닦기와 같은 신변자립 기술을 가르치려고 하고 있다. 문제는 직원이 이런 기술을 가르치려고 할 때 공격행동(머리 잡아당기기, 할퀴기, 꼬집기)을 한다는 점이다. 벤이 직원의 머리카락을 잡아당기거나 할퀴거나 꼬집을 때 교육은 중단된다. 그 결과, 벤의 공격행동은 훈련으로부터 도피함으로써 부적으로 강화된다.

❓ 직원은 벤에게 소거를 어떻게 적용하였는가?

이 경우에 소거는 벤이 공격행동을 일으킬 때 문제행동이 도피에 의해 일어나지 않도록 훈련 회기 동안에 포함시킬 수 있다. 그러나 벤이 직원들에게 공격적일 때 훈련 회기를 지속한다는 것은 위험한 일이므로 소거를 사용하기가 어렵다. 이러한 경우에는 반응차단 혹은 간단한 신체구속과 같은 절차를 사용하는 것이 바람직하다(제18장 참조).

이처럼 문제행동에 대한 강화인을 확인하고 관계자가 통제할 수 있을지라도, 소거가 강화인을 제거하는 데 안전해야만 사용할 수 있다. 특히 소거는 문제행동이 부적으로 강화될 때, 안전하지 못할 수 있다. 이때 소거를 사용하려면 문제행동이 발생할 때 회피하지 못하도록 해야 한다. 도피하지 못하도록 하기 위하여 신체 지도를 할 수 있는데, 신체적으로 강하게 저항하는 성인에게는 사용하기가 어렵고 불가능할 수 있다. 그런 경우에는 소거 대신에 다른 기능적 절차(선행사건 조작, 차별강화)를 사용할 수 있다.

소거폭발(문제행동 증가)에 대비할 수 있는가? 제5장에서 본 바와 같이, 소거를 사용할 때 소거폭발, 즉 문제행동의 빈도, 지속기간 혹은 강도가 증가하며 새로운 행동이나 정서반응이 나타나게 된다(Goh & Iwata, 1994; Lerman, Iwata, & Wallace, 1999; Woller et al., 1998). 소거 사용을 결정하기 전에 소거폭발을 예상해야 하고, 관계자가 그 행동이 증가하는 것을 대비할 수 있는지를 확인해야 한다. 잠투정을 지닌 5세 여아의 사례를 고려해 보자. 침대에 데리고 가면 그 아이는 소리 지르고 운다. 부모가 방을 나가면 부모를 불러댄다. 이 아이가 이런 행동을 할 때, 부모는 아이 방에 들어가 달래고 잠잘 때까지 이야기해 준다. 부모의 관심이 문제행동을 강화시키고 있다. 부모가 문제행동을 감소시키고 제거하기 위해 소거를 사용할 수 있지만, 부모가 잠투정에 반응하지 않게 되자마자 문제행동이 증가하는 소거폭발을 일으킬 가능성이 크다. 즉, 더 강하고 오래 지속되는 잠투정을 하게 될 것이다. 부모가 이런 일에 준비되어 있지 않으면, 소거 사용은 실패할 것이다. 처음에는 부모가 잠투정에 대해 반응하지 않자 문제행동이 증가되어 부모는 걱정스러워 방에 들어가게 되는데, 이것이 잠투정 행동을 더 강화시키게 된다. 따라서 부모가 문제행동을 아주 잘 강화시키기 때문에 문제행동은 더 심해질 가능성이 크다. 제9장에서 살펴본 바와 같이, 심한 문제행동은 흔히 이런 식으로 형성된다.

소거 절차를 사용할 때, 소거폭발 시에 문제행동이 더 많이 나타날 가능성에 대해 관계자에게 정보를 제공해야 한다. 더구나 문제행동이 증가할 때 강화인을 계속 제공하지 않도록 관계자에게 가르쳐야 한다. 문제행동의 증가가 문제를 일으키는 사람이나 다른 사람에게 해로울 수 있다면, 해로움을 제거하거나 감소시키기 위한 계획을 세워야 한다. Iwata는 소거 절차를 사용하는 동안에 머리 박기를 하는 여아가 손상을 입지 않도록 하기 위하여 헬멧을 착용하도록 하였다(Iwata et al., 1994). Carr는 소거 절차를 사용하는 동안에 문제행동을 보이는 2명의 아이로부터 교사를 보호하기 위하여 보호 옷을 입도록 하였다(Carr, Newsom., & Binkoff, 1980). 아동의 파괴행동이나 울화에 대한 소거를 사용할 때 물건이 손상되거나 아동에게 해를 주지 않도록 방 안에 깨지기 쉬운 물건을 치워야 한다.

관계자가 소거폭발 시에 강화인을 계속 제공할 것으로 예측될 경우, 혹은 소거폭발 시에 피해를 막지 못할 경우에는 소거 절차를 사용해서는 안 된다. 대신에 문제행동의 발생을 감소시키기 위한 다른 절차를 사용해야 한다(제15~18장 참조).

일관성을 유지할 수 있는가? 소거를 정확하게 사용하려면 강화인이 문제행동에 수반되어서는 안 된다. 이는 치료에 연루된 모든 사람이 일관성을 지녀야 하고 문제행동이 일어날 때마다 강화되는 결과를 제거해야만 한다는 것을 의미한다. 종종 문제행동이 강화될 경우, 그 절차는 소거보다는 그 행동에 대한 간헐강화가 된다. 소거 절차가 실패하는 이유는 흔히 일관성 부족이다(Vollmer, Roane, Ringdahl, & Marcus, 1999). 예를 들면, 부모가 아동의 잠투정에 대해 일관성 있게 소거를 적용한다 해도, 조부모가 찾아가서 문제를 자주 강화시킨다면, 잠투정은 사라지지 않을 것이다. 유사하게 대부분의 직원은 월리의 거절행동 및 성차별적인 말에 대해 소거를 적용하지만, 일부 직원이 계속해서 그 행동에 관심을 준다면 그 행동은 사라지지 않을 것이다.

 소거 절차를 사용할 때 일관성을 유지하려면, 모든 관계자가 그 절차를 정확하게 사용하기 위해 훈련을 받아야 한다. 관계자들은 일관성이 왜 중요한지를 알아야 하고, 일관성을 유지할 수 있는 교육을 받아야만 한다. 더구나 관계자들이 소거 절차에 대한 모델을 보고 그 절차를 연습하며 피드백을 받을 기회를 가져야 최상의 결과를 얻을 수 있다. 어떤 경우에는 관계자가 소거 절차를 정확하게 사용하기 위해서는 강화의 일관성도 중요하다. 예를 들면, 치료 장면의 많은 직원이 그 절차를 수행하려면, 그들의 수행에 대한 지도감독을 받고 자주 그 절차 사용에 대한 피드백을 받아야 한다.

 요약하면, 소거 절차를 적절히 사용하기 위해서는 문제행동에 대한 강화인을 확인해야 하고, 관계자가 그 강화인을 통제할 수 있는지와 소거를 사용하는 데 안전한지, 소거폭발을 대비할 수 있는지 그리고 관계자가 소거 절차를 일관성 있게 수행할 수 있는지를 결정해야 한다. 문제행동을 감소시키기 위한 소거 절차를 사용하기 전에 이러한 쟁점들을 고려해야만 한다.

소거 사용 전 고려해야 할 다섯 가지 질문

- 강화인을 확인하였는가?
- 강화인을 제거할 수 있는가?
- 소거는 사용하기에 안전한가?
- 소거폭발에 대비할 수 있는가?
- 일관성을 유지할 수 있는가?

소거 사용 전 강화 계획 고려하기

 소거 사용 전 문제행동에 대한 강화 계획은 소거 중에 문제행동이 감소되는 비율에 영향을 미친다(Faster & Skinner, 1957; Skinner, 1953a). 문제행동이 연속계획에 따라 강화될 때, 흔히 소거가 더 빠르다. 문제행동이 간헐강화 계획에 의해 유지되면, 문제행동은 소거 중에 더 느리게 감소할 가능성이 크다(제5장). 문제행동에 대한 강화 계획이 연속 혹은 간헐인지의 여부는 소거를 실행한 후 문제행동의 감소비율을 예상하여 결정하는 것이 중요하다.

 Kazdin과 Polster(1973)는 소거의 효과가 연속 혹은 간헐강화에 따라 어떻게 다른지를 증명하였다. 이 연구자들은 2명의 경도 지적장애인이 보호작업장에서 작업 중 휴식하는 동안의 사회적 상호작용을 강화시키기 위하여 토큰을 사용하였다. 이 연구 대상들은 토큰강화를 실행하기 전에 사회적 상호작용이 많지 않았다. 그러나 그들이 휴식 중에 이야기할 때마다 토큰을 받자 사회적 상호작용의 비율이 크게 증가하였다. 연구자들이 사회적 상호작용에 대한 토큰강화를 제공하지 않자(소거) 상호작용이 거의 없게 되었다. 연구자들은 이러한 소거 후에 다시 토큰으로 사회적 상호작용을 강화하였다. 그러나 한 연구 대상은 타인과 이야기할 때마다 계속해서 토큰을 받았지만, 다른 연구 대상은 간헐강화 계획에 따라 토큰을 받았다. 즉, 어느 때는 타인과 상호작용을 할 때 토큰을 받았지만, 어느 때는 토큰을 받지 못하였다. 이러한 강화 단계 후에 연구자들은 두 번째로 소거를 실행하였다. 이 소거 단계에서 사회적 상호작용에 연속강화를 받았던 사람은 상호작용을 중단하였고, 반면에 간헐강화를 받았던 사람은 계속 상호작용을 하였다([그림 14-2] 참조). 이는 그 행동은 간헐강화 후에 소거에 내성이 생긴다는 사실을 입증해 준다.

　　Kazdin과 Polster(1973)의 연구와 Higbee, Carr와 Patel(2002)의 연구 결과는 어떤 문제행동

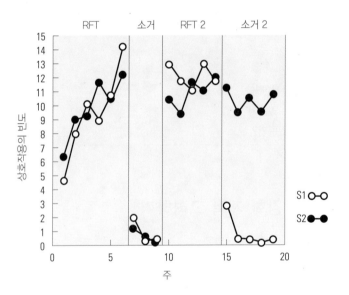

[그림 14-2] 지적장애인 2명의 사회적 상호작용에 대한 빈도. 첫 번째 단계에서 사회적 상호작용이 토큰으로 강화될 때 (RFT), 이들은 상호작용 수준이 높게 나타났다. 두 번째 단계에서 연구자들이 토큰강화를 철회하였을 때(소거), 사회적 상호작용은 거의 없었다. 세 번째 단계에서 연구자들이 토큰강화를 다시 하였을 때(RFT2), 사회적 상호작용은 다시 증가 하였다. 이 단계에서 S1은 사회적 상호작용에 대한 연속강화를 받았고, S2는 간헐강화를 받았다. 마지막 단계에서(소거), 소거를 다시 수행하였다. 이전 단계에서 연속강화를 받았던 사람은 그 행동이 감소하였지만, 간헐강화를 받았던 사람은 감소하지 않았다. 그 행동은 소거 전에 간헐강화가 소거에 내성이 생기도록 한 것이다.

출처: Kazin, A. E., & Polster, R. (1973). Intermittent token reinforcement and response maintenance in extinction. *Behavior Therapy, 4*, 386-391.

이 간헐 계획에 따라 강화될 경우, 소거를 이용하기 바로 직전에 연속강화 계획을 수행하는 것이 이롭다는 것을 시사해 준다. 이는 소거 절차에서 강화인을 제거하기 바로 직전에 문제 행동이 발생할 때마다 의도적으로 강화시켜야 한다는 것을 의미한다. 그 후 소거 효과는 아주 빠르게 나타날 것이다(Neisworth, Hunt, Gallop, & Madle, 1985).

대체행동 강화하기

소거 절차는 강화 절차와 함께 병행하여 사용해야 한다. 소거 절차는 문제행동의 빈도를 감소시키고, 강화 절차는 문제행동 대신 대체행동을 증가시킨다. 어떤 문제행동은 당사자에게는 특별한 기능을 하기 때문에(특별한 결과를 유발시킴), 강화 절차는 동일한 기능을 하거나 동일한 결과를 유발하는 바람직한 행동을 증가시킨다. 대체행동이 문제행동과 동일한 강화 결과를 유발할 때, 소거 후에 문제행동이 다시 일어날 가능성(자발적 회복)은 적어진다. 소거와 차별강화를 연합시켜 그 효과를 알아본 연구가 많이 있다(예: Anderson & McMillan, 2001; Fyffe, Kahng, Fittro, & Russell, 2004; Rehfeldt & Chambers, 2003; Wilder, Masuda, O'Connor, & Baham, 2001).

어머니의 관심에 의해 파괴행동이 강화된 안나의 사례(제13장)를 회상해 보자(Arndorfer, Miltenberger, Woster, Rortvedt, & Gaffaney, 1994). Arndorfer는 파괴행동에 대해서는 소거를, 바람직한 대체행동에 대해서는 강화를 사용하였다. 안나가 파괴행동을 하였을 때 어머니는 아무런 반응을 하지 않았다. 그러나 안나가 "나랑 놀아요."라고 어머니에게 말할 때, 어머니는 관심을 가지고 반응하였고 안나와 함께 놀아 주었다. 대체행동(어머니에게 놀자고 말하는 것)은 증가하였고, 소거를 통해 문제행동은 감소하였다. 안나가 어머니의 관심을 유도하는 바람직한 대체행동을 하지 않는다면, 문제행동은 계속해서 나타날 것이다.

제15장에 차별강화 절차가 나와 있다. 소거와 함께 어떤 강화 절차나 문제행동을 감소시키는 다른 절차를 병행하여 사용해야 한다는 것을 명심해야 한다. 행동수정의 주요 목적은 개인의 삶 속에서 바람직한 행동을 발전시키고 개인의 삶을 증진시키는 데 있다(Goldiamond, 1974). 삶의 질을 손상시키는 바람직하지 못한 행동을 감소시키기 위하여 소거나 다른 절차를 사용하는 것이 꼭 필요하지만, 바람직한 행동을 증가시키는 데 초점을 두어야 한다.

일반화 및 유지를 촉진하기

문제행동을 유지시키는 강화인을 확인하여 제거하고 바람직한 대체행동을 증가시키기 위한 강화 절차를 수행하였으면, 그다음은 변화된 행동을 일반화시키고 유지시키도록 해야 한다. 소거를 사용 후 변화된 행동의 일반화란 모든 환경에서 문제행동이 중단되고 대체행동이 발생한다는 것을 의미한다. 유지란 변화된 행동이 오랫동안 지속되는 것을 의미한다. 일반화를 촉진하기 위해서는 모든 관계자가 소거를 일관성 있게 수행하여야 하며, 또 행동변화를 기대하는 모든 환경에서 수행하여야 한다. 변화된 행동의 유지를 촉진하기 위해서는 문제행동이 다시 일어날 때마다 그 행동을 초기에 제지한 후에 소거 절차를 수행하는 것이 중요하다. 또한 문제행동과 동일한 기능을 하는 대체행동을 일관성 있게 강화하여야 일반화와 유지를 촉진하게 된다.

윌리의 사례에서는 모든 직원이 모든 환경에서 소거를 사용하였다. 그들은 시간과 장소를 가리지 않고 그의 어떠한 거절행동과 성차별적인 말에도 강화하지 않았다. 결국 그들은 문제행동이 다시 일어날 경우에, 소거 절차를 사용하기로 계획하였던 것이다.

📖 더 읽을거리

음식 거부의 치료에 소거의 사용

소거는 정적 및 부적 강화에 유지되는 많은 문제행동에 대한 행동중재의 한 방법이다. 소거는 섭식 장애의 치료에 사용되어 왔는데, 여기에는 수많은 음식 거부행동(예: 머리 돌리기, 입 닫기, 치료사의 손에 있는 음식을 치워 버리기 등)이 포함된다. 음식 거부행동은 그 아동으로 하여금 제공된 특별한 음식을 먹는 것으로부터 도피하도록 허용할 때, 부적 강화에 의해 흔히 유지된다. 연구자들은 소거가 음식 거부의 중요한 중재 방법이라는 사실을 입증하였다(예: Anderson & McMilan, 2001; Dawson et al., 2003; Piazza, Patel, Gulotta, Sevin, & Layer, 2003). 예를 들면, Dawson과 연구자들은 음식 거부 때문에 위절개 튜브를 통해 주입하고 있는 3세 여아를 연구하였다. 이 아이는 숟가락으로 음식을 줄 때마다 머리를 돌리고, 숟가락을 치워 버리거나 먹기를 피하기 위해 얼굴을 가렸다. 연구자들은 이 아이가 받아먹을 때까지 숟가락을 계속 쥐고 있거나, 음식을 떨어뜨릴 경우 음식을 받아먹을 때까지 재시도함으로써 소거를 수행하였다. 이런 방법을 통해 그런 문제행동들은 이 아이에게 제공된 음식을 더 이상 도피하도록 할 수 없게 되었다. 연구자들은 소거(도피로 유지되었던 문제행동을 사용하였기 때문에 도피 소거라고 부름) 사용이 성공적이었고, 그 아이가 음식을 더 이상 거부하지 않고 제공된 음식을 모두 먹게 되었다는 것을 입증하였다.

소거 사용에 대한 연구

많은 연구가 다양한 사회적 문제행동을 감소시키는 데 대한 소거 절차의 효과를 입증하였다(Cote, Thompson, & McKerchar, 2005; Dawson et al., 2003; Kuhn, Lerman, Vorndran, & Addison, 2006; Piazza et al., 2003; Thompson, Iwata, Hanley, Dozier, & Samaha, 2003). 소거 절차의 효과는 정적 강화와 부적 강화에 의해 유지되는 문제행동과, 사회적 강화인과 비사회적 강화인에 의해 유지되는 문제행동에 대한 연구에서 입증되고 있다(Iwata et al., 1994). 소거를 평가하는 많은 연구 중 일부만을 다음에 소개한다.

Rekers와 Lovaas(1974)는 5세 남아의 부적절한 성역할 행동을 감소시키기 위하여 소거를 사용하였다. 크레이그는 심한 여성 성향을 보였는데, 주로 여성 성향의 장난감을 가지고 놀았다. 그 결과, 크레이그는 낙인찍혀 또래 남아들이 같이 놀아 주지 않았다. 그의 부모는 크레이그가 남성 성향의 장난감을 가지고 놀 뿐 아니라 남성 성향을 보이는 적절한 성역할 행동을 하기를 원했다. 연구자들은 크레이그의 여성 성향의 행동을 감소시키고 남성 성향의 행동을 증가시키기 위하여 소거와 대체행동에 대한 강화를 사용하였다. 크레이그와 어머니가 남성 성향 및 여성 성향의 장난감이 가득한 실험실에서 치료에 참여하였다. 그의 어머니는 치료 회기 중에 실험자로부터 지시를 받기 위하여 귀에 수신기를 부착하였다. 크레이그가 여성 성향의 장난감을 가지고 놀 때, 그의 어머니는 소거를 사용하였다. 어머니의 관심이 크레이그의 강화인이었기 때문에, 여성 성향의 장난감을 만질 때 그를 바라보거나 말을 하지 않았다. 그러나 그가 남성 성향의 장난감을 집었을 때는 이러한 행동에 대한 강화인으로 관심을 제공하였다. 연구자들은 크레이그 행동에 관심을 줄 때와 무시할 때를 어머니에게 수신기로 알려 주었다. 그 결과, 여성 성향의 행동은 감소하고 남성 성향의 행동은 증가하게 되었다.

Pinkston, Reese, LeBlanc와 Baer(1973) 및 France와 Hudson(1990)도 정적 강화에 의해 유지되는 문제행동을 감소시키기 위하여 소거를 사용하였다. Pinkston과 동료들은 교사의 관심이 어린아이의 공격행동을 강화시켰고, 공격행동 후에 교사가 관심을 주지 않자 그 행동이 감소되었다는 것을 증명하였다. France와 Hudson(1990)은 밤에 깨어 문제행동을 보이는 3세 미만의 여아들을 연구하였다. 연구자들은 밤에 깨어 문제행동을 할 때 소거를 사용하도록 부모에게 교육하였다. 아이가 밤에 깨어 파괴행동을 할 때, 부모는 그 방에 들어가지 않았다. 문제행동 후에 아무런 관심을 주지 않았다. 그들은 아이가 위험하거나 아프다고 생각될 때만 방에 들어가고 아이를 살펴보기 위해서는 조용하게 들어가도록 교육을 받았다. 소거 절차를 사용한 후, 이 연구에 참여한 모든 아동은 밤에 깨어 일으키는 문제행동을 거의 보이지 않았다.

많은 연구자는 부적 강화에 의해 유지되는 문제행동에 소거를 사용하였다(Anderson & McMillan, 2001; Carr et al., 1980; Dawson et al., 2003; Iwata, Pace, Kalsher, Cowdery, & Cataldo, 1990; Iwata et al., 1994; Piazza et al., 2003; Steege et al., 1990; Zarcone, Iwata, Hughes, & Vollmer, 1993). 이전에 설명했듯이, 연구자들은 문제행동(공격 및 자해행동) 후 계속 요구함으로써 도피를 하지 못하게 하였다. 공격이나 자해행동이 요구로부터 더 이상 도피할 수 없게 되자, 모든 대상에게서 문제행동이 감소되었다.

감각적 소거(Rincover, 1978)는 행동의 강화인이 비사회적일 때 사용하는 소거 절차상의 변형이라 할 수 있는데, 행동 자체에 의해 유발되는 감각적 자극과 관련이 있다(Lovaas, Newsom, & Hickman, 1987). 감각적 소거 절차는 그 행동을 강화시키는 감각적 자극을 변화시키거나 제거하는 것을 포함한다. 그 행동이 더 이상 강화시키는 감각적 자극을 가져오지 못할 때, 그 행동은 사라진다(Rapp, Miltenberger, Galensky, Ellingson, & Long, 1999). Rincover와 동료들은 자폐아동과 발달장애 아동이 보이는 문제행동을 감소시키기 위하여 감각적 소거를 사용하였다. 문제행동들은 사회적 기능이 없는 반복행동이었다. 예를 들면, 한 연구 대상인 레기는 단단한 책상 위에서 접시나 다른 물건을 돌렸다. 연구자들은 단단한 책상 위에서 접시를 돌리는 소리가 그 행동의 감각적 강화인이라고 가정하였다. 또 다른 연구 대상인 카렌은 자신 및 다른 사람의 옷의 실을 풀어 공중으로 던지고, 그것이 공중에 떠 있는 것을 지켜보면서 자신의 손을 힘차게 파닥거렸다. 연구자들은 카렌이 공중에 떠 있는 실을 지켜보기 때문에 그리고 손을 파닥거리는 것이 실을 공중에 더 오래 떠 있게 하였기 때문에 이 행동은 시각적 자극에 의해 유지된다고 가정하였다.

? 책상 위에서 접시를 돌리는 레기의 행동에 대해 어떻게 감각적 소거를 사용하겠는가?

감각적 소거 절차에서는 행동을 강화시키는 감각적 자극을 변화시키거나 제거한다. 레기의 사례에서 접시 돌리는 소리를 내는 청각적 자극이 감각 강화인이다. 소거를 사용하기 위해서 연구자들은 그 행동으로부터 발생하는 소리를 변화시켰다. 그들은 책상 위에 카펫을 깔아 레기가 접시를 돌릴 때 단단한 표면에서 나는 동일한 소리가 나지 않도록 하였다. 그 행동은 더 이상 강화시키는 청각적 결과를 얻지 못하자 사라졌다([그림 14-3]과 [그림 14-4] 참조).

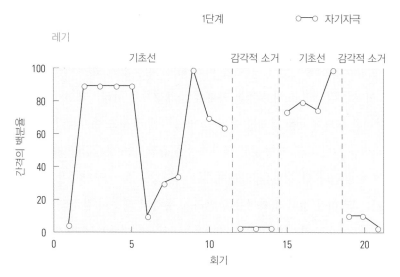

[그림 14-3]　레기의 자기자극 행동(접시 돌리기) 수준(Rincover, Cook, Peoples, & Packard, 1979). 감각적 소거 동안에. 책상 위에는 접시 돌리기가 기초선 동안에 유발하는 청각자극을 유발하지 않도록 카펫을 깔았다. 청각자극이 제거되자 문제행동은 거의 나타나지 않았다.

출처: Rincover, Cook, Peoples, & Packard (1979).

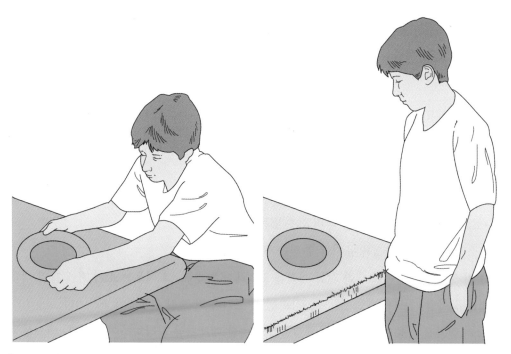

[그림 14-4]　단단한 표면 위에서 접시 돌리기의 소리는 접시를 돌리는 아동의 행동을 강화시킨다. 책상 위의 표면에 카펫을 깔자 아동이 접시를 돌릴 때 더 이상 소리가 없었다. 그 결과, 접시 돌리기 행동은 사라졌다.

카렌의 경우, 감각적 소거 절차는 그 행동에 의해 유발되는 시각적 자극을 제거하는 것을 포함하였다. 연구자들은 카렌이 실을 풀어 그것을 공중에 던질 때마다 머리 위의 등불을 끄는 감각적 소거 절차를 사용하였다. 카렌은 머리 위에 빛이 없어 실이 마루에 떨어지는 것을 볼 수 없었다. 이러한 감각적 소거 절차는 카렌의 문제행동을 사라지게 하였다.

아동들의 이러한 문제행동을 대체할 수 있는 바람직한 행동을 증가시키기 위해, 연구자들은 그러한 문제행동을 나타낼 때 동일한 감각자극을 유발하는 장난감을 제공하였다. 레기에게는 가지고 놀 수 있는 음악 상자를, 카렌에게는 비눗방울 불기 장난감을 제공하였다. 레기의 접시 돌리기는 더 이상 청각적 자극을 유발하지 못하기 때문에 감소되었다. 그러나 음악 상자를 가지고 노는 것은 접시 돌리기가 유발하는 자극을 대체하는 청각자극을 얻게 되었다. 카렌의 경우, 문제행동에 의해 유발되는 시각적 자극은 비눗방울에 의해 유발되는 시각적 자극으로 대치되었다. 그 결과, 카렌은 실을 풀고 손을 파닥거리지 않고 비눗방울을 가지고 놀게 되었다.

🔖 요약

1. 소거는 문제행동을 감소시키기 위하여 문제행동을 강화시키는 강화인을 제거하는 절차이다. 소거를 사용하려면 먼저 기능평가를 하여 문제행동을 강화시키는 결과를 확인해야 한다.

2. 소거를 사용하기 전에 다음과 같은 다섯 가지 질문을 해 보아야 한다.
   - 문제행동에 대한 강화인을 확인하였는가?
   - 문제행동에 뒤따르는 강화인을 제거할 수 있는가?
   - 소거는 사용하기에 안전한가?
   - 소거폭발(문제행동 증가)을 대비할 수 있는가?
   - 소거 사용 시 일관성을 유지할 수 있는가?

3. 소거 전에 문제행동에 대한 강화 계획을 고려해야 하는데, 그 이유는 소거 전에 간헐 계획으로 강화될 때보다 연속 계획으로 강화될 때 소거가 더 빨리 진행되기 때문이다.

4. 소거 절차를 사용할 때, 항상 문제행동을 대치할 대체행동을 강화하여야 한다. 대체행동이 문제행동 대신에 발생한다면, 문제행동은 앞으로 덜 발생하게 될 것이다.

5. 다른 행동수정 절차와 마찬가지로, 소거 절차로 일어난 행동변화를 일반화시키고 유지시키도록 계획하여야 한다. 일반화를 촉진하기 위해서 모든 관계자는 일관성 있게 소거를 사

용하여야 한다. 문제행동이 발생하는 시간과 장소에 상관없이 일관성 있게 소거를 사용하여야 한다. 마지막으로 소거를 사용할 때 문제행동 대신에 대체행동을 강화하여야 한다.

✎ 핵심용어

기능평가(functional assessment)	도피 소거(escape extinction)
대체행동(alternative behaviors)	소거폭발(extinction burst)

제15장

차별강화

주요 학습문제

- 바람직한 행동을 증가시키기 위하여 대체행동 차별강화(DRA)를 어떻게 사용해야 하는가?
- 바람직하지 않은 행동을 감소시키기 위하여 타행동 차별강화(DRO)와 저반응률 차별강화(DRL)를 어떻게 사용해야 하는가?
- DRA, DRO, DRL은 언제 사용해야 하는가?
- 강화와 소거의 원리는 차별강화 절차에 어떻게 포함되어야 하는가?
- DRA와 DRO에서 부적 강화를 어떻게 사용해야 하는가?

제14장에서 바람직하지 않은 행동을 감소시키기 위한 소거의 사용법을 설명하였다. 이 장에서는 바람직한 표적행동을 증가시키거나 바람직하지 않은 행동을 감소시키기 위하여 강화(제4장)와 소거(제5장)를 응용한 차별강화를 설명하고자 한다. 차별강화에는 대체행동 차별강화, 타행동 차별강화 그리고 저반응률 차별강화 등 세 가지 유형이 있다.

대체행동 차별강화

대체행동 차별강화(differential reinforcement of alternative behavior: DRA)는 바람직한 행동의 빈도는 증가시키고 바람직하지 않은 행동의 빈도는 감소시키기 위하여 사용하는 행동 절차이다. 바람직한 행동은 발생할 때마다 강화하는데, 이는 장차 바람직한 행동의 발생 가능성을 증가시킨다. 동시에 바람직한 행동을 방해할 수 있는 바람직하지 않은 행동은 강화하지 않는다. 이는 장차 바람직하지 않은 행동의 발생 가능성을 감소시킨다. 따라서 DRA는 바람직한 행동에 대한 강화와 바람직하지 않은 행동에 대한 소거를 결합한 것이라고 할 수 있다.

윌리엄스 부인을 긍정적인 사람으로 만들기

윌리엄스 부인은 약 1년 전에 요양원에 입원하였는데, 간호사를 볼 때마다 음식, 방, 다른 환자, 소음, 관절염 등에 대해 불평하였다. 간호사는 윌리엄스 부인이 불평할 때 정중하게 듣고 편안하게 만들려고 항상 노력하였다. 한 해가 지나자 그녀의 불평은 점점 더 심해졌고 긍정적인 말은 거의 하지 않게 되었다. 요양원에 처음 왔을 때는 좋은 말을 많이 하고 사람들을 칭찬하였으며 불평은 거의 하지 않았었다. 간호사들은 윌리엄스 부인이 예전처럼 행동하기를 원했으므로 어떤 방도가 있는지 행동 심리학자에게 자문을 구하였다.

심리학자는 그녀의 행동을 변화시키도록 돕기 위하여 간호사들에게 윌리엄스 부인과 상호작용하는 방식을 바꿀 것을 제안하였다. 간호사들은 세 가지 사항을 교육받았다. 첫째, 그들이 윌리엄스 부인을 볼 때마다 즉시 긍정적인 말을 하게 하였다. 둘째, 윌리엄스 부인이 긍정적인 말을 할 때마다 간호사는 하던 일을 멈추고 그녀에게 미소를 보내며 그녀의 말을 적극적이고 주의 깊게 경청하도록 하였다. 부인이 계속해서 긍정적인 말을 하면 간호사는 끝날 때까지 계속해서 부인의 말을 주의 깊게 경청해야 한다. 셋째, 윌리엄스 부인이 불평하기 시작할 때마다 간호사는 양해를 구하고 그 자리를 떠나거나 너무 바빠 더 이상 들을 수 없다고 말하게 하였다. 윌리엄스 부인이 불평을 그치고 긍정적인 말을 하면 간호사는 곧바로 일을 멈추고 그녀의 말을 주의 깊게 경청하도록 하였다. 모든 간호사들이 이 프로그램을 몇 주간 일관성 있게 적용한 결과, 윌리엄스 부인은 더 긍정적인 말을 많이 하게 되었고 불평하는 말은 거의 사라졌다. 그녀는 더 행복해 보였고, 간호사들은 다시 예전처럼 그녀와 지내게 되었다.

간호사들이 윌리엄스 부인으로 하여금 긍정적인 말을 더 하고 불평을 덜 하도록 하기 위해 사용한 행동 절차는 대체행동 차별강화(DRA)이다. 심리학자는 문제에 대한 간호사의 설명을 듣고 윌리엄스 부인을 직접 관찰한 후, 간호사가 윌리엄스 부인의 불평행동을 강화하기 때문에 자주 불평을 한다는 가설을 세웠다. 즉, 윌리엄스 부인이 불평할 때 간호사들은 그녀의 말을 더 관심 있게 듣고 위로의 말을 하였으며 그녀와 더 많은 시간을 보냈다.

선행사건	행동	결과
간호사가 있다.	윌리엄스 부인이 불평을 한다.	간호사가 관심을 보인다.

성과: 윌리엄스 부인은 간호사가 있을 때마다 불평을 더 많이 할 가능성이 크다.

심리학자는 윌리엄스 부인이 긍정적인 말을 할 때 간호사들이 더 많은 관심을 가져야 하며, 또한 윌리엄스 부인이 불평할 때에는 절대 관심을 보여서는 안 된다고 결론을 내렸다. 여기에서 간호사들은 강화와 소거를 사용하였는데, 이 두 가지 원리는 DRA와 관련이 있다.

강화

선행사건	행동	결과
간호사가 있다.	윌리엄스 부인이 긍정적인 말을 한다.	간호사가 관심을 보인다.

성과: 미래에 윌리엄스 부인은 간호사가 있을 때 긍정적인 말을 더 많이 할 가능성이 크다.

소거

선행사건	행동	결과
간호사가 있다.	윌리엄스 부인이 불평을 한다.	간호사가 관심을 보이지 않는다.

성과: 미래에 윌리엄스 부인은 간호사에게 덜 불평하게 될 것이다.

이 예를 보면, 윌리엄스 부인이 긍정적인 말을 더 하게 된 것은 간호사들이 그 행동을 강화하고, 또한 소거를 통해 불평이 감소되었기 때문이다. 간호사들이 불평에 대한 소거를 사용하지 않는다면 불평은 계속해서 나타나고 긍정적인 말을 할 기회는 더 적어진다. DRA는 바람직한 행동이 일어날 기회와 강화받을 기회를 증가시키고, 소거를 통해 방해행동을 감소시키기 때문에 바람직한 행동을 증가시키는 효과적인 방법이다.

대체행동 차별강화 이용 시기

DRA를 수행하기 전에 이것이 특별한 상황에서 올바른 절차인지를 결정해야 한다. DRA가 적절한지의 여부를 결정하기 위하여 다음 세 가지 질문에 답해야 한다.

■ 바람직한 행동 비율을 증가시키기를 원하는가?

■ 그 행동이 이전부터 자주 발생하고 있는가?

■ 그 행동이 일어난 후 제공할 수 있는 강화인이 있는가?

DRA는 바람직한 행동을 증가시키는 절차이다. 그러나 바람직한 행동을 강화시키면 그 행동은 더 자주 발생해야 한다. 그 행동이 전혀 발생하지 않는다면 DRA는 적절한 절차가 아니다. 하지만 그 행동을 유발시키기 위해서 처음에 행동형성(제9장)이나 촉구(제10장)와 같은 절차를 사용한 다음, 그 행동을 강화·유지시키기 위하여 DRA를 사용할 수 있다. 마지막으로 그 행동이 일어날 때마다 제공할 수 있는 강화인을 확인해야 한다. 강화인을 확인하지 않거나 강화인을 통제하지 못한다면 DRA를 사용해서는 안 된다.

대체행동 차별강화 이용방법

DRA를 효과적으로 이용하기 위한 단계들은 다음과 같다.

바람직한 행동을 정의하라.   DRA를 통해 증가시키고자 하는 바람직한 행동을 명확하게 확인하고 정의해야 한다. 제2장에서 설명했듯이 바람직한 행동에 대해 명확하게 정의하는 것은 그 행동을 강화시키는 데 도움이 되며, 치료가 성공적인지를 결정하기가 용이하다.

바람직하지 않은 행동을 정의하라.   또한 DRA를 통해 감소시키고자 하는 바람직하지 않은 행동을 명확하게 정의해야 한다. 바람직하지 않은 행동에 대해 명확하게 정의하는 것은 바람직하지 않은 행동이 일어날 때 강화를 못하게 하는 데 도움이 되며, DRA를 사용한 후에 바람직하지 않은 행동의 감소 여부를 결정하기가 용이하다.

강화인을 확인하라.   DRA 절차는 바람직한 행동을 강화하고 바람직하지 않은 행동에 대한 강화를 중단하는 것을 포함하고 있다. 따라서 DRA 절차에서 사용해야 할 강화인을 확인해야만 한다. 강화인은 사람에 따라 다를 수 있기 때문에 적용대상에 따라 특정 강화인을 결정하는 것이 중요하다.

한 가지 방법은 현재 바람직하지 않은 행동을 유지시키고 있는 강화인을 사용하는 것인데,

이러한 강화인은 효과적이다(Durand, Crimmins, Caufield, & Taylor, 1989). 윌리엄스 부인의 경우, 간호사의 관심이 불평이라는 바람직하지 못한 행동을 강화하였다. 따라서 간호사의 관심을 사용하여 긍정적인 말을 강화시키기로 결정하였다. Durand와 동료들은 수업 중에 상이한 강화인들이 발달장애 아동의 문제행동을 유지시킨다는 사실을 발견하였다(Durand et al., 1989). Durand는 각 학생의 문제행동에 대한 강화인을 확인한 다음, 더 적절한 대체행동을 증가시키기 위하여 그것과 동일한 강화인을 사용하였다. 그 결과, 문제행동은 감소하였고 적절한 대체행동은 더 규칙적으로 증가하였다.

강화인을 확인하기 위한 또 다른 방법은 그 대상을 관찰한 후, 어떤 활동을 좋아하고 어떤 흥미를 가지고 있는지를 기록하는 것이다. 예를 들면, 청소년 비행 프로그램에서 한 상담자는 적절한 행동(즉, 숙제하기)을 위한 강화인을 제공하고자 하였다. 그 상담자는 루크가 자주 비디오 게임을 하고 거기에 몰두한다는 것을 관찰한 다음, 루크의 숙제하기에 대한 강화인으로 비디오 게임을 선정하였다. 그 상담가는 프리맥 원리(Premack principle; Premack, 1959), 즉 저빈도행동(숙제하기)에 대한 강화인으로 고빈도 혹은 선호행동(비디오 게임하기)을 사용한 것이다.

특정인에 대한 강화인을 확인하는 또 다른 방법은 좋아하는 물건이 무엇인지, 어떤 활동을 좋아하는지, 자유시간에 무엇을 할 것인지, 돈이 있다면 무엇을 살 것인지, 어떤 보상을 받을 것인지 등을 물어보는 것이다. 대다수는 강화인으로 사용할 수 있는 것들에 대해 말해 줄 것이다. 또한 그 대상을 잘 알고 있는 부모나 교사도 정보를 제공할 것이다. 어떤 연구자들은 강화인을 확인하기 위하여 질문지를 개발해 왔다(Cautela, 1977).

또 다른 방법은 다양한 자극을 제시하고 좋아하는 것이 어떤 것인지를 알아보는 것이다. 이러한 접근은 **선호도 평가**(preference assessment)라 부르는데, 단일 자극평가, 쌍 자극평가, 중다 자극평가 등 최소 세 가지 상이한 방법으로 실시할 수 있다(DeLeon & Iwata, 1996; Fisher et al., 1992, 1994; Green et al., 1988; Pace, Ivancic, Edwards, Iwata, & Page, 1985). 각각의 접근에서 연구자는 수많은 잠재 강화인(potential reinforcer)을 확인하고 그 잠재 강화인을 그 대상에게 제시하고 어떻게 접근하는지를 기록하였다. 예를 들면, 어떤 장난감을 제시하면 아동이 다가가서 만지고 그것을 가지고 노는가? 과자를 제시하면 아동이 다가가서 그것을 먹는가? 이러한 반응들은 그 아동의 강화인이 장난감 혹은 과자가 될 수 있다는 것을 암시해 준다. 장난감 혹은 과자가 어떤 강화인으로서 실제 기능하는지를 알아보는 과정을 **강화인 평가**(reinforcer assessment)라 한다.

단일 **자극평가** 절차에서는 각 잠재 강화인이 한 번에 하나씩 그 자극에 접근하는지를 알아보기 위해 제시된다(예: 아동 앞 책상에 올려놓기). 각 자극을 여러 번 제시한 후, 연구자는 어떤 자극이 강화인이 되는지를 알아보기 위해 각 자극에 접근하는 횟수의 백분율을 계산한다(Pace et al., 1985).

쌍 자극평가 절차(또는 강요 선택 혹은 짝 선택 절차라 부름)에서는 2개의 잠재 강화인을 제시하고 연구자는 어떤 자극에 접근하는지를 기록한다. 수많은 강화인으로부터 나온 각 자극을 매번 다른 자극과 함께 제시한 후, 연구자는 어떤 자극이 강화인이 되는지를 알아보기 위해 각 자극에 접근하는 횟수의 백분율을 계산한다(Fisher et al., 1992).

중다 자극평가 절차에서는 잠재 강화인들을 나열하여 제시한 후(예: 책상 위에 8개 자극을 제시하기), 개인이 접근하거나 첫 번째 선택한 잠재 강화인을 기록한다. 그다음 이 자극을 빼내고 두 번째 선택한 자극을 기록한다. 이런 식으로 개인이 이런 모든 자극에 접근하거나 선택할 때까지 진행해 나간다. 선택되는 자극의 순서를 확인하기 위하여 여러 번 나열된 자극의 위치를 바꾸어 제시한다(DeLeon & Iwata, 1996). 첫 번째 선택한 자극이 나중에 선택한 자극보다 더 강력한 강화인이 될 수 있다. 이러한 선호도 평가 절차를 **교체 무 중다자극**(multiple stimulus without replacement: MSWO) 절차라 부른다.

또 다른 기법으로는 어떤 조작적 반응과 유관이 있는 잠재 강화인을 만드는 것이다(Bowman, Piazza, Fisher, Hagopian, & Kogan, 1997; Green, Reid, Canipe, & Gardner, 1991; Wacker, Berg, Wiggins, Muldoon, & Cavenaugh, 1985). 만일 어떤 자극이 그 반응과 유관할 때 그 반응의 빈도나 지속기간이 증가하면 그 자극이 강화인이라는 사실을 입증해 주는 것이다. Wacker는 학생들에게 여러 가지 전자 게임기나 장난감(음악용 녹음기, 선풍기, 전동차 등)을 작동시키기 위해 스위치를 누르게 하였다. 어떤 자극이 그 학생들의 강화인이 될 수 있는지를 알아보기 위해 스위치 작동시간을 기록하였다. 어떤 학생이 다른 스위치보다 녹음기 스위치를 더 오랫동안 눌렀다면 연구자는 음악이 그 학생의 강화인이라고 결론 내릴 수 있다.

강화인을 확인하는 방법

- 내담자를 관찰하여 문제행동에 대한 강화인을 확인하라.
- 내담자를 관찰하여 높은 비율 행동을 확인하라.
- 내담자, 부모 혹은 교사에게 질문하라.
- 강화인 질문지를 사용하라.

• 잠재 강화인을 제시하고 접근행동을 측정하라.
  – 단일 자극평가
  – 쌍 자극평가
  – 중다 자극평가(교체 무 중다자극)
• 어떤 조작적 반응과 유관 있는 잠재 강화인을 제시하고 반응비율 혹은 지속시간을 측정하라.

바람직한 행동을 즉시 일관성 있게 강화하라.   제4장에서 살펴보았듯이 어떤 행동을 증가시키고자 할 경우, 그 행동이 발생할 때 즉각적으로 강화하는 것이 중요하다. 바람직한 행동의 강화가 지연되면 DRA의 효과는 줄어든다. 또한 바람직한 행동이 일어날 때마다 강화해야 한다. 연속강화 계획에 따라 바람직한 행동을 강화하여야 그 행동은 증가하고 바람직하지 못한 행동을 대치할 가능성이 크다(Vollmer, Roane, Ringdahl, & Marcus, 1999).

바람직하지 않은 행동은 강화하지 말라.   DRA가 효과적이기 위해서는 바람직하지 않은 행동에 대한 강화를 제거해야 한다. 바람직하지 않은 행동에 대한 강화인을 완전히 제거할 수 없다면 가능한 한 최소화하여 바람직한 행동에 대한 강화와 바람직하지 않은 행동에 대한 강화의 대비가 최대한 크도록 해야 한다. 즉, 바람직한 행동과 바람직하지 않은 행동을 동시에 다루어야 한다. 제4장에서 살펴보았듯이 두 행동을 동시적 강화 계획에 따라 다룰 때, 더 강한 강화에 의해 발생하는 행동이 다른 행동에 비해 증가될 것이다(예: Borrero, Vollmer, & Wright, 2002).

예를 들면, 간호사들은 윌리엄스 부인이 불평할 때마다 그녀에게 전혀 관심을 보이지 않을 수는 없다. 그들은 어떤 불평에 대해서는 반응할 수도 있다. 그러나 불평에 대해서는 가능한 한 관심을 적게 보이고, 반면에 긍정적인 말에 대해서는 많은 관심을 보이게 될 것이다. 이처럼 긍정적인 말에 대한 관심은 불평에 대한 관심보다 훨씬 커야 한다. 즉, 불평보다는 긍정적인 말을 훨씬 더 강화해야 한다.

표적행동을 유지하기 위해 간헐강화를 이용하라.   바람직한 행동에 대한 연속강화는 DRA의 초기 단계에서 이용된다. 그러나 바람직한 행동이 일관성 있게 발생하고 바람직하지 않은 행동이 거의 발생하지 않게 되면, 강화 계획을 약하게 하여 바람직한 행동을 간헐로 강화하여야 한다. 간헐강화는 소거에 더 잘 저항하게 함으로써 시간이 지나도 바람직한 행동이 유지된다.

일반화를 계획하라. DRA에서는 간헐강화 계획에 의한 유지뿐만 아니라 일반화를 위한 계획도 중요하다. 일반화란 표적행동이 훈련 상황이 아닌 모든 관련 자극 상황에서 발생하는 것을 말한다. 표적행동이 모든 관련 상황에서 발생하지 않는다면 DRA 절차는 효과적이지 못하다. 일반화를 계획하기 위해서 가능한 한 많은 관련 상황에서 그리고 가능한 한 많은 관련 인은 표적행동을 차별강화하여야 한다.

대체행동 차별강화 이용방법

1. 바람직한 행동을 정의하라.
2. 바람직하지 않은 행동을 정의하라.
3. 강화인을 확인하라.
4. 바람직한 행동을 즉시 일관성 있게 강화하라.
5. 바람직하지 않은 행동은 강화하지 말라.
6. 표적행동을 유지시키기 위해 간헐강화를 이용하라.
7. 일반화를 계획하라.

대체행동 차별 부적 강화

대체행동 차별 부적 강화(differential negative reinforcement of alternative behaviors: DNRA)의 예는 다음과 같다.

제이슨은 8세의 자폐성향 아동으로 3학년에 재학 중이다. 흔히 자폐아동은 혼자 있기를 좋아하고 고립행동을 한다. 때때로 자폐아동은 어떤 욕구가 있을 때 공격행동이나 파괴행동 또는 자해행동을 한다. 교사가 제이슨에게 학교과제(예: 노트에 문제 풀기)를 하도록 지시하면, 그는 주먹으로 책상을 치며 자기 의자를 앞뒤로 심하게 흔들었다. 이때 교사는 제이슨을 쉬게 하고 진정될 때까지 교실 뒤에서 혼자 의자에 앉아 있게 하였다. 이러한 행동은 매일 4~5번 발생하였기 때문에 제이슨은 많은 학교과제를 할 수 없게 되었다. 제이슨의 행동을 다루는 법을 알지 못하는 교사는 학교 심리학자에게 자문을 구하기로 하였다.

이 문제를 이해하기 위하여 학교 심리학자는 교사에게 몇 가지 질문을 하고 교실에서 제이슨을 관찰하였다. 분명히 바람직하지 못한 행동(책상을 때리고 자기 의자를 흔들기)은 부적으로 강화되고 있었다.

? 제이슨의 문제행동이 어떻게 부적으로 강화되었는지를 설명하라.

선행사건	행동	결과
교사가 과제를 하라고 지시한다.	제이슨은 책상을 치고 의자를 흔든다.	제이슨은 학교과제를 회피하고 혼자 앉아 있게 된다.

성과: 제이슨은 교사가 과제를 하라고 지시할 때 문제행동을 더 많이 일으킬 것이다.

제이슨이 이런 행동을 할 때마다 학교과제를 하라는 지시로부터 회피하게 되었다. 바람직하지 않은 행동에 대한 즉각적인 결과는 과제로부터 벗어나는 것이었다. 또한 심리학자는 제이슨이 하루 중 몇 번은 바람직한 행동(학교과제 하기)을 한다는 사실을 알게 되었다. 따라서 심리학자는 학교과제 수행하기라는 바람직한 행동을 증가시키고 책상을 치고 의자 흔들기라는 바람직하지 않은 행동을 감소시키기 위하여 차별강화를 이용하기로 결정하였다.

먼저, 심리학자는 바람직한 행동과 바람직하지 않은 행동에 대한 행동정의를 하였다. 그 다음 심리학자는 교사에게 매일 제이슨이 학교과제를 수행한 문제 수(바람직한 행동)와 책상을 때리고 의자를 흔드는 행동을 한 횟수(바람직하지 못한 행동)를 기록하게 하였다. 다음 단계로 제이슨의 바람직한 행동에 대한 강화인을 확인하였다. 학교과제로부터의 회피가 문제행동의 강화인이었기 때문에 심리학자는 학교과제를 수행하도록 하기 위한 강화인을 이용하기로 하였다. 학교과제를 수행시키기 위한 강화인으로서 학교과제로부터의 회피를 이용하는 것은 보편적이지 않은 것처럼 보이지만, 심리학자는 그것이 제이슨에게 강화인으로서 효과적이라는 사실을 알았다.

바람직한 행동과 바람직하지 않은 행동을 정의하고 강화인을 확인한 후, 교사는 차별강화를 실시할 준비를 하였다. 첫 단계는 제이슨이 학교과제를 마칠 때마다 강화인을 제공하는 것이었다. 즉, 일어나 교실 뒤의 의자에 앉아 혼자서 몇 분 동안 있게 하였다. 처음에 교사는 제이슨에게 쉬운 문제만 주었는데, 이는 더 잘 성공하게 하여 그 행동을 강화시키기 위해서였다. 동시에 제이슨이 문제행동을 일으킬 때마다 소거를 사용하였다.

? 교사는 제이슨의 문제행동에 어떻게 소거를 사용하였는지를 설명해 보라.

학교과제로부터의 회피가 그의 문제행동을 강화하였기 때문에 그가 회피하지 못하도록 하였다. 즉, 그가 문제행동을 일으켰을 때 자리를 벗어나 교실 뒤에 앉아 있을 수 없었다. 대신에 그는 자기 자리에 앉아 있어야 했고, 그가 잠잠해지면 학교과제를 시켰다. 이와 같이 그가 학교과제를 하면 강화를 받고 문제행동을 일으키면 강화를 받지 못하게 하였다.

제이슨이 학교과제를 일관성 있게 마치고 바람직하지 않은 행동을 하지 않게 되자, 차별강화를 이용하는 마지막 단계는 간헐강화 계획과 일반화를 위한 프로그램을 제공하는 것이었다. 처음에는 제이슨에게 과제를 완성한 후 매번 교실 뒤에 앉아 있게 하였다. 그가 쉬운 문제와 어려운 문제를 일관성 있게 완성하고 더 이상 문제행동을 보이지 않게 되자, 교사는 제이슨이 두 문제를 완성했을 때 강화인을 제공하기 시작하였고, 차츰 세 문제, 네 문제, 다섯 문제로 확대해 나갔다. 결국 교사는 제이슨이 매번 다섯 문제를 완성한 후에 혼자 앉아 있게 하였다. 일반화를 위한 프로그램에서 다른 교사들도 여러 수업 중에 차별강화 절차를 사용하였다.

차별강화를 성공적으로 이용할 때, 바람직한 행동은 증가하고 바람직하지 않은 행동은 감소된다. 이 사례에서는 차별강화를 이용함으로써 제이슨의 문제행동의 빈도가 감소되었고 학교과제를 수행하는 비율은 증가하였다.

DNRA는 부적 강화에 의해 유지되는 문제행동을 감소시키고 문제행동 대신에 적절한 행동을 증가시키기 위하여 많은 연구에서 이용되었다(Golonka et al., 2000; Marcus & Vollmer, 1995; Piszza, Moes, & Fisher, 1996; Roberts, Mace, & Daggett, 1995; Steege et al., 1990). Warzak, Kewman, Stefans와 Johnson(1987)은 호흡기 감염으로 입원한 후 읽지 못하게 된 아담이라는 10세 소년을 치료하였다. 입원 전에는 읽기에 아무런 문제가 없었다. 아담은 읽으려고 할 때 종이 위의 글자가 희미해지고 움직인다고 호소하였다. 그러나 비디오 게임을 하거나 세밀한 시각 변별을 요하는 다른 활동을 할 때는 아무런 문제가 없었다.

Warzak은 매일 45분에서 2시간이 걸리는 치료적 읽기 연습을 시켰다. 이 연습은 매우 지루하고 싫증 나도록 고안되었다. 각 치료회기에서 연습의 일부로 아담에게 종이 위의 단어들을 읽게 하였다. 그가 단어들을 정확하게 읽었을 때, 그날의 치료적 읽기 연습의 나머지 부분은 하지 않아도 되었다. 정확한 읽기는 지루한 연습으로부터의 회피에 의해 부적으로 강화되었다. 그가 단어들을 정확하게 읽지 못하면 치료적 연습은 계속되었다(이는 부정확한 읽기의 소거에 해당한다). Warzak는 상이한 글자 크기에 따른 중다기초선 설계로 DNRA 절차를 수행한 것이다. DNRA를 사용한 후, 정확한 읽기는 모든 글자 크기에서 100%로 증가하였다. 이러한 결과는 치료 후 3개월 동안 지속되었다.

대체행동 차별강화의 유형

상이한 유형의 대체행동이 문제행동 대신 강화되는 DRA는 두 가지 유형이 있다. 하나는 **상반행동 차별강화**(differential reinforcement of an incompatible behavior: DRI)로, 대체행동을 문제행동과 상반되게 하여 이 두 행동이 동시에 일어날 수 없도록 한다. 예를 들어, 문제행동이 자기 손으로 머리를 때리는 것이라면, 손을 사용하는 대체행동은 상반행동이 될 수 있다. 자기 손으로 장난감을 가지고 놀거나 재료를 조작하도록 하는 행동은 DRI 절차에서 머리 때리기를 대치하기 위해 강화될 수 있는 상반행동의 예이다.

또 다른 하나는 문제행동을 대치하기 위해 강화될 수 있는 대체행동이다. 이는 의사소통 반응인데, 이를 **의사소통 차별강화**(differential reinforcement of communication: DRC) 혹은 **기능적 의사소통훈련**(functional communication training: FCT; Carr & Durand, 1985; Carr, McConnachie, Levin, & Kemp, 1993)이라고 한다. 이 절차에서 문제가 있는 사람은 문제행동과 기능적으로 동등한 의사소통 반응을 하도록 배우게 된다. 의사소통이 문제행동과 동일한 강화 결과를 가져오면 문제행동을 일으킬 이유가 없는 것이다. 기능적 의사소통훈련에서 관심 끌기에 강화되어 문제를 일으키는 사람은 관심 끌기를 요청하는 법을 배우게 된다. 특정한 상황에서의 회피에 의해 강화되어 문제를 일으키는 사람은 그 상황을 벗어날 수 있게끔 요청하는 법을 배우게 된다. 의사소통 차별강화에서 강화되는 의사소통 반응은 문제행동보다 훨씬 효율적인데, 이는 대체행동인 의사소통의 장점이라 할 수 있다.

대체행동 차별강화에 대한 연구

Leitenberg와 동료들은 적절한 행동은 늘리고 신체공격, 욕설, 비난하기, 울기와 같은 형제갈등을 감소시키기 위하여 DRA 절차를 연구하였다(Leitenberg, Burchard, Burchard, Fuller, & Lysaght, 1977). 여섯 가족이 참여하였는데, 어머니들은 자녀의 적절한 행동(어울려 놀기, 돕기, 나눠 쓰기, 서로 이야기하기 등)을 강화시키기 위하여 칭찬과 동전을 사용하는 법과 동시에 자녀들 간의 갈등은 무시하도록 교육을 받았다. 이 연구자들은 DRA를 통해 형제들 간의 갈등은 감소되고 적절한 행동은 증가한다는 사실을 발견하였다.

Allen과 Stokes(1987)는 DRA 절차를 이용하여 치과진료 중에 나타내는 아동의 문제행동을 감소시키고 협조행동은 증가시켰다. 이 연구에 참여한 5명의 아동(3~6세)은 치과의사가

진료할 때 머리와 몸 흔들기, 울기, 입 다물기, 신음소리 내기 등 문제행동을 보였다. Allen과 Stokes는 아동이 협조행동(의자에 조용히 앉아 있기)을 할 때 정적 및 부적 강화를 사용하였다. 아동이 얼마 동안 의자에 조용히 앉아 있으면 잠시 치과용 드릴을 중단시켜 이 행동을 부적으로 강화시켰다. 진료회기가 거듭되자 아동이 이러한 상반행동을 하는 시간은 점점 길어지게 되었다. 또한 아동은 조용히 있는 경우에 정적 강화인으로 칭찬과 스티커를 받았다. Allen과 Stokes는 이러한 DRA 절차를 통해 다섯 아동 모두의 문제행동이 감소하였다는 것을 증명하였다. 유사한 연구를 한 Stokes와 Kennedy(1980)의 연구에서는 치과에 찾아오는 어린 아동들의 협조행동을 강화하기 위하여 자그마한 장신구를 사용하였고, 그 결과 문제행동이 감소하였다.

　Carr와 Durand(Carr & Durand, 1985; Durand & Carr, 1987, 1991)는 많은 연구를 통해 **의사소통 차별강화** 혹은 **기능적 의사소통훈련**을 평가하였다. 이 절차는 연구마다 유사한 점이 있다. 연구자들은 기능분석을 실시하여 발달장애 아동이 교실에서 보이는 문제행동에 대한 강화인을 확인하였다. 아동의 문제행동이 관심 끌기에 의해 강화되었다면 그 아동에게 대체반응으로서 관심 끌기를 요청하는 법을 가르쳤다. 그 아동이 "어떻게 해야 해요?"라고 말하면 교사는 관심을 갖고 반응한다. 그 결과, 의사소통 행동은 증가하고 문제행동은 감소했다. 문제행동이 어려운 학습과제를 제시하였을 때의 회피에 의해 강화되었다면 그 아동에게 도움을 요청하는 법을 가르쳤다. 그 아동이 "잘 모르겠어요."라고 말하면 교사는 도움을 준다. 그 결과, 학습과제로부터 회피하기 위한 문제행동을 덜 일으키게 되었다. Durand와 Carr의 연구에 따르면, 관심 끌기와 회피에 의한 문제행동은 감소하였고, 기능적으로 동등한 대체행동으로서의 의사소통은 증가하였다. Durand와 Carr의 저서에서는 기능적 의사소통훈련 절차를 상세하게 다루고 있다(Carr et al., 1994; Durand, 1990).

　많은 행동수정 실험에서도 사회적으로 중요한 여러 가지 행동을 증가시키는 데 있어 DRA의 효율성이 입증되고 있다. Goetz과 Baer(1973)는 교사의 사회적 강화를 통해 취학 전 아동들의 창조놀이 행동빈도가 증가하였다는 것을 입증하였다. 아동이 블록을 가지고 창조적으로 놀면(새로운 구조물을 만드는 것으로 정의한다) 교사는 관심과 환호를 보여 주었다. 그러나 동일한 구조물을 만들면 교사는 아무런 관심과 환호도 보이지 않았다. 그 결과, 아동들은 더 많은 새로운 구조물을 만들었고 동일한 구조물은 덜 만들었다([그림 15-1] 참조). 이러한 결과들은 흔히 창조성이라는 특성은 실제로 DRA를 통해 증가될 수 있는 반응부류 중 하나라는 점을 시사하고 있다. 많은 연구에서도 아동의 바람직한 행동을 증가시키는 데 있어서 DRA의

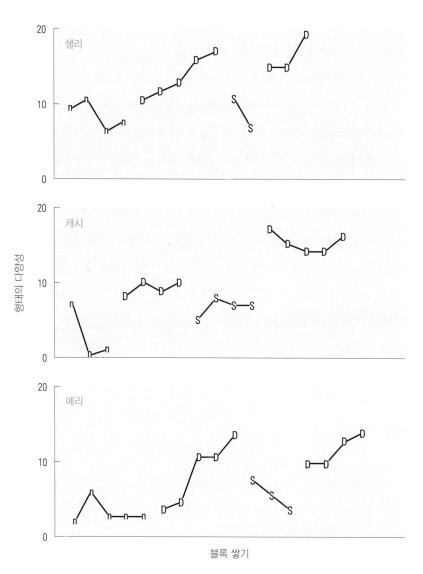

n: 강화 없음
D: 다른 형태에만 강화
S: 동일한 형태에만 강화

[그림 15–1] 블록 쌓기 훈련 중 세 아동의 형태 다양성 점수. 자료 점수 D는 다른 형태(비반복적인) 형태에만 강화를 받도록 하여 나온 점수이고, S는 이전에 사용한 동일(반복적인) 형태에만 강화를 받도록 하여 나온 점수이고, n은 강화 없이 나온 점수이다.

출처: Goetz, E., & Baer, D. (1973). Social control of form diversity and the emergence of new forms in children's block-building. *Journal of Applied Behavior Analysis, 6*, 209–217.

가치가 입증되고 있다(Sulzer-Azaroff et al., 1988).

또한 DRA는 직무환경에서 다양한 노동자 행동을 증가시키기 위해 사용되고 있다(Hermann, Montes, Dominguez, Montes, & Hopkins, 1973; Reid, Parsons, & Green, 1989). 차별강화를 통해 노동자 수행을 증가시키는 것은 조직 행동수정(Luthans & Kreitner, 1985) 또는 수행관리(Daniels & Daniels, 2006)의 측면이기도 하다.

다른 연구들은 지적장애인(Bailey & Meyerson, 1969; Whitman, Mercurio, & Capronigri, 1970), 대학생(Azrin, Holz, Ulrich, & Goldiamond, 1973), 정신병자(Kale, Kaye, Whelan, & Hopkins, 1968; Mitchell & Stoffelmayr, 1973), 복지 수혜자(Miller & Miller, 1970), 비성취 학생(Chadwick & Day, 1971), 고혈압 환자(Elder, Ruiz, Deabler, & Dillenhofer, 1973)를 대상으로 DRA를 사용하였다. 각 사례에서 연구자들은 더 건강하고 사회적으로 적절한 수준까지 바람직한 행동을 증가시키고 바람직하지 못한 행동을 감소시키는 데 관심을 가지고 있었다.

Mitchell과 Stoffelmayr(1973)은 2명의 조현병 환자의 작업행동을 증가시키기 위하여 DRA 프로그램에서 프리맥 원리를 응용하였다. 어떤 일정한 양의 작업을 완수한 후에만 잠시 앉아서 쉬게(고비율행동) 함으로써 작업수행(저비율 행동)을 차별적으로 강화하였다. 이들은 작업을 완수하지 않으면 앉아서 쉴 수 없었다. 그 결과, 두 사람의 작업수행은 DRA를 이용하여 현저하게 증가되었다.

타행동 차별강화

Knight와 McKenzie(1974)는 차별강화가 잠자리에서 아동들의 엄지손가락 빨기 행동 감소에 미치는 효과를 증명하기 위한 연구를 하였다. 이들이 사용한 절차는 **타행동 차별강화**(differential reinforcement of other behavior: DRO)라고 한다. 3세 사라는 부모가 일하러 가는 동안 탁아소에서 지낸다. 탁아소에서 사라는 오후에 한 시간 낮잠을 자는데, 낮잠을 자는 동안 엄지손가락을 빨았다. 연구자들은 낮잠 자는 동안에 사라의 엄지손가락 빠는 시간을 감소시키기 위하여 차별강화 절차를 사용하였다. 사라는 낮잠 자는 동안에 이야기 듣는 것을 좋아하였기 때문에 책 읽어 주기를 강화인으로 이용하였다. 이러한 차별강화 절차에서 한 실험자는 사라가 낮잠 자는 동안 옆에 앉아 사라가 엄지손가락을 빨지 않을 때는 언제나 책을 읽어 주었다. 문제행동이 없어질 때 강화인을 제공하는 것이다. 사라가 엄지손가락을 입에 넣을 때,

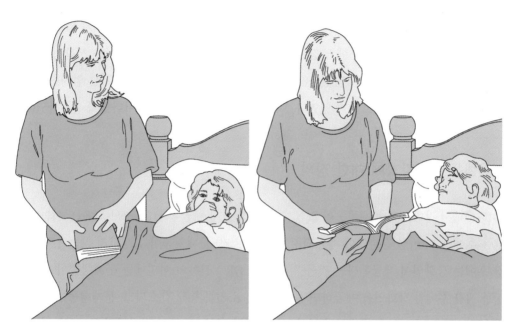

[그림 15-2] 연구자는 사라가 엄지손가락을 빨 때 책을 읽어 주지 않고, 엄지손가락을 빨지 않을 때 책을 읽어 주었다. 문제행동이 없을 때 강화를 제공한 것이다.

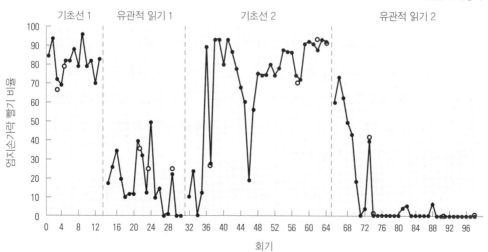

[그림 15-3] 사라의 엄지손가락 빨기에 대한 DRO의 효과. 사라가 낮잠 자는 동안에 엄지손가락을 빨지 않으면 연구자는 책을 읽어 준다. 사라가 엄지손가락을 빨면 연구자는 책 읽기를 중단한다. 이 A-B-A-B 반전설계를 통해 엄지손가락 빠는 행동이 없을 경우에 유관성 있는 강화인을 제공하면 엄지손가락을 빠는 행동이 감소한다는 것을 보여 준다.

출처: Knight, M. F., & McKenizie, H. S. (1974). Elimination of bedtime thumb-sucking in home settings through contingent reading. *Journal of Applied Behavior Analysis, 7,* 33-38.

실험자는 책읽기를 중단하였다([그림 15-2] 참조). 강화인은 엄지손가락 빨기가 없을 때에만 유관성 있게 제시되었기 때문에 낮잠을 자는 동안에 엄지손가락을 빨지 않는 시간이 증가했고 엄지손가락 빨기는 거의 사라졌다([그림 15-3] 참조). 이러한 동일한 절차는 엄지손가락을 빠는 다른 두 아동에게도 효과가 있었다. 이 절차는 집에서 잠잘 때 어머니들이 실시하였다.

타행동 차별강화에 대한 정의

DRO에서 강화인은 문제행동이 없을 때 유관성 있게 제공된다(Reynolds, 1961). 이는 문제행동 후에는 더 이상 강화인이 제공되지 않지만 (소거) 문제행동이 발생하지 않는 일정한 시간 후에는 강화인이 제공된다는 것을 의미한다. DRO 절차의 이면에는 문제행동이 없는 일정한 시간 후에만 강화인을 제공하면 문제행동은 소거를 통해 감소되고, 문제행동이 없는 시간은 길어진다는 논리가 내재되어 있다. 문제행동이 없는 시간이 길어지면 문제행동의 발생은 자연적으로 감소하게 되는 것이다.

타행동 차별강화(differential reinforcement of other behavior: DRO)라는 용어가 혼동을 가져올 수 있다. 이 명칭은 타행동을 강화시킨다는 것을 시사할 수 있지만, 실상은 문제행동이 없을 경우에 강화시킨다는 점을 이해하는 것이 중요하다. 문제행동이 일어나지 않을 때 타행동이 발생할 수 있지만, 문제행동을 대신해서 강화해야 할 타행동을 확인해야 한다. 또한 DRO는 0% 행동(부재행동)에 대한 차별강화로 간주될 수도 있다. Reynolds(1961)에 따르면 DRO는 "반응이 없는 것에 대한 강화"와 관련이 있다. 사라가 엄지손가락을 빨지 않았을 때 실험자가 책을 읽어 준 사례를 회상해 보라. 책 읽어 주기는 강화인이다. 엄지손가락 빨기라는 문제행동이 일어나지 않을 때 강화인이 제공되었다. DRO를 다른 차별강화 절차와 혼동하지 않도록 이러한 차이를 잘 이해해야 한다.

타행동 차별강화 수행하기

DRO 절차를 수행하는 순서를 알아보자.

문제행동에 대한 강화인을 확인하라. 문제행동에 대한 소거는 DRO 절차의 한 구성요소이다. 제13장에서 살펴본 바와 같이 소거 절차를 사용하기 전에 문제행동에 대한 강화인을 확인하기 위하여 기능평가를 해야 한다. DRO 절차를 성공적으로 사용하기 위해서는 문제행동을 유지시키는 강화인을 제거해야 한다는 사실을 입증한 연구가 있다(Mazaleski, Iwata, Vollmer, Zarcone, & Smith, 1993). 문제행동이 계속 강화되는 경우라면 문제행동이 발생하지 않을 때 강화하는 것은 효과적이지 못하다. 문제행동에 대한 소거를 사용하는 것이 불가능하다면 DRO를 효과적으로 사용한다는 것도 불가능할 것이다. 한 가지 예외는 있을 수 있는데, 문제행동이 없는 경우의 강화인이 문제행동 자체의 강화인보다 더 강력한 경우이다. 이 경우에 DRO 절차는 문제행동을 일으키지 않을 때가 문제행동을 일으켰을 때보다 이익이 더 크기 때문에 효과적일 수 있다(Cowdery, Iwata, & Pace, 1990). 또 다른 예외가 있을 수 있는데, DRO를 사용하는 동안에 문제행동을 감소시키기 위하여 다른 절차(선행통제, 타임아웃, 순응지도 등)를 사용하는 상황이다(Repp & Deitz, 1974). 이러한 절차들은 제16~18장에서 다룰 것이다.

타행동 차별강화 절차에 사용할 강화인을 확인하라. 문제행동이 없는 경우에 강화하려면 특정인에게 강화인으로 기능하는 어떤 결과를 이용해야 한다. 특정인에게 사용할 수 있는 강화인을 확인하는 방법에는 여러 가지가 있다. 다양한 강화인 중에서 어떤 것을 선호하는지 직접 질문할 수도 있고, 선택의 기회가 주어졌을 때 어떤 활동이나 대상을 선택하는지를 관찰할 수도 있다. 어떤 상황에서 행동이 증가하는지를 관찰하기 위하여 강화인을 실험적으로 조작할 수 있다(Fisher et al., 1992; Green et al., 1988; Mason, McGee, Farmer-Dougan, & Risley, 1989; Pace et al., 1985). 기능평가에서 확인된 문제행동의 강화인은 그 사람에게 강화인으로 확실히 기능하는 결과사건이다(Durand et al., 1989). 어떤 강화인이 문제행동을 유지시킬 때, 문제행동이 없을 경우 DRO 절차를 유관적으로 사용하면 그 강화인은 효과가 있을 것이다.

타행동 차별강화 초기 시간 간격을 결정하라. DRO는 문제행동이 일정 기간 일어나지 않은 후에 강화인을 제공한다. 따라서 DRO를 사용하기 위해서 강화인을 제공할 초기 시간 간격을 결정하여야만 한다. 시간 간격은 문제행동의 기초선 비율에 따라 정해야 한다. 즉, 문제행동이 자주 일어나면 DRO 간격은 짧아야 하고, 문제행동이 자주 일어나지 않으면 DRO 간격은 길어야 한다. 강화의 가능성이 높은 시간 간격을 결정해야 한다(Repp, 1983). 예를 들면, 문제행동이 일정한 상황에서 한 시간에 평균 10번 발생한다고 가정해 보자. 이는 평균 6분이 경과하면 문제행동이 발생한다는 것을 의미한다. 이런 경우에 DRO 간격은 6분보다 적어야만 문제행동이 발생하지 않을 가능성이 높다. 문제행동의 빈도가 감소함에 따라 DRO 간격은 점점 길어질 수 있다.

문제행동에 대한 강화인을 제거하고 문제행동이 발생하지 않을 경우에 강화인을 제공하라. 문제행동에 대한 강화인을 확인한 후, 강화 절차에 사용할 강화인을 선정하고 초기 시간 간격을 결정하였다면 DRO 절차를 수행할 준비가 된 것이다. 먼저 관계자(예: 부모나 교사)는 문제행동에 대한 강화인을 제거하는 법과 일정 시간 간격 동안 문제행동이 일어나지 않을 경우 강화인을 제공하는 법을 배워야 한다. 관계자는 DRO 시간 간격을 잴 초시계를 가지고 있어야 한다. 초시계는 시간 간격의 마지막에 문제행동이 일어나지 않을 경우 강화인을 제공하도록 알려 준다.

문제행동이 발생하는 시간 간격을 재설정하라. 문제행동이 어느 시점에서 발생하면 강화인을 제공하지 않고 강화의 간격을 재설정한다. DRO 간격이 10분이라고 가정해 보자. 10분이 지나기 전에 문제행동이 일어날 때는 10분 간격을 재설정해야 한다. 10분 후 문제행동이 일어나지 않으면 강화인을 제공한다. 강화인을 제공하였으면 다시 10분 간격을 재설정한다. 문제행동을 가진 사람이 지시를 이해할 수 있으면 표적행동이 특정 기간 동안 일어나지 않을 경우 강화인을 제공할 것이라고 말해 준다.

시간 간격을 점점 늘려 나가라. 문제행동이 감소되고 내담자가 거의 모든 간격 동안 강화인을 받게 되면 시간 간격을 늘려야 한다. 시간 간격은 문제행동이 감소되도록 천천히 늘려야 한다. 마침내 DRO 간격은 오랜 기간 동안 관리할 수준까지 늘어나게 된다. 사람과 특정 문제행동에 따라 한두 시간이나 온종일까지 DRO 간격을 늘리는 것은 흔히 있는 일이다. 이것은 내담자가 온종일 문제행동을 일으키지 않아야만 그날의 마지막에 강화인을 받는다는 것을 의미한다. 많은 내담자의 경우, DRO 절차는 시간 간격을 늘려 문제행동이 더 이상 발생하지 않은 후에 중단된다.

타행동 차별강화 수행하기

1. 문제행동에 대한 강화인을 확인하라.
2. DRO 절차에 사용할 강화인을 확인하라.
3. DRO 초기 시간 간격을 결정하라.
4. 문제행동에 대한 강화인을 제거하고 문제행동이 발생하지 않을 경우에 강화인을 제공하라.
5. 문제행동이 발생하는 시간 간격을 재설정하라.
6. 시간 간격을 점점 늘려 나가라.

타행동 차별강화 절차에 대한 연구

여러 가지 문제행동을 다루기 위해 DRO 절차를 사용한 몇 가지 연구를 살펴보기로 하자.

Bostow와 Bailey(1969)는 시설에 있는 58세의 여자 지적장애인에게 DRO 절차를 사용하였는데, 그녀는 자기가 원하는 것(음식, 커피, 옷, 좋아하는 물건 등)을 얻기 위하여 위협적으로 크게 소리를 지르는 문제행동을 보이고 있었다. DRO를 사용하기 전에 그녀가 소리를 지를 때 원하는 것을 제공함으로써 직원이 그 문제행동을 강화시킨다는 사실을 알게 되었다. DRO 절차에서 직원은 그녀가 소리를 지르지 않고 일정한 시간이 지난 후에만 원하는 것을 제공하였다. 소리 지르기가 발생하지 않도록 시간 간격을 5분에서 30분까지 점차 늘려 나갔다. 소리 지르기가 나타났을 때 직원은 그녀를 강화를 제공하지 않았다. 대신 방구석까지 휠체어를 끌고 가도록 하였는데, 그곳에서는 다른 사람들을 방해하지 않았다(이는 타임아웃 절차인데, 제17장을 참조하라). 이 절차를 사용하여 소리 지르기는 거의 발생하지 않게 되었다([그림 15-4] 참조).

Cowdery, Iwata와 Pace(1990)는 온몸에 상처가 날 때까지 자신의 피부를 긁는 자해행동을

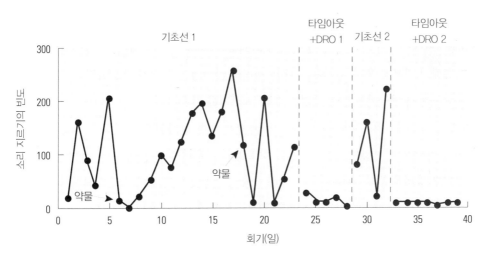

[그림 15-4] 이 그래프는 어떤 시설에 있는 58세 여자 지적장애인의 소리 지르기에 대한 DRO와 타임아웃의 효과를 보여 준다. 이 사람이 짧은 기간 동안 소리를 지르지 않았을 때, 직원은 강화인을 제공한다. 소리를 지르면 방구석에 혼자 있게 되었고 강화인을 제공하지 않았다. 점차 DRO 간격을 늘려 나갔고, 소리 지르기는 점점 사라지게 되었다. 이 그래프를 통해 알 수 있듯이 A-B-A-B 반전설계로 DRO 절차(그리고 타임아웃)를 사용하였는데, 소리 지르기는 사라지게 되었다.

출처: Bostow, D., & Bailey, J. (1969). Modification of severe disruptive and aggressive behavior using brief timeout and reinforcement procedures. *Journal of Applied Behavior Analysis, 2*, 31-33.

보이는 제리라는 9세 소년을 연구하였다. 그는 지적장애는 아니었지만 학교에 다니지 않았고, 자해행동이 너무 심하여 대부분 병원에서 지내야 했다. 연구자들은 기능평가를 통해 그 아이가 혼자 있을 때 자해행동이 발생한다는 것을 알게 되었다. 문제행동에 대한 사회적 강화인은 없었다.

연구자들은 토큰강화를 포함한 DRO 절차를 사용하였다. 제리가 특정 시간 동안 자해행동을 일으키지 않았을 때 토큰을 제공하였고, 나중에 그 토큰을 TV 보기, 비디오 게임 및 다양한 놀잇감과 교환하도록 하였다. 연구자들은 제리를 어떤 방에 혼자 있게 하고 일방경을 통해 관찰하였다. 제리가 2분 동안 긁지 않고 있으면 긁힌 자국이 있는지를 확인하고 토큰을 제공하였다. 제리가 2분 간격 내에 긁으면 실험자가 방에 들어가 긁힌 자국을 가리키고 네가 긁었기 때문에 토큰을 가질 수 없다고 말하였다. 그리고 나서 실험자는 다시 해 보도록 제리를 격려하였다. 제리가 2분 간격 동안 성공적으로 긁지 않으면 4분 간격으로 늘렸다. 마침내 DRO 간격은 15분으로 늘어났다.

제리가 짧은 치료회기 동안에 성공하게 되자 연구자들은 제리가 병동 활동을 하는 동안에 매일 4~5시간 DRO 절차를 수행하였다. 이 활동 중에 DRO 시간 간격은 30분이었다. 제리가 30분 동안 긁지 않을 때마다 토큰을 제공하였다. 아이가 긁으면 30분 DRO 간격을 재설정하고, 토큰을 얻기 위해서는 30분 동안 긁지 못하도록 하였다. 차츰 DRO 절차를 하루 전체로 확대해 나갔다. 마침내 제리는 병원에서 퇴원하게 되었고, 그의 부모는 집에서도 DRO 절차를 계속해서 사용하였다. 이 프로그램은 제리의 긁기행동을 크게 감소시켰다.

이 연구에서 연구자들은 문제행동에 대한 소거를 사용하지 않고 DRO를 사용하여 제리의 문제행동을 감소시킬 수 있었다. 제리의 긁기에 대한 강화인은 감각적 결과였다. 실험자들은 이 강화인을 제거하지 않았지만, 긁기가 없을 경우의 강화인(토큰)은 문제행동을 감소시킬 정도로 강력하였다. 가능하다면 DRO 절차의 구성요소로 소거가 포함되어야 한다.

Repp, Barton과 Brulle(1983)의 연구에서는 전체 간격 DRO와 특정 시간 DRO를 비교하였다. **전체 간격 DRO**(whole-interval DRO)에서 강화인을 제공하기 위해서는 전체 간격 동안 문제행동이 발생하지 않아야 하고, **특정 시간 DRO**(momentary DRO)에서 강화인을 제공하기 위해서는 간격의 마지막 시점에서 문제행동이 발생하지 않아야 한다.

연구자들은 교실에서 파괴행동(방해, 자리이탈, 과제 불이행 등)을 보이는 7세 경도 지적장애 아동 3명을 대상으로 두 가지 유형의 DRO의 효과를 비교하였다. 전체 간격 DRO에서는 파괴행동이 그 간격 동안에 한 번도 발생하지 않았을 경우, 각 5분마다 보상을 제공하였다. 특정

시간 DRO에서는 문제행동이 5분 간격이 지나는 시점에서 발생하지 않으면 보상을 제공하였다. 연구자들은 전체 간격 DRO 절차가 특정 시간 DRO 절차보다 파괴행동을 감소시키는 데 더 효과적이라는 사실을 발견하였다. 그러나 전체 간격 DRO 절차가 문제행동을 이미 감소시킨 후에는 특정 시간 DRO 절차도 문제행동을 감소시키는 결과를 가져왔다. 이러한 결과는 특정 시간 DRO 절차가 자체적으로 효과적이지는 않지만 전체 간격 DRO 절차를 통해 변화된 행동을 유지시키는 데 유용하다는 것을 시사한다. Barton, Brulle와 Repp(1986)의 연구 결과도 이러한 사실을 지지해 주었다. 특정 시간 DRO의 장점은 전체 간격 내내 표적행동을 관찰할 필요가 없다는 것이다. 이러한 연구뿐 아니라 다른 연구들도 DRO 절차가 여러 사람의 여러 문제행동에 효과가 있다는 것을 시사한다.

　여기에 인용된 연구들은 다른 연구와 마찬가지로 DRO 절차가 다양한 사람의 다양한 문제행동에 효과적이라는 것을 시사한다(Dallery & Glenn, 2005; Kodak, Miltengerger, & Romaniuk, 2003; Lindberg, Iwata, Kahng, & Deleon, 1999; Mazaleski et al., 1993; Poling & Ryan, 1982; Repp, 1983; Vollmer & Iwata, 1992; Vollmer, Iwata, Zarcone, Smith, & Mazaleski, 1993; Zlutnick, Mayville, & Moffat, 1975). DRO는 문제행동에 대한 강화인을 확인하고 제거하였을 때, 그리고 DRO 간격을 행동 발생의 기초선 비율을 토대로 결정하였을 때 가장 효과적이다. 더구나 DRO는 전체 간격 동안 문제행동이 발생하지 않았을 경우에 강화인을 제공하는 것이 가장 효과적이다(전체 간격 DRO).

전체 간격 DRO

- 전체 간격 동안 행동이 발생하지 않는다.
- 강화인이 제공된다.

특정 시간 DRO

- 간격이 마칠 때 행동이 발생하지 않는다.
- 강화인이 제공된다.

📖 더 읽을거리

DRO의 적용

DRO 절차는 다양한 사람의 다양한 문제행동을 감소시키기 위해 사용되고 있다. 예를 들면, Heard와 Watson(1999)은 요양기관에서 치매에 걸린 노인들의 방황행동을 감소시키기 위해 DRO를 사용하였다. 요양기관 주위를 방황하는 행동은 주민의 관심, 주민의 친절 등에 의해 지속되었다. DRO 동안에 주민들은 이 노인들이 요양기관 주위를 방황할 때는 강화인을 제공하지 않았고, 방황하지 않을 때는 강화인을 제공하였다. DRO를 사용하였을 때, 4명 모두 방황행동이 감소하였다. 또 다른 흥미로운 DRO에 관한 연구가 Roll(2005)과, Dallery와 Glenn(2005)에 의해 이루어졌다. 이 연구자들은 사람들의 금연을 돕기로 하였다. 그들은 흡연자들이 내뿜었을 때 일산화탄소(CO)를 측정할 수 있는 장치를 사용하도록 하였다. 이 장치가 CO를 탐지한다면 그 사람은 최근에 담배를 피웠음을 나타낸다. 연구자들은 담배를 피우지 않았을 때 강화인으로서 돈을 제공하였다. DRO에 대한 또 다른 연구에서, Woods와 Himle(2004)은 투렛증후군을 지닌 4명의 아동에게 자신의 틱을 통제하도록 하기 위하여 토큰강화를 사용하였다. 이 연구에서, 이 아동들은 틱을 10초 동안 보이지 않았을 때마다 돈으로 바꿀 수 있는 토큰을 받았다. DRO를 사용하였을 때 틱의 빈도가 현저하게 감소하였다.

저반응률 차별강화

Deitz과 Repp(1973)은 **저반응률 차별강화**(differential reinforcement of low rates of responding: DRL)라는 다른 형태의 차별강화를 연구하였다. 이들은 특수학급과 일반학급에서 파괴행동을 감소시키기 위하여 이 절차를 사용하였다. 한 실험에서 그들은 지적장애 교실에서 학생들의 떠들기(허락 없이 말하기)를 감소시키기 위하여 DRL을 사용하였다. 이러한 실험을 하기 전에 학생들은 50분 동안에 평균 32번의 떠들기 행동을 보였다. DRL 절차에서 교사는 수업을 시작하기 전에 학생들에게 "수업 중에 너희의 떠들기 행동이 5번 이하로 발생하면 일과를 마칠 때 모두에게 사탕 2개를 주겠다."라고 말하였다. 강화인으로 사용한 사탕은 저반응률 행동과 유관이 있었다. 연구자들은 15일 동안 DRL 절차를 실시하였는데, 이 기간 동안에 떠들기의 평균빈도는 50분 수업 동안에 약 3회로 감소하였다. DRL을 실시한 후 15일 동안 한 수업 중에서만 떠들기가 5회 발생하였는데, 이때는 강화인을 제공하지 않았다.

저반응률 차별강화에 대한 정의

DRL에서는 문제행동의 비율이 기준치로 감소하였을 때 강화인을 제공한다. DRL 절차에서는 문제행동이 없을 경우에 강화하지 않고 대신에 저비율 문제행동을 강화한다. DRL 절차는 저비율 문제행동을 묵인할 수 있거나 그 행동이 고비율 때문에 문제가 될 때 사용한다.

2학년 학생이 손을 들어 매번 몇 분 동안 질문에 대답한다고 가정해 보자. 손을 드는 행동은 너무 자주 발생한다거나 다른 학생이 참여할 기회를 주지 않는다는 점을 제외하고는 문제행동이라고 할 수 없다. 교사는 이 행동을 없애지 않고 행동 비율을 낮추고 싶어 할 것이다. DRL은 이런 경우에 이상적인 절차가 될 것이다. DRL을 사용하기 위해서 교사는 그 학생에게 "네가 수업 중에 세 번만 손을 들어야 한다. 만일 그럴 경우 나중에 독서모임에서 제일 먼저 읽도록 해 주겠다."라고 말하였다(교사는 이것이 그 학생의 강화인이라는 사실을 알고 있다고 가정하자). 수업 중에 세 번 이상 손을 든다면 그날 독서모임에서 제일 나중에 읽게 된다. 교사는 그 학생에게 책상의 종이 위에 손을 드는 횟수를 기록하게 함으로써 DRL 절차를 더 효과적으로 만들 수 있다. 그 행동을 세 번 기록하면 더 이상 손을 들어서는 안 된다는 것을 알게 된다. 대안적으로 교사는 그 학생이 손을 들 때마다 칠판 위에 표시를 해 둔다. 학생은 세 번 표시하였을 때 손을 다시 들어서는 안 된다는 것을 알게 된다.

저반응률 차별강화의 유형

DRL 계획에는 두 가지 방법이 있다(Deitz, 1977). 한 방법은 특정 기간 내에 특정한 반응 수보다 적게 발생할 경우 강화를 제공한다. 이를 **전체 회기 DRL**(full-session DRL)이라고 한다. 회기는 수업시간이나 문제행동이 일어나는 가정, 학교, 일터에서의 어떤 적당한 시간이 될 수 있다. 관계자는 강화인을 제공하기 위하여 회기 내에 일어날 수 있는 최대 반응 수를 규정한다. 회기 말에 반응 수가 특정 수보다 적을 경우 관계자는 강화인을 제공한다. 교사가 학생에게 "강화인을 받기 위해서는 수업 중에 세 번 이상 손을 들어서는 안 된다."라고 말하면 그것은 전체 회기 DRL을 사용하는 것이다. 이 절차는 회기 동안에 그 행동을 완전히 중단해야만 강화를 제공하는 DRO 절차와는 차이가 있다.

또 다른 방법은 **반응시간 DRL**(spaced-responding DRL)로, 강화인을 제공하기 위해서는 반응들 간의 특정한 시간 간격이 있어야만 한다. 반응시간 DRL에서의 목표는 문제행동의 속도

를 늦추는 것이다. 손을 너무 자주 드는 2학년 학생의 예를 다시 살펴보자. 반응시간 DRL을
사용하려면 교사는 그 학생이 손을 들고 나서 적어도 15분이 경과한 후 손을 들 경우에만 요
구를 들어 주어야 한다. 교사는 그 학생이 15분 전에 손을 든다면 요구를 들어 주지 않고 손
을 들기 전에 다시 15분을 기다려야 요구를 들어 준다. DRL 간격이 끝난 후 그 행동이 발생
하면 강화를 제공하고 DRL 간격이 끝나기 전에 그 행동이 발생하면 강화를 제공하지 않고
다시 간격을 재설정한다.

전체 회기 DRL

- 회기 중에 특정 반응 수보다 적어야 한다.
- 강화인이 제공된다.

반응시간 DRL

- 일정한 시간 후에 반응이 일어난다.
- 강화인이 제공된다.

타행동 차별강화와 반응시간 저반응률 차별강화는 어떻게 다른가

DRO에서는 일정한 시간이 경과한 후 행동이 발생하지 않으면 강화인을 제공하고 행동이
발생하면 강화인을 제공하지 않는다. 반응시간 DRL에서는 그 행동이 발생하고 나서 일정 시
간이 지난 후 다시 발생하면 강화인을 제공한다. 문제행동을 제거하고 싶을 때는 DRO을 사
용하고, 너무 자주 발생하는 행동의 비율을 감소시키기 위해서는 반응시간 DRL을 사용한다.

세 번째 유형인 간격 DRL(interval DRL)은 반응시간 DRL과 유사하다. 간격 DRL은 한 회기
를 여러 간격으로 나누고 각 간격에서 반응이 일어나지 않을 경우에 강화인을 제공한다. 반
응시간 DRL은 각 반응 간의 특정 간격을 정하지만, 간격 DRL은 각 반응 간의 평균시간을 정
한다. 이 절차에 대한 더 많은 정보를 얻기 위해서는 Deitz(1977)를 참조하라.

저반응률 차별강화 절차 수행하기

■ 첫 번째 단계는 DRL을 사용하기 적절한지의 여부를 결정하는 일이다. 목표가 어떤 행동을 사라지게 하는 것이 아니라 행동 비율을 감소시키는 것이라면 DRL이 적절하다. 문제행동에 대한 강화인을 제거하고 문제행동이 발생하지 않을 경우에 강화인을 제공하라.

■ 다음 단계는 수용할 수 있는 행동수준을 결정하는 일이다. 전 회기 DRL에서는 회기 당 얼마나 많은 반응을 수용할 수 있는지를 결정하고, 반응시간 DRL에서는 행동이 발생하는 시간이 어느 정도 경과해야 하는지를 결정해야 한다. 문제행동에 대한 강화인을 제거하고 문제행동이 발생하지 않을 경우에 강화인을 제공하라.

■ 다음에 전체 회기 DRL이나 반응시간 DRL을 결정해야 한다. 그 행동의 발생시기가 중요하고 반응 간의 시간 간격이 필요하다면 반응시간 DRL이 가장 적절하다. 예를 들면, 당신이 뚱뚱한 사람으로 하여금 먹는 비율을 낮추도록 하고 음식을 입에 넣고 10초가 경과해야 다시 음식을 입에 넣게 하고자 한다면 반응시간 DRL이 가장 적절할 것이다. 그러나 각 반응의 시기가 덜 중요하고 단순히 어떤 회기에서 행동의 전반적인 비율을 감소시키려고 하면 전체 회기 DRL이 더 적절하다.

■ DRL 절차를 실행하기 전에 내담자가 강화의 기준을 알 수 있도록 절차를 설명해야 한다. 전체 회기 DRL에서는 그 회기 내에 수용할 수 있는 최대 반응 수를 내담자에게 말해야 한다. 반응시간 DRL에서는 각 행동이 발생하기까지의 허용시간을 알려 주어야 한다. 이 두 절차에서는 강화인이 어떤 기준에 의해 제공되는지를 내담자에게 알려 주어야 한다.

■ DRL 절차를 실행할 때 이러한 지시뿐 아니라 내담자에게 피드백을 제공하는 것이 유용하다. 예를 들면, 전체 회기 DRL에서 관계자나 내담자는 내담자가 알 수 있도록 회기 내 반응 수를 기록하거나 표시할 수 있다. 한 예로, 그룹홈에서 지내고 있는 토니라는 지적장애 아동은 직원에게 내일 날씨가 어떤지를 너무 자주 물어보았다. 매일 저녁, 즉 저녁 식사 후 잠자리에 들 때까지 토니는 10~12번 정도 날씨에 관한 질문을 하였다. 직원은 토니가 날씨에 관한 질문을 네 번 이하로 할 경우 잠자리에 들기 전에 좋아하는 활동을 하도록 허용하는 전체 회기 DRL 절차를 실행하였다. 토니가 매일 저녁 날씨에 관한 질문을 한 횟수를 알 수 있도록 하기 위하여 카드 노트를 주고, 질문할 때마다 표시하게 하였다. 그는 카드 위에 네 번 표시되면 그날 저녁에는 날씨에 관한 질문을 더 이상 할 수 없다는 것을 이해하였다. 질문할 때마다 카드를 보게 하여 이미 네 번이 표시되었다면

날씨 이외의 다른 질문이나 이야기를 하게 하였다. 결국 날씨에 관한 질문은 네 번에서 두 번으로 그 기준을 낮추게 되었다.

반응시간 DRL을 사용할 때, 행동의 발생속도를 늦추기 위하여 반응 간의 시간을 기록하게 하는 방법을 제공하는 것이 중요하다. 예를 들면, 제니는 5세 여아로 유치원에서 우발적으로 팬티에 오줌을 쌌다. 아무도 알아채지 못하였지만 제니는 당황스러웠다. 제니는 유치원에 있을 때 한 시간에 네 번 이상 자주 화장실에 가기 시작하였다. 교사는 제니가 화장실에 갈 때 30분간 기다리면 별 스티커를 제공하는 반응시간 DRL을 실행하였다. 제니가 시간 간격을 늘리도록 돕기 위해 교사는 큰 별 모양이 있는 노트를 준비하여 30분마다 책상 위에 수직으로 올려 놓음으로써 이제 화장실에 가도 좋다는 단서로 사용하였다. 제니는 교사의 책상 위에 별 모양이 있는 노트를 보았을 때, 화장실에 가기 위한 별 스티커를 얻을 수 있다는 것을 이해하였다. 노트가 교사의 책상 위에 없을 때 화장실에 가면 별 스티커를 얻을 수 없으며, 다시 30분을 기다려 별 스티커를 얻고 화장실에 갈 수 있었다. 마침내 제니가 30분 간격을 성공적으로 유지하게 되자, 교사는 1시간 간격으로 늘렸다. 전체 학생이 듣게 되는 타이머 대신에 노트를 단서로 사용함으로써 제니가 주의를 끌게 되는 것과 학생들 앞에서 당황하게 되는 것을 피하였다.

저반응률 차별강화 절차에 대한 연구

Deitz과 Repp(1973, 1974)는 취학아동들의 문제행동을 감소시키기 위하여 전체 회기 DRL 절차를 사용한 연구를 하였다. 즉, 10명의 초등부 지적장애 학생들의 떠들기를 감소시키기 위하여 DRL 절차를 사용하였다. Deitz과 Repp(1973)는 15명의 상업계 여고생을 대상으로 전체 회기 DRL을 평가하는 실험을 하였다. 표적행동은 학급 토의시간에 학습주제에서 비학습주제로 바꾸는 행동이었다. DRL 절차를 수행하기 전에 50분 수업 중 약 7번의 주제 바꾸기 행동이 있었다.

DRL 절차는 5단계로 수행하였다. 첫 단계에서는 수업 중에 학생들의 주제 바꾸기를 6번 이하로 정하였다. 그 주간에 계속해서 4일 동안 이 기준을 충족시키면 강화인으로 금요일을 수업이 없는 공휴일로 하였다. 두 번째 단계에서 네 번 이하로 기준을 정하였고, 세 번째 단계에서는 두 번 이하로, 마지막 단계에서는 0으로 기준을 정하였다. 각 단계마다 이 학급은 기준을 충족시켰고, 강화인으로 금요일은 쉬게 되었다. 마지막 단계의 DRL 절차는 문제행동을 0으로 감소시키는 것이었다. 기법적으로 볼 때 마지막 단계는 문제행동이 없을 경우에 강화인을 제공하기 때문에 DRL라기보다는 DRO 절차라고 할 수 있다.

또 다른 연구에서 Deitz과 Repp(1974)는 초등학생들의 수업 중 문제행동을 감소시키기 위하여 전체 회기 DRL을 사용하였다. DRL 절차를 사용하자 수업 중에 자주 떠드는 학생의 문제행동은 감소되었다. 교사는 학생에게 45분 수업 중에 2번 이하로 떠든다면 금별 스티커를 주겠다."고 말하였다. 문제행동은 기초선 단계에서 평균 6번에서 A-B-A-B 연구설계를 통해 2번의 치료 단계가 끝나자 평균 1.5로 감소하였다. 동일한 절차를 사용하여 다른 2명의 11세, 12세 아동의 자리이탈 및 떠들기 행동을 감소시키는 데 효과가 있었다.

지적장애인의 문제행동 비율을 감소시키기 위하여 특정 반응시간 DRL 절차를 사용한 2개의 연구가 있다. Singh, Dawson과 Manning(1981)은 시설에 수용된 지적장애인의 상동행동 비율을 감소시키기 위하여 이러한 유형의 DRL을 사용하였다. 여기에서 **상동행동**(stereotypic behavior)이란 사회적 기능을 지니지 않는 반복행동을 말한다. 이러한 행동들은 감각자극의 형태로 발생하기 때문에 흔히 자기자극 행동이라고 부른다. 이 연구에서는 3명을 대상으로 하였는데, 몸 흔들기, 물건 씹기, 반복적인 손 흔들기 행동이 있었다. 연구자들은 강화인으로 칭찬을 사용하였는데, 12초 동안 문제행동이 없을 경우 칭찬을 하였다. 반응 간의 12초를 반응 간 시간(interresponse time: IRT)이라고 한다. 12초 IRT의 DRL 절차로 문제행동의 비율이 감소하자 IRT를 30초로 늘렸다. 다음에는 60초로, 결국에는 180초로 늘렸다. 그 결과, 상동행동은 반응시간 DRL 절차를 사용하여 감소하였고, 바람직한 행동(웃기, 의사소통하기, 장난감 가지고 놀기 등)은 증가하였다([그림 15-5] 참조).

Lennox, Miltenberger와 Donnelly(1987)는 아주 빠르게 식사하는 3명의 중증 지적장애인의 먹는 속도를 감소시키기 위하여 반응시간 DRL 절차를 사용하였다. 빠르게 먹기는 홍반(반점)을 유발하고 건강상 좋지 않기 때문에 문제행동이다.

? 식사 속도를 감소시키기 위해서는 어떤 유형의 DRL을 사용하는 것이 적절한가?

반응시간 DRL이 가장 적절한 유형이다. 그 이유는 식사 속도를 늦추기 위해 씹는 시간을 늘려야 하기 때문이다. 우리는 적게 씹는 것을 원하지 않고 씹는 시간에 더 관심이 있다.

연구자들은 다른 사람들이 먹는 것을 관찰하였는데, 입에 음식이 들어가 씹는 평균시간은 15초였다. 연구자들은 식사 시에 이들 옆에 앉아 입에 15초 이전에 음식을 넣을 경우 먹지 못하게 하는 DRL 절차를 실행하였다. 15초 이상 음식을 씹을 경우에는 음식을 입에 넣는 것을

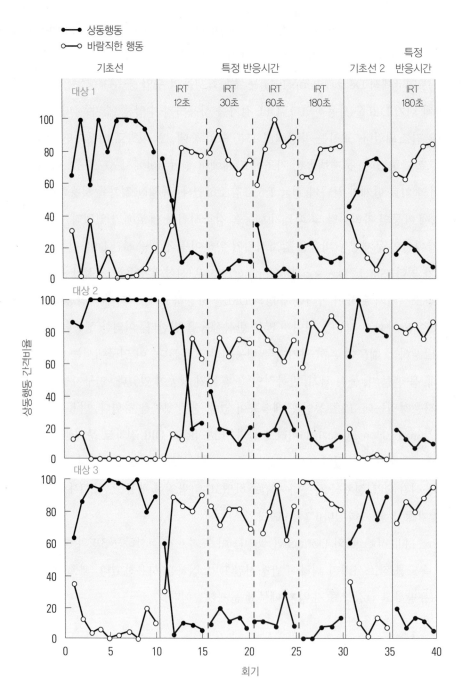

[그림 15-5] 이 그래프는 3명의 지적장애인의 상동행동에 대한 반응시간 DRL의 효과를 보여 준다. 기초선 후 DRL 절차를 실행하였는데, IRT을 12초에서 180초까지 점진적으로 늘렸다. 그 후 IRT마다 상동행동은 감소되었다. 또한 이 그래프는 상동행동이 감소하자 바람직한 행동은 증가됨을 보여 준다.

출처: Singh, N. N., Dawson, M. J., & Manning, P. (1981). Effects of spaced responding DRL on the stereotyped behavior of profoundly retarded persons. *Journal of Applied Behavior Analysis, 14*, 521-526.

허용하였다. 음식 먹는 속도를 늦추도록 하기 위하여 연구자들은 그릇을 아래에 놓고 음식을 입에 넣을 때마다 손은 무릎 위에 올려놓게 하였다. 이는 연구 대상들이 음식을 입에 넣기까지 15초 동안 기다리도록 돕는 경쟁반응(competing response)이다. 이 절차를 통해 3명 모두 식사 속도가 감소되었다. 그러나 1명은 실험자가 음식을 먹지 못하게 할 때 공격행동을 보였는데, 이때 연구자들은 반대편에 앉아서 그가 IRT 15초 이전에 음식을 입에 넣으려 할 때마다 접시를 빼앗는 간단한 타임아웃 절차를 부가하였다(제17장 참조). 그러나 음식을 제공하지 않아서는 안 되며 끝까지 식사를 마칠 수 있도록 하는 것이 중요하다. 식사를 마치지 못하게 한다면 비윤리적이다. Wright와 Vollmer(2002)는 또한 지적장애 청소년의 빠른 식사행동을 감소시키기 위해 DRL을 사용하여 그 효과를 입증하였다. 이 연구에서 연구자들은 IRT 15초까지 점진적으로 증가시키는 조정 DRL(adjusting DRL)을 사용하였다.

📖 요약

1. DRA는 바람직한 행동은 강화하고 바람직하지 못한 행동은 소거하는 절차이다. DRA를 사용하기 위해서는 강화할 수 있는 바람직한 행동이 적어도 종종 발생하여야 한다.

2. DRO에서는 일정 시간 동안에 문제행동이 없을 때 강화한다. 일정 시간 동안에 문제행동이 발생하지 않을 때 강화인을 제공하고, 문제행동이 발생하면 강화를 위한 간격이 재설정된다. DRL은 저비율 문제행동을 강화한다. 일정 시간 동안 발생빈도 수가 적을 경우에 유관성 있게 강화를 하거나 특정 IRT에 일어나는 행동을 유관성 있게 강화한다.

3. DRA는 기존의 바람직한 행동의 빈도를 증가시키고자 할 때 사용하고, DRO는 문제행동을 제거하고자 할 때 사용한다. DRL은 표적행동을 감소시키고자 하지만 반드시 제거해야 할 필요는 없을 때 사용한다.

4. 강화는 대체행동(DRA), 부재행동(DRO), 저비율 행동(DRL)을 강화시킬 때 사용한다. 소거는 문제행동이 발생할 때(DRA와 DRO), 행동 비율이 강화기준을 초과할 때(DRL) 사용한다.

5. 부적 강화는 혐오자극의 종결이 대체행동의 강화인이거나 부재행동의 강화인일 때 DRO나 DRA에서 사용된다.

핵심용어

강화인 평가(reinforcer assessment)

간격 DRL(interval DRL)

교체 무 중다자극(multiple stimulus without replacement: MSWO)

기능적 의사소통훈련(functional communication training: FCT)

단일 자극평가(single stimulus assessment)

대체행동 차별 부적 강화(differential negative reinforcement of alternative behaviors: DNRA)

대체행동 차별강화(differential reinforcement of alternative behavior: DRA)

반응 간 시간(interresponse time: IRT)

반응시간 DRL(spaced-responding DRL)

상동행동(stereotypic behavior)

상반행동 차별강화(differential reinforcement of an incompatible behavior: DRI)

선호도 평가(preference assessment)

쌍 자극평가(paired stimulus assessment)

의사소통 차별강화(differential reinforcement of communication: DRC)

중다 자극평가(multiple stimulus assessment)

저반응률 차별강화(differential reinforcement of low rates of responding: DRL)

전체 간격 DRO(whole-interval DRO)

전체 회기 DRL(full-session DRL)

타행동 차별강화(differential reinforcement of other behavior: DRO)

특정 시간 DRO(momentary DRO)

제16장

선행통제 절차

주요 학습문제

• 선행통제 절차란 무엇인가?
• 어떤 행동에 대한 식별자극을 조작하여 표적행동에 어떻게 영향을 줄 수 있는가?
• 확대 유인력이란 무엇이고, 어떻게 표적행동에 영향을 줄 수 있는가?
• 표적행동에 대한 반응 노력의 효과는 무엇인가?
• 문제행동을 중재하기 위한 기능적이고 비혐오적인 세 가지 접근은 무엇인가?

바람직한 행동을 증가시키고 바람직하지 않은 행동을 감소시키기 위해 앞에서 논의한 기능적 평가, 소거, 차별강화 절차를 사용한다. 기능평가 절차는 바람직한 표적행동과 바람직하지 않은 표적행동을 유지시키는 선행사건과 행동의 결과를 확인하기 위해 사용한다. 소거 절차를 통해서 바람직하지 않은 행동의 강화인을 제거한다. 그리고 차별강화 절차에 따라 바람직한 행동에는 강화인을 주고, 문제행동에는 강화인을 주지 않거나 강화인을 적게 준다. **선행통제 절차**(antecedent control procedure, 선행 조작이라고도 함)에서는 차별강화를 받을 수 있는 바람직한 행동을 증가시키고 바람직하지 않은 행동을 감소시키기 위하여 선행자극을 조작한다.

선행통제의 예

매리앤이 더 열심히 공부하도록 만들기

매리앤은 대학교 1학년 1학기에 다니고 있다. 그녀는 대부분의 과목에서 D와 F 학점을 받았기 때문에 학생상담 연구소에 도움을 청했다. 상담자와 이야기를 하면서 그녀가 공부를 열심히 하지 않았다는 점이 분명해졌다. 매리앤은 시험 보기 전날 밤에만 공부를 하였다. 그녀는 기숙사에 많은 친구들이 있었고, 공부를 하기보다는 밤에 TV를 시청하고 파티에 참석하거나 잡담으로 시간을 보냈다. 매리앤은 매번 공부를 시작하지만 공부를 하다 말고 친구들과 놀았다. 그 결과, 그녀는 시험을 볼 때마다 걱정을 하며 밤새 공부를 하여 만회하려고 하였다. 상담자는 매리앤이 공부를 더 열심히 하도록 하기 위해 선행통제 절차를 사용하기로 하였다. 매리앤과 상담자는 함께 다음과 같은 계획을 세웠다.

1. 매리앤은 매일 공부하기 가장 좋은 2시간을 알아냈다. 그녀는 일주일 동안 매일 수첩에 이 2시간을 기록하였다.
2. 매리앤은 도서관에서 공부하기로 결심하였다. 기숙사에서는 친구들이 유혹하기 때문에 다른 장소에서 공부해야 한다는 것을 알았다. 그녀는 친구들이 가지 않으면서도 강의실에서 가까운 도서관을 선택하였다.
3. 매리앤은 매일 공부를 열심히 하는 친구 한 명을 찾아냈다. 그녀는 그 친구를 불러서 일주일에 적어도 며칠이라도 같이 공부하기로 계획을 세웠다.
4. 매리앤은 매주 초에 공부 계획표를 만들어 냉장고에 붙여 놓았다. 그녀는 친구들에게 이 시간에는 공부를 하려고 하니 방해하지 말아 달라고 부탁하였다.
5. 매리앤은 시간이 날 때마다(휴강한 시간이나 강의 사이에 있는 시간에) 공부를 할 수 있도록 가방에 책을 넣어 가지고 다녔다.
6. 매리앤은 달력에 시험을 보고 숙제를 한 시간들을 기록했다. 매일 밤 매리앤은 지나간 날에 × 표시를 하여 시험이나 숙제를 어떻게 마무리했는지를 볼 수 있도록 하였다.
7. 매리앤은 계획한 공부시간을 이행한다는 계약서를 상담자와 작성하였다.

이 7단계는 매리앤으로 하여금 공부를 더 열심히 하도록 하였다. 각 단계는 공부를 하기 위한 선행사건을 조작하거나 공부를 방해하는 경쟁행동에 대한 선행사건을 조작하는 것이다. 다른 예를 살펴보자.

칼이 올바르게 식사하기

칼은 식사하는 것을 개선하는 데 관심이 있었다. 그는 복합 탄수화물, 채소, 과일, 섬유소가 많은 음식을 먹고자 하였다. 최근에 그는 지방과 당분이 많고 섬유질이 적은 음식(포테이토칩, 사탕, 과자, 음료수)을 먹었다. 칼은 건강식품을 먹기 위해서 여러 단계를 계획하였다.

? 칼이 건강식품을 먹을 가능성을 높인다고 생각되는 단계들을 확인하라.

1. 그는 집과 직장에 있는 해로운 음식을 모두 없앴다.
2. 그는 패스트푸드의 유혹을 막기 위해 배가 부를 때만 쇼핑을 하였다.
3. 그는 쇼핑 전에 사야 할 건강식품 목록을 작성하고 목록에 없는 것은 절대 사지 않았다.
4. 그는 매일 점심 때 패스트푸드나 건강에 좋지 않은 간식을 먹지 않도록 건강식품으로 된 도시락을 싸 가지고 출근했다.
5. 그는 일을 갈 때 주머니에 잔돈을 들고 다니지 않음으로써 자판기에서 간식을 살 수 없도록 했다.
6. 그는 해로운 간식 대신에 여러 가지 과일과 건강식품을 사서 집에서 쉽게 꺼내 먹을 수 있는 장소에 보관해 두었다.
7. 그는 룸메이트와 여자 친구한테 자신이 건강식품만을 먹도록 하고, 해로운 음식을 먹는 것을 보면 못 먹게 하라고 이야기하였다.
8. 그는 맛있는 건강식을 만드는 법을 배우기 위하여 건강식에 관한 요리책을 샀다.
9. 그는 매달 건강식품만 먹은 날짜를 기록한 그래프를 만들었다. 그는 룸메이트와 여자 친구가 그래프를 매일 볼 수 있도록 냉장고에 붙여 놓았다.

이러한 아홉 가지 직접적인 변화를 만들어 칼은 먹는 행동에 영향을 미치는 선행조건을 변화시킬 수 있었다. 이러한 변화들은 그로 하여금 건강식품을 더 많이 먹고 해로운 음식은 덜 먹게 하였다.

선행통제 절차에 대한 정의

선행통제 절차는 바람직한 반응을 유발시키거나 경쟁적이고 바람직하지 않은 행동이 적게 일어나도록 하기 위해 물리적 환경 또는 사회적 환경의 어떤 측면을 조작하는 것을 말한다. 여기에서는 여섯 가지의 서로 다른 선행통제 절차가 설명되어 있다.

바람직한 행동을 위한 식별자극이나 단서 제시하기

바람직한 행동이 더 자주 일어나지 않는 한 가지 이유는 그 행동에 대한 식별자극이 개인의 환경에 존재하지 않기 때문이다. 예를 들어, 건강식품을 먹는 것에 대한 식별자극은 부엌이나 도시락의 건강식품이다. 건강식품이 없다면 이러한 음식을 덜 먹게 될 것이다. 그러나 건강식품이 있고 그것을 쉽게 구할 수 있다면 건강식품을 더 먹게 될 것이다.

? 칼은 건강식품을 먹을 가능성을 높이기 위해 적절한 식별자극을 제시하였다. 그 식별자극은 무엇인가?

칼은 건강식품을 사서 부엌에 보관해 두었다. 또한 매일 직장에 건강식 도시락을 싸서 갔다. 그 결과, 그는 건강식품을 더 많이 먹게 되었다. 칼은 적절한 행동을 하도록 하는 단서를 제시했다. 즉, 그는 바람직한 행동을 유발시키는 자극촉구 혹은 반응촉구를 준비해 두었다.

? 칼이 건강식품을 먹을 가능성을 증가시키기 위해 제시한 단서는 무엇인가?

칼은 쇼핑할 때 사야 할 건강식품 목록을 작성하였다. 이 목록은 그가 건강식품을 사도록 하는 단서(자극촉구)였다. 칼은 룸메이트와 여자 친구에게 건강식품을 먹도록 상기시켜 달라고 요청했다. 이 조언은 건강식품을 먹는 것에 대한 단서(반응촉구)였다. 칼은 그래프를 만들어 냉장고에 붙여 놓았다. 그 그래프는 올바른 식사를 하도록 하는 신호(자극촉구)였다. 그래프를 볼 때마다 그것은 건강식품을 먹도록 하는 단서가 되었다.

? 매리앤의 예에서 공부를 열심히 하기 위해 매리앤이 제시한 식별자극과 단서는 무엇인가?

공부에 대한 식별자극은 조용한 장소에 책과 공책이 있는 책상이다. 매리앤이 책을 가지고 혼자서 책상에 앉아 있을 때 공부를 할 가능성이 더 많다. 매리앤은 가방에 책을 넣어 도서관에 감으로써 식별자극을 준비하였다([그림 16-1] 참조). 매리앤은 공부하는 행동에 대한 단서를 제시하기 위해 여러 단계를 취했다. 수첩에 매일 계획한 공부시간을 기록하는 것은 공부를 위한 자극촉구이다. 공부 계획을 붙여 놓는 것 또한 자극촉구이다. 즉, 계획표를 볼 때마다 공부를 상기시켜 준다. 마지막으로 친구와 함께 공부하는 것은 공부할 가능성을 더 높이는 반응촉구이다. 친구가 매리앤의 방으로 오거나 공부할 장소에서 친구를 만나게 될 것이고, 매리앤에게 친구는 공부의 단서가 될 것이다.

행동을 증가시키기 위한 선행통제 절차 사용을 고려할 때, 행동을 통제하는 자극이 있는 상황과 조건을 준비할 수 있는지를 자기 자신에게 물어보라. 행동에 대한 식별자극이나 단서를 제시함으로써 당신은 행동이 일어나도록 하는 적당한 조건을 준비하게 된다. 앞의 예처럼 당신은 물리적 환경 혹은 사회적 환경의 어떤 측면을 변화시켜 행동에 대한 식별자극이나 단서를 준비한다. 바람직하지 않은 행동과 경쟁적인 바람직한 행동에 대한 식별자극을 준비하는 다른 예를 살펴보자.

[그림 16-1] 매리앤은 공부에 대한 식별자극을 제시하고, 책을 가지고 도서관에 감으로써 경쟁행동에 대한 식별자극들(TV, 수다, 파티 등)을 제거하였다.

토니는 고등학교에서 누군가가 자신을 무시하는 말을 한다고 생각할 때마다 싸움을 한다. 싸움으로 인해 그는 싸움을 한 다른 학생들과 함께 분노 조절 집단에 참여하였다. 그 학생들은 화가 나게 하는 것에 대해 주장적으로 반응하는 기술과 싸움이 일어날 상황에서 빠져나오는 기술을 배웠다. 학생들은 훈련 프로그램의 일부로 갈등이 시작되는 것을 볼 때 서로에게 빠져나오도록 하는 단서를 주는 방법을 배웠다. 토니의 친구 래피얼은 토니가 갈등 상황에 빠져든 것을 보고 토니에게 "지금 빠져나가자."라고 말했다. 이 단서는 토니로 하여금 싸움을 하는 대신에 래피얼과 함께 그 상황을 피하도록 하였다. 토니가 갈등 상황에서 벗어나자마자 그들은 싸움을 피한 것을 칭찬하고 다음 집단에서 그 상황을 논의하였다. 그러고 나서 이 대체행동은 래피얼에 의해 즉각적으로 강화되었고, 나중에는 분노 조절 집단을 이끄는 상담자에 의해 강화되었다.

바람직한 행동을 위한 확대 유인력 배열하기

이미 알고 있듯이 확대 유인력(EO)은 강화인으로서 자극의 가치를 변화시키는 환경적 사상 또는 생물학적인 조건이다. 확대 유인력이 있을 때 그 자극으로 인한 행동이 더 일어나게 된다. 예를 들어, 5마일을 달리는 것과 땀을 많이 흘리는 것은 물을 더 마시게 하는 확대 유인력이며, 따라서 음식을 구하고 먹는 행동을 강화시킨다. 바람직한 행동을 더 많이 일어나게 하는 한 가지 방법은 그 행동의 결과를 위해 확대 유인력을 배열하는 것이다. 만일 행동 결과에 대한 강화 가치를 증가시킬 수 있다면, 당신은 그 행동이 더 많이 일어나도록 할 수 있다.

칼은 건강식에 관한 요리책을 사서 맛있는 요리를 할 가능성을 높였다. 요리책을 사서 봄으로써 칼은 건강식에 대한 강화 가치를 증가시켰고 그것을 먹을 가능성이 더 많아졌다.

? 매리앤은 공부에 대한 확대 유인력을 어떻게 배열했는가?

매리앤은 공부를 더 열심히 하기 위하여 두 가지 일을 했다. 첫째, 그녀는 달력에 시험 계획표를 붙이고 지나간 날에 × 표시를 하였다. 달력을 통해 다가오는 시험 날짜를 보는 것은 공부를 더 열심히 하게 하는 강화인이다. 시험 날짜가 다가오는 것을 봄으로써 불유쾌한 상태(불안, 시험을 잘 못 볼 것이라는 생각)를 유발했다고 생각할 수 있다. 따라서 공부를 하는 것은 부적으로 강화되었다. 그렇지만 불안과 실패에 대한 불쾌한 사고는 내적인 행동이다 (Skinner, 1974). 사람들은 이러한 내적인 행동을 보고하지만 다른 사람이 그러한 행동을 관찰할 수는 없다. 따라서 우리는 공부를 더 하도록 강화시키는 데 있어 그것들의 역할에 대해서 가설을 세울 뿐이다. 행동수정에서 사고와 감정의 역할은 제25장에서 논의한다.

둘째, 매리앤은 매일 2시간씩 공부하기로 상담자와 계약서를 작성하였다. 이 계약은 매리앤이 매일 2시간씩 공부했다는 것을 상담자가 칭찬함으로써 공부하는 것을 더 강화하였다. 또한 우리는 이러한 계약이 매일 공부를 함으로써 제거될 수 있는 혐오 상태(공부 실패에 대한 불안, 공부를 하지 않음으로 인한 상담자의 불인정에 대한 생각)를 만들 수 있다고 가정할 수 있다. 따라서 매일 2시간씩 공부하는 것은 계약에 의해 야기되는 혐오 상태를 피하거나 도피하게 함으로써 부적 강화될 수 있다(Malott, 1989; Malott, Malott, & Trojan, 2000).

다른 예를 살펴보자. 당신은 자폐아동에게 기술을 가르치는 데 강화인으로 음식을 이용하고자 한다. 훈련은 점심을 먹고 난 후보다 먹기 전에 더 효과적일 것이다. 왜냐하면 음식은 점심 전에 더 강화될 것이기 때문이다. 당신은 바람직한 행동이 훈련 동안에 일어날 가능성을 증가시키기 위해 자연적으로 발생하는 확대 유인력을 이용한다.

바람직한 경쟁행동에 대한 확대 유인력을 배열함으로써 바람직하지 않은 행동이 더 적게 일어나도록 하는 다른 예를 보자.

매트는 13세의 경미한 지적장애 소년으로, 다음 날의 등교를 위해 밤 11시경에 잠을 자라고 말할 때 문제행동을 보였다. 매트의 부모가 자라고 말할 때, 그는 언어적으로 혐오행동을 보였다. 그리고 나서 그는 계속 TV를 보고 1시까지 잠을 자지 않았다. 매트는 늦게까지 잠을 자지 않아서 다음 날 아침에 일어나기가 힘들었다. 게다가 그는 매일 방과 후 2~3시간 동안 낮잠을 잔다. 그 결과, 매트는 잠잘 시간에는 피곤하지 않아서 문제행동을 더 많이 보이고 잠자기를 거부했다.

? 부모는 대체행동(제시간에 잠자리에 드는 것)을 더 강화하기 위하여 어떻게 확대 유인력을 만들 수 있는가?

부모는 대체행동이 일어날 가능성을 증가시키기 위하여 방과 후부터 저녁시간까지 활동을 시켜 낮잠을 못 자게 하였다. 낮잠을 못 자게 한 것은 매트로 하여금 잠잘 시간에 피곤함을 느끼게 만들었다. 그것은 잠에 대한 강화 가치를 증가시키는 확대 유인력을 만들고, 11시에 잠자리에 드는 바람직한 행동을 할 가능성을 증가시켰다.

바람직한 반응을 일으키는 선행조작

- 바람직한 행동에 대한 자극통제력이 있는 식별자극이나 보충자극 제시하기
- 바람직한 행동의 결과가 더 강화되도록 유인력 배열하기
- 바람직한 행동을 위해 반응 노력 감소시키기

바람직한 행동을 위한 반응 노력 감소시키기

바람직한 행동을 위한 또 다른 전략은 행동을 하는 데 필요한 노력을 줄이는 선행조건을 만드는 것이다. 둘 다 동등한 강화인을 가져온다면 노력을 더 많이 해야 하는 행동보다 반응 노력을 더 적게 들이는 행동을 할 가능성이 크다. 펩시와 코카콜라를 똑같이 좋아한다면 당신은 코카콜라를 먹기 위해 가게를 가기보다는 냉장고에 있는 펩시를 마실 것이다. 당신은 반응 노력이 더 적은 행동을 선택한다.

❓ 칼은 건강식품을 먹기 위해 자신이 할 수 있는 반응 노력을 어떻게 감소시켰는가?

그는 집에 건강식품을 보관하고 즉석식품을 제거함으로써 즉석식품보다 건강식품을 더 쉽게 먹을 수 있게 하였다. 즉, 건강식품을 먹는 데 반응 노력이 더 적게 들었다. 칼은 건강식으로 된 도시락을 직장에 가지고 감으로써 건강식품을 더 쉽게 먹을 수 있게 하였다. 음식점에 가는 것은 가져온 도시락을 먹는 것보다 반응 노력이 더 많이 든다.

❓ 매리앤은 공부를 더 열심히 하기 위해 어떻게 반응 노력을 감소시켰는가?

매리앤은 가방에 책을 넣어 가지고 다님으로써 책을 쉽게 보았다. 그리고 그녀는 기회가 될 때마다 책을 꺼내 공부를 하였다. 만일 매리앤이 책을 기숙사에 두었다면 기숙사에 가서 책을 가져오는 데 반응 노력이 더 많이 들었을 것이다.

바람직한 대체행동을 위한 반응 노력을 감소시켜 바람직하지 않은 행동이 덜 일어나게 하는 다른 예를 보자. 공해를 감소시키기 위해 시 당국은 차량 수를 줄이고자 했다. 조사에 의하면 러시아워에 다니는 차들은 대부분 운전자 혼자 타고 있는 것으로 나타났다. 시 당국은 카풀이라는 대체행동을 증가시킴으로써 혼자만 타고 다니는 차량 수를 감소시키고자 했다. 운전자들은 대개 노력을 들여야 하기 때문에 카풀을 하지 않는다. 따라서 카풀을 증가시키기 위해 시 당국은 카풀을 하는 데 드는 반응 노력을 덜 수 있도록 각 주의 출입구에 사람들이 차

를 세우고 다른 사람의 차를 타고 갈 수 있는 주차장을 만들었다.

시에서는 고속도로의 한 차선을 운전자와 2명의 승객, 적어도 세 사람이 탄 차량만이 다닐 수 있도록 지정하였다. 그 차선의 차들은 다른 3개 차선의 교통 체증을 피하여 더 쉽게 출근할 수 있었다. 시 당국은 카풀을 하는 데 드는 반응 노력을 감소시키기 위한 방안을 실시한 후에 운전자 혼자만 탑승한 차량 수가 감소하고 여러 사람이 탑승한 차량 수가 증가했다는 것을 발견하였다.

이처럼 바람직한 행동이 일어날 가능성을 높이기 위해 다양한 방식의 선행통제를 사용한다.

- 바람직한 행동을 위한 식별자극이나 단서를 제시할 수 있다.
- 바람직한 행동이 더 많이 일어나도록 하기 위해 그 행동의 결과를 강화하게 될 확대 유인력을 배열할 수 있다.
- 바람직한 행동이 더 많이 일어나도록 하기 위해 반응 노력을 감소시키는 선행조건을 조작할 수 있다.

세 가지 전략 모두 바람직한 행동에 대한 선행사건을 조작하는 데 초점을 둔다. 이러한 전략들은 개별적으로 사용할 수도 있고 조합해서 사용할 수도 있다. 그렇지만 선행통제 절차는 항상 바람직한 행동이 일어날 때 강화하는 차별강화와 함께 사용해야 한다.

때때로 어떤 행동은 원하는 만큼 자주 일어나지 않는다. 왜냐하면 바람직하지 않은 경쟁행동이 그것을 방해하기 때문이다. 경쟁행동은 동시적인 강화 계획에 따라 강화되는 행동이다. 매리앤은 자주 TV를 보거나, 파티를 가거나, 친구와 이야기를 하느라 충분히 공부를 하지 않았다. 이러한 것들은 매우 강화를 받는 경쟁행동이다. 그러한 행동들은 매리앤이 공부하는 것을 방해하는데, 왜냐하면 그녀는 동시에 두 가지를 할 수 없기 때문이다. 또한 칼이 포테이토칩, 도넛, 기름기 있는 햄버거를 먹는 것은 건강식을 먹는 것을 방해하는 경쟁행동이다.

바람직한 행동을 더 많이 일어나게 하는 한 가지 방법은 바람직하지 않은 경쟁행동이 덜일어나게 하는 것이다. 여러 선행통제 절차는 바람직하지 않은 경쟁행동이 일어날 가능성을 감소시키기 위해 사용될 수 있다.

바람직하지 않은 행동의 식별자극이나 단서 제거하기

바람직하지 않은 행동이 일어날 가능성을 감소시키기 위한 한 가지 방법은 그것을 통제하는 자극이 되는 선행조건을 제거하는 것이다. 만일 바람직하지 않은 행동에 대한 식별자극이나 단서를 제시하지 않는다면 사람들이 그러한 행동을 할 가능성이 줄어든다.

? 칼은 건강식을 더 먹기 위해 바람직하지 않은 경쟁행동의 식별자극이나 단서를 어떻게 제거했는가?

건강에 해로운 식품의 존재는 건강에 해로운 식품을 먹는 것에 대한 식별단서이다. 즉, 즉석식품이 주변에 있다면 그것을 더 먹을 것이다. 칼은 집에 있는 해로운 음식을 모두 제거함으로써 해로운 음식에 대한 식별자극을 제거하였다. 또한 칼은 직장에서는 동전을 가지고 있지 않았다. 주머니에 동전이 있을 때 자판기에서 즉석식품을 더 많이 뽑아 먹었는데, 동전을 없앰으로써 이러한 경쟁행동을 할 가능성을 줄이고 직장에 가져간 건강식품을 먹을 가능성을 증가시켰다.

? 매리앤은 공부를 열심히 하기 위해 바람직하지 않은 경쟁행동의 식별자극이나 단서를 어떻게 제거했는가?

매리앤의 친구들은 대화나 파티의 식별자극이다. TV는 TV 시청의 식별자극이다. 이러한 경쟁행동의 식별자극을 제거하기 위해 매리앤은 TV와 친구들이 없는 도서관으로 공부하러 갔다. 또한 공부 계획표를 붙여 놓고 친구들에게 그 시간은 혼자 있게 해 달라고 요청하였다. 매리앤은 경쟁행동의 식별자극을 제거하고 그 시간 동안에 더 많이 공부하였다.

다른 예를 보자. 비키는 전형적으로 방해행동을 보이는 초등학생으로 교실 뒤쪽의 완다 옆에 앉았는데, 완다는 비키의 방해행동을 보고 웃으며 관심을 보였다. 교실 뒤에서 비키 옆에 완다가 앉아 있는 것은 방해행동에 대한 식별자극이다. 왜냐하면 완다는 비키의 행동을 강화하고 선생님은 비키가 그러한 행동을 하는 것을 볼 수 없기 때문이다.

? 당신이 교사라면 비키의 식별자극이나 단서를 어떻게 제거하겠는가?

한 가지 방법은 비키를 완다와 떨어진 앞자리에 앉혀서 완다가 더 이상 문제행동의 강화인인 관심을 주지 않게 하는 것이다. 그러한 경우 완다는 방해행동의 식별자극으로 제시되지

[그림 16-2] 비키는 교실 뒤쪽의 완다 옆에 앉아 파괴적인 행동을 한다. 교사는 비키를 앞쪽에 앉혀 파괴적인 행동에 대한 식별자극을 제거하였다. 그 결과, 비키의 파괴적인 행동이 감소되었다.

않을 것이다. 또한 비키는 관심과 공부하는 것에 대한 식별자극인 교사와 더 가까워질 것이다([그림 16-2] 참조).

바람직하지 않은 행동의 축소 유인력 제공하기

만약 바람직하지 않은 결과가 덜 강화받는다면, 그러한 행동을 덜 하고 바람직한 행동을 더 많이 하게 될 것이다. 축소 유인력을 제공함으로써(또는 확대 유인력을 제거함으로써) 바람직하지 않은 행동의 결과가 덜 강화받도록 한다. 이것은 항상 가능하지는 않지만 때로 유용한 전략이다.

칼은 쇼핑할 때 즉석식품을 구입할 가능성을 줄이고 건강식품을 더 많이 사기 위해 이 전략을 이용하였다. 칼은 쇼핑할 때 배가 고프지 않도록 미리 식사를 하였다. 이러한 방식으로 그가 쇼핑할 때 해로운 식품은 덜 강화되고, 그러한 음식을 살 가능성이 줄어들었다. 칼이 배고플 때 쇼핑을 간다면 가게에 눈에 띄게 진열되어 있는 즉시 먹을 수 있는 음식과 다른 즉석식품 같은 해로운 식품을 더 많이 사고 먹게 되기 쉽다. 게다가 설탕, 소금, 기름과 같은 즉석식품의 많은 구성요소는 약간 배가 고픈 사람에게 매우 강화가 된다. 칼은 축소 유인력을 제공함으로써 해로운 음식을 적게 사고 목록에 있는 건강식품을 더 많이 사게 되었다. 쇼핑 가기 전에 식사를 하는 것은 가게에 진열된 즉석식품을 보았을 때 건강식품 쇼핑 목록이 더 큰 자극통제력을 가지게 될 것이라는 점을 확증시켜 준다. 직접 실험을 해 보라. 쇼핑하면서 정말 배고플 때 샀던 음식과 배고프지 않을 때 샀던 것이 다른지(사고 싶은 유혹이 드는지)를 보라.

다른 예를 고려해 보자. 밀리어는 점심시간에 대개 집에 가서 4~5마일 정도 달리기를 한다. 그러나 최근에 그녀는 밤늦게까지 자지 않고 TV를 보았다. 그 결과, 밀리어는 점심시간에 집에 갔을 때 피곤하여 달리기를 하는 대신에 낮잠을 잤다.

> **?** 밀리어는 낮잠을 적게 자고 달리기를 많이 하기 위해 낮잠에 대한 축소 유인력을 제공할 수 있다. 어떻게 축소 유인력을 제공할 것인가?

경쟁행동인 낮잠 자기의 강화인은 잠이다. 그렇다면 특별한 시간에 잠자는 것을 강화시키는 확대 유인력은 무엇인가? 전날 밤에 잠을 자지 않는 것과 피로감은 낮잠을 더 강화시키는 확대 유인력이다. 그렇다면 밀리어는 잠에 대한 축소 유인력을 어떻게 제공하는가? 밀리어는 잠이 부족하지 않도록 전날 밤 적절한 시간에 잠을 잔다. 이렇게 할 때 잠은 강화인이 되지 않고, 밀리어는 낮잠을 덜 자는 대신 달리기를 할 가능성이 많아진다. 또한 밀리어는 사무실에서 가까운 헬스클럽에서 운동복으로 갈아입고 달리기를 함으로써 경쟁행동의 식별자극을 제거할 수 있다. 이러한 방식으로 그녀는 점심시간에 침대(잠에 대한 식별자극) 가까이 가지 않게 되고, 경쟁행동이 쉽게 일어나지 않는다(그녀는 아마 탈의실에 있는 의자에서 잠을 자지는 않을 것이다).

바람직하지 않은 경쟁반응을 덜 일어나게 하는 선행조작

- 경쟁행동의 식별자극이나 단서 제거하기
- 경쟁행동의 결과에 대한 축소 유인력 제시하기
- 경쟁행동을 위한 반응 노력 증가시키기

바람직하지 않은 행동을 하는 데 드는 반응 노력 증가시키기

바람직하지 않은 경쟁행동을 할 가능성을 감소시키기 위한 또 다른 전략은 그러한 행동을 위한 반응 노력을 증가시키는 것이다. 경쟁행동을 하는 데 더 많은 노력이 든다면 바람직한 행동을 덜 방해할 것이다. 밀리어는 점심시간에 달리기를 하기 위해 헬스클럽에 감으로써 낮잠 자는 데 드는 노력을 증가시킨다. 즉, 잠을 자러 가기 위해서는 차를 가지러 가서 차를 몰고 집에 가야 할 것이다. 이러한 이유 때문에 그녀는 아마 점심시간에 낮잠을 자지 않고 달리기를 더 많이 하게 될 것이다. 앞에서 보았듯이, 달리기를 하기 위해 헬스클럽에 가는 것은 낮잠에 대한 식별자극을 제거하고 경쟁행동을 하는 데 드는 반응 노력을 증가시켰다.

? 매리앤은 공부를 더 열심히 하기 위해 경쟁행동을 하는 데 드는 반응 노력을 어떻게 증가시켰는가?

　매리앤은 공부를 하러 도서관에 감으로써 친구들과 이야기하고 TV 보는 것을 어렵게 만들었다. 이러한 경쟁행동을 하기 위해서는 책을 챙겨 넣고 도서관에서 기숙사로 가야 할 것이다. 여기에는 노력이 따른다. 매리앤이 방에서 공부를 하면 공부를 멈추고 친구들과 이야기하거나 TV를 켜는 것에 대한 노력이 덜 든다. 공부를 하러 도서관에 가는 것은 두 가지 기능을 제공한다. 하나는 바람직하지 않은 경쟁행동에 대한 식별자극을 제거하는 것이고, 다른 하나는 경쟁행동을 하는 데 드는 반응 노력을 증가시키는 것이다.

? 칼은 건강식품을 더 많이 먹기 위해 경쟁행동에 드는 반응 노력을 어떻게 증가시켰는가?

　칼은 집에 있는 해로운 식품을 없앴다. 이렇게 함으로써 그는 해로운 식품을 먹는 데 드는 반응 노력을 증가시켰다. 이전에 칼은 단순히 부엌으로 걸어가기만 하면 즉석식품을 먹을 수 있었지만, 이제는 가게에 가야만 한다. 따라서 그는 즉석식품을 먹는 경쟁행동을 하기보다 집에 있는 건강식품을 더 먹게 된다. 또한 직장에 동전을 가져가지 않음으로써 즉석식품을 먹는 데 드는 반응노력을 증가시켰다. 왜냐하면 그는 자판기를 사용하기 전에 동전을 바꾸러 가야 하기 때문이다. 만일 그가 직장 동료에게 동전을 바꿔 달라고 요청했을 때 거절해 달라고 부탁했다면 반응 노력을 더 증가시킬 것이다. 집에 있는 즉석식품을 제거하는 것과 직장에 동전을 가져가지 않는 것은 두 가지 기능을 한다. 즉, 하나는 해로운 식품을 먹는 것에 대한 식별자극을 제거하였고, 다른 하나는 이러한 경쟁행동에 드는 반응 노력을 증가시켰다. 또 다른 예를 고려해 보자.

　멜라니는 고등학교를 졸업한 이후 담배를 피웠다. 현재 결혼하여 초등학교를 다니는 아이들을 둔 그녀는 담배를 끊거나 매일 피우는 담배 수를 최소한으로 줄여야겠다고 결심했다.

그녀는 담배를 피우는 대신에 니코틴껌을 씹으려고 하였다. 멜라니는 하루 종일 집에 있다. 남편은 직장에 가고, 아이들은 근처에 있는 학교에 갔다. 멜라니는 담배 수를 줄이기 위한 계획을 세웠다. 아이들에게 8시에 학교 가기 전에 매일 담뱃갑을 집 안에 숨기게 하였다. 니코틴껌은 집에 많이 있었지만 담배는 한 갑만 보관하였다. 그 결과, 아이들이 학교를 마칠 때까지 멜라니는 집 안의 담배를 찾거나 가게에 가서 새 담배를 사지 않으면 담배를 피울 수가 없었다. 그러나 니코틴껌은 쉽게 이용할 수 있었다. 이러한 전략은 니코틴껌을 씹는 데 드는 반응 노력에 비해 담배를 피우는 데 드는 반응 노력을 크게 증가시켰고, 그 결과 매일 피우는 담배 수가 감소되었다.

이처럼 바람직하지 않은 경쟁반응이 바람직한 행동을 방해할 가능성을 감소시키기 위한 세 가지 선행통제 절차를 실시할 수 있다.

- 바람직하지 않은 행동에 대한 식별자극이나 단서를 제거한다.
- 바람직하지 않은 행동에 대한 축소 유인력을 제시한다.
- 바람직하지 않은 행동을 하는 데 드는 반응 노력을 증가시킨다.

선행통제 전략에 대한 연구

선행통제 전략이 다양한 행동을 증가시키는 데 효과적이라는 것은 연구들에서 입증되었다. 바람직한 행동의 식별자극이나 단서를 제시하는 전략을 여러 연구가 평가해 왔다.

식별자극 조작하기

O'Neill, Blanck와 Joyner(1980)는 대학 축구 경기에서 쓰레기를 줄이고 쓰레기통을 이용하도록 하기 위해 선행통제 절차를 실시하였다. 그들은 많은 대학 축구 팬이 썼던 모자와 유사한 뚜껑이 달린 쓰레기통을 만들었다. 그리고 사람들이 쓰레기통 뚜껑을 열면 "감사합니다."라는 말이 나오게 하였다. 새 쓰레기통은 쓰레기를 쓰레기통에 버리게 하는 단서(자극촉구)가 되었다. 축구 팬들은 옛날 쓰레기통보다 새로운 쓰레기통에 쓰레기를 2배 이상 버렸다.

연구자들은 선행통제 절차가 개인병원이나 종합병원에 있는 노인들의 레크리에이션 활동이나 사회적 상호작용을 증가시킬 수 있다는 것을 보여 주었다. McClannahan과 Risley(1975)는 개인병원의 환자들이 레크리에이션 활동을 쉽게 할 수 있음에도 레크리에이션 활동을 많은 시간 동안 하지는 않는다는 것을 발견하였다. 레크리에이션 활동의 참여를 증가시키기 위해 지도자들은 환자들이 레크리에이션 라운지에 있을 때마다 약간의 레크리에이션 자료를 주거나 레크리에이션 활동에 참여하도록 격려하였다. 이와 같은 단서들을 이용하여 환자들의 레크리에이션 활동을 증가시켰다.

유사한 연구에서 Melin과 Gotestam(1981)은 치매나 조현병 노인들의 사회적 상호작용을 증가시키기 위해 커피를 마시는 방의 가구를 재배치하였다. 대화가 촉진되도록 가구를 배치

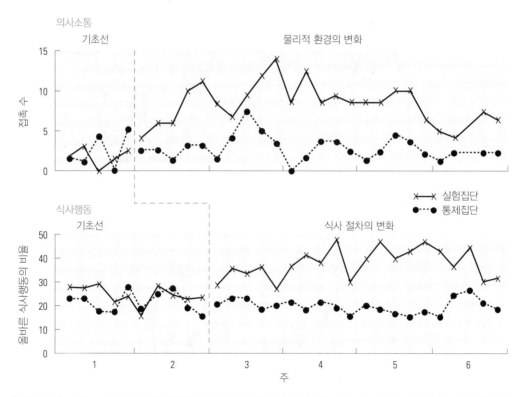

[그림 16-3] 위쪽 그래프는 병원에 입원한 두 집단의 노인들의 사회적 접촉 수를 나타낸다. 기초선 이후에 실험집단은 사회적 상호작용을 하도록 물리적 환경을 바꾸었고, 통제집단은 환경을 바꾸지 않았다. 이 그래프는 선행조작 이후에 실험집단의 상호작용이 증가하였다는 것을 보여 준다. 아래 그래프는 식사시간에 실험집단과 통제집단이 보이는 올바른 식사행동률을 나타낸다. 통제집단의 사람들은 접시에 음식을 받아서 혼자 식사를 했다. 실험집단의 사람들은 작은 식탁 주위에 앉아 음식을 함께 먹었다. 가정에서와 같이 식탁을 차리는 선행조작은 거주자들의 식사행동을 향상시켰다. 이 그래프는 행동별 중다기초선 설계로 개인이 아닌 집단에서 나온 자료이다.

출처: Melin, L., & Gotestam, K. G. (1981). The effects of rearranging ward routines on communication and eating behaviors of psychogeriatric patients. *Journal of Applied Behavior Analysis, 14*, 47-51.

했을 때 환자들의 사회적 접촉이 크게 증가하였다([그림 16-3] 참조).

다른 연구자들은 선행통제 절차가 안전벨트 착용을 증가시키기 위해 사용될 수 있다는 것을 보여 주었다(예: Barker, Bailey, & Lee, 2004; Clayton, Helms, & Simpson, 2006; Cox, Cox, & Cox, 2005; Gras, Cunill, Planes, Sullman, & Oliveras, 2003). Rogers와 동료들은 공무원들이 기관 소유의 차량을 운전할 때 안전벨트 착용을 증가시키는 단서를 이용하였다(Rogers, Rogers,

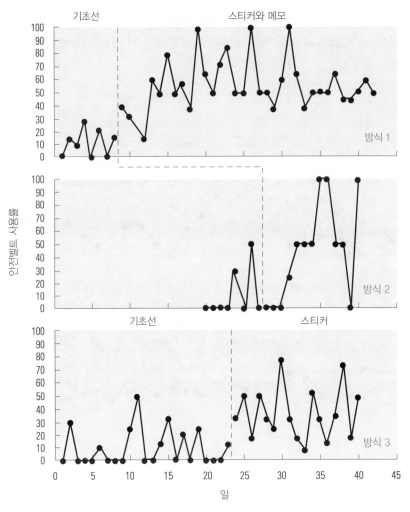

[그림 16-4] 이 그래프는 자극통제 절차를 실시하기 전과 후 사람들의 안전벨트 사용률을 나타낸다. 세 가지 방식의 절차를 실시했을 때 사람들의 안전벨트 사용률이 증가하였다. 위의 두 그래프는 차에 스티커와 메모를 붙였을 때의 효과를 나타내고, 아래의 그래프는 스티커만 사용했을 때의 효과를 나타낸다. 대상별 중다기초선 설계이며, 개별 피험자의 행동보다 안전벨트를 한 사람들의 비율을 나타낸다.

출처: Rogers, R. W., Rogers, J. S., Bailey, J. S., Runkle, W., & Moore, B. (1988). Promoting safety belt use among state employees: The effects of a prompting and stimulus control intervention. *Journal of Applied Behavior Analysis, 21*, 263-269.

Bailey, Runkle, & Moore, 1988). 차량 계기판에 안전벨트를 하지 않았을 때 사고가 나면 보험의 보상 범위가 줄어든다는 경고와 함께 운전자의 안전벨트 착용을 상기시키는 스티커를 붙였다. 또한 운전자들은 자동차에 있는 안전벨트 이용 규칙을 기술한 메모를 읽어야 했다. Rogers는 선행통제 절차가 도입되었을 때 안전벨트를 한 공무원의 수가 증가했다는 것을 보여 주었다([그림 16-4] 참조). 다른 연구자들(예: Berry & Geller, 1991)은 차량에 소리나 시작적 신호와 같은 단서를 이용하는 것이 안전벨트 착용을 증가시킬 수 있다는 것을 보여 주었다.

Green, Hardison과 Greene(1984)는 가족들이 식당에서 식사를 할 때 상호작용을 하도록 하는 선행통제 절차를 이용하였다. 이 연구의 목적은 식당에서 음식을 기다리는 동안 취학 전 아동과 부모가 의미 있는 대화를 하도록 하는 것이었다. 연구자들은 아동이 부모와 대화하는 데 관심을 가진다면 덜 지루해하고, 방해행동을 덜 하게 될 것이라고 믿었다. 또한 식사 시간의 대화는 취학 전 아동에게 교육적일 수 있다. 연구자들은 가족이 대화를 하도록 하는 시도로 식탁 매트를 이용하였다. 식탁 매트에는 취학 전 아동과 부모가 흥미로운 대화 주제를 찾을 수 있도록 하는 그림, 활동, 질문 등이 담겨 있었는데, 이것들을 가족들 앞에 있는 테이블 위에 놓았다. Green과 동료들은 이 식탁 매트를 사용했을 때 가족들의 대화가 증가했다는 것을 발견하였다.

여기에 기술된 연구들에서 연구자들은 바람직한 행동이 적절한 상황에서 발생할 가능성을 증가시키기 위해 몇몇 선행자극이나 사상을 조작하였다. 이 연구들에서 선행조작은 물리적인 것과 사회적 환경의 변화를 포함한다.

반응 노력 조작하기

연구자들은 문제행동을 감소시키기 위하여 선행사건의 조작을 포함한 다양한 절차를 연구하였다. Brothers, Krantz와 McClannahan(1994)은 사회 서비스 기관에서 쓰레기통에 버려지는 재활용지의 양을 감소시키기 위해 선행통제 절차를 이용하였다. 연구자들은 25명의 직원들이 종이를 쓰레기통에 버리지 않고 재활용통에 넣게 하기 위해 직원들의 책상마다 작은 용기를 놓았다. 그 용기는 두 가지 기능을 하였다. 하나는 직원들이 쓰레기통에 종이를 버리는 것의 대체행동으로서 그 용기에 종이를 넣도록 하는 단서가 되었고, 하나는 바람직한 행동을 하는 데 드는 반응 노력을 줄이는 것이었다. 쓰레기통에 종이를 버리는 것보다 책상에 있는 용기에 종이를 버리는 것이 더 쉬웠다. 연구자들이 책상에 재활용통을 두었

을 때 쓰레기통에 버려지는 재활용지의 양이 극적으로 감소되었다([그림 16-5] 참조). 이와
같이 선행조작의 가치는 실시하기 간편하고 문제행동의 변화를 야기시키는 데 효과적이다.
Ludwig, Gray와 Rowell(1998) 또한 직원들 가까이 통을 두는 것이 재활용을 늘릴 수 있다는
것을 보여 주었다.

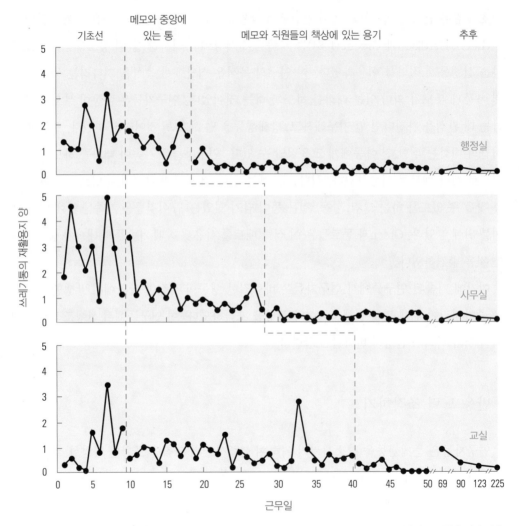

[그림 16-5] 이 그래프는 중다기초선 설계로 기초선과 두 가지 중재조건 동안 쓰레기통에 버려지는 재활용지의 양을
나타낸다. 기초선 이후에 빌딩 중앙의 큰 통에 재활용지를 넣으라는 메모를 직원들에게 보냈다. 다음 단계에서는 직원들
의 책상에 있는 상자에 재활용지를 넣으라는 메모를 직원들에게 보냈다. 그 결과, 직원들의 책상에 상자를 놓았을 때 쓰
레기통에 넣는 종이 양이 크게 감소하였다. 책상에 있는 상자는 재활용에 대한 단서가 되었고, 재활용에 참여하는 데 드
는 반응 노력이 감소하였다.

출처: Brothers, K. J., Krantz, P. J., & McClannahan, L. E. (1994). Office paper recycling: A function of container proximity.
Journal of Applied Behavior Analysis, 27, 153-160.

또한 Horner와 Day(1991)는 문제행동과 기능적으로 동일한 바람직한 행동의 발생에 반응 노력이 미치는 영향을 연구하였다. 그들은 12세의 중도 지적장애 남자아이 폴을 대상으로 연구하였다. 폴은 교실에서 공격행동(때리기, 꼬집기, 할퀴기)을 하였고, 이 문제행동은 과제를 배우는 것으로부터 벗어나는 것에 의해 강화되었다. Horner와 Day는 폴에게 과제에서 벗어날 수 있는 두 가지 대체행동을 가르쳤다. 하나는 휴식이라는 신호를 하는 것이다. 이 단순한 행동은 공격행동을 하는 것보다 더 적은 반응 노력이 들었다. 폴이 휴식이라는 신호를 할 때, 교사들은 즉시 가르치는 것을 잠시 중단했다. 다른 대체행동은 "나는 나가고 싶어요."라는 신호를 하는 것이다. 이와 같은 완전한 문장으로 신호할 때, 교사들은 즉시 가르치는 것을 잠시 중단했다. 그러나 이 행동은 공격행동보다 시간과 노력이 더 들었다. 연구자들은 폴이 기능적으로 동등한 대체행동인 휴식이라는 신호를 했을 때 공격행동을 할 가능성이 훨씬 줄어들었다는 것을 발견했다. 왜냐하면 대체행동을 하는 데 반응 노력이 더 적게 들기 때문이다. 그러나 폴은 과제에서 벗어나기 위해 완전한 문장으로 신호를 하도록 했을 때 공격행동을 계속했다. 왜냐하면 공격행동이 대체행동보다 반응 노력이 더 적게 들기 때문이다. Horner, Sprague, O'Brien과 Heathfield(1990), Richman, Wacker와 Winborn(2001)은 반응 노력이 덜 들 때 문제행동 대신에 대체행동이 일어날 가능성이 높다는 유사한 결과를 보여 주었다.

유인력 조작하기

여러 연구자가 교실에서 학생들의 문제행동의 선행사건으로 교과과정 변인이나 교사의 행동을 조작했다(Munk & Repp, 1994; Miltenberger, 2006). Kennedy(1994)는 특수학급에서 문제행동(공격, 자해, 상동행동)을 보이는 3명의 장애학생을 대상으로 연구를 하였다. Kennedy는 기능평가를 하였고, 교사가 많은 양의 과제를 요구했을 때는 문제행동이 발생했으나 사회적 요구를 했을 때는 문제행동이 발생하지 않았다는 것을 발견하였다. Kennedy는 이러한 결과에 비추어 교사들로 하여금 교실에서 과제 요구를 줄이고 사회적 코멘트를 증가시키도록 하였다. 이것은 학생들의 문제행동을 크게 감소시켰다. 그 후 교사들은 높은 수준의 사회적 코멘트를 하면서 점차 과제 요구율을 증가시켰다. 과제 요구가 전형적인 수준으로 증가해도 문제행동은 줄어든 상태로 있었다.

Dunlap, Kern-Dunlap, Clarke와 Robbins(1991)는 정서 문제를 가진 초등학교 학생들이

보이는 문제행동(차기, 때리기, 찢기, 물건 던지기)을 감소시키기 위해 교과과정 변인을 조작하였다. 기능평가에서 질의 문제행동이 대개 세밀한 운동과제, 긴 과제, 비기능적인 과제, 그가 택하지 않은 과제와 같은 특정한 교과를 할 때 일어난다는 것을 발견하였다. 치료는 선행 교과목 변인을 조작하는 것이었다. 교사들은 질에게 그가 관심을 보이거나 일상 활동과 관련된 짧고 기능적인 과제, 세밀한 운동과 반대인 총체적인 운동을 하게 하였다. 또한 질은 더 자주 과제를 선택했다. 이러한 교과과정의 변화로 질의 문제행동이 제거되었다. Kern, Childs, Dunlap, Clarke와 Falk(1994)에 의한 다른 연구도 유사한 결과를 보였다.

　Horner, Day, Sprague, O'Brien과 Heathfield(1991)는 4명의 중도 지적장애 청소년이 보이는 문제행동(공격과 자해)을 줄이기 위해 다른 교과과정 변인을 조작하였다. 기능평가에서 이 학생들은 어려운 학업과제가 제시될 때 문제행동을 보이는 경향이 많았지만, 쉬운 과제가 제시될 때는 문제행동을 하지 않는 것으로 나타났다. Horner는 문제행동을 감소시키기 위해 선행조작을 이용하였다. 그는 교사들에게 쉬운 과제들 속에 어려운 과제를 군데군데 끼워 넣도록 하였다. 훈련기간 동안 교사들은 학생들이 어려운 과제를 완성한 후에 쉬운 과제를 제공하였다. 어려운 과제를 쉬운 과제 사이에 끼워 넣었을 때 문제행동이 점차 감소하였다. Mace와 동료들(1988)은 어려운 과제 다음에 쉬운 과제가 나올 때 문제행동(비순응)이 더 적게 발생한다는 것을 보여 주었다.

　교실에서의 문제행동에 대한 연구들은 대부분 문제행동이 더 적게 일어나도록 하기 위해 몇 가지 수업 환경을 바꾸었다. 이러한 선행조작 전에 학생들의 문제행동은 학업과제에서 벗어남으로써 강화되었다. 선행조작은 수업 상황을 학생들에게 덜 혐오적이게 바꾸어 수업 상황에서 벗어나는 것이 더 이상 강화되지 않도록 하였다. 교사의 행동이나 교과과정의 몇 가지 측면을 바꾸는 선행조작은 강화로 작용하는 그 상황에서 벗어나도록 하는 축소 유인력을 제공하는 것이다. 도피가 강화되지 않기 때문에 학생들은 더 이상 문제행동을 일으키지 않는다(Smith, Iwata, Goh, & Shore, 1995).

　교실에서 도피함으로써 유지되는 문제행동을 감소시키기 위한 다른 선행조작은 비유관 도피이다(Coleman & Holmes, 1998; O'Callaghan, Allen, Powell, & Salama, 2006; Kodak, Miltenberger, & Romaniuk, 2003; Vollmer, Marcus, & Ringdahl, 1995; Vollmer et al., 1998; Wesolowski, Zencius, & Rodriguez, 1999). 이러한 절차에서 사람들은 혐오적인 수업 활동이나 과제에서 벗어나 자주 휴식시간을 갖는다. 그 결과, 과제에서 벗어나는 것이 더 이상 강화되지 않기 때문에 과제에서 벗어나기 위하여 문제행동을 할 가능성이 줄어든다. 한 연구에서

O'Callaghan 등(2006)은 치과 치료를 받는 동안 아동에게 자주 휴식을 제공하는 것이 방해행동을 감소시킨다는 것을 보여 주었다.

자해행동을 하는 심한 지적장애 성인들을 대상으로 한 연구에서 Vollmer와 동료들은 자해율을 줄이기 위해 이러한 사람들에게 보이는 관심의 수준을 조작하였다(Vollmer, Iwata, Zarcone, Smith, & Mazaleski, 1993). 기능평가는 자해가 관심에 의해 강화된다는 것을 보여 주었다. 연구자들은 자해율을 감소시키기 위해 자해와 무관하게 관심을 주는 비유관 관심을 제공하였다. 그들은 적어도 5분에 한 번 비유관 관심을 보일 때 사람들마다 자해행동이 줄어든다는 것을 발견하였다([그림 16-6] 참조). 잦은 간격으로 관심을 보이는 것은 관심을 자해에 대한 잠재적인 강화인으로 만드는 확대 유인력을 감소시키는 것이다. 사람들은 이제 관심을 얻기 위한 자해를 적게 하고, 자해를 하지 않고도 더 많은 관심을 받는다.

다른 연구들은 비유관강화가 관심이나 도피에 의해 유지되는 문제행동에 대한 효과적인 치료라는 것을 보여 주었다(Wilder & Carr, 1998; Fisher, Iwata, & Mazaleski, 1997; Hagopian,

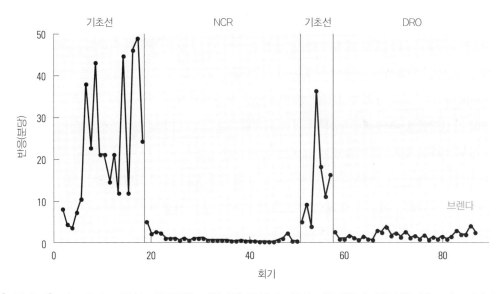

[그림 16-6] 이 그래프는 기초선, 비유관강화 조건(NCR), 두 번째 기초선, 다른 행동에 대한 차별강화 조건(DRO)에서 보이는 내담자의 자해행동률을 나타낸다. 이 피험자의 자해행동은 관심에 의해 유지되었다. 비유관강화 조건에서 관심을 자주 보여 주었을 때 자해행동이 거의 0점까지 감소되었다. 이 자해행동은 또한 자해행동을 보이지 않을 때 관심을 보이는 타행동 차별강화 조건에서도 0점까지 감소되었다. 이 자료는 관심에 의해 유지되는 문제행동을 감소시키는 하나의 방법은 그 행동과 무관하게 관심을 자주 제공하는 것임을 시사한다.

출처: Vollmer, T. R., Iwata, B. A., Zarcone, J. R., Smith, R. G., & Mazaleski, J. L. (1993). The role of attention in the treatment of attention-maintained self-injurious behavior: Noncontingent reinforcement and differential reinforcement of other behavior. *Journal of Applied Behavior Analysis, 26*, 9-22.

Fisher, & Legacy, 1994; Hanley, Piazza, & Fisher, 1997; Lalli, Casey, & Cates, 1997; Tucker, Sigafoos, & Bushell, 1998; Vollmer et al., 1998; Vollmer, Ringdahl, Roane, & Marcus, 1997).

Dyer, Dunlap과 Winterling(1990)은 발달지체 아동들의 문제행동에 선택이 미치는 영향을 연구하였다. 이 연구에서 3명의 아동은 교실에서 공격, 물건 던지기, 소리 지르기, 자해와 같은 여러 가지 문제행동을 보였다. 연구자들은 두 가지 선행조건을 조작하였다. 한 조건에서 아동은 과제와 적절한 수행에 대한 강화인을 선택할 수 있었고, 다른 조건에서는 과제나 강화인을 선택할 수 없었다. 연구자들은 아동이 선택을 할 때 문제행동이 더 적게 일어난다는 것을 발견하였다. 이러한 결과는 과제와 강화인을 선택하는 것은 교육과제에 대한 강화 가치를 증가시키고, 따라서 학생들이 문제행동의 대안으로 과제를 완성하게 될 확률을 증가시킨다는 것을 시사한다(Romaniuk & Miltenberger, 2001).

Carr와 Carlson(1993)은 3명의 지적장애 성인이 식료품 가게에서 쇼핑을 하는 동안 문제행동(공격, 재산 방해, 자해, 분노발작)을 감소시키기 위해 여러 선행변인을 조작하였다. 문제행동이 일어날 때는 쇼핑을 그만두어야 할 정도로 심했다. Carr와 Carlson은 문제행동과 기능적으로 관련된 선행사건을 조작함으로써 가게에서 문제행동이 일어나는 것을 막으려고 했다. 연구자들은 그 사람들에게 해야 할 활동과 사야 할 항목을 선택하게 하고, 선호하는 항목을 먼저 사도록 요청한 다음에 선호하지 않는 항목을 사도록 요청했을 때 문제행동이 적게 일어나며, 전형적으로 문제행동이 일어났던 그 상황에서 바람직한 대체행동을 위한 식별자극이 제시되었을 때 문제행동이 더 적게 일어난다는 것을 발견하였다. 예를 들면, 보통 계산대에서 기다려야 할 때 문제행동을 했는데, 이러한 상황에서 그는 좋아하는 잡지를 받았다. 손에 있는 잡지는 문제행동의 대체행동으로서 잡지를 보는 것의 식별자극이었다. 이것은 계산대에서 기다리는 동안 입원 환자를 보호하기 위해 많은 사람이 사용하는 전략이다. Carr와 Carlson이 이러한 절차를 실시했을 때, 내담자들은 문제행동을 일으키지 않고 쇼핑을 할 수 있었다. Kemp와 Carr(1995)는 지적장애인이 직장에서 보이는 문제행동을 감소시키기 위해 유사한 선행조작을 하였다.

📖 더 읽을거리

문제 기능이 중재로서 선택에 미치는 영향

여러 연구자는 선택 활동을 제공하는 것이 문제행동의 감소를 이끌었다는 것을 보여 주었다. 그러나 한 연구에서 연구자들은 중재로서 선택의 효과는 문제행동의 기능에 달려 있다는 것을 보여 주었다. Romaniuk와 동료들(2002)의 연구에서 어떤 학생들은 관심에 의해 유지되는 문제행동을 하였고, 어떤 학생들은 도피에 의해 유지되는 문제행동을 하였다. 학생들이 활동을 선택하지 않는 기초선 단계 다음에 모든 학생이 교육과제를 선택하도록 하였다. Romaniuk와 동료들은 교육 활동을 선택하는 것이 도피에 의해 유지되는 문제행동을 하는 학생들의 문제행동을 감소시켰다는 것을 보여 주었다. 활동을 선택하는 것이 관심에 의해 유지되는 문제행동을 하는 학생들의 문제행동을 감소시키지는 못했다. 연구자들은 활동 선택이 과제의 혐오성을 감소시키고 도피를 덜 강화시켰다는 것을 보여 주었다. 이 연구의 결과들은 중재를 결정하기 전에 문제행동의 기능을 아는 것이 중요하다는 것을 보여 준다.

선행통제 전략 이용하기

바람직한 행동을 증가시키고 바람직하지 않은 행동을 감소시키기 위해 사용하는 6개의 상이한 선행통제 전략이 〈표 16-1〉에 제시되어 있다. 바람직한 행동을 증가시키거나 바람직하지 않은 행동을 감소시키는 것이 목표일 때, 이 전략들을 사용하는 것이 적절하다. 만일 어떤 사람이 행동을 가끔 한다면, 선행통제 전략은 그 사람이 적절한 때 행동을 하게 할 가능성을 증가시키기 위해 사용할 수 있다. 행동을 유지시키기 위해 선행통제 절차와 함께 차별강화 절차가 사용된다.

〈표 16-1〉 **문제행동을 감소시키기 위한 선행조작**

식별자극이나 단서 조작하기
- 문제행동에 대한 식별자극이나 단서 제거하기
- 바람직한 대체행동에 대한 식별자극이나 단서 제시하기

유인력 조작하기
- 문제행동을 유지시키는 강화인인 유인력을 제거하거나 감소시키기
- 바람직한 대체행동을 유지시키는 강화인인 유인력을 만들거나 증가시키기

반응 노력 조작하기
- 문제행동에 대한 반응 노력 증가시키기
- 바람직한 대안행동에 대한 반응 노력 감소시키기

특정한 상황에서 어떤 선행통제 절차를 사용할 것인지를 어떻게 결정하는가? 이 질문에 대답하기는 쉽지 않다. 다양한 선행통제 절차를 사용하는 방법과 그 상황에 맞는 가장 좋은 것을 선택하는 방법을 알아야 한다는 것이 가장 좋은 답이다. 상황을 이해하기 위해 바람직한 행동과 바람직하지 않은 행동을 유지시키는 3단계(선행사건, 행동, 결과) 유관성을 분석하는 기능평가를 해야 한다. 특정한 전략을 결정하는 것은 팀(행동 분석가와 보호자-교사, 부모, 직원 등)의 조언과 문제해결 능력을 통해 관련 선행사건을 변형시키는 가장 좋은 방법을 알아내는 것을 포함한다. 절차를 수행할 사람들로부터 조언을 받는 것을 통해 그들이 보기에 적절하고 관련된 보호자들이 사용할 수 있는 절차를 선택할 가능성이 더 높다. 문제해결이란 팀이 문제에 대한 몇 가지 대안적 해결 방안(선행사건 조작 방법들)을 만들어 낸 후 각 방안들의 장점과 단점을 비교한 후 가장 좋은 방안을 찾는 것이다.

바람직한 행동에 대한 3단계 유관분석

다음 질문에 대한 대답은 바람직한 행동과 선행사건 및 결과에 대한 정보를 제공할 것이다.

- 증가시키고자 하는 바람직한 행동을 확인하고 정의하라. 이 행동을 하는 데 드는 반응 노력을 감소시킬 수 있는가?
- 바람직한 행동과 관련된 선행 상황을 분석하라. 바람직한 행동을 위한 식별자극은 무엇이고, 어떤 단서들이 바람직한 행동을 일으킬 것인가? 이러한 식별자극과 단서들 중 어떤 것이 환경 내에 존재하고, 어떤 것이 존재하지 않는가? 선행통제 전략에서 어떤 식별자극과 단서에 접근할 수 있는가?
- 바람직한 행동에 대한 강화인을 확인하라. 이 강화인은 바람직한 행동과 유관한가? 강화인은 행동을 유지시킬 정도로 충분히 강한가? 강화인의 효과를 증가시키기 위해 확대 유인력을 조작할 수 있는가? 바람직한 행동과 유관되게 사용할 수 있는 다른 강화인이 있는가?

이러한 질문들에 대한 답은 바람직한 행동을 일으키는 데 유용한 선행통제 전략과 차별강화 절차에 사용될 강화인을 결정하는 데 도움이 될 것이다.

바람직하지 않은 행동에 대한 3단계 유관분석

다음 질문에 대한 답은 바람직하지 않은 경쟁행동, 선행사건 및 이러한 행동 결과에 대한 정보를 제공할 것이다.

- 바람직한 행동을 방해할 수 있는 바람직하지 않은 경쟁행동을 확인하고 정의하라. 이러한 경쟁행동을 하는 데 드는 반응 노력을 증가시킬 수 있는가?
- 바람직하지 않은 행동과 관련된 선행자극을 분석하라. 경쟁행동의 식별자극은 무엇이고, 어떤 단서가 경쟁행동을 일으키는가? 이러한 식별자극과 단서들 중 어떤 것이 환경 내에 전재하고, 어떤 것이 존재하지 않는가? 이러한 식별자극과 단서 중에서 선행통제 전략으로 조작할 수 있는 것은 무엇이고, 통제 밖에 있는 것은 무엇인가?
- 바람직하지 않은 경쟁행동에 대한 강화인을 확인하라. 이러한 강화인들은 경쟁행동과 유관한가? 그리고 그러한 행동을 유지시킬 정도로 충분히 강한가? 경쟁행동에 대한 강화인의 효과를 감소시키기 위해 축소 유인력을 조작할 수 있는가? 경쟁행동을 소거시키기 위해 이러한 강화인을 제거할 수 있는가?

이러한 질문들에 대한 답은 경쟁행동이 일어날 가능성을 줄이기 위해 소거, 차별강화와 함께 사용 가능한 선행통제 전략을 결정하는 데 도움이 될 것이다.

문제행동에 대한 기능적 · 비혐오적 중재

제 14, 15, 16장에서는 문제행동을 감소시키기 위한 소거, 차별강화, 선행조작의 세 가지 접근을 기술하였다. 이 접근들은 **기능적 중재**(functional intervention)이다. 이 접근들은 행동을 통제하는 선행사건과 결과변인을 수정하여 문제행동을 감소시키고 바람직한 행동을 증가시키기 때문에 기능적이다. 그리고 벌에 의존하지 않기 때문에 비혐오적이다. 기능적이고 비혐오적인 절차는 문제행동을 감소시키기 위한 치료에서 항상 맨 먼저 사용해야 한다. 왜냐하면 이 접근들은 행동을 유지시키는 조건들을 변화시키기 때문이다.

소거를 이용하여 문제행동에 대한 강화인을 제거한다. 그 사람에게 더 이상 강화인으로 작용하지 않을 때 그 행동은 더 이상 일어나지 않는다.

차별강화를 이용하여 사람들은 문제행동을 일으키지 않고 동일한 결과를 달성할 수 있다. 어떤 사람이 대체행동, 즉 문제행동을 하지 않거나 적게 하여 동일한 기능적 결과를 가져온다면 문제행동은 계속되지 않는다.

선행조작에서 문제행동을 일으키는 선행사상이 더 이상 제시되지 않고, 문제행동에 대한 강화인의 효과가 감소하거나 문제행동을 하는 데 드는 노력이 증가한다. 또한 바람직한 행동을 일으키는 사상이 제시되고, 바람직한 행동에 대한 강화인의 효과가 증가하거나 바람직한 행동을 하는 데 드는 반응 노력이 감소한다. 선행조건이 문제행동을 가져오지 않을 때 문제행동은 더 이상 일어나지 않는다.

📑 요약

1. 선행통제 전략에서 선행자극은 바람직한 행동을 발생시키고 경쟁행동이 일어날 가능성을 감소시키기 위해 조작된다.
2. 바람직한 행동을 위한 식별자극을 제시하면 그 행동은 더 많이 일어날 것이고, 바람직하지 않은 행동에 대한 식별자극을 제거하면 그 행동은 더 적게 일어날 것이다.
3. 바람직한 행동 결과에 대한 확대 유인력은 그러한 행동을 더 많이 일어나게 하는 조건이다. 만일 바람직하지 않은 행동 결과에 대한 축소 유인력을 제시하면 바람직하지 않은 행동이 더 적게 일어날 것이다.
4. 바람직한 행동이 대안적인 바람직하지 않은 행동보다 반응 노력이 적게 들고 두 행동이 같은 강화 결과를 가져올 때 바람직한 행동이 더 많이 일어난다.
5. 문제행동을 중재하기 위한 기능적이고 비혐오적인 세 가지 접근은 소거, 차별강화, 선행통제 전략이다.

✏️ 핵심용어

기능적 중재(functional intervention)

선행통제 절차(antecedent control procedure)

제17장

벌: 타임아웃과 반응대가

주요 학습문제

• 타임아웃은 문제행동을 감소시키는 데 어떻게 작용하는가?

• 타임아웃의 두 가지 유형은 무엇인가?

• 반응대가는 무엇인가? 문제행동을 감소시키기 위해 반응대가를 어떻게 사용하는가?

• 타임아웃이나 반응대가와 함께 강화 절차를 사용하는 것이 왜 중요한가?

• 타임아웃이나 반응대가를 사용할 때 고려해야 하는 문제는 무엇인가?

제6장에서 보았던 것처럼 벌은 기본 행동원리이다. 벌은 어떤 행동을 하고 난 이후 미래에 그 행동을 감소시키는 결과를 가져온다. 행동을 한 다음에 뒤따르는 결과는 혐오자극이 제시되거나(정적 벌) 자극을 제거하는(부적 벌) 것이다. 두 가지 유형의 벌은 모두 행동을 감소시킨다.

문제행동을 감소시키기 위해 다양한 벌 절차를 사용한다. 그렇지만 벌 절차는 전형적으로 기능적 중재(소거, 차별강화, 선행조작)를 실시한 이후에 사용한다. 이러한 절차들을 실시하여 문제행동이 감소하였을 때, 벌 절차는 필요하지 않다. 그러나 기능적 절차들이 효과가 없거나 또는 완전히 효과적이지 않거나, 그러한 절차를 이용하는 것이 불가능하거나 한계가 있다면 벌 절차를 고려해야 한다.

벌 절차의 사용에 대하여 논란이 있을 수 있다. 어떤 사람들은 혐오적인 것을 제시하거나 강화인을 제거하는 것과 같은 벌의 사용은 인간의 권리를 침해할 수 있다고 생각한다(LaVigna & Donnelan, 1986). 또한 정적 벌은 고통스럽거나 불유쾌한 것으로 지각되는 혐오자극을 제시하는 것이다. 따라서 벌이 치료를 받는 사람에게 불필요한 고통이나 불편함을 준다고 생각한다. 그러나 명심할 것은 혐오자극은 고통스럽거나 불유쾌한 감정으로 정의되지 않는다는 것이다. 그보다 행동수정에서는 기능적인 정의, 즉 행동에 미치는 영향을 고려한다. 즉, 혐오자극은 어떤 행동을 한 다음에 자극을 제시하였을 때 미래의 행동 가능성을 감소시키거나, 자극을 제거하였을 때 미래의 행동 가능성을 증가시키는 자극이다(Reynolds, 1968).

여러 가지 이유로 인해(제 6, 18장 참조), 벌 절차는 문제행동을 감소시키기 위한 첫 번째 중재방법은 아니다. 벌 절차를 사용하는 경우, 보통 문제행동을 한 뒤에 강화가 되는 자극들을 제거하는 것과 관련된 부적 벌 절차를 사용한다. 이 장에서는 두 가지 부적 벌 절차인 타임아웃과 반응대가에 대해 기술하고자 한다.

타임아웃

셰릴과 다른 유치원생들은 찰흙으로 모양을 만들고, 손가락으로 그림을 그리고, 색종이로 여러 가지 만들기를 하면서 책상 주위에 앉아 있었다. 얼마 후에, 셰릴은 자신이 만든 찰흙 상과 다른 아이들이 만든 것들을 던져 버렸다. 이것을 보고 교사는 침착하게 셰릴에게 가서 "셰릴, 따라오너라."하고 말했다. 교사는 셰릴의 팔을 잡고 방을 가로질러 의자가 있는 곳으로 걸어갔다. 의자가 있는 곳에 가서 교사는 "셰릴, 물건을 던지거나 부수면 놀 수 없단다. 내가 다시 놀 수 있다고 말할 때까지 여기 앉아 있으렴."하고 말했다. 그리고 나서 교사는 책상 있는 곳으로 가서 다른 아이들이 만든 것을 칭찬했다. 2분 후에 교사는 셰릴에게 가서 "셰릴, 이제 책상 있는 곳으로 가서 놀아요."라고 말했다([그림 17-1] 참조). 셰릴이 돌아와서 더 이상 문제를 일으키지 않고 놀았을 때 교사는 칭찬을 했다. 이 절차에서 셰릴은 문제행동을 한 다음 몇 분 동안 교실에서 강화가 되는 활동을 제거하였는데, 이것을 타임아웃(time-out)이라고 한다. 교사가 타임아웃을 실시하자 셰릴의 문제행동 발생률이 점차 감소되었다.

5세인 케니는 약 1년 동안 부모에게 말대꾸를 하고, 부모가 지시하는 것을 듣지 않았다. 케니의 이러한 문제행동은 보통 TV를 보거나 게임을 할 때 일어났다. 케니의 부모는 케니와 다투고 무슨 일이 일어날 것인지 경고를 하였지만, 케니는 계속해서 TV를 보거나 게임을 하고, 부모님이 지시한 과제를 끝내지 않았다. 부모는 심리학자와 이 문제를 상담하고, 다음과 같은 계획을 실시하기로 하였다. 먼저 부모는 케니가 어떤 것을 하기를 원할 때, 케니에게 다가

가서 눈을 보며 그가 무엇을 하기를 원하는지 분명하게 이야기하였다. 둘째, 케니가 짧은 시간 내(10~15초)에 지시한 것을 하지 않으면 부모는 "내가 이야기한 것을 하지 않는다면 네 방에 가서 앉아 있어야 한다."라고 말했다. 그러고 나서 부모는 케니의 손을 잡고 케니의 방으로 갔다. 케니의 방에는 장난감, TV나 다른 놀잇감이 없었다. 부모는 케니에게 방에서 나와도 괜찮다고 할 때까지 거기에 있어야 한다고 이야기하였다. 케니가 이 과정에서 고집을 피우고 불평하고 말대꾸를 하더라도 부모는 아무 말도 하지 않아야 한다. 몇 분 후에 케니의 방으로 가서 부모는 다시 지시를 한다. 케니가 지시에 따른다면 부모는 과제를 수행한 것에 대해 칭찬을 하고, TV를 보거나 놀이를 하라고 한다. 그러나 다시 케니가 거절을 하면 방에 계속 있어야 한다고 이야기하고, 케니를 방에 있게 한다. 몇 분 후에 부모는 다시 가서 케니가 지시한 것을 할 때까지 이것을 반복한다. 마침내 케니가 저항 없이 지시를 따르면 부모는 웃으면서 케니를 많이 칭찬해 준다.

이 두 가지 예는 서로 다른 문제행동을 감소시키기 위해 타임아웃을 이용한 것이다. 각 예에서 아동은 문제행동을 한 후 짧은 시간 동안 강화 상황을 떠났다. 찰흙을 가지고 놀고 손가락으로 그림을 그리며 다른 친구들과 상호작용을 하는 것은 셰릴에게 강화 활동이고, 타임아

[그림 17-1] 셰릴은 교실에서 문제행동을 하였을 때 친구들과 떨어져 앉아 몇 분 동안 재미있게 노는 친구들을 지켜보았다. 타임아웃의 형태인 이 절차는 유관관찰이라고 하는데, 셰릴의 문제행동에 따라 몇 분 동안 교실에서 강화인을 제거한다.

웃은 이러한 강화 활동이 존재하는 상황에서 셰릴을 떼어 놓는다. TV를 보거나 게임을 하는 것은 케니에게 강화이다. 그러나 타임아웃은 그러한 활동을 못하게 한다.

? 이러한 예들에서 타임아웃과 함께 쓰인 다른 행동 절차는 무엇인가?

두 가지 예 모두에서 대체행동 차별강화를 사용하였다. 셰릴은 사이좋게 놀고, 교사는 관심으로 이러한 행동을 강화하였다. 케니가 부모의 지시를 따랐을 때 칭찬으로 이러한 행동을 강화하였고, 지시하기 전에 하고 있었던 강화 활동을 계속하게 하였다. 또한 케니의 부모는 케니 앞에 서서 눈을 바라보며 지시를 분명하게 말함으로써 자극통제 절차를 사용하였다. **명확한 지시, 근접, 시선 접촉**은 식별자극이 되어 케니의 준수행동이 강화되고, 거부행동은 타임아웃으로 벌이 되었다. 따라서 부모가 지시를 할 때 거절하면 타임아웃으로 벌을 받기 때문에, 케니는 거절을 덜 하게 되었다.

타임아웃의 유형

타임아웃은 문제행동을 한 다음 짧은 기간 동안 정적인 강화인에 접근하지 못하게 하는 것을 말한다. 그 결과, 미래에 문제행동이 일어날 가능성이 줄어든다(Cooper, Heron, & Heward, 1987). 여기서 타임아웃은 **정적 강화인으로부터의 타임아웃**(time-out from positive reinforcement)을 말한다. 타임아웃은 배제 타임아웃과 비배제 타임아웃 두 가지 유형이 있다.

셰릴의 예는 **비배제 타임아웃**(nonexclusionary time-out)이다. 셰릴은 문제행동을 한 후에 교실에 남아 있었지만 다른 친구들이 놀고 있는 곳에서 떨어진 방구석에 앉아 있었고, 강화 활동에서 제외되었다. 케니의 예는 **배제 타임아웃**(exclusionary time-out)이다. 문제행동을 한 뒤 케니는 TV를 보거나 놀던 방에서 떠나 이러한 강화인을 이용할 수 없는 방으로 갔다.

비배제 타임아웃은 대개 방에 남아 있는 동안 강화 활동이나 상호작용을 못하게 할 수 있을 때와 방에 그 아이가 있어도 다른 사람들에게 방해적이지 않을 때 사용한다. 이러한 기준 중 어느 것에도 해당되지 않는다면 배제 타임아웃이 사용될 것이다. 예를 들어, 셰릴이 방구석의 타임아웃 의자에 앉아 있으면서 계속해서 문제행동을 하고 다른 학생들을 혼란스럽게 한다면 비배제 타임아웃은 효과가 없을 것이다. 아니면, 다른 친구들이 노는 것을 보는 것이 셰릴에게 자신이 노는 것처럼 강화가 된다면 비배제 타임아웃은 효과가 없을 것이다.

이러한 절차가 효과적이기 위해서는 그 사람이 정적 강화인에 접근하지 못하게 해야 한다.

셰릴의 경우 문제행동을 한 후 몇 분 동안 교장실이나 교실과 가까운 다른 방에 가서 앉아 있도록 하는 배제 타임아웃을 실시할 수 있다. 덧붙여 셰릴이 벽을 보고 앉아 있도록 하는 비배제 타임아웃이 효과적일 수 있다.

배제 타임아웃

• 그 사람을 문제행동이 일어난 방(강화 환경)에서 나가 다른 방으로 가게 한다. 이것은 그로부터 모든 정적 강화인을 제거하는 것이다.

비배제 타임아웃

• 그 사람을 문제행동이 일어난 방(강화 환경)에 있게 하면서 정적 강화인에 접근하지 못하게 한다.

타임아웃과 함께 강화 사용하기

타임아웃이나 다른 벌 절차를 사용할 때 차별강화 절차 역시 사용해야 한다. 타임아웃 절차는 문제행동을 감소시키고, 차별강화 절차는 문제행동 대신 대체행동을 증가시키거나(대체행동 차별강화; DRA) 문제행동이 나타나지 않을 때 강화인을 제공한다(타행동 차별강화; DRO). 타임아웃 절차는 문제행동을 한 다음 정적 강화인에 접근하지 못하게 하기 때문에 DRA나 DRO 절차를 사용하여 그 사람이 정적 강화인에 접근하도록 하는 것이 중요하다. 만일 차별강화 절차 없이 타임아웃을 사용한다면 강화가 완전히 손실될 수 있고, 치료 후에 문제행동이 다시 나타날 수 있다.

타임아웃 사용 시 고려사항

타임아웃을 효과적으로 사용하기 위해서는 여러 가지를 고려해야 한다.

문제행동의 기능은 무엇인가?　사회적 강화인이나 유형의 강화인을 포함한 정적 강화에 의해서 유지되는 문제행동을 다루는 데는 타임아웃이 적당하다. 타임아웃은 문제행동을 한 후 정적 강화인에 접근하지 못하도록 하여 문제행동이 덜 일어나게 한다. 또한 타임아웃이 효과적이기 위해서는 문제행동이 일어난 타임인(time-in) 환경에 정적 강화 활동이나 상호작용으로 이루어져야 한다. 그 사람을 환경에서 이동시키는 것은 타임인 환경에 정적 강화가 주어지는 것이고, 타임아웃 환경에 강화가 없거나 덜 강화를 받을 경우에만 정적 강화로부터의 타임아웃이다(Solnick, Rincover, & Peterson, 1977).

타임아웃은 부적 강화나 감각자극(자동강화)에 의해 유지되는 문제행동을 다루는 데 적절하지 않다. 타임아웃은 방에서 하고 있었던 활동이나 상호작용을 못하도록 하기 때문에 도피에 의해서 유지되었던 행동은 부적으로 강화될 것이다(Plummer, Baer, & LeBlanc, 1977). 예를 들어, 한 학생이 교실에서 공격행동을 하고 이러한 행동이 교육적 요구에서 도피시킴으로써 부적으로 강화된다고 가정해 보자. 교사가 타임아웃을 사용한다면, 그러한 행동을 한 학생을 교실에서 나가게 하는 것은 공격적 행동을 부적으로 강화시킬 것이다. 타임아웃은 타임아웃 환경이 타임아웃 이전보다 덜 혐오적일 때 문제행동을 부적으로 강화시킨다.

마찬가지로, 감각자극에 의해 유지되는 문제행동의 경우 정적 강화로부터의 타임아웃으로 기능하지 못하기 때문에 적절하지 않다. 문제행동을 한 사람은 타임아웃 이전의 활동이나 상호작용 환경에서 벗어나 타임아웃 장소에서 혼자 문제행동을 할 기회를 가질 것이다(Solnick et al., 1977). 문제행동은 감각자극에 의해 자동으로 강화되기 때문에 오히려 타임아웃은 문제행동을 강화할 것이다. 즉, 그 사람은 자동으로 강화되는 행동을 방해받지 않고 할 수 있는 기회를 가질 것이다.

📖 더 읽을거리

타임아웃 사용 시 기능적 고려사항

Plummer와 동료들의 연구(1977), Solnick와 동료들의 연구(1977), 그리고 Taylor와 Miller(1997)의 연구는 타임아웃이 사용되는 기능적인 맥락이 타임아웃의 효과에 영향을 준다는 것을 입증하였다. 타임아웃은 문제행동 발생 후 짧은 시간 동안 강화 환경에서 개인을 이동시키기 때문에 타임인(time-in) 환경이 혐오적이고, 강화인이 없거나 혹은 타임아웃 환경보다 강화가 적을 때는 효과가 없을 것이다. 예를 들어, Plummer와 동료들(1977)은 수업 중에 발생하는 방해행동에 대한 타임아웃의 효과를 평가했다. 그들은 타임아웃이 수업으로부터의 도피(부적 강화)를 제공하기 때문에 타임아웃을 사용했을 때 방해행동이 증가했다는 것을 보여 주었다. 또한 Solnick와 동료들은 타임인 환경이 강화인으로 풍족할 때 타임아웃이 효과적이지만, 강화인이 부족할 때는 타임아웃이 효과가 적다는 것을 보여 주었다. Solnick와 동료들은 타임아웃 동안 자기자극 행동을 할 기회가 있고, 따라서 타임아웃 환경이 타임인 환경보다 강화적일 때 타임아웃이 효과가 없다는 것을 보여 주었다. 마지막으로, Taylor와 Miller(1997)는 교사의 관심에 의해 유지되는 문제행동에는 타임아웃이 효과적이었지만, 학습과제로부터 도피에 의해 유지되는 문제행동에는 효과가 없었다는 것을 보여 주었다. 문제행동이 관심에 의해서 유지되었을 때, 타임아웃은 관심을 제거했고 따라서 부적 벌로서 기능했다(그렇게 함으로써 문제행동을 감소시켰다). 문제행동이 도피에 의해서 유지되었을 때 타임아웃은 도피를 제공했고, 따라서 부적 강화로서 기능했다(그렇게 함으로써 문제행동을 증가시켰다).

특정한 상황에서 타임아웃이 가능한가?　치료자가 타임아웃 절차를 성공적으로 실시할 수 있고 타임아웃을 사용할 수 있는 물리적 환경이 된다면 타임아웃은 유용하다. 타임아웃 절차에서는 내담자가 문제행동이 일어난 방에서 나가게 된다. 타임아웃을 실시하는 치료자는 내담자를 타임아웃 장소까지 데리고 가야 하며, 내담자가 타임아웃 장소로 이동하는 데 저항을 하는 경우도 있다. 물리적 충돌이나 공격과 같은 저항을 한다면, 특히 내담자가 지적장애를 가진 성인이나 정신과 장애를 가진 사람의 경우 치료자는 이러한 절차를 실시하기가 어려울 수 있다. 이러한 요인은 치료법으로 타임아웃을 선택하기 전에 고려해야 한다.

두 번째 실제적인 고려사항은 타임아웃을 실시하는 데 필요한 적절한 장소가 있는가 하는 것이다. 배제 타임아웃에는 다른 방이나 복도가 사용된다. 그러나 타임아웃 장소는 내담자가 어떤 정적 강화인에도 접근할 수 없는 장소여야 한다. 타임아웃 동안 아이를 TV, 비디오 게임, 장난감이 있는 그의 방으로 보냈다면, 그 방은 타임아웃을 위한 적절한 장소가 아니다. 타임아웃 동안 다른 사람들이 내담자와 상호작용한다면 타임아웃 장소로 적절하지 않다. 예를 들어, 한 학생을 친구들이 지나다니는 복도에 있게 하면 타임아웃은 효과가 없을 것이다. 만일 내담자에게서 정적 강화인을 제거할 수 있는 방이 없다면 타임아웃을 실시할 수 없다.

때로 이미 있는 방을 타임아웃 장소로 사용하기 위해 고칠 수 있다. 이러한 방은 안전하고 (날카로운 것이나 깨지는 물건이 없음), 조명이 잘 되어 있으며(깨지지 않는 전등), 의자 외에는 아무것도 없어야 한다. 또한 타임아웃 동안 내담자를 관찰할 수 있는 창문이 있어야 한다. 내담자가 관찰자를 볼 수 없는 일방경이 좋다.

마지막으로 내담자가 치료자를 가둘 수 없고, 치료자도 내담자를 가둘 수 없도록 자물쇠가 없어야 한다. 이것은 타임아웃 공간이 잘못 사용되는 것을 막아 준다. 치료자가 문을 잠그고 내담자를 타임아웃 공간에 방치해 놓는 것은 타임아웃을 잘못 이용하는 것이다.

타임아웃이 안전한가?　앞에서 언급했듯이 타임아웃 방은 내담자가 자해할 수 있는 물건이 있어서는 안 된다. 또한 치료자가 타임아웃 동안 내담자와 상호작용을 해서는 안 되지만, 내담자가 자기 자신을 해치지 않도록 철저히 관찰해야 한다. 이는 특히 폭력과 공격적 행동이나 자해행동을 하는 내담자에게 중요하다.

타임아웃 기간은 짧아야 하는가?   타임아웃은 정적 강화인에 아주 짧은 시간 동안 접근하지 못하게 하는 것이다. 문제행동이 강화되는 타임인 환경에서 즉시 이동시킨다. 그러나 내담자가 가능한 한 빨리 타임아웃 이전 상황으로 되돌아와 정상적인 활동(교육적, 직업적 혹은 오락 활동)을 하도록 해야 한다. 타임아웃 기간은 보통 1~10분이다. 그러나 내담자가 타임아웃 기간 동안 타임아웃 장소에서 문제행동을 한다면, 내담자가 문제행동을 하지 않을 때까지 타임아웃을 10초에서 1분 정도 연장할 수 있다. 타임아웃의 종료가 문제행동을 부적으로 강화하지 않도록 하기 위해서는 타임아웃이 끝날 때 문제행동이 없어야 한다. 타임아웃의 연장은 유관지연이라 한다. Mace, Page, Ivancic 및 O'Brien(1986)의 초기 연구는 타임아웃이 유관지연이 있을 때나 없을 때 모두 효과적이라는 것을 발견하였지만, Erford(1999)에 의한 최근의 연구는 유관지연이 있는 타임아웃이 더 효과적이라는 것을 보여 주었다. 연구 결과들이 서로 다르지만, 타임아웃에서 도피하여 문제행동이 부주의하게 강화받지 않도록 유관지연을 권한다. 내담자가 타임아웃에서 풀려났을 때, 치료자는 타임인 환경에서 강화될 바람직한 행동을 확인해야 한다.

타임아웃에서 도피하는 것을 막을 수 있는가?   배제 타임아웃을 사용하든지 비배제 타임아웃을 사용하든지, 치료자는 내담자가 타임아웃이 끝나기 전에 타임아웃 장소에서 벗어나는 것을 막아야 한다. 타임아웃을 정확하게 실시했다면 내담자는 타임아웃이 혐오적이기 때문에 벗어나려고 할 것이다. 그러나 타임아웃이 효과적이기 위해서는 시간이 끝날 때까지 내담자가 그 위치를 벗어나게 해서는 안 된다. 예를 들어, 어떤 부모가 5세 아동에게 타임아웃 의자를 사용한다면, 타임아웃 동안 아동을 의자에 앉혀 놓아야 한다. 아동이 일어나면 아동 옆에 서 있던 부모가 아동에게 다시 의자에 앉으라고 조용하게 지시해야 한다. 만일 아동이 말을 듣지 않거나 반복해서 일어난다면 아동이 의자에 앉아 있도록 하기 위해 신체적 안내를 해야 한다. 이것은 어깨에 손을 올리는 것에서 아이를 의자에 억지로 앉혀 놓는 것까지 다양하다(McNeil, Clemens-Mowrer, Gurwitch, & Funderburk, 1994). 타임아웃이 사용될 때 아동이 미리 타임아웃 장소를 벗어난다면 아동을 타임아웃 장소로 되돌려 보내야 한다. 대안적으로 부모는 아이가 문을 열려고 할 때마다 문을 닫아야 한다. 어떤 경우에도 부모가 아이와 싸우지 않아야 한다. 싸움은 아동에게 강화가 될 수 있으며 타임아웃의 효과를 줄이므로 이를 피하는 것이 중요하다. 부모가 타임아웃 장소에서 벗어나는 것을 막을 수 없거나 강화가 되는 싸움을 피할 수 없다면 타임아웃을 사용하지 말아야 한다.

타임아웃 동안 상호작용을 피할 수 있는가?　타임아웃은 조용하게 그리고 치료자가 어떤 정서적 반응도 일으키지 않고 실시해야 한다. 또한 내담자가 타임아웃 상황에 있을 때, 치료자는 내담자와 어떠한 상호작용도 해서는 안 된다. 즉, 타임아웃 중에 비난, 설명 혹은 다른 어떤 형태의 관심도 주어서는 안 되며, 이러한 행위는 타임아웃의 효과를 떨어뜨린다. 예를 들어, 한 아동이 울면서 엄마를 부르며 "엄마 미워."라고 말하고 타임아웃 의자에서 벗어나게 해 달라고 간청하거나 착하게 굴겠다고 약속하더라도 부모는 타임아웃이 끝날 때까지 무시해야 한다. 만약 아동이 타임아웃 의자 혹은 타임아웃 공간에 가는 것을 저항한다면, 부모는 아동에게 꾸짖거나 말해서 따르도록 해서는 안 된다. 부모는 아동이 타임아웃 장소에 있도록 하는 데 필요한 신체적 안내만을 해야 한다.

타임아웃이 특정 상황에서 수용될 수 있는가?　지적장애인을 대상으로 하는 프로그램의 경우 치료 상황에서 규칙과 규제가 타임아웃과 다른 벌 절차를 결정한다. 타임아웃의 사용을 결정하기 전에 이 절차가 특정한 치료 환경에서 수용될 수 있는지를 확증해야 한다. 또한 부모들과 함께 치료를 할 때, 타임아웃이 수용될 수 있는 절차라는 점을 어느 정도 아는지를 평가하는 것이 중요하다. 수용 가능성은 특정한 치료에 대한 이론적 근거와 설명을 통해 증가할 수 있지만, 결국 부모들이 아동에게 타임아웃을 실시하려면 타임아웃을 수용해야 한다.

타임아웃 이용 시 고려사항

- 문제행동의 기능은 무엇인가?
- 특정한 상황에서 타임아웃이 가능한가?
- 타임아웃이 안전한가?
- 타임아웃 기간은 짧아야 하는가?
- 타임아웃에서 도피하는 것을 막을 수 있는가?
- 타임아웃 동안 상호작용을 피할 수 있는가?
- 타임아웃이 특정 상황에서 수용될 수 있는가?

타임아웃 절차를 평가한 연구

수많은 연구가 아동과 지적장애인을 대상으로 실시한 타임아웃의 효과를 보여 주었다 (Adams & Kelley, 1992; Bostow & Bailey, 1969; Handen, Parrish, McClung, Kerwin, & Evans, 1992; Hobbs, Forehand, & Murray, 1978; Mace et al., 1986; McGimsey, Greene, & Lutzger, 1995; Roberts, & Powers, 1990; Rolider & Van Houten, 1985; Taylor & Miller, 1997).

Porterfield, Herbert-Jackson과 Risley(1976), 그리고 Foxx와 Shapiro(1978)는 2개의 비배제 타임아웃을 연구했다. Porterfield와 동료들은 보육 프로그램에서 공격 및 방해행동을 하는 아동들을 대상으로 한 타임아웃을 평가하였다. 문제행동을 했을 때, 보모는 아동을 놀이하는 곳에서 내보내고 바닥에 앉아서 친구들이 노는 것을 지켜보게 했다. 장난감도 없이 어떤 활동이나 상호작용도 하지 않은 채 잠시 앉아 있도록 한 다음, 보모는 아동을 놀이하는 곳으로 보냈다. 또한 보모는 다른 아동들이 사이좋게 노는 것을 칭찬해 주었다. Porterfield는 이 절차를 유관관찰(contingent observation)이라 하였는데, 문제행동을 한 후 아동이 다른 곳에 앉아서 친구들이 사이좋게 노는 것을 쳐다보기 때문이다. 이 절차는 탁아소에서 아동의 공격적인 방해행동 수준을 감소시켰다.

Foxx와 Shapiro(1978)는 특수학급에서 다양한 문제행동(때리기, 물건 던지기, 소리 지르기, 의자에서 일어서기, 물건 부딪치기)을 보이는 5명의 지적장애 소년을 대상으로 연구를 하였다. 소년들은 테이블 주변에 앉아서 교사와 다양한 교육 활동을 함께 하였다. 교사는 학생들이 문제 행동을 보이지 않을 때 2분 간격으로 학생들에게 먹을 수 있는 강화인과 사회적 강화인을 주었다. 타임인 조건에서 각각의 학생들은 다른 색의 리본을 목에 메었다. 그러나 학생이 문제행동을 할 때, 교사는 리본을 빼앗아 그 학생이 타임아웃 중이라는 신호로 리본을 자신의 목에 걸었다. 학생은 리본이 없어지면 어떤 활동에도 참여할 수 없고 어떤 강화도 받을 수 없다. 타임아웃은 3분 동안 지속되며, 이러한 비배제 타임아웃 절차를 이용하여 5명 모두 문제행동이 감소되었다.

Mathews, Friman, Barone, Ross와 Christophersen(1987)은 어머니와 1세 유아들을 대상으로 연구를 하였다. 연구자들은 아동이 위험한 행동(전기코드나 전기용품 만지기)을 할 때 어머니로 하여금 배제 타임아웃을 이용하게 하였다. 어머니들은 먼저 집에서 가능한 한 위험한 것을 제거하여 아동에게 안전하도록 만들었다. 이러한 선행조작은 어린아이의 안전을 위해 모든 부모가 사용해야 한다. 그리고 나서 어머니들은 아동이 놀 때 타임아웃과 차별강화를

[그림 17-2] 어머니가 유아를 대상으로 타임아웃을 실시하고 있다. 아동이 위험한 행동을 할 때마다 어머니는 아동을 잠시 동안 강화인과 떨어진 칸막이 방에 두었다.

이용했다. 어머니들은 아동이 잘 노는 것을 칭찬하고 위험한 행동을 할 때 즉시 타임아웃을 실시했다([그림 17-2] 참조). 어머니는 "안 돼."라고 하면서 5~10초 동안 아이가 조용해질 때까지 유아용 칸막이 방에 앉혀 두었다. 이 타임아웃 절차는 모든 아동의 위험한 행동을 감소시키는 결과를 가져왔다([그림 17-3] 참조).

　　Rortvedt와 Miltenberger(1994)는 2명의 4세 여자아이가 말을 듣지 않는 것을 감소시키기 위해 배제 타임아웃을 실시했다. 여자아이들은 보통 어머니의 지시를 듣지 않았고, 어머니는 지시를 반복하고 위협하고 꾸짖고 지시한 것을 하라고 애원하였다. 연구자는 그 가정에서 어머니와 딸을 연구하였다. 연구자는 어머니에게 아동이 어머니의 지시를 들으면 칭찬을 해 주고, 거절하면 타임아웃을 실시하도록 하였다. 어머니가 지시를 하였는데 딸이 20초 내에 듣지 않으면 딸을 다른 방으로 데리고 가 1분 동안 의자에 앉아 있게 하였다. 아이에게 의자에 앉아 있어야 하는 이유를 이야기한 다음, 어머니는 타임아웃 동안 아이와 상호작용을 하지 않았다. 아이가 타임아웃 동안 문제행동을 한다면 아이가 적어도 10초 동안 조용히 있을 때까지 타임아웃 기간을 연장했다. 2명의 아동을 대상으로 실시한 타임아웃은 말을 듣지 않는 행동을 크게 감소시켰다.

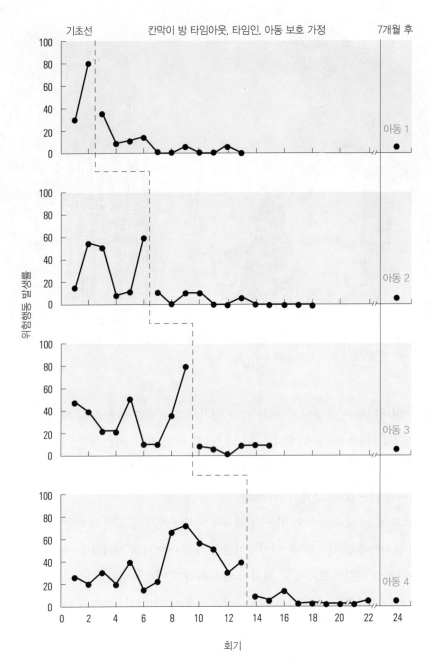

[그림 17-3] 이 그래프는 4명의 유아들을 대상으로 타임아웃과 차별강화를 실시하기 전과 후의 위험행동 수준을 나타 낸다. 대상별 중다기초선 설계로, 중재를 실시했을 때 각 아동의 위험행동이 감소되었다.

출처: Mathews, J. R., Friman, P. C., Barone, V. J., Ross, L. V., & Christopherson, E. R. (1987). Decreasing dangerous infant behavior through parent instruction. *Journal of Applied Behavior Analysis, 20*, 165-169.

📖 더 읽을거리

타임아웃에 대한 순응력 증가시키기

타임아웃이 효과적인 중재이지만, 부모들이 흔히 겪는 어려움은 타임아웃 장소에 가라는 지시에 아동이 순응하게 하는 것의 어려움이다. 타임아웃 장소에 가라는 지시에 아동이 저항한다면, 부모는 아동이 타임아웃 절차에 순응하도록 신체적 지도를 할 수 있다. Donaldson, Vollmer, Yakich와 Van Camp(2013)는 타임아웃 장소에 가라는 지시에 유치원 아동들이 순응하는 것을 증가시키기 위한 절차를 평가했다. 연구자들은 두 가지 타임아웃 조건을 평가했다. 하나는 타임아웃 시간이 4분이었고, 부모는 필요하면 신체적 지도를 포함한 타임아웃을 아동에게 실시하는 절차를 사용하는 것이었다. 다른 하나는 부모가 아동에게 타임아웃 장소로 가라고 말을 했을 때, 10초 내로 아이가 타임아웃 장소로 즉시 간다면 4분의 타임아웃 시간이 1분으로 줄어들 것이라고 말하는 것이었다. Donaldson과 동료들은 아동이 4분의 타임아웃 조건 지시보다 1분의 타임아웃 조건 지시에 더 순응하고, 타임아웃 장소에서 시간을 덜 보냈다고 하였다. 더욱이 타임아웃의 두 조건은 문제행동을 감소시키는 데 동일한 효과가 있었다.

반응대가

마티는 집에 돌아가 운동경기를 보기 위해 서둘러 쇼핑을 했다. 가게 앞에 주차를 할 곳이 없어서 그는 장애인 주차장에 차를 세웠다. 가까운 곳에는 주차장이 없었고 불과 몇 분 동안 쇼핑을 하려고 했다. 필요한 물건만 사고 차로 달려가 보니 250달러짜리 교통위반 딱지가 붙어 있었다. 그 이후로 그는 절대로 장애인 주차장에 차를 세우지 않았다. 불법주차에 대한 벌금은 반응대가(response cost) 절차의 예이다.

7세, 8세인 제이크와 제러미 형제는 자주 싸웠다. 게임을 먼저 하겠다고 싸우고, 장난감을 서로 가지겠다고 소리 지르고, TV 리모컨을 가지고 싸웠다. 그들의 부모는 싸움의 빈도를 감소시키기 위해 프로그램을 실시하기로 하였다. 두 소년 모두 매주 토요일에 2달러씩 용돈을 받았다. 부모는 그들이 서로 싸울 때마다 용돈에서 25센트씩 깎을 것이라고 말했다. 부모는 크게 다투는 것, 소리 지르거나 울기 혹은 밀기, 때리기와 같은 신체 대결을 싸움으로 정했다.

게시판에 차트를 붙여 놓고, 각각의 이름을 쓰고 8등분하여 싸움을 한 아이의 칸을 한 칸씩 지웠다. 부모는 싸움하는 것을 보거나 들을 때마다 그들에게 조용히 다가가 "네가 싸움을 했기 때문에 25센트를 깎았다. 더 이상 돈을 잃지 않도록 싸우지 말아라."하고 이야기하였다.

그리고 차트에서 한 칸을 지웠다. 또한 부모는 형제에게 의견이 달랐을 때 문제를 해결하고 타협하는 방법을 가르쳐 주고, 그들이 문제를 해결하거나 타협하는 것을 볼 때마다 칭찬을 했다. 몇 주 내에 제이크와 제러미는 훨씬 덜 싸웠고, 용돈은 거의 깎이지 않았다.

반응대가에 대한 정의

이 두 가지 예는 문제행동이 발생한 후 특정한 양의 강화인을 제거하는 **반응대가**(response cost)라는 행동 절차를 보여 준다. 반응대가는 미래에 문제행동이 발생할 가능성을 감소시키는 결과를 가져오는 부적 벌 절차이다. 마티는 장애인 주차구역에 차를 세워 250달러의 벌금을 냈다. 그 결과, 그는 불법주차를 훨씬 덜 하게 되었다. 제이크와 제러미는 문제행동인 싸움을 할 때마다 25센트씩 잃었다. 이것은 소년들의 문제행동 발생률을 감소시켰다.

반응대가 절차는 정부, 법 집행기관, 여러 시설에서 광범위하게 사용한다. 정부는 시민들의 행동을 통제하기 위해 정적 강화를 거의 사용하지 않는다. 세금을 내지 않거나 탈세를 하면 세무당국은 벌금을 부과한다. 불법주차를 하거나 속도를 위반하면 교통위반 딱지를 받게 되고 벌금을 내야 한다. 만일 부도 수표를 발행한다면 은행에 벌금을 내야 한다. 도서관에 책을 늦게 반납한다면 한동안 책을 빌릴 수 없다. 이러한 경우에서 벌금은 강화인(돈)을 잃는 것이고, 부적절한 행동을 할 가능성을 감소시키기 위해 부과된다. 사실상 돈은 모든 사람에게 강화인이고 쉽게 수량화할 수 있기 때문에 반응대가 절차에서 흔히 사용된다. 손실의 심각도(정도)는 부적절한 행동에 맞춰서 용이하게 조절될 수 있다. 반응대가 절차에서 사용하는 다른 강화인은 간식, 장난감, 토큰과 같은 유형의 물리적인 강화인 또는 자동차를 사용할 기회를 주거나, 영화를 보러 가거나, 게임을 하거나, 휴가를 가는 것과 같은 활동 강화인을 포함한다. 문제행동이 발생한 후에 취소할 수 있는 권리를 반응대가 절차에서 사용할 수 있다.

반응대가와 함께 차별강화 사용하기

문제행동을 감소시키기 위해 반응대가 절차를 사용한다면 바람직한 대체행동을 증가시키거나(DRA) 문제행동이 나타나지 않는 것을 강화하기(DRO) 위해 차별강화를 사용해야 한다. 앞에서 언급했던 것처럼 차별강화 절차는 벌이나 소거 절차와 같이 사용해야 한다.

반응대가, 타임아웃, 소거의 비교

반응대가, 타임아웃 및 소거 절차는 문제행동을 감소시키기 위해 사용된다는 점에서 유사하다. 그러나 다음과 같은 차이점이 있다.

- 소거에서는 이전에 문제행동을 유지시켰던 강화인을 더 이상 주지 않는다.
- 타임아웃에서는 그 사람이 문제행동을 한 후 모든 강화인에 접근하지 못하게 한다.
- 반응대가에서는 문제행동을 한 후 그 사람이 이미 가지고 있는 특정량의 강화인이 제거된다.

세 가지 절차 간의 구분은 다음의 예로 명료해질 수 있다.

조이는 취학 전 아이들과 책상에서 여러 가지 장난감과 비행기를 가지고 놀고 있다. 교사와 보조교사는 아이들과 놀며, 아이들을 도와주고 주기적으로 관심을 준다. 이 환경에서 강화인은 장난감, 비행기, 어른과 다른 아이들의 관심이다. 교실에서 조이는 방해행동을 했는데, 교사의 관심이 이 행동을 강화시켰다. 교사는 조이의 행동이 좋지 않은 이유를 설명하고 안아 주었으며, 잘 놀라고 말했다. 이것은 조이가 방해행동을 할 때마다 일어났다.

? 교사가 조이를 대상으로 소거, 타임아웃, 반응대가 절차를 어떻게 실시하는지를 기술하라.

소거에서 교사는 조이의 방해행동을 무시할 것이다. 교사의 관심은 문제행동에 대한 강화인으로, 교사가 그의 행동을 무시한다면 강화해 주지 않게 될 것이다. 조이의 방해행동이 증가하였고, 다른 친구에게 공격적이고 상처를 주기 때문에 이 경우 소거는 적절한 절차가 아니다. 타임아웃에서 교사는 조이를 테이블에 떨어져 복도에 있는 의자, 다른 방 혹은 방구석에 몇 분 동안 앉아 있게 한다. 테이블에서 떨어진 의자에 앉도록 하는 것은 조이가 그 환경에 있는 모든 강화인에 접근하지 못하게 한다. 타임아웃 동안 조이가 다른 아이들을 때릴 수 없기 때문에 타임아웃 절차는 적절하다.

반응대가에서 교사는 조이가 방해행동을 할 때마다 강화인을 제거할 것이다. 예를 들면, 교사는 조이가 방해행동을 할 때 잠깐 동안 그가 좋아하는 장난감을 빼앗을 수 있다. 좋아하는 장난감은 조이가 문제행동을 한 다음 제거할 수 있는 강화인이지만, 문제행동에 대한 강화인은 아니다. 문제행동에 대한 강화인은 관심이다. 장난감을 빼앗을 때 조이의 방해행동이 증가하는지 여부에 따라 반응대가가 적절한 절차가 될 수 있다.

반응대가 사용 시 고려사항

반응대가 절차를 성공적으로 사용하기 위해 여러 가지 문제를 고려해야 한다.

어떤 강화인을 제거할 것인가? 반응대가 절차에서 제거할 강화인과 강화량을 확인해야 한다. 강화인은 문제행동이 발생한 후 제거할 수 있으며, 치료자가 통제할 수 있는 것이어야 한다. 문제행동이 발생한 다음 강화인의 상실이 문제행동을 감소시킬 정도로 강화량이 충분히 커야 한다. 25센트는 아동에게는 큰 강화인이 될 수 있지만, 대부분의 성인은 속도위반 벌금이 25센트라면 속도를 줄이지 않을 것이다. 강화인을 확인한 다음, 강화인의 상실이 영구적인지 일시적인지를 결정해야 한다. 속도위반을 하여 벌금을 냈을 때 돈의 상실은 영구적이다. 그러나 때때로 강화인의 상실은 일시적이다. 예를 들면, 부모는 아동이 문제행동을 한 뒤 벌로 한 주 동안 자전거를 못 타게 할 수 있다. 일주일간 자전거를 못 타지만 결국 아동은 다시 자전거를 탈 수 있다.

강화인의 상실이 즉각적으로 일어나는가, 아니면 지연되어 일어나는가? 몇몇 사례의 반응대가 절차에서 강화인은 문제행동을 한 다음 즉각적으로 제거된다. 예를 들면, 교실에서 방해행동을 한 학생은 즉시 토큰을 빼앗긴다. 그러나 토큰강화 프로그램이 사용되지 않을 때에는 반응대가에서 강화인의 상실이 대개 지연된다. 속도위반에 대한 벌금을 나중에 내게 되고, 아동은 주말에 용돈을 못 받게 된다. 어떤 아동은 그날 오전에 한 문제행동에 대한 대가로 그날 오후 활동에 참여할 기회를 잃게 된다.

강화인의 상실은 보통 지연되지만, 문제행동을 한 사람은 그 행동을 한 직후에 강화인의 상실에 대한 이야기를 듣는다. 또한 어떤 경우에는 지연된 강화의 상실과 함께 즉각적인 결과가 발생한다. 예를 들면, 제이크와 제러미의 부모는 용돈의 상실을 상징화하기 위해 차트에서 한 칸에 × 표시를 한다. 속도위반을 한 사람은 나중에 상실하게 될 돈의 지표로 교통위반 딱지를 받는다. 또 휴식의 상실을 지적하기 위해 칠판에 있는 학생의 이름 옆에 × 표시를 한다. 강화인 상실에 대해 즉각적으로 언급하는 것과 상징적인 제시는 실질적인 강화인의 상실과 짝지어지기 때문에 조건벌이 된다.

만일 심한 지적 결함을 가진 사람들을 대상으로 반응대가를 사용한다면 즉각적인 강화 상실을 사용하는 것이 바람직하다. 이러한 사람들에게 문제행동과 강화 상실 간의 지연은 반응대가의 효과를 줄어들게 할 수 있다. 따라서 심한 지적장애를 가진 사람들에게 반응대가를 사용한다면 토큰강화 프로그램을 함께 사용해야 한다. 토큰 프로그램에서 사람들은 바람직한 행동에 대한 강화인으로 토큰을 받을 수 있고, 문제행동이 발생하면 즉시 토큰을 상실할 수 있다.

강화인 상실은 윤리적인가?   반응대가 절차에서 강화인의 제거가 사람들이 받아야 할 권리를 침해하거나 사람들에게 해를 끼쳐서는 안 된다. 부모가 아동의 문제행동의 결과로서 장난감이나 다른 소유물을 빼앗을 수는 있지만, 치료 프로그램에서 성인의 개인적 소유물을 빼앗는 것은 그 사람의 권리를 침해하는 것이다. 또한 치료 프로그램에서 아동이나 성인이 정상적으로 이용할 수 있는 음식을 주지 않는 것도 그 사람의 권리를 침해하는 것이다. 부모는 반응대가 프로그램에서 문제행동에 대한 결과로 후식이나 간식을 못 먹게 할 수 있지만, 아동에게 해를 끼칠 수 있는 영양 필수물을 박탈해서는 안 된다.

반응대가는 실제적이고 수용 가능한가?   반응대가 절차는 실제적이어야 한다. 치료자는 그 절차를 시행할 만한 능력이 있어야 한다. 반응대가 절차는 문제행동을 가진 사람을 낙인찍거나 곤란하게 해서는 안 된다. 이 절차를 시행하는 치료자는 문제행동을 감소시키는 데 있어서 반응대가 절차가 수용할 만한 방법이라는 것을 알고 있어야 한다. 반응대가 절차가 실제적이지 않거나, 이 절차가 수용할 만한 방법이 아니라는 것을 치료자가 알게 된다면, 치료자는 대안적인 절차를 고려해야만 한다.

반응대가 사용 시 고려사항

- 어떤 강화인을 제거할 것인가?
- 강화인의 상실이 즉각적으로 일어나는가, 아니면 지연되어 일어나는가?
- 강화인 상실은 윤리적인가?
- 반응대가는 실제적이고 수용 가능한가?

반응대가 절차 평가에 대한 연구

많은 연구가 다양한 모집단에서 발생하는 많은 문제행동에 대해 실시한 반응대가 프로그램을 평가해 왔다. 반응대가는 가족이 쇼핑할 때 아동의 잘못된 행동(Barnard, Christophersen, & Wolf, 1977), 정신과 장기 입원 환자들의 부적절한 행동(Doty, McInnis, & Paul, 1974), 어린아이의 수면 문제(Ashbaugh & Peck, 1998), 지적장애 아동과 청소년의 수면 문제(Piazza & Fisher, 1991), 과잉행동 아동의 과제에서 벗어난 행동(Rapport, Murphy, & Bailey, 1982), 부모의 말을 듣지 않는 행동(Little & Kelley, 1989), 손가락 빨기와 머리카락 뽑기(Long, Miltenberger, & Rapp, 1999; Long, Miltenberger, Ellingson, & Ott, 1999), 교실에서의 방해행동(Barrish, Saunders, & Wolf, 1969; Conyers, Miltenberger, Maki, et al., 2004), 대학생의 언어장애(Siegal, Lenske, & Broen, 1969)를 감소시키기 위해 사용되어 왔다. 반응대가 절차에 대한 많은 다른 평가들을 더 자세히 기술하면 다음과 같다.

Marholin과 Gray(1976)는 반응대가 레스토랑의 현금 부족량에 미치는 영향에 관해 연구하였다. 반응대가가 실시되기 전에 레스토랑은 매일 그날 수입의 평균 4%에 해당하는 현금이 부족했다. 6명의 회계원이 연구에 참여했다. 반응대가 중재 동안 마감시간의 부족분을 계산하여 부족분이 1%를 넘으면 그것을 그날의 회계원과 영수증을 계산한 사람이 분담하였다. 집단 반응대가조건 동안 매일 현금 부족이 1% 미만으로 감소되었다([그림 17-4] 참조).

Aragona, Cassady와 Drabman(1975)은 아동과 부모를 대상으로 한 체중 조절 프로그램의 요소로 반응대가를 사용했다. 부모와 아동들은 12주간의 집단 모임에 참여했다. 모임에서 그들은 칼로리 섭취를 관리하고 운동을 시작하고 유지하는 여러 가지 기술을 배웠다. 체중 조절 프로그램을 시작할 때 부모들은 연구자에게 약간의 돈을 맡겼다. 반응대가 프로그램에서 그들은 매주 모임에 참석하지 않거나, 차트와 그래프를 가져오지 않거나, 아이가 그 주에 계약한 체중을 줄이지 못하면 돈의 일부를 잃었다. 12주 동안 모든 아동의 체중이 줄었다. 이 연구에서 연구자들은 체중 감소에 수반하여 반응대가를 사용하였는데, 이것은 여러 가지 행동의 결과이다. 보통 특정한 행동에 수반한 반응대가를 실시하는 것이 더 효과적이라는 점을 주목하라.

McSweeny(1978)는 대도시의 전 시민을 대상으로 실시한 반응대가의 예를 보고하였다. 1974년 이전에 신시내티와 오하이오의 안내전화는 무료였다. 1971년부터 1973년까지 매일 전화 교환원이 7~8만 건의 안내전화를 받았다. 1974년에 전화회사는 안내전화에 20센트의

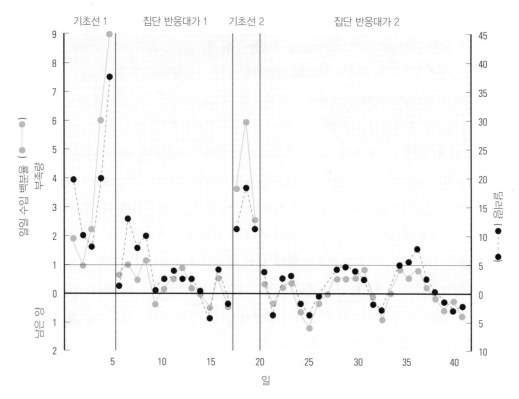

[그림 17-4] 이 그래프는 작은 사업체에서 금전등록기의 현금 부족에 관한 반응대가의 효과를 나타낸다. 점선은 그날 마감시간에 금고에 들어 있을 것으로 기대되는 돈을 보여 주고, 직선은 마감시간까지 판매한 퍼센트를 보여 준다. 마감시간에 부족분이 1% 이상이었을 때 반응대가를 실시했다. A-B-A-B 설계로 실시하였고, 반응대가를 실시한 후 기초선보다 부족분이 감소되었다.

출처: Marholin, D., & Gray, D. (1976). Effects of group response cost procedures on cash shortages in a small business. *Journal of Applied Behavior Analysis, 9*, 25-30.

요금을 부과하였고, 매일 2만 건 정도가 감소하여 5~6만 건으로 줄어들었다. 전화 사용자에게 안내전화를 통해 전화번호를 안내받는 데 돈을 지불하도록 했을 때 그 행동이 감소되었고, 전화번호책을 이용하는 대체행동이 증가하였다.

📑 요약

1. 타임아웃에서 문제행동을 한 사람은 문제행동에 수반하여 모든 강화인에 접근하지 못하게 한다. 타임아웃은 부적인 벌의 형태로 작용한다.

2. 비배제 타임아웃에서 문제행동을 한 사람은 문제행동이 발생했던 환경에 남아 있으면서 모든 강화인에서 제외된다. 배제 타임아웃에서 문제행동을 한 사람은 그 환경을 떠나 타임

아웃 장소로 간다.

3. 반응대가에서 문제행동을 한 사람은 문제행동을 한 후 특정 강화량을 상실한다. 문제행동을 한 즉시 강화인이 제거되고, 미래에 문제행동을 할 가능성이 적어진다.

4. 벌 절차로 감소된 문제행동 대신에 바람직한 대체행동을 강화시키기 위해 타임아웃이나 반응대가와 함께 강화가 사용된다.

5. 타임아웃이 효과적이기 위해서 타임인 환경이 강화적이어야 한다. 타임아웃은 도피나 감각자극에 의해 유지되는 문제행동을 다루는 데는 적절하지 않다. 타임아웃은 실제적이고 안전하며, 보호자가 수용할 수 있고 기간이 짧아야 한다. 타임아웃에서는 도피와 타임아웃 동안 아동과의 상호작용이 방지되어야 한다. 반응대가가 성공적이기 위해서 치료자는 제거되어야 하는 강화인을 통제해야 한다. 또한 강화인이 그 사람의 권리를 침해하거나 해를 끼치는 결과를 초래한다면 제거해야 한다. 치료자는 반응대가 절차 동안 제거해야 할 적절한 강화인을 선택해야 하고, 강화의 상실이 즉각적인지 지연될 것인지를 결정해야 한다. 반응대가는 실제적이고 보호자가 수용할 수 있어야 한다.

✎ 핵심용어

반응대가(response cost)

배제 타임아웃(exclusionary time-out)

비배제 타임아웃(nonexclusionary time-out)

유관관찰(contingent observation)

정적 강화인으로부터의 타임아웃(time-out from positive reinforcement)

타임인(time-in)

타임아웃(time-out)

제18장

정적 벌 절차와 윤리적 문제

주요 학습문제

- 혐오활동의 적용이란 무엇인가?
- 혐오활동의 적용에 포함된 다섯 가지 정적 벌 절차는 무엇인가?
- 혐오자극의 적용이란 무엇인가?
- 정적 벌 절차를 이용하기 전에 어떤 문제들을 고려해야 하는가?
- 벌 절차 이용 시 어떤 윤리적 문제가 있는가?

    제17장에서는 부적 벌 절차인 타임아웃과 반응대가를 논의하였는데, 이러한 것들은 문제 행동이 발생했을 때 강화가 되는 사상들을 제거하는 것이다. 이 장에서는 문제행동을 감소시 키기 위한 정적 벌 절차의 사용에 대해 기술하고자 한다. 정적 벌은 문제행동의 발생에 수반 하여 혐오적인 것을 주는 것으로 미래에 문제행동의 발생 가능성을 감소시킨다. 제17장에서 기술했던 것처럼 벌, 특히 정적 벌의 사용은 논란이 많다. 벌을 사용하기 전에 항상 기능적이 고 비혐오적인 치료 접근을 사용해야 하고, 벌과 함께 강화 절차를 사용해야 한다. 벌 절차 사용 시의 윤리적인 고려사항은 이 장의 뒷부분에서 논의할 것이다.

    혐오사상의 두 가지 주요 범주인 혐오활동과 혐오자극의 적용은 정적 벌 절차에 사용된다 (Sulzer-Azaroff & Mayer, 1991).

혐오활동의 적용

어느 토요일 아침, 5세의 앨리슨이 크레용으로 색칠놀이를 하고 있었다. 앨리슨의 아버지는 다른 방에서 바쁘게 움직이고 있었다. 앨리슨은 아버지가 공원에 데려가 주지 못하게 된 것에 대해 화가 나 있었다. 앨리슨은 부엌의 하얀 벽에 크레용으로 낙서를 하기 시작했다. 한쪽 벽에 색칠을 많이 하였고, 아버지가 이것을 보았다. 앨리슨은 울기 시작했고, 잘못했다고 말했다. 아버지는 조용히 앨리슨에게 다가가서, "벽에 낙서를 했으니 이제 이것을 깨끗이 지워라."라고 단호한 목소리로 말했다. 아버지는 세제와 물을 가지고 낙서한 벽으로 앨리슨을 데리고 가서 걸레를 주면서 벽을 닦으라고 하였다. 아버지는 그곳에 서서 아무 말도 하지 않고 앨리슨이 벽을 닦는 것을 지켜보기만 하였다. 아버지는 그녀의 불평을 무시했고, 앨리슨이 닦는 것을 멈추면 그녀에게 다가가 계속 닦도록 하였다. 앨리슨이 벽에 있는 크레용 낙서를 지웠을 때, 아버지는 다른 벽으로 데리고 가서 그 벽을 지우라고 하였다. 그리고 앨리슨이 하던 것을 멈추면 다시 하라는 말 외에는 상호작용을 하지 않았다. 15분 동안 청소를 시킨 후에 아버지는 앨리슨이 했던 일에 대해 이야기하고 다시 놀게 하였다. 이러한 절차를 실시한 결과, 앨리슨은 훗날 화가 났을 때 벽에 낙서를 덜 하게 되었다.

새벽 2시에 사이먼이 잠자리에서 오줌을 싸자마자 버저가 울려 사이먼을 깨웠다. 침대 시트 밑에 넣어 둔, 오줌을 감지할 수 있는 감지기에서 소리가 났다. 버저 소리에 잠을 깬 사이먼의 어머니는 사이먼의 방으로 가서 사이먼에게 잠옷을 갈아입고 시트를 바꾸게 하고, 세탁실로 사이먼을 데리고 가서 패드를 닦고 시트를 빨라고 하였다. 사이먼이 일을 마치자 어머니는 사이먼에게 잠자리에서 일어나 화장실에 가는 것을 연습시켰다. 어머니의 지시에 따라 사이먼은 침대에 들어갔다가 일어나 화장실로 가서 변기 앞에 섰다. 사이먼이 연습을 마친 후에 내일은 잠자기 전에 일어나서 화장실 가는 것을 잊지 말라고 말하고 잠자리에 들게 하였다. 이러한 절차를 실시한 몇 주 후에 사이먼은 침대에 오줌을 싸지 않게 되었다.

이 두 가지 예에서 문제행동은 **혐오활동을 적용**(application of aversive activities)한 이후에 감소되었다. 문제행동을 하였을 때 아동은 혐오활동을 하였다. 그 결과, 문제행동이 미래에 일어날 가능성이 줄어들었다. 혐오활동은 그 사람이 평상시에 잘하지 않는 행동이다. 앨리슨에게 있어서 혐오활동은 벽을 닦는 것이고, 사이먼에게는 침대에서 일어나 화장실에 가는 것을 연습하는 것이다. 이러한 형태의 정적 벌은 프리맥 원리에 기초를 두고 있는데, 이것은 높은 확률의 행동(문제행동)을 한 다음에 낮은 확률의 행동(혐오활동)을 하도록 요구했을 때, 높은 확률의 행동이 미래에 감소할 것이라는 원리이다(Miltenberger & Fuqua, 1981).

혐오자극은 벌이 될 수 있는 환경적 사상이지만, 혐오활동은 다른 행동에 대해 벌이 될 수 있는 행동이다. 사람들은 혐오활동을 피하려고 한다. 그 결과, 치료자들은 흔히 문제행동을 하였을 때 혐오활동을 하도록 신체안내를 해야 한다. 앨리슨이 벽을 닦는 것에 대해 불평을 하고 그만두려고 하는 것으로 보아, 벽을 닦는 것은 혐오활동임이 분명하다. 앨리슨의 아버지는 앨리슨이 벽을 닦도록 하기 위해 신체안내를 이용하였다. 사이먼이 밤에 화장실에 가는 연습을 반복하는 것에 대해 불평하는 것으로 보아, 이것 역시 혐오활동이라는 것을 시사한다. 사이먼의 어머니는 이러한 행동 연습이 혐오적이더라도 그 행동을 멈추지 못하도록 지시하였다.

정적 벌로서 혐오활동을 적용할 때, 치료자는 내담자로 하여금 문제행동을 한 후 바로 혐오활동을 하도록 지시해야 한다. 만일 내담자가 명령에 따라 그 활동을 하지 않는다면 치료자는 그것을 하도록 신체안내를 해야 한다. 실제로 내담자는 지시 다음에 오는 신체안내를 피하기 위해 지시에 따라 활동을 해야 한다. 예를 들어, 앨리슨이 벽을 닦는 것을 그만두면 아버지는 계속해서 벽을 닦도록 즉시 신체안내를 했다. 그 결과, 앨리슨은 아버지가 하는 신체안내를 피하기 위해 지시를 받았을 때 계속해서 벽을 닦았다.

다양한 정적 벌 절차는 다음과 같은 여러 가지 혐오활동을 이용한다.

과잉교정법

과잉교정법(overcorrection)은 시설에서 지적장애인들이 보이는 공격적이고 방해적인 행동을 감소시키기 위해 Foxx와 Azrin(1972, 1973)에 의해 개발되었다. 과잉교정법은 내담자들이 문제행동을 할 때마다 긴 시간 동안 힘든 행동을 하게 한다. 과잉교정법에는 정적 연습과 복원으로 두 가지 방법이 있다.

정적 연습 정적 연습(positive practice)에서 내담자는 문제행동의 예에 따라 교정된 형태의 관련 행동을 해야 한다. 내담자는 필요하다면 긴 시간 동안(5~15분) 신체안내하에 교정행동을 하거나 교정행동을 여러 번 반복한다. 이것은 정적 연습에서 내담자가 교정행동을 여러 번 하기 때문에 과잉교정 절차라고 한다. 정적 연습은 사이먼의 예에서도 사용되었다. 그는 문제행동이 발생함(침대에 오줌을 싸는 것)에 따라 침대에서 일어나 화장실에 가는 교정행동을 열 번씩 연습해야 했다.

　다른 예를 고려해 보자. 1학년 학생이 선생님에게 제출한 쓰기 숙제에서 철자법을 많이 틀렸다고 가정하자. 학생은 숙제를 급하게 하고 부주의해서 실수를 하였다.

　? 교사는 이 학생이 철자법 오류를 줄이기 위해 정적 연습 과잉교정법을 어떻게 실시할 것인가?

　교사는 숙제에서 철자가 틀린 부분을 표시하여 학생에게 돌려주고 철자가 틀린 글자를 열 번씩 써 오라고 하였다. 철자법을 교정하기 위한 반복적인 연습은 정적 연습의 예이다. 왜냐하면 이 혐오활동은 철자법이 틀리면 하는 것이므로 앞으로 숙제에서 철자법 오류가 줄어들 것이기 때문이다.

　주로 지적장애인들을 대상으로 문제행동을 감소시키기 위해 사용한 정적 연습 과잉교정법의 효과가 입증되었다(Foxx & Bechtel, 1983; Miltenberger & Fuqua, 1981). 예를 들면, Wells, Forehand, Hickey와 Green(1977)은 10세의 심한 지적장애 소년 2명의 상동행동(부적절한 대상 조작과 다른 반복적인 신체 움직임)을 수정하기 위해 정적 연습을 평가하였다. 소년들 중 1명이 놀이방에서 문제행동을 할 때마다 교사들은 그 소년이 장난감을 적절하게 가지고 놀도록 하기 위해 2분 동안 신체안내하에 정적 연습을 실시하였다. 정적 연습은 두 소년의 문제행동을 0점까지 감소시켰다.

　복원　복원(restitution)은 문제행동의 발생에 따라 내담자가 문제행동의 환경적 결과를 바로잡고, 문제행동 전보다 더 나은 조건으로 환경을 복원시키는 절차이다. 내담자가 복원 활동을 하도록 필요에 따라 신체안내가 사용된다. 내담자는 문제행동의 환경적 결과를 과잉교정한다.

　복원은 앨리슨의 예에서도 사용되었다. 앨리슨이 벽에 크레용으로 낙서를 했을 때 아버지는 앨리슨에게 벽에 한 낙서와 부엌의 또 다른 벽도 깨끗이 하게 하였다. 이 벌은 문제행동으로 일어난 손실을 넘어선 것이다. 다른 예에서는 사이먼에게 단순교정 절차를 사용하였다. 즉, 젖은 시트를 치우고, 옷을 갈아입고, 세탁을 하고, 침대를 깨끗한 시트로 갈게 하였다. 이것은 과잉교정을 포함하지는 않지만 문제행동의 환경적 결과를 교정했다.

　행동장애 학생이 교실에서 혼자 벌을 받는 동안 책상을 넘어뜨리고 감정 폭발을 한 예를 고려해 보자.

? 이 학생을 대상으로 교사가 어떻게 복구 절차를 실시할 것인지를 기술하라.

　교사는 학생에게 책상을 제자리에 놓도록 시킬 것이다. 또한 교실에 있는 책상의 줄을 모두 맞추도록 할 것이다. 이러한 방식으로 그 학생은 자신이 일으킨 문제를 교정하고, 문제행동 전보다 더 좋은 조건으로 교실 환경을 복원시킬 것이다.

　또한 지적장애인들의 문제행동을 감소시키기 위한 복원의 효과를 입증한 연구가 있다(Foxx & Bechtel, 1983; Miltenberger & Fuqua, 1981). 복원은 지적장애 성인들을 대상으로 오줌 싸는 것을 감소시키기 위한 배변 훈련 프로그램의 일부로 사용되었다(Azrin & Foxx, 1971). 또한 음식을 훔치는 것을 막고(Azrin & Wesolowski, 1975), 공격적인 방해행동과 자기자극 행동을 감소시키기 위해(Foxx & Azrin, 1972, 1973) 사용해 왔다. Foxx와 Azrin(1973)이 얻은 몇 가지 결과가 [그림 18-1]에 요약되어 있다.

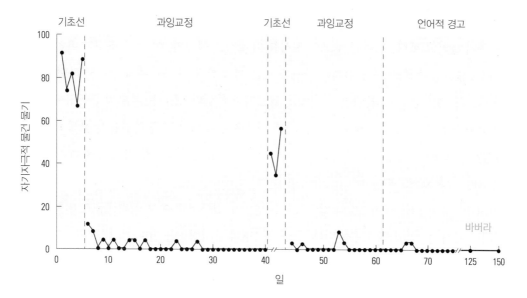

[그림 18-1] 이 그래프는 8세의 심한 정신지체 소녀 바버라가 보이는 문제행동(물건을 무는 것)을 감소시키기 위해 과잉교정법을 이용하여 얻은 결과이다. 과잉교정절차는 물건을 무는 행동을 했을 때 2분 동안 소독 치약으로 이를 닦고 수건으로 입을 닦는 것이다. 이 절차들은 물건을 무는 것의 효과를 교정하기 위해 구강을 청결하게 하도록 하였다. 연구자들이 A-B-A-B 연구설계를 이용하여 과잉교정 절차를 실시했을 때 문제행동은 즉각 낮은 수준으로 감소되었고 실제로 제거되었다. 이러한 문제행동의 즉각적인 감소는 전형적인 벌의 효과이다. 마지막 단계에서 문제행동이 언어적 경고만을 사용했을 때도 거의 없어진 것을 주목하라. 경고는 과잉교정과 짝지어져 있기 때문에 조건적 벌로 발달되었다.

출처: Foxx, R. M., & Azrin, N. H. (1973). The elimination of autistic self-stimulatory behavior by overcorrection. *Journal of Applied Behavior Analysis, 6*, 1-14.

유관연습

유관연습(contingent exercise)은 혐오활동을 적용한 또 다른 정적 절차이다. 유관연습 절차는 내담자가 문제행동을 하는 경우에 신체연습을 하도록 하는 것이다(Luce, Delquadri, & Hall, 1980; Luce & Hall, 1981). 그 결과, 미래에 문제행동의 발생 가능성을 감소시킨다. 유관연습은 혐오활동 면에서 과잉교정과 다르다. 과잉교정에서 혐오활동은 문제행동과 관련된 교정행동(정적 연습)이거나 문제행동에 의해 야기된 환경 훼손을 교정하는 행동(복원)이다. 이와 대조적으로 유관연습에서의 혐오활동은 문제행동과 무관한 신체연습을 포함한다. 연습은 내담자가 피해 없이 수행할 수 있는 신체활동이어야 한다. 혐오활동을 적용한 과잉교정과 다른 절차들에서처럼 내담자가 유관연습을 하도록 필요하다면 신체안내를 사용한다. 다음의 예를 보자.

조니는 동생들에게 욕을 함으로써 부모의 관심을 받았다. 부모는 조니에게 동생들한테 욕을 하지 말라고 했다. 조니는 부모의 지시를 따르기로 했지만, 어느 날 조니가 욕하는 것을 아버지가 보았다. 아버지는 걸레와 창문을 닦는 세제 한 병을 조니에게 주면서 하던 것을 즉시 멈추고 10분 동안 집 안에 있는 창문을 닦으라고 하였다. 조니는 부모의 감독하에 마지못해 창문을 닦았다. 조니가 창문을 닦고 나자 아버지는 조니가 욕을 하였을 당시에 하던 것을 계속하라고 했다. 이러한 유관연습 절차를 실시했을 때, 조니는 즉시 거의 욕을 하지 않게 되었다(Fisher & Neys, 1978).

Luce와 동료들(1980)은 2명의 발달지체 소년이 교실에서 보이는 공격행동과 위협을 감소시키기 위해 유관연습을 사용하였다. 소년 중 1명이 문제행동을 할 때마다 교사는 그 학생에게 앉았다 일어서기를 연속적으로 열 번씩 시켰다. 교사는 그 소년에게 앉았다 일어서기를 반복하라고 말했고, 필요할 때 그 행동에 대해 신체안내를 하였다. 두 소년의 문제행동은 낮은 수준으로 감소되었다.

순응지도

어떤 사람이 순응 상황(활동을 하라고 지시를 받는)에서 문제행동을 할 때, **순응지도**(guided compliance)는 문제행동을 감소시키기 위한 정적 벌 절차로 사용될 수 있다. 순응지도 절차에서 사람들은 문제행동을 한 다음 교육과제와 같은 지시한 활동을 하도록 신체안내를 받는다. 대부분의 사람에게 있어서 비순응 상황에서의 신체안내는 혐오싸생이다. 지시한 활동을 하도록 하는 신체안내는 문제행동이 발생한 후에 주어지기 때문에 문제행동에 대한 벌로 작용한다. 신체안내가 특정한 내담자에게 벌이 아니라면 그 내담자에게는 순응지도를 사용하지 못할 것이다. 그러나 한 번 시작된 신체안내는 그 사람이 지시한 활동을 따르기 시작하면 철회한다. 지시한 활동을 하기 시작하면 신체안내가 철회되기 때문에 순응은 부적으로 강화된다. 순응지도는 두 가지 기능을 한다. 혐오자극(신체안내)은 문제행동을 한 다음 적용되기 때문에 문제행동에 대한 정적 벌이며, 혐오자극은 순응 후에 제거되기 때문에 지시한 활동의 순응이 부적으로 강화된다. 더욱이 문제행동에 지시한 활동의 도피에 의해 부적으로 강화된다면 순응지도 절차는 강화인(도피)을 제거하며, 정적 벌과 부적 강화뿐 아니라 소거를 포함한다. 다음 예를 고려해 보자.

8세의 린지에게 저녁에 손님들이 도착하기 전에 거실에 있는 장난감을 정리하도록 요청했을 때 린지는 TV를 보고 있었다. 그런데 린지는 투덜거리며 부모와 다투고 계속해서 TV만 보았다. 아버지는 린지에게 다가가서 장난감을 정리하라는 요청을 반복했다. 그러고 나서 린지를 장난감이 흩어져 있는 거실로 데리고 가 장난감을 줍도록 일일이 지도하였다. 아버지는 린지의 불평을 무시하고, 린지가 신체안내 없이도 장난감을 줍기 시작하자마자 린지의 손을 놓고 계속해서 스스로 장난감을 줍게 하였다. 린지가 장난감 정리를 마치자, 아버지는 린지를 칭찬하고 돌아가서 TV를 보게 하였다. 린지가 순응하지 않을 때마다 부모가 이런 절차를 이용한다면, 린지는 부모가 요청할 때 문제행동을 덜 하고 부모의 요청을 따르게 된다.

정적 벌

선행사건	행동	결과
아버지가 린지에게 장난감을 주우라고 말한다.	린지는 투덜거리고 말다툼을 한다.	아버지는 신체적으로 순응을 지도한다.

성과: 미래에 린지는 아버지가 요청했을 때 투덜거림과 말다툼을 덜 할 것이다. 왜냐하면 이런 문제행동 다음에는 신체안내가 뒤따르기 때문이다.

Handen과 동료들(Handen, Parrish, McClung, Kerwin, & Evans, 1992)은 지적장애 아동의 비순응을 감소시키기 위해 순응지도의 효과를 평가하였다. 훈련자가 지시를 했는데 아동이 순응하지 않았을 때, 훈련자는 아동의 손을 잡고 지시한 활동을 수행하도록 안내해야 한다. 또한 연구자들은 타임아웃을 연구했는데, 순응지도와 타임아웃의 연구에 참여한 아동들의 비순응을 감소시키는 데 같은 효과가 있다는 것을 발견하였다.

신체구속

신체구속(physical restraint)은 문제행동에 따라 치료자가 행동에 관련된 내담자의 신체 부분을 움직일 수 없도록 하는 벌 절차이다. 그 결과, 내담자가 문제행동을 계속하지 못하도록 신체를 구속한다. 예를 들면, 지적장애 학생들이 공격행동(옆에 앉아 있는 학생을 때리는 것)을 할 때 교사는 1분 동안 학생의 팔을 잡고 있을 수 있다. 신체를 구속하였을 때, 그 학생은 문제행동이나 다른 행동을 할 수 없다([그림 18-2] 참조). 교사는 신체구속을 적용하는 동안 학생과 상호작용하지 않았다.

많은 사람에게 있어 움직이지 못하게 하는 것은 혐오사상이 되고, 신체구속은 벌로 작용한다. 그러나 어떤 사람들에게 신체구속은 강화로 기능한다(Favell, McGimsey, & Jones, 1978). 따라서 신체구속의 사용을 계획하기 전에 특정한 사람에게 신체구속이 벌로 기능하는지, 강화인으로 기능하는지를 결정하는 것이 중요하다.

신체구속의 한 가지 변형은 **반응차단**(response blocking)으로, 치료자는 반응을 신체적으로 차단함으로써 문제행동의 발생을 막는다(Lerman & Iwata, 1996a). 내담자가 문제행동을 시작

[그림 18-2] 어떤 학생이 다른 학생을 때릴 때 교사는 1분 동안 그 학생의 손을 아래로 잡는 신체구속을 적용한다. 그 학생은 강화활동에도 참여할 수 없고, 이 시간 동안은 교사에게 관심도 받을 수 없다.

하자마자 치료자는 그 반응을 못하도록 막는다. 예를 들어, 지적장애 학생이 손을 입에 넣는 행동, 즉 엄지손가락을 빠는 것과 같은 행동을 한다고 가정해 보자. 이러한 경우 반응차단은 손을 입에 가져가자마자 교사가 입에 손을 넣는 것을 막기 위해 학생의 입 앞에서 손을 잡는 것을 말한다(Reid, Parsons, Phillips, & Green, 1993). 또한 반응차단은 간단한 구속과 함께 사용된다. 이 경우에 치료자는 반응을 차단하고 짧은 시간 동안 신체구속을 이용한다(Rapp et al., 2000).

Shapiro, Barrett와 Ollendick(1980)는 3명의 지적장애 소녀가 입에 손을 넣는 행동을 치료하는 방법으로 신체구속을 평가하였다. 소녀들이 입에 손을 넣을 때마다 훈련자는 입에서 손을 빼 테이블 위에 놓고 30초 동안 신체적으로 구속하였다. 이 절차는 세 소녀가 보이는 문제행동을 감소시켰다. 또한 간단한 신체구속은 지적장애인들의 이식증(음식이 아닌 것을 먹는 것)에 대한 효과적인 중재로 이용되어 왔다(Bucher, Reykdal, & Albin, 1976; Winton & Singh, 1983). 이식증과 같은 행동에는 사람이 먹을 수 없는 음식을 입으로 가져가지 못하도록 반응을 막고 간단한 구속을 이용하는 것이 더 좋다.

혐오활동 적용 시 주의사항

정적 벌 절차에 적용될 수 있는 다양한 혐오활동에 관한 이전의 논의를 보면 이러한 절차를 실시할 때 치료자와 내담자 간의 신체 접촉이 요구된다. 치료자는 보통 혐오활동을 통해 내담자에게 신체안내를 해야 하기 때문에 여러 가지 주의를 해야 한다.

- 혐오활동의 적용은 치료자가 신체안내를 제공할 수 있을 때만 사용해야 한다.
- 치료자는 내담자가 신체안내에 저항할 수 있다는 것을 예상하고, 내담자가 저항할 때 이 절차를 수행할 수 있다는 확신이 있어야 한다.
- 치료자는 이 절차에 포함된 신체안내가 내담자에게 강화되지 않는다는 것을 확신해야 한다. 만일 이러한 신체 접촉이 강화된다면, 이 절차는 벌로 기능하지 않을 것이다.
- 치료자는 내담자나 치료자에게 아무런 해를 끼치지 않고 이 절차를 수행할 수 있다고 확신해야 한다. 이러한 절차를 실시하는 동안 내담자가 치료자에게 저항하거나 내담자와 치료자에게 상처를 줄 위험이 있을 때 특히 중요하다.

더 읽을거리

> **응급대책으로서 신체구속 이용하기**
>
> 이 장에서 논의되었듯이, 신체구속은 문제행동을 감소시키기 위해 시행하는 행동수정 절차이다. 신체구속은 정적 벌로 기능하기 때문에 문제행동을 감소시킨다. 신체구속을 사용하기 전에, 치료자는 충실히 절차를 시행하고, 이 절차가 문제행동을 감소시킬 수 있음을 보여 줄 수 있게 훈련되어 있어야 한다. 그러나 때로 치료자는 내담자(혹은 다른 이들)가 자해나 공격행동과 같은 위험한 행동을 할 때 그들의 안전을 지키기 위해서 신체구속을 응급대책으로 사용한다. 응급대책으로서 신체구속의 사용은 자해나 타인에게 해를 입히는 것으로부터 내담자를 막는 것을 의도한다. 그러나 신체구속의 사용은 내담자가 구속에 활발히 저항함으로써 더 극심한 공격행동을 일으킴에 따라 상해의 위험이 증가할지도 모른다. 신체구속의 응급 사용이 부정확하게 사용된다면 내담자나 치료자에게 심각한 상해를 입힐 수 있기 때문에, 치료자는 응급대책으로서 언제, 그리고 어떻게 사용할 것인지 훈련되어야 한다(그리고 그들이 잘 훈련된 이후에만 사용해야 한다). 이뿐만 아니라 단체, 학교, 혹은 관할권(예: 주)은 신체구속의 사용에 대해 종종 규칙, 규정 혹은 법을 가지며, 치료자는 절차를 사용하기 전에 그에 맞는 훈련이 되어야 한다.

혐오자극의 적용

어떤 심한 지적장애 여성이 이를 가는 행동을 하였다. 이 행동은 큰 소리가 나고 이를 손상시킬 정도로 심했다. 치료자는 그녀가 이를 갈 때마다 입에 얼음 조각을 넣었다. 그녀는 이 얼음 조각을 6~8초 동안 입에 물고 있어야 한다. 그 결과, 이를 가는 빈도가 크게 줄어들었다(Blount, Drabman, Wilson, & Stewart, 1982).

6개월 된 유아가 저체중과 영양실조로 병원에 입원했다. 유아는 먹는 즉시 토하는, 생명을 위협하는 행동을 계속하였다. 아이는 방금 전에 먹었던 음식이 거의 없어질 때까지 수유 후에 20~40분 동안 이러한 행동을 반복하였다. 아이가 의학적인 도움 없이 이러한 행동을 계속한다면 죽게 될 것이다. 병원에서 한 심리학자는 벌 절차를 실시했는데, 그는 간호사에게 아이가 토하기 시작할 때 입에 소량의 레몬 주스를 넣어 주라고 지시하였다. 신 레몬 주스가 입에 들어갔을 때, 아이는 얼굴을 찌푸리고 입맛을 다시며 토하는 것을 멈추었다. 아이가 다시 토하기 시작할 때, 간호사는 다시 소량의 레몬 주스를 입에 넣어 주었다. 이러한 벌은 아이가 수유 후 토하기 시작할 때 실시하였고, 생명을 위협하는 토하는 행동이 제거되었다. 병원에 입원해 있는 동안 아이는 점차 체중이 늘었고 몇 달 후에 퇴원하였다(Sajwaj, Libet, & Agras, 1974).

이 두 가지 예는 심각한 문제행동을 감소시키기 위해 혐오자극을 적용한 **정적 벌 절차** (application of aversive stimulation)를 보여 준다. 앞의 예에서는 혐오자극이 얼음 조각이었고, 두 번째 예에서는 신 레몬 주스였다. 혐오활동의 적용에서는 내담자가 문제행동에 따라 특정한 행동을 해야 하는 반면에, 혐오자극의 적용에서는 문제행동 후에 혐오자극을 받는다. 문제행동이 혐오자극을 가져오면 그 행동이 미래에 발생할 가능성은 줄어든다. 여러 가지 혐오자극이 정적 벌 절차에 사용되었다. 혐오자극은 전기 충격, 암모니아 향, 얼굴에 물 뿌리기, 얼굴 가리기, 소음, 비난 등이 있다.

전기 충격은 자해행동과 같은 심한 문제행동에 대한 벌로 사용되어 왔다. Linscheid, Iwata, Ricketts, Williams와 Griffin(1990)은 5명의 지적장애 아동과 성인이 보이는 머리 박기 행동(위험하고 생명을 위협하는 행동)을 감소시키기 위해 원격통제 충격 장치의 효과를 평가했다. 내담자들은 머리에 감지 장치를 착용하였다. 감지 장치는 머리 박기 행동을 감지하고 다리에 부착된 충격기로 신호를 보냈다. 머리 박기는 다리에 즉각적인 충격을 주었다. 이 충격은 고통스럽기는 하지만 내담자에게 해를 주지는 않았다. 머리 박기 행동의 혐오자극으로 충격을 사용했을 때, 5명 모두의 문제행동이 즉시 거의 0점까지 감소하였다. 한 내담자에게서 얻은 결과가 [그림 18-3]에 제시되어 있다.

암모니아 향은 자해행동(Tanner & Zeiler, 1975), 공격행동(Doke, Wolery, & Sumberg, 1983)과 같은 행동 문제를 감소시키기 위해 사용되어 왔다. 내담자가 문제행동을 하면 치료자는 암모니아 캡슐을 열어서 내담자의 코에 대고 캡슐을 흔들었다. 암모니아 향은 문제행동을 감소시키는 혐오자극이다. 암모니아 캡슐은 기절한 권투선수나 축구선수를 깨우기 위해 사용하는 각성제와 같다.

물 뿌리는 것과 같은 벌 절차에서는 심한 문제행동을 하는 사람이 문제행동을 하면 그의 얼굴에 물을 뿌린다. 뿌리는 물은 항상 깨끗하고 사람에게 해가 되지 않는다. Dorsey, Iwata, Ong과 McSween(1980)은 9명의 심한 지적장애 아동과 성인의 자해행동을 감소시키기 위해 물 뿌리기를 사용하였다.

얼굴을 가리는 것은 내담자의 얼굴을 치료자의 손이나 턱받이로 가리는 벌 절차이다. 예를 들면, 얼굴을 가리는 것은 Singh, Watson과 Winton(1986)의 연구에서 평가되었다. 그들은 머리와 얼굴을 때리거나 문지르는 자해행동을 하는 3명의 지적장애 여자아이를 대상으로 연구

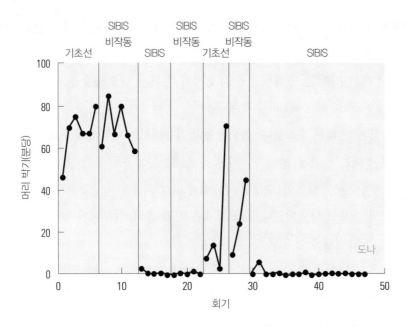

[그림 18-3] 이 그래프는 17세의 심한 정신지체인 도나가 보이는 자해행동(머리 박기)에 대한 벌로 이용한 전기 충격의 효과를 보여 준다. 실험자들은 자해행동 억제 시스템을 이용하였는데, 이것은 머리 박는 것을 감지하고 다리에 충격을 주었다. 이 그래프는 자해행동 억제 시스템을 사용하고는 있었지만 활성화되지 않은 기초선 동안 머리 박기가 분당 50~80번 정도 발생했다는 것을 보여 준다. 즉, 도나는 매초마다 평균 한 번 이상 머리를 부딪쳤다. 유관충격이 벌로 사용되었을 때 머리 박기는 거의 0점까지 감소하고 빨리 제거되었다. 도나의 머리 박기는 즉시 0점까지 감소되었기 때문에 충격을 받은 횟수가 적었다. 네 번째 단계에서 자해행동 억제 시스템이 활성화되지 않았을 때 머리 박기가 거의 0점까지 유지된 데 주목하라. 이전 단계에서 자해행동 억제 시스템이 머리 박기에 대해 전기 충격을 주었기 때문에 이 장치는 행동을 통제하는 자극으로 작용하였다. 따라서 이 장치를 착용하고 실제로 이 단계에서 충격을 주지 않았을지라도 행동이 억제되었다. 두 번째 기초에서 머리 박기 행동이 증가된 후 시스템이 작동하지 않았을 때는 자극통제력을 상실하였고 다시 충격을 주었다. 다시 충격을 주었을 때 그 행동은 0점까지 빨리 감소하였다.

출처: Linscheid, T., Iwata, B. A., Williams, D., & Griffin, J. (1990). Clinical evaluation of the selfinjurious behavior inhibiting system(SIBIS). *Journal of Applied Behavior Analysis, 23*, 53-78.

를 하였다. 아이들은 턱받이를 하였고, 자해를 할 때 실험자는 턱받이를 5초 동안 얼굴 위로 잡아당겼다. 이 절차는 고통스럽지 않고 아이들이 쉽게 숨을 쉴 수 있었다. 이 절차는 세 아동 모두의 자해를 0점까지 감소시켰다.

몇몇 연구는 버저 소리와 같은 소음을 머리를 당기고 엄지손가락을 빼는 행동을 한 다음 제시했을 때 벌로 작용할 수 있다는 것을 보여 주었다(Ellingson, Miltenberger, Stricker, Garlinghouse et al., 2000; Rapp, Miltenberger, & Long, 1998; Stricker et al., 2001, 2003). Rapp, Miltenberger와 Long(1998)은 2개의 치료 장치를 개발하였는데, 하나는 손목에 끼고 하나는 셔츠의 칼라에 달아 놓는다. 심하게 머리 당기는 행동을 하는 사람이 이 장치를 하고 머리를 당기기 위해 손을 올리면 소리가 울린다. 알람 소리는 손을 내릴 때까지 계속 울린다. 이 여성의 머리 당기는 행동은 이 장치를 사용했을 때 0점까지 감소되었다. Ellingson 등(2000)과 Stricker 등(2000)은 손가락을 빼는 아동들이 이 장치를 사용했을 때, 손가락을 빼는 행동이 일어난 후 이 장치에서 발생한 소음이 손가락 빼는 행동을 0점까지 감소시켰다는 것을 보여 주었다.

Van Houten과 동료들에 의한 연구는 벌로 사용한 비난의 효과를 평가했다(Van Houten, Nau, MacKenzie-Keating, Sameoto, & Colavecchia, 1982). 그들은 잘못된 특정 행동을 멈추도록 하기 위해 비난을 하였는데, 초등학교 학생들에게 시선 접촉과 학생들의 어깨를 꽉 잡는 것으로 비난을 했을 때 벌로서 효과적이라는 것을 발견하였다. 또한 이것은 비난을 받지 않았지만 비난 받는 것을 관찰했던 학생들의 문제행동을 감소시켰다. Doleys, Wells, Hobbs, Roberts와 Cartelli(1976)는 비난이 지적장애 아동들의 비순응행동에 대해 효과적인 벌이라는 것을 발견하였다.

정적 벌: 최후의 치료 방법

혐오자극을 사용하는 많은 유형의 벌이 기술되었지만 벌 절차는 드물게 사용된다. 기능적이고 비혐오적인 치료 접근에 대한 연구는 벌에 대한 대안을 제공하였고, 행동수정 분야에서 치료원리의 변화는 특히 지적장애인을 대상으로 치료를 할 때 벌의 사용을 감소시켰다(Miltenberger, Lennox, & Erfanian, 1989). 몇몇 전문가들은 특히 혐오자극의 사용을 포함하는 정적 벌 절차들이 절대 사용되어서는 안 된다고 믿는다. 전문가들은 정적 벌 절차를 최후의 치료로 사용하는 경향이 있다. 이러한 절차들은 대개 치료하기 가장 어려운 심한 문제행동에 사용된다. 혐오자극의 적용이 포함되지 않는 타임아웃, 반응대가와 같은 부적 벌 절차가 정적 벌보다 더 많이 수용되고 사용된다.

📖 더 읽을거리

벌의 수용 가능성

정적 벌 절차는 지난 몇 십 년 동안에 더 많이 사용되었다. 벌 사용이 줄어든 요인 중 하나는 문제행동을 유지시킨 요인을 확인하고 변화시키는 기능적 접근이 발달했기 때문이다. 또 다른 요인은

1970년대에 나타난 사회적 타당성이다. 1978년에 Montrose Wolf는 표적행동, 행동중재, 행동중재에 대한 사회적 타당성에 관한 논문을 발표하였다. 사회적 타당성이란 (1) 표적행동의 적절성, (2) 중재의 수용 가능성, (3) 중재의 성공과 같은 요인에 대한 판단을 말한다. 1980년대 Kazdin은 사회적 타당성의 한 측면인 치료의 수용 가능성을 평가하는 연구를 하였는데, 그는 아동의 문제행동을 치료하는 데 강화가 부적 벌(타임아웃)이나 정적 벌(충격)보다 더 수용적이고, 정적 벌을 가장 적게 수용한다는 것을 발견하였다. 여러 다른 치료의 수용 가능성에 대한 연구가 정적 벌이 가장 적게 사용되는 중재로 평가되었다는 점을 보여 줌에 따라 벌 절차의 사용이 감소되었다.

정적 벌 사용 시 고려사항

정적 벌 절차를 사용하기 전에 여러 가지를 고려해야 한다.

- **먼저 기능적이고 비혐오적인 절차를 이용하라.** 벌 절차를 사용하려 할 때, 먼저 문제행동을 감소시키고 수용 가능한 대체행동을 증가시키기 위한 시도로 기능적이고 비혐오적인 절차를 사용해야 한다. 소거, 차별강화, 선행사건 조작이 문제행동의 만족할 변화를 가져오지 않을 때 벌 절차를 고려할 수 있다.
- **차별강화를 벌과 함께 실시하라.** 대체행동 차별강화(DRA)나 문제행동의 부재에 대한 차별강화(타행동 차별강화; DRO)는 항상 벌과 함께 사용해야 한다. 이때, 제거시키거나 감소시켜야 할 문제행동을 대체할 바람직한 행동을 증가시키는 데 중재의 초점을 둔다.
- **문제행동의 기능을 고려하라.** 치료법을 결정하기 전에 항상 문제행동에 대한 기능평가를 해야 한다. 이것은 가장 적절한 기능적 치료(소거, 차별강화, 선행사건 조작)를 선택하게 한다. 또한 기능평가 정보는 문제에 대한 적절한 벌 절차를 결정하는 역할을 한다. 타임아웃은 관심이나 다른 정적 강화인에 의해 유지되었던 문제행동에 적절하다. 그러나 도피에 의해 유지된 문제행동에 대해서는 적절하지 않다. 마찬가지로 혐오활동의 적용은 도피로부터 유지되는 문제행동에는 적절하겠지만 주의로부터 유지되는 문제행동은 적절하지 않을지도 모른다. 과잉교정, 유관연습, 순응지도, 신체구속을 실시하기 위해서는 치료자가 내담자에게 어느 정도의 관심을 주어야 하기 때문에 이러한 절차들은 관

심에 의해 유지되는 문제행동을 강화시킬 수 있다. 그러나 치료자가 최소한의 관심으로 혐오활동을 실시하고 혐오활동이 충분히 혐오스럽다면 이러한 절차들은 관심에 의해 유지된 문제행동에 효과적이다.

■ **혐오자극을 주의 깊게 선택하라.** 혐오자극을 포함한 정적 벌 절차를 사용하려 할 때, 먼저 자극이 실제로 혐오스러운지를 결정해야 한다(Fisher et al., 1994). 많은 사람에게 다양한 맥락에서 여러 자극이 강화인과 벌로 작용한다. 예를 들어, 비난은 어떤 학생에게는 혐오자극(벌)으로 작용하지만 어떤 학생에게는 강화인으로 작용한다. 마찬가지로 비난은 교사가 적절한 행동에 대해 칭찬을 하는 교실에서는 벌로 작용할 수 있지만, 교사가 적절한 행동에 대해 관심을 제공하지 않는 다른 교실에서는 강화인으로 작용한다. 엉덩이를 때리는 것은 혐오자극으로, 어떤 사람에게는 벌로 작용하고 어떤 사람에게는 강화인 혹은 중성자극으로 작용할 수 있다(메모: 엉덩이를 때리는 것은 널리 사용되고 있을지 모르지만, 행동수정 절차로 권해지지는 않는다. 이 예는 다른 사람들에게 다른 방법으로 기능하는 자극에 대하여 핵심을 간단하게 묘사한다). 혐오자극은 다음 행동에 미치는 효과에 의해 정해진다는 것을 항상 기억하라.

벌로서 혐오자극의 효과를 증진시키기 위해 하나의 벌보다 다양한 벌을 사용하는 것이 도움이 될 수 있다. Charlop, Burgio, Iwata와 Ivancic(1988)은 하나의 벌을 이용하는 것보다 다양한 벌(세 가지 상이한 벌)이 아동의 공격적인 방해행동을 감소시켰다는 것을 보여 주었다.

■ **치료법을 결정하기 위해 자료를 수집하라.** 벌 절차는 문제행동을 빨리 감소시켜야 한다. 벌 절차가 사용되고 벌을 실시하고 나서 즉시 문제행동이 감소하지 않는 결과가 나왔다면 이 절차를 재평가해야 하고, 가능한 한 중단해야 한다. 행동 감소가 부족하다는 것은 이 절차의 벌 자극이 강하지 않아서 내담자에게 벌로 기능하지 않았고, 적절하게 실시되지 않았거나 행동이 강화되었거나 강화의 효과가 벌의 효과보다 더 강하다는 점을 시사한다. 치료 실패의 원인을 결정하기 위해 더 많은 평가가 필요하다.

■ **벌의 사용 시 윤리적인 문제를 고려하라.** 벌 사용 결정에 대한 윤리적인 측면은 다음 절의 주제이다.

벌에 대한 윤리적 문제

벌 절차 사용에 대한 결정은 대안적인 치료를 고려한 후 주의 깊게 이루어져야 한다. 벌은 강화 상실, 활동 강요, 움직임의 구속, 혐오자극의 제시를 포함하기 때문에 벌의 사용은 내담자의 권리를 제한하는 결과를 가져올 수 있다. 그 결과, 벌 절차를 흔히 제한 절차라고 한다. 또한 벌은 잘못 사용하거나 지나치게 많이 사용하면 벌을 받는 사람에게 해를 줄 수 있다(Gershoff, 2002). 마지막으로, 몇몇 사람과 기관은 혐오자극의 적용은 인간적이지 않고 어떤 이유에서든 정당화되어서는 안 된다고 믿는다(LaVigna & Donnellan, 1986; The Association for Persons with Severe Handicaps, 1987). 이러한 이유로 벌 절차의 실시를 결정하기 전에 다음과 같은 윤리적인 문제를 항상 고려해야 한다.

사전 동의서

벌 절차, 이론적 근거, 사용 방법과 사용 시기, 효과와 부작용, 가능한 대안적 치료를 완전히 이해해야 한다. 벌 절차를 사용하기 전에 치료를 받는 사람에게 이러한 것을 알리고 동의를 받아야 한다. 성인만이 동의할 수 있다. 따라서 벌 절차에 동의할 수 없는 미성년자나 성인(지적장애나 정신과 장애를 가진 사람들)에게 사용하기 전에 법적 보호자가 그 사람을 대신해서 동의해야 한다. 사전 동의서는 여러 행동수정 절차의 사용을 위해 요구된다(Bailey & Burch, 2011).

대안적 치료법

앞 절에서 논의했던 것처럼 벌 절차는 대부분의 경우에 첫 번째 치료법으로 선택해서는 안 된다. 벌을 고려하기 전에 덜 제한적이고 비혐오적인 치료법들을 사용해야 한다. 많은 경우에 문제에 대한 기능평가에서 나온 비혐오 절차를 통해 심한 문제행동들이 제거될 수 있다. 벌을 사용한다면 가능한 한 심하고 제한적인 벌 절차를 사용하기 전에 덜 제한적인 벌 절차를 시행해야 한다. 또한 강화 절차를 벌 절차와 함께 사용해야 한다.

안정성

벌 절차는 내담자에게 해를 끼쳐서는 안 된다. 혐오활동의 적용 시 신체안내를 사용하면 치료자는 행동을 신체적으로 안내하는 과정에서 내담자에게 해를 끼쳐서는 안 된다. 혐오자극이 내담자의 신체에 상처를 준다면 절대로 사용하면 안 된다.

문제의 심도

벌 절차는 보다 심한 문제행동을 치료하는 데 사용되어야 한다. 고통스럽거나 불쾌하거나 괴로운 자극을 주는 것은 문제행동이 그 사람의 안녕을 위협하거나 다른 사람에게 해를 줄 때만 정당화될 수 있다.

실시지침

벌 절차를 실시한다면 이 절차를 사용하기 위한 엄격한 서면 지침이 있어야 한다. 이러한 지침은 실시 방법, 시기, 장소, 실시하는 사람이 분명히 명시되어 있어야 한다. 실제로 모든 행동수정 절차를 사용하기 위해서는 이러한 서면 지침이 있어야 한다.

훈련 및 감독

벌 절차의 사용을 설명하는 지침서에 덧붙여 그 절차를 실시할 교사나 치료자는 모두 벌을 정확하게 사용하기 위한 행동기술훈련을 받아야 한다. 실수 없이 이 절차를 실시할 때까지 교육을 받고, 모델링하고, 연습하고, 피드백을 받고, 지속적인 연습을 해야 한다. 개인이 이 절차를 실시할 때는 절차를 실시하는 능력을 보여 준 후에 실시해야 한다. 벌 절차를 실시할 때는 정확하게 실시할 수 있도록 지도를 받아야 한다. 다시 말해서, 이러한 훈련 절차는 여러 행동수정 절차와 함께 사용해야 한다.

동료들의 검토

벌 절차는 상세한 프로그램으로 작성되어야 하고, 이렇게 작성된 프로그램은 행동분석과 행동수정 전문가로 구성된 동료들의 검토를 받아야 한다. 동료 검토자들을 벌 프로그램을 평가하고 절차가 잘 계획되었는지, 벌의 사용이 특정한 사례에 정당한지를 입증할 것이다. 동료들의 검토는 선택된 절차를 전문적으로 평가해 주고, 벌의 오용을 막는다.

책임: 오용 및 남용 예방

벌의 사용은 문제행동을 없앰으로써 부적으로 강화될 수 있기 때문에 항상 오용되거나 남용될 위험이 있다. 따라서 벌을 실시하는 사람은 벌을 정확하게 실시하고 오용하거나 남용하지 않을 책임이 있어야 한다. 실시지침, 훈련 및 지도감독은 책임에 도움이 된다. 문제행동과 벌 절차 사용에 관한 자료를 자주 검토하는 것 역시 책임에 도움을 준다. Foxx, McMorrow, Bittle와 Bechtel(1986)은 전기 충격 사용을 포함한 프로그램의 책임을 보증하기 위해 다음과 같은 단계들을 추천했다. (1) 프로그램을 사용하기 전에 모든 사람에게 검증받기, (2) 사용하기 전에 그 프로그램을 실시하는 사람이 충격을 경험해 보기, (3) 특정한 사람에게 프로그램을 실시하는 것에 대한 책임 부여하기, (4) 지도감독자의 주요 치료 팀의 한 사람이 그날의 변화를 입증하기 위해 정확하게 기록하기. 이러한 단계들은 충격 절차를 사용하기 위하여 개발된 것이지만 혐오자극을 적용하는 다른 벌 절차에도 해당된다.

📋 요약

1. 혐오활동의 적용에서는 문제행동이 발생할 때 문제행동을 감소시키기 위해 혐오활동(낮은 확률의 행동이나 선호하지 않는 행동)을 하도록 요구한다. 문제행동과 유관한 혐오활동을 하도록 하는 데 지침서가 필수적이다.

2. 혐오활동을 사용하는 벌 절차에는 정적 연습과 과잉교정, 복원 과잉교정, 유관연습, 순응지도, 신체구속이 포함된다.

3. 혐오자극을 사용하는 벌 절차에서는 문제행동을 한 다음 혐오자극을 준다. 혐오자극은 기능적으로 정의된다. 즉, 혐오자극을 유관하게 사용할 때 미래에 문제행동이 일어날 가능

성이 줄어든다.

4. 벌은 기능적 비혐오 접근을 실시하고 문제행동을 감소시키는 데 별로 효과가 없다는 것을 검증한 뒤에만 사용해야 한다. 또한 차별강화 절차들을 벌과 함께 사용해야 한다. 벌 절차의 효과를 입증하기 위해 자료가 수집되어야 한다. 벌 자극은 주의 깊게 그리고 문제행동의 기능을 고려한 다음 선택해야 한다.

5. 벌의 사용에 따른 윤리적 문제는 사전 동의, 대안적 치료의 사용, 내담자의 안정성, 문제의 심각성, 실시지침, 훈련 및 지도감독, 동료들의 검토, 책임 등을 포함한다.

✎ 핵심용어

과잉교정법(overcorrection)

반응차단(response blocking)

복원(restitution)

사전 동의서(informed consent)

순응지도(guided compliance)

신체구속(physical restraint)

유관연습(contingent exercise)

정적 연습(positive practice)

혐오자극 적용(application of aversive stimulation)

혐오활동 적용(application of aversive activities)

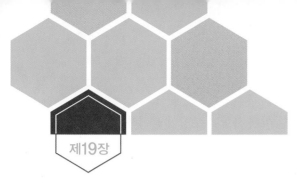

제19장

일반화 전략

주요 학습문제

• 행동변화의 일반화를 증진시키기 위해 어떤 전략들을 사용할 수 있는가?
• 강화에 대한 자연적 유관성이 일반화에 가지는 역할은 무엇인가?
• 훈련 시 사용한 자극의 어떤 측면들이 일반화를 증진시키는 데 중요한가?
• 기능적으로 동등한 반응들이 어떻게 일반화와 관련되는가?
• 문제행동 감소의 일반화를 증진시키는 절차는 무엇인가?

행동수정 프로그램에서 일어난 행동변화의 일반화 프로그램을 실시하는 것은 항상 중요하다. 일반화 프로그램은 그 사람의 일상생활과 관련된 모든 상황에서 행동변화가 일어날 가능성을 증가시킨다.

일반화 프로그래밍의 예

제15장에서 언급된, 치료자와 긍정적인 대화를 거의 하지 않고 불평만 하는 환자인 윌리엄스 부인의 예를 생각해 보자. 치료자는 긍정적인 대화를 증진시키고 불평을 감소시키기 위해 대체행동 차별강화를 사용하였다. 윌리엄스 부인의 행동변화의 성공적인 일반화는 그녀가 이야기하는 모든 사람과 모든 상황에서 긍정적인 대화를 증가시키고 불평을 감소시키는 것이다. 이러한 목표를 달성하기 위해 모든 치료진과 방문객, 다른 환자들은 윌리엄스 부인

에게 일관성 있게 차별강화를 사용해야 한다. 만일 어떤 사람이 부인이 불평하는 것을 관심으로 강화한다면 불평이 계속될 것이고 긍정적인 대화를 적게 할 것이다. 윌리엄스 부인에게 차별강화를 사용하도록 치료진을 가르친 심리학자는 모든 치료진에게 이 절차를 성공적으로 사용하는 방법을 훈련시키고 항상 그것을 사용하도록 지시함으로써 일반화 프로그램을 실시하였다. 또한 심리학자는 윌리엄스 부인의 가족을 만나서 차별강화 이용의 중요성과 그것을 사용하는 방법을 가르쳤다. 마지막으로 심리학자는 간호사에게 다른 환자들이 윌리엄스 부인의 불평을 무시하고 긍정적인 대화에 관심을 보이도록 촉구하는 방법을 가르쳐 주었다. 수간호사는 차별강화의 사용을 모니터하고 필요하다면 더 많은 훈련을 제공할 책임이 있었다. 윌리엄스 부인을 대상으로 모든 관련된 사람이 계획된 차별강화를 수행했기 때문에 행동변화의 성공적인 일반화가 일어났다.

제12장에서 행동기술훈련 절차를 통해 주장 기술을 배운 마샤의 예를 떠올려 보라. 마샤의 주장 기술의 일반화는 동료들이 하는 어떤 비합리적인 요청에 대해서도 적절한 주장반응을 하는 것이다. 달리 말해 그녀가 필요한 모든 상황에서 주장반응을 하였다면 일반화가 일어난 것이다. 심리학자인 밀 박사는 마샤가 가능한 한 여러 비합리적인 요청에 대응하도록 가르침으로써 일반화 프로그램을 계획하였다. 연습 시 마샤가 회상할 수 있는, 동료들이 했던 모든 비합리적 요청을 사용하였다. 마샤는 자신이 확인했던 모든 상황에 대해 실제적인 역할놀이로 적절한 주장행동을 성공적으로 연습했다. 밀 박사는 점차 더 어려운 역할놀이를 하였다. 마샤는 비합리적인 주장을 더욱 관철시키려는 동료들의 역할놀이를 하였다. 마샤는 밀 박사가 역할놀이에서 만든 모든 어려운 상황에서 주장적으로 반응했을 때, 직장에서도 주장 기술이 일반화될 것이라고 믿었다. 그러나 주장 기술이 역할놀이 맥락에서만 강화되었기 때문에 실제 직장까지의 일반화는 확증되지 않았다.

일반화에 실패한 다음의 예를 고려해 보자. 제10장에서 맥콜 코치가 투수인 데이브가 던진 야구공을 트레버로 하여금 치게 하기 위해 물리적인 촉구를 이용한 예를 상기해 보라. 맥콜 코치는 데이브가 공을 던졌을 때 트레버가 정확히 공을 칠 수 있도록 야구 방망이를 휘두르게 하였다. 결국 맥콜 코치는 트레버가 도움 없이 공을 쳤을 때 신체촉구를 없앴다. 그리고 나서 데이브는 공을 더 빨리 던졌고, 더 어려운 위치에서 어려운 공을 치는 방법을 트레버에게 가르쳤다. 트레버는 연습 시 성공적으로 공을 쳤지만 게임에서 상대 팀 투수가 던진 공을 칠 수는 없었다. 연습 시 공을 치는 트레버의 능력이 게임 상황까지 일반화되지 **않았던 것이**다. 행동이 일반화되지 않는 한 가지 이유는 게임에서의 투구가 연습 시 트레버가 **학습한 것**

과 달랐기 때문이다. 다시 말해, 행동이 표적 상황에까지 일반화될 정도로 훈련자극(연습 시)
이 표적 상황의 자극과 유사하지 않았다. 일반화 프로그램을 계획하기 위해 맥콜 코치는 트
레버가 연습 시(훈련자극) 학습하는 투구를 트레버가 게임(표적자극)에서 쳐야 하는 투구와 가
능한 한 유사하게 만들어야 한다. 맥콜 코치는 연습 시 열 명의 투수들이 트레버에게 공을 던
지도록 함으로써 유사하게 만들 수 있다.

일반화에 대한 정의

제7장에서 보았던 것처럼 식별훈련 동안 행동의 발생은 특정 자극(식별자극)이 있을 때만
강화를 받는다. 이러한 과정을 통해 자극통제가 발달하고 행동은 미래에 식별자극이 있을 때
만 일어나는 경향이 더 많다. **일반화**(generalization)는 훈련이 존재했던 식별자극과 유사한 자
극이 있을 때 행동이 일어나는 것이다. 즉, 유사한 자극들은 행동에 대해 자극통제를 발달시
킨다. 행동수정에서 일반화는 훈련 상황 밖에서 모든 관련 자극이 있을 때 행동이 발생하는
것으로 정의된다.

행동수정에서 행동변화의 일반화는 중요한 문제이다. 바람직한 행동을 발달시키거나 증
가시키거나 유지시키기 위해 행동수정 절차를 사용할 때, 행동이 훈련 상황 외의 모든 관련
자극 상황에서도 일어나길 원한다. 예를 들면, 마샤가 불합리한 요청을 한 동료들 중의 한 사
람에게 하였던 주장반응은 일반화의 한 예이다. 그녀의 주장반응은 훈련 상황(역할놀이)의
자극통제하에서 발달되었고, 이제 훈련과 유사한 외부에서도 일어난다. 트레버가 게임에서
상대 투수가 던진 공을 치면 일반화가 일어난 것이다. 공을 치는 그의 행동은 데이브가 공을
던지는 연습이라는 자극통제하에서 발달되었다. 훈련은 행동이 유사한 상황(게임에서 던진
투구)에서 일반화될 때 성공적이라고 할 수 있다.

행동변화의 일반화 전략

이 장에서는 행동변화를 일반화하기 위한 프로그램을 계획하는 데 사용할 수 있는 전략들
을 제시한다(〈표 19-1〉참조). 이러한 전략들은 Stokes와 Baer(1977), Stokes와 Osnes(1989)

가 논의한 것에 토대를 두고 있다.

<표 19-1> **행동변화의 일반화를 증진시키기 위한 전략**

- 일반화의 예 강화하기
- 자연적인 강화 유관성을 달성하도록 하는 강화 기술
- 자연적인 강화와 벌 유관성을 수정하기
- 훈련 시 광범위한 관련 자극 통합하기
- 사회적 자극 통합하기
- 기능적으로 동등한 반응 가르치기
- 자연적 상황에서 단서 제공하기
- 자생적 일반화 매개변인 통합하기

일반화의 발생 강화하기

일반화를 증진시키는 한 가지 방법은 일반화가 발생할 때 행동을 강화시키는 것이다. 즉, 훈련 상황 밖에서 관련 자극이 있을 때 행동이 발생하면 그 행동을 강화하는 것이다. 이런 방식으로 모든 관련 자극은 행동에 대해 자극통제력을 발달시킨다. Bakken, Milterberger와 Schauss(1993)는 지적장애 아동의 부모를 교육할 때 이러한 일반화 전략을 실시하였다. 목표는 부모들이 부모 교육에서 받은 기술을 가정에서 사용하도록 하는 것이었다. 부모 기술을 가정에 일반화하는 것을 돕기 위해 연구자들은 가정에서 훈련을 했고, 부모들이 그 상황에서 부모 기술을 사용했을 때 강화를 제공하였다. 그 결과, 가정에서도 기술이 일반화되었다.

임상심리 대학원생들에게 치료 방법을 가르칠 때, 교수들이 교육을 하고 모델링을 보여 주면 학생들은 치료회기에 대한 역할놀이에서 기술을 연습한다. 각각의 연습 후에 교수는 피드백을 제공한다. 즉, 잘한 행동을 강화하기 위해 칭찬을 하고 더 발전시키도록 지도를 한다.

? 교수는 실제 치료 상황에서 기술의 일반화를 어떻게 증진시킬 것인가?

한 가지 방법은 일반화의 예를 강화하는 것이다. 치료시간에 학생들과 함께 앉아서 각각의 올바른 치료 기술에 대해 고개를 끄덕이거나 미소로 칭찬할 수 있다. 다른 전략은 학생이 내담자를 치료하는 것을 일방경을 통해 관찰하는 것이다. 치료가 끝난 즉시 교수는 치료시간에 바르게 실시한 모든 기술에 대해 칭찬을 할 것이다. 다른 방법은 치료 시, 각 기술을 정확하게 실시하면 학생이 귀에 꽂고 있는 비밀 마이크 장치를 통해 교수가 바로 칭찬을 해 줄 수 있다. 실제 치료에서 정확하게 실시한 치료 기술이 일반화의 예이다.

일반화의 예를 강화하는 것은 아마 일반화를 증진시키기 위한 가장 직접적인 접근일 것이다. 이 전략은 훈련과 일반화 조건 간의 구분을 없앤다. 왜냐하면 훈련은 모든 관련 상황에서 일어나기 때문이다. Stokes와 Baer(1977)는 일반화를 "여러 비훈련 조건하에서 관련 행동의 발생"으로 정의하였지만, 사실 이 전략에서 훈련이 일어나지 않는 조건이란 없다.

이 전략이 가지는 한 가지 결점은 훈련 상황 밖의 행동에 대해 강화를 제공하는 것이 항상 가능하지 않다는 점이다. 예를 들면, 밀 박사가 마샤의 사무실에 가서 그녀가 주장행동을 할 때마다 칭찬을 할 수는 없다. 대부분의 부모 교육에서 교사는 부모들의 집에 갈 수 없고, 거기서 그들이 시연하는 부모 기술에 대해 강화를 제공할 수 없다. 만일 일반화의 예를 강화할 수 없다면 일반화를 증진시키기 위한 다른 전략을 사용해야 한다.

자연적 유관강화에 도달하는 훈련

일반화를 증진시키는 다른 전략은 관련 상황에서 **자연적 유관강화**(natural contingencies of reinforcement)에 도달하는 기술들을 훈련하는 것이다. 만일 훈련 밖의 관련 상황에서 일어나는 행동에 강화를 제공할 수 없다면 자연적인 강화인이 제시되도록 하는 것이 중요하다. 예를 들면, 고등학교를 졸업할 예정이며 지역사회에서 생활하고 있는 장애인에게 좋아하는 여가 기술을 가르치는 것이 중요하다. 이런 방식으로 내담자들은 자신에게 강화가 되는 활동을 할 기회를 가질 것이다. 만일 내담자들이 강화가 없는 활동이나 이용할 수 없는 활동을 훈련받는다면 여가 기술은 지역사회 상황에 일반화되기 어렵다. 수줍음이 많은 청소년에게 데이트 기술을 가르칠 때, 이성 친구들이 호의적으로 반응할 접근을 가르치는 것이 중요하다. 이러한 기술들은 즐거운 교제와 데이트를 하게 만들기 때문에 자연적인 관련 상황에서 강화를 받을 것이다.

어떤 경우에 학생들은 교사와 다른 사람에게 적절한 행동을 강화하는 관심을 얻는 방법을 배운다(Stokes, Fowler, & Baer, 1978). 예를 들어, 어떤 학생은 "내 수행이 어때요?"와 같은 질문을 교사에게 하는 방법을 훈련받는데, 이러한 질문은 학업 수행에 대한 강화인인 교사의 관심을 얻도록 한다. 학생들에게 자신의 수행에 대한 강화를 얻도록 가르치는 것은 학업 수행의 일반화와 유지에 기여할 수 있다(Craft, Alber, & Heward, 1998).

Durand와 Carr(1992)는 발달장애 학생들이 훈련 상황 밖에서 의사소통 기술을 일반화하는 것을 보여 주었다. 이 연구에 참여한 학생들은 교사들의 관심에 의해 강화를 받는 문제행동을 보였다. Durand와 Carr는 보다 바람직한 행동을 통해 교사들의 관심을 얻는 방법을 학생들에게 가르치고자 했다. 그들은 학생들에게 "제가 잘하고 있습니까?"라는 질문을 하도록 가르쳤다. 학생들이 이런 질문을 할 때, 교사는 관심을 가지고 대답을 하였다. 교사는 학생들의 의사소통 행동에 차별강화를 했다. 그럼으로써 이러한 행동이 증가하고 문제행동은 감소하였다. 학생들이 의사소통 기술을 배웠다는 것을 교사가 알지 못할 때 일반화가 일어났다. 학생들이 동일한 질문을 새로운 교사들에게 했을 때, 그들은 훈련받았던 교사들처럼 관심을 가지고 대답을 하였다.

다음 연구에서 Durand(1999)는 5명의 장애 학생을 대상으로 기능적 의사소통 훈련을 평가했다. 학생들의 문제행동은 관심, 도피, 음식에 대한 접근으로 유지되었다. 보조 의사소통을 이용하여 관심, 도움, 음식을 요구하는 것을 배웠을 때 학생들의 문제행동이 감소되었다. 학생들이 지역사회에서 의사소통 반응을 이용하고, 어른들이 그들이 요청하는 것을 제공함으로써 반응해 주었을 때 일반화가 일어났다. 두 연구에서 학생들의 질문은 자연적 유관강화를 가져왔기 때문에 일반화가 일어났다. [그림 19-1]은 Durand(1999)의 연구 결과를 보여 준다.

자연적 유관강화를 가져오는 기술을 가르치는 것이 항상 가능하지는 않다. 예를 들면, 마샤가 동료들에게 주장반응을 했을 때 동료들이 화를 낼 수도 있고, 비합리적인 요청을 반복할 수도 있다. 말을 하지 못하는 학생들이 교사들과 의사소통하는 방법으로 수화를 배운다면 이러한 기술이 다른 사람에게 일반화되지 않을 수 있다. 즉, 다른 사람들이 수화를 알지 못한다면 학생들의 수화 사용을 강화하지 못할 것이다. 이는 자연적 유관강화를 가져오는 기술이 아니다. 이러한 기술들이 훈련 상황 밖에서 자연적 강화를 받지 않는다면 다른 일반화 전략을 사용해야 한다.

자연적 유관강화와 벌 수정하기

바람직한 행동이 훈련 상황 밖의 관련 상황에서 강화를 받거나 유관 벌이 작용하지 않는다면 바람직한 행동이 발생할 것이다. 훈련자가 일반화 발생을 강화할 수 없고 기존의 자연적 유관강화가 존재하지 않을 때, 일반화는 관련 상황에서 유관강화를 수정함으로써 증진될 수 있다. 달리 말해, 훈련자가 자연적 환경에서 행동에 대해 강화를 줄 수 없다면, 그 훈련자는 행동 강화를 위해 자연적 환경 안에서 다른 사람들을 가르쳐야만 한다. 다음의 예를 보자.

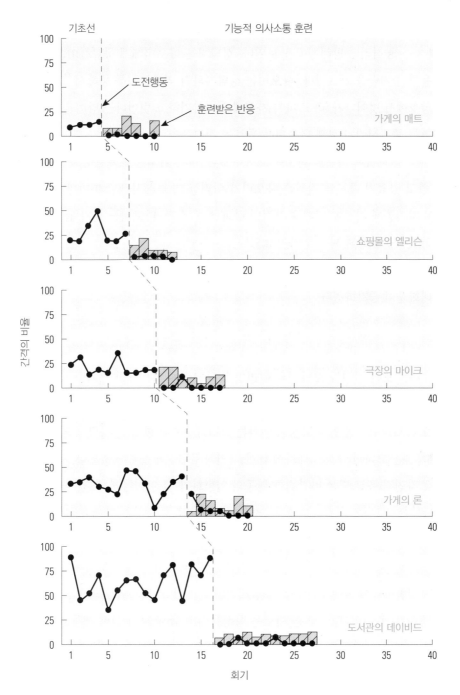

[그림 19-1] 기초선 단계와 기능적 의사소통 훈련 후 지역사회에서 학생들이 의사소통 반응을 이용한 간격 비율과 문제행동 간격 비율. 기능적 의사소통 훈련 후 학생들이 의사소통 반응을 이용한 다음 문제행동이 감소되었다.

출처: Durand (1999).

나오미는 보호관찰소에 있는 13세의 여자아이로 나이가 많은 여자아이들이 그녀를 화나게 할 때 자주 공격적인 방해행동을 보였다. 상담자는 나오미에게 동료들이 화나게 할 때 조용히 반응하는 기술을 가르쳤다. 나오미는 상담자와의 역할놀이를 통해서 '그들을 무시하고 곤란한 상황에서 벗어나자.'라고 자기 자신에게 이야기하고 벗어나는 방법을 배웠다. 상담자는 일반화를 증진시키기 위해 나오미를 돌보는 직원들을 만나 나오미가 화나는 상황에서 벗어나는 것을 볼 때마다 칭찬을 하도록 교육하였다. 다른 아이들도 토큰강화 프로그램(제22장 참조)을 하고 있었기 때문에 직원은 나오미가 이러한 기술을 사용할 때마다 토큰을 주었다. 직원들이 자기통제 기술에 대해 즉각적인 강화를 준 결과, 나오미는 화가 날 때마다 이 기술을 사용하였고 동료들과 싸움을 하지 않았다.

윌리엄스 부인의 예를 생각해 보자. 차별강화를 실시했을 때, 병원에서 모든 사람과의 긍정적인 대화율이 증가하였다.

? 심리학자는 윌리엄스 부인의 긍정적 대화와 일반화를 증진시키기 위해 무엇을 했는가?

심리학자는 모든 직원들로 하여금 윌리엄스 부인에게 차별강화 절차를 사용하도록 하였고, 직원들은 윌리엄스 부인과 이야기를 하는 모든 사람이 이 절차를 사용하도록 가르쳤다. 이런 식으로 윌리엄스 부인의 긍정적 대화는 그녀와 이야기한 모든 사람에 의해 강화를 받았다. 심리학자는 그녀의 긍정적 대화에 대한 자연적 유관강화를 수정하였다.

때때로 자연적 유관 벌은 바람직한 행동의 일반화가 덜 일어나게 한다. 어떤 사람들이 훈련 시 바람직한 행동을 수행하도록 학습하였지만, 만약 훈련 상황 밖에서 그 행동이 벌을 받는다면 일반화는 일어나지 않는다. 일반화를 증가시키기 위한 한 방법은 훈련 상황 밖에서 바람직한 행동을 억제시키는 유관 벌을 제거하는 것이다. 다른 예를 고려해 보자.

학교는 일반학급에 장애 학생들을 통합시키기로 하였다. 핸슨 부인의 3학년 학급에 3명의 장애 학생이 오게 되었다. 그녀는 새로운 학생들이 학급에 오기 전에 행동기술훈련 절차를 이용하여, 새로운 학생들을 존중하며 그들에게 도움을 주고 친구가 되는 방법을 학생들에게 가르쳤다. 학생들은 새로운 학생들과 사이좋게 지냈다. 그녀가 학급에서 가르쳤던 기술은 새로운 학생들이 들어왔을 때까지 일반화되었다. 그러나 핸슨 부인은 다른 반 학생들이 놀이터에서 새로운 학생들과 친하게 지내는 것에 대해 집적거리고 놀린다는 사실을 알았다. 이러한 유관 벌의 결과, 핸슨 부인의 3학년생들은 새로운 학생들과 상호작용을 덜 하였다. 핸슨 부인은 새로운 학생들과 계속해서 상호작용하도록 하려면 유관 벌을 제거해야 한다고 생각하였다. 달리 말해, 장애 학생들과 상호작용할 때 다른 반 학생들이 반 학생들을 조롱하고 놀리지 못하게 하였다. 핸슨 부인이 다른 3학년 학생들의 심술궂은 놀림을 제거하자 반 학생들은 교실에서 장애 학생들과 다시 상호작용하기 시작했다. 또한 새로운 학생들과의 상호작용이 놀이터에서도 일반화되었다.

지금까지 기술한 세 가지 일반화 전략 모두 훈련 상황 밖의 행동을 강화하는 데 초점을 둔다. 또한 일반화는 훈련 동안 다양한 자극 상황과 반응을 제시함으로써 증진될 수 있다. 이러한 전략들은 다음에 기술되었다.

훈련 시 다양한 관련 자극 상황 통합하기

일반화 프로그램의 목표가 훈련을 마친 후에 모든 관련 상황에서 그 행동이 일어나는 것이라면, 일반화를 증진시키기 위한 한 가지 분명한 방법은 훈련 시 많은 관련 상황을 통합하는 것이다. Stokes와 Baer(1977), Stokes와 Osnes(1989)는 이러한 전략을 학습자가 여러 가지 **자극 예**(stimulus exemplars)에 반응하는 훈련으로 언급하였다. 학습자가 일정한 자극 상황(자극 예)에 정확하게 반응하는 훈련을 받는다면 모든 관련 자극 상황에서 그 행동이 일반화되는 경향이 더 많아진다는 논리이다. 예를 들면, 밀 박사는 마샤가 훈련받을 때 역할놀이를 통해 다양한 비합리적 요청에 주장적으로 반응하도록 가르쳤다. 그는 역할놀이에서 동료들이 가장 많이 하는 요청을 선택하여 훈련하였다. Poche는 취학 전 아동들에게 유괴 예방 기술을 가르칠 때 훈련 절차에 여러 가지 유괴 유혹을 통합시켰다(Poche, Brouwer, & Swearingen, 1981; Poche, Yoder, & Miltenberger, 1988). Poche는 학생들이 훈련에서 여러 가지 유혹에 적절하게 반응할 수 있다면 유괴 예방 기술이 실제 유괴 상황에서 더 많이 일반화될 것이라고 설명하였다.

Stokes, Baer와 Jackson(1974)은 지적장애 아동들에게 인사를 가르칠 때 일반화를 증진시키기 위해 이 전략을 사용하였다. 1명의 실험자가 손을 흔들어 인사하는 것을 가르쳤을 때, 이 인사 반응은 학생들과 일하는 20명의 직원에게 거의 일반화되지 않았다. 그러나 학생들이 두 번째 실험자로부터 손을 흔드는 것을 배웠을 때, 인사를 나머지 직원들에게 곧바로 일반화하였다. 한 사람이 처음으로 인사를 강화했을 때는 그 사람에게만 인사를 하였다. 그러나 여러 사람이 인사를 강화했을 때(두 번째 예를 훈련에 통합시켰을 때), 기관에 있는 모든 직원에게 인사를 하였다.

? 두 번째 실험자가 인사하는 것을 강화한 후에 모든 직원에게 인사가 일반화되는 것이 실패했다고 가정해 보자. Stokes와 동료들은 일반화를 증진시키기 위해 무엇을 할 수 있는가?

일반화를 증진시키기 위해 연구자들은 다른 직원들에게 인사를 촉구하고 강화하도록 하고 나서, 나머지 다른 직원들에 대한 인사 반응의 일반화를 평가할 수 있다. 인사를 강화하는 직원들은 또 다른 자극의 예이다. 실제로 충분한 자극 예를 훈련에 도입할 때, 선택된 예들뿐 아니라 여러 종류의 자극에까지 반응이 일반화될 것이다. 불행하게도 일반화가 일어나도록 하는 데 얼마나 많은 예가 필요한지 미리 알 수는 없다. Davis, Brady, Williams와 Hamilton(1992)의 연구를 고려해 보자. 그들은 2명의 장애 아동을 대상으로 성인들의 요청에 순응하도록 하기 위해 이 치료 절차를 사용하였다. 이 절차에서 훈련자는 먼저 몇 개의 가능성이 높은 요청을 하고 나서 아동들이 대개 순응하지 않는 요청(가능성이 낮은 요청)을 하였다. 한 훈련자가 이 절차를 사용했을 때, 아동은 그 훈련자에게 순응을 더 많이 하고 다른 훈련자들에게는 순응하지 않았다. 즉, 아동의 순응 증가의 일반화가 없었다. Davis는 순응을 증가시키기 전에 얼마나 많은 훈련자가 이러한 절차를 실시해야 다른 훈련자들에게도 일반화될 수 있는지를 결정하는 데 관심이 있었다. 그들은 2명의 훈련자가 1명의 아동을 대상으로 이 절차를 사용한 후, 3명의 훈련자가 나머지 아동들을 대상으로 이 절차를 사용한 후 그 행동이 일반화되었다는 것을 발견하였다. 이 연구에서 도출된 결과는 [그림 19-2]에 제시되어 있다.

Horner는 **일반사례 프로그래밍**(general case programming)이라는 일반화를 증진시키기 위한 전략을 기술하였다(Homer, Sprangue, & Wilcox, 1982). 일반사례 프로그래밍은 관련 자극 상황과 반응 유형을 표집한 여러 가지 훈련 예(자극 예)들을 이용하는 것이다. Neef와 동료들은 지적장애 성인이 세탁기와 드라이어를 사용하는 방법을 가르치기 위해 일반사례 프로그래밍을 이용하였다(Neef, Lensbower, Hockersmith, DePalma, & Gray, 1990). 그들 중 몇몇은 세탁기와 드라이어를 사용하는 다양한 방법을 배울 수 있도록 여러 가지 기계를 사용하는 훈련을 시켰다. 나머지 피험자들은 오직 한 가지 세탁기와 드라이어를 사용하는 것을 배웠다. 여러 가지 기계를 가지고 훈련을 받은 피험자들은 1개의 기계로만 훈련을 받은 피험자들보다 새로운 기계를 더 성공적으로 사용하였다. 즉, 일반사례 프로그래밍을 이용함으로써 기술을 더 일반화하였다.

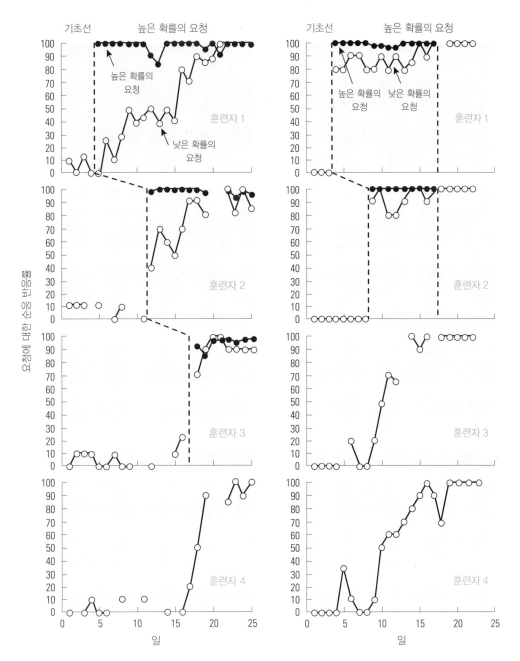

[그림 19–2] 왼쪽은 훈련자 4명의 높은 확률의 요청과 낮은 확률의 요청에 대한 바비의 순응반응률을 나타낸다. 연구자들은 낮은 확률의 요청에 대한 순응을 증가시키기 위해 높은 확률의 요청을 이용했다. 이 경우 일반화는 3개의 자극예(훈련자)를 사용한 다음에 발생하였다. 오른쪽은 훈련자 4명의 높은 확률의 요청과 낮은 확률의 요청에 대한 다렌의 순응반응률을 나타낸다. 다렌의 경우 일반화는 두 번째 예가 사용된 다음에 일어났다.

출처: Davis, C. A., Brady, M. P., Williams, R. E., & Hamilton, R. (1992). Effects of high probability requests on the acquisition and generalization of responses to requests in young children with behavior disorders. *Journal of Applied Behavior Analysis*, *25*, 905–916.

사회적 자극 통합하기

일반화를 증가시키기 위한 또 다른 전략은 일반화 환경(표적 환경)의 자극들을 훈련 상황에 통합시키는 것이다. 다시 말해, 훈련과 일반화 상황이 몇 가지 공통적인 특징이나 자극을 가지고 있다면 일반화는 더 많이 일어난다. 이 전략은 다양한 관련 자극 상황들이 훈련 상황에 통합된다는 점에서 일반화 상황과 유사하다. 그러나 이러한 전략에서 표적 상황의 몇 가지 측면(물리적·사회적 자극)만이 훈련 시에 이용된다. 예를 들면, Poche는 훈련 시 다양한 유괴 유혹을 사용할 때 관련 자극 예나 상황을 통합시켰다. 그러나 놀이터 밖에서 훈련을 하였을 때 사회적인 자극(유괴 시도가 일어나는 경향이 높은 외부)을 훈련 상황에 통합시켰다.

? 밀 박사는 주장 기술의 일반화를 증진시키기 위해 마샤의 훈련에서 어떻게 사회적인 자극을 통합시켰는가?

마샤를 그녀의 사무실로 데리고 가서 역할놀이로 주장 기술을 연습시켰다면 그는 사회적 자극(사무실 환경)을 통합시킨 것이다. 이 전략의 논리는 표적 상황의 자극들이 훈련 동안 행동을 통제하는 자극으로 발달된다는 것이다. 이후에 이러한 자극이 있는 표적 상황에서 그 행동이 일어날 것이다.

사회적 기술 훈련 동안 때때로 내담자가 새로운 사람들을 대상으로 기술을 연습할 수 있도록 훈련 시 다른 치료자나 보조 치료자가 도입된다. 예를 들면, 한 여성 치료자는 여성들과 효과적으로 상호작용하는 기술을 발달시키려는 남성 내담자와 역할놀이를 할 수 있다. 만일 그 내담자가 치료 시에 만난 여성과의 역할놀이에서 성공적으로 기술을 배울 수 있다면, 그 기술은 여성을 소개받는 다른 상황(예: 파티)에 일반화되는 경향이 더 많다. 이 경우 훈련자극에 통합시킨 일반적인 자극은 내담자가 전에 만난 적이 없는 여성이었다.

기능적으로 동등한 반응 교육하기

다양한 자극 예와 사회적 자극을 훈련에 통합시키는 것에 덧붙여, 보통 내담자에게 동일한 결과를 가져올 수 있는 여러 가지 반응을 교육하는 것이 유용하다. 동일한 결과를 가져오는 다양한 반응을 **기능등가 반응**(functionally equivalent response)이라고 한다. 다시 말하면, 각 반응은 그 사람에게 동일한 기능을 한다. 예를 들어, 당신이 지적장애인에게 자판기를 사용하는 방법을 교육한다면 기계를 조작할 수 있는 여러 방법을 가르칠 것이다. 어떤 기계는 선택을 하기 위해 버튼을 누르고, 어떤 기계는 손잡이를 당긴다. 두 반응은 모두 동일한 결과를 가져온다. 당신이 두 반응을 모두 가르친다면 그 사람은 훈련 뒤에 여러 기계를 사용할 수 있을 것이다. 즉, 더 많은 일반화가 있을 것이다.

이처럼 일반사례 프로그래밍은 학습자들이 자연적인 상황에서 필요한 모든 것을 배울 수 있도록 여러 관련 자극과 반응 유형을 표집한다. Sprague와 Horner(1984)는 지적장애 청소년들이 자판기를 사용하도록 하기 위해 일반사례 프로그래밍을 이용했다. 그들은 다른 교수법을 이용했을 때보다 일반사례 프로그래밍을 이용했을 때 일반화가 더 많이 일어났다는 것을 발견했다. 일반사례 훈련에서 학생들은 자판기를 사용하는 데 필요한 모든 반응을 배웠다.

다른 예를 고려해 보자. 사회적 기술 훈련에서 사람들은 다양한 상황에서 이용할 수 있는 여러 가지 기술을 배울 것이다. 그리고 나서 그 사람은 동일한 결과를 가져올 수 있는 여러 가지 반응을 할 수 있을 것이다. 예컨대, 부끄러움을 타는 젊은이는 여성에게 데이트를 신청하는 여러 가지 방법을 배울 수 있다. 만일 특정한 상황에서 한 가지 방법이 실패한다면 다른 방법은 성공적일 수 있다. 한 가지 방식으로만 데이트 신청하는 것을 배웠다면 그는 성공할 수 없을 것이고, 그 기술은 다른 여성을 대상으로 한 상황에 일반화될 가능성이 적을 것이다. 주장 훈련에서 마샤는 다양한 방식으로 비합리적인 요청을 거절하는 방법을 배웠다. 한 가지 주장반응이 성공하지 않으면 다른 주장반응을 사용할 것이고, 성공할 때까지 또 다른 반응을 사용할 것이다.

자연적 상황에서 단서 제공하기

일반화를 증가시키기 위한 또 하나의 전략은 자연적 환경에서 단서나 상기인을 제시하는 것이다. 이는 알맞은 상황에서 목표행동이 더 많이 일어나도록 만들 수 있다. 행동 분석가(또는 감독관)는 자연적 환경에서 단서를 제공한다. 자연적 환경에서 특정 상황이 행동을 통제할 충분한 자극을 가지고 있지 못한 경우에 그 단서가 행동을 불러일으키리라 희망한다. 예를 들어, 발렛 파킹 안내원은 건물 입구에서 고객의 차를 운전하여 주차장으로 간다. 안전상의 이유로 그들은 고객들의 차를 운전할 때 안전벨트를 착용하도록 훈련받는다. 그러나 안내원들이 항상 안전벨트를 착용하지는 않기 때문에 감독관들은 그들에게 안전벨트를 착용하라는 지시를 했고, 그 결과 그들은 직장에서 안전벨트를 더 많이 착용하게 되었다(예: Austin,

Sigurdsson, & Rubin, 2006).

다른 예를 생각해 보자. 장애인들이 있는 그룹 홈에서 일을 시작하는 직원들에게 특정 시간(요리하기 전, 화장실을 이용하고 난 후 등)에, 특정 방식으로 손을 씻도록 훈련시켰다. 손 씻기가 자연적 환경에서 일반화되기를 원했고 모든 관련 상황하에서 나타나기를 원했다. 일반화를 촉진시키기 위해 그룹 홈 관리자는 손을 씻도록 하기 위한 단서로 주의 표시를 붙여 놓았다. 단서로서 어떤 표시를 사용하는 것은 간호사들의 손 씻기(Creedon, 2005), 차 안에서 안전벨트 매기(Rogers et al., 1988), 직장에서 안전행동 하기(Fellner & Sulzer-Azaroff, 1974) 등과 같은 많은 행동을 일반화하는 데 사용되었다.

일반화를 촉진시키기 위해 자연적 환경에서 단서를 제공하는 또 다른 방식은 정확한 시간에 정확한 행동을 하도록 부모, 교사, 직원들에게 상기시켜 줄 버저나 진동하는 전자 기기를 사용하는 것이다. 예를 들면, 내담자와 자주 긍정적인 상호작용을 하도록 훈련받은 직원에게 긍정적인 상호작용을 하도록 상기시키기 위해 60초마다 진동하는 호출기를 착용하도록 요청하는 것이다(예: Mowery, Miltenberger, & Weil, 2010). 비슷한 사례로, 행동 프로그램을 진행하도록 훈련받은 한 교사는 정확한 시간에 치료 절차를 수행하도록 하는 상기인으로써 호출기 진동을 받거나 휴대폰으로 문자 메시지를 받았다(예: Petscher & Bailey, 2006).

단서 혹은 상기인이 올바른 행동을 불러일으키고 목표행동에 대한 일반화를 증가시킬지라도, 그 행동을 유지시키기 위해서는 자연적 환경에서 그 행동을 위한 강화의 형식이 있어야만 한다는 사실을 아는 것이 중요하다.

자생적 일반화 매개변인 통합하기

Stokes와 Osnes(1989)는 일반화 매개변인을 "치료의 일부분으로 내담자에 의해 유지되고 운반되는 자극"으로 정의하였다(p. 362). 매개변인은 물리적 자극이거나 그 사람이 보이는 행동일 수 있다. 또한 매개변인은 표적행동을 통제하는 자극을 가지고 있어 매개변인이 존재할 때 그 행동은 훈련 상황 밖에서 일반화된다. 예를 들면, 부모들이 아동을 관리하는 기술에 관한 강의를 듣고 공책에 필기를 한다. 이후에 부모들은 이 기술을 아동에게 사용할 때 공책을 살펴본다. 그 공책은 자생적 일반화 매개변인(self-generated mediator of generalization)이다. 공책은 가정에서 아동관리 기술의 일반화를 증진시킨다. 유사하게 부모들은 "아동이 잘하는 것을 보고 칭찬하라." "사소한 문제는 무시하라."와 같은 강의에서의 몇 가지 규칙을 기억할 수 있다. 이후에 가정에서 스스로 이러한 규칙들을 반복해서 이야기하면 아동이 바람직한 행동을 할 때는 칭찬을 하고 사소한 문제행동은 무시하는 경향이 더 많아진다. 부모들이 외운 규칙은 아동관리 기술의 일반화를 위한 자생적 매개변인이다. 부모들은 정확한 시간에 정확한 행동을 하도록 하는 그들 자신만의 단서나 상기인을 제공한다는 것이 핵심이다.

자기기록은 자생적 일반화 매개변인의 다른 예이다. 예를 들어, 젊은 여성이 말더듬 문제로 도움을 받으려고 심리학자를 만났다. 치료는 심리학자에게서 규칙적인 호흡법(제21장 참조)을 배우고 매일 연습하는 것이다. 내담자는 치료 중에 규칙적인 호흡 기법을 잘 수행했지만 치료 외의 상황에서는 그 기법을 실시하지 못했다. 치료실 밖에서의 일반화를 증진시키기 위해 심리학자는 내담자로 하여금 자기기록을 하도록 지시하였다. 기록용지와 자기기록의 수행은 내담자로 하여금 치료실 외의 상황에서 기법을 연습할 가능성을 높이는 자생적 매개변인이다.

자기교수(self-instruction)는 일반화의 다른 매개변인이다. 어떤 사람이 자기교수를 암송하면 적절한 시기에 적절한 행동을 하도록 하는 단서로 작용한다. 앞에서 기술했던 부모들은 강의에서 배웠던 아동 관리 기술을 사용하기 위해 자기교수를 암송하였다. 자기교수의 사용은 아동관리 기술을 가정에서 아동들에게 일반화하는 데 도움을 준다. 앞의 예에서 나오미는 동료들이 화나게 하는 상황에 대한 반응으로 "그들을 무시하고 어려운 상황에서 벗어나자."라는 자기교수를 스스로에게 말했다. 자기교수의 암송은 그녀로 하여금 싸움을 피하게 하였다. 자기교수는 이러한 행동을 상담자와의 훈련 상황으로부터 동료들과의 실제 문제 상황에까지 더 일반화하도록 하였다.

표적 상황에서 적절한 단서가 되는 행동은 자생적 일반화 매개변인으로 간주될 수 있다. 제16장에서 논의된 몇몇 선행통제 전략은 적절한 상황에서 한 행동의 발생이 다른 행동에 영향을 주기 때문에 자생적 일반화 매개변인으로 고려될 수 있다. 예를 들면, 칼이 건강식품 쇼핑 목록을 만들었을 때 그 목록은 그로 하여금 건강식품을 살 가능성을 높이는 자생적 매개변인이다. 제20장에서 자생적 매개변인에 대하여 더 자세히 논의할 것이다.

더 읽을거리

사회적 기술의 일반화

사람들에게 기술을 가르칠 때마다 훈련 시 기술 습득과 필요한 상황에서의 기술 일반화를 측정하는 것이 중요하다. Ducharme과 Holborn(1997)은 훈련 후 사회적 기술의 일반화 평가의 중요성을 보여 주었다. 연구자들은 취학 전 아동에게 사회적 기술(사이좋게 놀기와 나누어 주기)을 가르치고 훈련 상황과 일반화 상황(사회적 기술을 사용할 아이들이 있는 다른 교실)에서 훈련 전과 후의 사회적 기술을 측정하였다. 그 결과, 아동들이 사회적 기술을 배우고 훈련 상황에서 기술을 사용하였지만 장난감과 교사가 있는 다른 교실에 일반화되지 않았다는 것을 보여 주었다. 연구자들은 일반화를 증진시키는 전략을 세웠다. 즉, 훈련할 때보다 많은 관련 자극을 통합시켜 일반화 상황과 유사하게 만들었다. 그리고 사회적 기술이 새로운 상황에 일반화되었다는 것을 보여 주었다. 이 연구와 다른 연구(예: Hughes, Harmer, Killian, & Niarhos, 1995)는 기술 일반화를 확증하기 위해 일반화를 평가하고 일반화가 상세하게 프로그램되어 있어야 한다는 것을 보여 주었다.

일반화 증진 전략

행동수정을 실시하기 전과 실시하는 동안, 그리고 실시한 후에 행동변화의 일반화를 고려하는 것이 중요하다. 일반화 증진 전략을 실시할 때, 다음과 같은 지침을 살펴보아야 한다.

1. **행동의 표적자극 상황을 확인하라.** 행동수정 프로그램의 목표는 모든 관련 자극 상황에서 행동 변화를 일반화하는 것이다. 다시 말해, 새로운 행동을 조성하거나 기존의 행동을 강화시키려 한다면 당신은 적절한 시기에 적절한 상황(표적자극 상황)에서 그 행동이 일어나길 원한다. 그러한 상황에서의 일반화를 증진시키기 위해 훈련을 시작하기 전에 표적자극 상황을 확인해야 한다. 관련 상황을 확인함으로써 그러한 상황에서 행동이 일어날 확률을 증가시키기 위해 일반화 전략을 실시할 수 있다. 만일 훈련 전에 표적자극 상황 등을 확인하지 않는다면 일반화는 우연에 맡기게 될 것이다.

2. **행동에 대한 자연적인 유관강화를 확인하라.** 자연적인 유관강화를 확인하였을 때, 이

러한 기존의 유관성을 가져오게 될 행동을 강화시키는 데 초점을 둔 훈련을 할 수 있다. 만일 유관성이 더 이상 분석되지 않는다면 훈련 시의 표적행동은 훈련 상황 외에서 그 사람에게 기능적이지 않을 수 있다. 그 결과, 일반화는 훨씬 덜 일어나게 될 것이다.

　3. **일반화를 증진시키기 위한 적절한 전략을 실시하라.**　당신이 훈련 상황 밖에서 행동의 3단계 유관성을 분석했을 때, 일반화를 증진시키기 위해 적절한 전략을 선택해야 한다.

　표적자극 상황을 분석하는 것은 이러한 여러 상황을 훈련 상황에 통합시키게 한다. 또한 그것은 훈련에 통합할 수 있는 사회적 자극을 선택하거나 이러한 상황에서 행동의 일반화를 촉진시키기 위한 매개변인을 선택하게 한다. 마지막으로, 훈련 전에 자극 상황을 확인함으로써 일반화의 예를 확인할 수 있고, 이러한 상황에서 일반화가 일어날 때 행동에 대한 강화를 제공할 수 있다.

　기존의 유관강화를 분석하는 것은 강화되기 쉬운 행동 유형을 선택하도록 돕는다. 자연적 유관강화를 가져오는 기술들을 훈련함으로써 일반화 가능성을 향상시킨다. 또한 일반화를 증진시키기 위해 이러한 유관성을 수정할 시기와 방법을 결정하려면 자연적 유관강화와 벌을 이해해야 한다.

　4. **행동변화의 일반화를 측정하라.**　일반화를 향상시키기 위한 노력이 성공적이었는지를 결정하기 위해 표적자극 상황에서 행동 발생에 관한 자료를 수집해야 한다. 행동이 표적 상황에 일반화된다면 일반화된 행동변화가 계속해서 유지되는지를 확증하게 하기 위해 이러한 상황들에서 정기적으로 행동평가를 해야 한다. 이러한 평가는 또한 행동이 표적 상황에서 계속 강화되는지를 결정하기 위해 자연적 유관성에 관한 정보를 포함해야 한다. 만일 이러한 평가가 표적 상황에서 행동이 일반화되지 않았다는 것을 보여 준다면 일반화를 향상시키기 위한 다른 전략들을 실시해야 하고, 행동이 일반화되고 유지된다는 증거가 있을 때까지 그 행동과 자연적 유관성을 평가해야 한다.

문제행동 감소의 일반화 증진시키기

　문제행동에 대한 치료 결과는 내담자의 기능 향상이다. 기능 향상은 문제행동의 감소나 제거뿐 아니라 새로운 기술의 발달과 유지 또는 의미 있는 대체행동의 강화 및 정적 강화량의 증가를 말한다. 예를 들면, 친구를 못살게 구는 3학년 워렌의 행동수정은 적절한 사회적 기술을 발달시키고, 친구들에게 이러한 기술을 사용하며, 친구들로부터 사회적 강화를 받고, 더 이상 친구들과 싸우지 않을 때 성공적일 것이다. 워렌의 문제행동(싸움)을 제거하는 것은 치료에서 원하는 성과 중 하나이다. 사회적 기술을 증진시키고 친구들로부터의 사회적 강화를 증가시키는 것 또한 원하는 성과이다. 왜냐하면 이는 워렌의 삶의 질을 향상시키고 문제행동의 재발을 예방하기 때문이다.

문제행동에 대한 성공적인 치료를 나타내는 부가적인 성과는 치료가 끝난 후에도 모든 관련 상황에서 행동변화가 일반화되는 것이다(Horner, Dunlap, & Koegel, 1988). 앞에서 일반화는 워렌이 적절한 사회적 기술을 보이고 학교, 집, 친구 집, 놀이터, 캠프, 친구들과 함께하는 상황에서 더 이상 싸움을 하지 않았을 때 일어난다. 또한 치료가 끝난 후에도 워렌이 싸움을 하지 않고 모든 관련 상황에서 좋은 사회적 기술을 오랫동안 보여 준다면 치료는 성공적이다.

문제행동의 일반화된 감소를 이루기 위한 치료의 초점은 문제행동 대신에 기능적으로 동등한 적절한 대체행동을 개발시키는 데 있다(Carr et al., 1994; Durand, 1990; Reichle & Wacker, 1993). 어떤 사람이 기능적으로 동등한 대체행동을 발달시켰을 때, 이러한 행동은 이전에 문제행동이 일어났던 모든 상황에서 일어나고 강화를 받을 수 있다. 문제행동을 제거하기 위해 소거나 벌 절차로만 구성된 중재를 실시하면 문제의 일반화된 감소가 적을 것이다(Durand & Carr, 1992). 이는 소거나 벌 절차가 문제행동이 일어났던 모든 상황에서 사용될 수 없어 그러한 행동이 가끔씩이라도 강화를 받기 때문이다. 또한 문제행동 대신에 기능적으로 동등한 대체행동 없이는 문제행동이 이전에 강화를 받았던 상황에서 더 재발되는 경향이 있다.

적절한 대체행동을 개발하고 증가시키는 데 초점을 두는 것은 문제행동을 치료하는 건설적인 접근이다(Goldiamond, 1974). 이것의 목적은 그 사람에게 기능적이고 더 적절한 행동 목록을 개발하는 것이다. 행동 목록을 개발하는 것은 기능적인 기술들을 가르치는 것이고 자연적 맥락에서 그러한 행동의 발생을 강화한다. 이런 건설적인 접근을 통해 바람직한 대안을 증가시키는 데 초점을 두지만, 문제행동이 그 사람에게 더 이상 기능적이지 않도록 문제행동에 대한 소거와 벌이 계속 사용되어야 한다(Wacker et al., 1990). 문제행동이 더 이상 강화되지 않으면 바람직한 대체행동이 문제행동 대신에 일어나는 경향이 더 많다.

문제행동의 일반화된 감소를 이루기 위해서는 다음과 같은 지침에 관심을 가져야 한다(Dunlap, 1993).

1. **문제행동에 대한 기능평가를 실시하라.**　이전에 보았던 것처럼 문제행동을 치료하기 위해서는 먼저 기능평가를 해야 한다. 문제행동에 대한 선행조건과 결과 및 대체행동을 철저히 이해하는 것은 행동수정을 이용한 중재를 성공시키는 데 중요하다. 완전한 기능평가는 행동변화를 성공적으로 일반화하는 데도 필요하다. 기능평가의 정보는 행동이 일어나는 모든 상황에서 실시될 적절한 중재를 개발하는 데 사용되어야 한다.

2. **사전에 일반화에 대한 계획을 세우라.**　문제행동에 대한 중재는 행동의 일반화된 감소를 일으킬 확률을 최대화하기 위해 처음부터 계획되어야 한다. 중재를 계획할 때, 일반화를 증진시키는 것으로 알려진 전략들을 사용해야 한다. 일반화를 증진시키는 8개의 상이한 절차들을 이 장에서 논의하였다. 내담자의 문제행동에 적용할 수 있는 이러한 절차들 모두 문제행동의 일반화된 감소를 이루기 위해 실시되어야 한다.

3. **문제행동 대신에 기능적으로 동등한 대체행동에 초점을 맞추라.**　문제행동의 일반화된 감소는 문제행동과 동일한 기능을 하는 적절한 대체행동의 일반화된 증가가 있을 때 가장 잘 이루어진다(Carr, 1988). 워렌은 친구들로부터 사회적 강화를 받을 수 있는 바람직한 사회 기술을 배웠기 때문에 싸움을 덜 하게 되었다. 만일 이러한 사회 기술의 사용이 친구들과 함께 있는 모든 관련 상황에서 일반화된다면 문제행동은 친구들과 함께 있는 모든 관련 상황에서 감소되어야 한다.

4. **여러 상황과 시간에 걸쳐 소거나 벌 유관성을 유지하라.**　어떤 사람이 문제행동을 계속하는 동안 모든 상황에서 문제행동에 대한 강화인을 제거하는 것이 중요하다. 소거나 벌 유관을 일찍 중단하면 문제행동이 더 자주 일어날 수 있는 위험이 있다. 문제행동에 대한 강화는 행동수정 중재를 시작하기 훨씬 오래전부터 이루어졌다. 따라서 문제행동의 빈도가 0점까지 감소된 후에도 행동에 대해 강한 자극통제를 발휘했던 상황에서 행동이 다시 일어날 수 있다(자발적 회복). 소거나 벌 절차를 너무 일찍 중지하거나 비일관적으로 실시하여 그 행동이 강화된다면 행동 빈도가 다시 증가하는 경향이 있다.

📖 요약

1. 일반화를 증진시키는 전략은 〈표 19-1〉에 제시되어 있다. 이러한 전략들은 훈련 시 사용되는 자극 조작, 훈련되는 반응의 범위, 일반화 상황에서 유관강화를 포함한다.

2. 훈련된 행동이 표적 상황에서 자연적 유관강화를 가져오는 것이라면 그 행동은 표적 상황에 일반화되는 경향이 많고 그 상황에서 계속 발생한다.

3. 훈련에서 사용되는 자극들은 표적 상황에서 표적행동에 자극통제력을 가지도록 표적 상황의 자극과 유사한 것이어야 한다. 훈련 상황의 자극이 표적 상황의 자극과 유사할수록 그 행동은 표적 상황에서 더 일반화된다.

4. 여러 가지 상이한 반응들이 표적 상황에서 강화 결과를 가져온다면 그 행동은 표적 상황에서 일반화되기 쉽다. 또한 문제행동이 표적 상황에서 했던 것처럼 바람직한 행동이 동일한 강화 결과를 가져온다면 바람직한 행동이 표적 상황에서 더 많이 일어난다.

5. 문제행동의 일반화된 감소를 증진시키기 위해서는 문제행동의 선행조건과 강화 결과를 결정하는 기능평가를 하고, 이 장에서 보여 준 8개의 일반화 전략을 이용한 일반화를 위한 계획을 미리 세우며, 문제행동을 대체하는 기능적으로 동등한 대체행동에 초점을 두고 여러 상황과 시간에 걸쳐 소거나 벌 절차를 유지해야 한다.

✏️ 핵심용어

기능등가 반응(functionally equivalent response)

일반사례 프로그래밍(general case programming)

일반화(generalization)

자극 예(stimulus exemplars)

자생적 일반화 매개변인(self-generated mediatior of generalization)

자연적 유관강화(natural contingencies of reinforcement)

Behavior
Modification

제5부

기타 행동변화 절차

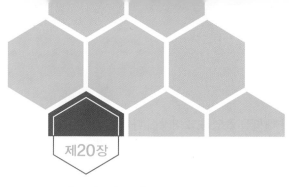

제20장

자기관리

주요 학습문제

주요 학습문제

- 자기관리 문제를 어떻게 정의하는가?
- 자기관리란 무엇인가?
- 사회적 지지는 무엇인가? 사회적 지지는 자기관리의 요소로서 어떻게 유용한가?
- 자기관리 전략에는 무엇이 있는가?
- 자기관리 프로그램에는 어떤 단계들이 포함되어 있는가?

이 장에서는 자신의 행동을 변화시키기 위해 사용할 수 있는 행동수정 절차들을 기술한다. 행동수정 절차는 대부분 치료자들이 다른 사람의 행동을 변화시키기 위해, 예를 들어 심리학자가 내담자를 돕거나 부모가 아동의 행동을 수정하기 위해 사용한다. 어떤 사람이 자신의 행동을 변화시키기 위해 사용하는 행동수정 기법을 자기관리(self-management)라고 한다.

자기관리의 예

머레이의 규칙적으로 달리기하기

머레이는 몇 년 동안 일주일에 5일 정도는 3~5마일씩 달리기를 해 왔다. 이 유산소 운동은 몸무게를 줄이고 혈압을 낮추며 기분을 좋게 만들었다. 머레이는 건강을 유지하기 위해 일생 동안 달리기를 하기로 계획을 세웠다. 그러나 대학을 졸업하고 직장에 다니기 시작하면서 어떤 주는 자주 빠지기도 하고 어떤 주는 많이 달리기도 하였다. 그는 퇴근하면 피곤하고 배가 고파서 대개 TV 앞에 앉아 간식을 먹었다. 그러고 나면 그날은 달리기를 하지 못했다. 머레이는 변화가 필요하다고 생각했다. 그는 행동수정 강의에서의 몇 가지 자기관리 절차를 회상하고 그것들을 실시하기로 결심하였다.

머레이는 먼저 컴퓨터로 기록용지를 만들었다. 기록용지는 그가 매일 달리는 시간과 거리, 그날의 목표를 기록하도록 되어 있었다. 매주 초 머레이는 지난주에 달렸던 거리를 기록하였다. 그의 최종 목표는 주당 5일씩 5마일을 달리는 것이었다. 머레이는 주당 3일씩 3마일을 달리는 것으로 시작하여 하루에 달리는 거리와 한 주당 달리는 횟수를 점차적으로 늘렸다. 머레이는 달리기를 한 후 달린 시간과 거리를 기록하였고, 이 기록용지를 눈에 잘 띄는 책상 위에 두었다.

또한 머레이는 매주 달린 거리를 그래프로 그리고, 달성해야 할 목표를 표시하였다. 머레이는 매주 주말에는 달린 거리를 그래프로 그렸다. 그는 그래프를 게시판에 붙여 놓았는데, 이 그래프는 달리기를 상기시키는 역할을 하였다. 머레이가 사용한 기록용지와 그래프는 [그림 20-1]과 [그림 20-2]에 제시되어 있다.

요일	날짜	시간	거리	목표(거리)
월요일				
화요일				
수요일				
목요일				
금요일				
토요일				
일요일				

[그림 20-1] 머레이가 매일 달리기를 기록하기 위해 사용한 기록용지. 이 기록용지는 달리기를 한 요일과 거리, 시간, 그날의 목표를 기록하도록 구성되어 있다.

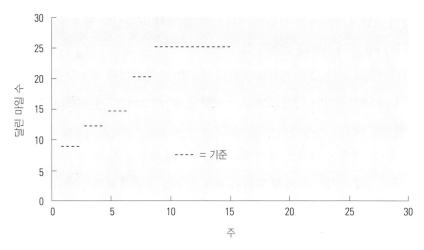

[그림 20-2] 이 그래프는 머레이가 매주 달린 거리를 나타낸다. 그래프에 있는 표식은 머레이가 정해 놓은 매주 목표를 보여 준다.

퇴근 후 달리기를 할 확률을 증가시키기 위해 머레이는 다음으로 오후 3시경 휴식시간에 간식을 먹었다. 퇴근 직후에 너무 배가 고프지 않도록 하기 위해서였다. 배가 고프지 않다면 퇴근 후 더 적게 먹을 것이고, 달리기를 할 가능성이 높을 것이다.

머레이의 또 다른 계획은 함께 달리기할 친구를 찾는 것이었다. 그는 지역 달리기 클럽에 가입하였고, 퇴근 후에 달리기를 하는 몇 사람을 알게 되었다. 머레이는 이들과 달리기를 하기로 계획을 세웠다. 다른 사람들과 함께 달리기하기를 계획함으로써 정해진 시간에 달리기를 하기 위한 공적 약속을 하였고, 같이 달리기를 하는 사람들로부터 사회적 지지를 얻었다. 또한 머레이는 달리기를 하면서 새로운 친구들과 시간을 보내게 되어 더 즐겁게 달렸다.

아네트가 청소를 하도록 하기

아네트는 학교 근처 아파트에서 섀넌이라는 친구와 함께 살았다. 아네트와 섀넌은 대학 1학년 때 만난 친구 사이이다. 그들은 3학년 초에 이 아파트로 이사 왔다. 이 아파트에서 한 학기를 지낸 후 아네트가 어질러 놓는 일로 둘이 다투었다. 아네트는 청소를 거의 하지 않았다. 접시를 꺼내 놓고, 음식을 냉장고나 찬장에 다시 넣지 않았으며, 그릇을 씻지 않고, 목욕탕에도 물건을 어질러 놓았다. 대부분 섀넌이 물건을 제자리에 놓거나 청소를 하였다. 아네트의 방은 더러웠으며, 섀넌은 그 방을 보지 않으려고 문을 닫아 놓았다. 결국 아네트는 어질러 놓는 것이 섀넌과의 갈등의 원인이 된다는 것을 깨닫고 자신의 행동을 수정하려고 하였다. 아네트는 다양한 자기관리 전략을 실시하였다.

첫째, 그녀는 청소하는 것을 기억하기 위해 메모를 하여 부엌과 목욕탕에 붙여 두었다. 하나는 목욕탕 거울에, 하나는 냉장고에 붙여 두었다. 이 메모에는 "아네트, 지금 청소해."라는 내용이 적혀 있었다.

둘째, 아네트는 청소를 쉽게 하기 위해 종이접시와 종이컵을 사 왔다. 그녀는 식사를 한 다음 냉장고나 찬장에 음식을 다시 넣지 않기 위해 음식을 조금씩 덜어 먹었다. 또한 그녀는 바구니를 사서 화장실 용품을 모두 담아 화장실 장에 쉽게 넣을 수 있도록 하였다.

셋째, 아네트는 부엌, 화장실, 거실에 쓰레기를 놓을 때마다 섀넌에게 2달러를 주기로 계약서를 만들었다. 그 계약서에는 쓰레기의 종류를 분명하게 정해 놓았다. 아네트는 자신의 행동을 모니터하기 위해 부엌에 기록용지를 붙여 놓았다. 아네트는 쓰레기를 버릴 때마다 기록을 하였다. 그리고 그녀가 쓰레기를 치우면 1달러를 도로 가져가기로 하였다. 섀넌이 쓰레기를 발견하고 대신 청소를 하면 섀넌은 이것을 기록하고, 아네트는 2달러를 완전히 잃게 된다. 이러한 계약서대로 아네트가 쓰레기를 버릴 때는 돈을 잃게 되지만 청소를 하면 돈을 덜 잃게 된다.

마지막으로 아네트는 섀넌에게 자신이 청소를 할 때마다 칭찬을 해 달라고 요청하였다. 이러한 방식으로 아네트는 자신이 청소하는 것에 대해 섀넌으로부터 사회적 강화를 받기를 원했다.

자기관리 문제에 대한 정의

앞의 예는 두 사람이 실시한 자기관리 문제와 자기관리 전략을 보여 준다. 머레이와 아네트는 문제행동을 가지고 있었다. 즉, 그들은 바람직한 행동을 하지 못했다. 여기에서 바람직한 행동이란 미래에 그들의 삶에 긍정적인 영향을 주는 행동이다. 그러나 행동에 대한 미래 결과가 긍정적일지라도, 바람직한 행동은 나타나지 않는다. 왜냐하면 바람직한 행동이 바로 강화되지 않거나, 경쟁행동이 바로 강화되어 바람직한 행동의 발생을 방해하기 때문이다. 정적 결과가 미래에 있기 때문에 현재의 바람직한 행동의 발생에 영향력을 미치지 않는다. 머레이는 원하는 만큼 자주 달리기를 하지 않았고, 아네트도 어질러졌을 때 청소를 하지 않았다. 달리기는 미래에 머레이의 건강을 증진시킨다는 점에서 긍정적인 영향을 미치지만, 간식을 먹고 TV를 보는 경쟁행동이 즉각적으로 강화를 받는다. 아네트가 아파트를 청소하는 것은 미래에 섀넌과의 우정에 긍정적인 영향을 미치지만, 청소를 하지 않고 좋아하는 활동을 하는 경쟁행동이 즉시 강화를 받는다. 자기관리 전략의 목표는 그 사람이 미래에 긍정적인 결과를 얻을 수 있도록 결핍행동의 현재 수준을 증가시키는 것이다.

자기관리가 필요한 문제의 다른 유형은 바람직하지 않은 행동을 지나치게 하는 것이다. 이러한 행동은 미래에 그 사람의 인생에 부정적인 영향을 미치기 때문에 바람직하지 않다. 초과행동의 예는 과식, 흡연, 알코올 남용, 게임 중독이다. 이것은 그 사람의 미래에 부정적인 결과를 가져오지만 바람직하지 않은 행동이 일어날 때 즉시 강화를 받거나, 그러한 행동의 발생과 경쟁하는 대체행동이 존재하지 않기 때문에 바람직하지 않은 행동이 계속된다. 부정적인 결과가 미래에 나타나기 때문에 현재의 바람직하지 않은 행동 발생에는 영향을 미치지 못한다. 자기관리의 목표는 부정적인 결과가 미래에 발생하지 않도록 초과행동을 줄이거나 제거하는 것이다.

〈표 20-1〉은 자기관리 문제를 대표하는 결핍행동과 초과행동의 예를 제시한 것이다. 각 행동에서 현재의 유관은 행동의 발생에 영향을 주고, 지연된 결과나 미래의 결과는 그러한 행동의 발생에 영향을 미치지 않는다. 많은 자기관리 문제가 이러한 단기 유관과 장기 결과 간의 갈등을 반영한다(Malott, 1989; Watson & Tharp, 1993).

〈표 20-1〉 미래의 결과와 대조되는 즉각적인 유관이 있는 자기관리 문제로서 결핍행동과 초과행동

결핍행동	즉각적인 유관성	지연된 정적 결과
공부하기	• 강화 부족 • 반응 노력 • 경쟁행동(TV, 파티, 전화 통화)의 강화	• 좋은 성적 • 졸업 • 직장이나 대학원 들어가기
운동	• 벌(아픈 근육) • 반응 노력 • 경쟁행동(간식, TV, 낮잠)의 강화	• 더 좋은 건강 • 체중 감소 • 더 좋은 체격
건강식품 먹기	• 강화 가치 감소 • 건강식품을 준비하기 위한 반응 노력 • 경쟁행동(즉석식품)의 강화	• 더 좋은 건강 • 체중 감소 • 더 많은 에너지 • 변비 감소

초과행동	즉각적인 유관성	지연된 부적 결과*
흡연	• 즉각적인 강화(민감, 이완) • 적은 반응 노력 • 대체행동에 대한 반응 노력	• 폐암 • 폐기종 • 심장질환 • 치아 오염
예상치 않은 성관계	• 즉각적인 강화 • 적은 반응 노력 • 콘돔 사용에 대한 적은 강화와 많은 반응 노력	• 임신 • HIV에의 노출, AIDS • 성적으로 전염되는 다른 질병
즉석식품 먹기	• 즉각적인 강화 • 강화 가치 증가 • 적은 반응 노력 • 눈에 띄는 단서(광고)	• 치아 손상 • 체중 증가 • 여드름

 더 읽을거리

즉각적 강화 대 지연강화

행동분석 연구에서 즉각적 강화는 지연강화보다 행동에 더 강력한 효과가 있다는 것이 잘 입증되었다. 행동과 결과 사이에 지연이 더 길면 결과는 행동의 강화인으로서 덜 기능하게 된다. 연구자들은 이러한 현상을 일시적 할인(예: Critchfield & Kollins, 2001)이라고 불렀는데, 훨씬 시간이 지나도 지연강화보다 즉각적 강화인이 행동에 더 강한 영향을 미친다는 것을 보여 주었다. 일시적인 할인의 개념은 지연 결과가 개인에게 중요하지만 즉각적 결과가 지연 결과보다 더 강한 영향력을 가지기 때문에 자기관리에 직접적인 의미를 갖는다(예를 들어, 더 나은 건강이나 더 나은 성적, 암을 피하는 것). 자기관리의 한 가지 목표는 개인이 바람직하지 않은 행동에 대한 즉각적인 강화의 영향력을 극복하는 행동을 취하도록 하는 것이다. 일시적 할인에 관한 연구에서 연구자들은 개인이 보다 즉각적 강화인보다 더 큰 지연된 강화인을 선택하도록 하는 절차를 연구했다. 이 절차들은 큰 강화인의 지연을 점차 증가시키고, 지연 동안에 중재 활동의 발생을 증가시키는 전략이다(Dixon & Cummings, 2001; Dixon & Holcomb, 2000; Dixon, Horner, & Guercio, 2003; Dixon, Rehfelt & Randich, 2003).

* 이러한 많은 지연된 결과들은 초과행동을 하는 모든 사람에게 발생하지 않기 때문에 불확실하다. 예를 들면, 흡연자들은 암에 걸리지 않을 수 있고 예기치 않은 성관계로 HIV에 감염되지 않을 수 있다. 그러나 초과행동은 지연된 부적 결과를 가져올 가능성을 증가시킨다.

자기관리에 대한 정의

기본적으로 어떤 사람이 미래에 일어날 다른 행동(표적행동)을 통제하기 위한 행동을 미리 할 때 자기관리가 일어난다(Watson & Tharp, 1992; Yates, 1986). Skinner(1953a)에 따르면 자기관리는 통제행동과 통제된 행동으로 구성된다. 어떤 사람은 미래에 일어날 **통제된 행동**(controlled behavior)에 영향을 미치기 위해 **통제행동**(controlling behavior)을 한다. 통제행동은 표적행동이나 대체행동의 선행조건과 결과를 수정하는 자기관리 전략의 실시를 포함한다. 그리고 이러한 전략들은 통제된 행동(표적행동)을 더 많이 일어나게 한다. 앞의 예에서 머레이는 목표 정하기, 자기감시하기, 직장에서 간식 먹기, 다른 사람과 달리기하기와 같은 다양한 통제행동을 하였고, 그것은 그로 하여금 달리기를 더 자주 하게 만들었다(통제된 행동). 또한 아네트는 청소할 가능성을 늘리기 위해 통제행동을 하였다. 이러한 통제행동은 청소를 상기시켜 줄 메모 붙이기, 종이 접시와 컵 이용하기, 사회적 강화 얻기, 자기감시하기, 룸메이트와 계약서 쓰기이다. 이제 미래에 발생할 표적행동에 영향을 미치기 위해 통제행동으로 실시할 수 있는 자기관리 전략 유형을 알아보자(Karoly & Kanfer, 1982; Thoreson & Mahoney, 1974).

자기관리 전략의 유형

자기관리에서 어떤 사람이 표적행동을 정하고 표적행동의 발생에 영향을 주는 하나 이상의 행동수정 절차를 준비하였다. 흔히 자기관리에서는 다음과 같은 유형의 절차들을 사용한다.

목표 설정과 자기감시

목표를 설정함으로써 미래에 표적행동을 할 가능성에 영향을 줄 수 있다. 목표 설정(goal-setting)은 표적행동의 수준과 행동이 발생할 기간을 정하는 것이다. 예를 들어, 머레이는 주당 며칠씩 달리기를 하고 몇 마일을 달릴 것인지 목표를 정했다. 매일 목표를 기록용지에 기록하였는데, 이것은 그날의 달리기 단서가 되었다. 또한 머레이는 여러 가지 다른 자기관리 전략들을 실시하였다. 목표 자체가 항상 효과적인 자기관리 전략은 아니지만 자기감시(self-monitoring)와 다른 자기관리 전략과 함께 실시했을 때 효과적이다(Doerner, Miltenberger, & Bakken, 1989; Suda & Miltenberger, 1993). 예를 들어, Wack, Crosland 및 Miltenberger(2014)은 목표 설정과 자기감시가 운동을 증진시키고 싶어 하는 성인에게 달리는 거리를 향상시키는 데 효과적일지에 대한 연구를 안내했다. Wack과 동료들은 이러한 목표를 향한 매일 혹은 매주 목표 설정과 자기감시 과정은 모든 참여자의 달리는 거리를 향상시킨다는 것을 발견했다.

달성할 수 있는 목표를 정해야 한다. 목표가 달성할 수 있는 것일 때 표적행동을 성공적으로 달성하는 경향이 있다. 목표를 정하는 것은 자기관리 프로그램의 초기에 특히 중요하다. 왜냐하면 그것은 유관강화의 기준이 되고, 초기 강화는 일반적으로 그 사람이 프로그램을 끝까지 해낼 확률을 증가시키기 때문이다. 또한 목표 달성은 많은 사람에게 조건강화인이 되거나, 그 사람이 목표를 달성했을 때 다른 강화인들이 주어진다면 조건강화인이 될 수 있다.

목표 설정은 대부분 자기감시와 함께 실시된다. 자기감시를 이용하여 표적행동이 일어나는 것을 기록하며, 이것은 목표를 향한 진전을 평가하게 한다. 또한 자기감시는 대개 반응적이다. 즉, 자기감시는 목표행동의 변화를 가져올 수 있다(예: Latner & Wilson, 2002). 예를 들어, 아네트가 청소하는 행동을 자기감시하기 시작했다면, 실제로 다른 자기관리 행동을 실시하기 전에 이러한 행동을 더 증가시킨다. 다음 절에서는 목표 설정과 자기감시의 자기관리 프로그램 실시 과정 단계를 기술하였다.

선행사건 조작

표적행동을 증가시키거나 감소시키기 위한 다양한 선행조작을 제16장에서 기술하였다. 사람들은 흔히 자신의 행동에 영향을 미치는 자기관리에 선행조작을 사용한다. 선행조작에서 미래에 발생할 표적행동에 영향을 미치도록 하기 위해 표적행동을 하기 전에 어떤 사건이 발생하게끔 한다는 것을 회상해 보라(Epstein, 1996). 표적행동이 발생할 가능성을 증가시키기 위해 사용한 여섯 가지 선행 조작을 제16장에서 제시하였다.

- 바람직한 표적행동을 위한 식별자극이나 단서 제시하기
- 경쟁적인 대처행동에 대한 식별자극이나 단서 제거하기

■바람직한 표적행동에 대한 유인력 배열하기

■경쟁행동에 대한 유인력 제거하기

■바람직한 표적행동을 위한 반응 노력 감소시키기

■경쟁행동을 위한 반응 노력 증가시키기

? 제16장에 소개된 각각의 선행사건 조작을 자세히 보라. 아네트가 청소할 가능성을 증 가시키기 위해 사용했던 선행조작을 확인하라.

첫째, 아네트는 부엌과 화장실에 청소를 상기시켜 줄 메모를 붙여 놓고 부엌에 기록용지를 놓아둠으로써 표적행동에 대한 단서를 제시하였다. 둘째, 그녀는 종이접시와 종이컵을 사용하고 음식을 한 번에 먹을 수 있는 만큼 덜어 먹음으로써 표적행동을 위한 반응 노력을 감소시켰다. 이런 식으로 그녀는 청소를 덜 하게 만들었다. 또한 그녀는 화장실 용품을 담아 둘 바구니를 사서 화장실을 청소하는 데 드는 반응 노력을 감소시켰다. 왜냐하면 바구니에 화장실 용품을 넣는 것이 더 쉬웠기 때문이다. 셋째, 그녀는 친구와 계약서를 쓰고 자신이 청소를 했을 때 칭찬을 해 달라고 하였다. 이러한 선행조작은 아네트가 즉시 청소를 하게 될 확률을 증가시켰다.

표적행동의 발생 확률을 감소시키기 위한 선행조작은 표적행동의 발생 가능성을 증가시키기 위해 사용한 방법과 반대이다. 이 방법들은 표적행동에 대한 식별자극이나 단서 제거, 바람직한 대체행동에 대한 식별자극이나 단서 제시, 표적행동에 대한 유인력 제거, 대체행동에 대한 유인력 배열, 표적행동에 대한 반응 노력 증가, 대체행동에 대한 반응 노력 증가이다. 이러한 전략들은 제16장에서 자세히 제시하였다.

한 사람이 통제될 표적행동에 앞서 몇 가지 통제행동을 하기 때문에 모든 자기관리 절차는 선행조작을 포함한다. 다시 말하면, 그 사람은 표적행동이 발생하기 전에 자기관리 전략을 세우고 표적행동 발생을 위한 준비를 한다. 실제로 선행사건 조작보다 반응 결과를 조작하는 자기관리 전략에서도 반응 결과의 실시가 표적행동에 앞서서 제시된다. 따라서 이러한 자기관리 전략들은 엄밀히 말해서 선행조작이라 할 수 있다.

행동계약서

행동계약서(behavioral contract)는 표적행동을 정하고 특정 기간 동안 특정 수준의 표적행동에 따른 결과를 제시하는 문서이다. 행동계약서는 다른 사람(계약관리자)이 결과를 적용하지만 자기관리 전략 유형의 하나로 생각할 수 있다. 왜냐하면 계약서에 들어가는 행동은 미래의 표적행동 발생에 영향을 주기 위해 만들어진 통제행동이기 때문이다. 행동계약서(제23장)에서는 변화되어야 할 표적행동을 정하고, 자료 수집 방법을 정하고, 계약기간 내에 달성되어야 할 표적행동의 수준을 정하고, 유관을 제시하고, 표적행동에 영향을 주기 위해 유관을 실시한다. 이러한 것들은 행동계약서에 기초를 둔 자기관리 전략에서 수행하는 통제행동이다.

자기관리 계획에서 사용할 수 있는 행동계약서의 한 가지 유형은 계약관리자의 도움 없이 본인이 계약서를 쓰는 것이다. 이것은 앞에서 기술했던 방식으로 계약서를 쓰고, 스스로 계약 유관성을 실시하는 것이다. 이러한 계약서는 표적행동을 변화시키는 데 효과적이지만, 계약관리자의 도움으로 수행되는 계약서보다 덜 효과적이다.

? 행동계약서에서 계약관리자의 도움 없이 유관성을 실시할 때 일어날 수 있는 문제는 무엇인가?

문제는 자신이 계약한 유관을 실시하지 못할 수 있다는 것이다. 예를 들어, 3시간 동안 숙제를 하고 나서 강화인으로 저녁에 1시간 동안 TV를 볼 수 있다는 계약서를 썼다고 가정해 보자. 당신은 숙제를 마치지 못했지만 그날 저녁에 TV를 볼 수 있다. 그러면 당신은 계약서에 적힌 유관을 실시하는 데 실패할 것이다. Martin과 Pear(1992)는 이것을 유관 중단(short-circuiting the contingency)이라고 하였다. 유관중단은 표적행동을 위한 강화를 준비하지만 표적행동에서 최초 약속 없이 강화를 사용할 때 일어난다. 그 대신에, 유관중단은 표적행동에 대한 벌을 준비하지만 표적행동에서 준비한 후에 벌이 수단이 아닐 때 일어날 수 있다. 이는 당신이 스스로 계약서를 작성했을 때 항상 일어나는 것은 아니다. 그러나 발생 가능성이 있음을 자각하는 것이 중요하다. 계약관리자의 이점은 계약관리자가 일관성 있게 유관을 실시하고 중단이 덜 일어난다는 것이다.

강화와 벌 준비

하나의 유사한 자기관리 전략은 계약서에 쓰지 않고 강화나 벌 유관을 준비하는 것이다. 아침에 1시간 동안 공부를 한 뒤에만 아침 식사를 할 것이라는 계획과 같이 당신 자신에게 강화나 벌 유관을 준비할 수 있다. 아침 식사는 공부에 대한 강화인이 되는 것이다. 그러나 당신 자신에게 유관강화를 실시하기 때문에 유관을 중단할 수 있다. 우선 당신은 1시간 동안 숙제를 하지 않고서도 아침 식사를 할 수 있다. 중단한다는 불리한 점이 있지만, 자신에게 유관을 실시하는 것의 이점은 다른 사람의 도움에 의존하지 않는다는 것이다.

또한 당신은 다른 사람이 실시하는 강화나 벌을 받을 수 있다. 다른 사람이 유관을 실시한다면 중단이 문제될 가능성은 적다. 예를 들어, 어머니와 함께 살고 있는 학생은 자기가 1시간 동안 공부하는 것을 볼 때까지 아침 식사를 주지 말라고 어머니에게 이야기할 수 있다. 그의 어머니는 학생이 자신에게 했던 것보다 더 정확하게 유관강화를 실시한다. 즉, 학생이 1시간 동안 공부를 한 뒤에만 아침 식사를 준다.

? 자신에게 유관강화나 벌을 주도록 다른 사람에게 부탁을 한다면 어떤 문제가 일어날 수 있는가?

한 가지 문제는 행동수정 프로그램에 기꺼이 참여할 친구나 가족이 없을 수 있다는 것이다. 다른 문제는 당신이 사전에 동의를 했지만 강화나 벌을 실시하는 친구나 가족에게 화가 날 수 있다는 것이다. 이러한 잠재적 문제점 외에도 강화나 벌을 실시하기 위해 다른 사람의 도움을 얻는 것은 자기관리 노력의 성공 가능성을 증가시킨다. 다른 사람의 도움이 없을 경우, 당신은 표적행동에 대해 실시하기로 한 강화나 벌을 무시할 가능성이 더 많다.

또한 당신은 정적 강화 외에 벌이나 부적 강화를 실시할 수 있다. 일반적인 벌이나 부적 강화는 반응대가나 혐오활동의 적용 혹은 제거를 포함한다. 예를 들면, 한 집에서 2명의 룸메이트와 살고 있는 학생은 담배를 피우는 날에는 룸메이트에게 10달러를 지불하겠다고 말한다. 그녀는 미래에 흡연율을 감소시키기 위해 흡연에 대한 벌로서 돈의 상실(반응대가)을 계획하였다. 또한 그녀는 담배를 피운 날에는 집 청소를 하기로 합의하였다. 집을 청소하는 것은 흡연할 가능성을 감소시키는 혐오활동으로 작용할 것이다. 학생은 정한 날에 3시간 동안 공부를 하지 않으면 그날 저녁에 모든 접시를 씻거나 친구에게 10달러를 지불해야 한다고 제시한 부적 유관강화를 실시할 수 있다. 3시간 동안 숙제를 하는 것은 접시를 씻거나 10달러를 잃는 것을 피하게 된다. 따라서 숙제를 하는 행동은 부적으로 강화된다.

사회적 지지

사회적 지지(social support)는 어떤 사람의 삶에서 중요한 사람이 표적행동이 발생하도록 하는 자연 환경이나 단서를 제공할 때나 표적행동이 발생할 때 자연스럽게 강화 결과를 제공할 경우 일어난다. 당신이 표적행동에 영향을 주는 사회적 강화를 특별히 계획할 때, 사회적 지지는 하나의 자기관리 전략이다.

? 머레이는 달리기를 자주 할 확률을 증가시키기 위해 사회적 지지를 어떻게 준비했는가?

머레이는 달리기 클럽에서 다른 사람들과 주당 며칠씩 달리기를 하기로 계획을 세웠다. 달리기 클럽의 친구들과 달리기를 하기로 계획을 세웠을 때, 그는 표적행동 발생을 위한 자연 상황을 만들었다. 그는 친구들과 달리기를 하기로 계획한 날에는 달리기를 더 하게 되었다. 또한 친구들과 달리기를 하는 것은 자연적인 강화였다. 친구들과 시간을 보내는 것은 그들과 달리기를 하는 것에 수반된 정적 강화인이었다. 친구들과의 달리기를 계획한 것은 달리기에 대한 자연스러운 선행사건과 결과가 되었다.

사람들이 자기관리 전략으로 사회적 지지를 어떻게 사용하는지에 대한 몇 가지 다른 예를 보자. 마사는 맥주 마시는 것을 줄이고자 했을 때, 술을 마시지 않는 친구들과 함께 사회적인 일을 더 많이 하고 술을 마시는 친구들과 함께 활동은 하지 않기로 계획을 세웠다. 그 결과, 술을 마시지 않는 친구들과 함께 일을 할 때는 자연히 비알코올성 음료를 마셨기 때문에 사회적인 모임에서 술을 덜 마시게 되었다. 로저는 지난 학기 마지막 4주 동안 공부를 많이 해야 했다. 그에게는 공부를 거의 하지 않는 친구들의 모임이 하나 있었다. 그들은 대부분 TV를 보고, 비디오게임을 하고, 앉아서 이야기를 하였다. 또 다른 모임은 큰 집에 함께 살고 있는 친구들의 모임으로 이들은 공부를 열심히 하였다. 로저는 한 주 동안 매일 그들의 집에 갔고, 그 결과 자연스러운 사회적 유관은 공부를 더 열심히 하는 것이었다.

자기관리 프로그램에 가능한 한 사회적 지지를 포함시키는 것이 좋다. 다른 사람들의 관여는 유관 중단을 방지함으로써 성공 가능성을 증가시킨다. 유관 중단은 다른 사람이 유관을 실시하거나 자기관리 프로그램의 일부로서 유관을 실시하는 사람을 관찰할 때 덜 발생한다.

소셜 미디어와 사회적 지지

사회적 지지는 보통 우리가 가족, 친구, 동료와 같이 가까이하고 정기적으로 보는 사람들에게 제공받지만, 사회적 지지는 소셜 미디어를 통해서도 받을 수 있다. 만약 자신의 행동(예를 들어, 매주 점점 더 많이 달리기)을 변화시키고자 한다면, 자신의 목표나 성취한 것을 페이스북이나 다른 소셜 미디어 사이트에 올릴 수 있다. 예를 들어, 페이스북 친구들은 격려, 칭찬, 축하를 포함하는 반응을 할 수 있다. 더해서, 이 목표와 성취는 다른 사람들이 공유하게 될 것이다. 이는 당신이 자신의 목표를 달성할 수 있도록 격려하는 기능을 한다. 일부 인터넷을 기반으로 하는 몸매 가꾸기나 체중 줄이기 프로그램은 사회적 지지의 종류로 도울 수 있는 소셜 미디어 링크를 제공한다(예를 들어, Fitbit.com)를 제공한다.

자기교수 및 자기칭찬

특정한 방식으로 자신에게 이야기함으로써 자신의 행동에 영향을 미칠 수 있다(Malott, 1989). 제25장에서 배우겠지만, 적절한 때에 적절한 행동을 지시하는 자기교수를 암송함으로써 자신의 행동에 영향을 줄 수 있다. 본질적으로 자기교수(self-instruction)는 특정한 표적행동을 요구하는 상황에서 스스로에게 무엇을 어떻게 해야 하는지를 이야기하는 것이다. 적절한 행동이 일어난 직후 자신의 행동에 대해서 긍정적인 평가를 제공하는 자기칭찬(self-praise)을 할 수 있다. 예를 들어, 롤랜더는 상사의 사무실에 가자마자 자기 자신에게 "시선을 맞추고 확고한 목소리로 직접 질문을 해라."라고 이야기한다. 이러한 주장행동을 할 때, 롤랜더는 자기 자신에게 "나는 주장적이고 원하는 것을 이야기했다."라고 말한다. 롤랜더의 자기교수와 자기 칭찬은 그녀가 상사의 사무실에서 더욱 주장적으로 행동하도록 만들었다. 그러나 롤랜더는 상사의 사무실에서 자기교수와 자기칭찬을 암송하기 위해 미리 연습을 했다. 자기교수와 자기칭찬은 스스로 하는 행동이고, 다른 표적행동에 영향을 주기 위해 표적 상황에서 그러한 행동이 일어나기 전에 학습되어야 한다.

제25장에서 보겠지만, 사람들은 전형적으로 실제 문제 상황을 가상한 역할놀이 상황에서 자기교수와 자기칭찬을 연습함으로써 자기교수와 자기칭찬을 배운다. 자기관리 프로그램에서 자기교수와 자기칭찬을 사용하기 위해서는 (1) 자기 진술문을 정하고, (2) 그것을 사용할 가장 적절한 시기와 장소를 결정하여 (3) 역할놀이나 문제 상황을 상상한 곳에서 연습하며, (4) 학습이 잘된 후에 그것을 사용할 계획을 세워야 한다.

자기관리 계획의 단계

지금까지 기술한 하나 이상의 전략을 이용한 자기관리 계획은 다음과 같은 9단계를 포함
해야 한다.

1. **자기관리에 대한 의사 결정**   자신의 행동 중 어떤 측면이 불만족스러워 자기관리 프로
그램에 참여하기로 결정한다. 불만족스러운 행동을 생각하고 그 행동이 향상될 수 있
는 방법을 상상하기 시작할 때 어떤 행동을 하고자 하는 동기화가 이루어진다(Kanfer &
Gaelick-Buys, 1991). 강의를 듣거나 책을 읽음으로써 자기관리 프로그램을 수행하는 방
법을 배운다면 자기관리 과정을 시작하게 될 것이다. 자기관리 과정을 시작할 때 얻는
것은 표적행동의 유익한 변화를 예견하는 것이다. 자신의 노력에 대한 긍정적인 결과를
예견한다면 변화를 위한 단계를 이행하는 경향이 더 많다.

2. **표적행동과 경쟁행동 정하기**   자기관리 프로그램의 목적은 표적행동 수준을 증가시키
거나 감소시키는 것이다. 표적행동을 정확하게 기록하고 자기관리 전략을 바르게 실시
하기 위해서는 먼저 변화시켜야 할 표적행동을 정해야 한다. 또한 표적행동과 경쟁행동
을 확인하고 정하는 것이 중요하다. 표적행동이 결핍행동을 증가시키는 것이라면 바람
직하지 않은 경쟁행동을 감소시키고자 할 것이고, 표적행동이 초과행동을 감소시키는
것이라면 바람직한 경쟁행동을 증가시키려 할 것이다.

3. **목표 설정**   자기관리 계획에서는 바람직한 수준의 표적행동을 달성하는 것이 목적이
다. 목표 설정 시 먼저 삶에서 향상되어야 할 적절한 표적행동 수준을 정한다. 목표를 정
할 때 더 두드러지도록 문서화해야 한다. 중요한 타인들이 목표를 알 수 있도록 목표를
공개하는 것 또한 중요하다. 최종 목표를 점차 달성하기로 계획한다면 중간 목표를 써
두어야 한다. 때로 중간 목표는 표적행동의 기초선을 결정하기 위해 자기감시를 한 다
음에 정해질 수 있다. 중간 목표는 최종 목표에 대한 점진적인 접근에서 행동의 기초선
에 토대를 둔다.

4. **자기감시**   표적행동을 정한 뒤에 자기감시 계획을 세우고 실시한다. 기록용지나 기록 장치를 이용하여 표적행동이 발생한 후 바로 기록한다(제2장을 참고하라). 자기관리를 실시하기 전에 행동의 기초선을 정하기 위해 일정한 시간 동안(1~2주) 표적행동을 기록한다. 표적행동은 목표 설정과 자기감시의 결과로서 원하는 방향으로 변화될 것이다. 표적행동 수준이 안정될 때까지 자기관리 전략을 실시하지 않아야 한다. 표적행동이 목표 설정과 자기감시의 결과로 목표 수준에 도달한다면 자기관리 전략을 실시하는 것을 연기하고 목표 정하기와 자기감시를 계속한다. 표적행동이 자기감시로만 목표 수준을 유지하지 못하면 다른 자기관리 전략들을 실시할 수 있다. 자기감시는 프로그램의 효과성과 시간이 흘러도 변화가 유지되는지를 판단하기 위해 자기관리 프로그램을 실시하는 동안 계속할 수 있다.

5. **기능평가**   기초선 동안 자기감시와 함께 표적행동과 경쟁적인 대체행동의 선행사건과 결과를 평가해야 한다. 제13장에서 기능평가를 실시하는 방법에 대해 기술하였다. 기능평가의 목적은 표적행동과 대체행동의 발생 여부에 기여하는 변인들을 이해하는 것이다. 그러고 나서 기능평가에서 확인된 선행변인과 결과변인을 바꾸는 특정한 자기관리 전략들을 선택한다.

6. **적절한 자기관리 전략 선택**   이 시점에서 표적행동을 수정하기 위해 자기관리 전략을 선택해야 한다. 첫째, 표적행동에 대한 선행사건을 조작하는 전략을 선택하거나 표적행동과 경쟁하는 대체행동의 선행사건을 조작하라. 선행조작은 기능평가 정보를 근거로 선택한다. 선행사건 조작 유형은 이 장에서 간단하게 기술했으며, 제16장에서 자세히 기술했다. 둘째, 표적행동이나 대체행동의 결과를 바꾸는 전략을 선택하라. 만약 바람직하지 않은 행동을 감소시키고자 한다면 다음 중 하나 이상을 해야 한다. 즉, (1) 표적행동에 대한 강화인 제거, (2) 표적행동 발생 시 벌 제공, (3) 대체행동에 대한 강화인 제공, (4) 대체행동에 대한 벌 유관 제거, 대체행동을 교육하기 위한 행동기술훈련 절차 이용이다. 만약 바람직한 행동을 증가시키고자 한다면 다음과 같은 것들을 해야 한다. 즉, (1) 표적행동에 대한 강화인 준비, (2) 표적행동을 위해 조작한 벌 유관성 제거, (3) 대처행동에 대한 강화인 제거, (4) 대체행동에 대한 벌 제공이다. 이러한 전략들은 〈표 20-2〉에 제시되어 있다.

자기관리 계획에서 표적행동에 직접 영향을 미치는 선행사건과 결과 조작이나 표적행동에 간접적으로 영향을 미치는 방법으로 대체행동에 영향을 주는 선행사건과 결과조작을 선택해야 한다.

〈표 20-2〉 표적행동 수준을 감소시키거나 증가시키기 위해 사용된 자기관리 전략 목록

바람직한 행동을 증가시키고, 바람직하지 않은 행동을 감소시키기 위한 선행조작
- 바람직한 행동에 대한 식별자극이나 단서 제시
- 바람직하지 않은 행동에 대한 식별자극이나 단서 제거
- 바람직한 행동을 위한 유인력 배열
- 바람직하지 않은 행동에 대한 유인력 제거
- 바람직한 행동을 하는 데 드는 반응 노력 감소
- 바람직하지 않은 행동을 하는 데 드는 반응 노력 증가

바람직한 행동을 증가시키고, 바람직하지 않은 행동을 감소시키기 위한 결과조작
- 바람직한 행동에 대한 강화인 제공
- 바람직하지 않은 행동에 대한 강화인 제거
- 바람직한 행동에 대한 벌 제거
- 바람직하지 않은 행동에 대한 벌 제공
- 바람직한 행동을 가르치는 기술훈련 절차 사용

7. **변화 평가**　자기관리 전략을 실시할 때, 자기감시를 통해 자료를 수집하고 표적행동이 원하는 방향으로 변하고 있는지를 평가하라. 표적행동이 기대한 것처럼 변한다면 목표에 도달할 수 있는지를 알아보기 위해 자기관리 전략과 자기감시 절차를 계속 실시해야 한다. 목표가 달성되면 유지 전략을 실시해야 한다. 표적행동이 원하는 방향으로 변하지 않으면 자기관리 전략을 재평가하고 필요한 변화를 만들어야 한다.

8. **자기관리 전략의 재평가**　표적행동이 자기관리 전략을 실시한 후에도 원하는 방향으로 변하지 않으면 자기관리 전략의 비효과성에 기여할 수 있는 두 가지 유형의 문제를 고려해야 한다. 첫째, 자기관리 절차를 정확하게 실시하지 않았을 수 있다. 부정확하게 실시한 경우(예: 유관 중단), 자기관리 절차는 원하는 방향으로 표적행동을 바꾸는 데 효과적이지 않다. 자기관리 전략이 정확하게 실시되지 않았다는 것을 발견하면 미래에 자기관리 절차를 정확하게 실시하기 위해 필요한 단계들을 취해야 한다. 자기관리 절차의 정

확한 실시가 불가능하다는 것을 발견하면 다른 자기관리 절차를 선택해야 한다. 예를 들어, 자기 자신과 계약을 하였으나 유관 중단을 한다면 유관을 실시할 다른 사람과 계약하는 것을 고려해 볼 수 있다.

둘째, 무엇보다 부적절한 자기관리 전략이 선택되었을 수 있다. 정확하게 실시했지만 이러한 절차들이 원하는 행동변화를 가져오지 않는다는 것을 발견하면 절차들을 재평가해야 한다. 자기관리 계획에서 관련 선행사건과 결과가 선택되지 않았을 수 있다. 관련 선행사건과 결과를 결정하기 위해 기능평가 정보를 다시 살펴보거나 다른 기능평가를 해야 할 필요가 있다.

9. **유지 전략 실시**　자기관리 프로그램에서 목표를 달성하면 표적행동을 원하는 수준으로 유지시키는 전략들을 실시해야 한다. 이상적인 상황에서 자기관리 전략을 중지하고 자연적인 강화나 벌 유관성이 표적행동이나 대체행동을 유지하도록 해야 한다. 예를 들어, 아네트가 스스로 규칙적으로 청소할 때 친구가 그녀에게 고마워하고 그녀와 더 긍정적으로 상호작용을 한다. 이러한 것들은 청소를 하는 행동에 대한 자연적인 강화인이다. 또한 깨끗한 부엌, 거실, 화장실은 조건강화인이 된다. 왜냐하면 청결한 상태가 자기관리 프로그램 동안 내내 다른 강화인과 짝지어졌기 때문이다. 머레이에게 있어서 자연적인 강화유관은 달리기와 연합되었다. 그에게 달리기를 하도록 하는 단서를 주고 달리기를 사회적으로 강화시켜 주는 친구들의 사회적 지지가 있다. 게다가 달리기를 더 하면 좋은 체형을 갖게 되며, 좋은 체형은 반응 노력을 감소시키고 달리기 자체를 더 강화받게 하였다. 그러나 많은 사람에게 있어서 자연적인 유관은 장기적으로 표적행동을 유지시킬 수 없다. 어떤 경우에 자연적인 유관은 문제일 수 있다. 어떤 사람이 체중을 줄이려고 한다. 친구들과 피자, 햄버거를 먹으러 가고 음식을 많이 먹게 되는 파티에 가는 것은 보통 자연적인 강화인이다. 따라서 정기적으로 자기관리 전략을 실시할 필요가 있다. 그 사람은 목표를 정하고 자기감시를 하는 것이 유용하다. 이 자기관리 전략들은 시간이 적게 들고 수행하기도 간단하다. 대부분 목표 설정과 자기감시를 계속하는 것은 표적행동을 유지하는 데 충분하다. 자기감시는 시간에 따라 표적행동의 발생에 관한 정보를 제공하기 때문에 특히 중요하다. 이러한 방식으로 표적행동을 유지하는 데 문제가 있는지를 즉시 결정할 수 있고, 더 필요한 다른 자기관리 절차를 실시할 수 있다.

의학적 문제

이 장은 개인이 자신의 행동을 변화시키는 데 사용할 수 있는 자기관리 전략을 서술했다. 이러한 전략은 부족한 행동에서부터 과한 행동까지의 넓은 범위에서 자기개선을 위해 변화하려는 사람에게 적합하다. 그러나 약물 중독, 알코올 중독, 도박 문제, 학대행위와 같은 일부 문제는 좀 더 심각하며, 전문가의 도움이 필요할 수 있다. 당신의 삶을 상당히 간섭하는 심각한 의학적 문제를 위해 행동 치료사, 심리학자 또는 이러한 문제를 다루는 전문적 훈련을 받은 사람에게 도움을 요청할 필요가 있다.

자기관리 단계

1. 자기관리에 대한 의사결정
2. 표적행동과 경쟁행동 결정
3. 목표 설정
4. 자기감시
5. 기능평가
6. 적절한 자기관리 전략 선택
7. 변화 평가
8. 자기관리 전략 재평가
9. 유지 전략 실시

요약

1. 대부분의 자기관리 문제는 즉각적인 결과와 장기간의 결과 간의 갈등 상태에 있는 표적행동을 포함한다. 특히 감소되어야 할 바람직하지 않은 표적행동은 실제로 장기적인 결과가 부정적이더라도 즉각적인 결과에 의해 강화되고, 증가되어야 할 바람직한 표적행동은 장기적으로 그 사람에게 긍정적인 결과를 주지만 즉각적인 결과에 의해 억제된다.

2. 자기관리는 자신의 행동을 변화시키기 위한 행동수정 전략을 이용하는 것이다. 특히 어떤 사람이 미래에 통제된 행동의 발생에 영향을 미치기 위해 통제행동을 하는 과정이다. 통제행동은 자기관리 전략이고, 통제된 행동은 수정되어야 할 표적행동이다.

3. 사회적 지지는 적절한 행동 발생을 증진시키기 위해 중요한 타인이 선행사건과 결과 둘 중의 하나를 제공하는 것이다. 사회적 지지는 자기관리 전략의 부분으로 장점이 있다. 왜냐하면 중요한 타인들의 관여는 자기관리 유관 중단을 막고 자기관리를 더 성공적으로 만들기 때문이다.

4. 자기관리 전략은 선행사건 조작, 행동계약서, 강화나 벌 유관 준비, 사회적 지지, 자기교수와 자기칭찬, 목표 설정, 자기감시를 포함한다.

5. 자기관리 프로그램은 전형적으로 다음의 단계로 실시된다.

(1) 특별한 행동을 변화시키겠다고 약속하기

(2) 표적행동과 경쟁행동 정하기

(3) 자기관리 프로그램의 결과에 대한 목표 설정하기

(4) 자기감시 계획 실시하기

(5) 표적행동과 대체행동의 선행사건과 결과에 대한 기능평가 실시하기

(6) 자기관리 전략을 선택하고 실시하기

(7) 표적행동의 변화 평가하기

(8) 표적행동이 원하는 방향으로 변하지 않았을 때 자기관리 전략 재평가하기

(9) 유지 전략 실시하기

핵심용어

목표 설정(goal-setting)	자기칭찬(self-praise)
사회적 지지(social support)	통제된 행동(controlled behavior)
유관 중단(short-circuiting the contingency)	통제행동(controlling behavior)
자기교수(self-instruction)	행동계약서(behavioral contract)
자기관리(self-management)	

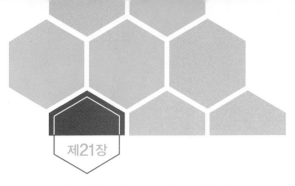

제21장

습관 바꾸기 절차

주요 학습문제

- 습관행동이란 무엇이고, 습관행동이 습관장애가 되는 것은 언제인가?
- 습관행동의 세 가지 범주는 무엇인가?
- 습관 바꾸기 절차의 구성요소는 무엇인가?
- 습관행동의 각 범주에서 습관 바꾸기 절차를 어떻게 적용할 것인가?
- 습관 바꾸기 절차가 작용하게 만드는 것은 무엇인가?

이 장은 습관행동(habit behavior)이 있는 사람에게 수행하는 치료 절차의 한 유형에 초점을 둔다. 습관 바꾸기(habit reversal) 절차라고 불리는 이 치료는 바람직하지 못한 습관행동의 빈도를 줄이는 데 사용한다. 습관행동은 그 사람의 사회적 기능에 큰 장애를 주지는 않는다. 그것은 오히려 개인의 삶에 있어 중요한 타인이나 자신에게 괴로움을 주는 경향이 있다. 그러나 어떤 경우에는 습관행동의 강도나 빈도가 심해서 개인에 대해 부정적인 인식을 갖게 하거나 사회적 수용성을 감소시킬 수도 있다(Boudjouk, Woods, Miltenberger, & Long, 2000; Friedrich, Morgan, & Devine, 1996; Friman, McPherson, Warzak, & Evans, 1993; Long, Woods, Miltenberger, Fuqua, & Boudjouk, 1999). 습관행동이 빈번하게 발생하거나 그 정도가 심할 때 당사자는 문제에 대한 치료방법을 찾을 것이다. 그러한 경우에 습관행동을 습관장애(habit disorder)로 볼 수 있다(Hansen, Tishelman, Hawkins, & Doepke, 1990).

습관행동의 예

조엘은 심리학 시간에 교수가 말하는 것을 열심히 듣고 있었다. 수업시간 내내 그는 손톱을 물어뜯었다. 그는 무의식적으로 손톱을 물어뜯고 가장자리가 평평해질 때까지 계속해서 씹었다. 그는 종종 손톱 뒷면을 물어뜯으며 울퉁불퉁한 부분을 씹었다. 그는 손톱의 한 부분이 너무 짧아져서 더 이상 물어뜯을 데가 없어지면 씹기를 멈추었다. 손톱을 물어뜯는 행동이 특별히 조엘을 괴롭히지는 않았지만, 그의 여자친구는 종종 그에게 물어뜯긴 손톱을 보기가 끔찍하다고 말했다.

대학 야구선수인 호세는 매일 연습실에 가서 근력을 기르고 배팅 연습을 했다. 힘든 훈련 후에 그는 목과 어깨에 긴장감을 느꼈다. 긴장을 느낄 때, 그는 고개를 빨리 돌렸다. 고개 돌리기는 최소한 일시적으로 긴장을 감소시켜 주었다. 시즌이 끝난 뒤, 호세는 타석에 들어설 차례를 기다리거나 타격을 하기 위해 공을 기다릴 때 더욱 자주 고개를 돌린다는 것을 알았다. 그는 경기를 녹화한 비디오를 보면서 고개 돌리기를 얼마나 많이 하는지를 알게 되었다. 고개 돌리기가 그의 경기 능력을 떨어뜨리지는 않는다 하더라도 너무 자주 그런 행동을 하는 것이 이상하게 보였다.

바버라는 졸업을 앞둔 의대생이다. 그녀는 아동 병원에서 소아과 실습을 하면서 소아과 의사들에게 의료 절차를 배우고 있었다. 그녀는 병원에서 소아과 의사들과 회진을 하였다. 환자를 진찰한 후에 소아과 의사는 바버라와 다른 학생들에게 환자의 의학적 문제에 대해 질문을 하였다. 이러한 상황에서 바버라는 종종 예민해져서 질문에 대답을 할 때 말을 더듬거리곤 했다. 그녀는 더듬거릴 때 문장을 끝내기 전에 한 단어에서 막혀 그 단어나 그 단어 내의 음절을 여러 번 반복하였다. 가령, 그녀는 이렇게 말했다. "그것을 확인하기 위해서는 엑스선 사진을 더, 더, 더 찍어 볼 필요가 있다고 생각합니다, 선생님." 말을 더듬는 것이 학교에서 부정적인 영향을 끼치지는 않았지만 그녀는 걱정이 되기 시작했다. 말더듬은 앞으로 그녀의 수행이나 직장 선택에 영향을 줄 수 있기 때문이다.

습관행동에 대한 정의

앞의 예들은 습관행동으로, 신경성 습관, 운동틱, 말더듬(Woods & Miltenberger, 1995)의 세 가지 유형이 있다.

신경성 습관

첫 번째 예에서 보여 준 행동인 손톱 물어뜯기는 신경성 습관(nervous habit)의 일반적인 유형 중 하나이다. 신경성 습관의 다른 예로는 머리카락(또는 콧수염이나 턱수염) 꼬기나 머리카락 만지기, 연필 두드리기, 펜이나 연필 씹기, 손가락 마디 꺾기, 엄지손가락 빨기, 클립이나 유사한 물건을 반복적으로 구부리기, 주머니 속의 동전 짤랑거리기, 종이(식당의 냅킨 같은 것)를 접거나 찢기, 손톱 파기, 그 외 다른 물건이나 신체 일부를 반복적으로 조작하기 등이 있다(Woods, Miltenberger, & Flach, 1996). 신경성 습관은 대체로 높은 신경성 긴장을 겪을 때 일어나는 반복적이고 조작적인 행동이다.

신경성 습관은 전형적으로 개인에게 사회적 기능을 제공하지 않는다. 예를 들어, 신경성 습관은 개인의 삶에서 다른 사람들에 의해 강화되지 않는다. 대신에 신경성 습관이 신경성 긴장을 감소시킨다고 믿고 있다. 어떤 경우에 신경성 습관은 자기자극적(self-stimulatory) 기능을 할 수 있다(Ellingson, Miltenberger, Stricker, Garlinghouse et al., 2000; Rapp, Miltenberger, Galensky, Ellingson, & Long, 1999; Woods & Miltenberger, 1996b). 신경성 습관은 다른 수의적 기능의 활동이 일어나는 동안에 일어날 수 있다. 대부분의 경우에 신경성 습관은 손을 사용한다. 신경성 습관에는 이 악물기나 입술 깨물기, 이 갈기 같은 구강 행동도 포함된다.

많은 신경성 습관은 행동의 빈도나 강도가 극단적이지 않으면 문제를 유발하지 않는다. 예를 들어, 가끔 펜을 씹거나 클립을 펴는 것은 문제가 되지 않지만 하루 내내 펜을 씹거나 하루 동안에 100개의 클립을 펴는 것은 행동이 과도하게 빈번히 발생했기 때문에 문제가 된다. 마찬가지로 가끔씩 손톱을 물어뜯거나 손톱을 파는 것은 문제가 되지 않지만 손톱에서 피가 나거나 상처가 날 때까지 물어뜯거나 파는 것은 문제가 된다. 머리카락 잡아당기기도 강도가 문제가 된다. 머리카락을 비비 꼬거나 만지는 것은 문제가 되지 않지만 머리카락이 뽑히도록 잡아당기는 것은 문제가 된다. 마찬가지로 이를 상하게 하거나 턱 근육을 아프게 하는 이 갈기는 행동의 강도 때문에 문제가 된다. 신경성 습관의 빈도나 강도가 극단적일 때, 사람들은 그것을 없애기 위해 도움을 구한다. Teng, Woods, Twohig와 Marcks(2001)는 신체 손상과 부정적인 사회적 평가를 가져오는 손톱 물어뜯기, 피부 꼬집기, 피부 물어뜯기, 피부 긁기, 입술 물어뜯기와 같은 신경성 습관을 신체 중심 반복행동 문제(body-focused repetitive behavior problems)라고 하였다.

습관행동	예
신경성 습관	손톱 물어뜯기, 머리카락 잡아당기기
운동틱	고개 돌리기, 얼굴 찌푸리기
말더듬	단어 반복, 장음화

운동틱과 음성틱

야구선수 호세가 고개를 돌린 것은 운동틱이다. 운동틱(motor tic)은 신체의 특정 근육을 반복적으로 움직이는 것을 말한다. 운동틱은 보통 목이나 얼굴의 근육 등에서 일어나지만 어깨, 팔, 다리, 몸통에서 일어날 수도 있다. 목에서 일어나는 운동틱으로는 앞·뒤·옆으로 머리 움직이기, 목 비틀기 등 회전 운동 또는 이것들을 조합한 운동이 있다. 안면틱으로는 곁눈질, 강하게 눈 깜박이기, 눈썹 추켜올리기, 한쪽 입꼬리를 당겨서 얼굴 찌푸리기 또는 이것들을 조합한 동작이 있다. 다른 유형의 운동틱은 어깨 올리기, 팔 돌리기, 몸통 꼬기, 기타 반복적인 신체 동작 등이다.

운동틱은 강한 근육 긴장과 관련이 있는 것으로 여겨진다(Evers & Van de Wetering, 1994). 때로 틱의 발생은 특정 근육군의 긴장을 증가시키는 손상이나 사건들과 관련되는데, 원래의 손상이나 사건이 없어진 후에도 운동틱이 계속해서 일어난다(Azrin & Nunn, 1973). 예를 들어, 등허리가 긴장된 사람이 특정한 방식으로 몸통을 꼬면 증상이 누그러들 수 있다. 그러나 등허리의 문제가 해결된 후에도 계속해서 몸통 꼬기를 하면 이것은 틱의 한 예가 될 수 있다. 아이들은 단순한 운동틱이 생겼다가 없어지는 경우가 많다. 운동틱은 오래 지속되거나 빈도 혹은 강도가 극단적일 때 문제가 된다. 이런 경우, 사람들은 종종 치료를 받으려고 한다.

운동틱에 더해서 어떤 사람들은 음성틱을 보인다. 음성틱(vocal tic)은 사회적 기능을 하지 않는 반복적인 음성을 말한다. 음성틱의 예로 이유 없이 헛기침을 하거나 아프지도 않은데 기침을 하는 것을 들 수 있다. 음성틱은 다른 소리나 단어를 포함할 수도 있다. 한 사례에서는 오랜 기간 동안 감기를 앓았던 초등학생이 감기가 나은 지 몇 달이 지났는데도 계속해서 기침과 헛기침을 했다(Wagaman, Miltenberger, & Williams, 1995). 초기에는 기침과 헛기침이 감기와 연관이 있었더라도 몇 달 뒤에도 기침과 헛기침을 계속한다면 음성틱으로 분류할 수 있다.

투렛장애(Tourette's disorder)는 여러 가지 운동틱과 음성틱 장애를 동반하는 틱장애이다. 투렛장애와 다른 틱장애들은 현재의 환경적 사건뿐 아니라 유전적·신경생물학적 요인들의 복합적인 상호작용에 의해 일어나는 것으로 보인다(Lechman & Cohen, 1999). 아동이 최소한 1년 동안 두 가지 이상의 틱(한 가지 이상의 음성틱을 포함하여)을 보일 때 투렛장애 진단을 내린다. 투렛장애는 어린 시절에 발병해서 평생 지속되는 질병으로 간주되고 있다.

말더듬

세 번째 예에서 바버라는 말더듬(stuttering)을 보였는데, 말더듬은 단어나 음절을 반복하거나, 단어 또는 음절 소리를 연장하거나, 한 단어에서 막히는(단어를 발음하려고 애쓰면서 일정 시간 동안 소리를 내지 못함) 등 유창하지 못한 말의 한 유형이다. 말더듬은 처음 말을 배우는 유아에게서 일어날 수 있다. 그러나 대부분의 아이들은 문제없이 말더듬이 사라진다. 때때로 말더듬은 다양하게 아동이나 성인에게서 지속된다. 어떤 경우에는 말더듬이 거의 눈에 띄지 않지만, 어떤 경우에는 말하는 것을 방해할 수도 있다. 사람들은 말더듬이 다른 사람들의 시선을 끌 만큼 심각할 때 치료를 받는다.

이러한 습관장애들은 습관 바꾸기 절차라고 불리는 행동수정 절차에 의해 성공적으로 치료되고 있다(Miltenberger, Fuqua, & Woods, 1998; Miltenberger & Woods, 1998; Woods & Miltenberger, 1995, 2001).

습관 바꾸기 절차

Azrin과 Nunn(1973)은 신경성 습관과 틱을 없애기 위한 치료 프로그램을 개발하였다. 그들은 다중치료(multicomponent treatment)를 습관 바꾸기라고 불렀다. 이후의 연구에서 Azrin과 Nunn, 그리고 많은 연구자들이 신경성 습관, 틱, 말더듬을 포함한 다양한 습관장애 치료에서 습관 바꾸기 절차의 효과를 검증하였다(Azrin & Nunn, 1974, 1977; Azrin, Nunn, & Frantz, 1980a; Finney, Rapoff, Hall, & Christopherson, 1983; Miltenberger & Fuqua, 1985a; Twohig, Flessner, & Roloff, 2003).

습관 바꾸기 절차는 습관장애를 보이는 내담자들의 치료시간에 실시한다. 내담자는 치료실 밖에서도 습관을 통제하기 위해 치료시간 중에 배운 절차들을 실시한다. 습관 바꾸기 절차에서는 습관(틱이나 말더듬)을 가진 사람에게 우선, 습관 속에 포함되는 행동을 기술하도록 교육한다. 습관에 대한 행동 정의를 배운 뒤, 내담자는 습관이 일어나는 때나 일어날 것으로 예상되는 때를 확인한다. 이러한 절차들은 습관 바꾸기의 요소인 **자각훈련**(awareness training)이다. 그다음, 내담자는 **경쟁반응**(competing response, 습관행동과 상반행동)을 배워서 치료시간에 습관이 발생할 때마다 그것을 사용한다. 다음으로 내담자는 치료시간 외에 습관이 발생할 때 경쟁반응을 사용하는 상황을 상상한다. 마지막으로 내담자는 치료시간 외에 습관이 발생할 때마다 혹은 발생하려 할 때마다 경쟁반응을 사용하는 교육을 받는다. 이 절차는 **경쟁반응훈련**(competing response training)이다.

중요한 타인들(부모나 배우자)도 치료시간 외에 습관이 발생할 때 내담자가 경쟁반응을 하도록 촉구할 것을 교육받는다. 또한 그들은 내담자가 습관을 보이지 않고 성공적으로 경쟁반응을 실시했을 때 내담자를 칭찬해 주도록 교육을 받는다. 중요한 타인의 참여를 **사회적 지지**(social support)라고 한다. 최종적으로 치료자는 내담자와 함께 습관이 일어나는 모든 상황과 그것이 어떻게 불편함과 당혹스러움을 유발했는지를 살펴본다. 이것은 **동기 전략**(motivation strategy)으로 내담자가 치료시간 외에도 습관을 통제하기 위해 경쟁반응을 사용할 가능성을 증가시킨다.

습관 바꾸기 치료회기 동안 내담자는 두 가지 기본 기술을 배운다. 습관이 일어나는 것을 식별하기(자각훈련)와 습관이 발생할 때나 습관 발생이 예상될 때 경쟁반응 사용하기(경쟁반응훈련)이다. 습관을 자각하는 것은 경쟁반응을 사용하기 위한 필수 조건이다. 내담자는 습관이 나올 때마다 자각하고 즉시 경쟁반응을 할 수 있도록 훈련받아야 한다. 전형적으로 경쟁반응은 1~3분 동안 행할 수 있는 눈에 띄지 않는 행동(다른 사람이 쉽게 알아차릴 수 없음)이다. 중요한 타인들은 치료시간 외에도 조언과 강화를 통해 내담자가 이 기술들을 계속 사용하도록 돕는다(사회적 지지).

습관 바꾸기의 구성요소

- 자각훈련
- 경쟁반응훈련
- 사회적 지지
- 동기 전략

습관 바꾸기의 적용

다양한 유형의 습관장애에 사용되는 습관 바꾸기 절차들의 주요한 차이점은 경쟁반응의 성격이다. 내담자가 보이는 특정한 습관, 틱, 말더듬에 대해서 각기 다른 경쟁반응을 특별히 선택해야 한다. 여러 가지 습관장애 유형에 적용되는 습관 바꾸기의 다양한 유형을 살펴보자 [습관 바꾸기 절차에 대해 개관하려면 Woods와 Miltenberger(1995)를 참고한다].

신경성 습관

몇몇 연구자는 신경성 습관을 치료하기 위한 습관 바꾸기를 평가해 왔다(Azrin, Nunn, & Frantz-Renshaw, 1980, 1982; Miltenberger & Fuqua, 1985a; Nunn & Azrin, 1976; Rapp, Miltenberger, Long, Elliott, & Lumley, 1998; Rosenbaum & Ayllon, 1981a, 1981b; Twohig & Woods, 2001a; Woods, Miltenberger, & Lumley, 1996b; Woods et al., 1999). 습관 바꾸기 절차로 치료된 신경성 습관으로는 손톱 물어뜯기, 머리카락 잡아당기기, 엄지손가락 빨기, 입술 깨물기나 이 갈기 같은 구강 습관이 있다. 각 경우마다 경쟁반응은 쉽게 할 수 있지만 신체적으로 신경성 습관과 양립할 수 없는 행동이었다. 예컨대, 교실에서 손톱을 물어뜯는 학생의 경쟁반응은 1~3분 동안 연필을 쥐거나 주먹을 꽉 쥐는 것이었다. 그 학생은 먼저 자신이 손톱을 물어뜯으려 할 때를 확인하는 것을 배웠다. 그는 손톱 물어뜯기 행동을 인지하자마자(예: 손가락을 입술에 댈 때, 손이 입 쪽으로 갈 때) 즉시 행동을 멈추고 연필을 쥐었다. 연필을 쥐는 경쟁반응은 교실에서 자연스러운 동작이기 때문에 다른 학생들의 주의를 끌지 않았다.

유사한 경쟁반응이 머리카락 잡아당기기나 손을 사용한 다른 신경성 습관의 경우에도 쓰일 수 있다. 교실 밖에 있을 때 또는 연필이나 펜이 없을 때, 손톱 물어뜯기나 머리카락 잡아당기기의 경쟁반응으로 1~3분 동안 주먹을 쥐고 옆구리에 붙이거나 주머니에 손을 넣을 수 있다. 학생은 물리적으로 손톱 물어뜯기를 막을 수 있는 손 깔고 앉기, 팔짱 끼기, 무릎 위에 손 올려놓기 또는 어떤 방식으로든 손을 사용하는 대안행동을 할 수 있다. 입술 물어뜯기나 이 갈기 같은 구강 습관의 경우에는 2분 동안 윗니와 아랫니를 가볍게 무는 것이 경쟁반응이 될 수 있는데, 이는 습관행동과 양립할 수 없는 것이다.

아이들에게 습관 바꾸기를 사용할 때는 아이가 경쟁반응을 수행하도록 부모가 신체안내를 할 수 있다. 예를 들면, 움직이지 않고 가만히 있을 때(TV를 보거나 앉아서 기다릴 때) 머리카락을 잡아당기고 손톱을 물어뜯는 5세 여아가 있었다. 경쟁반응은 손을 모아 무릎에 올리는 것이었다. 아이의 어머니는 아이가 머리카락을 잡아당기거나 손톱을 물어뜯을 때마다 "손을 무릎 위에 올려요."라고 말하고, 직접 아이의 손을 무릎에 올려 주도록 교육을 받았다. 얼마 지나지 않아서 어머니가 "손을 무릎 위에 올려요."라고 말하자마자 아이는 자기 무릎에 손을 올리게 되었다. 마침내 아이는 손톱을 물어뜯거나 머리카락을 잡아당기려고 하자마자 손을 무릎 위에 올려놓게 되었다. 아이가 손을 무릎에 올려놓을 때마다 어머니는 칭찬을 해 주었다. 경쟁반응 치료를 받으면서 두 습관행동이 줄어들었는데, 이는 부모의 도움(사회적 지지)으로 실시되었다.

운동틱과 음성틱

음성틱과 운동틱을 치료하기 위한 습관 바꾸기 절차가 평가되었다(Azrin & Nunn, 1973; Azrin, Nunn, & Frantz, 1980b; Azrin & Peterson, 1989, 1990; Finney et al., 1983; Miltenberger, Fuqua, & McKinley, 1985; Piacentini et al., 2010; Sharenow, Fuqua, & Miltenberger, 1989; Woods, Miltenberger, & Lumley, 1996a; Woods & Twohig, 2002). 운동틱의 습관 바꾸기 절차에 사용되는 경쟁반응은 틱에 관여하는 근육을 긴장시켜서 그 신체 부분이 움직임 없는 상태를 유지하는 것이었다(Carr, 1995). 예를 들어, 고개 돌리기를 하는 야구선수 호세는 머리를 앞쪽으로 유지하면서 적당히 목 근육을 긴장시켰다. 그는 먼저 틱이 나타나는 때나 틱이 나타나려고

하는 때를 식별하는 것을 배웠다. 그다음으로 틱이 발생하거나 틱이 예상될 때 경쟁반응을 2분 동안 수행하였다. 목 근육을 적당히 긴장시킨 채 고개를 바로 펴고 있는 것은 눈에 거슬리는 행동이 아니기 때문에 사람들의 시선을 끌지 않았다.

Azrin과 Peterson(1990)은 기침, 헛기침, 코 킁킁거리기 같은 음성틱에 대한 경쟁반응을 기술하였다. "입을 다문 채 코로 천천히 심호흡하라. 날숨은 들숨보다 약간 길어야 한다(예를 들어, 5초간 들이쉬고 7초간 내쉬기)."(p. 310) Azrin과 Peterson은 신경학적 원인이 있다고 여겨져 종종 약으로 치료했던 투렛장애와 연관되는 운동틱과 음성틱의 치료에 습관 바꾸기 절차가 성공적이었다는 것을 밝혔다(Shapiro, Shapiro, Brunn, & Sweet, 1978). 대부분의 사람에게 나타나는 틱은 투렛장애와는 관련이 없으며, 습관 바꾸기 절차로 효과적으로 치료할 수 있다.

Miltenberger 등(1985)은 9명의 사람에게서 나타난 여섯 가지 종류의 운동틱에 습관 바꾸기 절차를 적용하였다. 〈표 21-1〉은 여섯 종류의 운동틱에 대한 행동 정의와 이것들에 대한 경쟁반응을 보여 준다. 각 경우에서 경쟁반응은 틱행동을 억제하기 위하여 반대 근육을 긴장시키는 것이었다.

〈표 21-1〉 반응의 정의와 경쟁반응

틱	반응의 정의	경쟁반응
머리 흔들기	머리를 앞, 뒤, 옆으로 움직인다.	턱을 아래로 그리고 목 쪽으로 유지하면서 목 근육을 긴장시킨다.
눈 깜박이기	눈을 깜박인 후 3초 이내에 다시 깜박인다.	약 10초마다 응시점을 이동하면서 눈을 크게 뜨고 5초마다 천천히 눈을 깜박인다.
안면틱	입술을 바깥쪽으로 움직인다.	입술을 꽉 오므리거나 입술에 힘을 준다.
안면틱	입의 양 끝을 뒤로 잡아당긴다.	볼을 위로 움직이면서 입술에 힘을 주고 턱을 꽉 다문다.
고개 돌리기	머리를 아래쪽으로 갑자기 돌린다.	머리 흔들기와 같다.
어깨 돌리기	팔을 위아래로 움직이면서 양쪽 어깨나 팔을 갑자기 돌린다.	어깨를 아래로 당기면서 양쪽 팔에 강하게 힘을 준다.

출처: Miltenberger, Fuqua, & McKinley (1985).

📖 **더 읽을거리**

투렛장애에 대한 행동 연구

투렛장애와 연관된 틱의 습관 바꾸기 절차 평가에 덧붙여 행동치료 연구자들은 이러한 장애의 다른 측면을 연구하였다. Doug Woods와 동료들은 틱장애 발생, 틱을 통제하는 아동의 능력, 치료된 틱과 치료되지 않은 틱에 영향을 미치는 요인을 밝히는 연구를 하였다(Woods et al., 2008). 한 연구에서 Woods, Watson, Wolfe, Twohig와 Friman(2001)은 투렛장애를 가진 2명의 소년이 보이는 틱의 발생에 미치는 틱 관련 대화의 영향을 평가했다. 연구자들은 어른들이 아동의 틱에 대한 이야기를 했을 때 틱을 더 많이 보였다는 것을 알아냈다. 다른 연구에서 Woods와 Himle(2004)는 아동에게 틱을 억제하라고 가르쳤을 때 억제할 수 있는지를 알고자 하였다. 연구자들은 투렛장애 아동들에게 틱을 통제하라고 이야기하는 것은 틱을 거의 억제하지 못한다는 것을 발견하였다. 그러나 아동들은 틱이 없을 때 토큰을 받으면(타행동 차별강화) 틱을 훨씬 더 통제할 수 있었다. 이러한 결과들은 아동이 적절한 유관으로 틱을 통제할 수 있다는 점을 시사하고, 이것은 중재의 직접적인 의미를 가진다. Woods와 동료들(2003)은 투렛장애를 가진 아동들이 보이는 음성틱을 대상으로 실시한 습관 바꾸기의 효과와 음성틱에 대한 치료가 운동틱의 변화를 가져오는지를 평가하였다. 연구자들은 습관 바꾸기를 이용하여 모든 아동의 음성틱이 감소했지만, 그 효과가 5명 중 1명의 아동만 운동틱에까지 일반화되었다는 것을 발견하였다.

말더듬

많은 연구가 말더듬을 치료하기 위한 습관 바꾸기 절차의 효과성을 입증하고 있다(Azrin & Nunn, 1974; Azrin, Nunn, & Frantz, 1979; Elliott, Miltenberger, Rapp, Long, & McDonald, 1998; Ladoucher & Martineau, 1982; Miltenberger, Wagaman, & Arndorfer, 1996; Wagaman et al., 1993; Wagaman, Miltenberger, & Woods, 1995; Waterloo & Gotestam, 1988; Woods et al., 2000). 말더듬에 사용되는 경쟁반응은 신경성 습관이나 틱에 사용되는 경쟁반응과 매우 다르다. 말더듬은 성대를 통과하는 공기의 흐름이 방해를 받아 말을 유창하게 하지 못하는 것이기 때문에, 경쟁반응은 이완과 말하는 동안 성대의 공기 흐름을 방해받지 않게 하는 것이 포함된다. 말더듬의 습관 바꾸기 절차에서 사용되는 경쟁반응은 **규칙적 호흡**(regulated breathing)이다. 내담자는 말더듬의 각 예를 발견하는 것을 먼저 배운다. 내담자들은 먼저 치료자의 도움으로 자신에게 나타나는 말더듬의 유형을 기술하는 것을 배우고, 치료시간에 말더듬의 각 예를 확인한다. 내담자가 말더듬의 발생을 대부분 자각하게 되면 치료자는 규칙적 호흡을 가르친다.

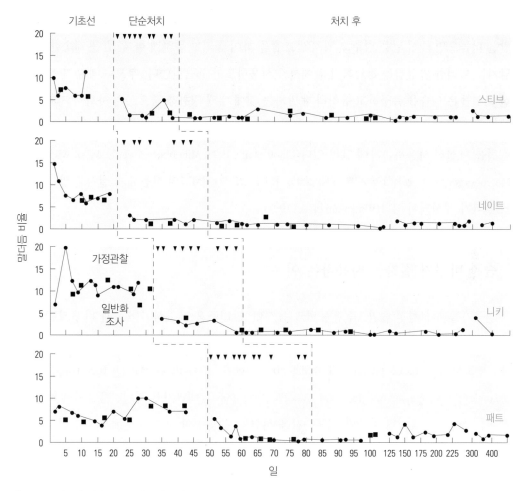

[그림 21-1] 이 대상별 중다기초선 그래프는 4명의 아동이 나타낸 말더듬의 치료 전과 치료 후 백분율을 나타낸다. 치료는 자각훈련, 경쟁반응훈련, 부모의 사회적 지지로 구성되었다. 치료를 받은 모든 아동에게서 말더듬이 낮은 수준으로 감소되었다. 동그라미는 집에서 관찰한 말더듬을, 네모는 학교에서 관찰된 말더듬을 나타낸다. 학교 관찰은 집에서의 말더듬의 변화가 학교에까지 일반화되는지를 측정하기 위해 수행되었다. 삼각형은 간소화한 치료기간 동안 치료가 실시된 날을 가리킨다.

출처: Wagaman, J., Miltenberger, R., & Arndorfer, R. (1993). Analysis of a simplified treatment for stuttering in children. *Journal of Applied Behavior Analysis, 26*, 53-61.

　　첫 번째 요소는 **횡격막 호흡**(diaphragmatic breathing)이라고 불리는 빠른 이완 절차이다. 내담자는 횡격막 근육으로 폐 속 깊이 숨을 들이마셔서 규칙적으로 호흡하는 것을 배운다. 내담자가 부드럽게 그리고 규칙적으로 숨을 쉬게 되면 치료자는 내담자에게 숨을 내쉬면서 한 단어를 말하도록 가르친다. 이완된 상태이고 후두를 통해 공기가 흘러가기 때문에 내담자는 말을 더듬지 않는다. 이러한 말하기 패턴은 말더듬과 양립할 수 없는 것이다. 내담자는 이렇게 한 단어, 두 단어, 그다음에는 짧은 문장 순으로 연습해 나간다. 내담자가 어떤 시점에서든지 말을 더듬으면 즉시 말을 멈추고 횡격막 호흡을 하여 공기가 통하게 한 후 말을 계속한다. 내담자는 이러한 발성법을 치료회기 밖에서도 사용하도록 교육받는다. 부모나 배우자 등 중요한 타인들은 연습을 촉구하고 유창하게 말하는 것에 대해 칭찬해 줌으로써 사회적 지지를 제공한다. 치료의 성공 여부는 내담자가 매일 연습하는가, 말더듬 예를 인지하는가, 규칙적 호흡법을 확실히 사용하는가에 달려 있다(Elliott et al., 1998; Miltenberger et al., 1996; Wagaman, Miltenberger, & Woods, 1995; Woods, 2000). [그림 21-1]에 4명의 아동에게 실시한 말더듬 치료 결과가 제시되어 있다(Wagaman et al., 1993).

습관 바꾸기 절차를 사용하는 이유

연구자들은 신경성 습관, 즉 운동틱과 음성틱, 말더듬을 감소시키는 습관 바꾸기 절차의 효과에서 가장 중요한 요소가 자각훈련과 경쟁반응의 사용이라는 것을 입증하였다(Elliott et al., 1998; Miltenberger & Fuqua, 1985a; Miltenberger et al., 1985; Rapp, Miltenberger, Long, Elliott, & Lumley, 1998; Wagaman et al., 1993; Woods et al., 1996a). 내담자가 경쟁반응을 수행하기 위해서는 신경성 습관, 틱이나 말더듬 순간을 식별할 수 있어야 하기 때문에 자각훈련은 중요한 요소이다. 경쟁반응의 사용은 두 가지 기능을 한다. 첫째, 경쟁반응은 습관행동을 억제하고 대신에 대체행동을 제공한다. 둘째, 경쟁반응은 제18장에 제시된 과잉교정이나 유관연습 같은 혐오활동의 적용에서처럼 하나의 벌 인자로 작용할 수 있다.

Miltenberger와 동료들(Miltenberger & Fuqua, 1985a; Miltenberger et al., 1985; Sharenow et al., 1989; Woods et al., 1999)의 연구는 운동틱과 신경성 습관의 경우 경쟁반응이 벌 인자로 작용한다고 제안하였다. 그들은 경쟁반응이 습관이나 틱에 수반될 때 습관과 틱을 감소시키는 데 효과적이지만, 경쟁반응이 습관이나 틱과 양립해도 된다는 것을 밝혔다. 즉, 내담자가 습관이나 틱에 수반되는, 적절한 노력이 요구되는 어떤 행동(일정한 근육을 3분 동안 긴장시키기)을 할 때, 그 행동이 틱 혹은 습관과 관련이 없더라도 습관이나 틱은 감소할 것이다. 예를 들면, 안면틱을 갖고 있는 사람이 안면틱에 수반하여 이두박근을 긴장시키는 경쟁반응을 수행했을 때 안면틱의 빈도가 감소하였다(Sharenow et al., 1989). 그러나 자각훈련은 항상 경쟁반응과 결합해서 사용해야 한다는 것을 주의해야 한다. 경쟁반응 없는 자각훈련의 효과는 예측할 수 없다. Ladoucher(1979)는 습관 바꾸기 절차의 성공 여부가 습관이나 틱의 자각을 증가시키는 데 있다고 주장하였다.

　세 사람이 경쟁반응을 하지 않고 자각훈련을 한 결과 운동틱이 감소되었다. 1명은 대학생 (Wright & Miltenberger, 1987)이고, 2명은 초등학생(Ollendick, 1981; Woods et al., 1996a)이었다. 그러나 세 경우 모두에서 대상자들은 자각훈련 외에 자기감시를 수행하였다. 자기감시는 대상자들이 각 틱에 대한 유관으로 행동 수행(틱을 기록하기)을 요구하기 때문에 자기감시는 경쟁반응과 동일한 방식으로 기능할 수 있다. 한 연구(Woods et al. 1996a)에서는 자각훈련이 한 아동의 머리 돌리기 틱을 감소시키고 실질적으로 제거시켰지만, 운동틱을 가진 다른 세 아동의 경우에는 효과가 없었다는 것을 보여 주었다. 습관과 틱을 감소시키기 위한 자각훈련의 효과를 입증하려면 보다 많은 연구가 필요하다.

　말더듬의 경우에 자각훈련과 경쟁반응을 사용하는 것은 말더듬을 억제하고 대체행동을 제공한다. 말더듬에서 경쟁반응은 근육을 긴장시키는 단순한 운동행동이 아니라 말하기 패턴이다. 내담자는 말할 때마다 말더듬 패턴의 대안으로서 말하기 패턴을 연습한다. 습관과 틱의 경우, 경쟁반응은 틱 행동이 발생할 때 수행한다. 반면 말더듬의 경우, 말더듬을 할 때뿐만 아니라 말을 할 때마다 경쟁반응을 사용한다. 그러므로 습관과 틱에 대한 경쟁반응과 말더듬에 대한 경쟁반응의 기능은 다르다.

새로운 습관 바꾸기 적용

많은 연구에서 신경성 습관, 틱, 말더듬을 치료하는 데 습관 바꾸기 절차가 성공적으로 사용되어 왔고, 몇 가지 다른 문제들에 대해서도 적용되었다. 새롭게 적용된 한 예로, Allen(1998)은 세스라는 14세의 소년이 테니스 경기 동안 보인 지나친 감정의 폭발을 줄이기 위해 습관 바꾸기 절차를 사용했다. 감정의 폭발은 자신에게 소리 지르기, 경기장에서 라켓 치기, 모자로 자기 때리기, 팔 흔들기로 나타났다. Allen은 감정의 폭발이 일어나거나 일어나기 시작할 때를 세스가 확인하도록 도와주기 위해서 자각훈련을 사용했다. 그다음에 감정의 폭발이 발생하거나 막 발생하려고 할 때 이완 호흡을 포함하는 경쟁반응을 사용하도록 가르쳤다. 마지막으로 앨런은 부모에게 세스가 감정 폭발을 확인하도록 도와주거나 그가 경쟁반응을 사용할 때 칭찬이나 다른 보상을 주는 것으로 사회적 지지를 제공할 것을 교육했다. 세스가 감정 폭발을 멈추기 위해 경쟁반응을 사용하지 않는다면 부모 또한 반응대가를 사용했다. 이러한 절차는 테니스 경기가 진행되는 동안 감정 폭발의 빈도를 매우 감소시켰다.

새롭게 적용된 습관 바꾸기의 또 다른 예로, Mancuso와 Miltenberger(in press)가 대학생들이 공석에서 말하는 동안 "um""uh""er""like"와 다른 의미 없는 말을 사용하는데, 이를 줄이도록 도와주기 위해서 자각훈련과 경쟁반응 훈련을 사용했다. 이 연구에서 연구자들은 각 채움말의 발생을 확인하기 위해 학생들에게 자각훈련을 사용하도록 가르쳤다. 그리고 나서 채움말 사용을 줄이기 위해 매번 채움말이 발생하거나 막 발생하려 할 때 어떤 말도 없이 3초간 정지하기와 같은 경쟁반응을 사용하도록 했다. 한 번 또는 두 번의 훈련 회기에서 이러한 습관 바꾸기 절차를 배운 후, 학생들의 채움말 사용이 훨씬 줄어들었다.

습관장애를 위한 기타 치료 절차

습관장애를 치료하는 데 있어서 습관 바꾸기 절차는 꾸준히 그 효과가 입증되고 있으며 선호되는 치료법이다(Friman, Finney, & Christopherson, 1984; Miltenberger, Fuqua, & Woods, 1998; Woods & Miltenberger, 1995, 1996a; Woods et al., 2000). 그러나 어떤 연구자들은 습관 바꾸기가 유아나 지적장애인의 습관행동에는 효과가 없을 수도 있음을 밝혔다(Long, Miltenberger, Ellingson, & Ott, 1999; Long, Miltenberger, & Rapp, 1999; Rapp, Miltenberger, Galensky, Roberts, & Ellingson, 1999; Rapp, Miltenberger, & Long, 1998).

Long, Miltenberger, Ellingson과 Ott(1999), Rapp, Miltenberger와 Long(1998)은 지적장애 성인들이 보이는 머리카락 잡아당기기, 엄지손가락 빨기, 손톱 물어뜯기의 치료에 습관 바꾸기가 효과적이지 않음을 발견하였다. 그래서 Rapp, Miltenberger와 Long(1998)은 한 지적장애 여성이 머리카락을 잡아당기려고 할 때마다 경보음을 내는 자각증진장치(awareness enhancement device)를 실험하였다. 그녀는 손목과 목 근처에 작은 전자장치를 부착하였다. 머리카락을 잡아당기려고 손을 올릴 때마다 그 장치는 움직임을 감지하고 경보음을 냈다. 손을 머리에서 떼면 경보음이 멈추었다. 이 장치의 사용으로 그녀의 머리카락 잡아당기기가 제거되었다. Himle, Perlman과 Lokers(2008)는 그러한 장치를 사용하는 것이 머리카락 잡아당기기 습관을 줄이는 데 역시 효과적임을 발견했다. Ellingson, Miltenberger, Stricker와 Garlinghouse 등(2000), Stricker 등(2000), Stricker, Miltenberger, Garlinghouse와 Tulloch(2003)은 자각증진장치가 아이들의 엄지손가락 빨기와 손가락 빨기를 치료하는 데에도 효과적임을 밝혔다.

Long, Miltenberger, Ellingson과 Ott(1999)는 손가락 빨기와 손톱 물어뜯기를 하는 지적장애 성인들에게 타행동 차별강화(DRO)와 반응대가를 사용해서 그 습관들을 제거하였다. Long은 비디오를 통해 격리된 방에 있는 내담자를 관찰하다가 일정 기간 동안 습관이 발생하지 않을 때 방에 들어가서 강화인(예: 토큰)을 주었다. 관찰 중 습관이 발생할 때, Long은 방으로 들어가 강화인 중 하나를 제거하였다. Long, Miltenberger와 Rapp(1999)은 유사한 절차를 사용하여 습관 바꾸기로 치료되지 않았던 6세 아동의 손가락 빨기와 머리카락 잡아당기기를 제거하였다. 유사하게 Rapp, Miltenberger, Galensky, Roberts와 Ellingson(1999)은 DRO와 사회적 불안정(social disapproval)이 습관 바꾸기로 치료되지 못한 5세 아동의 손가락 빨기를 크게 감소시킨다는 것을 발견했다.

유사하게 다른 연구들에서, 반응 예방이 아동의 머리카락 잡아당기기와 손가락 빨기를 제거하는 것으로 밝혀졌다(Deaver, Miltenberger, & Stricker, 2001; Ellingson, Miltenberger, Stricker et al., 2001). 예를 들면, Deaver와 동료들(2001)은 머리를 꼬고 당기는 아동을 대상으로 반응지지를 사용하였다. 밤이나 낮에 잠을 자기 위해 소녀가 침대로 갈 때 부모나 보모가 그녀의 손에 장갑을 끼워 주고, 그 장갑은 머리를 꼬거나 잡아당기는 것을 방지해 주었다.

마지막으로, Rapp과 동료들(2000)은 지적장애 청소년이 보이는 머리카락 당기기를 치료하는데 DRO, 반응 중지, 간단한 구속이 효과적이라는 것을 발견했다. Rapp은 내담자가 머리카락 잡아당기기를 하지 않을 때 칭찬을 해 주었고, 머리카락을 잡아당기려고 할 때마다 그 반응을 중단시키고 내담자 옆에서 30초 동안 팔을 잡고 있었다. 여기서 설명한 절차들 외에도 차별강화, 선행통제, 벌에 기초를 둔 다양한 행동수정 절차들이 습관장애 치료법으로 연구되고 있다. 〈표 21-2〉에 이러한 절차의 예가 제시되어 있다.

〈표 21-2〉 습관장애에 사용되는 다른 행동수정 절차

치료 절차	습관장애	연구자
혐오미각 치료	엄지손가락 빨기	Friman & Hove(1987)
반응 저지	엄지손가락 빨기	Watson & Allen(1993)
반응 저지와 DRO(다양한 강화인)	엄지손가락 빨기	Van Houten & Rolider(1984)
DRO(사탕)	엄지손가락 빨기	Hughes, Hughes, & Dial(1979)
DRO(돈)	언어틱	Wagaman, Miltenberger, & Williams(1995)
타임아웃	언어틱	Lahey, McNees, & McNees(1973)
타임아웃	말더듬	James(1981)
타임아웃과 토큰강화	머리카락 잡아당기기	Ecans(1976)
반응대가	말더듬	Halvorson(1971)
반응대가와 토큰강화	말더듬	Ingham & Andrews(1973)
손바닥으로 때리기와 토큰강화	머리카락 잡아당기기	Gray(1979)
손목 위에 소리 나는 고무 밴드 달기	머리카락 잡아당기기	Mastellone(1974)
행동계약	머리카락 잡아당기기	Stabler & Warren(1974)

📖 요약

1. 습관행동은 흔히 개인이 자각하지 못하는 동안에 발생하는 반복적이며 자동적으로 강화를 받는 행동이다. 즉, 그 사람은 각 행동의 예를 식별하지 못한다. 습관행동의 빈도나 강도가 극단적일 때 습관장애로 간주할 수 있다.

2. 신경성 습관, 틱, 말더듬은 습관행동의 세 가지 범주이다.

3. 습관 바꾸기 절차는 몇 가지 치료 요소로 구성되는데, 습관행동의 각 예를 식별하도록 하는 자각훈련, 습관행동에 따른 경쟁반응의 사용, 그리고 습관행동을 제거하기 위하여 계속적인 경쟁반응의 사용을 촉구하는 사회적 지지 절차가 포함된다.

4. 습관행동의 각 범주에 따라 경쟁반응이 다르다. 운동틱의 경우에 경쟁반응은 틱과 관련된 근육을 긴장시키는 것이다. 신경성 습관의 경우에는 습관행동에 사용되는 근육을 사용하여 양립할 수 없는 행동(예: 손톱 물어뜯기 대신 물건 쥐기)을 한다. 말더듬에 대한 경쟁반응은 양립할 수 없는 규칙적인 호흡을 하는 것이다.

5. 습관 바꾸기 절차의 효과는 경쟁반응의 사용과 관련이 있는데, 그것은 벌 인자(습관과 틱의 경우)나 습관행동을 대신하는 대체행동(말더듬의 경우)으로 기능한다. 자각 증진의 효과는 연구가 더 필요하다.

✏️ 핵심용어

경쟁반응(competing response)

경쟁반응훈련(competing response training)

규칙적 호흡(regulated breathing)

동기 전략(motivation strategy)

말더듬(stuttering)

사회적지지(social support)

습관 바꾸기(habit reversal)

습관장애(habit disorder)

습관행동(habit behavior)

신경성 습관(nervous habit)

운동틱(motor tic)

음성틱(vocal tic)

자각훈련(awareness training)

투렛장애(Tourette's disorder)

횡격막 호흡(diaphragmatic breathing)

제22장

토큰경제

주요 학습문제

- 토큰경제란 무엇인가?
- 토큰경제를 수행할 때 어떠한 과정들이 포함되는가?
- 어떤 경우에 토큰경제의 부분으로서 반응 대가를 사용할 것인가?
- 토큰경제에서 토큰으로 사용할 수 있는 항목은 무엇인가?
- 토큰경제의 장점과 단점은 무엇인가?

이 장에서는 조건강화인을 이용한 행동수정 프로그램을 기술할 것이다. 이것은 교육 프로그램이나 치료 프로그램에 참가한 사람들의 바람직한 행동을 체계적으로 강화하기 위해 사용하는 것이다. 다음의 예들을 살펴보자.

재활을 받는 새미

14세 소녀인 새미는 반달리즘(vandalism, 5세기에 로마를 휩쓴 게르만의 한 민족으로 문화, 예술을 파괴하는 사람들의 기질), 강도, 폭행에 연루되어 청소년 범죄자를 위한 치료 프로그램을 받았다. 거주 치료 프로그램(residential treatment program)의 목적은 참가자들에게 바람직한 친사회적 행동을 가르치고 유지시키며, 그들을 여기까지 오게 만든 반사회적 행동을 제거하는 것이다. 각 참가자들은 매일 여러 가지 바람직한 행동을 해야 했다. 바람직한 행동은 정시에 일어나기, 샤워하기, 복장 단정히 하기, 침구 정리하기, 식사시간에 맞춰 오기, 수업시간에 맞춰 출석하기, 배정된 일 완수하기(식사 준비나 청소 등), 집단 치료회기에 참가하기, 제시간에 잠자리에 들기 등이다. 이러한 친사회적 행동 목록은 참가자들이 지니고 다니는 카드에 제시되어 있고 상담자들이 감독한다. 각 참가자들은 매일 각 행동을 수행할 때마다 점수를 받았다. 상담자는 참가자들이 매일 각 행동을 실천할 때마다 참가자의 카드에 점수를 주고 자신의 카드에도 점수를 기록했다. 참가자들은 자신이 얻은 점수를 비디오게임, 핀볼 혹은 당구 치기, 늦게 잠자기, 감독하에 외출하기, TV 시청 더 하기, 하루 동안 감시받지 않고 지내기 같은 각종 특전과 교환하였다. 이러한 특전들은 친사회적 행동을 통해 획득한 점수로만 얻을 수 있었다.

친사회적 행동을 위한 강화인으로 점수가 사용되었을 뿐 아니라, 반사회적 행동에 대한 벌로 점수를 잃었다. 점수 손실은 반응대가 절차이다. 모든 참가자는 점수를 잃는 반사회적 행동 목록과 잃게 될 점수가 기록된 카드를 받았다. 예를 들어, 욕설, 싸움, 절도, 거짓말, 폭력단과 관련된 언행, 수업시간의 부정행동, 상담자에 대한 위협이나 폭행, 무단이탈, 외출에서 늦게 돌아오는 것은 점수를 잃게 만드는 것이었다. 참가자가 반사회적 행동을 할 때마다 상담자는 그 참가자의 카드를 가져와 위반으로 잃은 점수를 기록하였다. 또한 상담자는 자신의 카드에도 점수 손실을 기록하였다.

새미는 프로그램을 통해 매일 점점 더 많은 친사회적 행동을 하게 되었는데, 친사회적 행동으로 점수도 얻고 상담자에게 칭찬도 들을 수 있기 때문이었다. 처음에 그녀는 욕하기, 위협하기, 싸움, 수업시간의 부정행위 같은 여러 가지 반사회적 행동을 하였다. 그러나 이런 행동은 점수를 잃게 하고 특권도 잃게 만들었기 때문에 점차 줄어들었다. 2주 동안 연속해서 점수를 잃지 않고 하루에 받을 수 있는 최고 점수를 얻게 되었을 때, 새미는 카드를 지니지 않은 채 자유롭게 게임을 하고 TV를 시청할 수 있었다. 상담자는 계속해서 그녀의 행동을 지켜보면서 친사회적 행동에 대해 칭찬을 해 주었다. 새미는 친사회적 행동을 계속하지 못하거나 반사회적 행동을 나타냈을 때 특권이 취소되었으며, 다시 카드를 지니고 점수를 얻어야 했다. 다시 2주 동안 점수를 잃지 않고 최고 점수를 얻은 뒤, 새미는 카드를 지니지 않고 자유롭게 게임을 하고 TV를 볼 수 있었다. 새미가 문제를 일으키지 않고 2주를 지낼 때마다 보다 많은 특권이 추가되었다(프로그램 시간의 통과, 외출, 하루 종일 통과, 밤 동안 통과, 주말 내내 통과). 4개월 동안 아무 문제 없이 친사회적 행동을 나타냈을 때, 새미는 프로그램을 통과하고 나와 집에서 상담자에게 매주 사후 점검을 받으면서 프로그램을 그만둘 수 있었다.

토큰경제에 대한 정의

앞의 예는 거주 치료 프로그램에서 청소년들에게 사용된 **토큰경제**(token economy)를 보여준다. 토큰 경제는 토큰이라는 조건강화인(conditioned reinforcer)이 바람직한 행동을 한 사람들에게 전달되는 강화 시스템이다. 토큰은 그 후에 강화물(backup reinforcer)로 교환된다. 토큰 경제의 목적은 구조화된 치료 환경 혹은 교육 환경 내에서 매우 드물게 나타나는 내담자의 바람직한 행동을 강화하고 바람직하지 않은 행동을 감소시키는 데 있다. 청소년들이 바람직한 행동을 했을 때 받았던 점수가 **토큰**이다. 토큰은 바람직한 행동을 하는 즉시 주어지며 나중에 **교환강화인**(backup reinforcer)과 교환할 수 있다. 토큰은 다른 강화인과 짝을 이루고 있기 때문에 바람직한 행동을 강화하는 조건강화인이 된다. 교환강화인은 토큰을 지불해야만 얻을 수 있고, 토큰은 바람직한 행동을 할 때만 얻을 수 있다. 교환강화인은 치료 환경에서 내담자에게 강력한 강화인이 되는 것으로 선택되기 때문에 내담자가 바람직한 행동을 하고 바람직하지 않은 행동을 피하도록 동기화된다.

다음은 토큰경제의 기본적인 구성요소이다.

1. 강화해야 할 바람직한 표적행동
2. 조건강화인으로 사용되는 토큰
3. 토큰과 교환될 교환강화인
4. 토큰 지급에 대한 강화 계획
5. 토큰이 교환강화인과 교환되는 비율
6. 토큰과 교환강화인을 교환할 시간과 장소
    어떤 경우에는 바람직하지 못한 표적행동인 반응대가 요소와 각 행동에 따라 상실될 토큰 비율을 함께 확인한다.

〈표 22-1〉은 새미의 토큰경제의 구성요소를 보여 준다.

〈표 22-1〉 새미의 토큰경제의 구성요소

표적행동(긍정적)	획득 점수	표적행동(부정적)	상실 점수
오전 7시에 기상하기	2	욕하기	1
샤워하기	1	소리 지르기, 다른 사람 위협하기	1
머리 빗기	1	싸움하기	4
옷매무새 다듬기	1	훔치기	4
침구 정리하기	1	거짓말하기	4
정시에 아침 식사	1	폭력단 이야기	2
정시에 수업(오전)	1	폭력단 행동	2
정시에 점심 식사	1	수업시간의 부정행위	4
정시에 수업(오후)	1	상담자 위협	1
정시에 집단상담	1	상담자 폭행	5
허드렛일 완수하기	1	무단이탈	5
취침시간에 방 청소하기	1	외출에서 늦게 들어오기	3
정시에 취침하기	1	각 시간에 결석이나 지각하기	2
숙제 완성하기	6		
하루 점수 총계	20		

별도의 점수	
시험에서 A 받기	10
퀴즈에서 A 받기	5
시험에서 B 받기	5
퀴즈에서 B 받기	2

교환강화인	대가	준거행동에 대한 특권 수준
30분간 당구 치기	10	
30분간 비디오게임 하기	10	1. 게임하는 방에 자유롭게 접근: 2주 동안 매일의 점수가 최고일 때
30분간 컴퓨터게임 하기	10	2. 1시간 통과: 4주 동안 매일 점수가 최고일 때
30분간 핀볼 하기	10	3. 하루 통과(토요일이나 일요일): 6주 동안 매일 점수가 최고일 때
30분간 탁구 치기	10	4. 밤 동안 통과(금요일이나 토요일): 8주 동안 매일 점수가 최고일 때
30분간 TV 시청하기	10	5. 주말 내내 통과: 10주 동안 매일 점수가 최고일 때
영화 대여	15	
허드렛일 선택하기	5	
(감독받은) 외출하기	10	

- 그날의 여왕
- 미니어처 골프
- 패스트푸드
- 기타

토큰경제의 실행

치료 프로그램에서 내담자의 바람직한 행동을 강화하기 위하여 토큰경제를 사용하기로 결정하면 프로그램의 성공을 위해서 토큰경제의 구성요소를 주의 깊게 계획해야 한다. 이제 그러한 구성요소를 하나씩 살펴보자.

표적행동에 대한 정의

토큰경제의 목적은 내담자의 바람직한 행동을 강화하는 것이다. 그러므로 토큰경제 계획의 첫 단계는 프로그램에서 강화될 바람직한 행동을 확인하고 정의하는 것이다. 새미의 경우에 표적행동은 가족, 또래와 효과적으로 기능하는 청소년의 친사회적 행동이었다. 그것은 사회적 규준이나 규범 내에서 책임 있는 생활이라고 입증된 행동이다. 토큰경제에서의 표적행동은 치료받는 사람과 치료 환경의 성격에 따라 다양할 것이다. 교육 환경에서의 학구적 기술, 작업 환경에서의 직업 기술, 재활 환경에서의 자조 기술, 거주 환경에서의 사회 기술이 표적행동이 될 수 있다. 표적행동을 선택하는 중요한 기준은 프로그램에 참가하는 사람들에게 사회적으로 중요하고 의미가 있는 것이어야 한다는 것이다.

표적행동이 정해지면 그것들을 주의 깊게 정의하는 것이 중요하다. 표적행동에 대해 객관적인 행동 정의를 내리는 것은 내담자로 하여금 자신에게 기대되는 행동을 확실히 알게 해 준다. 또한 표적행동에 대한 행동 정의는 관계자(교사, 부모, 치료자 등)가 행동을 기록하고 토큰강화를 신뢰롭게 수행할 수 있도록 해 준다.

토큰으로 사용하기 위한 항목 확인

토큰은 관계자가 각 표적행동이 일어난 후 즉시 제공할 수 있는 유형물이어야 한다. 또한 토큰은 치료 환경 내에서 관계자가 지니고 있다가 표적행동이 일어날 때 지급할 수 있는 실용적이고 편리한 것이어야 한다.

토큰은 내담자가 모을 수 있고, 대부분의 경우 몸에 지닐 수 있는 형태여야 한다. 어떤 경우에는 내담자가 토큰을 모으지만 지니고 다니지 않는다. 그 예로 벽에 있는 도표에 표시하기, 칠판에 점수 적기, 간호사실의 사물함에 보관된 포커칩을 들 수 있다. 새미의 경우, 휴대하고 있던 카드에 기록된 점수가 토큰으로 사용되었다. 카드에 쓰인 점수는 유형적이고 관계자가 쉽게 지급할 수 있으며, 프로그램에 참가한 청소년들이 손쉽게 모을 수 있는 것이었다.

❓ 토큰경제에서 토큰으로 사용될 수 있는 다른 항목들을 확인하라.

토큰의 여러 가지 예가 〈표 22-2〉에 제시되어 있다.

〈표 22-2〉 토큰경제에 사용되는 토큰의 예

- 포커칩
- 웃는 얼굴
- 1페니 혹은 다른 동전
- 달러 지폐를 복사한 것
- 도장, 스티커, 별
- 색인 카드에 표시하기
- 칠판에 표시하기
- 유리알, 구슬
- 인쇄된 카드나 쿠폰
- 카드에 펀치로 구멍 뚫기
- 카드에 잉크 도장 찍기
- 모아서 퍼즐로 만들 수 있는 퍼즐 조각
- 기하학 모양(원, 네모, 기타)으로 자른 플라스틱이나 판지

선택된 토큰은 변화 관리자에게서만 얻을 수 있는 것이어야 한다. 내담자가 외부의 공급원으로부터 토큰을 얻을 수 있다면 토큰의 효과가 없어진다. 변화 관리자는 내담자가 다른 사람이나 변화 관리자에게서 토큰을 훔치거나 위조하거나, 프로그램 안팎의 다른 공급원들로부터 토큰을 얻는 것을 막아야 한다.

새미의 경우에 상담자가 사용한 토큰은 바람직한 행동을 했을 때 청소년용 카드에 점수를 기입하는 것이었다. 그것은 바람직한 행동을 했을 때 주어졌다. 상담자는 예방 조치로 각 청소년에 대한 상담자 카드에도 점수를 기록하였다. 이러한 방식으로 프로그램에서 각 청소년들이 획득한 점수를 분리해 기록하였다. 청소년이 자신의 카드에 점수를 더한다면 상담자가 이를 감지하고 처리할 수 있을 것이다.

교환강화인 확인

토큰은 교환강화인과 짝지어지기 때문에 조건강화인으로서 그 효과성을 가진다. 그러므로 토큰경제의 효과성은 교환강화인에 달려 있다. 각 개인마다 효과적인 강화인이 다르기 때문에 교환강화인은 각 개인마다 특별하게 선택해야 한다(Maag, 1999).

교환강화인으로 간식이나 음료수, 장난감이나 다른 형태의 것, 게임, 비디오나 TV 시청 같은 강화인, 그리고 특권이 있다. 새미의 경우 대부분의 교환강화인은 프로그램에 참가하고 있는 청소년들이 하고 싶어 하는 활동강화인이었다. 〈표 22-3〉에는 초등학생을 위한 교환강화인의 예가, 〈표 22-4〉에는 청소년을 위한 교환강화인의 예가 제시되어 있다.

〈표 22-3〉 **초등학교 아동을 위한 교환강화인의 예**

• 음악 듣기	• 학급에서 할 게임 선택하기
• 중단하기와 지나가기	• 책상 옮기기
• 손가락 그림	• 선생님과 점심 식사하기
• 마블 가지고 놀기	• 여분의 자유시간
• 급우들에게 장기자랑 하기	• 간호사 방문하기
• 급우들에게 큰 소리로 이야기 책 읽어 주기	• 오전 방송 낭독하기
• 다른 수업 참관하기	• 제시된 프로젝트 하기
• 심부름 가기	• 칠판 지우기
• 도서관원 도와주기	• 부모에게 긍정적인 통신문 발송하기
• 휴식시간에 장난감 제일 먼저 고르기	• 학습 센터 사용하기
• 게시판 꾸미기	• 집에 전화하기
• 책 대출하기	• 교장 방문하기
• 학생 집단 이끌기	

〈표 22-4〉 **청소년을 위한 교환강화인의 예**

• 음악 듣기	• 활동시간에 바깥에 앉아 있기
• 친구에게 편지 쓰기	• 책상 옮기기
• 책 대출하기	• 친구에게 비밀 이야기하기
• 뮤직비디오 보기	• 전화하기
• 친구와 대화하기	• 스낵 먹기나 탄산음료 마시기
• 급우들에게 장기자랑 하기	• 자유시간 가지기
• 친구와 점심 식사하기	• 게임하기
• 친구에게 편지 전달하기	• 퀴즈 면제

• 방과 후 체육관 장비 사용하기	• 다른 수업 참관하기
• 학급 활동 선택하기	• 방 재배치하기
• 필름 영사기 작동하기	• 컴퓨터 게임
• 심부름 가기	• 취미 활동
• 선생님 도와주기	• 숙제 면제

교환강화인은 내담자가 토큰으로만 구입할 수 있다. 교환강화인에 대한 접근을 제한하는 것은 상대적 박탈 상태를 만들기 때문에 강화 가치를 증가시킨다. 그러나 내담자가 가져야 할 권리를 박탈할 수는 없다. 영양가 있는 식사, 안락한 물리적 환경, 손상으로부터의 보호, 적당한 여가활동, 훈련활동, 적당한 이동에 대한 적절한 자유를 개인에게서 뺏을 수 없으며, 토큰경제에서 지켜져야 한다. 토큰경제에 사용되는 강화인은 내담자의 기본적인 욕구나 권리 이상의 것이어야 한다.

예를 들어, 내담자에게서 영양가 있는 식사를 박탈해서는 안 되지만 토큰을 특별한 식사나 디저트 또는 간식과 교환하게 할 수는 있다. 마찬가지로 내담자의 적당한 여가 활동(예: 도서관의 책이나 운동 장비를 이용하는 것)을 박탈해서는 안 되지만 토큰으로 비디오게임, 영화, 오락실에서 당구나 탁구 치는 것을 교환하게 할 수는 있다.

적절한 강화 계획 결정

관계자는 바람직한 표적행동이 일어날 때마다 토큰을 지급해야 한다. 관계자는 토큰경제를 수행하기 전에 토큰 지급에 대한 강화 계획을 결정해야 한다. 일반적으로 보다 어렵고 중요한 행동들이 그렇지 않은 행동들보다 더 많은 토큰을 받는다. 종종 프로그램은 연속적 강화로 시작하는데, 연속적 강화는 매 표적행동마다 토큰을 지급하는 것이다. 이후에 표적행동이 보다 규칙적으로 발생하게 되면 표적행동을 유지하기 위해 고정비율(FR)이나 변동비율 계획 같은 간헐적 강화 계획을 사용할 수 있다. 예를 들어, 특수학급의 한 학생이 개별 훈련 회기 동안 정답을 말할 때마다 토큰을 받는다고 가정해 보자. 수행의 향상에 따라 훈련자는 고정비율(2개) 계획을 실행할 수 있고, 다음으로 학생이 다섯 번 혹은 열 번의 정답을 말할 때마다 토큰을 받도록 비율을 더 늘릴 수 있다(각각 FR 5, FR 10).

토큰경제의 초기 단계에서 학생이 충분한 토큰을 받도록 하여 교환강화인을 주기적으로 교환할 수 있게 하는 것이 중요하다. 이러한 방식을 통해 토큰은 신속하게 조건강화인으로서의 가치를 얻고, 학생은 바람직한 표적행동에 대한 강화를 받게 된다.

토큰 교환율 설정

교환강화인은 바람직한 행동을 통해 얻은 토큰을 가지고 구입해야 한다. 그러므로 각 교환강화인은 가격 또는 토큰과의 교환율이 있어야 한다. 교환할 때 작은 항목일수록 토큰이 적게 들고 큰 항목일수록 토큰이 많이 든다. 그리고 변화 관리자는 내담자가 하루에 받을 수 있는 토큰의 최대 한도를 정하고 그에 따라 교환율을 정해야 한다. 교환율은 내담자가 적정 수준의 바람직한 행동을 했을 때 약간의 교환강화인을 얻을 수 있는 정도여야 하며, 교환강화인을 너무 많이 얻을 수 있게 해서는 안 된다. 교환율을 설정하는 것은 토큰경제에 참가한 각 개인에 대해 균형을 맞추도록 한다. 종종 변화 관리자는 최상의 결과를 산출하기 위해 토큰경제를 시작한 이후에 교환비율을 조정해야 한다.

예를 들어, 청소년 치료 프로그램에서 새미가 완벽한 행동을 했을 때 하루에 15점을 얻을 수 있는데, TV를 1시간 시청하는 데 30점이 필요하다면 TV를 1시간 시청하기 위해 완벽하게 이틀을 보내야만 할 것이다. 게다가 그녀에게는 다른 교환강화인을 구매할 점수가 거의 없다. 이렇게 인색한 교환율하에서는 강화인에 접근하기 어려울 것이다. 반면에 TV를 1시간 시청하는 데 2점, 다른 강화인들에도 1~2점이 필요하다면 새미는 각종 강화인을 얻기 위해 바람직한 친사회적 행동을 날마다 많이 할 필요가 없을 것이다. 이 교환율은 너무 관대해서 새미가 친사회적 행동을 하는 데 동기 부여를 하지 못할 것이다.

토큰을 교환하는 시기와 장소 결정

내담자는 치료 프로그램에 참여하는 동안 바람직한 행동을 하여 얻은 토큰을 모으게 된다. 내담자는 주기적으로 토큰과 교환강화인을 교환할 수 있다. 교환시간과 장소는 미리 계획되어야 한다. 어떤 경우에는 토큰 가게를 사용하는데, 이곳은 교환강화인이 보관된 특별한 방이다. 내담자는 지정된 시간 이외에는 이 상점을 이용할 수 없다. 내담자는 지정된 시간이 되면 토큰 가게에 가서 구입할 수 있는 다양한 교환강화인을 살핀다. 내담자는 구입하고 싶은 항목을 결정하고 적절한 양의 토큰을 그 항목과 교환한다. 이 과정은 특정 프로그램에서 토큰경제의 특성에 따라 다양할 수 있다. 어떤 경우에 토큰 가게는 한 번에 몇 시간 동안 열려 있어서 내담자가 원하는 구입 시간을 선택할 수도 있다. 때때로 토큰 가게가 없는 경우가 있다. 그러한 경우에는 내담자가 구입하고 싶은 특정 활동이나 특권을 확인하고 프로그램 운영자와 합의한다. 예를 들어, 새미는 TV 시청시간을 구입할 만큼 토큰을 모았을 때 상담자에게 알리고 자신이 즐겨 보는 쇼가 방송되는 시간에 TV를 볼 수 있도록 합의한다. 상담자는 그 시간에 TV 방에서 그녀를 만나 쇼를 보게 해 준다.

정신병원에서 적절한 행동으로 토큰을 얻은 환자들은 매점에 가서 간식, 음료수, 담배, 기타 항목들과 교환할 수 있다. 매점은 하루 중 정해진 몇 시간 동안만 열리는 작은 가게이다. 환자들은 토큰을 모아 두었다가 매점이 열리는 시간에 원하는 항목(교환강화인)을 구입한다. 이러한 항목들은 매점 외에 다른 장소에서는 구할 수 없다.

특수학급에서 학생들은 정확한 학업 수행을 할 때 포커칩을 받는다. 오전에 한 번, 오후에 한 번 학생들은 교환강화인을 교환하기 위해 포커칩을 가지고 토큰 가게에 간다. 창고를 개조하여 토큰 가게를 만들었는데, 이 가게에는 장난감, 게임, 먹거리, 그리고 활동을 할 수 있는 쿠폰이 있다. 각 항목에는 가격표가 부착되어 있다. 학생들은 한 사람씩 토큰 가게에 들어가서 하나의 항목을 고르고 정확한 수의 토큰을 가게 주인(보조교사)에게 주고 그것을 구입한다. 포커칩은 규칙적으로 교환강화인과 짝을 이루기 때문에 조건강화인으로서의 가치를 가진다. 게다가 학생들은 토큰으로 항목을 구입할 때 수학 기술을 사용한다.

토큰경제에 따라 준비물이 다르지만 토큰과 교환강화인을 교환할 수 있는 시간과 장소는 미리 특별히 준비되어야 한다. 그러한 구조를 미리 만들면 보다 일관적으로 프로그램을 수행할 수 있게 된다.

반응대가의 사용 여부 결정

반응대가 요소가 토큰경제에서 언제나 사용되는 것은 아니다. 토큰경제의 목적이 바람직한 행동을 강화하는 것이고 경쟁하는 다른 문제행동이 없을 때, 토큰경제는 반응대가 요소를 포함하지 않을 것이다. 만일 바람직한 행동과 경쟁하는 바람직하지 않은 행동이 있다면 토큰경제에 반응대가를 포함시킬 수 있다.

반응대가 프로그램을 사용할 때, 반응대가는 토큰경제를 일정 기간 동안 실행한 후 도입해야 한다. 반응대가 요소에서는 토큰이 참가자들에게 조건강화인으로 확고히 자리 잡은 이후에 토큰의 상실이 벌 인자로서 효과를 갖게 된다.

반응대가는 변화 관리자가 토큰을 회수할 수 있을 때만 이용할 수 있다. 변화 관리자가 토큰을 회수하려 할 때 내담자가 저항하거나 공격적이 된다면 반응대가를 사용할 수 없다. 그런 경우에 변화 관리자는 내담자가 소유하지 않은 다른 토큰을 고려할 수 있다(예: 도표나 칠판에 점수를 기록하는 것). 이것은 반응대가를 사용하는 동안의 저항이나 공격적인 행동을 막을 수 있다.

반응대가를 수행할 때, 변화 관리자는 감소시킬 바람직하지 못한 표적행동과 문제행동이 발생할 때마다 잃게 될 토큰의 수를 정해야 한다. 반응대가 프로그램에 포함될 문제행동은 반응대가의 사용을 정당화할 만큼 사회적으로 의미 있는 문제여야 한다. 각 문제행동마다 잃게 될 토큰의 수는 문제의 심각성, 내담자가 하루에 얻을 수 있는 토큰의 수, 교환강화인의 가격을 고려하여 결정한다. 반응대가 프로그램에서 토큰의 상실은 교환강화인을 구입할 기회를 줄어들게 하지만, 토큰을 모두 잃게 만들어서는 안 된다(매우 심각한 문제행동은 제외). 내담자가 반응대가로 인해 토큰을 모두 잃게 되면 교환강화인과 교환할 토큰을 가지지 못하기 때문에 바람직한 행동에 대한 정적 강화가 무효화된다. 또한 모아 둔 토큰을 모두 잃으면 더 잃을 것이 없기 때문에 문제행동을 계속할 수 있다.

교사 훈련 및 관리

교사들은 토큰경제를 처음으로 실행하기 전에 적절하게 사용하는 훈련을 받아야 한다. 계획한 대로 프로그램을 실행하기 위해서는 프로그램의 모든 구성요소와 행동기술훈련에 대한 지침서가 필요하다. 새로운 교사가 고용될 때마다 동일한 훈련을 받아야 한다. 감독자나 관리자는 프로그램의 수행을 감독하고 일관된 수행을 보장하기 위해 적절한 교사관리 절차(칭찬, 피드백, 재훈련 등)를 제공해야 한다.

표적행동을 향상시키기 위해서는 토큰경제가 일관되게 수행되어야 한다. 이를 위해 교사들은 다음과 같은 책임을 완수해야 한다.

- 표적행동이 일어나는 모든 경우를 식별한다.
- 정확한 강화 계획에 따라 표적행동이 일어난 직후에 토큰을 지급한다.
- 정해진 문제행동이 일어나는 모든 경우를 식별한다.
- 문제행동이 발생할 때 즉각적으로 반응대가를 수행한다(해당되는 경우).

■ 토큰을 깨끗하게 보관하고 도난이나 위조를 방지한다.

■ 교환율과 교환시간을 숙지하고 교환규칙을 준수한다.

토큰경제 사용 시 고려사항

앞서 기술한 토큰경제의 기본 구성요소 외에도 토큰경제의 성공적인 수행을 위하여 고려해야 할 문제들이 있다.

첫째, 변화 관리자는 항상 바람직한 표적행동 후 즉각적으로 토큰을 지급해야 한다. 휴대하고 지급하기 쉬우면 변화 관리자는 바람직한 행동 발생 후 곧바로 그 행동을 강화할 수 있다.

둘째, 변화 관리자는 바람직한 행동을 한 내담자에게 토큰을 지급하면서 칭찬을 해 주어야 한다. 칭찬은 대부분의 사람에게 자연적 조건강화인인데, 토큰과 짝지어질 때 강화인으로서의 효과가 보다 강해진다. 토큰강화가 중단되었을 때, 변화 관리자는 칭찬으로 바람직한 행동의 강화인을 계속 제공할 수 있다.

셋째, 프로그램 초기에 심각한 지적장애를 가지고 있는 개개인이나 어린아이들에게는 토큰이 조건강화인(conditioned reinforcer)으로써 더 효과를 갖게 하기 위해 토큰이 주어지는 동시에 교환강화인(backup reinforcer)을 주어야 한다.

마지막으로, 토큰경제는 인위적이어서 학교, 직장, 가정 등 대부분의 일상적인 환경에서는 찾을 수 없기 때문에 내담자가 치료 프로그램을 마치기 전에 점진적으로 사라지게 해야 한다. 내담자가 지속적으로 성공을 하게 되면 토큰경제를 중단하고 바람직한 행동을 유지시키기 위해 자연적 강화인(예: 칭찬, 좋은 성적, 작업 성과)을 사용한다. 용암법은 행동변화가 치료 프로그램에서 일상생활로 일반화될 가능성을 증가시킨다. 새미의 경우에는 2주 동안 최고 점수를 얻을 때마다 토큰경제를 중단했다. 토큰강화를 중단한 후에는 칭찬, 성과물, 늘어난 특권 같은 자연적 강화인이 행동을 유지시킨다. 이러한 유형의 강화는 프로그램을 끝낸 후 집에서도 쉽게 얻을 수 있는 것들이다.

Phillips, Phillips, Fixsen과 Wolf(1971)는 토큰경제에서 토큰의 사용을 사라지게 하는 하나의 방법을 검증하였다. 그들은 비행 청소년을 대상으로 한 거주 치료 프로그램에서 매일 방 청소를 하면 토큰을 지급하였다. 2주 동안은 매일 방 청소를 할 때마다 토큰을 지급했고, 그 후에는 이틀에 한 번씩 토큰을 지급하였다. 8일 후에는 3일마다 한 번씩 지급하였다. 용암법 절차는 12일마다 한 번씩 토큰을 지급할 때까지 4단계에 걸쳐 계속되었다. 소년들은 2달 동안 토큰이 하루에 한 번에서 12일에 한 번으로 줄어들 때까지 계속 방 청소를 하였다.

📖 더 읽을거리

다양한 토큰강화의 적용

토큰경제의 많은 예가 연구 문헌에서 보고되어 왔지만, 어떤 경우에 토큰강화는 이 장에서 기술된 모든 요소를 포함한 공식적인 토큰경제 없이도 특정한 바람직한 행동을 증가시키기 위해 사용되었다. 연구자나 개업가들은 다른 치료 프로그램의 맥락에서 특정 행동을 강화시키기 위해 토큰을 사용할 수 있다. 예를 들어, Kahng, Boscoe와 Byrne(2003)은 음식 씹기를 거부하고 병을 이용하여 먹는 4세 여자아이를 치료하였다. 그들은 음식을 씹는 것을 강화하기 위해 토큰을 강화인으로 사용하였다. 토큰을 정해진 개수만큼 받으면 아이는 식사를 그만하기 위해 그것과 교환할 수 있었다. 시간이 갈수록 식사를 그만두는 데 필요한 토큰 수가 증가하였다. McGinnis, Friman과 Carlyon(1999)은 토큰으로 별을 이용하여 학업 수행이 좋지 않은 중학생 소년 2명의 학업 수행을 강화하였다. 수학 연습문제를 다 풀면 별을 받았을 때, 그들의 공부시간과 양이 상당히 향상되었다. 그들은 별을 가지고 작은 강화인과 교환하였다. 두 연구에서 토큰은 타행동 차별강화(DRO) 절차로 사용되었다. Cowdery, Iwata와 Pace(1990)는 혼자 있을 때 자해적인 상처를 내는 사람에 대해 연구하였다. 연구자들은 창문으로 그를 관찰하고 일정 시간 동안 상처를 내지 않을 때 토큰을 주었다. 연구자들은 점차 상처 내는 것이 제거될 때까지 DRO 간격을 증가시켰다. 토큰을 가지고 DRO 절차를 적용한 다른 예에서 Conyers와 동료들(2004a)은 유치원 아동들에게 일정 기간 문제행동이 없을 때 칠판에 별을 주었다. 별을 정해진 개수만큼 받으면 그들은 수업 후에 사탕과 교환하였다. Conyers와 동료들은 DRO 절차가 방해행동을 감소시키지만 반응대가 절차(방해행동을 통한 토큰 상실)는 보다 더 방해행동을 감소시켰다는 것을 보여 주었다.

토큰경제의 적용

행동수정에서 토큰경제는 여러 모집단과 여러 환경에서 광범위하게 사용되어 왔다(Glynn, 1990; Kazdin, 1977, 1982; Kazdin & Bootzin, 1972). 여러 토큰경제가 입원한 정신질환자(Ayllon & Azrin, 1965, 1968; Nelson & Cone, 1979; Paul & Lentz, 1977), 행동장애 청소년(Foxx, 1998), 과잉행동 아동(Ayllon, Layman, & Kandel, 1975; Hupp & Reitman, 1999; Robinson, Newby,

& Ganzell, 1981), 취학 전 아동(Swiezy, Matson, & Box, 1992), 초등학생(McGinnis, Friman, & Carlyon, 1999; McLaughlin & Malaby, 1972; Swain & McLaughlin, 1998), 학습장애 아동(Cavalier, Ferretti, & Hodges, 1997), 대학생(Everett, Hayward, & Meyers, 1974), 재소자(Milan & McKee, 1976), 교도소나 치료 프로그램에 있는 비행 청소년(Hobbs & Holt, 1976; Phillips, 1968; Phillips et al., 1971), 산업 환경의 노동자(Fox, Hopkins, & Anger, 1987), 입원환자(Carton & Schweitzer, 1996; Magrab & Papadopoulou, 1977)에게 수행되어 왔다. 다양한 토큰경제의 사용을 설명하기 위해 이 연구들 중 몇 가지를 보다 상세히 기술하고자 한다.

Robinson과 동료들(1981)은 과잉행동과 성적이 부진한 18명의 3학년 남자아이들의 읽기와 어휘 학업 수행을 향상시키기 위해 토큰강화를 사용하였다. 토큰은 색 마분지로 만든 원반으로, 각 소년들은 숙제를 완수할 때마다 토큰을 받아서 손목에 있는 끈에 꿰었다. 그들은 토큰을 15분 동안의 핀볼이나 비디오게임과 교환하였다. 연구자들이 토큰을 강화인으로 사용했을 때 학생들이 완수한 숙제의 양이 극적으로 증가하였다. 3명의 과잉행동 아동을 대상으로 한 또 다른 연구에서는 수학과 읽기 수행에 토큰강화를 사용했을 때 모든 아이에게서 정확하게 문제를 푼 수가 증가하고 과잉행동 수준이 감소하였다(Ayllon et al., 1975). 이 결과들은 토큰강화 프로그램이 리탈린(Ritalin)을 복용하는 것만큼 과잉행동을 감소시킨다는 것을 보여 주었다. 토큰강화는 학업 수행을 증가시킨 반면에, 리탈린은 그렇지 못했다. 이 연구에서 토큰(색인 카드에 표시하는 것)은 유형 강화인 및 활동 강화인과 교환되었다.

Milan과 Mckee(1976)는 경비가 가장 삼엄한 감옥에서 33명의 수감자에게 토큰경제를 수행하였다. 수감자들은 매일 생활 일과, 교육적 활동, 다른 과업들을 수행할 때마다 토큰을 받았다. 토큰은 수표 은행 시스템(checkbook banking system)에 기록한 점수였다. 그들은 (수표에 기록된) 점수를 다양한 유형 강화인 및 활동 강화인과 교환할 수 있었다. 〈표 22-5〉에 표적행동과 교환강화인이 열거되어 있다. Milan과 Mckee는 토큰경제의 사용이 수감자들의 표적행동을 향상시켰음을 보여 주었다.

〈표 22-5〉 대표적인 표적행동과 교환강화인에 대한 점수 가치

표적행동	수여 점수
오전 활동	
정시에 일어나기	60
침구 정리	60
생활 공간을 산뜻하고 깨끗하게 정리하기	60
용모 단정	60
교육 활동[a]	
학생 수행	분당 2
교사 수행	분당 2
할당된 관리 과업[b]	
메인홀 쓸기(1/2 뒤쪽)	60
레크레이션룸 쓰레기통 비우기	60
계단과 층계 참 자루걸레로 닦기	120
텔레비전 방 가구의 먼지 털고 배치하기	120
교환강화인	**청구 점수**
독방동의 토큰경제에서 이용 가능한 활동	
텔레비전 방 출입	시간당 60
당구장 출입	시간당 60
휴게실 출입	시간당 60
이용 가능한 매점의 항목[c]	
커피	50
음료수	150
햄과 치즈 샌드위치	300
담배	450
독방동 토큰경제에서 벗어나 자유시간 갖기	분당 1

a. 학생들에게 시간유관(time-contingent)보다 수행유관(performance-contingent)이 지급되었다. 학문적 성과에 대한 점수 가치는 경험적으로 추론된 학습 단위당 공부시간에 근거한 것이며, 단위 시험에 통과할 때 지급되었다.

b. 여기서는 네 가지만 제시했지만, 모든 재소자가 할당량을 완수하면 120점을 얻도록 보장하기 위해 관리 업무를 충분히 많이 두었다. 게다가 재소자들은 자신의 점수를 늘리기 위해 부수적인 업무에 자원할 수 있었다.

c. 여기서는 네 가지만 제시했지만, 독방동 토큰경제에서 이용 가능한 항목은 아주 다양했다.

출처: Milan, M. A., & McKee, J. M. (1976). The cellblock token economy: Token reinforcement procedures in a maximum security correctional institution for adult male felons. *Journal of Applied Behavior Analysis, 9*, 253-275.

  McLaughlin과 Malaby(1972)는 5학년과 6학년 교실에서 학생들에게 토큰경제를 사용하였다. 학생들은 학업 수행에 대한 토큰을 받았다. 또한 다양한 문제행동에 대해 점수를 잃는 반응대가 프로그램이 수행되었다. 연구자들은 학생들에게 교실에서의 특권을 교환강화인으로 사용하였다. 〈표 22-6〉은 그들이 토큰경제에서 사용했던 점수 계획이다. 그리고 [그림 22-1]은 학생들이 얻거나 잃은 점수를 기록하도록 McLaughlin과 Malaby가 사용한 점수 도표이다. 토큰경제의 사용으로 학생들의 학업 수행이 향상되었다.

〈표 22-6〉 표적행동과 바람직하지 않은 행동에 대한 점수 가치

표적행동	획득되는 점수
규준에 맞는 일	6~12
오전 8:50~9:15 공부	하루당 5
동물들에게 먹이 갖다 주기	1~10
동물들에게 톱밥 갖다 주기	1~10
예술	1~4
경청 점수	수업당 1~2
별도 점수	**할당된 점수**
단정함	1~2
숙제 가져오기	5
공책 가져오기	1~3
점심시간에 줄 설 때 정숙	2
카페테리아에서 정숙	2
점심시간의 적절한 행동	3
바람직하지 않은 행동	**상실 점수**
숙제 미완성	숙제당 25
수업시간에 껌이나 사탕 먹기	100
부적절한 언어행동	15
부적절한 운동행동	15
싸움	100
부정행위	100

출처: McLaughlin, T. F., & Malaby, J. (1972). Intrinsic reinforcement in a classroom token economy. *Journal of Applied Behavior Analysis, 5,* 263-270.

	획득 점수					상실 점수
언어						숙제
철자						
필기						이야기
과학						
사회						
독서						휴식
수학						
노트						
숙제하기						검(gum)
쥐에게 톱밥 주기						
쥐에게 음식 주기						
조용한 행동						도서관
철자 검사						
공부						자리이탈
기타						
					합계	총 상실

이름 _____

번호 _____

[그림 22–1] 이 그림은 학생들이 교실에서 토큰경제에 참가하는 동안 토큰을 획득하고 상실한 점수를 기록하는 양식이다. 바람직한 표적행동이 제시되어 있고 획득한 점수를 기록할 빈칸이 옆에 있다. 마찬가지로 바람직하지 않은 행동이 제시되어 있고 상실한 점수를 기록할 빈칸이 있다. 이렇게 만들어진 도표는 학생들에게 기대되는 행동이 무엇인지 알게 하고, 프로그램에서 얼마나 잘하고 있는지 명확하게 보여 준다.

출처: McLaughlin, T. F., & Malaby, J. (1972). Intrinsic reinforcement in a classroom token economy. *Journal of Applied Behavior Analysis*, 5, 263-270.

또 다른 연구는 산업 환경의 사고와 상해 발생 수에 미치는 토큰경제의 장기 효과를 입증하였다(Fox et al., 1987). 노천 광산에서 일하는 광부들이 토큰경제에 참여했는데, 그들은 자신의 작업조원들이 장비 사고나 시간 손실(즉, 생산시간의 손실로 입는 손해)을 내지 않을 때 또

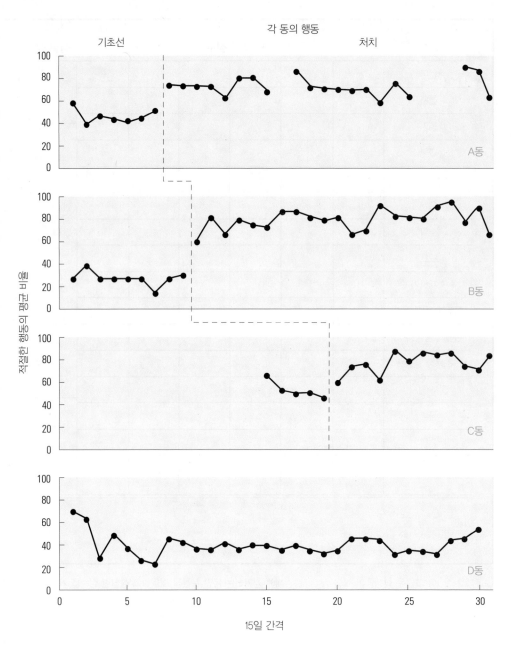

[그림 22-2] 이 그래프는 교도소에서의 토큰경제 실행 이전과 이후에 청소년들이 보이는 적절한 행동(규칙 준수, 적절한 사회적 행동, 공격적인 행동 자제)에 대한 비율을 나타낸다. 그래프는 토큰경제 실행 효과가 교도소의 3개 동에 연속적으로 발생함을 보여 준다. 각 동에서 토큰경제가 실행되었을 때에만 청소년들의 행동이 향상되었다. D동에 있는 청소년들은 토큰경제에 참가하지 않았기 때문에 행동이 향상되지 않았다.

출처: Hobbs, T. R., & Holt, M. M. (1976). The effects of token reinforcement on the behavior of delinquents in cottage settings. *Journal of Applied Behavior Analysis, 9*, 189-198.

는 회사가 안전 제안을 하였을 때 토큰을 획득했다. 작업조원들은 시간 손실, 사고 혹은 사고나 재해를 알리지 않았을 때 토큰을 잃었다. 토큰은 보상 가게에 있는 수천 가지 항목과 교환할 수 있는 도장이었다. 토큰경제를 10년 동안 시행한 결과, 시간 손실이 줄어들었다. 또한 사고와 재해로 인한 비용을 약 30만 달러 정도 줄일 수 있었다.

Hobbs와 Holt(1976)는 교도소에 있는 125명의 남자 청소년들에 대한 토큰경제의 효과를 입증하였다. 토큰은 규칙 준수, 허드렛일 완수, 수용 가능한 사회적 행동 수행, 적절한 줄 서기(예: 식사시간에 줄 서서 기다리기) 등의 행동을 강화하는 데 사용되었다. 하루를 마감할 때, 청소년들은 그날 자신이 획득한 토큰 수가 적힌 증권을 받았다. 청소년들은 증권을 은행에 저금해서 이자를 남기거나 실제적인 강화인(예: 탄산음료, 사탕, 간식, 장난감, 게임, 담배) 및 활동 강화인(예: 레크리에이션 활동이나 집에 다녀오기)을 살 수 있었다. 프로그램 결과 청소년들의 행동이 향상되었다([그림 22-2] 참조).

토큰경제를 최초로 적용한 몇 사례는 정신병원 환자들을 대상으로 한 것이다(Ayllon & Azrin, 1965, 1968). 환자들은 종종 심각한 문제행동을 보이고, 병원 밖 환경에서 기능하는 데 필요한 기술이 부족하다. 토큰경제는 문제행동을 줄이고 개인위생, 개인 관리, 사회 기술, 작업 기술과 같은 기술들을 증가시킬 목적으로 조직된 환경에서 사용되어 왔다. Nelson과 Cone(1979)은 정신병원에 있는 남자 환자 16명을 대상으로 토큰경제를 수행하여 이러한 부분을 증가시켰는데, 〈표 22-7〉에 그 표적행동의 목록과 정의가 제시되어 있다.

〈표 22-7〉 **표적행동, 획득된 토큰, 반응 정의**

표적행동	토큰	반응 정의
개인위생		
세안	1	얼굴 면적의 2/3 이상을 물에 적심(그리고 타월로 닦음)
머리 빗기	1	빗이나 솔로 머리카락을 한 번 이상 손질(머리 모양이 단정해져야 함)
면도	1	(1) 목 근처의 얼굴에 한 번 이상 면도질(그리고 풍부한 면도용 크림으로 제거하고 타월로 닦아 말끔하게 면도한 얼굴이 되어야 함) (2) 전기면도기로 면도(말끔하게 면도한 얼굴이 되어야 함)
양치	1	(1) 칫솔을 입 안에 넣어 칫솔질(입을 헹구고 입 주위를 타월로 닦아야 함) (2) 의치를 수도꼭지에서 나오는 물로 씻음

개인관리

옷 단정하게 입기   1   (제일 위에 있는 단추를 제외하고) 셔츠 단추를 잠그고 소매를 걷어 올림. 바지 지퍼를 잠그고 벨트를 맴(버클을 채움), 양말을 신고 신발 끈을 맴, 소매를 걷어 올리지 않게 만들어진 셔츠나 스웨터, 벨트를 매지 않게 된 바지는 예외임

침구 정리   1 또는 2   침대 커버로 시트와 담요를 모두 덮음. 침대 커버를 베개 앞 아래쪽으로 걷어 올린 다음 머리 판자 쪽에 접어 둠. 토큰강화 실행 후, 침대 커버가 3인치 이내이고 바닥에 닿지 않으면 20피트 거리에서 눈에 띄는 주름이 보이지 않으면 두 번째 토큰을 받음

침대 서랍 정리   1   모든 물건을 정연한 모양으로 쌓거나 놓아둠. 모든 옷가지를 접어 둠. 눈에 띄는 먼지나 더러움이 없어야 함

운동   1 또는 2   보통으로 걷기 수준 이상의 건강(힘, 지구력, 유연성)을 증진시키는 신체적 운동을 2분 이상 실시함. 토큰강화 실행 후 참가자는 매일 10분 집단 운동 회기에서 최소 5분 동안 운동하면 토큰 1개를, 10분 동안 운동하면 토큰 2개를 받을 수 있음

수용실 작업(예)

재떨이 치우는 사람   1

담배 치우는 사람   2   수용실을 보전하거나 유지하는 가사일 또는 교도원 돕는 일을 2분 이상 실시함. 토큰강화 실행 후 시간, 장소, 도구, 필요로 하는 사람, 과업,

속옷 접는 사람   4   감독자를 명확히 하기 위해 25가지 이상의 작업 종류가 사용되었음.

숙소 청소하는 사람   2   작업에 대한 대가는 토큰 1개에서 4개까지임

사회적 기술

교도원에게 인사   1   감독자나 보조자가 수용실에 도착했을 때 "좋은 아침입니다." "안녕하세요." "어떻게 지내세요?"와 같은 적절한 언어적 인사를 30초 이내로 함

질문을 정확하게 파악하고 답하기   3   주변의 수용소 환경 혹은 현재 일어나는 새로운 사건에 관해 미리 선택된 질문(예: 개방 수용실을 옮기는 이점은 무엇인가? 교도소장을 부르러 가는 사람은 누구인가?)에 대해 정확히 답함

집단토의에의 언어적 참여   1 또는 2   주간 수용실 모임 동안 다른 수감자들이 매일 하는 행동에 대해 구체적인 정보를 제공함. 언어적 참가가 한 번 있을 때마다 토큰 1개, 그리고 두 번 이상의 발언이 있을 때 토큰 2개를 제공함

출처: Nelson, G. L., & Cone, J. D. (1979). Multiple baseline analysis of a token economy for psychiatric inpatients. *Journal of Applied Behavior Analysis, 12,* 255-271.

토큰경제의 장단점

토큰강화 프로그램에는 많은 장점이 있다(Ayllon & Azrin, 1965; Kazdin & Bootzin, 1972; Maag, 1999).

■ 토큰은 표적행동이 일어난 직후 강화인으로 사용할 수 있다.

■ 토큰경제는 고도로 구조화되어 있다. 그러므로 바람직한 표적행동을 보다 일관성 있게 강화할 수 있다.

■ 토큰은 다양한 다른 강화인들과 짝지어져 있는 일반화된 조건강화인이다. 그 결과로 토큰은 내담자에게 언제든지 특정한 확대 유인력 없이도 강화인으로 기능할 수 있다.

■ 토큰은 쉽게 줄 수 있고, 내담자(recipients, 수납자)가 모으기 쉽다.

■ 토큰강화인은 쉽게 수량화될 수 있기 때문에 행동에 따라 서로 다른 크기의 강화(더 많은 혹은 더 적은 토큰)를 받는다.

■ 반응대가는 토큰경제에서 더욱 수행하기 쉽다. 내담자가 모은 토큰을 문제행동 직후 즉시 박탈할 수 있기 때문이다.

■ 내담자는 더 큰 구매품을 사기 위해 토큰을 저축함으로써 미래를 위한 계획을 세우는 기술을 배울 수 있다.

토큰경제 사용의 단점은 프로그램의 조직과 수행에 시간과 노력이 들고 교환강화인을 구입하는 비용이 든다는 것이다. 교사의 훈련과 관리 또한 난점이 될 수 있는데, 특히 토큰경제의 구성요소가 복잡하거나 큰 규모로 수행될 때 더욱 그렇다.

토큰경제의 사용을 고려할 때에는 세 가지 기본적인 의문을 해결해야 한다. 첫째, 교사나 변화 관리자가 프로그램을 매일 일관성 있게 진행할 수 있을 만큼 충분히 훈련되어 있는가? 둘째, 프로그램을 운영할 충분한 재원이 있는가? 교환강화인의 가격이 중요하기는 하지만 McLaughlin과 Malaby(1972)는 돈이 전혀 들지 않는 일상의 활동들도 교환강화인으로 사용할 수 있음을 입증하였다. 셋째, 기대되는 이익(행동의 향상)이 프로그램 수행에 드는 시간, 노력, 비용을 정당화하는가?

📑 요약

1. 토큰경제는 치료 프로그램이나 교육 프로그램에 참가한 내담자의 바람직한 행동을 강화하기 위해 토큰이라 불리는 조건강화인을 사용하는 행동수정 절차이다. 연구들은 토큰경제가 다양한 치료 환경에서 아동과 성인에게 성공적으로 사용됨을 입증해 왔다.

2. 토큰경제에서는 표적행동이 정해지며, 그 행동이 발생할 경우 토큰을 지급한다. 토큰은 나중에 정해진 교환율로 교환강화인과 교환할 수 있다.

3. 반응대가는 문제행동이 발생하여 토큰을 상실하는 것으로, 바람직하지 못한 행동을 감소시키려는 목적이 있을 때 토큰경제의 한 구성요소로서 실행할 수 있다.

4. 토큰경제에서는 다양한 항목을 토큰으로 사용할 수 있다(예로서 〈표 22-2〉 참조). 토큰은 지니기 쉽고 표적행동 직후 변화 관리자가 지급할 수 있어야 한다. 내담자는 획득한 토큰을 모을 수 있어야 한다.

5. 토큰경제의 장점은 토큰을 표적행동 직후 지급할 수 있고, 쉽게 주고 모을 수 있으며, 수량화할 수 있고, 토큰이 강화인으로서의 가치를 잃지 않는다는 점이다. 토큰경제는 매우 구조화되어 있고, 반응대가 절차를 포함시킬 수 있으며, 내담자에게 계획 기술을 교육할 수도 있다. 토큰경제의 단점은 시간, 노력, 비용을 요한다는 것이다.

✏️ 핵심용어

교환강화인(backup reinforcer)

토큰경제(token economy)

토큰(token)

제23장

행동계약

주요 학습문제

- 행동계약서는 무엇인가?
- 행동계약서의 구성요소는 무엇인가?
- 행동계약서의 두 유형은 무엇이고, 그것들은 어떻게 다른가?
- 어떻게 행동계약서를 협상하겠는가?
- 행동계약서는 행동에 어떻게 영향을 미치는가?

이미 살펴보았듯이 토큰경제는 구조화된 치료 환경에서 강화와 벌 유관을 통해 내담자의 행동을 체계적으로 관리하기 위해 적용할 수 있는 절차이다. 이 장에서는 사람들이 자신의 행동을 조절하는 것을 돕는 강화와 벌 유관을 적용하는 또 다른 절차인 행동계약을 기술할 것이다.

행동계약서의 예

스티브가 논문을 완성하도록 하기

스티브는 모든 학점을 다 들었지만 학위논문과 중요한 보고서를 끝내지 못한 대학원생이다. 두 가지 과제를 끝내지 않으면 졸업할 수 없음에도 그는 1년 이상 전혀 손을 대지 않았다.

스티브는 스스로에게 이 과제들을 방과 후 저녁과 주말에 해야 한다고 계속해서 말하지만 그는 항상 다른 일을 하였다. 스티브는 대학 상담소를 방문하기로 결심하고 논문 완성을 도울 수 있는 심리학자를 찾아갔다. 상담소에서 대학원 인턴 과정에 있는 래는 스티브와 행동계약서를 작성하였다.

우선 래는 스티브 스스로 적절한 목표를 정하게 하였다. 스티브는 한 주에 평균 9쪽(1행씩 띄어서 타자로 친 것) 분량을 쓰기로 결심했다. 스티브는 하루 만에 9쪽을 다 쓸 수도 있지만 월요일부터 금요일까지 매일 1쪽씩 쓰고 주말에는 2쪽씩 쓰기로 했다. 스티브는 자신이 기록한 9쪽의 문서를 매주 래와 만날 때 타자로 친 종이로 가져오는 것에 동의하였다. 다음으로 스티브와 래는 스티브가 매주 9쪽을 쓰도록 동기화하는 강화유관성(reinforcement contingency)에 동의하였다. 그들은 다음과 같은 계획에 동의하였다. 스티브에게는 소중히 여기는 오래된 재즈 앨범 수집품이 있었다. 스티브는 매주 래를 방문할 때 9쪽을 쓰지 못했으면 앨범 중 하나를 대학교 도서관에 기증하기로 했다.

? 이것은 어떻게 부적 강화유관이 되는가?

9쪽을 써서 래 박사에게 보임으로써 스티브로 하여금 혐오사건(앨범을 기증하는 것)을 피하게 하기 때문에 이것은 부적 유관강화이다. 이는 스티브가 논문을 쓰는 행동을 강화한다. 스티브와 래가 이 계획에 동의하면 그들은 계약서를 작성하고 서명을 한다. 계약서의 양식은 [그림 23-1]과 같다.

행동계약서

나, 스티브는 논문이나 보고서를 ＿＿＿일부터 ＿＿＿일까지 한 주에 9쪽을 쓸 것이다.

9쪽을 쓸 때는 1행씩 띄어서 타자 친 것으로 8쪽을 완전히 채우고 마지막 쪽에 조금이라도 더 써야 한다.

나는 9쪽을 쓰는 것에 동의하며, 9쪽 쓴 것을 래(치료자)와의 약속 날짜인 ＿＿＿일에 가져올 것을 약속한다.

9쪽을 쓴 것을 가져오지 않을 경우, 래는 나의 앨범 상자에 있는 앨범 중 하나를 선택하여 대학교 도서관에 기증한다.

서명: ＿＿＿＿＿＿＿＿＿＿＿＿＿＿   ＿＿＿＿＿＿＿＿＿＿＿＿＿＿

　　　　　내담자, 스티브　　　　　　　　　　치료자, 래

[그림 23-1] 스티브가 매주 일정한 분량의 논문을 쓰기 위해 래와 함께 작성한 일방계약서

스티브는 필요할 때 유관성이 실행될 수 있도록 오래된 재즈 앨범 상자를 상담소에 보관하였다. 그는 첫 주에 9쪽을 써 가지고 왔고, 래는 그가 1년 만에 처음 쓴 것에 대해 칭찬을 하였다. 래는 그에게 목표가 적절한지에 대해 물어보았고, 스티브가 그렇다고 하자 다가오는 주를 위해 같은 계약서를 작성했다. 다음 주에 스티브는 9쪽을 쓰지 못했다. 래를 찾아갔을 때, 그는 5쪽을 보여 주면서 다 할 수 없었던 이유에 대하여 여러 가지 변명을 늘어놓았다. 래는 서명한 계약서를 보여 주면서 어떠한 변명도 수용하지 않겠다는 데 서로 동의한 것을 상기시켜 주었다. 그녀는 앨범 상자에서 하나를 골라 도서관에 보낼 것이라고 말했다.

유관성을 실행한 후에 래는 스티브에게 논문 쓰는 것을 방해하는 장애물을 말해 보라고 하였다. 장애물이 하나도 없으며 스티브가 논문을 쓸 수 있는 시간에 TV를 보거나 소설을 읽었다는 것이 드러났다. 스티브는 이 검토에 근거하여 첫 번째 것과 유사한 또 다른 계약서에 서명을 하였다. 스티브는 9쪽을 쓰는 것에 실패하여 또 다른 앨범을 잃지 않기 위해 매주 쓰는 것에 전념하였다. 사실상, 그는 모든 페이지를 다 끝낼 때까지 일주일에 평균 11쪽을 해냈다. 래와의 매주 만남의 마지막에는, 스티브가 끝낸 문서를 확인하는 데 단지 10분밖에 걸리지 않았고, 그의 성공을 칭찬하였으며, 다음 주의 새로운 계약에 서명을 했다. 스티브는 논문 쓰는 것을 생각할 때마다 두 번째 상담시간에 도서관에 기증한 앨범을 떠올렸다. 이것은 스티브가 TV 시청 같은 다른 행동을 하기보다는 앉아서 논문을 쓰게 만들었다. 행동계약의 다른 예를 살펴보자.

댄과 부모가 사이좋게 지내도록 하기

작은 도시에서 자란 댄은 16세까지 아무 문제도 없었다. 16세가 되었을 때, 댄은 운전을 하는 데 시간을 보내고 시내에 나가 밤늦도록 돌아다니기 시작했다. 이때쯤 댄은 가족과 함께 저녁 식사를 하지 않고 늦게까지 집에 돌아오지 않았으며, 방 청소를 거부하고 일상적으로 하던 집안일도 하지 않았다. 그는 늘 부모와 다투었고, 부모가 밖에 나갈 수 없다고 말했지만 밤중에 밖으로 나갔다. 그의 부모는 문제해결을 위해 댄을 심리학자에게 데리고 갔다.

홀리헌 박사는 가족들과 얘기를 나누고 나서 가족들이 댄의 행동에 불만을 품은 것만큼 댄도 가족들에 대해 불만이 많은 것을 알았다. 그는 방 청소, 늦게까지 밖에 있는 것, 집에서 저녁을 먹지 않는 것으로 내내 야단을 치는 부모님에 대한 불만을 털어놓았다. 그는 또한 부모님이 그를 나가지 못하게 하고, 데이트하러 가는 데 차를 가져가지 못하게 하는 것에 대해 기분 나빠 했다. 댄의 부모는 그가 복종하지 않을 때 차를 이용하지 못하게 했으며, 댄이 잘못했기 때문에 자주 야단을 친다고 말했다. 댄은 부모님의 행동이 바뀌기를 바랐고, 부모는 댄이 행동을 바꾸기를 바랐다. 홀리헌 박사는 댄과 부모 간에 행동계약을 맺게 했다.

우선, 홀리헌 박사는 댄과 그의 부모에게 만약 그들이 조금만 타협하면 모두 행복해질 수 있음을 이해시켰다. 그리고 나서 그는 댄과 부모가 서로 변화하길 원하는 행동을 확인하고 그들이 그것을 모두 수용하는 데 동의하도록 하였다. 예를 들어, 부모는 댄이 주말 오후 9시에 집에 있길 원했고, 댄은 자정이 넘어서도 밖에 있길 원했다. 댄은 이미 자정이 넘어서까지 밖에 있어 보았기 때문에 부모는 16세에 11시까지 밖에 있는 것이 적절하다는 데 동의하였다. 댄은 부모님이 방 청소나 숙제에 대해 잔소리하지 않기를 바랐지만, 그의 부모는 댄이 숙

행동계약서

계약일 : _____부터 _____까지

　나(댄)는 이번 주에 다음 행동을 실천할 것을 약속한다.
　1. 나는 목요일 밤부터 일요일 밤까지 11시 안에 집에 들어오겠다.
　2. 나는 방과 후 외출하기 전에 숙제를 하고, 숙제를 마치면 부모님께 검사받기 위해 숙제를 식탁 위에 두겠다.

대신 우리(피트, 폴라)는 다음과 같이 약속한다. 댄이 만약 11시까지 들어오고 매일 숙제를 한다면 금요일과 토요일 밤에는 차를 사용할 수 있게 하겠다. 댄이 한 번 위반(하루 집에 늦게 들어오거나 숙제를 하지 않는 것)하면 주말 하루만 차를 사용할 수 있게 하겠다.

- -

　우리(피트, 폴라)는 이번 주에 다음 행동을 실천할 것에 동의한다.
　1. 우리는 댄에게 숙제나 방 청소에 대해 요구하지 않겠다.
　2. 우리는 댄에게 집에서 저녁을 먹으라고 요구하지 않겠다.

대신 댄은 다음과 같이 약속한다. 부모님이 숙제나 방 청소에 대해 요구하지 않는다면 2주에 한 번씩 방을 청소할 것이다. 방 청소는 모든 물건을 정리하고, 청소기로 밀고, 먼지를 터는 것을 말한다. 그리고 최소한 일주일에 3일은 집에서 저녁을 먹겠다. 댄과 부모님은 모든 표적행동을 자료지에 기록한다.

서명: _____　　_____
　　　　　　　　댄　　　　　　　　　　　　　　피트와 폴라

[그림 23-2] 댄과 부모의 쌍방계약서(평등계약서). 양측은 변화해야 할 행동과 행동변화의 결과를 제시한다.

제를 다 하고 나서 방 청소하기를 바랐다. 부모는 댄에게 매일 청소하라는 말과 숙제하라는 말을 하지 않는 데 동의하였다. 대신에 댄은 방과 후 숙제를 하고 2주마다 한 번씩 청소하는 데 동의하였다. 그들은 청소보다 숙제가 더 중요하다는 것을 인정했기 때문에 청소하는 횟수에는 별로 신경 쓰지 않았다. 홀리헌 박사의 안내에 따라 댄과 그의 부모는 다른 여러 가지에 대해 합의를 하였다. 홀리헌 박사는 상호 간의 행동변화가 모두에게 이익이 됨을 설명하였다. 홀리헌 박사가 댄과 그의 부모로 하여금 합의하도록 한 행동계약은 [그림 23-2]에 나와 있다.

행동계약서에 대한 정의

행동계약서(behavioral contract, 유관계약서 혹은 수행계약서라고도 함)는 한쪽이나 양쪽에서 상세한 수준의 표적행동 혹은 행동을 이행할 것을 동의하는 동의서이다. 더 나아가 계약서는 행동의 발생(혹은 발생하지 않음)에 따라 실행할 결과를 제시한다(Homme, Csany, Gonzales, & Rechs, 1970; Kirschenbaum & Flanery, 1983; O'Banion & Whaley, 1981).

첫 번째 예에서 스티브는 일주일에 논문 9쪽을 쓰는 것(상세한 수준의 표적행동)에 동의하였다. 제시한 결과는 표적행동 수행에 실패할 경우 재즈 앨범을 기증하는 것이었다. 스티브는 표적 행동을 수행함으로써 앨범을 잃는 것을 피했다. 그러므로 그 행동은 부적으로 강화되었다. 이 예에서 볼 수 있듯이 행동계약서는 계약기간(1주)을 제시하고 결과를 실행할 사람(치료자 래)을 정한다.

두 번째 예에서는 양쪽 모두 구체적인 표적행동을 수행하는 데 동의하였다. 댄은 부모가 원하는 두 가지 표적행동에 동의하였고, 부모는 댄이 원하는 두 가지 표적행동에 동의하였다. 한쪽(댄)은 다른 쪽(부모)의 행동으로 강화되며, 그 반대로도 강화된다. 이 예에서도 첫 번째 예와 마찬가지로 계약기간을 일주일로 한정했다. 이러한 방식으로 계약에서 발생한 문제를 수정할 수 있도록 계약을 재협상하고 계약서를 다시 작성할 수 있다.

행동계약서의 구성요소

행동계약서에는 다음과 같은 다섯 가지 기본적인 구성요소가 있다.

1. **표적행동 정하기** 행동계약서를 작성하는 첫 단계는 계약에 포함되는 표적행동을 명확하게 정의하는 것이다. 모든 행동수정 중재에서 그렇듯이, 행동계약서에서 표적행동은 명확한 객관적 용어로 진술되어야 한다. 표적행동은 감소시킬 바람직하지 않은 행동을 포함할 수도 있고, 증진시킬 바람직한 행동을 포함할 수도 있으며, 혹은 둘 다를 포함할 수도 있다. 계약관리자의 도움으로 내담자는 의미 있고 변화가 필요한 표적행동을 선택한다. 스티브의 표적행동은 매주 논문을 9쪽 쓰는 것이었고, 댄의 표적행동은 집에 11시까지 들어오고 매일 숙제를 하는 것이었다. 댄의 부모의 표적행동은 댄에게 숙제나 방청소를 요구하지 않고, 매일 집에서 저녁식사를 하도록 요구하지 않는 것이었다. 이 세 가지 표적행동은 일상생활의 여러 측면을 개선시킬 것이다.

2. **표적행동의 측정 방법 제시하기** 행동계약서의 이행에 책임을 지는 사람(계약관리자 또는 계약 참여자)은 표적행동의 발생에 대한 객관적인 증거를 가져야 한다. 즉, 유관성이 정확하게 실행될 수 있도록 내담자의 표적행동이 일어났는지를 확인할 수 있어야 한다. 따라서 계약서를 작성할 때 내담자와 계약관리자는 표적행동을 측정하는 방법에 동의해야 한다. 이를 위해서 영구적인 행동성과, 직접관찰, 계약관리자나 합의된 제삼자에 의한 행동 증거 자료를 이용할 수 있다. 첫 번째 예에서 스티브는 영구적인 성과를 사용했다. 그는 계약관리자인 래에게 그 주에 타자로 작성한 논문을 보여 주었다. 영구적인 성과의 유형으로 체중 감소 계약서에서의 체중, 손톱 물어뜯기를 그만두는 계약서에서의 손톱의 길이, 작업 생산성을 높이는 계약서에서의 조립품 개수 등을 들 수 있다. 자동 녹화의 한 예는 계보기, 가속도계 혹은 태운 칼로리나 운동 강도를 측정하는 가속도계에 의해 걸음의 수를 기록하는 것일지도 모른다(예: fitbit.com; myfitnesspal.com; nike.com).

? 두 번째 예에서 댄과 그의 부모는 표적행동을 어떻게 측정하기로 하였는가?

그들은 직접관찰과 영구적인 성과 측정치를 이용했다. 댄이 식탁 위에 완성된 숙제를 두는 것은 행동 발생을 보여 주는 불변의 성과이다. 밤에 집에 있는 표적행동은 댄과 그의 부모가 발생한 행동을 직접적으로 관찰하는 것이다. 댄의 부모의 표적행동 역시 댄과 부모가 직접적으로 관찰하였다. 행동을 관찰하면 홀리헌 박사가 준 양식에 기록하였다.

만약 표적행동이 객관적으로 측정되면 발생하거나 발생하지 않는 것에 대한 모호함이 없어진다. 그 결과, 계약유관의 이행에 혼란이 없게 된다.

3. **행동이 수행되어야 할 시기 제시하기**　각 계약서는 유관성 실행을 위해 행동이 나타나야 할(혹은 나타나지 않아야 할) 시기를 제시해야 한다. 스티브는 일주일에 논문을 9쪽 썼다. 그는 그 주 언제라도 9쪽을 쓸 수 있지만 혐오 결과를 피하기 위해 약속된 시간에 래에게 타자로 친 논문을 보여 주어야 했다. 댄의 계약기간은 일주일이었다. 더구나 댄의 표적행동은 시간과 관련된 것(매일 밤 정시에 집에 있는 것과 매일 숙제하는 것)이었기 때문에 시간은 표적행동 정의의 한 부분이었다.

4. **강화나 벌 유관 정하기**　계약관리자는 내담자가 계약서에 제시한 표적행동을 수행하는(혹은 제거하는) 것을 돕기 위해 정적·부적 강화나 정적·부적 벌을 사용한다. 강화나 벌 유관은 계약서에 분명하게 제시한다. 내담자는 구체적인 수준의 표적행동에 동의하고, 더 나아가 표적행동에 따라 강화나 벌이 실행되는 것에 동의한다. 행동계약서에서 가능한 네 가지 유관성이 〈표 23-1〉에 제시되어 있다.

〈표 23-1〉　**표적행동에서 유관의 유형**

- 정적 강화: 바람직한 행동을 하면 그 행동을 증가시키기 위해 강화인을 제공한다.
- 부적 강화: 바람직한 행동을 하면 그 행동을 증가시키기 위해 혐오자극을 제거하거나 금지한다.
- 정적 벌: 바람직하지 않은 행동을 하면 그 행동을 감소시키기 위해 혐오자극을 제공한다.
- 부적 벌: 바람직하지 않은 행동을 하면 그 행동을 감소시키기 위해 강화인을 없앤다.

---

5. **계약을 이행할 사람 정하기**　계약서에는 양쪽의 참여가 필수적이다. 한쪽은 구체적인 표적행동 수준을 실행할 것에 동의하고, 다른 쪽은 계약서에 제시한 강화나 벌을 실시한다. 계약서에는 표적행동에 대해 누가 유관을 이행할 것인지를 분명하게 기술한다. 첫 번째 예에서는 계약관리자인 래가 유관을 이행할 책임을 졌다. 그녀는 계약서에서 요구하는 것(논문을

9쪽 쓰기)이 충족되었는지를 결정하고, 스티브가 논문을 9쪽 쓴 것을 가져오지 못했을 때 재즈 앨범 중 하나를 가져갔다.

행동계약에서는 때때로 양쪽 모두 구체화된 표적행동 기준을 약속하는 것에 동의하고, 양쪽 모두의 행동변화가 다른 쪽의 행동변화를 강화하기도 한다. 댄과 부모의 경우가 그러하다. 댄은 두 가지 표적행동에 동의했고, 대신 부모는 차를 사용하는 것을 허락했다. 부모는 두 가지 표적행동에 동의했고, 대신 댄은 자기 방을 청소하고 일주일에 세 번은 집에서 저녁을 먹는 것에 동의했다. 이 경우에 부모는 댄의 표적행동에 대해 유관을 이행하고, 댄은 부모의 표적행동에 대해 유관을 이행한 것이다.

행동계약서의 구성요소

1. 표적행동 정하기
2. 표적행동의 측정 방법 제시하기
3. 행동이 수행되어야 할 시기 제시하기
4. 강화나 벌 유관 정하기
5. 계약을 이행할 사람 정하기

행동계약의 유형

앞의 예에서 설명했듯이 행동계약에는 일방계약(one-party contract)과 쌍방계약(two-party contract)으로 두 가지 유형이 있다.

일방계약

일방계약[Kirschenbaum과 Flanery(1984)에서는 **단독계약**(unilateral contract)이라고 함]에서는 한 사람이 유관을 이행하는 계약관리자와 함께 표적행동과 강화나 벌 유관을 정한다. 일방계약은 개인이 바람직한 행동(예: 공부나 다른 수업과 관련된 행동, 좋은 식습관, 작업과 관련된 행동)을 증가시키거나 바람직하지 않은 행동(예: 과식, 손톱 깨물기, 지나친 TV 시청, 지각)을 감소시키기를 원할 때 사용한다. 계약관리자는 심리학자, 상담자, 행동분석가, 또 다른 도움을 주는 전문가 혹은 계약을 이행하는 데 동의한 사람의 친구나 가족일 수도 있다.

일방계약에서 계약관리자는 계약으로 이득을 취하는 입장이 되어서는 안 된다. 예를 들어, 스티브가 논문 9쪽을 쓰는 데 실패했을 때 그가 수집한 재즈 앨범 중 하나를 래가 가져가는 것은 비윤리적이다. 만약 래가 앨범을 가질 수 있다면 그녀는 계약으로 이득을 얻을 것이고, 그 결과 유관은 정당하게 이행되지 않은 것이다.

계약관리자는 계약서대로 유관을 이행해야 한다. 때로 이는 매우 어려우며, 특히 가족이나 친구가 계약유관을 이행하는 것은 더욱 그렇다. 그러므로 친구나 가족이 계약관리자가 되는 것은 좋지 않다. 계약서의 요구사항을 충족시키지 못했을 때, 친구나 가족이 계약유관을 이행하면 그 사람은 가족과 친구가 유관을 이행하지 않도록 애원하거나 그 사람에게 화를 낼 수 있다. 애원을 하거나 화를 내는 것은 친구나 가족이 벌을 주거나 강화인을 주지 않는 것을 불가능하게 할 수도 있다. 그러므로 계약관리자로 가장 적절한 사람은 계약서를 작성한 사람(계약자)과 개인적 관계가 없고 행동수정을 훈련받은 사람이다. 계약관리자가 계약자와 개인적 관계가 있다면 계약관리자는 관계에 상관없이 계약 조건이 고수됨을 가르쳐야 한다. 부모가 자녀와의 계약서를 관리하는 경우처럼 계약관리자가 관계에서 권위를 가질 때 이것은 덜 문제가 된다.

쌍방계약

때때로 행동계약서를 표적행동을 원하는 양쪽 사람들이 작성한다. 쌍방계약(two-party contract; Kirschenbaum & Flanery, 1984)에서는 양쪽이 변화하기를 원하는 표적행동과 표적행동에 대해 이행될 유관을 정한다. 쌍방계약서는 배우자, 부모와 자녀, 형제자매, 직장 동료 등 특정한 관계를 가진 두 사람 사이에서 작성된다. 일반적으로 각각의 계약자는 상대방의 행동에 의해 불행하고, 계약은 행동변화가 양쪽 모두에게 행복이 될지를 확인한다. 서로 집안일을 하지 않는 것에 대해 불만을 가진 남편과 아내의 행동계약서의 예가 [그림 23-3]에 나타나 있다.

밥과 바버라 사이의 계약서는 두 사람이 수행해야 할 구체적인 표적행동을 정한 쌍방계약으로, 한쪽의 행동변화가 다른 쪽의 행동변화에 대한 강화인으로 작용한다. 밥의 표적행동은 바버라에게 바람직한 것이고, 바버라의 표적행동은 밥에게 바람직한 것이다. 그러므로 밥은 바버라가 그녀의 표적행동을 수행할 것이라는 기대로 자신의 표적행동을 수행하며, 바버라도 마찬가지이다. Jacobson과 Margolin(1979)은 이것을 상응계약(quid pro quo contract: 하나가 다른 것으로 되돌려진다는 의미)이라고 하였다. 만약 한쪽이 계약에서 확인된 행동 수행에 실

행동계약서

날짜 : _____부터 _____

돌아오는 주말까지 나(밥)는 다음 일에 동의한다.

- 나는 쓰레기를 가져가는 날 쓰레기를 버리는 곳에 갖다 두겠다.
- 나는 진공청소기로 카펫을 청소하겠다.
- 나는 잔디를 깎겠다.

대신에 나(바버라)는 다음과 같은 일에 동의한다.

- 나는 욕실을 청소하겠다.
- 나는 화초에 물을 주겠다.
- 나는 하루에 한 번 식기세척기를 채우고 가득 차면 그것을 돌리겠다.

서명: _____ _____
　　　　　　　밥　　　　　　　　　　　　바버라

[그림 23-3] 밥과 바버라의 상응 쌍방계약서. 여기서 그들은 서로 변화할 행동을 제시하였으며, 한 사람의 행동변화는 다른 사람의 행동변화를 강화한다.

행동계약서

날짜 : _____부터 _____

돌아오는 주말까지 나(밥)는 다음과 같은 일에 동의한다.

- 나는 쓰레기를 가져가는 날 쓰레기를 버리는 곳에 갖다 두겠다.
- 나는 진공청소기로 카펫을 청소하겠다.
- 나는 잔디를 깎겠다.

토요일까지 이 일을 하면 나는 토요일 오후나 일요일 아침에 친구들과 골프를 칠 수 있다.

돌아오는 주말까지 나(바버라)는 다음과 같은 일에 동의한다.

- 나는 욕실을 청소하겠다.
- 나는 화초에 물을 주겠다.
- 나는 하루에 한 번 식기세척기를 채우고 가득 차면 그것을 돌리겠다.

토요일까지 이 일을 하면 나는 토요일 오후나 일요일 아침에 친구들과 골프를 칠 수 있다.

서명: _____ _____
　　　　　　　밥　　　　　　　　　　　　바버라

[그림 23-4] 밥과 바버라가 평등계약 양식으로 작성한 쌍방계약서

패하면 문제가 생길 수 있다. 이것은 다른 한쪽이 자신의 표적행동을 거부하도록 만들 수 있다. 예를 들어, 밥이 잔디를 깎지 않고 카펫 청소도 하지 않는다면 바버라는 자신의 표적행동의 일부나 전체를 수행하지 않으려고 할 것이다. 한 사람의 표적행동이 다른 사람의 표적행동과 관련 있을 때, 한 사람의 실패는 전체 계약의 실패를 야기할 수 있다. 이러한 상황을 피하기 위해서는 한 사람의 표적행동이 다른 사람의 표적행동에 대한 결과가 되기보다는 각자의 표적행동에 대해 개별적인 유관을 제시해야 한다. [그림 23-4]는 바버라와 밥이 함께 재작성한 계약서로 각자의 표적행동에 대하여 개별적인 유관이 제시되어 있다. 이러한 쌍방계약을 **평등계약**(parallel contract)이라고 한다(Jacobson & Margolin, 1979).

이 계약에서 바버라와 밥의 표적행동은 원래의 계약과 같다. 그러나 양쪽의 표적행동에 대한 유관은 주말에 친구들과 골프를 칠 수 있는 기회를 갖는 것이다. 바버라와 밥은 모두 골프를 좋아하기 때문에 골프를 칠 기회는 각자 자신의 표적행동을 수행하는 데 동기가 된다. 더구나 각자의 표적행동이 다른 쪽의 표적행동에 대한 유관이 되지 않기 때문에 한 사람이 표적행동 수행에 실패하는 것은 다른 사람의 표적행동 수행에 영향을 미치지 않는다. 그보다는 각자의 행동에 대해 분리된 유관을 가지게 된다.

행동계약서 협상하기

행동계약서에서 각 측은 계약서에 제시된 것을 모두 받아들일 수 있도록 계약서의 구성요소에 대하여 협상을 해야 한다. 일방계약에서 계약관리자는 내담자가 표적행동, 적절한 결과, 계약기간을 받아들일 때까지 협상한다. 행동수정 훈련을 받은 계약관리자는 표적행동을 성공적으로 수행할 수 있을 정도로 강력한 결과를 내담자가 선택하도록 도울 수 있다. 만약 내담자가 성공적으로 수행할 수 있는 표적행동 수준을 정한다면 내담자의 노력은 강화될 것이고, 내담자는 더 많은 계약을 하게 될 수 있다. 표적행동 수준이 수행하기에 너무 어려우면 내담자는 낙담하여 더 이상 계약을 하지 않을 것이다. 표적행동 수준이 수행하기 너무 쉬우면 최종적인 행동변화 목표에 도달하는 데 더 많은 시간이 소요될 것이다.

쌍방계약 협상은 더욱 어렵다. 종종 서로의 행동에 불만을 갖는 등 양쪽의 갈등이 발생하기도 하고 대인관계의 어려움을 경험하기도 한다. 각자 자신의 행동에는 문제가 없다고 믿고 다른 사람의 잘못이라고 생각할 수 있다. 그 결과, 양쪽은 자신의 행동이 변화할 이유가 없다고 생각하면서 다른 사람의 행동이 변하기를 바란다. 심리학자는 양쪽 모두 수용할 수 있는 계약으로 협상해야 한다. 이것은 심리학자가 각자의 행동변화가 바로 자신에게 도움이 되는 것임을 이해하도록 돕는 것을 의미한다. 심리학자는 양쪽 모두가 참여하고 상대방을 기쁘게 하는 변화가 있어야만 갈등 상황이 개선된다는 것을 양쪽 모두에게 이해시킨다. 이 영역에서 특수한 훈련을 받은 사람만이 갈등 상황에 있는 사람들의 쌍방계약을 협상해야 한다 (Jacobson & Margolin, 1979; Stuart, 1980).

행동계약서가 행동에 영향을 미치는 이유

행동계약서는 변화시키고자 하는 표적행동과 표적행동에 대한 결과를 명시한다. 그러나 표적행동에 대한 결과는 지연된 결과이다. 그것들은 표적행동에 즉각적으로 뒤따르지 않는다. 강화인이나 벌 인자는 표적행동을 강하게 혹은 약하게 하기 위해 표적행동에 즉각적으로 뒤따라야 함을 상기해 보자. 그러므로 행동계약은 단순한 강화나 벌로 행동변화를 가져올 수 없다. 강화나 벌은 다른 행동 절차의 기본이 되는 것이다.

제16장에서 진술했듯이 행동계약은 선행조작의 한 유형이다. 계약자는 자신이 이행할 구체적인 표적행동을 서면으로 제시하고, 표적행동이 더 잘 이루어지기를 바라면서 계약서에 서명을 한다. 그러므로 행동계약서는 계약자가 표적행동을 이행한다는 공적 약속 형태로 작용한다. 말과 행동의 일치(자신이 하겠다고 말한 것을 행함)에 대하여 강화를 받은 경험이 있는 사람에게는 표적행동을 제시하는 것이 표적행동 이행의 가능성을 높인다(Stokes, Osnes, & DaVerne, 1993). 또한 계약관리자, 계약 참여자 혹은 계약 약속을 인식하는 다른 사람들은 계약자가 표적행동을 적절한 시기에 이행하도록 촉구하거나 단서를 줄 수 있으며, 계약자가 행동을 이행하는 것을 볼 때 강화나 벌 결과를 제공할 수 있다. 이와 같이 표적행동이 요구되는 당시에 상황 단서가 있으며, 표적행동의 결과는 즉각적이다. 이것은 사회적 지지의 형태이다.

계약서가 표적행동에 영향을 미치는 두 번째 기제는 **규칙이행행동**(rule-governed behavior)을 통해서이다. 계약서는 표적행동을 이행하도록 하는 촉구나 자기교수로서 계약자가 나중에 적절한 상황에서 진술하는 하나의 규칙을 만든다. 예를 들면, 계약서를 작성한 후 스티브의 규칙은 "이번 주에 논문을 9쪽 쓰자. 아니면 앨범을 잃게 된다."이다. 스티브가 집에서 논문을 쓸 수 있는 시간에 자기 자신에게 규칙을 이야기하고, 이 규칙은 스티브에게 논문을 쓰기 시작하도록 하는 단서를 준다. 규칙은 표적행동을 암시하거나 촉구하는 자기교수 형태이다. 달리 말해, 초기에 계약서에 서명하는 것은 표적행동을 생각하고 적절한 시기에 표적행동을 이행하도록 자신에게 이야기하게 만든다.

행동이행규칙은 표적행동에 또 다른 방식으로 영향을 미칠 수 있다. 계약자가 규칙을 말할 때, 혐오적인 생리적 상태(불안)가 일어날 수 있다. 그러므로 표적행동의 이행은 이러한 혐오 상태로부터 벗어나게 한다(Malott, 1986). 예를 들면, 스티브가 자기 자신에게 "나는 논문을 9쪽 써야 해. 그렇지 않으면 앨범을 잃게 될 거야."라는 말을 했을 때 불쾌한 상태가 되었다. 그는 그 주 내로 하겠다고 약속한 논문 작성으로 인해 예민해지거나 불안해진다. 논문을 쓰기 시작하자마자 불안이 감소되고, 논문 쓰는 행동은 부적으로 강화된다. 그 주에 9쪽을 끝내자마자 다음 주 계약서에 서명할 때까지는 더 이상 불쾌한 상태를 경험하지 않아도 된다. 이 예에서 논문을 쓰는 행동은 규칙 진술로 일어난 혐오(불안) 상태를 감소시키므로 규칙은 스티브에게 논문을 더 쓰게 만드는 유인력이다.

행동계약서가 효과적인 이유

- 행동 결과
- 공적 약속
- 행동이행규칙
- 확대 유인력

행동계약서의 적용

행동계약서는 아동과 성인의 다양한 표적행동에 사용되고 있다(Allen, Howard, Sweeney, & McLaughlin, 1993; Carns & Carns, 1994; Dallery, Meredith, & Glenn, 2008; Leal & Galanter, 1995; Paxton, 1980, 1981; Ruth, 1996). Dallery 등(2008)은 개인들이 금연하는 것을 돕기 위해 행동계약을 사용하였다. 이 연구에서 흡연자들은 50달러를 맡겼고, 담배 피는 횟수를 줄이거나 결국에는 금연을 함으로써 50달러를 돌려받았다. 저자는 참여자들의 흡연의 수준을 측정하기 위해 일산화탄소(CO) 모니터링을 사용하였다. 그리고 저자는 자제와 감소를 알려 주는 일산화탄소 측정치에 따라 그들의 돈을 돌려준다. 이 연구와 다른 연구들(Dallery & Glenn, 2005; Glenn & Dallery, 2007; Reynolds, Dallery, Shroff, Patak, & Leraas, 2008)의 흥미로운 점은 참여자들이 집에서 일산화탄소 모니터링 장치를 가지고 있었고, 그들의 일산화탄소 측정 결과를 웹캠을 통해서 연구자에게 보냈다는 것이다. 이렇게 해서 그들은 연구 현장에 가지 않고도 집에서 매일 모니터링 하는 것이 가능했다.

몇몇 연구자는 행동계약서를 성인의 체중 감소와 유지를 돕는 데 사용하였다(Jeffery, Bjornson-Benson, Rosenthal, Kurth, & Dunn, 1984; Kramer, Jeffery, Snell, & Forster, 1986; Mann, 1972). Mann의 연구(1972)에서는 체중 감소 프로그램에 참여한 대상자들이 행동계약에 사용하기 위해 귀중한 물품(예: 옷, 보석, 트로피)을 상담소에 가져왔다. 대상자들은 구체화된 양만큼 체중이 감량되었을 때 귀중품을 도로 가져갈 수 있다고 진술된 행동계약서를 실험자와 함께 작성하였다. 그 계약서는 모든 대상자들이 체중을 감량하도록 하였다. Jeffery와 동료들(1984)은 체중 감량 프로그램을 시작할 때 대상자들에게 150달러를 맡기게 하였다. 대상자들은 매주 그 주에 감량할 체중에 대한 금액만 도로 가져갈 수 있다고 진술된 행동계약서에 서명하였다. 행동계약 프로그램에 참여한 대상자들은 체중을 감량하기는 했지만 프로그램이 종결되자 체중이 다소 늘었다. 이 연구들은 섭식행동보다는 체중을 측정했다는 데 주목하라.

? 행동계약은 왜 칼로리 섭취량이나 지방 소비량 같은 섭식행동 대신 체중 감량을 표적으로 삼는가?

섭식행동의 변화가 체중을 감량하는 데 중요하지만, 섭식행동은 계약자가 먹는 것을 지켜보지 않는 한 계약관리자가 확인할 수 없다. 체중은 계약관리자가 면담시간에 측정할 수 있는 것이므로 계약유관은 체중 감량에 근거하는 것이다. 그러나 최근 기술의 진보로 가속도계를 착용함으로써 자동적으로 운동을 기록하는 것이 가능해졌다. 가속도계는 걷고 뛰는 동안의 걸음 수, 거리, 운동의 강도, 그리고 소모된 칼로리 양을 기록할 수 있다. 게다가 웹 기반의 신체단련 프로그램은 가속도계가 정보저장 위치를 웹사이트상에 업로드 할 수 있도록 한다(예: fitbit.com; myfitnesspal.com; nike.com). 그렇게 되면 계약관리자는 만일의 사태를 대비한 시행 사용을 위해서 데이터를 모으려고 웹사이트에 접근할 수 있다.

Wysocki, Hall, Iwata와 Riordan(1979)은 매주 있는 에어로빅 운동에 참여하는 시간을 늘리려는 대학생들에게 행동계약을 사용하였다. 각 학생들은 개인적으로 중요한 물품을 실험자에게 맡겼다. 그들은 매주 구체화된 양만큼 에어로빅 운동에 참여할 때 물품을 되찾을 수 있다고 진술된 행동계약서를 작성하였다. 표적행동의 발생을 확인할 다른 참가자나 실험자가 에어로빅 운동량을 기록하였다. 행동계약을 시작한 뒤로 학생들의 정기적인 에어로빅 운동 참여가 늘었다.

　아동, 청소년, 대학생의 학업 수행 향상을 돕는 여러 연구에서 행동계약이 사용되었다 (Bristol & Sloane, 1974; Cantrell, Cantrell, Huddleston, & Woolbridge, 1969; Kelley & Stokes, 1982, 1984; Miller & Kelley, 1994; Schwartz, 1977). Kelley와 Stokes(1982)는 직업교육 프로그램에 등록한 고등학교 중퇴 학생들이 교육을 마치도록 하기 위해 계약을 사용하였다. 각 학생은 워크북에 있는 항목을 정확히 완수하는 일간/주간 목표를 구체화한 행동계약서를 작성하였다. 그들은 계약서에 진술된 목표를 달성하는 것에 따라 일정량의 돈을 받았다. 계약서를 이용하자 모든 학생의 수행이 향상되었다.

　Miller와 Kelley(1994)는 4, 5, 6학년 자녀들의 과제 수행을 향상시키려는 부모들에게 행동계약을 가르쳤다. 계약서에는 기대되는 과제 활동, 성공적인 과제 수행에 대한 보상, 계약된 행동 수행의 실패에 따르는 결과가 진술되었다. 부모들과 계약을 맺은 모든 학생의 과제 수행이 향상되었다. 계약서의 한 예가 [그림 23-5]에 있으며, [그림 23-6]은 학습 결과를 보여 준다.

행동계약서

다음과 같은 것들을 매일 집으로 가져와야 한다: 과제장, 학습장, 교과서 연필

앤이 그것들을 집에 가져오는 것을 기억한다면 다음 보상 중 하나를 선택할 수 있다: 껌볼, 10센트

그러나 앤이 과제 도구를 가져오는 것을 잊어버린다면 자기 전에 과자를 먹을 수 없다.

앤이 목표의 90~100%를 채우면 다음 보상 중 하나를 선택할 수 있다: 늦게 자는 것(20분), 2개의 스티커

앤이 목표의 75~80%를 채우면 다음 중 하나를 선택할 수 있다: 탄산음료, 1개의 스티커

앤이 이 주에 목표의 80%를 채우거나 3일 이상 목표를 달성하면 다음 보너스 보상 중 하나를 선택할 수 있다: 비디오 대여, 친구와 놀기

아이 서명: _____   부모 서명: _____

[그림 23-5] 초등학생의 과제 수행 향상에 사용된 일방계약

출처: Miller, D. L., & Kelley, M. L. (1994). The use of goal setting and contingency contracting for improving children's homework. *Journal of Applied Behavior Analysis, 27*, 73-84

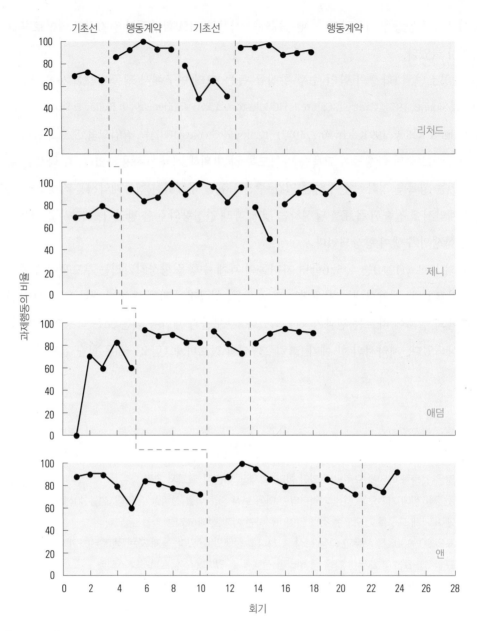

[그림 23-6] 이 그래프는 기초선 동안 그리고 행동계약 기간 동안 과제 완성의 정확도를 백분율로 나타낸 것이다. 여기서는 행동계약의 효과성을 증명하기 위해 A–B–A–B 반전설계가 사용되었다.

출처: Miller, D. L., & Kelley, M. L. (1994). The use of goal setting and contingency contracting for improving children's homework. *Journal of Applied Behavior Analysis, 27*, 73–84.

행동계약이 자주 사용되는 또 다른 분야는 부부 치료 혹은 배우자 치료이다(Jacobson & Margolin, 1979; Stuart, 1980). 부부 치료자가 쌍방계약을 협상한다. 각 배우자는 다른 배우자가 원하는 행동을 이행하는 데 동의하고 평등계약이나 상응계약 형식으로 계약서를 작성한다. 행동계약이 이행되면 각 배우자의 행동이 변화하게 되고 배우자들은 관계에서 만족감을 얻는다.

📖 더 읽을거리

행동계약서 기술 가르치기

여러 연구가 다양한 영역에서 행동계약서의 효과를 증명했지만, 한 연구는 행동계약서 기술 절차를 연구했다. Welch와 Holborn(1988)은 비행 청소년을 위한 거주 프로그램에 참여하는, 정서장애와 행동장애가 있는 11~15세의 청소년을 대상으로 일하는 아동 보호 종사자들에게 행동계약서를 가르치는 간단한 지침서를 개발하였다. 종사자들은 미래에 청소년의 문제행동 발생을 감소시키기 위해 행동계약서를 작성할 책임이 있었다. 지침서에는 행동계약서를 협상하고 작성하는 방법이 제시되어 있다. 연구자들은 대상별 중다기초선 설계로 훈련지침의 효과를 평가했으며, 4명의 종사자들이 지침서를 읽고 나서 행동계약서를 협상하고 작성하는 방법을 배웠다는 것을 보여 주었다. 연구자들은 청소년과 역할 연기를 하는 가상 상황에서 행동계약서 기술을 평가하고 나서 행동 문제를 가진 실제 청소년과 작성하는 행동계약서를 평가했다. 그들은 종사자들이 행동 문제를 보인 청소년과 행동계약서를 작성하는 실제 상황에까지 행동계약서 기술을 일반화했다는 것을 보여 주었다. 이 연구의 중요한 의미는 효율적인 훈련 절차가 행동계약서를 정기적으로 사용할 필요가 있는 직원에게 기술을 가르치는 데 효과적이라는 점이다.

📖 요약

1. 행동계약서는 바람직한 혹은 바람직하지 않은 표적행동 수준을 증가시키거나 감소시키고자 하는 사람이 서면계약을 하는 것이다.
2. 계약서에는 표적행동, 표적행동이 일어나거나 일어나지 않을 때의 결과, 계약기간, 표적행동의 측정방법, 표적행동의 결과를 이행할 사람 등을 제시한다.
3. 일방계약은 수정할 표적행동을 확인하는 계약자와 계약서에 제시한 유관을 이행하는 계약관리자 사이의 계약이다. 쌍방계약에서는 양쪽이 각각 서로 원하는 표적행동을 정한다. 상응계약에서는 행동변화가 다른 사람의 행동변화의 강화인이 된다. 평등계약에서는 각

자가 상대방이 원하는 행동변화에 동의하고 양쪽이 각각 저마다의 행동변화에 따른 결과
를 정한다.

4. 일방계약에서 협상할 때는 계약관리자가 바람직한 표적행동 수준, 적절한 결과, 표적행동
   완수에 드는 시간을 계약자가 정하도록 돕는다. 쌍방계약의 협상에서는 계약관리자가 바
   람직한 표적행동, 결과, 시간을 양쪽이 정하게 한다. 관리자는 양쪽 계약자들이 상응계약
   이나 평등계약을 정하고 계약서의 내용에 동의하게 해야 한다.

5. 행동계약서를 작성하는 것은 계약서에 구체화된 표적행동을 이행하기 쉽게 만드는 선행
   조작이다. 행동계약서는 공약 과정이나 행동지배규칙, 계약서에 있는 행동 완수가 더 강
   화적이 되도록 유인력을 통해 작용할 수 있다.

✎ 핵심용어

규칙이행행동(rule-governed behavior)   일방계약(one-party contract)

상응계약(quid pro quo contract)   평등계약(parallel contract)

쌍방계약(two-party contract)   행동계약서(behavioral contract)

제24장

두려움 및 불안 감소 절차

이 장에서는 두려움과 불안을 치료하기 위한 절차들을 기술할 것이다. 두려움과 불안에 관련된 문제를 조작행동과 수동행동의 측면에서 먼저 살펴보고, 이 문제들의 치료 절차를 다룰 것이다. 불안과 두려움 감소 절차는 조작적 조건형성과 수동적 조건형성에 기초를 두기 때문에 불안과 두려움에 포함된 조작행동과 수동행동을 모두 살펴볼 것이다.

두려움과 불안 감소의 예

발표에 대한 두려움 극복하기

트리샤는 수업시간에 학생들 앞에서 발표를 해야 했다. 트리샤는 한 번도 발표를 한 적이 없었기 때문에 발표에 대한 생각을 하기 시작하자 두려워졌다. 심장이 점점 빨리 뛰고 속이 메스꺼워졌으며 손바닥에는 땀이 나기 시작했다. 그녀는 학기 말까지 발표할 기회가 없었기 때문에 발표에 대해서 생각해 보지 않았다. 발표에 대해 생각하지 않을 때는 기분이 편안했다. 하지만 학기 말이 되면서 발표하는 것에 대해 더 자주 생각하게 되자 불쾌하고 과민한 느낌을 더욱 자주 경험하게 되었다. 때로 그녀는 학급 친구들 앞에서 말해야 할 내용을 잊어버리는 상상을 하곤 했다. 이런 상상을 할 때마다 그녀는 불안해졌다. 발표를 하는 날, 트리샤의 심장박동은 더 빨라지고 손에 식은땀이 났으며, 배가 아프고 근육이 긴장되었다. 그녀는 사람들이 지켜보는 데서 얘기를 할 때면 이런 증상을 경험하였다. 이런 생각들은 그녀를 더욱 두렵게 하였다. 트리샤는 발표를 끝내고 교실 뒤에 있는 자기 자리로 돌아갈 때까지 계속 이런 증상을 경험하였다. 그녀는 처음으로 발표를 하였다. 과거에 그녀는 발표 수업이 있는 과목들을 그만두었다. 그러한 수업을 그만둘 때 그녀는 발표하지 않아도 된다는 데 안도감을 느꼈다.

트리샤는 급우들 앞에서 발표하는 것에 대한 두려움을 심리학자에게 말하기로 결심하였다. 학기가 다가오자, 그녀는 발표를 해야 하는 몇 과목을 신청해야 했고, 더 이상 그런 불쾌한 두려움을 경험하고 싶지 않았다. 심리학자인 곤잘레스 박사는 우선 트리샤에게 그가 불안이라고 명명한 두려움을 느낄 때, 스스로 이완할 수 있는 이완훈련을 가르쳤다. 호흡과 근육 운동으로 트리샤는 낮은 수준의 불안에서 스스로를 이완시킬 수 있었다. 다음으로 곤잘레스 박사는 트리샤에게 이완훈련을 시키고 자신의 사무실에서 이야기를 하게 하였다. 트리샤가 불안 없이 박사에게 이야기할 수 있게 되자 박사는 비어 있는 교실에서 한 친구에게 이야

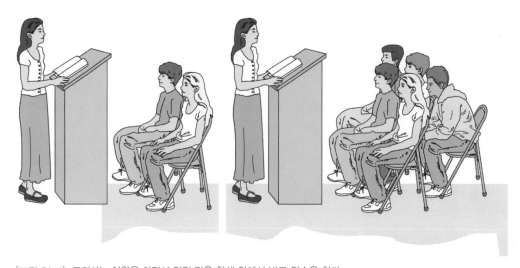

[그림 24-1] 트리샤는 이완을 하면서 점점 많은 학생 앞에서 발표 연습을 한다.

기를 하게 했다. 트리샤는 또다시 최소한의 불안으로 이야기를 하면서 이완할 수 있게 되었다. 다음으로 트리샤는 빈 교실에서 2명의 친구에게 자신을 소개할 수 있게 되었다. 트리샤가 성공하자 곤잘레스 박사는 그녀에게 학급 인원 수만큼 될 때까지 자꾸 더 많은 친구들에게 이야기를 하도록 만들었다. 마침내 트리샤는 실제 수업시간에 친구들 앞에서 이야기를 할 수 있게 되었다. 트리샤는 학급에서 발표하는 날이 되어도 이완 연습을 통해 불안을 거의 느끼지 않고도 잘 이야기할 수 있게 되었으며, 학급 친구들 앞에서 자신감을 얻게 되었다([그림 24-1] 참조).

거미에 대한 두려움 극복하기

앨리슨은 거미에 대한 심한 두려움으로 라이트 박사의 상담소를 찾았다. 앨리슨은 거미를 볼 때마다 남편에게 거미를 죽이라고 소리쳤다. 그녀는 혼자 있을 때 거미를 보게 되면 밖으로 뛰어나가 거미를 죽일 수 있는 누군가가 올 때까지 방에 들어가지 않았다. 한번은 현관에 걸려 있는 거미를 피해 창문으로 나간 적도 있었다. 앨리슨은 거미를 볼 때마다 심한 두려움을 느꼈다. 그녀도 트리샤와 비슷한 경험을 하였다. 심장박동이 빨라지고, 근육이 긴장되고, 땀이 나고, 배가 아프거나 메스껍고, 머리가 어지럽고, 얼굴이 붉어졌다. 이러한 감각들은 극도로 불쾌했다. 앨리슨이 두려움에서 벗어나는 유일한 방법은 거미로부터 멀리 떨어져 있거나 거미를 죽이는 것이었다.

라이트 박사는 앨리슨의 두려움을 평가했다. 박사는 거미를 병에 담아서 큰 사무실 테이블 위에 놓았다. 라이트 박사는 앨리슨이 최대한 거미 가까이 가도록 했고 거미에 접근하는 정도에 따라 두려움을 측정하였다. 앨리슨은 0에서 100까지의 점수로 두려움을 보고했다. 치료 전에 그녀는 거미와 몇 피트 내의 거리에서도 최고치인 100의 두려움을 보고했다. 거미가 병에서 나올 수 없었음에도 불구하고 그녀는 거미 가까이 섰을 때 겁에 질렸다. 라이트 박사는 앨리슨에게 이완훈련을 가르치기 시작했다. 앨리슨은 이 훈련을 통해 박사의 지지를 받아 스스로를 이완시키고 점차 거미에 접근할 수 있게 되었다. 앨리슨은 처음에 거미와 20피트 떨어진 거리에 서서 스스로를 이완시켰다. 안전하다는 느낌(25점 정도)을 가졌을 때, 그녀는 거미에게 한 걸음 더 다가갔다. 라이트 박사는 그녀 옆에 서서 또 다시 안전하다는 느낌을 가질 때까지 이완훈련을 하게 했다. 앨리슨과 라이트 박사는 이 과정을 계속 진행했고, 3개월이 넘는 치료기간에 걸쳐 앨리슨은 조금씩 거미에 가까이 접근할 수 있게 되었다. 치료의 마지막 부분에 가서 앨리슨은 거미에 가까이 가서 스스로 거미를 죽일 수 있을 만큼 두려움이 없어졌다. 거미를 보고 큰 두려움 없이 죽일 수 있는 것이 바로 그녀의 목표였다[이 사례는 Miltenberger, Wright와 Fuqua(1986)에서 인용한 것이다].

두려움과 불안 문제에 대한 정의

많은 사람이 심리학자에게 두려움과 불안 문제를 치료받고자 한다. 치료에 관해 언급하기 전에 두려움과 불안을 포함한 행동을 조작적으로 정의하는 것이 중요하다.

두려움(fear)은 조작적 행동과 수동적 행동으로 구성된다. 대체로 사람은 특정 자극이나 특정 상황을 두려워한다. 자극이 존재할 때 불쾌한 신체적 반응(자율신경계의 각성)이 일어나게 되고 도피나 회피행동을 한다. 신체적 반응은 **불안**(anxiety)이라고 하는 수동적 행동이다. 불안 상태에서 자율신경계의 각성은 그 상황에서 도피하거나 회피하는 행동을 쉽게 할 수 있도록 하는 확대 유인력이다.

? 앨리슨의 사례에서 두려움에 포함된 수동적 행동을 만드는 조건자극과 조건반응을 확인하라.

조건자극(CS)인 거미는 빠른 심장박동, 손의 땀, 근육의 긴장, 위의 불편함, 가벼운 어지러움, 안면 홍조 등 자율신경계의 각성인 조건반응(CR)을 이끌어 낸다. 조건반응은 사람들이 불안이라고 부르는 불쾌한 감각을 포함한다.

? 앨리슨의 사례에서 조작적 행동과 그 행동에 대한 강화인을 확인하라.

거미에 대한 앨리슨의 두려움에서 조작적 행동은 남편에게 거미를 죽이라고 소리치는 것과 거미를 보고 멀리 도망가는 것이다. 남편에게 소리치는 것은 거미를 제거하게 됨으로써 강화되고, 도망가는 것 또한 그녀가 거미를 보았던 장소에서 거미로부터 도피하게 됨으로써 강화된다. 거미가 더 이상 보이지 않을 때 거미로부터 야기된 불안(불쾌한 신체적 감각)이 감소된다. 그러므로 소리를 지르거나 도망가는 것은 거미를 제거하거나 거미로부터 도피하고 불안을 감소시킴으로써 부적으로 강화한다.

? 트리샤의 발표에 대한 두려움에서 조작적 행동과 수동적 행동을 확인하라.

트리샤의 경우, 학급 친구들 앞에서 발표를 하는 조건자극이 자율신경계의 각성 조건반응을 야기한다. 이뿐만 아니라 발표에 대해 생각하고 발표하는 것을 상상하는 것 또한 조건자극이 되어 조건반응을 야기한다. 앞에서 보았듯이 내면적인 행동(사고, 상상)은 불안인 조건반응을 낳을 수 있다. 이 경우에 조작적 행동은 발표를 해야 하는 수업을 그만두는 것이다. 수업을 그만두는 것은 발표와 연관된 불안을 제거함으로써 강화된다. 또한 발표해야 하는 것을 생각하고 불안해질 때마다 불안을 감소시킬 수 있는 다른 사고와 행동을 함으로써 그러한 사고와 행동을 부적으로 강화시킨다. 예를 들어, 트리샤는 발표에 대해 생각하고 불안을 경험할 때마다 친구에게 전화를 했다. 친구와 통화를 하자마자 불안을 야기하는 생각이 멈추었고 친구에게 전화하는 행동이 강화되었다.

두려움과 불안에서 대부분의 문제는 특정한 조건자극으로 야기된 불안의 신체적 반응인 수동적 행동과 두려운 자극을 제거하거나 불쾌한 불안을 감소시킴으로써 강화되는 도피행동이나 회피행동인 조작적 행동으로 이루어졌다. 두려움과 불안의 문제에는 조작적 행동과 수동적 행동이 모두 포함되므로 대부분의 치료에서는 조작적 행동과 수동적 행동 모두를 포함한다.

? 어둠에 대한 아동의 두려움에서 조작적 행동과 수동적 행동을 기술하라.

방에 불이 꺼지는 것(어둠)은 조건반응인 불안이나 자율적 각성을 야기하는 조건자극이다. 아이는 어둠에 대한 두려움을 느낄 때 불쾌한 신체적 반응을 경험하게 된다. 이 경우에 조작적 행동은 야간 조명을 켜거나 문을 열어 복도의 불빛이 들어오게 하는 것이다. 이러한 행동은 어둠을 사라지게 하여 불안을 감소시킨다. 다른 행동은 울거나 부모를 부르는 것인데, 이 행동은 부모에 의해 강화되어 어둠에 대한 불안을 감소시킨다.

수동적 행동이 두려움의 부분인 것은 명백하지만, 때로는 두려움이 어떻게 수동적 조건형성을 통해 발달되는지 알 수 없다. 다시 말해서, 조건자극(두려움 자극)이 어떻게 조건화되어 불안을 야기하는지 알 수 없다. 제8장에서 중성자극이 무조건자극(US)과 짝지어졌을 때 조건자극이 되는 것을 상기해 보라. 이런 짝지음의 결과로 중성자극은 조건자극이 되고, 무조건자극으로 야기된 것과 똑같은 반응을 낳게 된다. 예를 들면, 개에게 물린 경험이 있는 아이는 개에 대한 두려움이 생긴다. 고통스러운 자극(개한테 물린 것)은 자율적 각성, 무조건반응(UR)을 야기하는 무조건자극이다. 개 자체는 중성자극이지만 개의 출현이 고통스러운 자극

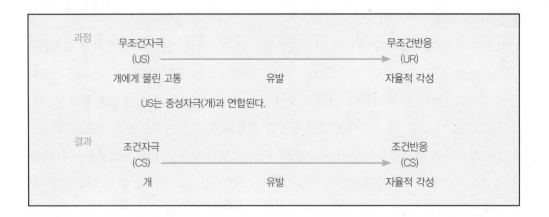

과 짝지어져 조건자극이 된다. 그러므로 개에게 물렸던(조건자극) 아이는 개를 보면 개에게 물렸던 고통으로 야기된 무조건반응과 같은 조건반응을 낳게 된다.

개에게 물린 경우에 두려움을 일으키는 수동적 조건형성의 역할은 분명하다. 다른 많은 경우에서 두려움을 가진 사람들은 조건형성된 두려운 자극을 가진 과거 사건을 기억하지 못한다. 두려운 자극이 명백히 불안(조건반응)을 낳는다 할지라도 두려운 자극이 어떻게 조건자극이 되는지는 알 수 없다. 그러나 두려움이 어떻게 조건형성된 것인지를 아는 것이 두려움을 치료하는 데 필수적인 것은 아니다. 두려움(조건반응)을 야기하고 조건자극으로서 기능하고 있는 모든 자극을 확인하는 것이 훨씬 중요하다.

두려움과 불안 문제를 이해하는 데 고려해야 할 또 하나의 문제는 때로 두려움이나 불안 문제로 보이는 것들이 수동적 행동이나 두려움이 없는 단순한 조작적 행동이라는 것이다. 예를 들어, 아이가 소리를 지르고 울며 학교 가는 것에 대해 두려움을 표현하는 것은 학교 공포증(school phobia)일 수도 있고, 단순히 정적으로 강화된 조작적 행동일 수도 있다(Kearney & Silverman, 1990). 그것이 두려움이라면 아이는 우리가 불안이라고 부르는 자율적 각성, 즉 수동적 행동을 경험할 것이다. 이 불안은 학교 또는 학교와 관련된 자극으로 야기되는 것이다. 소리 지르는 것, 우는 것, 학교 가기를 거부하는 것은 학교로부터 도피하거나 회피하여 학교와 관련된 불안을 감소시킴으로써 강화된 조작적 행동이다. 그러나 학교와 관련된 불안이 없을 수도 있으며, 소리 지르기, 울기, 두려움 표현하기, 거부하기 등이 부모의 관심 끌기, TV 보기, 과자 먹기, 게임하기 등에 의해 정적으로 강화된 것일 수도 있다. 아이에게 영향을 끼치는 것이 무엇인지를 결정하기 위해 두려움 행동에 대한 기능평가를 수행하는 것이 중요하다(Lee & Miltenberger, 1996).

또 다른 예로 어둠에 대한 두려움을 들 수 있다. 실제 두려움은 어둠으로 발생된 자율적 각성(불안)인 조건반응과 불안을 감소시키기 위한 도피행동이나 회피행동을 포함할 것이다. 그러나 아이가 밤에 울고 두려움을 표현하는 것은 부모가 관심과 안전감을 제공함으로써 강화된 행동일 수 있다. 따라서 두렵다는 것이 불안에 대한 신체적 반응과 정확하게 동일하다고 볼 수 없을 것이다.

두려움과 불안 감소 절차

두려움과 불안 문제를 치료하기 위한 몇 가지 행동수정 절차가 있다. 이러한 절차들에는 이완훈련, 체계적 둔감법, 실제상황 둔감법(Master, Burish, Hollon, & Rimm, 1987; Spiegler & Guevremont, 1998) 등이 있으며, 이 절차들은 수동적 조건형성, 조작적 조건형성 또는 둘 간의 조합원리에 근거하고 있다.

이완훈련

이완훈련(relaxation training)은 두려움과 불안 문제를 구성하는 자율적 각성의 경험을 감소시키는 전략이다. 특정한 이완행동을 하는 사람은 자율적 각성과 반대되는 신체반응이 일어난다. 이완훈련은 근육의 긴장, 빠른 심장박동, 차가운 손, 빠른 호흡 등 자율적 각성이 되는 신체반응 대신, 근육의 긴장을 감소시키고 심장박동과 호흡을 느리게 하며 손을 따뜻하게 한다. 이러한 신체반응을 경험한 사람들은 불안의 감소를 보고한다. 가장 많이 알려진 네 가지 이완훈련으로 근육이완, 횡격막 호흡, 주의집중 연습(Davis, Eshelman, & McKay, 1988), 행동 이완훈련(Poppen, 1988)이 있다.

점진적 근육이완   점진적 근육이완(progressive muscle relaxation: PMR)에서는 신체의 주요 근육들을 체계적으로 긴장시키고 이완시킨다. 근육의 긴장과 이완은 근육을 처음 상태보다 이완시켜 준다. 점진적 근육이완은 Edmund Jacobson(1938)이 처음으로 기술했고, 그 이후로 널리 사용되어 왔다(Benson, 1975; Bernstein & Borkovec, 1973).

PMR을 사용하기 위해서는 우선 어떻게 각 근육들을 긴장시키고 이완시키는지를 학습해야 한다. 그것은 치료자에게 배우거나 녹음 테이프를 듣거나 책을 읽음으로써 터득할 수 있다. 〈표 24-1〉에 근육과 PMR 절차를 사용할 때 어떻게 근육을 긴장시키는지를 제시하였다(Masters et al., 1987).

각 근육을 어떻게 긴장시키는지를 배우고 나면 내담자는 이완 절차를 시작하게 된다. 우선 내담자는 기댈 수 있는 편안한 의자에 앉아서 편안한 자세를 취한다. 이완훈련은 조용한 방이나 주의를 산만하게 하지 않는 곳에서 진행되어야 한다. 다음으로 내담자는 눈을 감고 〈표 24-1〉에 있는 각 근육을 긴장시키고 이완시킨다. 내담자는 첫 번째 근육인 자주 쓰는 손과 팔부터 시작하여 5초 동안 근육을 강하게 긴장시킨 후 곧바로 이완시킨다. 이것은 특정 근육

〈표 24-1〉 점진적 근육이완 절차에서 근육을 긴장시키는 방법

근육	긴장하는 방법
주로 쓰는 손과 팔	우선 힘을 준다. 어깨 쪽으로 비튼다. 팔꿈치를 구부린다.
반대편 손과 팔	위와 같은 방법
이마와 눈	눈을 크게 뜬다. 눈썹을 치켜세운다. 이마에 최대한 주름이 많이 생기게 만든다.
위쪽 뺨(볼)과 코	얼굴을 찡그린다. 곁눈질을 한다. 코에 주름을 만든다.
턱, 얼굴 아래쪽, 목	이를 악문다. 혀를 내민다. 입 가장자리를 잡아당긴다.
어깨, 등 위쪽, 가슴	어깨를 으쓱하고 어깨뼈를 최대한 뒤로 당긴다.
배	허리를 약간 구부린다. 배를 내민다. 배를 최대한 딱딱하게 만들면서 긴장시킨다.
엉덩이	엉덩이를 꽉 죄면서 동시에 의자에 밀어 넣는다.
주로 쓰는 다리 위쪽	넓적다리 위쪽의 큰 근육을 아래쪽의 작은 근육과 부딪치게 하여 민다. 근육을 딱딱하게 한다. 두 근육을 반대 방향으로 누른다.
주로 쓰는 다리 아래쪽	발가락을 머리 쪽으로 잡아당긴다. 종아리 근육을 쭉 뻗어 딱딱하게 한다.
주로 쓰는 발	발가락을 위아래로 향하게 한다. 발을 쭉 뻗는다.
반대편 다리 위쪽	주로 쓰는 다리 위쪽과 같은 방법
반대편 다리 아래쪽	주로 쓰는 다리 아래쪽과 같은 방법
반대편 발	주로 쓰는 발과 같은 방법

출처: Masters, J., Burish, T., Hollon, S., & Rimm, D. (Eds.). (1978). *Behavior Therapy: Techniques and Empirical Findings*, 3rd edition.

의 긴장과 이완의 차이점을 느끼게 해 준다. 내담자는 5~10초 동안 그 근육의 긴장 수준을 감소시키는 데 초점을 둔 다음, 목록에 있는 다음 근육(반대편 손과 팔)으로 이동한다. 내담자는 다시 한 번 근육을 강하게 긴장시킨 후 곧바로 이완시키고 긴장을 푼다. 근육을 긴장시킨 다음 긴장 수준이 감소하거나 근육이 이완되는 것은 내담자를 기분 좋게 만든다. 내담자는 모든 근육이 긴장되고 이완될 때까지 이 과정을 반복한다. 절차가 끝나면 이완 연습을 시작할 때보다 덜 긴장되고 더 이완된다.

많은 사람이 처음에는 녹음 테이프나 치료자가 제공하는 이완지침을 들으면서 PMR을 한다. 치료자의 도움이나 녹음 테이프 없이 PMR을 할 때에는 먼저 각 근육을 긴장시키고 이완하는 연습을 하고 나서 그 절차의 순서를 정확히 기억해야 한다.

PMR을 여러 번 연습하였을 때 각 근육의 긴장과 이완 없이도 스스로 이완할 수 있게 된다. PMR 절차는 사람들에게 근육 긴장을 어떻게 통제하는지를 가르치기 때문에 그들이 더 긴장을 경험하는 상황에서 근육 긴장을 감소시킬 수 있다. 이 과정을 촉진시키기 위해 사람들은 흔히 PMR 연습 시 신호 단어(cue word)를 사용하고 나중에 스스로를 이완시킬 때 신호 단어를 암송할 수 있다. 예를 들어, 트리샤는 기숙사 방에서 PMR을 연습하는 동안에도 스스로에게 "이완"이라는 신호 단어를 반복할 수 있다. 신호 단어는 이완반응과 연결되었고, 트리샤가 막 발표를 하려고 할 때, 그녀의 근육을 이완시키기 위해 그녀 자신에게 "이완"이라고 말할 수 있다. 신호 단어는 이완(CR)을 가져오는 CS가 되었다. 신호 단어를 외우는 것은 불안을 야기하는 생각을 막을 수 있다. 만약 트리샤가 교실에서 발표할 차례를 기다리는 동안 "이완"이라고 자신에게 얘기하면 실패할 것이라는 생각이나 불안을 가져오는 생각이 떠오르지 않을 것이다.

이완훈련 절차

- 점진적 근육이완
- 횡격막 호흡
- 주의집중 연습
- 행동이완훈련

횡격막 호흡   또 다른 이완 연습인 횡격막 호흡(diaphragmatic breathing)(Poppen, 1988)은 느리고 리드미컬한 방식으로 깊이 숨을 쉬기 때문에 심호흡(deep breathing)(Davis et al., 1988) 또는 이완호흡(relaxed breathing)(Mayo Clinic Foundation, 1989)이라고 부르기도 한다. 이 호흡에서는 숨을 들이쉴 때마다 횡격막 근육을 사용하여 산소를 최대한 깊이 폐 속으로 들이마신

다. 불안이나 자율적 각성은 대부분 얕고 빠른 호흡을 하게 하는데, 횡격막 호흡은 그러한 호흡을 더욱 이완된 패턴으로 바꾸어 불안을 감소시킨다. 이 점은 사람들이 깜짝 놀랐을 때를 생각해 보면 알 수 있다. 깜짝 놀라면 호흡이 빠르고 얕아지며 숨을 고르는 데 어려움을 겪게 될 것이다. 이것은 과호흡(hyperventilating)을 할 때의 감각과 유사하다. 이와 대조적으로 깊은 수면에 들어갈 때 호흡은 최대한 이완되어 느리고 깊어진다.

횡격막 호흡을 배우기 위해서는 편안한 자세로 앉아 손을 갈비뼈 바로 아래쪽의 들어간 부분 위에 두어야 한다. 거기가 횡격막 근육이 있는 곳이다. 숨을 들이쉬면 횡격막이 폐 속 깊은 곳으로 공기를 끌어들여 복부가 바깥으로 움직이는 것을 느낄 수 있다(Poppen, 1988). 횡격막 호흡을 할 때는 어깨가 움직이지 않아야 한다. 숨을 들이쉴 때 어깨가 위로 올라가는 것은 폐 전체로 깊이 호흡하기보다는 폐의 윗부분에서 얕게 호흡함을 나타내는 것이다. 많은 사람이 숨을 들이쉬는 동안 복부가 들어간다고 생각한다. 그러나 사실은 그 반대이다. 횡격막 근육을 사용하여 깊이 숨을 들이쉴 때 복부는 바깥쪽으로 움직인다(Mayo Clinic Foundation, 1989). 숨을 들이쉴 때마다 복부를 팽창시켜 호흡하는 것을 정확히 배우고 나서 호흡 연습을 시작하게 된다.

불안을 감소시키기 위한 심호흡이나 횡격막 호흡 연습을 하기 위해서는 눈을 감고, 앉거나 서거나 혹은 편안한 자세로 누워서 폐 속이 공기로 가득 찰 때까지 3~5초 동안 천천히 숨을 들이쉰다. 숨을 들이쉴 때 횡격막 근육이 복부를 팽창시킨다. 그러고 나서 3~5초 동안은 천천히 숨을 내쉰다. 숨을 내쉴 때 횡격막 근육은 복부를 들어가게 한다. 횡격막 호흡 연습을 하면서 코로 숨을 들이쉬고 내쉬는 것이 가장 좋은 방법이다. 숨을 들이쉬고 내쉬면서 호흡할 때 일어나는 감각에 초점을 맞춘다(예를 들면, 폐가 팽창하고 수축하는 느낌, 공기가 안쪽과 바깥쪽으로 흐르는 것, 복부의 움직임). 이러한 감각들에 주의를 기울이면 불안을 낳는 생각을 덜 하게 된다. 연습기간 동안 횡격막 호흡으로 불안을 감소시킬 수 있으면 실제 불안을 야기하는 상황에서도 심호흡을 하여 각성을 감소시킬 수 있게 된다. 예를 들어, 앨리슨은 치료 중 거미로부터 10피트 떨어진 곳에 섰을 때 횡격막 호흡을 하여 각성을 감소시키거나 각성을 낮은 수준으로 유지할 수 있다.

횡격막 호흡 연습은 대부분의 다른 이완 절차의 구성요소가 된다는 것에 주목해야 한다. 예를 들어, PMR에서는 근육 긴장하기와 이완하기 연습의 효과성을 높이기 위해 정확히 호흡하는 법을 먼저 학습한다. PMR에서 호흡이 얕고 빠르면 효과를 얻기 어렵다. 다음에서 살펴보겠지만 심호흡은 주의집중 연습의 구성요소가 되기도 한다.

주의집중 연습　주의집중 연습(attention-focusing exercises)은 불안을 야기하는 자극에서 중성적이거나 유쾌한 자극으로 주의를 옮김으로써 이완하는 방법이다. 명상(meditation), 심상법(guided imagery), 최면(hypnosis)은 모두 주의집중을 통해 이완하는 방법이다(Davis et al., 1988). 명상에서 사람들은 시각적인 자극이나 청각적인 자극 또는 근육 운동감각 자극에 주의를 기울인다. 예를 들어, 한 대상을 뚫어지게 바라보거나 반복적인 주문(낱말의 소리)에 주의를 집중하거나 자신의 호흡에 집중한다. 명상 연습 중에 대상, 주문 혹은 호흡에 주의를 집중할 수 있게 되면 불안을 야기하는 자극에 주의를 두지 않을 수 있다.

심상법이나 시각화(visualization) 연습에서는 기분 좋은 장면 또는 이미지를 시각화하거나 상상한다. 이 연습은 불안을 야기하는 사고나 이미지에 주의를 두지 않도록 하는 개인의 주의집중에 초점을 둔다. 사람들은 어떤 장면이나 이미지를 묘사하는 녹음 테이프나 치료자의 말에 주의를 기울인다. 그는 편안하게 앉거나 누운 자세로 눈을 감고 그 장면을 상상하게 된다. 녹음 테이프나 치료자는 이미지를 만드는 풍경, 소리, 냄새를 묘사한다. 예를 들어, 치료자는 해변에 있는 장면을 묘사하면서 "살갗에 와 닿는 따뜻한 햇살을 느껴 보세요. 발 아래 따뜻한 모래를 느껴 보세요. 부드러운 파도 소리를 들어 보세요. 선탠오일의 향기로운 냄새를 맡아 보세요."라고 말할 수 있다. 묘사할 수 있는 장면이 풍부할수록 장면을 완전하게 상상할 수 있을 것이고, 불안을 야기하는 사고나 이미지를 없애기 쉬울 것이다.

최면에서는 치료자가 말하거나 녹음 테이프에서 나오는 최면암시에 주의를 기울인다. 최면에 몰입하면 치료자의 말에만 주의가 집중되어 불안을 야기하는 사고나 이미지를 포함한 외부자극에는 거의 주의를 기울일 수 없게 된다. 어떤 사람은 이완 상태를 이끄는 각본으로 최면암시를 중얼거려 자기최면(self-hypnosis)을 걸 수도 있다.

주의집중 절차는 전형적으로 다른 이완 절차의 구성요소로 사용된다는 점을 주목할 필요가 있다. PMR에서는 긴장하고 이완하는 각 근육에 주의를 집중한다. 횡격막 호흡 연습에서는 숨을 들이쉬고 내쉬는 신체적 감각에 초점을 둔다. 동시에 이완 자세는 횡격막 호흡 연습, 심상법, PMR의 구성요소이다. 앞에서 살펴보았듯이 이 세 가지 접근법은 많은 공통요소를 가지고 있다.

행동이완훈련　Poppen(1988)이 기술한 행동이완훈련(behavioral relaxation training)은 이완 자세를 취하고 신체의 각 근육을 이완하는 것을 배운다. 이것은 각 근육을 긴장시키지 않고 이완한다는 점을 제외하고는 PMR과 유사하다. 내담자는 안락의자에 앉아서 신체의 모든 부분을 의자에 기대고, 치료자는 신체 각 부분을 정확한 자세로 만드는 지시를 한다. 〈표 24-2〉는 Poppen(1988)이 설명한 열 가지 이완된 행동을 나타낸다.

행동이완훈련은 다른 이완 절차들의 요소를 포함한다. 사람들은 정확하게 호흡을 배우고, 이 절차에 포함된 열 가지 이완행동에 주의를 집중한다. 알다시피 이 이완 절차는 근육 긴장에 집중하기, 정확하게 호흡하기, 주의집중하기의 세 가지 요소가 있다.

이완훈련은 두려움 감소 절차의 요소가 되기 때문에 이완 절차를 배우는 것이 중요하다. 이제 다양한 두려움 감소 절차들을 기술할 것이다.

이완 절차의 세 가지 핵심 구성요소

이 장에 기술된 네 가지 이완 방법은 각각 다른 것에 초점을 맞추고 있다. 그러나 다음 세 가지 구성요소들을 포함하고 있다. 이 요소들은 불안에 대한 세 가지 중요한 측면-근육 긴장, 얕고 빠른 호흡, 불안 유발 사고-에 대해 이야기하고 있기 때문에 이완훈련을 효과적으로 하기 위한 핵심이다.

1. 근육 긴장 풀기. PMR의 초점이 긴장된 근육을 푸는 것에 있지만 다른 세 가지 방법도 이완된 자세를 취함으로써 근육의 긴장을 풀도록 한다.
2. 이완된 호흡하기. 횡격막 호흡법의 초점이 이완된 호흡에 있지만 나머지 세 가지 방법도 잠시 동안의 이완된 호흡을 시작 요소로 가지고 있다.
3. 주의집중하기. 주의집중 연습이 이 요소를 강조하고 있지만 모든 이완 방법이 절차의 한 부분으로 내담자의 주의가 치료자의 지시에 머물도록 하고 있다.

〈표 24-2〉 열 가지 이완행동

행동이완훈련은 안락의자나 다른 편안한 곳에 완전히 기댄 채 몸을 완전히 이완하는 10개의 자세와 활동 특징으로 구성된다. 각 행동은 외부 자세나 몸의 특정 부분에 대한 활동으로 구성된다. 이완된 행동과 일반적으로 나타나는 이완되지 않은 행동을 구별하기 위해 각 항목마다 2개를 같이 제시하였다.

1. 머리
이완됨. 코를 신체의 중앙에 두면서 머리를 움직이지 않고 안락의자에 기댄다. 신체의 중심선은 보통 셔츠 버튼이나 V 네크라인의 꼭지점과 같은 의복의 특징으로 알 수 있다. 콧구멍의 일부와 턱의 아래쪽이 보이게 한다.
이완되지 않음. (1) 머리를 움직인다. (2) 머리가 신체 중심선에서 돌아간다. 코 전체가 중심선을 넘는다. (3) 머리가 아래쪽으로 기운다. 콧구멍과 턱 아래쪽이 보이지 않는다. (4) 머리가 안락의자로 받쳐지지 않는다. (5) 머리가 위쪽으로 향한다. 턱 아래쪽이 완전히 보인다.

2. 눈
이완됨. 아래 꺼풀을 움직이지 않고, 부드러운 느낌으로 눈꺼풀을 가볍게 닫는다.

이완되지 않음. (1) 눈을 뜬다. (2) 눈을 감을 때 주름이 지거나 펄렁거린다. (3) 눈이 눈꺼풀 안에서 움직인다.

3. 입

이완됨. 이 앞부분을 떼면서 입술을 입 중심의 1/4에서 1인치(7~25mm) 벌린다.

이완되지 않음. (1) 이가 맞물린다. (2) 입술이 닫힌다. (3) 입이 1인치(25mm) 이상 벌어진다. 입을 기준 이상 열 때 대부분 입 가장자리 쪽이 벌어진다. (4) 입술을 핥는 등 혀가 움직인다.

4. 목구멍

이완됨. 움직임이 없다.

이완되지 않음. 침 삼킴이나 다른 후두의 움직임, 목 근육의 씰룩임 같은 목구멍과 목에서의 움직임이 있다.

5. 어깨

이완됨. 양어깨가 둥근 모양이고 똑같이 수평을 이루어야 한다. 어깨는 움직임이나 호흡 없이 안락의자에서 안정된다.

이완되지 않음. (1) 어깨가 움직인다. (2) 양어깨가 비스듬하다. (3) 양어깨가 올라가거나 내려가서 둥글게 보이지 않는다.

6. 몸

이완됨. 몸통, 엉덩이, 다리가 중심선에서 대칭을 이루어 움직임 없이 의자에 편안히 기댄다.

이완되지 않음. (1) 호흡 등으로 몸통이 움직인다. (2) 몸통, 엉덩이, 다리가 중심선에서 비틀어진다. (3) 발이나 손을 움직이지 않고 엉덩이, 다리, 팔이 움직인다(이는 분리해서 기록해야 한다). (4) 등, 엉덩이, 다리의 어느 일부분이라도 의자로 받쳐지지 않는다.

7. 손

이완됨. 손바닥을 아래로 향하게 하고 손가락은 갈고리 발톱 느낌으로 구부려서 손을 의자의 팔걸이나 무릎 위에 놓는다. 손가락은(엄지손가락을 제외한) 둥근 부분으로 연필이 자유롭게 통과할 수 있을 만큼 충분히 구부린다.

이완되지 않음. (1) 손이 팔걸이를 꽉 쥔다. (2) 손가락을 뻗거나 직선으로 놓는다. (3) 손가락을 말아서 손톱이 팔걸이 표면에 닿는다. (4) 손가락이 얽힌다. (5) 손이 움직인다.

8. 발

이완됨. 양발을 90°와 90° 사이에서 바깥으로 향하게 한다.

이완되지 않음. (1) 발이 움직인다. (2) 양발이 수직을 가리키거나 60° 이하로 벌어진다. (3) 양발이 90° 보다 큰 각을 이룬다. (4) 양발을 발목에서 교차시킨다. (5) 한쪽 뒤꿈치가 다른 쪽보다 1인치(25mm) 이상 앞에 놓이거나 뒤에 놓인다.

9. 고요함

이완됨. 발성이나 크게 호흡하는 소리가 없다.

이완되지 않음. 이야기, 한숨, 코 풀기, 가쁜 숨결, 기침 같은 소리가 있다.

10. 호흡

이완됨. 호흡 빈도는 호흡 방해 없이 기초선 동안 관찰된 것보다는 적다. 한 번의 호흡은 숨을 들이쉬고 내쉬는 것이 완전히 이루어지는 것이다. 관찰 간격의 시작 신호에서 숨을 들이쉬고 관찰 간격의 종결 신호에서 숨을 내쉬더라도 호흡은 계속된다.

이완되지 않음. (1) 호흡 빈도가 기초선 동안의 빈도와 같거나 더 많다. (2) 기침, 웃음, 하품, 재채기 같이 호흡의 규칙적인 리듬을 방해하는 불규칙성이 있다.

출처: Poppen, R. (1988). *Behavioral Relaxation Training and Assessment*. pp. 30-34.

체계적 둔감법

체계적 둔감법(systematic desensitization)은 Joseph Wolpe(1958, 1961, 1990)에 의해 개발된 절차로, 두려움이 있는 사람이 두려움을 야기하는 자극을 상상하면서 이완을 연습한다. **공포**(phobia)는 불안 수준이나 도피와 회피행동이 개인의 삶을 파괴할 수 있을 만큼 심각한 두려움이다. Wolpe는 치료자가 어떤 사람에게 불안을 야기하는 장면을 점차 상상하면서 이완하도록 하는 방법에 의해 두려움을 감소시킬 수 있다고 단정했다. 예를 들어, 체계적 둔감법에서 앨리슨은 자신을 이완시키고 치료자가 25피트 떨어진 곳에 거미가 있는 장면을 묘사하는 것을 듣는다. 이 장면을 듣고 나서 이완 상태가 유지되면 치료자는 거미가 20피트 떨어져 있는 장면을 묘사한다. 앨리슨이 계속 이완 상태를 유지하면 치료자는 거미가 점점 더 가까이 있는 것을 묘사할 것이다. 앨리슨에게 중요한 것은 두려움을 유발하는 자극을 상상하면서도 이완반응을 유지하는 것이다. 이완반응이 두려움 발생을 억제하거나 방지하기 때문에 Wolpe는 이 과정을 **상호억제**(reciprocal inhibition)라고 불렀다.

체계적 둔감법의 절차의 사용에는 중요한 세 단계가 있다.

1. 내담자는 앞서 기술된 절차들 중 하나를 사용하는 이완 기술을 학습한다.
2. 치료자와 내담자는 두려움을 유발하는 자극의 위계표를 만든다.
3. 내담자는 치료자가 위계표에 따라 장면을 묘사하는 동안 이완 기술을 연습한다.

내담자가 위계표에 따라 모든 장면을 상상하는 동안 이완반응을 유지할 수 있으면 체계적 둔감법을 마치게 된다. 그러면 내담자는 실제 삶에서 두려움을 야기하는 자극과 직면하더라도 두려움 반응(불안과 회피행동)에서 벗어나게 된다.

위계표 작성하기   내담자가 이완 절차를 배우고 나면 치료자와 내담자는 두려움을 유발하는 자극 위계표(hierarchy)를 만든다. 내담자는 두려움 평가척도를 사용하여 두려운 자극과 관련된 다양한 상황에서의 두려움 정도를 확인한다. 두려움 평가척도를 주관적 불편척도(subjective units of discomfort scale: SUDS)(Wolpe, 1990)라고 한다. 0~100점 척도에서 0점은 두려움이나 불안이 전혀 없음을, 100점은 두려움이나 불안이 최대임을 나타낸다. 예를 들어, 앨리슨은 거미가 자신의 팔에 있을 때 자신이 상상할 수 있는 최대의 두려움, 즉 SUDS에서 100점을 보고할 수 있다. 거미가 5피트 떨어져 있을 때는 SUDS에서 75점, 10피트 떨어져 있을 때는 50점, 20피트 떨어져 있을 때는 25점, 그리고 남편과 함께 거실에 앉아 있고 거미가 없을 때, 즉 두려움이 전혀 없는 상태는 0점으로 평가할 수 있을 것이다. 위계표는 점진적으로 두려움을 야기하는 10~20가지의 다른 상황을 내담자가 정하여 작성한다. 두려움을 유발하는 상황은 위계가 두려움 점수가 낮은 것에서 중간, 높은 것을 포함할 수 있도록 두려움 수준의 전 범위에서 정해야 한다. 〈표 24-3〉은 체계적 둔감법에서 사용되는 네 가지 위계표를 보여 준다(Morris, 1991).

〈표 24-3〉 초기 불안 위계의 예

혼자 있는 것에 대한 공포

10. 낮이나 밤에 도서관에서 사람들과 함께 있는 것

20. 다른 여성 없이 혼자 방에 있게 되는 것

30. 하루 동안 집에 혼자 있는 가능성을 생각하는 것

40. 밖에 사람들이 거의 없을 때 아침 일찍 학교에 가는 것

50. 낮 동안 침실에 혼자 있는 것

60. 밤에 혼자 운전하고 남자가 자신을 따라올 것이라고 느끼는 것

70. 여자 친구와 둘이서만 도시 중심가를 걷는 것

80. 돌보는 아이하고만 함께 집에 있는 것

90. 실제로 혼자가 되기 전에 몇 시간 정도 혼자 있게 되는 것을 생각하는 것

100. 문을 닫은 채 거실에 혼자 앉아 있는 것

비행할 때의 공포

10. 비행기가 위아래로 움직이고 이륙하는 영화를 보는 것

20. 지상에서 공전하는 기내에 앉아 있는 것

30. 지상에 있는 비행기의 기내에 앉아 있고, 비행기가 활주로로 이동하기 시작하는 것

40. 지상에 있는 비행기의 기내에 앉아 있고, 비행기가 이동하고 조종사가 엔진의 회전 속도를 올리는 것

50. 3개월 후 친구와 함께 민간용 제트기를 타고 가는 여행 계획을 세우는 것

60. 제트기로 여행하기 1개월 전

70. 제트기로 여행하기 3주일 전

80. 제트기로 여행하기 3일 전

90. 이륙할 때 기내에 있는 것

100. 제트기가 땅을 뜰 때

높은 곳에서 운전할 때의 공포

10. 지면 높이에서 진입로에 들어서는 것

20. 두 번째 높이에서 세 번째 높이의 진입로로 올라가는 것

30. 친구와 함께 차를 타고 시카고 강이나 미시간 도로의 다리로 접근하는 것

40. 친구를 태우고 시카고 강의 다리 가까이로 운전하는 것

50. 자가 운전하여 시카고 강의 다리를 건너는 것

60. 친구가 운전하여 멀린 근처의 미시시피 다리를 지나는 것

70. 직접 운전하여 멀린 근처의 미시시피 다리를 건너는 것

80. 친구를 태우고 위스콘신에 있는 가파른 길로 운전하는 것

90. 친구를 태우고 위스콘신에 있는 가파른 길로 운전하여 상당히 험한 언덕 중간까지 가는 것

100. 친구를 태우고 상당히 험한 언덕 꼭대기로 운전하는 것. 꼭대기에 가서 차 밖으로 나와 골짜기 아래를 둘러보는 것

집을 떠날 때의 공포

10. 차를 운전하여 상점으로 가기 위해 현관문 밖으로 나가는 것

20. 차를 타고 시동을 거는 것

30. 차를 차도로 끌고 가는 것

40. 거리로 나가 집에서 멀어지는 것

50. 집에서 두 블록 떨어진 상점으로 가기

60. 상점에 도착해서 주차하는 것

70. 상점 안으로 들어가는 것

80. 쇼핑 카트를 가지고 구매 목록에 있는 항목을 살피는 것

90. 모든 물건을 구매하고 카운터에서 계산하는 것

100. 구매한 물건을 가지고 길게 줄 서서 기다려야 하는 것. 계산대를 통과하는 줄이 천천히 이동하는 것

출처: Morris, R. J. (1991). Fear reduction methods. In F. H. Kanfer & A. P. Goldstein (Eds.), *Helping People Change: A Textbook of Methods*, 4th edition, pp. 161–201.

위계표에 따라 진행하기   치료자와 함께 이완 기술을 발달시키고 위계표를 작성한 내담자는 체계적 둔감법을 시작할 준비를 하고 위계표에 따라 진행한다. 치료를 시작할 때, 내담자는 이완 연습을 한다. 내담자가 이완 상태가 되면 치료자는 위계표에서 불안이 없는 첫 장면을 묘사한다. 내담자는 이완을 유지하면서 그러한 장면을 상상한다. 내담자가 이완을 유지하

면서 그 장면을 상상하는 데 성공하면 위계표의 다음 단계로 넘어간다. 치료자는 약간 더 두려움을 야기하는 장면을 묘사한다. 내담자는 다시 이완반응을 유지하면서 그 장면을 상상한다. 내담자가 확실히 이완반응을 유지하면서 그 장면을 상상할 수 있도록 치료자는 한 장면을 여러 번 반복해야 한다. 그리고 나서 치료자는 이전 장면보다 불안을 조금 더 야기하는 위계표의 다음 장면을 묘사하고, 내담자는 이완을 유지하면서 그 장면을 상상한다. 이 과정은 위계표에 있는 모든 장면에서 이완을 유지할 수 있을 때까지 여러 치료회기 동안 계속한다.

그러므로 체계적 둔감법에서 내담자는 두려움 자극을 상상하면서 이완한다. 내담자가 두려움을 유발하는 자극에 실제로 접촉하는 것은 아니다. 이러한 절차와 달리 실제상황 둔감법은 내담자가 이완을 유지하면서 실제 두려움을 유발하는 자극에 점진적으로 노출된다.

실제상황 둔감법

실제상황 둔감법(in vivo desensitization)은 내담자가 실제 두려움을 유발하는 자극에 점진적으로 접근하거나 점진적으로 노출된다는 점을 제외하고는 체계적 둔감법과 유사하다(Walker, Hedberg, Clement, & Wright, 1981). 실제상황 둔감법 절차를 사용하기 위해서 내담자는 우선 이완반응을 배워야 한다. 다음으로 내담자와 치료자는 두려움을 유발하는 자극을 포함한 위계표를 만든다. 그다음, 두려움 반응을 대치하기 위한 대안적인 반응으로서 이완을 유지하면서 위계표의 각 상황을 경험한다. 트리샤와 앨리슨의 예에서 두려움을 극복하는 것을 돕기 위해 실제상황 둔감법이 사용되었다.

트리샤가 수업시간에 발표하는 것을 두려워했던 것을 상기해 보자. 곤잘레스 박사는 먼저 트리샤로 하여금 이완 연습을 배우도록 했다. 다음으로 그들은 다음과 같이 두려움 유발 자극의 위계표를 만들었다. 괄호 안의 숫자는 각 문항에 대한 두려움(SUDS) 점수이다.

1. 곤잘레스 박사의 사무실에서 그에게 얘기하는 것(20)
2. 교실에서 곤잘레스 박사에게 얘기하는 것(25)
3. 교실에서 1명의 친구에게 얘기하는 것(30)
4. 교실에서 2명의 친구에게 얘기하는 것(40)
5. 교실에서 5명의 친구에게 얘기하는 것(50)
6. 교실에서 10명의 친구에게 얘기하는 것(60)

7. 교실에서 20명의 친구에게 얘기하는 것(75)

8. 실제 수업이 열리는 교실에서 20명의 친구에게 얘기하는 것(80)

9. 그녀가 모르는 20명의 학생에게 얘기하는 것(90)

10. 교실에서 그 20명의 학생에게 얘기하는 것(100)

실제상황 둔감법에서는 트리샤에게 곤잘레스 박사가 가르쳐 준 이완 연습을 사용하면서 각 위계 상황을 경험하도록 했다. 위계표의 각 단계에서 성공할 때마다 그녀는 수업시간에 발표하는 것에 대한 두려움을 한 단계씩 극복해 나갔다.

? 거미에 대한 앨리슨의 두려움을 치료하기 위해 실제상황 둔감법을 어떻게 사용하는지를 설명하라.

라이트 박사는 먼저 앨리슨에게 이완하는 것을 가르쳤다. 다음으로 그들은 두려움을 유발하는 상황 위계표를 만들었다. 앨리슨의 위계표는 거미에 대한 거리를 포함한다. 그녀의 두려움은 거미에게 가까이 갈수록 커진다. 실제상황 둔감법을 시작하기 위해 앨리슨은 거미로부터 멀리 떨어진(20피트) 곳에 서서 자신을 이완시킨다. 이 상황은 두려움을 거의 초래하지 않고, 그녀는 경험할 수 있는 두려움을 대신하여 이완을 한다. 앨리슨은 위계표의 한 단계 위로 이동한다. 거미로부터 19피트 떨어진 곳에서 다시 이완 연습을 하여 두려움 대신에 이완을 한다. 라이트 박사의 지지 속에 앨리슨은 이 과정을 위계표의 마지막, 거미를 죽이는 단계까지 반복한다.

실제상황 둔감법에서는 내담자가 불안의 증가 없이 위계표의 각 단계를 통과하는 것이 중요하다. 앞에서 살펴보았듯이 이것을 달성하는 한 방법은 내담자에게 위계표의 각 단계에서 이완을 연습시키는 것이다. 그러나 이완훈련이 실제상황 둔감법에서 항상 사용되는 것은 아니다. 세 가지 다른 전략들은 내담자가 위계표를 따라가면서 불안이 증가하는 것을 방지하기 위해 사용한다. 치료자는 각 위계 단계에서 접근행동에 대해 단순히 강화를 줄 수도 있다(사실 이완이 사용되더라도 위계표의 새로운 단계에서 내담자는 치료자에게 칭찬 형태의 정적 강화를 받아야 한다). 대안적으로 치료자는 내담자로 하여금 다른 강화 활동을 하게 만들거나(Croghan & Musante, 1975; Erfanian & Miltenberger, 1990) 위계표의 각 단계에서 주의를 딴 곳으로 돌리게 하는 활동을 할 수도 있다. 예를 들어, 내담자는 대처진술을 암송할 수 있다(Miltenberger et al., 1986). 마지막으로 치료자는 내담자가 위계표대로 진행할 때 내담자의 등에 손을 대거나 내담자의 손을 잡으면서 안심시키는 신체 접촉을 할 수 있다. 이런 유형의 실제상황 둔감법을 **접촉 둔감법**(contact desensitization)이라 한다(Ritter, 1968, 1969).

　Erfanian과 Miltenberger(1990)는 개에 대한 두려움을 가진 지적장애인들에게 실제상황 둔감법을 사용하였다. 이 연구에서 환자들은 이완 절차를 배우지 않았다. 대신 개가 그들의 환경에 들어왔을 때 도망가는 대신 정적 강화 활동을 하였다. 여러 번의 치료회기에 걸쳐 연구자들은 그들이 레크리에이션 룸에서 카드놀이를 하거나 간식을 먹는 등 강화 활동을 하고 있을 때 개를 점차 내담자 가까이 데려갔다. [그림 24-2]는 그 결과를 보여 준다.

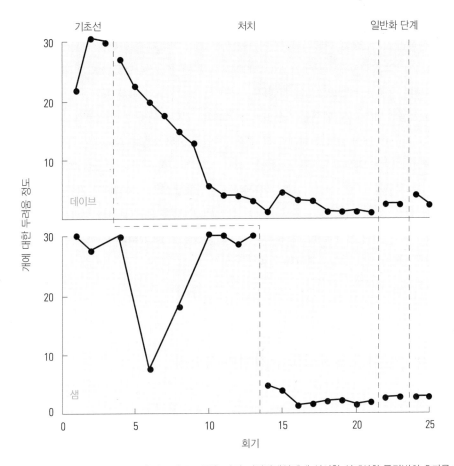

[그림 24-2] 이 대상별 중다기초선 그래프는 개 공포증을 가진 지적장애인에게 실시한 실제상황 둔감법의 효과를 보여 준다. 그래프는 대상자에게 최대한 개에 접근하도록 요구한 행동회피검사(BAT) 동안 두 대상의 접근행동을 보여 준다. 행동회피검사 시작 시 큰 방에서 개는 30피트 이상 떨어져 있었다. 대상이 개에게 접근하는 것을 멈추었을 때 거리를 측정하였다. 그래프는 치료 전과 후에 대상이 얼마나 개에게 가까이 갔는지를 가리킨다. 일반화 단계에서 대상들은 인도에서 연구 보조자와 함께 있는 개를 지나쳤다.

출처: Erfanian, N., & Miltenberger, R. (1990). Contact desensitization in the treatment of dog phobias in persons who have mental retardation. *Behavioral Residential Treatment, 5*, 55-60.

더 읽을거리

실제상황 둔감법

발달장애를 가졌거나 발달장애가 없는 아동과 성인의 여러 가지 두려움을 치료하기 위해 실제상황 둔감법이 이용되었다. Giebenhain과 O'Dell(1984)은 정상적으로 발달하는 아동을 대상으로 한 연구에서 어둠에 대한 두려움을 치료하기 위해 부모들이 실시한 실제상황 둔감법을 평가했다. 3~11세의 아동을 둔 6명의 부모들이 실제상황 둔감법 절차를 기술한 훈련지침을 읽고 실행을 하였다. 이 연구에서 위계표의 단계는 조광기에 의해 통제되는 점차 어두워지는 침실로 구성하였다. 기초선에서 아동은 상당히 밝은 수준에서 침실로 갔다. 몇 주가 지나고 아동이 어두운 방으로 자러 갈 때 불빛을 더 낮추었다. 매일 밤 잠자러 가기 전에 아동들은 이완하는 것을 연습하고, 긍정적인 자기진술을 하였다. 또한 아동들은 불을 더 어둡게 하고 매일 잠자러 가는 것에 대해 보상을 받았다. Love, Maston과 West(1990)에 의한 연구에서 부모들은 또한 실제상황 둔감법을 실시하는 치료자로서의 역할을 하였음을 보였다. 자폐증을 가진 한 아이는 밖에 나가는 것에 대한 두려움을 보였고, 자폐증을 가진 또 다른 아이는 소나기에 대한 두려움을 보였다. 두 경우에서 접근행동에 대한 강화와 함께 두려운 자극에의 점진적 노출은 성공적인 결과를 가져왔다. 훈련 후 두 아동은 이전에 회피하던 행동을 하지 않고 더 이상 두려운 반응을 보이지 않았다. 하나의 다른 연구에서 Conyers와 동료들(2004b)은 지적장애 성인이 치과에 가기를 두려워하는 것을 극복시키기 위해 실제상황 둔감법을 이용했다. 연구자들은 치과에 가는 것과 관련된 행동 위계표를 만들고, 가상 치과에서 점진적으로 이러한 행동을 할 때 강화를 제공했다. 연구자들은 실제상황 둔감법이 참여자가 위계표에 따라 행동하는 비디오를 관찰하는 비디오 모델링보다 효과적이라는 것을 보여 주었다.

체계적 둔감법과 실제상황 둔감법의 장단점

실제상황 둔감법의 장점은 내담자로 하여금 실제로 두려운 자극과 접촉하게 만든다는 것이다. 두려운 자극이 있을 때, 바람직한 행동(예: 접근행동)은 도피하거나 회피하는 행동의 대체행동으로 강화된다. 상상하는 것에서 실제 상황으로 일반화하는 데 문제가 없다. 내담자는 위계표에 따라 두려움을 유발하는 상황에서 성공적인 수행을 보여 주었다. 그러나 실제상황 둔감법의 단점은 체계적 둔감법보다 어렵고 시간과 비용이 많이 든다는 것이다. 이는 치료자가 위계표에 따라 두려움을 야기하는 상황을 실제로 준비해야 하기 때문이다. 치료자는 실제 두려움을 유발하는 자극에 내담자를 노출시키기 위해 자신의 사무실을 떠나 내담자와 동행해야 한다. 어떤 경우에는 두려움을 유발하는 자극과 접촉하는 것을 준비하기가 불가능할 수 있다. 예를 들어, 어떤 곳에서는 겨울에 거미를 찾을 수 없다. 그러나 가능하다면 실제 상황 둔감법이 체계적 둔감법보다 선호된다. 왜냐하면 상상 속에서가 아니라 실제 생활에서 성공적인 행동을 보여 주고 성공적 행동이 강화되어 실제 상황에서 그 행동이 자주 일어나기 때문이다.

체계적 둔감법의 장점은 내담자가 두려운 자극을 상상하기 때문에 그것과 직접 접촉하는 것보다 쉽고 용이하다는 것이다. 예를 들어, 비행 두려움을 가진 내담자가 있다면 치료자는 비행기 안, 지상에 있는 비행기 안, 공중에 있는 비행기 안에 있는 장면을 묘사할 수 있다. 두려운 자극과 실제적인 접촉을 하는 것은 시간이 더 많이 들고 더 어려울 것이다. 그러나 체계적 둔감법의 단점은 결과가 실제 두려움 유발 상황에서 완전하게 일반화될 수 없다는 것이다. 내담자가 두려움을 유발하는 상황을 상상하면서 이완을 유지한다 하더라도 실제 상황에서는 그렇지 못할 수 있다.

체계적 둔감법의 결과를 성공적으로 일반화하기 위해서는 실제적 두려움 유발 상황에서 내담자의 두려움을 평가하는 것이 중요하다. 체계적 둔감법의 결과가 충분히 일반화되지 못한다면 체계적 둔감법의 효과를 증진시키고 일반화하기 위해 실제상황 둔감법을 부가적으로 사용할 수 있다.

기타 두려움 치료법

체계적 둔감법, 실제상황 둔감법 외에 성인과 아동의 두려움을 효과적으로 치료하는 다른 치료법들이 있다.

홍수법　홍수법(flooding)은 긴 시간 동안 아주 강한 두려운 자극에 노출되는 절차이다 (Barrios & O'Dell, 1989; Houlihan, Schwartz, Miltenberger, & Heuton, 1994). 처음에 두려운 자극 앞에서 높은 불안을 경험하지만 시간이 지나면서 수동적 소거(respondent extinction)의 과정을 통해 불안 수준이 감소한다. 예를 들어, 개에 대한 두려움이 있는 사람은 (치료자와 함께) 방에 앉아 긴 시간 동안 개와 함께 있게 된다. 처음에 높은 불안을 지닌 사람이 시간이 지나면서 불안이 감소하고 개와 함께 있을 때 좀 더 편하게 느끼게 된다. 조건자극(개, 두려운 자극)이 시간이 지나도(2시간) 무조건자극(물리거나 놀라게 되는 것) 없이 존재하기 때문에 조건자극은 더 이상 조건반응(불안)을 야기하지 않는다.

홍수법은 전문가에 의해서만 수행되어야 한다. 사람이 처음에 두려운 자극에 노출되면 두려움으로 인해 매우 불안해지기 때문에 홍수법 절차가 진행되는 상황에서 회피할 수 있고 두려움이 더 악화될 수 있다. 실제상황 둔감법에서는 훨씬 점진적으로 자극에 노출되므로 홍수법의 초기 단계에서 경험하는 불편함이 없다.

모델링　모델링(modeling)은 특히 아동의 두려움에 대한 성공적인 치료법이다. 모델링 절차에서 아동은 다른 사람이 두려운 자극에 접근하거나 두려운 활동에 참여하는 것을 관찰한 후에 유사한 행동을 더욱 쉽게 수행할 수 있게 된다. 두려움을 가진 사람은 실제 모델을 관찰하거나(Klesges, Malott, & Ugland, 1984) 영화 또는 비디오 모델을 볼 수 있다(Melamed & Siegel, 1975). 영화나 비디오 모델링 절차는 아동이 수술이나 다른 의학적 치료, 치과 치료에 대한 두려움을 극복하는 데 널리 사용되어 왔다(Melamed, 1979; Melamed & Siegel, 1975).

임상 문제

행동수정 과목에서 불안과 두려움 감소 절차에 대한 기본 요소를 배웠더라도 이 절차들을 불안이나 두려움을 경험하는 자신이나 사람들의 임상 문제에 사용하려고 해서는 안 된다. 이 절차들은 의미 있는 방식으로 삶을 파괴하지 않는 가벼운 두려움이나 불안 문제를 가진 사람들에게 사용해야 한다. 삶을 심각하게 방해하는 더 심각한 임상 문제는 행동치료자나 심리학자 또는 자격이 있는 다른 전문가의 도움을 구해야 한다. 문제의 심각성이 의심되면 전문가의 조언이나 도움을 구하는 것이 최상의 방법이다.

📖 요약

1. 두려움은 조작적 행동과 수동적 행동으로 구성된다. 하나의 특정한 자극 상황은 수동적 행동으로서의 자율적 각성을 야기하고, 개인은 두려움을 유발하는 자극이 있을 때 조작적 행동으로서 도피나 회피반응을 하게 된다. 자율적 각성을 수반하는 신체반응을 불안이라고 한다.

2. 이완 연습은 불안을 야기하는 상황에서 자율적 각성을 이완반응으로 대체하도록 돕는다.

3. 이완하는 데는 네 가지 기본 기법을 사용한다. 점진적 근육이완 연습은 신체의 주요 근육군을 각각 긴장시켰다가 이완하는 것이다. 횡격막 호흡 연습은 천천히 그리고 깊게 호흡하는 것이다. 주의집중 연습은 불안을 야기하는 자극에서 고요한 장면으로 주의를 돌리는 것이다. 그리고 행동이완훈련은 이완 자세에 초점을 둔 기법이다. 모든 이완 연습은 근육 긴장, 적절한 호흡, 주의집중을 포함한다.

4. 체계적 둔감법과 실제상황 둔감법은 두려움을 극복하는 것을 돕는 절차이다. 체계적 둔감법에서 개인은 이완하고 최소한의 두려움에서 최대한의 두려움 위계표에 따라 배열된 두려움을 유발하는 상황을 상상한다.

5. 실제상황 둔감법에서 개인은 이완을 유지하거나 도피 혹은 회피행동과 반대되는 행동에 참여하면서 (최소한의 두려움에서 최대한의 두려움 위계에 따라 배열된) 실제 두려움을 야기하는 상황에 점진적으로 노출된다. 체계적 둔감법과 실제상황 둔감법의 주요한 구성요소는 불안을 더욱 많이 야기하는 장면이나 상황으로의 점진적인 노출을 이끄는 위계표에 따라 진행한다. 실제상황 둔감법은 내담자가 두려운 자극에 실제적인 접촉을 하도록 하여 일반화를 높인다는 장점이 있다. 단점은 절차를 수행하는 데 시간과 노력이 많이 든다는 것이다. 체계적 둔감법은 수행이 더 쉽고 용이한 반면, 단점은 실제 두려움을 야기하는 상황에까지 충분히 일반화되지 않을 수 있다는 것이다.

✎ 핵심용어

공포(phobia)

두려움(fear)

불안(anxiety)

실제상황 둔감법(in vivo desensitization)

위계표(hierarchy)

이완훈련(relaxation training)

점진적 근육이완(progressive muscle relaxation: PMR)

접촉 둔감법(contact desensitization)

주의집중 연습(attention-focusing exercises)

체계적 둔감법(systematic desensitization)

행동이완훈련(behavioral relaxation training)

횡격막 호흡(diaphragmatic breathing)

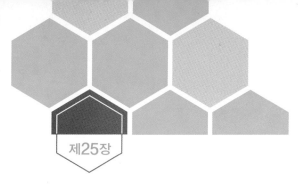

인지행동수정의 예

분노 통제하기

데온은 고등학교 3학년생인데, 2학년을 마치고 최근에 미국으로 이민을 왔다. 가끔 다른 학생들이 데온을 비난하고 인종차별적인 발언을 하였다. 데온은 학생들에게 욕을 하고 학생들이 멈추거나 달아나지 않으면 주먹질을 하거나 싸움을 하였다. 데온은 싸움 때문에 여러 번 정학을 당했다. 그는 학교 상담사인 우즈 박사에게 의뢰되었다.

우즈 박사는 데온과의 면접을 통해 데온의 싸움에 앞서 일어난 몇 가지 선행사건을 확인했다. 최초의 선행사건은 다른 학생들이 그를 비난하거나 인종차별적인 발언을 한 상황이었다. 그러나 내면적 선행사건도 있었다. 데온은 자율각성(빠른 심장박동, 근육 긴장, 빠른 호흡)을 경험했는데, 그는 그것을 분노라고 불렀다. 이러한 상황에서 그는 스스로에게 "나에게 그렇게 말할 순 없어!" 혹은 "가만두지 않겠어!"와 같은 몇 가지 분노 진술을 하였다. 다른 학생들의 비난이나 인종차별적 발언은 자율각성(분노)과 분노 진술보다 선행하였고, 자율각성과 분노 진술은 데온이 싸움을 하기 전에 일어났다. 데온의 싸움에 대한 결과는 다양했다. 어떤 경우에는 데온이 싸움을 시작하려고 하면 다른 학생들이 철수하거나 도망갔다. 다른 경우에는 선생님이나 제삼자가 싸움을 말리기도 하였다. 각 경우에 싸움은 최소한 일시적으로라도 비난이나 인종차별적 발언을 멈추게 하였다. 따라서 싸움은 부적으로 강화되었다. 데온이 싸움한 뒤 경험한 자율각성 역시 부적으로 강화되었을 것이다.

데온이 싸울 때 우즈 박사가 함께 있을 수 없었기 때문에 그녀는 데온에게 강화나 벌 절차를 쉽게 사용할 수 없었다. 게다가 우즈 박사는 다른 학생들이 인종차별적 발언을 하고 비난하는 것을 멈추게 할 수 없었기 때문에 최초의 선행조건을 제거할 수도 없었다(그 고등학교에는 인종차별 행동을 막는 규칙이 있고 인종차별 행동을 없애기 위한 훈련을 실시했지만 그 문제를 충분히 막지 못했다). 우즈 박사는 데온의 분노 진술과 자율각성, 싸움에 대한 내면적 선행사건을 변화시키기 위해 인지행동수정 절차를 사용하기로 하였다. 우선, 우즈 박사는 데온이 싸움 상황을 만드는 자신의 분노 진술(angry self-statement)을 모두 확인하게 했다. 그는 인종차별적 발언이 싸움을 일으킬 것 같은 자율각성을 더 잘 끌어내는 반응에 대해 분노 자기 진술(사고)을 배웠다. 데온은 자신의 분노 사고(angry thought)를 각성하고 그것의 역할을 이해하자 싸움을 감소시키기 위한 하나의 방법으로 우즈 박사와 함께 자신의 사고를 바꾸는 작업을 하는 데 동의하게 되었다.

우즈 박사는 데온의 분노 사고를 싸움으로 이끌지 않는 대처진술로 바꾸게 했다. 데온은 "싸우지 말자. 싸우면 정학 당할 거야!" 또는 "지나치자. 그는 인종차별주의자야. 들을 가치도 없는 말이야." 또는 "저 애 같은 수준에 나를 맞출 필요는 없어!"와 같은 몇 가지 대처진술을 배웠다. 우즈 박사는 싸움 상황을 재연한 역할극을 이용하여 데온에게 이 대처진술들을 큰 소리로 암송하게 하고, 누군가가 비난하고 인종차별적 발언을 할 때마다 그냥 넘어가도록 가르쳤다. 역할극에서 싸움하지 않고 지나치면 데온은 스스로를 칭찬했다. 예를 들면, 그는 이렇게 말하는 것을 학습했다. "갈 길을 가자. 넌 잘 지나갔어." "진정한 남자가 되려면 싸우지 말아야 해." "나는 통제를 했어." 학교에서 들었던 모든 인종차별적 발언과 비난을 재연한 역할극을 통해 그는 연습을 하였다. 우즈 박사는 데온에게 적절한 대처진술을 가르치기 위해 교수하고 모델링을 하였으며, 역할극에서의 수행에 대해 칭찬과 피드백을 주었다. 데온은 역할극에서 여러 가지 대처진술을 큰 소리로 암송하는 것을 성공적으로 학습하고 나서 대처진술을 조용히 암송하는 것을 학습하였다. 실제로 갈등 상황에서 큰 소리로 대처진술을 암송하는 것은 적절하지 않았기 때문에 그는 그것을 잘 해냈다.

게다가 분노 사고를 바꾸기 위한 대처진술을 배우기 위해 데온은 화가 날 때 자신을 진정시키기 위한 이완 기술을 배웠다. 우즈 박사는 데온에게 적절한 자기주장 기술을 가르치기 위해 행동 기술 훈련 절차를 사용했다. 자기주장 기술은 인종차별적 발언을 할 가능성을 줄여서 다른 학생들과 더 나은 방법으로 상호작용하도록 하는 기술이다. 마지막으로 우즈 박사와 데온은 싸움 없이 한 주를 보내기 위해 데온이 시간마다 해야 할 일의 강화 결과를 구체화하는 행동계약을 발전시켰다. 데온은 우즈 박사와 함께 행동 통제에 대해 배우는 것을 즐거워했다. 그들이 만나서 데온이 상황들을 재검토할 때 우즈 박사로부터 그가 가지고 있는 것에 대해 칭찬받고 자신이 한 일에 대해 자기칭찬 진술을 할 수 있었기 때문에, 이것은 데온이 싸움으로부터 더 멀어지게 하는 강화가 되었다.

? 우즈 박사는 이 책의 앞부분에 기술된 행동수정 절차 중 어떤 것을 데온에게 실행했는가?

우즈 박사는 싸움의 선행사건과 결과를 확인하기 위해 데온과 면접하고 기능평가를 수행하였다. 그녀는 대처진술과 주장 기술을 가르치기 위해 행동기술훈련 절차(역할극, 시연, 모델링, 칭찬, 피드백)를 사용하였다. 또한 데온의 자율각성을 감소시키기 위해 이완 기술을 가르쳤다. 마지막으로, 그녀는 데온이 싸움을 피하도록 동기화하기 위해 행동계약을 사용하였다. 이 사례에서는 다른 많은 경우처럼 중다 행동수정 절차가 사용되었다.

수업 중에 주의집중하기

7세 클레어는 초등학교 2학년생으로 수업시간 중에 계속 자기 자리에서 벗어나 선생님을 괴롭혔다. 클레어는 자리를 벗어나 건너편에 있는 친구에게 말을 걸거나, 다른 학생들을 괴롭히거나, 다른 학생들의 책상에서 물건을 가져오거나, 다른 방해행동을 하였다. 클레어는 주의력결핍 과잉행동장애(ADHD) 진단을 받았다. 클레어의 부모는 리탈린을 복용시키는 것을 고려하고 있었다. 그러나 부모는 약물에 의존하기 전에 클레어에게 행동수정 절차를 적용할 수 있는지 알고 싶었다.

가족들은 클레어를 자기교수훈련(self-instructional training)을 실시하는 심리학자 크루즈 박사에게 데리고 갔다. 크루즈 박사는 클레어와 부모에게 자기교수훈련은 아이가 자신의 행동을 통제하도록 스스로에게 말하는 방법을 가르치는 것이라고 설명하였다. 이 절차를 통해 클레어는 자리에 앉아서 선생님에게 주의를 집중하라는 교수를 스스로 하는 것을 배웠다.

크루즈 박사는 사무실에서 행동기술훈련 절차를 사용하여 클레어에게 자기교수를 가르쳤다. 우선 그는 행동의 모델이 되었다. 크루즈 박사는 의자에 앉아서 퍼디 선생님의 수업시간에 있는 것처럼 하였다. 의자에서 벗어나려 할 때마다 크루즈 박사는 멈추고 큰 소리로 외쳤다. "기다려. 내 자리에서 벗어났어. 난 내 자리에 앉아 있어야만 해. 그렇지 않으면 문제가 생길 거야." 자기교수를 암송하자마자 그는 의자에 다시 앉았다. 그리고 나서 그는 큰 소리로 외쳤다. "잘했어. 난 내 자리를 벗어나지 않았어. 퍼디 선생님이 좋아하신다!" 행동과 자기교수 모델링이 끝난 뒤, 그는 클레어에게 자기가 한 것과 똑같이 해 보게 하였다. 클레어가 역할극으로 행동을 시연하고 자기교수를 했을 때, 크루즈 박사는 칭찬과 피드백을 주었다. 크루즈 박사는 클레어가 정확하게 모든 것을 할 때까지 여러 차례 연습을 시켰다. 클레어가 의자에서 벗어났을 때 스스로에게 앉으라는 자기교수를 하고 즉각적으로 자리에 앉게 되자, 크루즈 박사는 자기교수를 더욱 조용하게 반복시켰다. 그들은 클레어가 아무도 듣지 못하도록 스스로에게 교수하게 될 때까지 연습을 계속했다. 크루즈 박사는 클레어가 사무실에서 이루어지는 기술훈련에 참여할 때마다 칭찬과 다른 강화인(스티커나 음식)을 주었다. 회기의 마지막에 크루즈 박사는 클레어에게 수업시간에 자리에서 일어나려 할 때마다 즉각적으로 앉기 위해 자기교수를 사용하고, 연습시간에 한 것과 똑같이 자기 자신에게 칭찬을 하라고 말했다.

자기교수훈련에 더해서 크루즈 박사는 두 가지 다른 절차를 실행하였다. 그는 클레어의 선생님에게 클레어가 수업시간에 자리에 앉아 주의를 집중할 때마다 정기적으로 칭찬하도록 가르쳤다. 그는 퍼디 선생님에게 최소한 1시간에 두 번은 자리에 앉아 있는 것에 대해 클레어를 칭찬하게 했다. 그녀는 클레어의 책상으로 걸어가 "참 잘하네."라고 속삭이고 책상 위에 있는 종이에 웃는 얼굴을 붙여 주었다. 퍼디 선생님이 클레어를 칭찬하는 것이 전체 학생들의 주의를 끌지는 않았다. 클레어가 자리에서 벗어나 즉시 돌아가지 않을 때, 퍼디 선생님은 아무 말도 하지 않고 클레어를 제자리로 데리고 갔다. 클레어는 자기 자리로 돌아갔지만 자리에서 벗어나는 행동을 강화하는 선생님의 주의를 끌지 못했다.

크루즈 박사가 사용한 또 다른 절차는 자기감시인데, 이는 클레어가 자리에 앉았는지를 주기적인 간격으로 기록하는 것이다. 클레어는 30분마다 소리가 울리는 손목시계를 찼다. 시계가 울릴 때 자리에 앉아 있으면 클레어는 자신의 책상 위에 있는 자기감시 도표에 표시를 하였다. 시계가 울릴 때 자리에 앉아 있지 않을 수도 있는데, 그럴 때 시계는 자리에 앉도록 상기시켜 주는 물건이 되었다. 퍼디 선생님 역시 30분마다 기록하였고, 수업이 끝나면 클레어는 선생님의 기록과 자신의 기록을 비교하였다. 이것은 클레어가 자신의 행동을 정확히 기록하도록 도와주었다. 클레어는 이 절차들을 모두 실행한 후, 수업시간에 자리에 앉아 수업에 더욱 집중하게 되었다. 그 결과, 학업 수행이 향상되고 성적이 올랐다.

인지행동수정에 대한 정의

인지행동수정(cognitive behavior modification) 절차는 인지라고 하는 행동을 변화시키도록 돕는 절차이다. 인지행동수정 절차를 기술하기에 앞서 인지행동을 정의할 필요가 있다.

인지행동에 대한 정의

인지행동수정 절차는 표적행동을 변화시키는 데 사용되는데, 표적행동은 행동 발생을 기록할 수 있도록 객관적인 용어로 정의해야 한다. 이것은 외현행동과 마찬가지로 인지행동 같은 내면행동에서도 이루어져야 한다. 행동이 무엇이고 언제 발생하는지를 정확히 모르고서는 표적행동을 변화시킬 수 없다. 외현행동에서는 독립적인 관찰자나 표적행동을 하는 사람이 직접 관찰하고 행동을 기록한다(자기감시). 인지행동은 내면적이므로 자신이 행동의 발생을 확인하고 기록해야만 한다. 특정한 사고나 자기진술은 내면적이므로 오직 자신만이 발생을 확인할 수 있다.

우리는 사람들이 사고하고, 자신과 대화하고, 문제를 해결하고, 자신을 평가하고, 계획을 세우고, 구체적인 행동이나 상황을 상상한다는 것을 안다. 이것들은 모두 인지행동의 예이다. 또한 이것들은 사람이 마음속으로 하는 언어적 또는 심상적 반응으로서 다른 사람들이 관찰할 수 없다. 인지행동을 효과적으로 다루기 위해서는 내담자와 함께 이러한 행동들을 객관적으로 정의해야 한다. 예를 들어, 어떤 사람은 자신이 특정한 시간에 특정한 사고를 한다고 보고할 수 있고, 어떤 사람은 자신에게 말하는 것을 설명할 수 있으며, 어떤 사람은 자신이 상상하는 상황이나 행동을 묘사할 수 있고, 어떤 사람은 자신에게 하는 평가적인 진술을 이야기할 수 있다. 인지행동을 행동적으로 정의하기 위해서는 행동을 하는 사람이 사고, 상상 혹은 자기진술을 명확히 설명해야 한다. 인지행동은 행동적 정의가 아니다. 이들은 그저 특정한 인지행동이다. 예를 들어, 어떤 사람이 자존감(self-esteem)이 낮다고 말하는 것은 인지행동의 정의가 아니다. 낮은 자존감은 "난 잘하는 게 아무것도 없습니다." "난 뚱뚱하고 못생겨서 아무도 날 좋아하지 않아요." "난 더 이상 살 수 없어요." 같은 부정적 자기진술에 이름을 붙인 것이다. 이러한 자기진술들은 낮은 자존감으로 명명된 인지행동이다. 인지행동수정 절차를 사용하여 이러한 내담자의 인지행동을 변화시키기 위해서는 구체적인 인지행동(자기진술)을 확인해야만 한다. 〈표 25-1〉에 인지행동에 대한 행동적 정의의 예와 이러한 행동들에 가능한 명칭(label)을 제시하였다.

인지행동수정에서 표적행동이 되는 인지행동에는 초과행동과 결핍행동이 포함된다. 초과행동은 감소시켜야 할 바람직하지 못한 인지행동이다(〈표 25-1〉에서 편집증적 사고, 자살 사고, 낮은 자기확신이라고 명명된 행동이 인지적 초과행동의 예이다). 결핍행동은 증가시켜야 할 바람직한 인지행동이다(〈표 25-1〉에 자기효능감, 자기확신, 자기교수라고 명명된 행동이 인지적 결핍행동의 예이다).

〈표 25-1〉 인지행동의 행동적 정의와 명칭

행동적 정의	명칭
사람들이 얘기하는 것을 볼 때, '나에 대해 얘기하고 있구나.'라고 생각한다.	편집증적 사고
뒤에 걸어오는 사람을 볼 때, '저 사람은 나를 따라오고 있어.'라고 생각한다.	
'난 이걸 할 수 있어! 난 이 일에서 성공할 수 있어. 난 잘 해낼 거야.'라고 생각한다.	자기효능감
'난 죽고 싶을 뿐이야. 살아야 할 이유가 뭐지? 아무도 관심이 없어. 내가 죽는 게 모두를 위해서 좋아.'라고 생각한다.	자살 사고
소프트볼 경기에서 타자가 '난 이 공을 칠 수 있어. 난 그녀보다 더 잘하고 있어. 이 경기를 이길 거야.'라고 자신에게 말한다.	자기확신
우익수가 '나한테 공이 오지 않았으면 좋겠는데…… 공을 잡을 수 있을지 모르겠군. 경기가 끝났으면 좋겠어.'라고 자신에게 말한다.	낮은 자기확신
운전자가 주소를 찾으면서 '첫 번째 신호등에서 좌회전하고 정지 신호까지 세 블록을 가는 거야. 그리고 좌회전에서 왼쪽에 하얀 집이 보일 때까지 가는 거지.'라고 생각한다.	자기교수

인지행동의 기능

왜 우리는 인지행동을 수정하는 데 관심을 가지는가? 한 가지 이유는 인지행동이 사람에게 괴로움을 주기 때문이다. 인지행동은 조건반응(CR)을 유발하는 조건자극(CS)으로 기능한다. 예를 들면, 두려움에 대한 사고는 조건반응인 자율각성(불안)을 유발하는 조건자극으로 기능한다. 데온의 분노 사고는 그가 분노로 정의한 것에서 자율각성이 유발된 것이다. 불안과 같은 바람직하지 못한 조건반응을 유발하는 인지행동은 인지행동수정 절차로 감소시킬 수 있는 초과행동이다.

인지행동은 또한 바람직한 행동에 대한 식별자극(S^D)으로 기능한다. 어떤 규칙이나 자기교수를 암송한 다음에는 규칙이나 자기교수로 구체화된 바람직한 행동을 더 잘 수행할 수 있게 된다. 예를 들면, "중심가에서 좌회전해서 5번가에서 우회전하라."는 교수를 반복한 사람은 목적지에 도착하기가 훨씬 쉬울 것이다. 클레어의 자기교수는 수업시간에 의자에 앉아서 주의집중하는 것을 더 잘하도록 만들었다. 자기교수나 규칙은 때로 인지행동수정 절차를 통해 증가시켜야 하는 결핍행동이라 할 수 있다.

인지행동은 강화인이나 벌 인자로서 기능하는 결과에 영향을 주는 유인력(motivating

operations: MOs)으로 기능하기도 한다. 일상생활에서 일어난 사건들을 스스로에게 어떻게 말하는가는 그러한 사건들의 가치를 강화인이나 벌로 변화시킬 수 있다. 예를 들어, 한 고용인이 '우리 사장은 형편없는 사람이고, 그가 말하는 건 아무런 가치도 없어.'라고 생각한다면 사장의 칭찬은 그에게 강화인으로서 기능하지 못할 것이다. 반면에 그 고용인이 사장의 행동이나 생각을 부정적으로 해석하지 않고 사장이나 사장의 의도를 보다 긍정적으로 생각한다면 사장의 칭찬은 강화인으로 기능하게 될 것이다.

또한 다른 행동에 뒤따르는 인지행동은 강화나 벌로 기능하기도 한다. 다른 사람이 한 칭찬이나 비판은 강화인이나 벌 인자로 작용할 수 있다. 마찬가지로 자신이 하는 칭찬이나 비판은 자신의 행동에 대한 강화인이나 벌 인자로 작용할 수 있다. 데온과 클레어는 바람직한 행동 후에 자신에게 칭찬하는 것을 배우게 되었다.

인지행동수정 절차

인지행동수정 절차는 사람들이 인지행동을 변화시키도록 돕는다. 인지 재구조화(cognitive restructuring) 절차는 특정한 비적응적인 인지행동을 더욱 적응적인 행동으로 대체하기 위하여 사용된다. 인지 재구조화는 초과행동의 경우, 즉 비적응적인 인지행동으로 인해 문제가 발생하는 경우에 사용한다. 인지대처기술훈련(cognitive coping skills training) 절차는 새로운 인지행동을 가르치기 위해 사용하는 것으로 다른 바람직한 행동을 촉진한다. 이 절차는 행동 결핍의 경우, 즉 문제 상황을 효과적으로 대처할 인지행동이 없는 경우 사용된다(Spiegler & Guevremont, 2003, 2010). 이제부터 이 절차들을 차례로 살펴보자.

이 장의 나머지 부분에서 사고(thought)는 생각하기, 자기진술하기, 내면적 수준에서 자신에게 말하기와 같은 인지행동을 가리키는 용어로 사용될 것이다. 특정한 인지행동은 각각 행동적으로 정의된다.

인지 재구조화

인지 재구조화 절차에서 치료자는 내담자를 괴롭히는 인지행동을 내담자로 하여금 확인하게 한 다음, 내담자를 괴롭히는 사고는 공포, 불안, 분노 같은 정서적 반응이나 불쾌한 기분, 문제행동, 부족한 수행과 관련된 반응을 유발할 수 있다. 예를 들면, 트리샤(제24장)가 '수업시간에 발표하게 될 때 죽는 것만큼 두렵다.'라고 생각할 때, 그녀는 불안을 경험하고 회피행동(수업을 포기하는 것)을 하게 된다. 데온이 자신에게 "난 저런 녀석을 가만둘 수 없어!"라고 말한다면 그는 자율각성(분노)를 경험하고 싸우게 될 것이다. 인지 재구조화는 3단계로 구성된다.

1. **괴롭히는 사고와 그것이 발생하는 상황을 확인하도록 돕기.** 이것은 특정한 상황에서 내담자가 경험하는 괴롭히는 사고가 무엇인지를 이야기하도록 함으로써 확인할 수 있다. 이것은 상황에 대한 기억과 관련된 사고에 의존한다. 괴롭히는 사고를 확인하는 다른 방법은 직접 기록하는 자기감시가 있다. 그러한 사고가 일어날 때의 상황과 사고를 내담자가 기록하는 것이다.

2. **괴롭히는 사고에 뒤따르는 정서적 반응, 불쾌한 기분이나 문제행동을 확인하도록 돕기.** 이 방법에서 내담자는 괴롭히는 사고가 불쾌한 정서적 반응, 기분 혹은 문제행동의 선행인자라는 것을 이해할 수 있게 된다. 내담자는 이러한 정보를 기억해서 말하거나 반응이 발생할 때마다 기록하는 자기감시를 해야 한다. 〈표 25-2〉는 괴롭히는 사고, 그것이 발생하는 상황, 그리고 괴롭히는 사고 뒤에 유발되는 정서적 반응이나 행동적 결과를 기록하는 데 사용되는 양식이다.

〈표 25-2〉 인지 재구조화에 사용되는 자료의 예

상황	사고	정서적 혹은 행동적 결과
역사 수업에 들어감	"세상에! 내가 발표해야 해! 난 할 수 없어. 난 죽을 것 같아!"	불안을 경험함
친구들을 만나러 갈 준비를 함	"그들은 진심으로 날 좋아하지 않아. 미안하니까 나를 불렀지."	우울함을 느낌 친구들을 만나러 가지 않음
남편이 직장에서 늦게 돌아옴	"누구와 함께 있는 거야. 술집에 있는 게 분명해. 보나 마나 다른 여자와 시시덕거리고 있겠지."	화가 남 남편이 집에 왔을 때 무시함
여자친구가 파티에서 풋볼 선수와 웃으면서 이야기하고 있음	"그가 여자친구를 유혹하는 중일 거야. 그녀가 어떻게 나한테 이럴 수 있지!"	질투, 화가 남 술을 마심 여자친구를 불러 파티에서 빠져나옴

3. **괴롭히는 사고를 멈추도록 돕기 혹은 보다 합리적이거나 바람직한 사고를 하도록 돕기.**
문제 상황에서 내담자가 괴롭히는 사고 대신 합리적인 사고를 한다면 부정적 정서반응
이나 문제행동이 일어나지 않을 것이다. 내담자의 사고 패턴을 바꾸게 하는 것은 쉽지
않다. 인지 재구조화는 전형적으로 심리학자나 이 절차에 대해 특별한 훈련을 받은 전
문가가 실시한다. 치료자는 사고의 논리성이나 합리성을 분석하게 하고 상황을 다르게
해석하게 만드는 질문을 통해 내담자의 괴롭히는 사고를 논박한다. 〈표 25-2〉에 있는
두 번째 예를 고려해 보자. 내담자인 다니엘은 우울감이 밀려와 밖에 나가서 하는 활동
이 점점 줄고 우울 사고가 점점 증가했음을 보고하였다. 이 예에서 다니엘은 친구를 만
나러 갈 준비를 하면서 몇 가지 괴롭히는 사고를 하였다. 이러한 사고들이 일어나자마
자 그녀는 더욱 우울해졌고 외출하지 않기로 결심하게 되었다. 치료자는 이러한 괴롭히
는 사고를 멈추게 하기 위해 다니엘에게 다음과 같은 질문을 할 수 있다. "친구가 당신
을 정말로 싫어하는지 어떻게 알죠? 증거가 있나요? 친구들이 아쉬울 때만 당신을 찾는
다는 증거가 있나요?" 치료자가 이런 질문들을 하면 그녀는 자신의 생각을 지지하는 증
거가 없다는 것을 알게 된다. 마침내 그녀는 왜곡된 방식으로 사고하고 있음을 분명히
깨닫게 된다. 치료자의 질문은 그녀가 보다 현실적이고 합리적으로 사고하도록, 그리고
비합리적이거나 정확하지 않은 사고를 버리도록 만든다(Burns, 1980; Hollon & Jacobson,
1985). 이러한 왜곡된 사고가 우울한 기분이나 행동을 일으키지 않는 적절한 사고로 대
처될 때 인지 재구조화가 일어난다.

인지 재구조화 단계

1. 괴롭히는 사고와 상황을 확인한다.
2. 뒤따르는 정서반응이나 행동을 확인한다.
3. 괴롭히는 사고를 감소시키고, 보다 합리적이거나 바람직한 사고를 하도록 바꾸는 작업을 한다.

많은 인지치료 학자가 다른 유형의 인지 재구조화를 기술해 왔다. 이러한 유형에는 합리적
정서치료(rational-emotive therapy), 체계적 합리적 재구조화(systematic rational restructuring),
인지치료(cognitive theraphy)가 있다(Beck, 1976; Beck & Freeman, 1989; Ellis & Bernard, 1985;
Ellis & Dryden, 1987; Freeman, Simon, Beutler, & Arkowitz, 1989; Goldfried, 1988; Goldfried,
Decenteceo, & Weinberg, 1974). 이 장에서는 **인지치료**에 초점을 둔다. David Burns(1980)는

Aaron Beck의 연구(Beck, 1972; Beck, Rush, Shaw, & Emery, 1979)를 바탕으로 우울에 대한 인지치료를 훌륭히 설명하였다.

Burns는 우울증 치료를 위해 왜곡된 사고나 자기대화(self-talk)를 바꾸도록 돕는 인지 재구조화를 사용하였다. 우울증을 겪는 사람들은 강화 활동에 더 적게 참여하고, 일상생활의 사건들을 부정적으로 평가하거나 해석하는 왜곡된 사고를 한다.

우울에 대한 인지치료에서는 먼저 더 많은 강화 활동에 참여하게 만든다. 다음 단계에서는 그 사람의 왜곡된 사고를 바꾸는 인지 재구조화를 이용한다. 더 많은 강화 활동에 참여하고 왜곡된 자기대화를 보다 합리적이고 정확한 자기대화로 대체할 때 우울이 사라진다.

행동 활성화: 강화 활동에 더 참여하게 하기

우울증을 위한 인지치료가 (1) 강화 활동에 참여하고, (2) 왜곡된 생각을 변화시키는 것에 초점을 맞추지만, 우울증을 위한 한 치료는 강화 활동 증가에 좀 더 중점을 둔다. **행동 활성화**(behavioral activation)에서 치료자는 내담자가 매주 많은 다른 강화 활동에 참여하는 것을 약속하도록 한다(Hopko, Lejuez, Ruggiero, & Eifert, 2003; Lejuez, Hopko, & Hopho, 2001; Martell, Addis, & Jacobson, 2001). 사람들이 우울증을 경험하는 한 가지 가정은 이전에 강화를 발견한 행동에 참여하지 않았다는 것이다. 따라서 행동 활성화는 증가하는 다양한 강화 활동을 경험하여 우울증을 대처하는 전략이다. 그렇게 되면, 그들은 덜 우울해지고 계속 더 활동적인 모습을 보고한다.

〈표 25-3〉에 우울한 사람이 보고할 수 있는 왜곡된 사고의 몇 가지 유형이 나와 있다. Burns는 이것을 **인지왜곡**(cognitive distortion)이라고 하였다. 인지왜곡은 생활사건 가운데 부정적인 평가나 해석이나 논리적 오류인 생각으로, 부정적인 기분이나 우울한 행동으로 이어진다.

〈표 25-3〉 **인지왜곡의 예**

흑백 논리적 사고 또는 이분법적 사고: 모든 것을 흑 아니면 백으로 본다. 어떤 것이 완벽하지 않으면 수용되지 않는다.

과잉 일반화: 하나의 부정적 사건을 보고 어떤 것이 전부 안 좋다거나 항상 안 좋아질 것이라는 증거로 여긴다.

긍정적인 면을 평가절하하기: 한 상황이나 사건에는 항상 긍정적인 면과 부정적인 면이 있다. 상황이나 사건이 아주 긍정적일 때라도 긍정적인 면을 깎아내리거나 무시하고 부정적인 면에 초점을 둔다.

성급하게 결론 내리기: 증거가 없는데도 임의로 성급하게 부정적인 결론을 내린다. 여기에는 독심술, 다른 사람의 생각 넘겨짚기, 증거도 없이 미래의 부정적 사건 예측하기가 포함된다.

과장 혹은 축소: 부정적인 사건을 지나치게 부풀리거나 긍정적인 사건의 중요성을 축소시킨다.

명명하기와 잘못 명명하기: 사건과 자신을 부정적으로 명명한다. 이것은 자신과 세상을 어떻게 보는가에 영향을 미친다.

개인화: 증거가 없음에도 자신에게 부정적인 사건 발생의 책임이 있다고 생각한다.

출처: Burns (1980).

어떤 사람이 왜곡된 사고를 확인한 후, 그는 자신의 사고를 평가하고 왜곡된 사고를 보다 정확하고 논리적인 사고로 바꾸도록 도전받게 된다. 다음 세 가지 유형의 질문으로 왜곡된 사고에 도전할 수 있다.

- 증거가 어디에 있는가?
- 다른 대안적인 설명이 있는가?
- 함축하고 있는 점은 무엇인가?

다음 예를 살펴보자. 루스는 우울한 감정 때문에 심리학자를 찾아갔다. 그녀는 최근 큰 제조회사에 중간 관리인으로 입사했다. 그녀는 일을 잘하지 못한다는 얘기를 한 번도 들어 본 적이 없었지만 직장에서의 자신의 수행에 대해 자주 걱정을 하였다. 어느 날, 그녀는 잘못된 지시를 내렸다. 사장은 그것에 대해 지적하고 다음부터 어떻게 정확히 할 것인지를 제시해 주었다. 이 일이 있은 후, 루스는 스스로에게 말했다. "난 일을 못해. 난 너무 멍청해. 난 해고 될 거야. 사장은 내가 무능하다고 생각해."라고 직장과 집에서 자기 자신에게 말했다. 자신에게 이러한 말을 할 때마다 그녀는 더욱 우울해졌다.

? 루스의 자기진술에서 인지왜곡을 확인하라.

루스는 한 번의 사실(한 번의 실수)을 과잉 일반화하고 스스로 그 일을 못한다고 말했다. 그녀는 스스로 멍청하다고 한다. 그녀는 사장이 자신을 무능하다고 생각하며 곧 해고할 것이라고 스스로에게 말하면서 결론을 비약했다. 인지행동수정에서 나온 다음의 대화에서 심리학자(P)가 왜곡된 사고를 바꾸기 위해 루스(R)에게 사용한 질문에 주목하라. 루스는 "난 일을 못해. 그러니 해고되겠지."라는 진술을 만들었고, 이런 방식으로 사고할 때마다 우울함을 느낀다고 말했다.

P: 루스, 당신이 일을 잘하지 못한다는 증거가 있나요?

R: 글쎄요. 난 단지 일을 못한다는 걸 알 뿐이에요.

P: 그래요. 당신이 그렇게 말하는 증거는 어디 있죠?

R: 글쎄요. 사장은 내가 일을 잘한다고 말한 적이 없어요.

P: 좋아요. 사장이 잘한다고 말해 주지 않았군요. 그것은 당신이 일을 못한다는 의미인가요?

R: 그럼요. 내가 일을 잘했다면 사장이 내게 말했겠죠.

P: 사장이 당신에게 일을 잘한다고 말하지 않은 또 다른 이유가 있을까요?

R: 모르겠어요.

P: 사장이 다른 사람에게도 일을 잘한다고 얘기하나요?

R: 아뇨.

P: 당신의 동료들은 일을 잘한다고 생각하나요?

R: 예.

P: 하지만 사장은 그들에게 잘한다고 말하지 않았습니다. 사장이 당신에게 잘한다고 말하지 않는다 하더라도 당신은 일을 잘할 수 있지 않을까요?

R: 그렇겠지요.

P: 그래요, 나도 그렇게 생각해요. 사장이 당신이나 동료들에게 당신이 일을 잘한다고 말하지 않은 또 다른 이유가 있을까요?

R: 글쎄요. 사장은 너무 바쁜 것 같아요.

P: 그건 매우 합리적인 설명이네요. 또 다른 이유가 있을까요?

R: 글쎄요. 사장은 일을 잘한다고 얘기하는 스타일이 아닌 것 같아요.

P: 아주 좋아요. 사장이 당신에게 일을 잘한다고 말하지 않은 다른 두 가지 이유가 있을지도 모르겠네요. 그럼 이제 당신이 해고될 것이라는 증거가 있는지 얘기해 주겠어요?

심리학자는 루스의 최초 사고가 정확하지 않다는 결론을 내리고, 부정확하고 왜곡된 사고를 더욱 합리적이고 정확한 자기진술로 대체할 때까지 루스에게 이러한 질문을 계속한다. 루스는 왜곡되고 부정적인 자기진술을 보다 합리적인 것으로 대체했을 때 우울한 기분이 감소되었다. 루스는 자신의 왜곡된 사고에 대해 이런 방식으로 질문하는 기술을 학습하였고, 미래에 또다시 왜곡된 사고를 할 때 이 기술을 사용할 수 있게 되었다. 치료자는 내담자가 어떤 부분이 왜곡된 생각인지 말하지 않는 것에 대해서 주목하는 것이 중요하다. 더 정확히 말하자면, 치료자는 내담자에게 질문을 던져 내담자 자신을 평가하고 있는 사고를 가지고 변화를 가져오도록 한다.

인지대처기술훈련

인지대처기술훈련에서 치료자는 문제 상황에서 수행을 향상시키거나 그 상황에서의 행동에 영향을 주는 특정한 자기진술을 내담자에게 가르친다. 앞의 예에서 데온과 클레어는 문제 상황에서 그들의 행동에 영향을 주는 대처 기술을 사용하였다. 데온은 학교에서 학생들이 이름을 부르거나 인종차별적 발언을 할 때 대처하는 자기진술을 하였다. 이러한 상황에서 자신에게 대처진술을 하는 것은 분노를 줄이고 싸움을 하지 않도록 해 주었다. 또한 클레어는 수업시간에 자신의 자리에서 벗어나려 할 때 자기교수라는 대처진술 유형을 사용하였다. 클레어는 스스로 다시 제자리에 앉아 선생님에게 주의를 기울이도록 자신에게 교수하였다. 각각의 경우에서 데온과 클레어는 교수, 모델링, 시연, 피드백, 문제 상황을 재연한 상황에서의 역할극을 통해 대처진술을 학습했다. 데온과 클레어는 문제 상황에서 대처진술을 사용하기 시작하면서 행동이 나아졌다.

Spiegler와 Guevremont(2003)는 자기교수훈련, 스트레스 면역 훈련, 문제해결 치료라는 세 가지 유형의 인지대처기술훈련을 기술하였다[인지대처기술훈련의 다른 유형에 대한 정보는 Spiegler과 Guevremont(2003), D'Zurilla(1986), D'Zurilla와 Goldfried(1971), Meichenbaum(1977, 1985), Nezu, Nezu와 Perri(1989), Novaco(1977)를 참조한다].

자기교수훈련(self-instructional training)은 세 가지 기본 단계로 구성된다.

자기교수훈련 단계

1. 문제 상황을 확인한다. 증가시켜야 할 바람직한 행동을 정의한다. 그리고 경쟁행동을 확인한다.
2. 문제 상황에서 사용할 자기교수를 확인한다.
3. 자기교수를 가르치기 위한 행동기술훈련을 사용한다.

---

1. **문제 상황을 확인하고 상황에 가장 적절한 바람직한 행동을 정의하라.** 문제 상황에서 바람직한 행동을 방해하는 경쟁행동을 확인하는 것 또한 중요하다. 데온의 경우, 바람직한 행동은 다른 학생들이 화를 자극하는 것을 지나치는 것이었다. 경쟁행동은 싸움(외현행동), 문제 상황에서 분노와 관련된 자기진술(내면행동)을 하는 것이었다. 클레어의 경우에 바람직한 행동은 자리에 앉아 선생님에게 주의를 집중하는 것이고, 경쟁행동은 자리에서 일어나 다른 학생들을 방해하는 것이었다.

2. **문제 상황에서 가장 도움이 되는 자기교수를 확인하라.** 데온은 다른 학생들이 화를 자극하는 것을 지나치도록 하는 자기진술을 배웠다. 이러한 자기진술은 문제 상황에서 각성(분노)을 유발하는 자기진술을 막아 준다. 그 결과, 그는 분노를 표출하지 않고 지나칠 수 있게 되었다. 클레어는 수업시간에 자기 자리에 앉아서 선생님을 처다보도록 스스로에게 교수하는 자기진술을 학습하였다. 자기진술은 7세 아동의 발달 수준에 맞는 단순한 자기교수였다.

3. **자기교수를 가르치기 위해 행동기술훈련을 사용하라.** 행동기술훈련을 마친 후 자기교수가 문제 상황에까지 일반화되도록 문제 상황을 가정한 역할극에서 자기교수를 연습해야 한다.

　행동기술훈련을 수행할 때, 치료자는 먼저 역할극 안에서 자기교수와 바람직한 행동의 모델이 된다. 예를 들면, 클레어는 자신이 교실에 있을 때처럼 크루즈 박사가 책상 앞 의자에 앉아 있는 것을 지켜본다. 박사는 의자에서 일어나려 할 때마다 큰 소리로 자기교수를 암송하고 바로 의자에 앉았다. 박사는 의자에 다시 앉을 때마다 스스로를 칭찬했다. 박사는 클레어에게 자기교수와 바람직한 행동을 몇 차례 보여 준 다음, 클레어에게 함께 연습하자고 요청했다. 클레어는 책상 앞에 앉아서 일어나려 할 때마다 자기교수를 암송하고 다시 자리에 앉았다. 그리고 나서 그렇게 한 것에 대해 스스로에게 칭찬을 하였다. 크루즈 박사는 클레어가 그와 함께 시연을 마칠 때마다 칭찬을 하였다.

　클레어는 크루즈 박사와 함께 자기교수와 바람직한 행동을 교수한 후에 박사는 클레어 혼자 해 보도록 요청하였다. 클레어는 자리에서 일어나려 할 때마다 큰 소리로 자기교수를 암송하고 다시 제자리에 앉은 다음 스스로에게 칭찬을 하였다. 그녀는 이러한 일련의 자기교수와 바람직한 행동을 크루즈 박사의 도움 없이 혼자서 해냈다. 그는 클레어가 수행할 때마다 칭찬을 해 주었다.

크루즈 박사와 클레어는 몇 차례 더 똑같은 역할극을 연습하였다. 매 회기마다 그녀는 자기교수를 점점 더 조용히 암송하였다. 마지막으로 크루즈 박사는 소리가 들리지 않을 정도로 스스로에게 자기교수를 해 보라고 얘기하였다. 이 방법으로 자기교수와 자기칭찬을 마음속으로 하여 수업시간에 클레어에게 시선이 집중되지 않게 되었다. 자기교수를 가르치기 위하여 사용된 행동기술훈련 절차가 〈표 25-4〉에 제시되어 있다.

〈표 25-4〉 자기교수를 가르치기 위한 행동기술훈련 단계

1. 치료자가 자기교수를 큰 소리로 암송하고 바람직한 행동을 한다.
2. 치료자와 내담자가 큰 소리로 자기교수를 암송하고 바람직한 행동을 한다.
3. 내담자가 치료자의 도움 없이 큰 소리로 자기교수를 암송하고 바람직한 행동을 한다.
4. 내담자가 점점 작은 목소리로 자기교수를 암송하고 바람직한 행동을 한다.
5. 내담자가 소리를 내지 않고 자기교수를 암송하고 바람직한 행동을 한다.
6. 내담자가 입술을 움직이지 않고 마음속으로 자기교수를 암송하고 바람직한 행동을 한다.

내담자가 문제 상황을 시연하는 역할극 맥락 내에서 자기교수를 학습하게 되면 실제 문제 상황에서도 자기교수를 할 수 있게 된다. 자기교수훈련이 효과적일 때, 문제 상황은 자기교수에 대한 식별자극이 될 수 있다. 바람직한 행동은 역할극에서의 자기교수와 연합되기 때문에 문제 상황에서 자기교수를 암송하는 것은 내담자가 바람직한 행동을 더 잘할 수 있도록 만든다. 그 결과, 자기교수는 바람직한 행동에 대한 식별자극이 되는 것이다.

Donald Meichenbaum은 사람들이 자신의 행동을 통제하도록 돕기 위한 자기교수훈련을 개발하고 그 효과성을 평가하였다. 예를 들어, Meichenbaum과 Goodman(1971)은 아동들에게 자신의 충동적 행동을 통제하는 자기교수를 사용하도록 가르쳤다. 다른 연구자들도 아동들에 대한 자기교수훈련의 효과성을 검증하였다(Bryant & Budd, 1982; Guevremont, Osnes, & Stokes, 1988; Kendall & Braswell, 1985). 또한 Meichenbaum은 조현병 성인들에게 자기교수훈련을 실시하였다(Meichenbaum & Cameron, 1973). 이 연구에서 환자들은 과제에 집중하는 것과 다양한 과제의 수행을 향상시키기 위해 '건강한 대화(healthy talk)'를 늘리고 '건강하지 못한 대화(sick talk)'를 줄이는 자기교수를 사용하였다. 다른 연구자들 역시 자기교수훈련이 조현병 환자들에게 효과적임을 보여 주었다(Meyers, Mercatoris, & Sirota, 1976). 자기교수훈련은 조현병이 아닌 성인의 다양한 문제에도 효과적으로 사용되어 왔다(Masters, Burish, Hollon, & Rimm, 1987; Spiegler & Guevremont, 2003).

📖 더 읽을거리

자기교수훈련에서의 언어적 행동통제

여러 연구에서 자기교수훈련이 교실에서 수행을 향상시킬 수 있다는 것을 보여 주었지만, 특히 한 연구는 성공적인 수행을 통제하는 데 아동의 언어화의 중요성을 보여 주었다. Guevremont, Osnes와 Stokes(1988)는 취학 전 4~5세 아동을 대상으로 자기교수훈련을 연구하였다. 학생들은 단순한 읽기 연습 문제를 푸는 데 자기교수를 하는 것을 배웠다. 연구자들은 학생들이 훈련 상황에서 자기교수를 이용하였을 때 연습 문제에서 더 많은 정답을 맞추었다는 것을 보여 주었다. 그러나 그들은 다른 교실에서 유사한 연습문제를 풀 때 자기교수를 사용하지 않았고, 정답을 많이 맞히지 못했다. 그들이 교실에서 자기교수를 이용하는 것을 배우고 그렇게 하기 시작했을 때, 그 상황에서 연습문제에 대한 수행도 향상되었다. 이 연구는 학생들이 자기교수를 이용하도록 지도받을 때 자기교수훈련이 학업 수행을 향상시키며, 따라서 수행에서 자기교수의 기능적인 역할을 분명하게 보여 주었다.

수용중심치료

이 장에서 기술하였듯이 인지 재구조화와 인지대처기술훈련 절차의 목표는 부정적인 감정이나 문제행동을 더 좋게 변화시키기 위해 사람들의 사고를 변화시키는 데 있다. 그러나 다른 치료 접근에서는 그들의 부정적 사고와 감정을 바꾸기보다는 수용하도록 돕는 것을 목표로 한다(Hayes, Strosahl, & Wilson, 1999; Hayes & Wilson, 1994; Kohlenberg & Tsai, 1991). 수용중심치료는 이 장에서 기술된 전통적인 인지행동수정 절차의 대안으로 최근 개발된 것이다. **수용전념치료**(acceptance and commitment therapy: ACT; Hayes, 1995; Hayes, Strosahl, & Wilson, 1999)로 불리는 한 치료 유형에서는 내담자가 과거에 힘든 사고와 감정을 통제할 수 없었고, 사고와 감정을 통제하는 것이 문제를 더욱 나쁘게 만든다는 것을 배웠다. 치료 과정에서 내담자는 사고와 감정이 계속 발생하지만 의미 있는 행동변화 목표를 달성할 수 있다는 점을 수용하는 것을 배운다(Hayes, Luoma, Bond, Masuda, & Lillis, 2006; Paul, Marx, & Orsillo, 1999; Twohig, Schoenberger, & Hayes, 2007). 내담자가 부정적인 사고와 감정을 수용할 때, 자신의 삶을 파괴하는 능력이 사라지고 가치 있는 행동변화에 대한 책임을 지고 나아갈 수 있다.

임상 문제

이 장에서는 인지행동수정 절차를 간단히 소개하였고, 실제 임상 문제에 대한 인지행동
수정을 학생들이 수행하도록 충분히 제시하지는 않았다. 우울 같은 심각한 정서 문제를 경
험하는 사람은 심리학자나 다른 자격 있는 정신건강 전문가의 도움을 받아야 할 것이다. 자
기개선을 위해 인지행동수정을 사용할 수 있지만 심각한 문제는 항상 전문가에게 의뢰해야
한다.

📖 요약

1. 인지행동은 사고, 심상 혹은 내면적으로 일어나는 자기진술로 정의된다.
2. 인지행동이 다른 행동의 선행사건일 때 조건자극, 식별자극, 유인력(MO)으로 기능하고,
   다른 행동의 결과일 때는 강화인이나 벌 인자로 기능할 수 있다.
3. 인지 재구조화 절차에서 치료자는 내담자의 괴롭히는 사고를 확인하고 그것을 더욱 바람
   직한 사고로 바꾸도록 돕는다.
4. 사고를 변화시키도록 돕기 위해 치료자는 먼저 내담자로 하여금 정서적 혹은 행동적 어려
   움의 원인이 되는 부적응적 사고를 확인하게 한다. 다음으로 치료자는 내담자가 자기 사고
   의 논리성이나 정확성을 비판적으로 평가하도록 돕는 질문을 한다. 이 과정을 통해 내담자
   는 더욱 정확하고 논리적인 방식으로 사고하기 시작하며, 그것은 정서 문제나 행동 문제를
   완화시킨다.
5. 자기교수훈련 절차는 두 가지 기본 요소가 포함된다. 행동기술훈련 절차를 사용할 때, 치
   료자는 내담자가 자기진술 혹은 자기교수를 만들도록 가르친다. 치료자와 내담자는 문제
   상황을 가상한 역할극 상황에서 자기교수와 바람직한 행동을 연습한다. 다음에 내담자는
   문제 상황에서 자기교수를 암송하고 바람직한 행동을 수행하게 된다.

✎ 핵심용어

인지대처기술훈련(cognitive coping skills training)

인지 왜곡(cognitive distortions)

인지 재구조화(cognitive restructuring)

인지치료(cognitive therapy)

인지행동(cognitive behavior)

인지행동수정(cognitive behavior modification)

자기교수훈련(self-instructional training)

행동 활성화(behavioral activation)

용어 해설

A-B 설계(A-B design) 기초선과 처치 단계로 구성된 연구설계. A-B 설계는 처치 조건이 반복되지 않기 때문에 진실험설계는 아님. 대부분 임상에서 행동 변화를 밝히기 위해 사용됨.

A-B-A-B 반전설계(A-B-A-B reversal design) 기초선과 처치 단계 외에 처치의 철회(두 번째 기초선)와 두 번째 처치 단계로 구성된 연구설계.

ABC 관찰법(ABC observation) 직접적인 관찰을 통해 선행사건과 표적행동 그리고 행동 결과의 기능을 평가하는 방법.

가로좌표(abscissa) 그래프의 수평축. 시간 단위를 나타냄.

가외 자극촉구(extrastimulus prompt) 식별을 보다 잘하도록 돕기 위해 자극을 부가해 주는 자극촉구의 한 형태.

간격 DRL(interval DRL) 회기를 연속적 간격이나 시간으로 나누어 각 간격에서 반응이 한 번 이상 발생하지 않으면 강화인을 제공하는 DRL 절차의 한 형태.

간격 기록법(interval recording) 관찰기간을 연속적인 시간 간격으로 나누어 각 간격에서의 행동 발생 혹은 비발생을 기록하는 행동 기록 절차의 한 형태.

간격 내 빈도 기록법(frequency-within-interval recording) 관찰기간 동안 연속적 시간 간격 내에 표적행동이 발생한 횟수(빈도)를 기록하는 기록방법.

간접평가(indirect assessment) 타인으로부터의 정보에 의한 평가. 문제행동, 선행사건, 결과에 대한 정보가 직접관찰을 통해 수집되는 것이 아니라 면담이나 질문지와 같은 회고적 보고를 통해 수집됨.

간헐강화 계획(intermittent reinforcement schedule) 행동이 나타날 때마다 매번 강화를 하지 않는 강화 계획. 고정비율 계획, 고정간격 계획, 변동비율 계획, 변동간격 계획 등이 있음.

강도(intensity) 물리적 힘이나 행동의 크기를 지칭하는 행동의 한 차원. 흔히 도구나 평정척도를 이용하여 측정함.

강화(reinforcement) 행동 발생 뒤에 미래의 행동 발생 가능성을 증가시킬 결과가 뒤따르는 과정.

강화 계획(schedule of reinforcement) 반응에 어떻게 강화인을 제공할 것인지를 구체화한 것. 연속강화 계획에서는 모든 반응이 강화를 받고, 간헐강화 계획에서는 모든 반응이 강화를 받지는 않음.

강화인(reinforcer) 행동 발생과 유관되어 미래의 행동 발생 가능성을 증가시키는 자극이나 사건.

결과(consequence) 행동 후에 즉각적으로 발생하는 자극이나 사건.

결핍행동(behavioral deficit) 빈도나 지속시간 혹은

강도 등을 증가시키려는 바람직한 표적행동.

경쟁반응(competing response) 다른 표적행동 대신에 발생하는 선택적 행동. 경쟁반응은 표적행동과 물리적으로 양립할 수 없으므로 그 발생은 표적행동 발생과 경쟁적이 됨.

경쟁반응훈련(competing response training) 습관 바꾸기 절차의 한 요소로서 습관행동의 발생에 유관되게 혹은 습관행동 발생의 충동에 유관되게 경쟁적 반응을 가르침.

고정간격 계획[fixed interval(FI) schedule] 시간 간격이 경과한 후에 발생하는 첫 번째 반응에 대해 강화인이 제공되는 강화 계획. 시간 간격은 동일함.

고정비율 계획[fixed ratio(FR) schedule] 일정한 횟수의 반응이 발생해야 강화가 주어지는 강화 계획. 강화하기 위해 요구되는 반응 수는 변하지 않음.

고차 조건형성(higher-order conditioning) 중성자극이 조건자극(CS)과 짝지어질 때 중성자극이 조건반응(CR)을 유도할 조건자극이 되는 과정.

공포(phobia) 불안이나 행동 도피 혹은 회피 수준이 인생을 방해할 정도로 심각한 두려움.

과잉교정(overcorrection) 문제행동과 유관되게 행동 대상을 일정 기간 동안 힘겨운 활동에 참여시키는 정적 벌 절차. 과잉교정의 두 가지 형태로는 긍정적 연습과 복원이 있음.

과제분석(task analysis) 행동연쇄의 각 요소에 대한 식별자극과 반응의 확인.

관리행동(controlled behavior) 자기관리 계획의 영향을 받은 표적행동.

관찰기간(observation period) 관찰자가 행동수정 프로그램에 참여하고 있는 대상의 행동을 관찰하고 기록하는 기간.

관찰자 간 신뢰도(interobserver reliability) 2명 이상의 관찰자가 동시에 행동 대상의 행동을 관찰하고 기록하여 행동 발생에 대해 일치하는 정도.

교수(instruction) 행동을 수행하도록 하기 위한 언어

적 설명으로서 행동기술훈련 절차의 구성요소임. 교수는 모델링과 연계하여 자주 사용되며, 역할놀이에서 행동을 즉각적으로 되풀이하여 말해 줄 기회를 갖게 될 때 가장 큰 효과를 볼 수 있음.

교환강화인(backup reinforcer) 토큰경제에 사용되는 강화인. 행동 대상은 바람직한 행동에 대해 토큰을 받고 토큰의 수가 일정한 수준에 이르면 다양한 교환강화인 중 하나와 교환함.

규칙적 호흡(regulated breathing) 말더듬을 위한 습관 바꾸기 처치에서 사용되는 경쟁반응.

규칙지배행동(rule-governed behavior) 행동과 결과 간의 유관에 대해 언어진술(규칙)이 통제하는 행동.

그림촉구(picture prompt) 행동 대상에게 표적행동을 하고 있는 사람의 그림을 제시하는 촉구의 한 형태. 그림은 대상이 제시간에 올바른 행동을 하도록 촉구함. 대개 대상이 행동연쇄를 바로 하도록 촉구하기 위해 그림을 순서대로 제시함.

기능등가 반응(functionally equivalent response) 결과적으로는 대체반응으로 동일한 강화를 받게 되는 반응. 대체반응과 동일한 기능을 가짐.

기능분석(functional analysis) 환경사건(선행사건과 행동의 결과)을 조작하여 환경사건과 행동 간의 기능적 관계를 밝히는 기능평가 방법.

기능적 관계(functional relationship) 환경사건의 발생이 행동 발생을 통제하는 행동과 환경사건 간의 관계. 환경사건을 조종하여 환경사건이 발생할 때만 행동이 변화한다는 것을 밝히는 연구설계로 기능적 관계를 입증함.

기능적 의사소통 훈련(functional communication training) ☞ 의사소통 차별강화

기능평가(functional assessment) 어떤 선행사건과 결과들이 행동 발생에 연관되어 있는지를 알아보기 위해 행동 전후의 사건들에 대한 정보를 수집하는 절차. 면담이나 질문지를 통한 간접평가, 자연스러운 환

경에서의 선행사건과 결과를 직접관찰하는 것, 환경 사건을 조작하는 기능분석 방법이 포함됨.

기초선(baseline) 처치가 개입되지 않는 조건 혹은 단계.

내현행동(covert behavior) 타인이 관찰할 수 없는 행동. 사적 사건이라고도 함.

대상별 중다기초선 설계(multiple-baseline-across-subjects design) 표적행동을 동일하게 나타내는 둘 혹은 그 이상의 사람에 대해 기초선과 처치 단계를 가지는 연구설계. 처치는 각 대상별로 엇갈리게 이루어지며 각 대상에게 동일한 처치가 적용됨.

대체행동 차별강화(differential reinforcement of alternative behavior: DRA) 문제행동을 바꾸기 위해 기능적으로 동등한 대체행동(경쟁행동)을 강화함으로써 문제행동을 감소시키는 절차.

도피행동(escape behavior) 혐오자극의 종료를 가져오는 행동. 혐오자극의 종료는 행동을 부적 강화함.

동기 전략(motivation strategy) 환자가 습관을 통제하려고 치료회기 외에도 경쟁반응을 사용할 가능성을 증가시키기 위한 습관 바꾸기 절차의 일부.

동시강화 계획(concurrent schedule of reinforcement) 동시에 둘 이상의 서로 다른 행동에 존재하는 강화 계획. 어떤 행동이 어떤 시간에 발생하는지는 상대적 강화 계획이나 강화 크기, 강화 지연, 가능한 행동을 위한 반응 노력에 달려 있음.

동시 조건형성(simultaneous conditioning) 무조건자극(US)과 조건자극(CS)이 수동적 조건형성 시에 동시에 주어지는 과정.

두려움(fear) 자극 상황이 자율신경계를 각성시켜 사람이 자극 상황으로부터 도피하거나 회피하기 위해 행동하게 될 때 발생하는 것.

두려움 위계표(fear hierarchy) 체계적 둔감법이나 실제상황 둔감법에서 사용되는 것으로, 최소 공포부터 최대 공포까지 다양한 공포 상황을 목록화함. 각 위계에서 새로운 상황은 이전의 상황보다 아주 조금 더 공포 상황이 되도록 함.

말더듬(stuttering) 단어나 음절을 반복하고 소리를 지체하며 단어가 막히는(말하려 할 때 일정 시간 소리를 내지 못하는) 언어 비유창성.

모델링촉구(modeling prompt) 치료자가 학습자를 위하여 표적행동을 시범 보이는 촉구의 한 형태. 모델링은 교수와 연합하여 사용하거나 학습자가 역할놀이에서 행동을 즉각적으로 되풀이할 기회를 가질 때 가장 효과적으로 작용함.

목표 설정(goal setting) 자기관리 절차의 결과로 성취하고자 하는 표적행동의 수준을 결정하여 문서화하는 자기관리 전략.

무조건강화인(unconditioned reinforcer) 생존 가치를 가지기 때문에 사람들의 행동이 자연스럽게 강화되는 자극. 무조건강화인이 강화인이 되기 위해서는 이전의 어떤 조건화가 필요하지 않음. 예를 들면, 음식, 물, 극한 자극으로부터의 도피, 성적 접촉 등이 있음.

무조건반응(unconditioned response: UR) 무조건자극(US)이 유도하는 반응.

무조건 벌 인자(unconditioned punisher) 그 자극을 회피하거나 접촉을 최소화하는 것이 생존 가치이기 때문에 자연스럽게 벌이 되는 자극이나 사건. 무조건 벌 인자가 벌 인자로 기능하기 위해서는 이전의 어떤 조건화가 필요하지 않음. 고통스러운 자극이나 극한 수준의 자극 등이 예임.

무조건자극(unconditioned stimulus: US) 무조건반응(UR)이 생존 가치를 지니기 때문에 UR을 자연스럽게 유도하는 자극.

문서식 촉구(textual prompt) ☞ 성문 과제분석

박탈(deprivation) 일정 기간 동안 특정한 강화인을 주지 않는 조건. 박탈은 유인력의 한 형태임.

반응(response) 특정 행동의 예 혹은 발생.

반응 간 시간(interresponse time: IRT) 연속적인 반응의 발생 간 시간.

반응대가(response cost) 행동과 유관되어 특정한 양의 강화인이 제거되는 부적 벌 절차.

반응성(reactivity) 어떤 처치가 개입되기 전에 행동변화를 야기하는 현상.

반응시간(latency) 자극으로부터 행동이 시작되기까지 걸리는 시간을 지칭하는 행동의 한 차원.

반응시간 DRL(spaced-responding DRL) 반응이 특정 시간 간격에 나타날 때 강화인이 제공되는 DRL 절차의 한 형태. 시간 간격이 종료되기 전에 반응이 발생하면 강화인이 주어지지 않고 시간 간격이 다시 설정됨.

반응차단(response blocking) 행동 대상이 반응을 다 할 수 없도록 치료자가 문제행동을 신체적으로 막는 절차.

반응촉구(response prompt) 식별자극의 제시에 따라 행동 대상이 표적행동을 하도록 치료사가 개입하는 촉구의 한 형태. 언어촉구, 몸짓촉구, 모델링촉구, 신체촉구 등이 있음.

반응행동(response effort) 반응을 행함에 있어 포함되는 힘, 노력 혹은 시간의 양. 한 행동에 대해 반응행동이 증가하면 그 행동의 발생 가능성은 기능적으로 동등한 대체행동의 발생 가능성에 비해 상대적으로 감소함.

배제 타임아웃(exclusionary time-out) 문제행동의 발생과 유관되게 행동 대상을 강화 환경으로부터 일시적으로 이동시키는(주로 다른 방으로) 타임아웃 절차.

벌(punishment) 행동 뒤에 미래의 행동 발생 가능성을 감소시키는 결과가 뒤따르는 과정.

벌 인자(punisher) 행동 발생과 유관되어 미래의 행동 발생 가능성을 감소시키는 자극이나 사건.

변동간격 계획[variable interval(VI) schedule] 특정한 시간 간격이 지난 후에 발생하는 첫 번째 반응을 강화하는 강화 계획. 간격의 시간은 평균값을 중심으로 다양함.

변동비율 계획[variable ratio(VR) schedule] 특정한 빈도의 반응이 나타난 후에 강화인을 제공하는 강화 계획. 필요한 반응 빈도는 평균값을 중심으로 다양함.

복원(restitution) 문제행동의 발생과 유관되어 있는 과잉교정 절차의 한 형태. 행동 대상은 문제행동으로 영향을 미친 환경 요소를 바로잡고, 환경을 문제행동 이전보다 더 나은 상태로 만들어 놓아야 함.

부적 강화(negative reinforcement) 행동 발생 후에 혐오자극이 제거되거나 회피되는 강화의 한 형태. 미래에 행동 발생 가능성을 증가시키는 결과를 가짐.

부적 벌(negative punishment) 행동 발생 후에 강화자극이 제거되는 벌의 한 형태. 미래에 행동 발생 가능성을 감소시키는 결과를 가짐.

분포도(scatter plot) 30분마다 행동이 발생했는지를 기록하는 기능평가 절차의 한 형태. 행동의 일시적 형태를 알아보기 위해 사용함.

불안(anxiety) 자율신경계의 활동을 포함하는 수동적 행동(빠른 심장박동률, 얕고 빠른 숨소리, 근육 긴장 고조)을 설명하기 위해 사용되는 용어. 자율적 각성은 도피나 회피반응 등과 같은 조작적 행동의 가능성을 증가시키는 유인력임. 일반적으로 어떤 사건은 조건반응(CR)으로서 자율적 각성을 이끌어 내기 위해 조건자극(CS)으로 기능함. 조작적 행동은 CS로부터 도피하거나 CS를 회피하는 기능을 가짐.

비배제 타임아웃(nonexslusionary time-out) 문제행동과 유관되게 행동 대상을 모든 강화 요인으로부터 단절시키는 타임아웃 절차의 한 형태. 그러나 행동 대상을 문제행동이 발생한 방에서 이동시키지는 않음.

비율(rate) 관찰기간의 시간으로 행동 빈도를 나눈 값. 일반적으로 분당 반응 수로 보고됨.

빈도(frequency) 특정 기간 동안에 행동이 발생한 횟수를 나타내는 행동의 한 차원. 반응 수(빈도)를 시간으로 나누어 행동비율로 나타냄.

사전 동의서(informed consent) 적용될 행동수정 절차를 환자에게 알리고 동의를 얻는 진행 절차. 정적 벌 절차를 사용하기 위해 필요함.

사회적 지지(social support) 행동 대상이 습관행동을 할 때 중요 인물이 경쟁반응을 사용하도록 촉구해 주고 경쟁반응을 바르게 사용하는 것에 대해 칭찬해 주는 습관 바꾸기 절차의 한 구성요소. 일반적으로 사회적 지지는 유관에 참여하는 중요 인물이 자연환경에 포함되어 있을 때 발생함.

3단계 유관(three-term contingency) 행동이 발생할 때 주어진 선행사건, 행동, 강화되는 결과. 강화유관이라고도 함.

상동행동(stereotypic behavior) 개인에게 어떤 사회적인 기능도 제공하지 못하는 반복적인 행동. 개인에게 일종의 감각자극 형태를 제공하는 기능을 하기 때문에 자기자극 행동이라고도 함.

상반행동 차별강화(differential reinforcement of incompatible behavior: DRI) 문제행동 대신에 신체적으로 양립할 수 없는 행동이 강화되는 DRA 절차의 한 형태.

상응계약(quid pro quo contract) 두 사람이 상대방의 행동변화에 대한 보답으로 변화시킬 행동을 각각 지정하는 쌍방계약.

상황별 중다기초선 설계(multiple-baseline-across-settings design) 두 가지 혹은 그 이상의 서로 다른 상황에서 동일한 사람의 동일한 행동에 대해 기초선과 처치 단계를 가지는 연구설계. 처치는 각 상황별로 엇갈리게 이루어지며, 각 상황에 대해 동일한 처치가 적용됨.

선행사건(antecedent) 표적행동을 선도하는 자극이나 사건.

선행통제 절차(antecedent control procedure) 표적행동에 영향을 미치기 위해 선행사건을 조작하는 절차. 식별자극(S^D)이나 단서 조정하기, 유인력, 표적행동에 대한 반응 노력 등이 포함될 수 있음.

성과 기록법(product recording) 행동 발생을 나타내는 것으로서 행동의 결과나 영구적 산물을 기록하는 행동 기록법의 한 형태.

성문 과제분석(written task analysis) 행동연쇄에서 각각의 식별자극과 반응을 쓴 목록. 때로 학습자가 행동연쇄를 통하여 자신의 행동을 안내하도록 성문 과제분석을 줌.

세로좌표(ordinate) 그래프의 수직축(y 축). 행동수준을 나타냄.

소거저항(resistance to extinction) 소거로 행동에 영향을 받은 후에도 이전의 반응을 계속하려는 경향. 간헐강화 계획에서는 연속강화 계획보다 소거에 대해 더 저항함.

소거폭발(extinction burst) 행동이 더 이상 강화되지 않을 때 행동이 감소되기 전에 빈도나 지속기간, 강도 등이 일시적으로 증가하는 현상.

수동적 소거(respondent extinction) 조건자극(CS)이 더 이상 무조건자극(US)과 짝지어지지 않음으로써 CS가 점진적으로 조건반응(CR)을 이끌어 내는 것을 멈추게 하는 절차.

수동적 조건형성(respondent conditioning) 중성자극이 무조건자극(US)과 짝지어지는 과정. US는 무조건반응(UR)을 유도함. 중성자극과 US가 짝지어짐으로써 중성자극은 조건반응(CR)이라고 불리는 UR과 흡사한 반응을 유도하게 될 조건자극(CS)이 됨.

수동적 행동(respondent behavior) 앞선 자극이 유도하는 행동. 무조건반응(UR)과 조건반응(CR)은 무조건자극(US)과 조건자극(CS)에 의해 각각 유도되므로 수동적 행동임.

수동적인 자발적 회복(respondent spontaneous recovery) 조건반응(CR)이 소거되었는데 조건자극(CS)이 다시 제시될 때 CR이 발생하는 것.

순응지도(guided compliance) 불순종행동을 나타내는 사람에게 적용되는 정적 벌 절차. 학습자에게 어떤 요구를 하고 학습자가 요구에 대한 행동을 거부할 때,

행동을 하도록 신체적으로 촉구해 줌. 학습자가 스스로 요구에 순응하게 되면 신체촉구를 제거함. 순응지도는 요구된 행동으로부터 도피하려는 것을 막고, 요구행동으로부터 도피함으로써 불순종행동이 부적 강화되는 경우에 소거 절차로서의 역할을 하게 됨.

습관 바꾸기(habit reversal) 습관장애를 치료하기 위한 절차. 절차 요소에는 훈련 인식, 경쟁반응훈련, 사회적 지지, 일반화 전략, 동기 전략 등이 포함됨. 연구에 의하면 훈련 인식과 경쟁반응 훈련이 치료를 효과적으로 하는 데 가장 중요한 요소임이 밝혀졌음.

습관장애(habit disorder) 사람에게 고통을 주는 반복적 행동. 신경증적 습관, 운동틱 및 언어틱, 말더듬이 포함됨.

습관행동(habit behavior) 신경증적 습관, 틱, 말더듬 중 하나의 반복적인 행동.

습득(acquisition) 강화를 통한 새로운 행동의 발달.

시간표집 기록법(time sample recording) 관찰기간이 시간 간격으로 나누어지고 행동이 각 시간 간격의 일부 동안에 기록되는 행동 기록 절차. 시간표집 기록법에서 관찰 간격은 비연속적임.

시연(rehearsal) 교수와 모델링 후에 역할놀이 상황에서 하는 행동의 연습. 시연에는 수행에 대한 피드백이 뒤따름.

식별자극(discriminative stimulus: S^D) 특정 행동을 강화할 때 제시되는 자극.

신경성 습관(nervous habit) 긴장이 고조됨을 경험하였을 때 가장 발생하기 쉬운 반복적인 행동. 신경성 습관은 일반적으로 개인에게 어떤 사회적인 기능도 제공하지 못함.

신체구속(physical restraint) 문제행동의 발생과 유관되는 정적 벌 절차의 한 형태. 훈련자가 문제행동과 관련되는 환자의 신체 일부를 움직이지 못하게 잡아서 환자가 그 행동을 계속하지 못하게 함.

신체촉구(physical prompt) 학습자가 제시간에 올바른 행동을 하도록 훈련자가 신체적으로 도움을 주는 촉구의 한 형태. 손을 통한 안내가 가장 일반적인 예임.

실시간 기록법(real-time recording) 관찰기간 내에 표적행동의 시작과 종료에 대한 정확한 시간을 기록하는 기록법. 실시간 기록법은 행동 발생의 정확한 시간뿐 아니라 빈도나 지속시간에 대한 정보도 제공함.

실제상황 둔감법(in vivo desensitization) 두려움이나 공포를 치료하기 위한 절차. 환자는 먼저 이완을 배우고, 다음으로 두려움을 유발하는 상황을 최소부터 최대까지 순차적으로 나열함. 마지막으로 위계의 각 단계에서 이완을 유지하면서 두려움을 유발하는 실제 상황을 접하게 됨.

실험적 행동분석(experimental analysis of behavior) 행동 발생과 기능적으로 관련되어 있는 환경사건 형태와 행동에 대한 과학적 연구. 인간과 비인간에 대한 실험연구를 포함함.

쌍방계약(two-party contract) 두 사람이 모두 변화시켜야 할 행동과 행동변화에 따른 결과를 규정하는 행동계약의 한 형태.

언어촉구(verbal prompt) 학습자가 식별자극의 출현에 따라 올바른 행동을 하도록 만드는 촉구의 한 형태.

에스델타(S-delta, S$^\triangle$) 행동이 강화되지 않을 때 제시되는 자극. 식별훈련에서 행동이 S^{D}의 제시에서 발생하면 그 행동은 강화받고, S$^\triangle$의 제시에서 발생하면 그 행동은 강화받지 않음.

연구설계(research design) 행동수정에서 처치와 행동 간의 기능적 관계를 밝히기 위해 1명 혹은 그 이상의 사람들을 대상으로 기초선과 처치 단계의 시기를 상술하는 것.

연속강화 계획[continuous reinforcement(CRF) schedule] 강화인이 각각의 행동에 대해 모두 주어지는 강화 계획.

연속기록(continuous recording) 기록 절차의 한 형태로서 행동의 어떤 측면을 그 행동이 발생할 때마다 기록하는 것. 빈도, 지속시간, 반응시간, 강도 등을 기록함.

연속적 근사치(successive approximation, 점진적 접근법) 행동형성에서 각각의 연속적 근사치는 표적 행동에 보다 근접한 행동임. 행동형성은 행동 대상이 원래 나타내는 행동인 첫 번째 근사치를 강화하는 것으로 시작함. 첫 번째 근사치를 강화한 후에는 그것이 소거되고 보다 근접한 근사치가 강화됨. 이러한 과정이 표적행동을 나타낼 때까지 지속됨.

연쇄 절차(chaining procedure) 행동연쇄에 참여하도록 가르치기 위해 사용되는 절차. 후진 행동연쇄, 전진 행동연쇄, 전체 과제제시법, 성문 과제분석, 그림촉구, 자기교수 등이 있음.

외현행동(overt behavior) 행동을 하는 본인 이외에 다른 사람이 관찰과 기록이 가능한 행동.

용암법(fading) S^D가 제시될 때 행동이 지속적으로 발생하게 됨에 따라 촉구를 점진적으로 제거하는 것.

운동틱(motor tic) 신체 내 특정 근육의 반복적이고 경련적인 움직임.

유관(contingency) 반응이 발생할 때만 결과가 제시되는 반응과 결과 간의 관계. 이러한 관계가 존재할 때 결과가 반응에 유관되어 있다고 함.

유관 중단(short-circuiting the contingency) 자기 관리 시 표적행동을 위한 강화인을 정하였으나 처음에 표적행동을 하지 않고 강화인을 가질 때 발생함. 또한 표적행동에 대한 벌 인자를 정하였으나 표적행동을 한 후에 벌 인자를 적용하지 않을 때 발생함.

유관관찰(contingent observation) 문제행동 발생에 유관되어 있는 비배제 타임아웃의 한 형태로서, 행동 대상은 강화활동으로부터 잠시 동안 떨어져 나와 다른 사람이 활동에 참여하는 것을 앉아서 관찰하게 됨.

유관연습(contingent exercise) 혐오활동의 적용을 포함하는 정적 벌 절차. 문제행동과 유관시켜서 행동 대상을 신체적 연습에 참여시킴.

유인력(motivating operation: MOs) 강화인의 가치를 바꾸거나 행동의 발생 가능성을 바꾸는 선행자극

이나 사건.

유지(maintenance) 행동수정 프로그램 종료 후 오랜 기간 동안 행동변화가 지속되는 것. 또한 간헐강화에 의한 조작적 행동의 지속.

음성틱(vocal tic) 어떠한 의사소통적 기능도 가지지 못하는 반복적인 음성 혹은 단어.

응용 행동분석(applied behavior analysis) 인간행동을 분석·수정하는 행동수정과 상호 교환적으로 사용하는 용어.

의사소통 차별강화(differential reinforcement of communication: DRC) 문제행동을 대신하는 의사소통 반응이 강화되는 DRA 절차의 한 형태. 기능적 의사소통 훈련이라고도 함.

이완훈련(relaxation training) 양립할 수 없는 이완 상태를 제공함으로써 자율적 각성(불안)을 감소시키는 기술을 가르치기 위한 절차. 점진적 근육이완, 횡격막 호흡법, 주의집중 연습, 행동이완훈련 등이 이완 훈련 절차의 형태임.

인위적 장면(contrived setting) 행동 대상의 일상이 아닌 관찰 장면.

인지 재구조화(cognitive restructuring) 인지적 행동수정 절차로서 고통스러운 생각을 인식하게 하고 그러한 생각을 제거해 버리거나 보다 바람직한 생각으로 교체하도록 가르침.

인지대처기술훈련(cognitive coping skills training) 인지적 행동수정 절차로서 자신의 수행 능력을 개선하기 위해 혹은 자신의 행동에 영향을 주기 위해 문제 상황에 적용될 특정 자기진술을 배움. 예로 자기교수훈련이 있음.

인지치료(cognitive therapy) Beck이 발달시킨 인지 재구조화의 한 형태. 치료자는 환자가 자신의 왜곡된 사고나 말을 인식하고 바꾸도록 가르침.

인지행동(cognitive behavior) 내적 언어행동 혹은 상상적 행동. 예를 들어, 생각하기, 자신에게 말하기, 특정 행동 혹은 상황 상상하기, 과거의 사건 회상하기

등이 있음. 인지적 행동은 외현행동에 영향을 미치는 환경변인에 의해 동일하게 영향을 받음.

인지행동수정(cognitive behavior modification) 인지적 행동의 어떤 면을 변화시키도록 돕기 위해 사용되는 절차. 바람직하지 않은 인지적 행동을 하지 않도록(즉, 인지 재구조화) 돕고 보다 바람직한 인지적 행동을 가르침(즉, 인지대처기술훈련).

일반사례 프로그래밍(general case programming) 다양한 자극 상황과 반응 사례를 통한 복합 훈련 사례(자극 예)를 사용하여 일반화를 촉구하기 위한 전략.

일반화(generalization) 식별자극과 유사한 선행사건 자극의 제시에 행동이 발생하는 것. 훈련 후 비훈련 상황에서 표적행동이 발생하는 것으로도 정의됨.

일반화된 조건 벌 인자(generalized conditioned punisher) 다양한 다른 벌 인자와 짝지어진 조건 벌 인자. "안 돼"라는 말은 많은 사람에게 일반화된 조건 벌 인자임.

일반화된 조건강화인(generalized conditioned reinforcer) 다양한 다른 강화인과 짝지어진 조건강화인. 돈과 칭찬은 많은 사람에게 일반화된 조건강화인임.

일방계약(one-party contract) 한 사람이 표적행동을 변화시키기 위해 시도하는 행동계약. 행동 대상은 유관을 확립할 계약관리자와 계약을 체결함.

자각훈련(awareness training) 특정한 습관행동이 발생했을 때 그것을 인식하도록 가르치는 습관 바꾸기 절차의 한 구성요소.

자극(stimulus) 감각 중의 한 가지로 탐지할 수 있는 환경사건.

자극 내 촉구(within-stimulus prompt) 행동 대상이 올바른 식별을 하도록 돕기 위해 식별자극이나 $S^\triangle$의 어떤 측면을 변형시키는 자극촉구의 한 형태.

자극 예(stimulus exemplars) 훈련 후에 자극이 발생하는 관련 자극 상황의 범위를 나타내는 자극들. 일반화를 위한 전략은 충분한 자극 예를 훈련하는 것임.

자극-반응연쇄(stimulus-response chain) ☞ 행동연쇄

자극부류(stimulus class) 특정 행동에 동일한 기능적 영향을 미치는 자극군.

자극식별훈련(stimulus discrimination training) S^D가 제시될 때 행동이 강화되고 $S^\triangle$가 제시될 때 행동이 소거되는 절차. 결과적으로 행동은 S^D가 제시될 때만 더 잘 발생함. 식별훈련이라고도 함.

자극용암(stimulus fading) 식별자극의 제시에 따라 행동이 지속적으로 발생하게 되면 자극촉구를 점진적으로 제거하는 것.

자극촉구(stimulus prompt) 올바른 반응을 유도하기 위해 선행사건 자극을 약간 변화시키는 것 혹은 선행사건 자극의 추가나 제거.

자극통제(stimulus control) 자극식별훈련의 결과. 특정 행동은 특정 S^D가 제시될 때만 강화받았기 때문에 S^D가 제시되면 보다 쉽게 발생함.

자극통제 전이(transfer of stimulus control) S^D의 제시에 일단 표적행동이 발생하면 촉구를 제거하는 과정. S^D를 촉구하는 것으로부터 자극통제를 전이하기 위해 사용되는 절차로 촉구용암과 촉구지연이 있음.

자기감시(self-monitoring) 행동이 발생할 때 행동대상이 스스로 자신의 행동을 관찰하고 기록하는 직접 관찰 자료 수집의 한 형태.

자기관리(self-management) 자신의 행동을 변화시키고자 하는 사람이 사용하는 행동수정 절차. 자기관리 전략에서는 행동 대상이 선행사건이나 결과 혹은 대체행동을 바꾼 표적행동을 하게 됨.

자기교수(self-instruction) 특정 상황에서 표적행동이 일어날 가능성을 보다 크게 해 주는 자기진술.

자기교수훈련(self-instructional training) 특정 상황에서 표적행동이 발생할 가능성을 증가시키는 자기 진술문을 행동 대상에게 가르치는 인지적 행동수정 절차의 한 형태.

자기칭찬(self-praise) 스스로에게 정적인 진술을 하는 것 혹은 적절한 행동을 한 후에 자신의 행동을 긍정적으로 평가하는 것.

자생적 일반화 매개변인(self-generated mediator of generalization) 행동 대상이 적시에 표적행동을 보다 적절히 수행하도록 만드는 행동. 적시에 적절한 행동에 대한 단서를 주도록 사용되는 자기교수가 그 예임.

자세촉구(gestural prompt) 식별자극이 제시되었을 때 치료자가 행동을 바로잡기 위해 나타내는 몸짓 혹은 신체적 움직임.

자연 상황(natural setting) 행동 대상의 일상 관찰 장면. 표적행동은 일반적으로 자연 상황에서 발생함.

자연적 강화유관(natural contingency of reinforcement) 정상적인 생활에서 특정한 사람의 행동에 대한 강화유관.

저비율 반응차별 강화(differential reinforcement of low rates of responding: DRL) 행동의 비율을 감소시키기 위해 보다 낮은 비율의 특정 행동을 강화하는 절차. 목표는 행동의 감소이며, 표적행동을 제거할 필요가 없을 때 사용됨.

전진 행동연쇄(forward chaining) 행동연쇄를 가르치기 위한 절차. 촉구와 용암법을 통해 연쇄의 첫 번째 요소를 가르치고 첫 번째 요소가 학습되면 두 번째 요소를 추가함. 또한 처음의 두 요소가 학습되면 세 번째 요소를 추가함. 이러한 순차적 훈련을 연쇄의 모든 요소가 학습될 때까지 계속함.

전체 간격 DRO(whole-interval DRO) 전 시간 간격에 걸쳐 문제행동이 발생하지 않아야만 강화가 주어지는 DRO 절차의 한 형태. 대부분의 DRO 절차는 전체 간격 DRO임.

전체 과제 제시법(total task presentation) 행동연쇄를 가르치기 위한 절차로서 훈련자가 연쇄의 모든 단계를 통해 학습자에게 신체촉구를 해 주게 됨. 학습자가 행동연쇄를 완성할 때 훈련자는 신체촉구를 용암시킴. 결국 학습자는 훈련자의 도움 없이도 행동연쇄를 완성하게 됨.

전체 회기 DRL(full-session DRL) 일정 기간(회기)에 일정한 수보다 적게 반응이 발생하면 강화인을 제공하는 DRL 절차. 행동비율을 감소시키기 위해 사용함.

점진적 근육이완(progressive muscle relaxation: PMR) 내담자가 신체의 주 근육을 긴장 · 이완시키는 법을 배우는 이완 절차. 내담자는 이를 통해 근육긴장과 신체의 자율적 각성을 감소시키게 됨.

점진적 안내(graduated guidance) 학습자가 행동을 완성하도록 손으로 촉구해 주는 전체 과제 제시법에서 사용되는 촉구 전략. 학습자가 독립적으로 행동을 하기 시작하면 손 도움을 점진적으로 용암시키되, 거리를 두고 학습자의 움직임을 지속적으로 추적하여 도움이 필요하면 언제라도 도움을 제공할 수 있도록 함. 궁극적으로는 거리를 두고 움직임을 추적하는 것이 제거되고 독립적으로 행동할 수 있게 됨.

정적 강화(positive reinforcement) 행동과 유관되는 강화의 한 형태로서 자극이나 사건이 주어지고 미래에 행동 발생 가능성이 증가하게 됨.

정적 강화로부터 타임아웃(time-out from positive reinforcement) 문제행동 발생과 유관되어 있는 부적 벌의 한 형태. 행동 대상은 일정 기간 동안 정적 강화인에 접근할 수 없음. 일반적으로 타임아웃 절차에서 행동 대상이 강화 환경에서 제거됨.

정적 강화인(positive reinforcer) 행동 발생과 유관되게 자극이 주어졌을 때 미래의 행동 발생 가능성이 증가하게 될 자극.

정적 벌(positive punishment) 행동과 유관되는 벌의 한 형태로서 혐오자극이나 사건이 주어지고 미래에 행동 발생 가능성이 감소하게 됨.

정적 연습(positive practice) 문제행동과 유관되는 과잉교정의 한 형태. 행동 대상은 문제행동에 대체될 올바른 형태의 행동을 수없이 반복하게 됨.

조건 벌 인자(conditioned punisher) 확립된 벌 인자와 수없이 많이 짝지어져 결과적으로 자체로서 벌 인자로 기능하는 이전의 중성자극.

조건 정서반응(conditioned emotional response: CER) 조건화된 반응의 한 형태로 수동적 조건형성 절차에서 조건화된 자극이 공포, 분노, 행복과 같은 정서반응을 유도함.

조건강화인(conditioned reinforcer) 확립된 강화인과 수없이 많이 짝지어져 결과적으로 자체로서 강화인으로 기능하는 이전의 중성자극.

조건반응(conditioned response: CR) 수동적 조건형성에서 조건자극은 CR을 이끌어 냄. 조건자극은 무조건자극 혹은 다른 조건화된 자극과 반복적으로 짝지어짐으로써 CR을 유도할 힘을 습득하게 됨.

조건자극(conditioned stimulus: CS) 무조건자극과 짝지어져 온 이전의 중성자극. 일단 이렇게 확립되면 CS는 무조건자극에 의해 유도된 무조건반응과 흡사한 조건반응을 유도함.

조작적 소거(operant extinction) 이전에 강화된 행동이 더 이상 강화되는 결과를 가져오지 않음으로써 미래에 행동의 빈도가 감소하게 되는 절차.

조작적 조건형성(operant conditioning) 특정한 상황에서 행동이 강화 결과에 뒤따라 일어날 때 형성되는 것. 따라서 행동은 미래의 비슷한 상황에서 보다 쉽게 발생하게 됨.

조작적 행동(operant behavior) 즉각적인 결과를 생성하고 다시 그 결과에 의해 강화되는 환경 내에서 이루어지는 행동.

조작적인 자발적 회복(operant spontaneous recovery) 조작적 행동이 소거되었는데 이전의 강화받던 환경에서 행동이 다시 발생하는 것.

주의집중 연습(attention-focusing exercise) 불안유발 자극으로부터 주의를 옮기기 위해 기쁨이나 중성자극에 주의를 집중하는 불안 감소 전략의 한 형태.

준거변경 설계(changing-criterion design) 처치 단계에서 행동에 대한 서로 다른 많은 준거 수준(목표)이 설정되어 있는 연구설계. 행동이 준거 수준에 도달될 때마다 준거를 변화시키며, 처치와 표적행동 간에 기능적 관계가 형성됨.

준거자극(criterion stimuli) 훈련에 뒤따르는 관련 상황에서 표적행동이 발생할 때 나타나는 변별자극과 다른 자극들.

지속시간(duration) 행동의 시작부터 종료까지의 시간을 이르는 행동의 차원. 지속시간은 행동이 얼마나 오랫동안 지속되는가를 의미함.

지연 조건형성(delay conditioning) 수동적 조건형성의 한 형태로서 조건자극(CS)이 제시되고 무조건자극(US)이 CS 종료 전에 제시됨.

직접관찰(direct observation) ☞ 직접평가

직접평가(direct assessment) 직접관찰과 행동이 발생할 때 기록하는 것을 포함하는 행동평가. 직접평가는 직접관찰과 행동의 선행사건 및 결과를 기록하는 것으로 이루어질 수 있음.

차별강화(differential reinforcement) 특정한 바람직한 행동 뒤에 강화인이 뒤따르고 다른 행동에는 강화인이 뒤따르지 않는 절차. 결과적으로 바람직한 행동이 증가되고 다른 행동은 소거됨.

처치 수용성(treatment acceptability) 얼마나 많은 사람이 특정 처치 절차를 좋아하는가에 관한 객관적 판단. 일반적으로 평정척도로 측정함.

처치변경 설계(alternating-treatments design: ATD) 기초선과 처치조건(혹은 두 가지 처치조건)이 날짜 혹은 회기별로 빠르게 연속적으로 실행되는 연구설계. 동일 기간 내에서 기초선과 처치단계들을 서로 비교할 수 있음.

체계적 둔감법(systematic desensitization) 두려움이나 공포를 다루는 데 사용되는 절차. 먼저 이완을 배우고 다음으로 두려움을 유발하는 상황에 대한 위계를 작성함. 마지막으로 최소한의 두려움을 유발하는 상황에서 시작하여 점점 더 심한 두려움을 유발하

는 상황으로 각 상황 위계를 상상하면서 이완 절차를 사용함. 목적은 각 상황을 상상하면서 두려움 반응을 이완반응으로 대치하는 것임.

초과행동(behavioral excess) 빈도나 지속시간 혹은 강도 등을 감소시키려는 바람직하지 않은 표적행동.

촉구(prompt) 행동 대상으로 하여금 제시간에 올바른 행동을 할 가능성을 증가시키기 위해 사용됨. 촉구에는 훈련자의 행동(반응촉구)이나 보조적 환경자극(자극촉구)이 포함될 수 있음.

촉구용암(prompt fading) ☞ 용암법

촉구지연(prompt delay) 훈련자가 S^D를 제시하고 일정한 시간 간격(예: 4초) 후에 촉구를 제공함. S^D와 촉구 제시간의 지연은 촉구가 주어지기 전에 반응을 보일 수 있다는 훈련 진전을 의미함.

축소 유인력(abolishing operation: AO) 유인력의 한 유형. 특정 시간에 특정 강화인의 효능을 감소시키거나 행동의 발생 가능성을 축소시키는 사건. 포만은 축소 유인력의 한 형태임.

타행동 차별강화(differential reinforcement of other behavior: DRO) 일정 시간 간격 동안 문제행동이 발생하지 않을 때 강화인이 주어지는 절차. DRO는 문제행동의 부재를 강화하는 것임.

토큰(token) 토큰경제에서 사용되는 조건강화인. 토큰은 누군가에게 줄 수 있고 모을 수 있는 것임. 토큰은 누군가가 바람직한 행동을 한 후에 주어지는 것이므로 조건강화인이며 교환강화인과 교환될 수 있음.

토큰경제(token economy) 토큰이라는 조건강화인이 바람직한 행동을 한 사람에게 주어지는 강화 체계. 토큰은 나중에 교환강화인과 교환됨.

통제변인(controlling variables) 특정 행동의 발생 가능성에 영향을 미치는 환경사건들(선행사건과 결과). 통제변인은 행동에 기능적으로 관련되어 있는 선행사건과 결과임.

통제행동(controlling behavior) 표적행동의 선행사건이나 결과를 조절하거나 대안적 행동을 조절하는

자기관리 전략의 사용.

투렛장애(Tourette's disorder) 최소한 1년 동안 발생해 온 복합운동과 음성틱을 포함하는 틱장애.

특정 시간 DRO(momentary DRO) DRO 간격의 끝에서 학습자가 문제행동을 하지 않으면 강화인을 제공하는 DRO 절차의 한 형태. 문제행동이 전 간격 동안에 한 번도 나타나지 않아야 강화인을 제공하는 것은 아님. 일반적으로 일시적 DRO는 전체 간격 DRO 절차를 연속적으로 시행하지 않으면 효과적이지 않음.

평등계약(parallel contract) 두 사람이 행동변화를 시도하는 쌍방계약. 두 사람 모두 변화시킬 자신의 행동과 그 결과를 지정함. 그러나 두 사람의 계약행동과 결과가 서로 독립적임. 한 사람의 행동이 다른 사람의 행동에 강화인이 되는 상응계약과는 대조적임.

포만(satiation) 강화인 효과의 점진적인(궁극적으로는 전체) 손실. 포만은 많은 양의 특정 강화인을 받아 왔을 때나 강화자극에 대폭 노출되어 왔을 때 발생함.

표적행동(target behavior) 행동수정에서 수정되는 행동.

프리맥 원리(Premack principle) 높은 비율의 행동과 낮은 비율의 행동을 유관시켜 바람직한 행동은 증가시키고 바람직하지 못한 행동은 감소시키는 원리.

피드백(feedback) 행동기술훈련 절차의 행동시연에서 피드백은 성공적인 수행에 대해 칭찬하는 것을 포함함.

행동(behavior) 행동수정의 대상. 행동은 사람이 말하는 것이나 하는 것으로서 사람의 활동을 포함함.

행동 차원(dimension of behavior) 측정되고 수정될 수 있는 행동의 한 측면. 관련 차원은 빈도, 지속시간, 강도, 반응시간 등을 포함할 수 있음.

행동계약(behavioral contract) 특정 표적행동과 계약기간 내 행동 발생이나 비발생에 대해 주어질 결과를 지정하여 상술한 문서.

행동기술훈련 절차(behavioral skills training

procedure: BST) 새로운 행동이나 기술을 가르칠 때 사용하는 교수, 모델링, 시연, 피드백 등으로 구성된 절차.

행동별 중다기초선 설계(multiple-baseline-across-behaviors design) 동일한 사람의 두 가지 혹은 그 이상의 행동에 대해 기초선과 처치 단계를 가지는 연구설계. 처치는 각 행동별로 엇갈리게 이루어지며, 각 행동에 동일한 처치가 적용됨.

행동수정(behavior modification) 인간행동을 분석하고 수정하는 것과 연관된 심리학의 한 분야.

행동연쇄(behavioral chain) 순차적으로 발생하는 두 가지 혹은 그 이상의 행동 요소로 구성되는 복합적 행동. 각 행동 요소에는 식별자극과 반응이 있음. 자극─반응연쇄라고도 함.

행동이완훈련(behavioral relaxation training) 이완훈련의 한 형태로서 신체의 모든 주 근육이 이완될 때까지 이완적 자세를 취함.

행동평가(behavioral assessment) 행동수정에서의 표적행동 측정. 표적행동의 선행사건과 결과에 대한 측정도 관련될 수 있음.

행동형성(shaping) 표적행동으로의 점진적 접근에 대한 강화. 이상적인 행동 형태나 행동 차원을 확립할 때 사용됨.

혐오자극(aversive stimulus) 행동 발생과 유관되어 어떤 자극이 주어졌을 때 미래의 행동 발생 가능성을 감소시킬 자극.

혐오자극 적용(application of aversive stimulation) 미래의 바람직하지 않은 행동의 발생 가능성을 감소시키기 위해 바람직하지 않은 행동의 발생에 유관되게 혐오자극을 제시하는 정적 벌 절차.

혐오활동 적용(application of aversive activities) 바람직하지 않은 행동과 유관되어 있으며, 미래에 바람직하지 않은 행동의 발생 가능성을 감소시키기 위해 대상을 혐오적 활동(낮은 발생비율의 행동)에 참여시키는 정적 벌 절차.

확대 유인력(establishing operation: EO) 유인력의 한 유형. 특정 시간에 특정 강화인의 효능을 증가시키거나, 행동의 발생 가능성을 확대시키는 사건. 박탈은 확대 유인력의 한 형태임.

회피행동(avoidance behavior) 혐오사건을 예방하는 행동. 이 행동은 혐오적 사건을 회피함으로써 부적 강화됨.

횡격막 호흡법(diaphragmatic breathing) 이완훈련의 한 형태로서 숨쉬기를 천천히 리듬감 있게 하며 폐에 공기를 깊숙이 불어넣도록 횡격막 근육을 사용함.

효과의 법칙(law of effect) 환경에 좋은 효과를 내는 행동이 미래에 보다 쉽게 반복된다는 것.

후진 조건형성(backward conditioning) 무조건자극(US)이 조건자극(CS) 전에 제시되는 수동적 조건형성 절차. 수동적 조건형성 절차의 최소 효과 형태임.

후진 행동연쇄(backward chaining) 연쇄 절차의 한 형태로서 연쇄의 마지막 구성요소를 가장 먼저 가르침. 일단 마지막 S^D가 제시되었을 때 연쇄의 마지막 반응이 일관적으로 발생하면 마지막에서 두 번째 구성요소를 가르치는데, 그러면 연쇄의 마지막 두 구성요소가 함께 발생하게 됨. 이러한 순차적 훈련은 대상이 연쇄의 모든 구성요소를 습득할 때까지 적용함.

훈련자극(training stimuli) 훈련회기 동안에 제시되는 식별자극과 다른 자극들.

흔적 조건형성(trace conditioning) 조건자극(CS)이 제시되고 CS 종료 후에 무조건자극(US)이 제시되는 수동적 조건형성의 한 형태.

참고문헌

Ackerman, A. M., & Shapiro, E. S. (1984). Self-monitoring and work productivity with mentally retarded adults. *Journal of Applied Behavior Analysis, 17*, 403-407.

Adams, C. D., & Kelley, M. L. (1992). Managing sibling aggression: Overcorrection as an alternative to time out. *Behavior Therapy, 23*, 707-717.

Alavosius, M. P., & Sulzer-Azaroff, B. (1986). The effects of performance feedback on the safety of client lifting and transfer. *Journal of Applied Behavior Analysis, 19*, 261-267.

Alberto, P. A., & Troutman, A. C. (1986). *Applied behavior analysis for teachers.* Columbus, OH: Merrill.

Alberto, P. A., & Troutman, A. C. (2003). *Applied behavior analysis for teachers* (6th ed.). Columbus, OH: Merrill.

Albion, F. M., & Salzburg, C. L. (1982). The effect of self-instruction on the rate of correct addition problems with mentally retarded children. *Education and Treatment of Children, 5*, 121-131.

Allen, K. D. (1998). The use of an enhanced simplified habit reversal procedure to reduce disruptive outbursts during athletic performance. *Journal of Applied Behavior Analysis, 31*, 489-492.

Allen, K. D., & Stokes, T. F. (1987). Use of escape and reward in the management of young children during dental treatment. *Journal of Applied Behavior Analysis, 20*, 381-390.

Allen, L. J., Howard, V. F., Sweeney, W. J., & McLaughlin, T. F. (1993). Use of contingency contracting to increase on-task behavior with primary students. *Psychological Reports, 72*, 905-906.

Anderson, C. M., & Long, E. S. (2002). Use of a structured descriptive assessment methodology to identify variables affecting problem behavior. *Journal of Applied Behavior Analysis, 35*, 137-154.

Anderson, C. M., & McMillan, K. (2001). Parental use of escape extinction and differential reinforcement to treat food selectivity. *Journal of Applied Behavior Analysis, 34*, 511-515.

Aragona, J., Cassady, J., & Drabman, R. S. (1975). Treating overweight children through parental training and contingency contracting. *Journal of Applied Behavior Analysis, 8*, 269-278.

Arndorfer, R. E., & Miltenberger, R. G. (1993). Functional assessment and treatment of challenging behavior: A review with implications for early childhood. *Topics in Early Childhood Special Education, 13*, 82-105.

Arndorfer, R. E., Miltenberger, R. G., Woster, S. H., Rortvedt, A. K., & Gaffaney, T. (1994). Home-based descriptive and experimental analysis of problem behaviors in children. *Topics in Early Childhood Special Education, 14*, 64-87.

Ashbaugh, R., & Peck, S. M. (1998). Treatment of sleep problems in a toddler: A replication of the faded bedtime with response cost protocol. *Journal of Applied Behavior Analysis, 31*, 127-129.

Asmus, J. M., Ringdahl, J., Sellers, J., Call, N., Andelman, M., & Wacker, D. (2004). Use of a short-term inpatient model to evaluate aberrant behavior: Outcome data summaries from 1996 to 2001. *Journal of Applied Behavior Analysis, 37*, 283-304.

Asmus, J. M., Wacker, D. P., Harding, J., Berg, W. K., Derby, K. M., & Kocis, E. (1999). Evaluation of antecedent stimulus parameters for the treatment of escape-maintained aberrant behavior. *Journal of Applied Behavior Analysis, 32*, 495-513.

The Association for Persons with Severe Handicaps.

(1987, May). Resolution on the cessation of intrusive interventions. *TASH Newsletter, 5*, 3.

Asterita, M. F. (1985). *The physiology of stress.* New York: Human Sciences Press.

Austin, J., Sigurdsson, S. O., & Rubin, Y. S. (2006). An examination of the effects of delayed versus immediate prompts on safety belt use. *Environment and Behavior, 38*, 140-149.

Axelrod, S., & Apsche, J. (Eds.). (1983). *The effects of punishment on human behavior.* New York: Academic Press.

Ayllon, T. (1963). Intensive treatment of psychotic behavior by stimulus satiation and food reinforcement. *Behaviour Research and Therapy, 1*, 53-61.

Ayllon, T., & Azrin, N. H. (1964). Reinforcement and instructions with mental patients. *Journal of the Experimental Analysis of Behavior, 7*, 327-331.

Ayllon, T., & Azrin, N. H. (1965). The measurement and reinforcement of behavior of psychotics. *Journal of the Experimental Analysis of Behavior, 8*, 357-383.

Ayllon, T., & Azrin, N. H. (1968). *The token economy: A motivational system for therapy and rehabilitation.* New York: Appleton-Century-Crofts.

Ayllon, T., Layman, D., & Kandel, H. J. (1975). A behavioral-educational alternative to drug control of hyperactive children. *Journal of Applied Behavior Analysis, 8*, 137-146.

Ayllon, T., & Michael, J. (1959). The psychiatric nurse as a behavioral engineer. *Journal of the Experimental Analysis of Behavior, 2*, 323-334.

Azrin, N. H., & Foxx, R. M. (1971). A rapid method of toilet training the institutionalized retarded. *Journal of Applied Behavior Analysis, 4*, 89-99.

Azrin, N. H., Hake, D., Holz, W., & Hutchinson, R. (1965). Motivational aspects of escape from punishment. *Journal of the Experimental Analysis of Behavior, 8*, 31-57.

Azrin, N. H., & Holz, W. (1966). Punishment. In W. K. Honig (Ed.), *Operant behavior: Areas of research and application* (pp. 380-447). New York: Appleton-Century-Crofts.

Azrin, N. H., Holz, W., Ulrich, R., & Goldiamond, I. (1973). The control of the content of conversation through reinforcement. *Journal of Applied Behavior Analysis, 6*, 186-192.

Azrin, N. H., Hutchinson, R. R., & Hake, D. F. (1963). Pain-induced fighting in the squirrel monkey. *Journal of the Experimental Analysis of Behavior, 6*, 620.

Azrin, N. H., Hutchinson, R. R., & Hake, D. F. (1966). Extinction produced aggression. *Journal of the Experimental Analysis of Behavior, 9*, 191-204.

Azrin, N. H., & Lindsley, O. R. (1956). The reinforcement of cooperation between children. *Journal of Abnormal and Social Psychology, 52*, 100-102.

Azrin, N. H., & Nunn, R. G. (1973). Habit reversal: A method of eliminating nervous habits and tics. *Behaviour Research and Therapy, 11*, 619-628.

Azrin, N. H., & Nunn, R. G. (1974). A rapid method of eliminating stuttering by a regulated breathing approach. *Behaviour Research and Therapy, 12*, 279-286.

Azrin, N. H., & Nunn, R. G. (1977). *Habit control in a day.* New York: Simon & Schuster.

Azrin, N. H., Nunn, R. G., & Frantz, S. E. (1979). Comparison of regulated breathing versus abbreviated desensitization on reported stuttering episodes. *Journal of Speech and Hearing Disorders, 44*, 331-339.

Azrin, N. H., Nunn, R. G., & Frantz, S. E. (1980a). Habit reversal versus negative practice treatment of nailbiting. *Behaviour Research and Therapy, 18*, 281-285.

Azrin, N. H., Nunn, R. G., & Frantz, S. E. (1980b). Habit reversal versus negative practice treatment of nervous tics. *Behavior Therapy, 11*, 169-178.

Azrin, N. H., Nunn, R. G., & Frantz-Renshaw, S. E. (1980). Habit reversal treatment of thumbsucking. *Behaviour Research and Therapy, 18*, 195-399.

Azrin, N. H., Nunn, R. G., & Frantz-Renshaw, S. E. (1982). Habit reversal versus negative practice treatment of destructive oral habits (biting, chewing or licking of the lips, cheeks, tongue or palate). *Journal of Behavior Therapy and Experimental Psychiatry, 13*, 49-54.

Azrin, N. H., & Peterson, A. L. (1989). Reduction of an eye tic by controlled blinking. *Behavior Therapy, 20*, 467-473.

Azrin, N. H., & Peterson, A. L. (1990). Treatment of Tourette syndrome by habit reversal: A waiting list control group comparison. *Behavior Therapy, 21*, 305-318.

Azrin, N. H., & Powell, J. (1968). Behavioral engineering: The reduction of smoking behavior by a conditioning apparatus and procedure. *Journal of Applied Behavior Analysis, 1*, 193-200.

Azrin, N. H., & Wesolowski, M. D. (1975). Theft reversal: An overcorrection procedure for eliminating stealing by retarded persons. *Journal of Applied Behavior Analysis, 7*, 577-581.

Baer, D. M. (1960). Escape and avoidance responses of pre-school children to two schedules of reinforcement withdrawal. *Journal of the Experimental Analysis of Behavior, 3*, 155-159.

Baer, D. M., Peterson, R. F., & Sherman, J. A. (1967). The

development of imitation by reinforcing behavioral similarity to a model. *Journal of the Experimental Analysis of Behavior, 10*, 405-416.

Baer, D. M., & Sherman, J. A. (1964). Reinforcement control of generalized imitation in young children. *Journal of Experimental Psychology, 1*, 37-49.

Baer, D. M., Wolf, M. M., & Risley, T. R. (1968). Some current dimensions of applied behavior analysis. *Journal of Applied Behavior Analysis, 1*, 91-97.

Baer, D. M., Wolf, M. M., & Risley, T. R. (1987). Some still-current dimensions of applied behavior analysis. *Journal of Applied Behavior Analysis, 20*, 313-327.

Bailey, J. S. (1977). *Handbook of research methods in applied behavior analysis*. Tallahassee, FL: Copy Grafix.

Bailey, J. S., & Burch, M. R. (2002). *Research methods in applied behavior analysis*. Thousand Oaks, CA: Sage.

Bailey, J. S., & Burch, M. R. (2010). *25 essential skills & strategies for the professional behavior analyst: Expert tips for maximizing consulting effectiveness*. New York: Routledge.

Bailey, J. S., & Burch, M. (2011). *Ethics for behavior analysts* (2nd ed.). New York: Routledge.

Bailey, J. S., & Meyerson, L. (1969). Vibration as a reinforcer with a profoundly retarded child. *Journal of Applied Behavior Analysis, 2*, 135-137.

Bailey, J. S., & Pyles, D. A. (1989). Behavioral diagnostics. In E. Cipani (Ed.), *The treatment of severe behavior disorders: Behavior analysis approaches* (pp. 85-107). Washington, DC: American Association on Mental Retardation.

Bakke, B. L., Kvale, S., Burns, T., McCarten, J. R., Wilson, L., Maddox, M., & Cleary, J. (1994). Multicomponent intervention for agitated behavior in a person with Alzheimer's disease. *Journal of Applied Behavior Analysis, 27*, 175-176.

Bakken, J., Miltenberger, R., & Schauss, S. (1993). Teaching mentally retarded parents: Knowledge versus skills. *American Journal on Mental Retardation, 97*, 405-417.

Bambara, L. M., & Kern, L. (2005). *Individualized supports for students with problem behaviors: Designing positive behavior plans*. New York: Guilford Press.

Bandura, A. (1969). *Principles of behavior modification*. New York: Holt Rinehart & Winston.

Bandura, A. (1977). *Social learning theory*. Upper Saddle River, NJ: Prentice Hall.

Bandura, A., Ross, D., & Ross, S. (1963). Imitation of film mediated aggressive models. *Journal of Abnormal and Social Psychology, 66*, 601-607.

Barker, M., Bailey, J., & Lee, N. (2004). The impact of verbal prompts on child safety-belt use in shopping carts. *Journal of Applied Behavior Analysis, 37*, 527-530.

Barlow, D. H., & Hersen, M. (1984). *Single case experimental designs: Strategies for studying behavior change* (2nd ed.). New York: Pergamon.

Barnard, J. D., Christophersen, E. R., & Wolf, M. M. (1977). Teaching children appropriate shopping behavior through parent training in the supermarket setting. *Journal of Applied Behavior Analysis, 10*, 49-59.

Barrett, R. P. (Ed.). (1986). *Severe behavior disorders in the mentally retarded: Nondrug approaches to treatment*. New York: Plenum.

Barretto, A., Wacker, D., Harding, J., Lee, J., & Berg, W. (2006). Using telemedicine to conduct behavioral assessments. *Journal of Applied Behavior Analysis, 39*, 333-340.

Barrish, H. H., Saunders, M., & Wolf, M. M. (1969). Good behavior game: Effects of individual contingencies for group consequences on the disruptive behavior in a classroom. *Journal of Applied Behavior Analysis, 2*, 119-124.

Barton, L. E., Brulle, A. R., & Repp, A. C. (1986). Maintenance of therapeutic change by momentary DRO. *Journal of Applied Behavior Analysis, 19*, 277-282.

Baum, W. M. (1994). *Understanding behaviorism: Science, behavior, and culture*. New York: Harper Collins.

Beavers, G. A., Iwata, B. A., & Lerman, D. C. (2013). Thirty years of research on the functional analysis of problem behavior. *Journal of Applied Behavior Analysis, 46*, 1-21.

Beck, K. V., & Miltenberger, R. G. (2009). Evaluation of a commercially available program and in situ training by parents to teach abduction-prevention skills to children. *Journal of Applied Behavior Analysis, 42*, 761-772.

Becker, W. C., & Carnine, D. C. (1981). Direct instruction: A behavior theory model for comprehensive educational intervention with the disadvantaged. In S. W. Bijou & R. Ruiz (Eds.), *Behavior modification: Contributions to education* (pp. 145-210). Mahwah, NJ: Erlbaum.

Bellamy, G. T., Horner, R. H., & Inman, D. P. (1979). *Vocational habilitation of severely retarded adults*. Austin, TX: Pro-Ed.

Berkowitz, S., Sherry, P. J., & Davis, B. A. (1971). Teaching selffeeding skills to profound retardates using reinforcement and fading procedures. *Behavior Therapy, 2*, 62-67.

Berry, T. D., & Geller, E. S. (1991). A single subject approach to evaluating vehicle safety belt reminders: Back to basics. *Journal of Applied Behavior Analysis, 24*, 13-22.

Bijou, S. W. (1957). Patterns of reinforcement and resistance to extinction in young children. *Child Development, 28,* 47-54.

Bijou, S. W. (1958). Operant extinction after fixed interval schedules with young children. *Journal of the Experimental Analysis of Behavior, 1,* 25-29.

Bijou, S. W. (1976). *Child development: The basic stages of early childhood.* Englewood Cliffs, NJ: Prentice Hall.

Bijou, S. W., Peterson, R. F., & Ault, M. H. (1968). A method to integrate descriptive and experimental field studies at the level of data and empirical concepts. *Journal of Applied Behavior Analysis, 1,* 175-191.

Bijou, S. W., & Ruiz, R. (Eds.). (1981). *Behavior modification: Contributions to education.* Mahwah, NJ: Erlbaum.

Billingsley, F. F., & Romer, L. T. (1983). Response prompting and transfer of stimulus control: Methods, research, and a conceptual framework. *Journal of the Association for Persons with Severe Handicaps, 8,* 3-12.

Birnie-Selwyn, B., & Guerin, B. (1997). Teaching children to spell: Decreasing consonant cluster errors by eliminating selective stimulus control. *Journal of Applied Behavior Analysis, 30,* 69-91.

Bloom, S., Lambert, J., Dayton, E., & Samaha, A. (2013). Teacherconducted trial-based functional analyses as the basis for intervention. *Journal of Applied Behavior Analysis, 46,* 208-218.

Blount, R. L., Drabman, R. S., Wilson, N., & Stewart, D. (1982). Reducing severe diurnal bruxism in two profoundly retarded females. *Journal of Applied Behavior Analysis, 15,* 565-571.

Blumenthal, J. A., & McKee, D. C. (Eds.). (1987). *Applications in behavioral medicine and health psychology: A clinician's source book.* Sarasota, FL: Professional Resource Exchange.

Borrero, J. C., Vollmer, T. R., & Wright, C. S. (2002). An evaluation of contingency strength and response suppression. *Journal of Applied Behavior Analysis, 35,* 337-347.

Bostow, D. E., & Bailey, J. (1969). Modification of severe disruptive and aggressive behavior using brief timeout and reinforcement procedures. *Journal of Applied Behavior Analysis, 2,* 31-37.

Boudjouk, P., Woods, D., Miltenberger, R., & Long, E. (2000). Negative peer evaluation in adolescents: Effects of tic disorders and trichotillomania. *Child and Family Behavior Therapy, 22*(1), 17-28.

Bowman, L. G., Piazza, C. C., Fisher, W. W., Hagopian, L. P., & Kogan, J. S. (1997). Assessment of preference for varied versus constant reinforcers. *Journal of Applied*

Behavior Analysis, 30, 451-458.

Boyer, E., Miltenberger, R., Batsche, C., & Fogel, V. (2009). Expert video modeling with video feedback to enhance gymnastics skills. *Journal of Applied Behavior Analysis, 42,* 855-860.

Brigham, T. A. (1989). *Managing everyday problems.* New York: Guilford.

Bristol, M. M., & Sloane, H. N. (1974). Effects of contingency contracting on study rate and test performance. *Journal of Applied Behavior Analysis, 7,* 271-285.

Brobst, B., & Ward, P. (2002). Effects of public posting, goal setting, and oral feedback on the skills of female soccer players. *Journal of Applied Behavior Analysis, 35,* 247-257.

Brothers, K. J., Krantz, P. J., & McClannahan, L. E. (1994). Office paper recycling: A function of container proximity. *Journal of Applied Behavior Analysis, 27,* 153-160.

Bucher, B., Reykdal, B., & Albin, J. (1976). Brief physical restraint to control pica in retarded children. *Journal of Behavior Therapy and Experimental Psychiatry, 7,* 137-140.

Call, N., Wacker, D., Ringdahl, J., & Boelter, E. (2005). Combined antecedent variables as motivating operations within functional analyses. *Journal of Applied Behavior Analysis, 38,* 385-389.

Cantrell, R. P., Cantrell, M. L., Huddleston, C. M., & Woolbridge, R. L. (1969). Contingency contracting with school problems. *Journal of Applied Behavior Analysis, 2,* 215-220.

Carns, A. W., & Carns, M. R. (1994). Making behavioral contracts successful. *School Counselor, 42,* 155-160.

Carr, E. G. (1988). Functional equivalence as a means of response generalization. In R. H. Horner, G. Dunlap, & R. L. Koegel (Eds.), *Generalization and maintenance: Life-style changes in applied settings* (pp. 221-241). Baltimore: Paul Brookes.

Carr, E. G., & Carlson, J. I. (1993). Reduction of severe behavior problems in the community using a multicomponent treatment approach. *Journal of Applied Behavior Analysis, 26,* 157-172.

Carr, E. G., & Durand, V. M. (1985). Reducing behavior problems through functional communication training. *Journal of Applied Behavior Analysis, 18,* 111-126.

Carr, E. G., Levin, L., McConnachie, G., Carlson, J. I., Kemp, D. C., & Smith, C. E. (1994). *Communication-based intervention for problem behavior: A user's guide for producing positive change.* Baltimore: Paul Brookes.

Carr, E. G., McConnachie, G., Levin, L., & Kemp, D. C. (1993). Communication based treatment of severe behavior problems. In R. Van Houten & S. Axelrod (Eds.), *Behavior analysis and treatment* (pp. 231-267). New York: Plenum.

Carr, E. G., Newsom, C. D., & Binkoff, J. A. (1980). Escape as a factor in the aggressive behavior of two retarded children. *Journal of Applied Behavior Analysis, 13,* 101-117.

Carr, J. E. (1995). Competing responses for the treatment of Tourette syndrome and tic disorders. *Behaviour Research and Therapy, 33,* 455-456.

Carr, J. E. (2005). Recommendations for reporting multiple baseline designs across participants. *Behavioral Interventions, 20,* 219-224.

Carr, J. E., & Austin, J. (Eds.). (2001). *Handbook of applied behavior analysis.* Reno, NV: Context Press.

Carr, J. E., & Burkholder, E. O. (1998). Creating single-subject design graphs with Microsoft Excel. *Journal of Applied Behavior Analysis, 31,* 245-251.

Carroll, L. A., Miltenberger, R. G., & O'Neill, H. K. (1992). A review and critique of research evaluating child sexual abuse prevention programs. *Education & Treatment of Children, 15,* 335-354.

Carroll-Rowan, L., & Miltenberger, R. G. (1994). A comparison of procedures for teaching abduction prevention to preschoolers. *Education and Treatment of Children, 17,* 113-128.

Carstensen, L. L., & Erickson, R. J. (1986). Enhancing the environments of elderly nursing home residents: Are high rates of interaction enough? *Journal of Applied Behavior Analysis, 19,* 349-355.

Carton, J. S., & Schweitzer, J. B. (1996). Use of a token economy to increase compliance during hemodialysis. *Journal of Applied Behavior Analysis, 29,* 111-113.

Catania, A. C. (Ed.). (1968). *Contemporary research in operant behavior.* Glenview, IL: Scott Foresman.

Cautela, J. (1977). *Behavior analysis forms for clinical intervention.* Champaign, IL: Research Press.

Cavalier, A. R., Ferretti, R. P., & Hodges, A. E. (1997). Self-management within a token economy for students with learning disabilities. *Research in Developmental Disabilities, 18,* 167-178.

Chadwick, B. A., & Day, R. C. (1971). Systematic reinforcement: Academic performance of underachieving students. *Journal of Applied Behavior Analysis, 4,* 311-319.

Chance, P. (1988). *Learning and behavior* (2nd ed.). Belmont, CA: Wadsworth.

Charlop, M. H., Burgio, L. D., Iwata, B. A., & Ivancic, M. T. (1988). Stimulus variation as a means of enhancing

punishment effects. *Journal of Applied Behavior Analysis, 21,* 89-95.

Chiesa, M. (1994). *Radical behaviorism: The philosophy and the science.* Boston, MA: Authors Cooperative, Inc.

Christophersen, E. R., & Mortweet, S. L. (2001). *Treatments that work with children: empirically supported strategies for managing childhood problems.* Washington, DC: APA.

Clark, H., Rowbury, T., Baer, A., & Baer, D. (1973). Time out as a punishing stimulus in continuous and intermittent schedules. *Journal of Applied Behavior Analysis, 6,* 443-455.

Clayton, M., Helms, B., & Simpson, C. (2006). Active prompting to decrease cell phone use and increase seat belt use while driving. *Journal of Applied Behavior Analysis, 39,* 341-349.

Coleman, C. L., & Holmes, P. A. (1998). The use of noncontingent escape to reduce disruptive behaviors in children with speech delays. *Journal of Applied Behavior Analysis, 31,* 687-690.

Conners, J., Iwata, B. A., Kahng, S., Hanley, G. P., Worsdell, A. S., & Thompson, R. H. (2000). Differential responding in the presence and absence of discriminative stimuli during multielement functional analyses. *Journal of Applied Behavior Analysis, 33,* 299-308.

Conyers, C., Miltenberger, R., Maki, A., Barenz, R., Jurgens, M., Sailer, A., et al. (2004a). A comparison of response cost and differential reinforcement of other behavior to reduce disruptive behavior in a preschool classroom. *Journal of Applied Behavior Analysis, 37,* 411-415.

Conyers, C., Miltenberger, R., Peterson, B., Gubin, A., Jurgens, M., Selders, A., et al. (2004b). An evaluation of in vivo desensitization and video modeling to increase compliance with dental procedures in persons with mental retardation. *Journal of Applied Behavior Analysis, 37,* 233-238.

Cooper, J. O., Heron, T. E., & Heward, W. L. (1987). *Applied behavior analysis.* Columbus, OH: Merrill.

Cooper, J. O., Heron, T. E., & Heward, W. L. (2007). *Applied behavior analysis* (2nd ed.). Upper Saddle River, NJ: Pearson.

Cope, J. G., & Allred, L. J. (1991). Community intervention to deter illegal parking in spaces reserved for the physically disabled. *Journal of Applied Behavior Analysis, 24,* 687-693.

Corte, H., Wolf, M., & Locke, B. (1971). A comparison of procedures for eliminating self-injurious behavior of retarded adolescents. *Journal of Applied Behavior Analysis, 4,* 201-213.

Cote, C., Thompson, R., & McKerchar, P. (2005). The effects of antecedent interventions and extinction on toddlers' compliance during transitions. *Journal of Applied Behavior Analysis, 38*, 235-238.

Cowdery, G. E., Iwata, B. A., & Pace, G. M. (1990). Effects and sideeffects of DRO as treatment for self-injurious behavior. *Journal of Applied Behavior Analysis, 23*, 497-506.

Cox, C., Cox, B., & Cox, D. (2005). Long-term benefits of prompts to use safety belts among drivers exiting senior communities. *Journal of Applied Behavior Analysis, 38*, 533-536.

Cox, M. G., & Geller, E. S. (2010). Prompting safety belt use: Comparative impact on the target behavior and relevant body language. *Journal of Applied Behavior Analysis, 43*, 321-325.

Craft, M. A., Alber, S. R., & Heward, W. L. (1998). Teaching elementary students with developmental disabilities to recruit teacher attention in a general education classroom: Effects on teacher praise and academic productivity. *Journal of Applied Behavior Analysis, 31*, 399-415.

Creedon, S. A. (2005). Healthcare workers hand decontamination practices: Compliance with recommended guidelines. *Journal of Advanced Nursing, 51*(3), 208-216.

Critchfield, T. S., & Kollins, S. H. (2001). Temporal discounting: Basic research and the analysis of socially important behavior. *Journal of Applied Behavior Analysis, 34*, 101-122.

Cuvo, A. J., Davis, P. K., O'Reilly, M. F., Mooney, B. M., & Crowley, R. (1992). Promoting stimulus control with textual prompts and performance feedback for persons with mild disabilities. *Journal of Applied Behavior Analysis, 25*, 477-489.

Cuvo, A. J., & Klatt, K. P. (1992). Effects of community based, videotape, and flashcard instruction of community-referenced sight words on students with mental retardation. *Journal of Applied Behavior Analysis, 25*, 499-512.

Cuvo, A. J., Leaf, R. B., & Borakove, L. S. (1978). Teaching janitorial skills to the mentally retarded: Acquisition, generalization, and maintenance. *Journal of Applied Behavior Analysis, 11*, 345-355.

Dallery, J., & Glenn, I. M. (2005). Effects of an internet-based voucher reinforcement program for smoking abstinence: A feasibility study. *Journal of Applied Behavior Analysis, 38*, 349-357.

Dallery, J., Meredith, S., & Glenn, I. M. (2008). A deposit contract method to deliver abstinence reinforcement for cigarette smoking. *Journal of Applied Behavior Analysis, 41*, 609-615.

Dallery, J., Raiff, B., & Grabinski, M. (2013). Internet-based contingency management to promote smoking cessation: A randomized controlled study. *Journal of Applied Behavior Analysis, 46*, 750-764.

Dancer, D. D., Braukmann, C. J., Schumaker, J. B., Kirigin, K. A., Willner, A. G., & Wolf, M. M. (1978). The training and validation of behavior observation and description skills. *Behavior Modification, 2*, 113-134.

Dancho, K. A., Thompson, R. H., & Rhoades, M. M. (2008). Teaching preschool children to avoid poison hazards. *Journal of Applied Behavior Analysis, 41*, 267-271.

Daniels, A. C. (2000). *Bringing out the best in people: How to apply the astonishing power of positive reinforcement.* New York: McGrawHill.

Daniels, A. C., & Daniels, J. E. (2006). *Performance management: Changing behavior that drives organizational effectiveness* (4th ed.). Atlanta, GA: PMP.

Davis, C. A., Brady, M. P., Williams, R. E., & Hamilton, R. (1992). Effects of high probability requests on the acquisition and generalization of responses to requests in young children with behavior disorders. *Journal of Applied Behavior Analysis, 25*, 905-916.

Davis, P., & Chittum, R. (1994). A group oriented contingency to increase leisure activities in adults with traumatic brain injury. *Journal of Applied Behavior Analysis, 27*, 553-554.

Dawson, J. E., Piazza, C. C., Sevin, B. M., Gulotta, C. S., Lerman, D., & Kelley, M. L. (2003). Use of the high-probability instructional sequence and escape extinction in a child with food refusal. *Journal of Applied Behavior Analysis, 36*, 105-108.

Day, H. M., Horner, R. H., & O'Neill, R. E. (1994). Multiple functions of problem behaviors: Assessment and intervention. *Journal of Applied Behavior Analysis, 27*, 279-289.

Deaver, C., Miltenberger, R., & Stricker, J. (2001). Functional analysis and treatment of hair twirling in a young child. *Journal of Applied Behavior Analysis, 34*, 535-538.

Deitz, S. M. (1977). An analysis of programming DRL schedules in educational settings. *Behaviour Research and Therapy, 15*, 103-111.

Deitz, S. M., & Malone, L. W. (1985). Stimulus control terminology. *The Behavior Analyst, 8*, 259-264.

Deitz, S. M., & Repp, A. C. (1973). Decreasing classroom misbehavior through the use of DRL schedules of reinforcement. *Journal of Applied Behavior Analysis, 6*,

457–463.

Deitz, S. M., & Repp, A. C. (1974). Differentially reinforcing low rates of misbehavior with normal elementary school children. *Journal of Applied Behavior Analysis, 7*, 622.

DeLeon, I., & Iwata, B. (1996). Evaluation of a multiple stimulus presentation format for assessing reinforcer preferences. *Journal of Applied Behavior Analysis, 29*, 519–533.

DeLuca, R., & Holborn, S. (1992). Effects of a variable ratio reinforcement schedule with changing criteria on exercise in obese and nonobese boys. *Journal of Applied Behavior Analysis, 25*, 671–679.

Demchak, M. (1990). Response prompting and fading methods: A review. *American Journal on Mental Retardation, 94*, 603–615.

DeVries, J. E., Burnette, M. M., & Redmon, W. K. (1991). AIDS prevention: Improving nurses' compliance with glove wearing through performance feedback. *Journal of Applied Behavior Analysis, 24*, 705–711.

Dicesare, A., McCadam, D., Toner, A., & Varrell, J. (2005). The effects of methylphenidate on a functional analysis of disruptive behavior: A replication and extension. *Journal of Applied Behavior Analysis, 38*, 125–128.

Dixon, L. S. (1981). A functional analysis of photo–object matching skills of severely retarded adolescents. *Journal of Applied Behavior Analysis, 14*, 465–478.

Dixon, M. R. (2003). Creating a portable data–collection system with Microsoft®Embedded Visual Tools for the Pocket PC. *Journal of Applied Behavior Analysis, 36*, 271–284.

Dixon, M. R., & Cummings, A. (2001). Self-control in children with autism: Response allocation during delays to reinforcement. *Journal of Applied Behavior Analysis, 34*, 491–495.

Dixon, M. R., & Holcomb, S. (2000). Teaching self-control to small groups of dually diagnosed adults. *Journal of Applied Behavior Analysis, 33*, 611–614.

Dixon, M. R., Horner, M. J., & Guercio, J. (2003). Self-control and the preference for delayed reinforcement: An example in brain injury. *Journal of Applied Behavior Analysis, 36*, 371–374.

Dixon, M. R., Rehfeldt, R. A., & Randich, L. (2003). Enhancing tolerance to delayed reinforcers: The role of intervening activities. *Journal of Applied Behavior Analysis, 36*, 263–266.

Doerner, M., Miltenberger, R., & Bakken, J. (1989). Effects of staff self-management on positive social interactions in a group home setting. *Behavioral Residential Treatment, 4*, 313–330.

Doke, L. A., Wolery, M., & Sumberg, C. (1983). Treating chronic aggression: Effects and side effects of response-contingent ammonia spirits. *Behavior Modification, 7*, 531–556.

Doleys, D. M., Wells, K. C., Hobbs, S. A., Roberts, M. W., & Cartelli, L. M. (1976). The effects of social punishment on noncompliance: A comparison with time out and positive practice. *Journal of Applied Behavior Analysis, 9*, 471–482.

Donaldson, J., & Vollmer, T. (2011). An evaluation and comparison of time-out procedures with and without release contingencies. *Journal of Applied Behavior Analysis, 44*, 693–705.

Donaldson, J., Vollmer, T., Yakich, T., & Van Camp, C. (2013). Effects of a reduced time-out interval on compliance with the time-out instruction. *Journal of Applied Behavior Analysis, 46*, 369–378.

Dorsey, M. F., Iwata, B. A., Ong, P., & McSween, T. E. (1980). Treatment of self-injurious behavior using a water mist: Initial response suppression and generalization. *Journal of Applied Behavior Analysis, 13*, 343–353.

Doty, D. W., McInnis, T., & Paul, G. (1974). Remediation of negative side effects of an ongoing response cost system with chronic mental patients. *Journal of Applied Behavior Analysis, 7*, 191–198.

Drasgow, E., Yell, M. L., Bradley, R., & Shiner, J. G. (1999). The IDEA amendments of 1997: A school-wide model for conducting functional behavioral assessments and developing behavior intervention plans. *Education & Treatment of Children, 22*(3), 244–266.

Ducharme, D. E., & Holborn, S. W. (1997). Programming generalization of social skills in preschool children with hearing impairments. *Journal of Applied Behavior Analysis, 30*, 639–651.

Ducharme, J. M., & Van Houten, R. (1994). Operant extinction in the treatment of severe maladaptive behavior: Adapting research to practice. *Behavior Modification, 18*, 139–170.

Dunlap, G. (1993). Promoting generalization: Current status and functional considerations. In R. Van Houten & S. Axelrod (Eds.), *Behavior analysis and treatment* (pp. 269–296). New York: Plenum.

Dunlap, G., Kern-Dunlap, L., Clarke, S., & Robbins, F. (1991). Functional assessment, curricular revision, and severe behavior problems. *Journal of Applied Behavior Analysis, 24*, 387–397.

Durand, V. M. (1990). *Severe behavior problems: A functional communication training approach*. New York:

Guilford Press.

Durand, V. M. (1999). Functional communication training using assistive devices: Recruiting natural communities of reinforcement. *Journal of Applied Behavior Analysis, 32*, 247-267.

Durand, V. M., & Carr, E. G. (1987). Social influences on "selfstimulatory" behavior: Analysis and treatment application. *Journal of Applied Behavior Analysis, 20*, 119-132.

Durand, V. M., & Carr, E. G. (1991). Functional communication training to reduce challenging behavior: Maintenance and application in new settings. *Journal of Applied Behavior Analysis, 24*, 251-264.

Durand, V. M., & Carr, E. G. (1992). An analysis of maintenance following functional communication training. *Journal of Applied Behavior Analysis, 25*, 777-794.

Durand, V. M., & Crimmins, D. B. (1988). Identifying the variables maintaining self-injurious behavior. *Journal of Autism and Developmental Disorders, 18*, 99-117.

Durand, V. M., Crimmins, D. B., Caufield, M., & Taylor, J. (1989). Reinforcer assessment I: Using problem behavior to select reinforcers. *Journal of the Association for Persons with Severe Handicaps, 14*, 113-126.

Durand, V. M., & Hieneman, M. (2008). *Helping parents with challenging children: Positive family intervention facilitator guide.* New York: Oxford University Press.

Durand, V. M., & Mindell, J. A. (1990). Behavioral treatment of multiple childhood sleep disorders: Effects on child and family. *Behavior Modification, 14*, 37-49.

Dwyer-Moore, K. J., & Dixon, M. R. (2007). Functional analysis and treatment of problem behavior of elderly adults in long-term care. *Journal of Applied Behavior Analysis, 40*, 679-683.

Dyer, K., Dunlap, G., & Winterling, V. (1990). Effects of choice making on the serious problem behaviors of students with severe handicaps. *Journal of Applied Behavior Analysis, 23*, 515-524.

Edelstein, B. A. (1989). Generalization: Terminological, methodological, and conceptual issues. *Behavior Therapy, 20*, 311-324.

Egemo-Helm, K. R., Miltenberger, R. G., Knudson, P., Finstrom, N., Jostad, C., & Johnson, B. (2007). An evaluation of in situ training to teach sexual abuse prevention skills to women with mental retardation. *Behavioral Interventions, 22*, 99-119.

Elder, J. P., Edelstein, B. A., & Narick, M. M. (1979). Adolescent psychiatric patients: Modifying aggressive behavior with social skills training. *Behavior*

Modification, 3, 161-178.

Elder, S. T., Ruiz, Z. R., Deabler, H. L., & Dillenhofer, R. L. (1973). Instrumental conditioning of diastolic blood pressure in essential hypertensive patients. *Journal of Applied Behavior Analysis, 6*, 377-382.

Ellingson, S., Miltenberger, R., & Long, E. (1999). Survey of the use of functional assessment procedures in agencies serving individuals with developmental disabilities. *Behavioral Interventions, 14*, 187-198.

Ellingson, S., Miltenberger, R., Stricker, J., Galensky, T., & Garlinghouse, M. (2000). Functional assessment and treatment of challenging behavior in the classroom setting. *Journal of Positive Behavioral Intervention, 2*, 85-97.

Ellingson, S., Miltenberger, R., Stricker, J., Garlinghouse, M., Roberts, J., Galensky, T., et al. (2000). Functional analysis and treatment of finger sucking. *Journal of Applied Behavior Analysis, 33*, 41-51.

Elliott, A., Miltenberger, R., Bundgaard, J., & Lumley, V. (1996). A national survey of assessment and treatment techniques used by behavior therapists. *Cognitive and Behavioral Practice, 3*, 107-125.

Elliott, A., Miltenberger, R., Rapp, J., Long, E., & McDonald, R. (1998). Brief application of simplified habit reversal to stuttering in children. *Journal of Behavior Therapy and Experimental Psychiatry, 29*, 289-302.

Ellis, J., & Magee, S. K. (1999). Determination of environmental correlates of disruptive classroom behavior: Integration of functional analysis into public school assessment process. *Education & Treatment of Children, 22*(3), 291-316.

Engelman, K. K., Altus, D. E., Mosier, M. C., & Mathews, R. M. (2003). Brief training to promote the use of less intrusive prompts by nursing assistants in a dementia care unit. *Journal of Applied Behavior Analysis, 36*, 129-132.

Epstein, R. (1996). *Self help without hype.* Tucker, GA: Performance Management Publications.

Erford, B. T. (1999). A modified time out procedure for children with noncompliant or defiant behaviors. *Professional School Counseling, 2*, 205-210.

Etzel, B. C., & LeBlanc, J. M. (1979). The simplest treatment alternative: The law of parsimony applied to choosing appropriate instructional control and errorless learning procedures for the difficult-to-teach child. *Journal of Autism and Developmental Disabilities, 9*, 361-382.

Etzel, B. C., LeBlanc, J. M., Schilmoeller, K. J., & Stella, M. E. (1981). Stimulus control procedures in the education of young children. In S. W. Bijou & R. Ruiz (Eds.), *Behavior modification contributions to education* (pp. 3–37). Mahwah, NJ: Erlbaum.

Evans, B. (1976). A case of trichotillomania in a child treated in a home token program. *Journal of Behavior Therapy and Experimental Psychiatry, 7*, 197–198.

Evans, W. (1962). Producing either positive or negative tendencies to a stimulus associated with shock. *Journal of the Experimental Analysis of Behavior, 5*, 335–337.

Everett, P. B., Hayward, S. C., & Meyers, A. W. (1974). The effects of a token reinforcement procedure on bus ridership. *Journal of Applied Behavior Analysis, 7*, 1–9.

Evers, R. A. F., & Van De Wetering, B. J. M. (1994). A treatment model for motor tics based on a specific tension reduction technique. *Journal of Behavior Therapy and Experimental Psychiatry, 25*, 255–260.

Favell, J. E., McGimsey, J. F., & Jones, M. L. (1978). The use of physical restraint in the treatment of self-injury and as positive reinforcement. *Journal of Applied Behavior Analysis, 11*, 225–241.

Fawcett, S. B., & Fletcher, R. K. (1977). Community applications of instructional technology: Training writers of instructional packages. *Journal of Applied Behavior Analysis, 10*, 739–746.

Fellner, D. J., & Sulzer-Azaroff, B. (1974). Assessing the impact of adding assigned or participative goal-setting. *Journal of Organizational Behavior Management, 7*, 3–24.

Ferster, C. B. (1961). Positive reinforcement and behavioral deficits in autistic children. *Child Development, 32*, 347–356.

Ferster, C. B., & Skinner, B. F. (1957). *Schedules of reinforcement.* Upper Saddle River, NJ: Prentice Hall.

Finney, J. W., Rapoff, M. A., Hall, C. L., & Christopherson, E. R. (1983). Replication and social validation of habit reversal treatment for tics. *Behavior Therapy, 14*, 116–126.

Fisher, J., & Neys, R. (1978). Use of a commonly available chore to reduce a boy's rate of swearing. *Journal of Behavior Therapy and Experimental Psychiatry, 9*, 81–83.

Fisher, W., Iwata, B., & Mazaleski, J. (1997). Noncontingent delivery of arbitrary reinforcers as treatment for self-injurious behavior. *Journal of Applied Behavior Analysis, 30*, 239–249.

Fisher, W., Piazza, C. C., Bowman, L. G., Hagopian, L. P., Owens, J. C., & Slevin, I. (1992). A comparison of two approaches for identifying reinforcers for persons with severe and profound disabilities. *Journal of Applied Behavior Analysis, 25*, 491–498.

Fisher, W., Piazza, C. C., Bowman, L. G., Kurtz, P., Sherer,

M., & Lachman, S. (1994). A preliminary evaluation of empirically derived consequences for the treatment of pica. *Journal of Applied Behavior Analysis, 27*, 447–457.

Fitterling, J. M., Martin, J. E., Gramling, S., Cole, P., & Milan, M. A. (1988). Behavioral management of exercise training in vascular headache patients: An investigation of exercise adherence and headache activity. *Journal of Applied Behavior Analysis, 21*, 9–19.

Fleece, L., Gross, A., O'Brien, T., Kistner, J., Rothblum, E., & Drabman, R. (1981). Elevation of voice volume in young developmentally delayed children via an operant shaping procedure. *Journal of Applied Behavior Analysis, 14*, 351–355.

Fogel, V., Miltenberger, R., Graves, R., & Koehler, S. (2010). Evaluating the effects of exergaming on physical activity among inactive children in a physical education classroom. *Journal of Applied Behavior Analysis, 43*(4), 591–600.

Forehand, R., Sturgis, E. T., McMahon, R. J., Aguar, D., Green, K., Wells, K. C., et al. (1979). Parent behavioral training to modify child noncompliance: Treatment generalization across time and from home to school. *Behavior Modification, 3*, 3–25.

Foster, S. L., Bell-Dolan, D. J., & Burge, D. A. (1988). Behavioral observation. In A. S. Bellack & M. Hersen (Eds.), *Behavioral assessment: A practical handbook* (3rd ed., pp. 119–160). New York: Pergamon.

Fox, D. K., Hopkins, B. L., & Anger, W. K. (1987). The long-term effects of a token economy on safety performance in open pit mining. *Journal of Applied Behavior Analysis, 20*, 215–224.

Foxx, R. M. (1998). A comprehensive treatment program for inpatient adolescents. *Behavioral Interventions, 13*, 67–77.

Foxx, R. M., & Azrin, N. H. (1972). Restitution: A method of eliminating aggressive-disruptive behavior of retarded and brain damaged patients. *Behaviour Research and Therapy, 10*, 15–27.

Foxx, R. M., & Azrin, N. H. (1973). The elimination of autistic selfstimulatory behavior by overcorrection. *Journal of Applied Behavior Analysis, 6*, 1–14.

Foxx, R. M., & Bechtel, D. R. (1983). Overcorrection: A review and analysis. In S. Axelrod & J. Apsche (Eds.), *The effects of punishment on human behavior* (pp. 133–220). New York: Academic Press.

Foxx, R. M., McMorrow, M. J., Bittle, R. G., & Bechtel, D. R. (1986). The successful treatment of a dually diagnosed deaf man's aggression with a program that included contingent electric shock. *Behavior Therapy, 17*, 170–186.

Foxx, R. M., & Rubinoff, A. (1979). Behavioral treatment of caffeinism: Reducing excessive coffee drinking. *Journal of Applied Behavior Analysis, 12*, 335-344.

Foxx, R. M., & Shapiro, S. T. (1978). The timeout ribbon: A nonexclusionary timeout procedure. *Journal of Applied Behavior Analysis, 11*, 125-136.

France, K. G., & Hudson, S. M. (1990). Behavior management of infant sleep disturbance. *Journal of Applied Behavior Analysis, 23*, 91-98.

Franco, D. P., Christoff, K. A., Crimmins, D. B., & Kelly, J. A. (1983). Social skills training for an extremely shy young adolescent: An empirical case study. *Behavior Therapy, 14*, 568-575.

Frederickson, L. W. (Ed.). (1982). *Handbook of organizational behavior management.* New York: Wiley.

Friedrich, W., Morgan, S. B., & Devine, C. (1996). Children's attitudes and behavioral intentions toward a peer with Tourette's syndrome. *Journal of Pediatric Psychology, 21*, 307-319.

Friman, P. C., Finney, J. W., & Christopherson, E. R. (1984). Behavioral treatment of trichotillomania: An evaluative review. *Behavior Therapy, 15*, 249-265.

Friman, P. C., & Hove, G. (1987). Apparent covariation between child habit disorders: Effects of successful treatment for thumbsucking on untargeted chronic hair-pulling. *Journal of Applied Behavior Analysis, 20*, 421-425.

Friman, P. C., McPherson, K. M., Warzak, W. J., & Evans, J. (1993). Influence of thumb sucking on peer social acceptance in first grade children. *Pediatrics, 91*, 784-786.

Friman, P. C., & Poling, A. (1995). Making life easier with effort: Basic findings and applied research on response effort. *Journal of Applied Behavior Analysis, 28*, 583-590.

Fritz, J., Iwata, B., Hammond, J., & Bloom, S. (2013). Experimental analysis of precursors to severe problem behavior. *Journal of Applied Behavior Analysis, 46*, 101-129.

Fuller, P. R. (1949). Operant conditioning of a vegetative organism. *American Journal of Psychology, 62*, 587-590.

Fyffe, C., Kahng, S., Fittro, E., & Russell, D. (2004). Functional analysis and treatment of inappropriate sexual behavior. *Journal of Applied Behavior Analysis, 37*, 401-404.

Galensky, T. L., Miltenberger, R. G., Stricker, J. M., & Garlinghouse, M. A. (2001). Functional assessment and treatment of mealtime problem behaviors. *Journal of Positive Behavioral Interventions, 3*, 211-224.

Gambrill, E. D. (1977). *Behavior modification: Handbook of assessment, intervention, and evaluation.* San Francisco: Jossey-Bass.

Garcia, J., Kimeldorf, D. J., & Koelling, R. A. (1955). A conditioned aversion toward saccharin resulting from exposure to gamma radiation. *Science, 122*, 157-158.

Gast, D. L. (2009). *Single subject research methodology in behavioral sciences.* New York: Routledge.

Gatheridge, B. J., Miltenberger, R., Huneke, D. F., Satterlund, M. J., Mattern, A. R., Johnson, B. M., & Flessner, C. A. (2004). A comparison of two programs to teach firearm injury prevention skills to 6- and 7-year-old children. *Pediatrics, 114*, e294-e299.

Geller, E. S., & Hahn, H. A. (1984). Promoting safety belt use at industrial sites: An effective program for blue collar employees. *Professional Psychology: Research and Practice, 15*, 553-564.

Gentry, W. D. (Ed.). (1984). *Handbook of behavioral medicine.* New York: Guilford.

Geren, M. A., Stromer, R., & Mackay, H. A. (1997). Picture naming, matching to sample, and head injury: A stimulus control analysis. *Journal of Applied Behavior Analysis, 30*, 339-342.

Gershoff, E. T. (2002). Corporal punishment by parents and associated child behaviors and experiences: A metanalytic and theoretical review. *Psychological Bulletin, 128*, 539-579.

Glenn, I. M., & Dallery, J. (2007). Effects of internet-based voucher reinforcement and a transdermal nicotine patch on cigarette smoking. *Journal of Applied Behavior Analysis, 40*, 1-13.

Glynn, S. M. (1990). Token economy approaches for psychiatric patients: Progress and pitfalls over 25 years. *Behavior Modification, 14*, 383-407.

Goetz, E., & Baer, D. (1973). Social control of form diversity and the emergence of new forms in children's block-building. *Journal of Applied Behavior Analysis, 6*, 209-217.

Goh, H., & Iwata, B. A. (1994). Behavioral persistence and variability during extinction of self-injury maintained by escape. *Journal of Applied Behavior Analysis, 27*, 173-174.

Goldiamond, I. (1965). Self-control procedures in personal behavior problems. *Psychological Reports, 17*, 851-868.

Goldiamond, I. (1974). Toward a constructional approach to social problems: Ethical and constitutional issues raised by applied behavior analysis. *Behaviorism, 2*, 1-85.

Golonka, Z., Wacker, D., Berg, W., Derby, K. M., Harding, J., & Peck, S. (2000). Effects of escape to alone versus escape to enriched environments on adaptive and aberrant behavior. *Journal of Applied Behavior Analysis, 33*, 243-246.

Gras, M. E., Cunill, M., Planes, M., Sullman, M. J. M., & Oliveras, C. (2003). Increasing safety-belt use in Spanish drivers: A field test of personal prompts. *Journal of Applied Behavior Analysis, 36*, 249-251.

Gray, J. J. (1979). Positive reinforcement and punishment in the treatment of childhood trichotillomania. *Journal of Behavior Therapy and Experimental Psychiatry, 10*, 125-129.

Green, C. W., Reid, D. H., Canipe, V. S., & Gardner, S. M. (1991). A comprehensive evaluation of reinforcer identification processes for persons with profound multiple handicaps. *Journal of Applied Behavior Analysis, 24*, 537-552.

Green, C. W., Reid, D. H., White, L. K., Halford, R. C., Brittain, D. P., & Gardner, S. M. (1988). Identifying reinforcers for persons with profound handicaps: Staff opinion versus systematic assessment of preferences. *Journal of Applied Behavior Analysis, 21*, 31-43.

Green, R. B., Hardison, W. L., & Greene, B. F. (1984). Turning the table on advice programs for parents: Using placemats to enhance family interactions at restaurants. *Journal of Applied Behavior Analysis, 17*, 497-508.

Gross, A. M., & Drabman, R. S. (Eds.). (2005). *Encyclopedia of behavior modification and cognitive behavior therapy volume two: Child clinical applications*. Thousand Oaks, CA: Sage.

Guttman, N., & Kalish, H. I. (1956). Discriminability and stimulus generalization. *Journal of Experimental Psychology, 51*, 79-88.

Hagopian, L. P., Fisher, W. W., & Legacy, S. M. (1994). Schedule effects of noncontingent reinforcement on attention-maintained destructive behavior in identical quadruplets. *Journal of Applied Behavior Analysis, 27*, 317-325.

Hagopian, L. P., & Thompson, R. H. (1999). Reinforcement of compliance with respiratory treatment in a child with cystic fibrosis. *Journal of Applied Behavior Analysis, 32*, 233-236.

Hake, D., & Azrin, N. (1965). Conditioned punishment. *Journal of the Experimental Analysis of Behavior, 8*, 279-293.

Hall, C., Sheldon-Wildgen, J., & Sherman, J. A. (1980). Teaching job interview skills to retarded clients. *Journal of Applied Behavior Analysis, 13*, 433-442.

Halle, J. W. (1989). Identifying stimuli in the natural environment that control verbal responses. *Journal of Speech and Hearing Disorders, 54*, 500-504.

Halle, J. W., & Holt, B. (1991). Assessing stimulus control in natural settings: An analysis of stimuli that acquire control during training. *Journal of Applied Behavior Analysis, 24*, 579-589.

Halvorson, J. A. (1971). The effects on stuttering frequency of pairing punishment (response cost) with reinforcement. *Journal of Speech and Hearing Research, 14*, 356-364.

Handen, B. L., Parrish, J. M., McClung, T. J., Kerwin, M. E., & Evans, L. D. (1992). Using guided compliance versus time-out to promote child compliance: A preliminary comparative analysis in an analogue context. *Research in Developmental Disabilities, 13*, 157-170.

Handen, B. L., & Zane, T. (1987). Delayed prompting: A review of procedural variations and results. *Research in Developmental Disabilities, 8*, 307-330.

Hanley, G. P., Iwata, B. A., & McCord, B. E. (2003). Functional analysis of problem behavior: A review. *Journal of Applied Behavior Analysis, 36*, 147-185.

Hanley, G. P., Piazza, C. C., & Fisher, W. W. (1997). Non-contingent presentation of attention and alternative stimuli in the treatment of attention-maintained destructive behavior. *Journal of Applied Behavior Analysis, 30*, 229-237.

Hanley, G., Piazza, C. C., Fisher, W. W., & Maglieri, K. (2005). On the effectiveness of and preference for punishment and extinction components of function-based interventions. *Journal of Applied Behavior Analysis, 38*, 51-65.

Hansen, D. J., Tishelman, A. C., Hawkins, R. P., & Doepke, K. (1990). Habits with potential as disorders: Prevalence, severity, and other characteristics among college students. *Behavior Modification, 14*, 66-88.

Haring, T. G., & Kennedy, C. H. (1990). Contextual control of problem behaviors in students with severe disabilities. *Journal of Applied Behavior Analysis, 23*, 235-243.

Hartmann, D. P., & Wood, D. D. (1990). Observational methods. In A. S. Bellack, M. Herson, & A. E. Kazdin (Eds.), *International handbook of behavior modification and therapy* (2nd ed., pp. 107-138). New York: Plenum.

Hasazi, J. E., & Hasazi, S. E. (1972). Effects of teacher attention on digit reversal behavior in an elementary school child. *Journal of Applied Behavior Analysis, 5*, 157-162.

Haseltine, B., & Miltenberger, R. (1990). Teaching self-protection skills to persons with mental retardation. *American Journal on Mental Retardation, 95*, 188-197.

Hayes, S. C., Barlow, D. H., & Nelson-Gray, R. O. (Eds.). (1999). *The scientist practitioner: Research and accountability in the age of managed care* (2nd ed.). Boston: Allyn & Bacon.

Heard, K., & Watson, T. S. (1999). Reducing wandering by persons with dementia using differential reinforcement. *Journal of Applied Behavior Analysis, 32*, 381-384.

Hieneman, M., Childs, K., & Sergay, J. (2006). *Parenting with positive behavior support: A practical guide to resolving your child's difficult behavior*. Baltimore, MD: Brookes.

Heinicke, M. R., Carr, J. E., & Mozzoni, M. P. (2009). Using differential reinforcement to decrease academic response latencies of an adolescent with acquired brain injury. *Journal of Applied Behavior Analysis, 42*, 861-865.

Hermann, J. A., Montes, A. I., Dominguez, B., Montes, F., & Hopkins, B. L. (1973). Effects of bonuses for punctuality on the tardiness of industrial workers. *Journal of Applied Behavior Analysis, 6*, 563-570.

Hersen, M., & Bellack, A. S. (Eds.). (1985). *Handbook of clinical behavior therapy with adults*. New York: Plenum.

Hersen, M., & Rosqvist, J. (Eds.). (2005). *Encyclopedia of behavior modification and cognitive behavior therapy volume one: Adult clinical applications*. Thousand Oaks, CA: Sage.

Hersen, M., & Van Hasselt, V. B. (Eds.). (1987). *Behavior therapy with children and adolescents: A clinical approach*. New York: Wiley.

Higbee, T. S., Carr, J. E., & Patel, M. R. (2002). The effects of interpolated reinforcement on resistance to extinction in children diagnosed with autism: A preliminary investigation. *Research in Developmental Disabilities, 23*, 61-78.

Himle, J., Perlman, D., & Lokers, L. (2008). Prototype awareness enhancing and monitoring device for trichotillomania. *Behaviour Research and Therapy, 46*, 1187-1191.

Himle, M. B., & Miltenberger, R. G. (2004). Preventing unintentional firearm injury in children: The need for behavioral skills training. *Education & Treatment of Children, 27*, 161-177.

Himle, M. B., Miltenberger, R. G., Flessner, C., & Gatheridge, B. (2004). Teaching safety skills to children to prevent gun play. *Journal of Applied Behavior Analysis, 37*, 1-9.

Himle, M. B., Miltenberger, R. G., Gatheridge, B., & Flessner, C. (2004). An evaluation of two procedures for training skills to prevent gun play in children. *Pediatrics, 113*, 70-77.

Hobbs, S. A., Forehand, R., & Murray, R. G. (1978). Effects of various durations of time-out on noncompliant behavior of children. *Behavior Therapy, 9*, 652-656.

Hobbs, T. R., & Holt, M. M. (1976). The effects of token reinforcement on the behavior of delinquents in cottage settings. *Journal of Applied Behavior Analysis, 9*, 189-198.

Hoch, H., McComas, J. J., Johnson, L., Faranda, N., & Guenther, S. L. (2002). The effects of magnitude and quality of reinforcement on choice responding during play activities. *Journal of Applied Behavior Analysis, 35*, 171-181.

Hoch, H., McComas, J. J., Thompson, A. L., & Paone, D. (2002). Concurrent reinforcement schedules: Behavior change and maintenance without extinction. *Journal of Applied Behavior Analysis, 35*, 155-169.

Holland, J. G., & Skinner, B. F. (1961). *The analysis of behavior: A program for self-instruction*. New York: McGraw-Hill.

Holz, W. C., Azrin, N. H., & Ayllon, T. (1963). Elimination of the behavior of mental patients with response-produced extinction. *Journal of the Experimental Analysis of Behavior, 6*, 407-412.

Homme, L., Csany, A. P., Gonzales, M. A., & Rechs, J. R. (1970). *How to use contingency contracting in the classroom*. Champaign, IL: Research Press.

Honig, W. K. (Ed.). (1966). *Operant behavior: Areas of research and application*. New York: Appleton-Century-Crofts.

Horn, J., Miltenberger, R., Weil, T., Mowery, J., Conn, M., & Sams, L. (2008). Teaching laundry skills to individuals with developmental disabilities using video prompting. *International Journal of Behavioral Consultation and Therapy, 4*, 279-286.

Horner, R. D. (1971). Establishing use of crutches by a mentally retarded spina bifida child. *Journal of Applied Behavior Analysis, 4*, 183-189.

Horner, R. H., & Carr, E. G. (1997). Behavioral support for students with severe disabilities: Functional assessment and comprehensive intervention. *Journal of Special Education, 31*, 84-104.

Horner, R. H., & Day, H. M. (1991). The effects of response efficiency on functionally equivalent competing behaviors. *Journal of Applied Behavior Analysis, 24*, 719-732.

Horner, R. H., Day, H. M., Sprague, J. R., O'Brien, M., & Heathfield, L. T. (1991). Interspersed requests: A non-aversive procedure for reducing aggression and self-injury during instruction. *Journal of Applied Behavior Analysis, 24*, 265-278.

Horner, R. H., Dunlap, G., & Koegel, R. L. (Eds.). (1988). *Generalization and maintenance: Lifestyle changes in applied settings.* Baltimore: Paul Brookes.

Horner, R. H., & Keilitz, I. (1975). Training mentally retarded adolescents to brush their teeth. *Journal of Applied Behavior Analysis, 8,* 301-309.

Horner, R. H., Sprague, J. R., O'Brien, M., & Heathfield, L. T. (1990). The role of response efficiency in the reduction of problem behaviors through functional equivalence training: A case study. *Journal of the Association for Persons with Severe Handicaps, 15,* 91-97.

Horner, R. H., Sprague, T., & Wilcox, B. (1982). General case programming for community activities. In B. Wilcox & G. T. Bellamy (Eds.), *Design of high school programs for severely handicapped students* (pp. 61-98). Baltimore: Paul Brookes.

Howie, P. M., & Woods, C. L. (1982). Token reinforcement during the instatement and shaping of fluency in the treatment of stuttering. *Journal of Applied Behavior Analysis, 15,* 55-64.

Hughes, C., Harmer, M. L., Killian, D. J., & Niarhos, F. (1995). The effects of multiple-exemplar self-instructional training on high school students' generalized conversational interactions. *Journal of Applied Behavior Analysis, 28,* 201-218.

Hughes, H., Hughes, A., & Dial, H. (1979). Home-based treatment of thumb-sucking: Omission training with edible rein- forcers and a behavioral seal. *Behavior Modification, 3,* 179-186.

Hume, K. M., & Crossman, J. (1992). Musical reinforcement of practice behaviors among competitive swimmers. *Journal of Applied Behavior Analysis, 25,* 665-670.

Hupp, S. D., & Reitman, D. (1999). Improving sports skills and sportsmanship in children diagnosed with attention deficit/hyperactivity disorder. *Child and Family Behavior Therapy, 21*(3), 35-51.

Hussian, R. A. (1981). *Geriatric psychology: A behavioral perspective.* New York: Van Nostrand Reinhold.

Hussian, R. A., & Davis, R. L. (1985). *Responsive care: Behavioral interventions with elderly persons.* Champaign, IL: Research Press.

Ingham, R. J., & Andrews, G. (1973). An analysis of a token economy in stuttering therapy. *Journal of Applied Behavior Analysis, 6,* 219-229.

Isaacs, W., Thomas, J., & Goldiamond, I. (1960). Application of operant conditioning to reinstate verbal behavior in psychotics. *Journal of Speech and Hearing Disorders, 25,* 8-12.

Iwata, B. A., Bailey, J. S., Neef, N. A., Wacker, D. P., Repp, A. C., & Shook, G. L. (Eds.). (1997). *Behavior analysis in developmental disabilities 1968-1995: Reprint series*

(Vol. 3). Lawrence, KS: Society for the Experimental Analysis of Behavior.

Iwata, B. A., Dorsey, M. F., Slifer, K. J., Bauman, K. E., & Richman, G. S. (1982). Toward a functional analysis of self-injury. *Analysis and Intervention in Developmental Disabilities, 2,* 3-20.

Iwata, B. A., & Dozier, C. (2008). Clinical applications of functional analysis methodology. *Behavior Analysis in Practice, 1,* 3-9.

Iwata, B. A., Pace, G. M., Cowdery, G. E., & Miltenberger, R. G. (1994). What makes extinction work: Analysis of procedural form and function. *Journal of Applied Behavior Analysis, 27,* 131-144.

Iwata, B. A., Pace, G. M., Kalsher, M. J., Cowdery, G. E., & Cataldo, M. F. (1990). Experimental analysis and extinction of self-injurious escape behavior. *Journal of Applied Behavior Analysis, 23,* 11-27.

Iwata, B. A., Vollmer, T. R., & Zarcone, J. R. (1990). The experimental (functional) analysis of behavior disorders: Methodology, applications, and limitations. In A. C. Repp & N. N. Singh (Eds.), *Perspectives on the use of nonaversive and aversive interventions for persons with developmental disabilities* (pp. 301-330). Sycamore, IL: Sycamore.

Iwata, B. A., Vollmer, T. R., Zarcone, J. R., & Rodgers, T. A. (1993). Treatment classification and selection based on behavioral function. In R. Van Houten & S. Axelrod (Eds.), *Behavior analysis and treatment* (pp. 101-125). New York: Plenum.

Iwata, B. A., Wong, S. E., Riordan, M. M., Dorsey, M. F., & Lau, M. M. (1982). Assessment and training of clinical interviewing skills: Analogue analysis and field replication. *Journal of Applied Behavior Analysis, 15,* 191-204.

Jackson, D. A., & Wallace, R. F. (1974). The modification and generalization of voice loudness in a fifteen-year-old retarded girl. *Journal of Applied Behavior Analysis, 7,* 461-471.

Jackson, J., & Dixon, M. (2007). A mobile computing solution for collecting functional analysis data on a pocket PC. *Journal of Applied Behavior Analysis, 40,* 359-384.

Jacobson, N. S., & Margolin, G. (1979). *Marital therapy: Strategies based on social learning and behavior exchange principles.* New York: Brunner Mazel.

James, J. E. (1981). Behavioral self-control of stuttering using time-out from speaking. *Journal of Applied Behavior Analysis, 14,* 25-37.

Jeffery, R. W., Bjornson-Benson, W. M., Rosenthal, B. S., Kurth, C. L., & Dunn, M. M. (1984). Effectiveness of monetary contracts with two repayment schedules on weight reduction in men and women from self-referred and population samples. *Behavior Therapy, 15,* 273-279.

Johnson, B. M., Miltenberger, R. G., Egemo-Helm, K., Jostad, C. M., Flessner, C., & Gatheridge, B. (2005). Evaluation of behavioral skills training for teaching abduction prevention skills to young children. *Journal of Applied Behavior Analysis, 38,* 67-78.

Johnson, B. M., Miltenberger, R. G., Knudson, P., Egemo-Helm, K., Kelso, P., Jostad, C., et al. (2006). A preliminary evaluation of two behavioral skills training procedures for teaching abduction prevention skills to school children. *Journal of Applied Behavior Analysis, 39,* 25-34.

Johnston, J. M., & Pennypacker, H. S. (1981). Strategies and tactics of human behavioral research. Mahwah, NJ: Erlbaum.

Jones, F. H., & Miller, W. H. (1974). The effective use of negative attention for reducing group disruption in special elementary school classrooms. *Psychological Record, 24,* 435-448.

Jones, R. T., & Kazdin, A. E. (1980). Teaching children how and when to make emergency telephone calls. *Behavior Therapy, 11,* 509-521.

Jones, R. T., Kazdin, A. E., & Haney, J. L. (1981). Social validation and training of emergency fire safety skills for potential injury prevention and life saving. *Journal of Applied Behavior Analysis, 14,* 249-260.

Jostad, C. M., Miltenberger, R. G., Kelso, P., & Knudson, P. (2008). Peer tutoring to prevent gun play: Acquisition, generalization, and maintenance of safety skills. *Journal of Applied Behavior Analysis, 41,* 117-123.

Kahng, S., Boscoe, J. H., & Byrne, S. (2003). The use of an escape contingency and a token economy to increase food acceptance. *Journal of Applied Behavior Analysis, 36,* 349-353.

Kahng, S., & Iwata, B. A. (1998). Computerized systems for collecting real-time observational data. *Journal of Applied Behavior Analysis, 31,* 253-261.

Kahng, S., & Iwata, B. A. (1999). Correspondence between outcomes of brief and extended functional analyses. *Journal of Applied Behavior Analysis, 32,* 149-159.

Kahng, S., Iwata, B. A., Fischer, S. M., Page, T. J., Treadwell, K. R. H., Williams, D. E., et al. (1998). Temporal distributions of problem behavior based on scatter plot analysis. *Journal of Applied Behavior Analysis, 31,* 593-604.

Kale, R. J., Kaye, J. H., Whelan, P. A., & Hopkins, B. L. (1968). The effects of reinforcement on the modification, maintenance, and generalization of social responses of mental patients. *Journal of Applied Behavior Analysis, 1,* 307-314.

Kanfer, F., & Gaelick-Buys, L. (1991). Self-management methods. In F. H. Kanfer & A. P. Goldstein (Eds.), *Helping people change: A textbook of methods* (4th ed., pp. 161-201). New York: Pergamon.

Karoly, P., & Kanfer, F. (1982). *Self-management and behavior change: From theory to practice.* New York: Pergamon.

Kazdin, A. E. (1977a). Assessing the clinical or applied significance of behavior change through social validation. *Behavior Modification, 1,* 427-452.

Kazdin, A. E. (1977b). *The token economy: A review and evaluation.* New York: Plenum.

Kazdin, A. E. (1980). Acceptability of alternative treatments for deviant child behavior. *Journal of Applied Behavior Analysis, 13,* 259-273.

Kazdin, A. E. (1982). The token economy: A decade later. *Journal of Applied Behavior Analysis, 15,* 431-445.

Kazdin, A. E. (1994). *Behavior modification in applied settings* (4th ed.). Pacific Grove, CA: Brooks/Cole.

Kazdin, A. E. (2010). *Single case research designs: methods for clinical and applied settings* (2nd ed.). New York: Oxford University Press.

Kazdin, A. E., & Bootzin, R. R. (1972). The token economy: An evaluative review. *Journal of Applied Behavior Analysis, 5,* 343-372.

Kazdin, A. E., & Polster, R. (1973). Intermittent token reinforcement and response maintenance in extinction. *Behavior Therapy, 4,* 386-391.

Kelley, M. L., & Stokes, T. F. (1982). Contingency contracting with disadvantaged youths: Improving classroom performance. *Journal of Applied Behavior Analysis, 15,* 447-454.

Kelley, M. L., & Stokes, T. F. (1984). Student-teacher contracting with goal setting for maintenance. *Behavior Modification, 8,* 223-244.

Kemp, D. C., & Carr, E. G. (1995). Reduction of severe problem behavior in community employment using an hypothesis-driven multicomponent intervention approach. *Journal of the Association for Persons with Severe Handicaps, 20,* 229-247.

Kendall, G., Hrycaiko, D., Martin, G. L., & Kendall, T. (1990). The effects of an imagery rehearsal, relaxation, and self-talk package on basketball game performance. *Journal of Sport and Exercise Psychology, 12,* 157-166.

Kendall, P. C. (1989). The generalization and maintenance of behavior change: Comments, considerations, and the "no-cure" criticism. *Behavior Therapy, 20,* 357-364.

Kennedy, C. H. (1994). Manipulating antecedent conditions to alter the stimulus control of problem behavior. *Journal of Applied Behavior Analysis, 27*, 161-170.

Kern, L., Childs, K., Dunlap, G., Clarke, S., & Falk, G. (1994). Using assessment-based curricular interventions to improve the classroom behavior of a student with behavioral challenges. *Journal of Applied Behavior Analysis, 27*, 7-19.

Kirschenbaum, D. S., & Flanery, R. C. (1983). Behavioral contracting: Outcomes and elements. In M. Hersen, R. M. Eisler, & P. M. Miller (Eds.), *Progress in behavior modification* (pp. 217-275). New York: Academic Press.

Kirschenbaum, D. S., & Flanery, R. C. (1984). Toward a psychology of behavioral contracting. *Clinical Psychology Review, 4*, 597-618.

Knight, M. F., & McKenzie, H. S. (1974). Elimination of bedtime thumbsucking in home settings through contingent reading. *Journal of Applied Behavior Analysis, 7*, 33-38.

Kodak, T., Miltenberger, R. G., & Romaniuk, C. (2003). The effects of differential negative reinforcement of other behavior and noncontingent escape on compliance. *Journal of Applied Behavior Analysis, 36*, 379-382.

Kramer, F. M., Jeffery, R. W., Snell, M. K., & Forster, J. L. (1986). Maintenance of successful weight loss over 1 year: Effects of financial contracts for weight maintenance or participation in skills training. *Behavior Therapy, 17*, 295-301.

Krantz, P. J., & McClannahan, L. E. (1993). Teaching children with autism to initiate to peers: Effects of a script-fading procedure. *Journal of Applied Behavior Analysis, 26*, 121-132.

Krantz, P. J., & McClannahan, L. E. (1998). Social interaction skills for children with autism: A script-fading procedure for beginning readers. *Journal of Applied Behavior Analysis, 31*, 191-202.

Kuhn, S. A., Lerman, D., Vorndran, C., & Addison, L. (2006). Analysis of factors that affect responding in a two-response chain in children with developmental disabilities. *Journal of Applied Behavior Analysis, 39*, 263-280.

Kurtz, P. F., Chin, M. D., Huete, J. M., Tarbox, R. S. F., O'Connor, J. T., Paclawskyj, T. R., et al. (2003). Functional analysis and treatment of self-injurious behavior in young children: A summary of 30 cases. *Journal of Applied Behavior Analysis, 36*, 205-219.

Ladoucher, R. (1979). Habit reversal treatment: Learning an incompatible response or increasing the subject's awareness? *Behaviour Research and Therapy, 17*, 313-316.

Ladoucher, R., & Martineau, G. (1982). Evaluation of regulated breathing method with and without parental assistance in the treatment of child stutterers. *Journal of Behavior Therapy and Experimental Psychiatry, 13*, 301-306.

Lahey, B. B., McNees, M. P., & McNees, M. C. (1973). Control of an obscene "verbaltic" through timeout in an elementary school classroom. *Journal of Applied Behavior Analysis, 6*, 101-104.

Lalli, J. S., Browder, D. M., Mace, F. C., & Brown, D. K. (1993). Teacher use of descriptive analysis data to implement interventions to decrease students' problem behaviors. *Journal of Applied Behavior Analysis, 26*, 227-238.

Lalli, J. S., Casey, S. D., & Cates, K. (1997). Noncontingent reinforcement as treatment for severe problem behavior: Some procedural variations. *Journal of Applied Behavior Analysis, 30*, 127-137.

Lalli, J. S., Mace, F. C., Livezey, K., & Kates, K. (1998). Assessment of stimulus generalization gradients in the treatment of self-injurious behavior. *Journal of Applied Behavior Analysis, 31*, 479-483.

Lalli, J. S., Zanolli, K., & Wohn, T. (1994). Using extinction to promote response variability in toy play. *Journal of Applied Behavior Analysis, 27*, 735-736.

Lane, K. L., Umbreit, J., & Beebe-Frankenberger, M. E. (1999). Functional assessment research on students with or at risk for EBD: 1990-present. *Journal of Positive Behavioral Interventions, 1*, 101-111.

Laraway, S., Snycerski, S., Michael, J., & Poling, A. (2003). Motivating operations and terms to describe them: Some further refinements. *Journal of Applied Behavior Analysis, 36*, 407-414.

Larson, P. J., & Maag, J. W. (1999). Applying functional assessment in general education classrooms: Issues and recommendations. *Remedial and Special Education, 19*, 338-349.

Latner, J. D., & Wilson, G. T. (2002). Self monitoring and the assessment of binge eating. *Behavior Therapy, 33*, 465-477.

Lavie, T., & Sturmey, P. (2002). Training staff to conduct a paired-stimulus preference assessment. *Journal of Applied Behavior Analysis, 35*, 209-211.

LaVigna, G. W., & Donnellan, A. M. (1986). *Alternatives to punishment: Solving behavior problems with nonaversive strategies.* New York: Irvington.

Leal, J., & Galanter, M. (1995). The use of contingency contracting to improve outcome in methadone maintenance. *Substance Abuse, 16*(3), 155-167.

Leckman, J., & Cohen, D. (1999). Evolving models of pathogenesis. In J. Leckman & D. Cohen (Eds.), *Tourette's syndrome: Ticks, obsessions, and compulsions* (pp. 155-176). New York: Wiley.

Leitenberg, H., Burchard, J. D., Burchard, S. N., Fuller, E. J., & Lysaght, T. V. (1977). Using positive reinforcement to suppress behavior: Some experimental comparisons with sibling conflict. *Behavior Therapy, 8*, 168-182.

Lennox, D. B., & Miltenberger, R. G. (1989). Conducting a functional assessment of problem behavior in applied settings. *Journal of the Association for Persons with Severe Handicaps, 14*, 304-311.

Lennox, D. B., Miltenberger, R. G., & Donnelly, D. (1987). Response interruption and DRL for the reduction of rapid eating. *Journal of Applied Behavior Analysis, 20*, 279-284.

Lerman, D. C., & Iwata, B. A. (1993). Descriptive and experimental analyses of variables maintaining self-injurious behavior. *Journal of Applied Behavior Analysis, 26*, 293-319.

Lerman, D. C., & Iwata, B. A. (1995). Prevalence of the extinction burst and its attenuation during treatment. *Journal of Applied Behavior Analysis, 28*, 93-94.

Lerman, D. C., & Iwata, B. A. (1996a). A methodology distinguishing between extinction and punishment effects associated with response blocking. *Journal of Applied Behavior Analysis, 29*, 231-233.

Lerman, D. C., & Iwata, B. A. (1996b). Developing a technology for the use of operant extinction in clinical settings: An examination of basic and applied research. *Journal of Applied Behavior Analysis, 29*, 345-382.

Lerman, D. C., Iwata, B. A., Shore, B. A., & DeLeon, I. G. (1997). Effects of intermittent punishment on self-injurious behavior: An evaluation of schedule thinning. *Journal of Applied Behavior Analysis, 30*, 187-201.

Lerman, D. C., Iwata, B. A., Shore, B. A., & Kahng, S. (1996). Responding maintained by intermittent reinforcement: Implications for the use of extinction with problem behavior in clinical settings. *Journal of Applied Behavior Analysis, 29*, 153-171.

Lerman, D. C., Iwata, B. A., & Wallace, M. D. (1999). Side effects of extinction: Prevalence of bursting and aggression during the treatment of self-injurious behavior. *Journal of Applied Behavior Analysis, 32*, 1-8.

Lerman, D. C., & Vorndran, C. M. (2002). On the status of knowledge for using punishment: Implications for treating behavior disorders. *Journal of Applied Behavior Analysis, 35*, 431-464.

Levy, R. L. (1987). Compliance and clinical practice. In J. A. Blumenthal & D. C. McKee (Eds.), *Applications in behavioral medicine and health psychology: A clinicians source book* (pp. 567-587). Sarasota, FL: Professional Resource Exchange.

Lewis, T. J., Scott, T. M., & Sugai, G. M. (1994). The problem behavior questionnaire: A teacher-based instrument to develop functional hypotheses of problem behavior in general education classrooms. *Diagnostique, 19*, 103-115.

Liberman, R. P., Teigen, J., Patterson, R., & Baker, V. (1973). Reducing delusional speech in chronic paranoid schizophrenics. *Journal of Applied Behavior Analysis, 6*, 57-64.

Lindberg, J. S., Iwata, B. A., Kahng, S., & DeLeon, I. G. (1999). DRO contingencies: An analysis of variable-momentary schedules. *Journal of Applied Behavior Analysis, 32*, 123-136.

Lindsley, O. R. (1968). A reliable wrist counter for recording behavior rates. *Journal of Applied Behavior Analysis, 1*, 77-78.

Linscheid, T., Iwata, B. A., Ricketts, R., Williams, D., & Griffin, J. (1990). Clinical evaluation of the self-injurious behavior inhibiting system (SIBIS). *Journal of Applied Behavior Analysis, 23*, 53-78.

Little, L. M., & Kelley, M. L. (1989). The efficacy of response cost procedures for reducing children's noncompliance to parental instructions. *Behavior Therapy, 20*, 525-534.

Long, E., Miltenberger, R., Ellingson, S., & Ott, S. (1999). Augmenting simplified habit reversal in the treatment of oral-digital habits exhibited by individuals with mental retardation. *Journal of Applied Behavior Analysis, 32*, 353-365.

Long, E., Miltenberger, R., & Rapp, J. (1999). Simplified habit reversal plus adjunct contingencies in the treatment of thumb sucking and hair pulling in a young girl. *Child and Family Behavior Therapy, 21*(4), 45-58.

Long, E., Woods, D., Miltenberger, R., Fuqua, R. W., & Boudjouk, P. (1999). Examining the social effects of habit behaviors exhibited by individuals with mental retardation. *Journal of Developmental and Physical Disabilities, 11*, 295-312.

Lovaas, O. I., Berberich, J. P., Perdoff, B. F., & Schaeffer, B. (1966). Acquisition of imitative speech by schizophrenic children. *Science, 151*, 705-706.

Lovaas, O. I., Newsom, C., & Hickman, C. (1987). Self-stimulatory behavior and perceptual reinforcement. *Journal of Applied Behavior Analysis, 20*, 45-68.

Lovaas, O. I., & Simmons, J. Q. (1969). Manipulation of self-destruction in three retarded children. *Journal of Applied Behavior Analysis, 2,* 143-157.

Luce, S. C., Delquadri, J., & Hall, R. V. (1980). Contingent exercise: A mild but powerful procedure for suppressing inappropriate verbal and aggressive behavior. *Journal of Applied Behavior Analysis, 13,* 583-594.

Luce, S. C., & Hall, R. V. (1981). Contingent exercise: A procedure used with differential reinforcement to reduce bizarre verbal behavior. *Education & Treatment of Children, 4,* 309-327.

Ludwig, T. D., & Geller, E. S. (1991). Improving the driving practices of pizza deliverers: Response generalization and modeling effects of driving history. *Journal of Applied Behavior Analysis, 24,* 31-44.

Ludwig, T. D., Gray, T. W., & Rowell, A. (1998). Increasing recycling in academic buildings: A systematic replication. *Journal of Applied Behavior Analysis, 31,* 683-686.

Luiselli, J., Woods, K., & Reed, D. (2011). Review of sports performance research with youth, collegiate, and elite athletes. *Journal of Applied Behavior Analysis, 44,* 999-1002.

Lumley, V., Miltenberger, R., Long, E., Rapp, J., & Roberts, J. (1998). Evaluation of a sexual abuse prevention program for adults with mental retardation. *Journal of Applied Behavior Analysis, 31,* 91-101.

Luthans, F., & Kreitner, R. (1985). *Organizational behavior modification and beyond: An operant and social learning approach.* Glenview, IL: Scott Foresman.

Lutzker, J., & Martin, J. (1981). *Behavior change.* Pacific Grove, CA: Brooks/Cole.

Luyben, P. D., Funk, D. M., Morgan, J. K., Clark, K. A., & Delulio, D. W. (1986). Team sports for the severely retarded: Training a side-of-the-foot soccer pass using amaximum-to-minimum prompt reduction strategy. *Journal of Applied Behavior Analysis, 19,* 431-436.

Maag, J. W. (1999). *Behavior management: From theoretical implications to practical applications.* San Diego: Singular Publishing Group.

MacDuff, G. S., Krantz, P. J., & McClannahan, L. E. (1993). Teaching children with autism to use photographic activity schedules: Maintenance and generalization of complex response chains. *Journal of Applied Behavior Analysis, 26,* 89-97.

Mace, F. C., Hock, M. L., Lalli, J. S., West, B. J., Belfiore, P., Pinter, E., et al. (1988). Behavioral momentum in the treatment of noncompliance. *Journal of Applied Behavior Analysis, 21,* 123-141.

Mace, F. C., & Lalli, J. S. (1991). Linking descriptive and experimental analyses in the treatment of bizarre speech. *Journal of Applied Behavior Analysis, 24,* 553-562.

Mace, F. C., Lalli, J. S., Lalli, E. P., & Shea, M. C. (1993). Functional analysis and treatment of aberrant behavior. In R. Van Houten & S. Axelrod (Eds.), *Behavior analysis and treatment* (pp. 75-99). New York: Plenum.

Mace, F. C., Page, T. J., Ivancic, M. T., & O'Brien, S. (1986). Effectiveness of brief time-out with and without contingent delay: A comparative analysis. *Journal of Applied Behavior Analysis, 19,* 79-86.

Mace, F. C., & Roberts, M. L. (1993). Factors affecting selection of behavioral interventions. In J. Reichle & D. P. Wacker (Eds.), *Communicative alternatives to challenging behavior: Integrating functional assessment and intervention strategies* (pp. 113-133). Baltimore: Paul Brookes.

Madsen, C. H., Becker, W. C., & Thomas, D. R. (1968). Rules, praise, and ignoring: Elements of elementary classroom control. *Journal of Applied Behavior Analysis, 1,* 139-150.

Magrab, P. R., & Papadopoulou, Z. L. (1977). The effect of a token economy on dietary compliance for children on hemodialysis. *Journal of Applied Behavior Analysis, 10,* 573-578.

Malott, R. W. (1986). Self management, rule-governed behavior, and everyday life. In H. W. Reese & L. J. Parrott (Eds.), *Behavioral science: Philosophical, methodological, and empirical advances* (pp. 207-228). Mahwah, NJ: Erlbaum.

Malott, R. W. (1989). The achievement of evasive goals: Control by rules describing contingencies that are not direct acting. In S. C. Hayes (Ed.), *Rule-governed behavior: Cognition, contingencies, and instructional control* (pp. 269-322). New York: Pergamon.

Malott, R. W., Malott, M. E., & Trojan, E. A. (2000). *Elementary principles of behavior* (4th ed.). Upper Saddle River, NJ: Prentice Hall.

Mann, R. A. (1972). The behavior-therapeutic use of contingency contracting to control an adult behavior problem: Weight control. *Journal of Applied Behavior Analysis, 5,* 99-109.

Marcus, B. A., & Vollmer, T. R. (1995). Effects of differential negative reinforcement on disruption and compliance. *Journal of Applied Behavior Analysis, 28,* 229-230.

Marholin, D., & Gray, D. (1976). Effects of group response cost procedures on cash shortages in a small business. *Journal of Applied Behavior Analysis, 9,* 25-30.

Marholin, D., & Steinman, W. (1977). Stimulus control in the classroom as a function of the behavior reinforced. *Journal of Applied Behavior Analysis, 10,* 465-478.

Martin, G., & Pear, J. (1992). *Behavior modification: What it is and how to do it* (4th ed.). Upper Saddle River, NJ: Prentice Hall.

Martin, G., & Pear, J. (1999). *Behavior modification: What it is and how to do it* (6th ed.). Upper Saddle River, NJ: Prentice Hall.

Martin, G. L., & Hrycaiko, D. (1983). *Behavior modification and coaching: Principles, procedures, and research.* Springfield, IL: Charles C. Thomas.

Mason, S. A., McGee, G. G., Farmer-Dougan, V., & Risley, T. R. (1989). A practical strategy for ongoing reinforce-assessment. *Journal of Applied Behavior Analysis, 22,* 171-179.

Mastellone, M. (1974). Aversion therapy: A new use for the old rubber band. *Journal of Behavior Therapy and Experimental Psychiatry, 5,* 311-312.

Mathews, J. R., Friman, P. C., Barone, V. J., Ross, L. V., & Christophersen, E. R. (1987). Decreasing dangerous infant behavior through parent instruction. *Journal of Applied Behavior Analysis, 20,* 165-169.

Mathews, J. R., Hodson, G. D., Crist, W. B., & LaRoche, G. R. (1992). Teaching young children to use contact lenses. *Journal of Applied Behavior Analysis, 25,* 229-235.

Matson, J. L., Sevin, J. A., Fridley, D., & Love, S. R. (1990). Increasing spontaneous language in three autistic children. *Journal of Applied Behavior Analysis, 23,* 227-233.

Matson, J. L., & Stephens, R. M. (1978). Increasing appropriate behavior of explosive chronic psychiatric patients with a social skills training package. *Behavior Modification, 2,* 61-76.

Mazaleski, J. L., Iwata, B. A., Vollmer, T. R., Zarcone, J. R., & Smith, R. G. (1993). Analysis of the reinforcement and extinction components in DRO contingencies with self-injury. *Journal of Applied Behavior Analysis, 26,* 143-156.

McClannahan, L. E., & Risley, T. R. (1975). Design of living environments for nursing home residents: Increasing participation in recreation activities. *Journal of Applied Behavior Analysis, 8,* 261-268.

McComas, J. J., Thompson, A., & Johnson, L. (2003). The effects of presession attention on problem behavior maintained by different reinforcers. *Journal of Applied Behavior Analysis, 36,* 297-307.

McComas, J. J., Wacker, D. P., Cooper, L. J., Asmus, J. M., Richman, D., & Stoner, B. (1996). Brief experimental analysis of stimulus prompts for accurate responding on academic tasks in an outpatient clinic. *Journal of Applied Behavior Analysis, 29,* 397-401.

McGill, P. (1999). Establishing operations: Implications for the assessment, treatment, and prevention of problem behavior. *Journal of Applied Behavior Analysis, 32,* 393-418.

McGimsey, J. F., Greene, B. F., & Lutzker, J. R. (1995). Competence in aspects of behavioral treatment and consultation: Implications for service delivery and graduate training. *Journal of Applied Behavior Analysis, 28,* 301-315.

McGinnis, J. C., Friman, P. C., & Carlyon, W. D. (1999). The effects of token reward on "intrinsic" motivation for doing math. *Journal of Applied Behavior Analysis, 32,* 375-379.

McKerchar, P., & Thompson, R. (2004). A descriptive analysis of potential reinforcement contingencies in the preschool classroom. *Journal of Applied Behavior Analysis, 37,* 431-444.

McLaughlin, T. F., & Malaby, J. (1972). Intrinsic reinforcers in a classroom token economy. *Journal of Applied Behavior Analysis, 5,* 263-270.

McNeil, C. B., Clemens-Mowrer, L., Gurwitch, R. H., & Funderburk, B. W. (1994). Assessment of a new procedure to prevent timeout escape in preschoolers. *Child and Family Behavior Therapy, 16*(3), 27-35.

McSweeny, A. J. (1978). Effects of response cost on the behavior of a million persons: Charging for directory assistance in Cincinnati. *Journal of Applied Behavior Analysis, 11,* 47-51.

Melin, L., & Gotestam, K. G. (1981). The effects of rearranging ward routines on communication and eating behaviors of psychogeriatric patients. *Journal of Applied Behavior Analysis, 14,* 47-51.

Meyer, L. H., & Evans, I. M. (1989). *Nonaversive interventions for behavior problems: A manual for home and community.* Baltimore: Paul Brookes.

Michael, J. L. (1982). Distinguishing between discriminative and motivational functions of stimuli. *Journal of the Experimental Analysis of Behavior, 37,* 149-155.

Michael, J. L. (1991). A behavioral perspective on college teaching. *The Behavior Analyst, 14,* 229-239.

Michael, J. L. (1993a). *Concepts and principles of behavior analysis.* Kalamazoo, MI: Society for the Advancement of Behavior Analysis.

Michael, J. L. (1993b). Establishing operations. *The Behavior Analyst, 16,* 191-206.

Milan, M. A., & McKee, J. M. (1976). The cellblock token economy: Token reinforcement procedures in a maximum security correctional institution for adult male felons. *Journal of Applied Behavior Analysis, 9,* 253-275.

Miller, D. L., & Kelley, M. L. (1994). The use of goal setting and contingency contracting for improving children's homework. *Journal of Applied Behavior Analysis, 27,* 73-84.

Miller, L. K., & Miller, O. L. (1970). Reinforcing self-help group activities of welfare recipients. *Journal of Applied Behavior Analysis, 3,* 57-64.

Miller, N., & Neuringer, A. (2000). Reinforcing variability in adolescents with autism. *Journal of Applied Behavior Analysis, 33,* 151-165.

Miller, W. H. (1975). *Systematic parent training: Procedures, cases, and issues.* Champaign, IL: Research Press.

Miltenberger, R. G. (1998). Methods for assessing antecedent influences on problem behaviors. In J. Luiselli & J. Cameron (Eds.), *Antecedent control procedures for the behavioral support of persons with developmental disabilities* (pp. 47-65). Baltimore: Paul Brookes.

Miltenberger, R. G. (1999). Understanding problem behaviors through functional assessment. In N. Wieseler & R. Hanson (Eds.), *Challenging behavior in persons with mental health disorders and developmental disabilities* (pp. 215-235). Washington, DC: AAMR.

Miltenberger, R. G. (2005). The role of automatic negative reinforcement in clinical problems. *International Journal of Behavioral Consultation and Therapy, 1,* 1-11.

Miltenberger, R. G. (2006). Antecedent intervention for challenging behavior maintained by escape from instructional activities. In J. K. Luiselli (Ed.), *Antecedent assessment & intervention: Supporting children & adults with developmental disabilities in community settings* (pp. 101-124). Baltimore: Brookes.

Miltenberger, R. G., & Crosland, K. A. (2014). Parenting. In F. McSweeney (Ed.), *The Wiley-Blackwell handbook of operant and classical conditioning* (pp. 509-531). New York: Wiley.

Miltenberger, R. G., Flessner, C. A., Gatheridge, B. J., Johnson, B. M., Satterlund, M. J., & Egemo, K. (2004). Evaluation of behavioral skills training procedures to prevent gun play in children. *Journal of Applied Behavior Analysis, 37,* 513-516.

Miltenberger, R. G., Fogel, V., Beck, K., Koehler, S., Shayne, R., Noah, J., et al. (2013). Efficacy of the Stranger Safety abduction-prevention program and parent conducted in-situ training. *Journal of Applied Behavior Analysis, 46,* 817-820.

Miltenberger, R. G., & Fuqua, R. W. (1981). Overcorrection: Review and critical analysis. *The Behavior Analyst, 4,* 123-141.

Miltenberger, R. G., & Fuqua, R. W. (1985a). A comparison of three treatment procedures for nervous habits. *Journal of Behavior Therapy and Experimental Psychiatry, 16,* 196-200.

Miltenberger, R. G., & Fuqua, R. W. (1985b). Evaluation of a training manual for the acquisition of behavioral assessment interviewing skills. *Journal of Applied Behavior Analysis, 18,* 323-328.

Miltenberger, R. G., Fuqua, R. W., & McKinley, T. (1985). Habit reversal with muscle tics: Replication and component analysis. *Behavior Therapy, 16,* 39-50.

Miltenberger, R. G., Fuqua, R. W., & Woods, D. W. (1998). Applying behavior analysis with clinical problems: Review and analysis of habit reversal. *Journal of Applied Behavior Analysis, 31,* 447-469.

Miltenberger, R. G., Gatheridge, B. J., Satterlund, M., Egemo-Helm, K., Johnson, B. M., Jostad, C., Kelso, P., & Flessner, C. (2005). Teaching safety skills to children to prevent gun play: An evaluation of in situ training. *Journal of Applied Behavior Analysis, 38,* 395-398.

Miltenberger, R. G., Lennox, D. B., & Erfanian, N. (1989). Acceptability of alternative treatments for persons with mental retardation: Ratings from institutional and community based staff. *American Journal on Mental Retardation, 93,* 388-395.

Miltenberger, R. G., Long, E., Rapp, J., Lumley, V., & Elliott, A. (1998). Evaluating the function of hair pulling: A preliminary investigation. *Behavior Therapy, 29,* 211-219.

Miltenberger, R. G., Rapp, J., & Long, E. (1999). A low tech method for conducting real time recording. *Journal of Applied Behavior Analysis, 32,* 119-120.

Miltenberger, R. G., Roberts, J., Ellingson, S., Galensky, T., Rapp, J., Long, E., & Lumley, V. (1999). Training and generalization of sexual abuse prevention skills for women with mental retardation. *Journal of Applied Behavior Analysis, 32,* 385-388.

Miltenberger, R. G., & Thiesse-Duffy, E. (1988). Evaluation of homebased programs for teaching personal safety skills to children. *Journal of Applied Behavior Analysis, 21,* 81-87.

Miltenberger, R. G., Thiesse-Duffy, E., Suda, K. T., Kozak, C., & Bruellman, J. (1990). Teaching prevention skills to children: The use of multiple measures to evaluate parent versus expert instruction. *Child and Family Behavior Therapy, 12,* 65-87.

Miltenberger, R. G., Wagaman, J. R., & Arndorfer, R. E. (1996). Simplified treatment and long-term follow-up for stuttering in adults: A study of two cases. *Journal of Behavior Therapy and Experimental Psychiatry, 27,* 181-188.

Miltenberger, R. G., & Woods, D. W. (1998). Disfluencies. In S. Watson & F. Gresham (Eds.), *Handbook of child behavior therapy* (pp. 127-142). New York: Plenum.

Mitchell, W. S., & Stoffelmayr, B. E. (1973). Application of the Premack principle to the behavioral control of extremely inactive schizophrenics. *Journal of Applied Behavior Analysis, 6,* 419-423.

Montesinos, L., Frisch, L. E., Greene, B. F., & Hamilton, M. (1990). An analysis of and intervention in the sexual transmission of disease. *Journal of Applied Behavior Analysis, 23,* 275-284.

Moore, J. W., & Edwards, R. P. (2003). An analysis of aversive stimuli in classroom demand contexts. *Journal of Applied Behavior Analysis, 36,* 339-348.

Moore, J. W., Edwards, R. P., Sterling-Turner, H. E., Riley, J., DuBard, M., & McGeorge, A. (2002). Teacher acquisition of functional analysis methodology. *Journal of Applied Behavior Analysis, 35,* 73-77.

Moore, K., Delaney, J. A., & Dixon, M. R. (2007). Using indices of happiness to examine the influence of environmental enhancements for nursing home residents with Alzheimer's disease. *Journal of Applied Behavior Analysis, 40,* 541-544.

Mowery, J., Miltenberger, R., & Weil, T. (2010). Evaluating the effects of reactivity to supervisor presence on staff response to tactile prompts and self-monitoring in a group home setting. *Behavioral Interventions, 25,* 21-35.

Munk, D. D., & Repp, A. C. (1994). The relationship between instructional variables and problem behavior: A review. *Exceptional Children, 60,* 390-401.

Ndoro, V., Hanley, G., Tiger, J., & Heal, N. (2006). A descriptive assessment of instruction-based interactions in the pre-school classroom. *Journal of Applied Behavior Analysis, 39,* 79-90.

Neef, N. A. (Ed.). (1994). Functional analysis approaches to behavioral assessment and treatment [Special Issue]. *Journal of Applied Behavior Analysis, 27,* 196-418.

Neef, N. A., Lensbower, J., Hockersmith, I., DePalma, V., & Gray, K. (1990). In vivo versus simulation training: An interactional analysis of range and type of training exemplars. *Journal of Applied Behavior Analysis, 23,* 447-458.

Neef, N. A., Mace, F. C., & Shade, D. (1993). Impulsivity in students with serious emotional disturbances: The interactive effects of reinforcer rate, delay, and quality. *Journal of Applied Behavior Analysis, 26,* 37-52.

Neef, N. A., Mace, F. C., Shea, M. C., & Shade, D. (1992). Effects of reinforcer rate and reinforcer quality on time allocation: Extensions of the matching theory to educational settings. *Journal of Applied Behavior Analysis, 25,* 691-699.

Neef, N. A., Shade, D., & Miller, M. S. (1994). Assessing influential dimensions of reinforcers on choice in students with serious emotional disturbance. *Journal of Applied Behavior Analysis, 27,* 575-583.

Neisworth, J. T., Hunt, F. M., Gallop, H. R., & Madle, R. A. (1985). Reinforcer displacement. A preliminary study of the clinical application of the CRF/EXT effect. *Behavior Modification, 9,* 103-115.

Neisworth, J. T., & Moore, F. (1972). Operant treatment of asthmatic responding with the parent as therapist. *Behavior Therapy, 3,* 95-99.

Nelson, G. L., & Cone, J. D. (1979). Multiple baseline analysis of a token economy for psychiatric inpatients. *Journal of Applied Behavior Analysis, 12,* 255-271.

Noell, G. H., Witt, J. C., LaFleur, L. H., Mortenson, B. P., Ranier, D. D., & LeVelle, J. (2000). Increasing intervention implementation in general education following consultation: A comparison of two follow up strategies. *Journal of Applied Behavior Analysis, 33,* 271-284.

Northup, J., Kodak, T., Grow, L., Lee, J., & Coyne, A. (2004). Instructional influences on analogue functional analysis outcomes. *Journal of Applied Behavior Analysis, 37,* 509-512.

Nunn, R. G., & Azrin, N. H. (1976). Eliminating nailbiting by the habit reversal procedure. *Behaviour Research and Therapy, 14,* 65-67.

O'Banion, D. R., & Whaley, D. L. (1981). Behavioral contracting: Arranging contingencies of reinforcement. New York: Springer.

O'Callaghan, P., Allen, K., Powell, S., & Salama, F. (2006). The efficacy of noncontingent escape for decreasing children's disruptive behavior during restorative dental treatment. *Journal of Applied Behavior Analysis, 39,* 161-171.

Oliver, C., Oxener, G., Hearn, M., & Hall, S. (2001). Effects of social proximity on multiple aggressive behaviors. *Journal of Applied Behavior Analysis, 34,* 85-88.

Ollendick, T. H. (1981). Self-monitoring and self-administered overcorrection: The modification of nervous tics in children. *Behavior Modification, 5,* 75-84.

Olsen-Woods, L., Miltenberger, R., & Forman, G. (1998). The effects of correspondence training in an abduction prevention training program. *Child and Family Behavior Therapy, 20,* 15-34.

O'Neill, G. W., Blanck, L. S., & Joyner, M. A. (1980). The use of stimulus control over littering in a natural setting. *Journal of Applied Behavior Analysis, 13,* 370-381.

O'Neill, G. W., & Gardner, R. (1983). *Behavioral principles in medical rehabilitation: A practical guide*. Springfield, IL: Charles C. Thomas.

O'Neill, R. E., Horner, R. H., Albin, R. W., Sprague, J. R., Storey, K., & Newton, J. S. (1997). *Functional assessment and program development for problem behavior: A practical handbook*. Pacific Grove, CA: Brooks/Cole.

O'Neill, R. E., Horner, R. H., Albin, R. W., Storey, K., & Sprague, J. R. (1990). *Functional analysis of problem behavior: A practical guide*. Sycamore, IL: Sycamore.

O'Reilly, M., Sigafoos, J., Edrisinha, C., Lancioni, G., Cannella, H., Choi, H., & Barretto, A. (2006). A preliminary examination of the evocative effects of the establishing operation. *Journal of Applied Behavior Analysis, 39*, 239-242.

Osborne, K., Rudrud, E., & Zezoney, F. (1990). Improving curveball hitting through the enhancement of visual cues. *Journal of Applied Behavior Analysis, 23*, 371-377.

Pace, G. M., Ivancic, M. T., Edwards, G. L., Iwata, B. A., & Page, T. J. (1985). Assessment of stimulus preference and reinforcer value with profoundly retarded individuals. *Journal of Applied Behavior Analysis, 18*, 249-255.

Pace, G. M., Iwata, B. A., Cowdery, G. E., Andree, P. J., & McIntyre, T. (1993). Stimulus (instructional) fading during extinction of self-injurious escape behavior. *Journal of Applied Behavior Analysis, 26*, 205-212.

Pace, G. M., Iwata, B. A., Edwards, G. L., & McCosh, K. C. (1986). Stimulus fading and transfer in the treatment of self-restraint and self-injurious behavior. *Journal of Applied Behavior Analysis, 19*, 381-389.

Page, T. J., Iwata, B. A., & Neef, N. A. (1976). Teaching pedestrian skills to retarded persons: Generalization from the classroom to the natural environment. *Journal of Applied Behavior Analysis, 9*, 433-444.

Patterson, G. R. (1975). *Families: Applications of social learning to family life*. Champaign, IL: Research Press.

Paul, G. L., & Lentz, R. J. (1977). *Psychological treatment for chronic mental patients: Milieu versus social learning programs*. Cambridge, MA: Harvard University Press.

Pavlov, I. P. (1927). *Conditioned reflexes* (G. V. Anrep, Trans.). London: Oxford University Press.

Paxton, R. (1980). The effects of a deposit contract as a component in a behavioral programme for stopping smoking. *Behaviour Research and Therapy, 18*, 45-50.

Paxton, R. (1981). Deposit contracts with smokers: Varying frequency and amount of repayments. *Behaviour Research and Therapy, 19*, 117-123.

Petscher, E. S., & Bailey, J. S. (2006). Effects of training, prompting, and self-monitoring on staff behavior in a classroom for students with disabilities. *Journal of Applied Behavior Analysis, 39*, 215-226.

Phillips, E. L. (1968). Achievement place: Token reinforcement procedures in a home-based style rehabilitation setting for "predelinquent" boys. *Journal of Applied Behavior Analysis, 1*, 213-223.

Phillips, E. L., Phillips, E. A., Fixsen, D. L., & Wolf, M. M. (1971). Achievement place: Modification of the behaviors of predelinquent boys within a token economy. *Journal of Applied Behavior Analysis, 4*, 45-59.

Piacentini, J. C., Woods, D. W., Scahill, L. D., Wilhelm, S., Peterson, A., Chang, S., et al. (2010). Behavior therapy for children with Tourette's Syndrome: A randomized controlled trial. *Journal of the American Medical Association, 303*, 1929-1937.

Piazza, C. C., & Fisher, W. (1991). A faded bedtime with response cost protocol for treatment of multiple sleep problems in children. *Journal of Applied Behavior Analysis, 24*, 129-140.

Piazza, C. C., Moes, D. R., & Fisher, W. W. (1996). Differential reinforcement of alternative behavior and demand fading in the treatment of escape-maintained destructive behavior. *Journal of Applied Behavior Analysis, 29*, 569-572.

Piazza, C. C., Patel, M. R., Gulotta, C. S., Sevin, B. M., & Layer, S. A. (2003). On the relative contributions of positive reinforcement and escape extinction in the treatment of food refusal. *Journal of Applied Behavior Analysis, 36*, 309-324.

Piazza, C. C., Roane, H. S., Keeney, K. M., Boney, B. R., & Abt, K. A. (2002). Varying response effort in the treatment of pica maintained by automatic reinforcement. *Journal of Applied Behavior Analysis, 35*, 233-246.

Pierce, W. D., & Epling, W. F. (1995). *Behavior analysis and learning*. Upper Saddle River, NJ: Prentice Hall.

Pinkston, E. M., Reese, N. M., LeBlanc, J. M., & Baer, D. M. (1973). Independent control of a preschool child's aggression and peer interaction by contingent teacher attention. *Journal of Applied Behavior Analysis, 6*, 115-124.

Plummer, S., Baer, D. M., & LeBlanc, J. M. (1977). Functional considerations in the use of procedural time-out and an effective alternative. *Journal of Applied Behavior Analysis, 10*, 689-705.

Poche, C., Brouwer, R., & Swearingen, M. (1981). Teaching selfprotection to young children. *Journal of Applied Behavior Analysis, 14*, 169-176.

Poche, C., Yoder, P., & Miltenberger, R. (1988). Teaching

selfprotection skills to children using television techniques. *Journal of Applied Behavior Analysis, 21*, 253-261.

Polenchar, B. E., Romano, A. G., Steinmetz, J. E., & Patterson, M. M. (1984). Effects of US parameters on classical conditioning of cat hind-limb flexion. *Animal Learning and Behavior, 12*, 69-72.

Poling, A., & Grossett, D. (1986). Basic research designs in applied behavior analysis. In A. Poling & R. W. Fuqua (Eds.), *Research methods in applied behavior analysis: Issues and advances* (pp. 7-27). New York: Plenum.

Poling, A., & Ryan, C. (1982). Differential reinforcement of other behavior schedules. *Behavior Modification, 6*, 3-21.

Porterfield, J. K., Herbert-Jackson, E., & Risley, T. R. (1976). Contingent observation: An effective and acceptable procedure for reducing disruptive behavior of young children in a group setting. *Journal of Applied Behavior Analysis, 9*, 55-64.

Premack, D. (1959). Toward empirical behavior laws I: Positive reinforcement. *Psychological Review, 66*, 219-233.

Pryor, K. (1985). *Don't shoot the dog: The new art of teaching and training.* New York: Bantam.

Quinn, M., Miltenberger, R., & Fogel, V. (in press). Using TAGteach to enhance proficiency in dance movements. *Journal of Applied Behavior Analysis.*

Rachlin, H. (1976). *Behavior and learning.* San Francisco: W. H. Freeman.

Rapp, J., Carr, J., Miltenberger, R., Dozier, C., & Kellum, K. (2001). Using real-time recording to enhance the analysis of within session functional analysis data. *Behavior Modification, 25*, 70-93.

Rapp, J., Miltenberger, R., Galensky, T., Ellingson, S., & Long, E. (1999). A functional analysis of hair pulling. *Journal of Applied Behavior Analysis, 32*, 329-337.

Rapp, J., Miltenberger, R., Galensky, T., Ellingson, S., Long, E., Stricker, J., et al. (2000). Treatment of hair pulling and hair manipulation maintained by digital-tactile stimulation. *Behavior Therapy, 31*, 381-393.

Rapp, J., Miltenberger, R., Galensky, T., Roberts, J., & Ellingson, S. (1999). Brief functional analysis and simplified habit reversal treatment for thumb sucking in fraternal twin brothers. *Child and Family Behavior Therapy, 21*(2), 1-17.

Rapp, J., Miltenberger, R., & Long, E. (1998). Augmenting simplified habit reversal with an awareness enhancement device: Preliminary findings. *Journal of Applied Behavior Analysis, 31*, 665-668.

Rapp, J., Miltenberger, R., Long, E., Elliott, A., & Lumley, V. (1998). Simplified habit reversal for hair pulling in three adolescents: A clinical replication with direct observation. *Journal of Applied Behavior Analysis, 31*, 299-302.

Rapport, M. D., Murphy, H. A., & Bailey, J. S. (1982). Ritalin vs. response cost in the control of hyperactive children: A within subject comparison. *Journal of Applied Behavior Analysis, 15*, 205-216.

Rasey, H. W., & Iversen, I. H. (1993). An experimental acquisition of maladaptive behavior by shaping. *Journal of Behavior Therapy & Experimental Psychiatry, 24*, 37-43.

Rehfeldt, R. A., & Chambers, M. R. (2003). Functional analysis and treatment of verbal perseverations displayed by an adult with autism. *Journal of Applied Behavior Analysis, 36*, 259-261.

Rehfeldt, R. A., Dahman, D., Young, A., Cherry, H., & Davis, P. (2003). Teaching a simple meal preparation skill to adults with moderate and severe mental retardation using video modeling. *Behavioral Interventions, 18*, 209-218.

Reichle, J., & Wacker, D. P. (Eds.). (1993). *Communicative alternatives to challenging behavior: Integrating functional assessment and intervention strategies.* Baltimore: Paul Brookes.

Reid, D., Parsons, M., & Green, C. (1989). *Staff management in human services: Behavioral research and application.* Springfield, IL: Charles C. Thomas.

Reid, D., Parsons, M., & Green, C. (2012). *The supervisor's guide book: Evidence-based strategies for promoting work quality and enjoyment among human service staff.* Morganton, NC: Habilitative Management Consultants.

Reid, D. H., Parsons, M. B., Phillips, J. F., & Green, C. W. (1993). Reduction of self-injurious hand mouthing using response blocking. *Journal of Applied Behavior Analysis, 26*, 139-140.

Rekers, G. A., & Lovaas, O. I. (1974). Behavioral treatment of deviant sex-role behaviors in a male child. *Journal of Applied Behavior Analysis, 7*, 173-190.

Repp, A. C. (1983). *Teaching the mentally retarded.* Upper Saddle River, NJ: Prentice Hall.

Repp, A. C., Barton, L. E., & Brulle, A. R. (1983). A comparison of two procedures for programming the differential reinforcement of other behaviors. *Journal of Applied Behavior Analysis, 16*, 435-445.

Repp, A. C., & Deitz, S. M. (1974). Reducing aggressive and selfinjurious behavior of institutionalized retarded children through reinforcement of other behaviors. *Journal of Applied Behavior Analysis, 7*, 313-325.

Repp, A. C., & Horner, R. H. (1999). *Functional analysis of problem behavior: From effective analysis to effective* support. Belmont, CA: Wadsworth.

Repp, A. C., & Karsh, K. G. (1994). Hypothesis-based interventions for tantrum behaviors of persons with developmental disabilities in school settings. *Journal of Applied Behavior Analysis, 27*, 21-31.

Repp, A. C., & Singh, N. N. (Eds.). (1990). *Perspectives on the use of nonaversive and aversive interventions for persons with developmental disabilities.* Sycamore, IL: Sycamore.

Rescorla, R. A., & Wagner, A. R. (1972). A theory of Pavlovian conditioning: Variations in the effectiveness of reinforcement and nonreinforcement. In A. H. Black & W. F. Prokasy (Eds.), *Classical conditioning II.* New York: Appleton-Century-Crofts.

Reynolds, G. S. (1961). Behavioral contrast. *Journal of the Experimental Analysis of Behavior, 4*, 57-71.

Reynolds, G. S. (1968). *A primer of operant conditioning.* Glenview, IL: Scott Foresman.

Reynolds, B., Dallery, J., Shroff, P., Patak, M., & Leraas, K. (2008). A web-based contingency management program with adolescent smokers. *Journal of Applied Behavior Analysis, 41*, 597-601.

Richman, D. M., Wacker, D. P., Brown, L. J. C., Kayser, K., Crosland, K., Stephens, T. J., & Asmus, J. (2001). Stimulus characteristics within directives: Effects on accuracy of task completion. *Journal of Applied Behavior Analysis, 34*, 289-312.

Richman, D. M., Wacker, D. P., & Winborn, L. (2001). Response efficiency during functional communication training: Effects of effort on response allocation. *Journal of Applied Behavior Analysis, 34*, 73-76.

Richman, G. S., Reiss, M. L., Bauman, K. E., & Bailey, J. S. (1984). Training menstrual care to mentally retarded women: Acquisition, generalization, and maintenance. *Journal of Applied Behavior Analysis, 17*, 441-451.

Rincover, A. (1978). Sensory extinction: A procedure for eliminating self-stimulatory behavior in psychotic children. *Journal of Abnormal Child Psychology, 6*, 299-310.

Ringdahl, J. E., & Sellers, J. A. (2000). The effects of different adults as therapists during functional analyses. *Journal of Applied Behavior Analysis, 33*, 247-250.

Roberts, M. C., & Peterson, L. (Eds.). (1984). *Prevention of problems in childhood: Psychological research and applications.* New York: Wiley.

Roberts, M. L., Mace, F. C., & Daggett, J. A. (1995). Preliminary comparison of two negative reinforcement schedules to reduce self-injury. *Journal of Applied Behavior Analysis, 28*, 579-580.

Roberts, M. W., & Powers, S. W. (1990). Adjusting chair time-out procedures for oppositional children. *Behavior Therapy, 21*, 257-271.

Robinson, P. W., Newby, T. J., & Ganzell, S. L. (1981). A token system for a class of underachieving hyperactive children. *Journal of Applied Behavior Analysis, 14*, 307-315.

Rogers, R. W., Rogers, J. S., Bailey, J. S., Runkle, W., & Moore, B. (1988). Promoting safety belt use among state employees: The effects of a prompting and stimulus control intervention. *Journal of Applied Behavior Analysis, 21*, 263-269.

Rogers-Warren, A. R., Warren, S. F., & Baer, D. M. (1977). A component analysis: Modeling, self-reporting, and reinforcement of self-reporting in the development of sharing. *Behavior Modification, 1*, 307-322.

Rolider, A., & Van Houten, R. (1985). Movement suppression timeout for undesirable behavior in psychotic and severely developmentally delayed children. *Journal of Applied Behavior Analysis, 18*, 275-288.

Roll, J. (2005). Assessing the feasibility of using contingency management to modify cigarette smoking by adolescents. *Journal of Applied Behavior Analysis, 38*, 463-467.

Romaniuk, C., & Miltenberger, R. (2001). The influence of preference and choice of activity on problem behavior. *Journal of Positive Behavioral Interventions, 3*, 152-159.

Romaniuk, C., Miltenberger, R., Conyers, C., Jenner, N., Jurgens, M., & Ringenberg, C. (2002). The influence of activity choice on problem behaviors maintained by escape versus attention. *Journal of Applied Behavior Analysis, 35*, 349-362.

Rortvedt, A. K., & Miltenberger, R. G. (1994). Analysis of a high probability instructional sequence and time-out in the treatment of child noncompliance. *Journal of Applied Behavior Analysis, 27*, 327-330.

Rosenbaum, M. S., & Ayllon, T. (1981a). The habit reversal technique in treating trichotillomania. *Behavior Therapy, 12*, 473-481.

Rosenbaum, M. S., & Ayllon, T. (1981b). Treating bruxism with the habit reversal technique. *Behaviour Research and Therapy, 19*, 87-96.

Rosenthal, T., & Steffek, B. (1991). Modeling methods. In F. Kanfer & A. Goldstein (Eds.), *Helping people change: A textbook of methods* (4th ed., pp. 70-121). Elmsford, NY: Pergamon.

Rusch, F. R., Rose, T., & Greenwood, C. R. (1988). *Introduction to behavior analysis in special education.* Upper Saddle River, NJ: Prentice Hall.

Ruth, W. J. (1996). Goal setting and behavior contracting

for students with emotional and behavioral difficulties: Analysis of daily, weekly, and total goal attainment. *Psychology in the Schools, 33*, 153-158.

Sajwaj, T., Libet, J., & Agras, S. (1974). Lemon juice therapy: The control of life threatening rumination in a six month old infant. *Journal of Applied Behavior Analysis, 7*, 557-563.

Salend, S. J., Ellis, L. L., & Reynolds, C. J. (1989). Using self-instructions to teach vocational skills to individuals who are severely retarded. *Education and Training in Mental Retardation, 24*, 248-254.

Sarokoff, R. A., & Sturmey, P. (2004). The effects of behavioral skills training on staff implementation of discrete-trial teaching. *Journal of Applied Behavior Analysis, 37*, 535-538.

Sarokoff, R. A., Taylor, B. A., & Poulson, C. L. (2001). Teaching children with autism to engage in conversational exchanges: Script fading with embedded textual stimuli. *Journal of Applied Behavior Analysis, 34*, 81-84.

Sasso, G. M., Reimers, T. M., Cooper, L. J., Wacker, D., Berg, W., Steege, M., et al. (1992). Use of descriptive and experimental analyses to identify the functional properties of aberrant behavior in school settings. *Journal of Applied Behavior Analysis, 25*, 809-821.

Saville, B. K., & Zinn, T. E. (2009). Interteaching: The effects of quality points on exam scores. *Journal of Applied Behavior Analysis, 42*, 369-374.

Schaefer, H. H. (1970). Self-injurious behavior: Shaping "head banging" in monkeys. *Journal of Applied Behavior Analysis, 3*, 111-116.

Schaeffer, C. E., & Millman, H. L. (1981). *How to help children with common problems.* New York: Van Nostrand Reinhold.

Schleien, S. J., Wehman, P., & Kiernan, J. (1981). Teaching leisure skills to severely handicapped adults: An age-appropriate darts game. *Journal of Applied Behavior Analysis, 14*, 513-519.

Schlinger, H. D. (1993). Separating discriminative and function-altering effects of verbal stimuli. *The Behavior Analyst, 16*, 9-23.

Schreibman, L. (1975). Effects of within-stimulus and extra-stimulus prompting on discrimination learning in autistic children. *Journal of Applied Behavior Analysis, 8*, 91-112.

Schwartz, G. J. (1977). College students as contingency managers for adolescents in a program to develop reading skills. *Journal of Applied Behavior Analysis, 10*, 645-655.

Scott, D., Scott, L. M., & Goldwater, B. (1997). A performance improvement program for an international-level track and field athlete. *Journal of Applied Behavior Analysis, 30*, 573-575.

Scotti, J. R., McMorrow, M. J., & Trawitzki, A. L. (1993). Behavioral treatment of chronic psychiatric disorders: Publication trends and future directions. *Behavior Therapy, 24*, 527-550.

Shapiro, A. K., Shapiro, E., Bruun, R. D., & Sweet, R. D. (1978). *Glles de la Tourette syndrome.* New York: Raven.

Shapiro, E. S., Barrett, R. P., & Ollendick, T. H. (1980). A comparison of physical restraint and positive practice overcorrection in treating stereotypic behavior. *Behavior Therapy, 11*, 227-233.

Sharenow, E. L., Fuqua, R. W., & Miltenberger, R. G. (1989). The treatment of muscle tics with dissimilar competing response practice. *Journal of Applied Behavior Analysis, 22*, 35-42.

Shook, G. L. (1993). The professional credential in applied behavior analysis. *The Behavior Analyst, 16*, 87-102.

Siegal, G. M., Lenske, J., & Broen, P. (1969). Suppression of normal speech disfluencies through response cost. *Journal of Applied Behavior Analysis, 2*, 265-276.

Sigafoos, J., O'Reilly, M., Cannella, H., Edrisinha, C., de la Cruz, B., Upadhyaya, M., et al. (2007). Evaluation of a video prompting and fading procedure for teaching dish washing skills to adults with developmental disabilities. *Journal of Behavioral Education, 16*(2), 93-109.

Sigafoos, J., O'Reilly, M., Cannella, H., Upadhyaya, M., Edrisinha, C., Lancioni, G. E., et al. (2005). Computer-presented video prompting for teaching microwave oven use to three adults with developmental disabilities. *Journal of Behavioral Education, 14*(3), 189-201.

Singh, N. N., Dawson, M. J., & Manning, P. (1981). Effects of spaced responding DRL on the stereotyped behavior of profoundly retarded persons. *Journal of Applied Behavior Analysis, 14*, 521-526.

Singh, N. N., Watson, J. E., & Winton, A. S. (1986). Treating self-injury: Water mist spray versus facial screening or forced arm exercise. *Journal of Applied Behavior Analysis, 19*, 403-410.

Skinner, B. F. (1938). *The behavior of organisms: An experimental analysis.* New York: Appleton-Century-Crofts.

Skinner, B. F. (1953a). *Science and human behavior.* New York: Free Press.

Skinner, B. F. (1953b). Some contributions of an experimental analysis of behavior to psychology as a whole. *American Psychologist, 8*, 69–78.

Skinner, B. F. (1956). A case history in scientific method. *American Psychologist, 11*, 221–233.

Skinner, B. F. (1957). *Verbal behavior*. New York: Appleton-Century-Crofts.

Skinner, B. F. (1958). Reinforcement today. *American Psychologist, 13*, 94–99.

Skinner, B. F. (1966). What is the experimental analysis of behavior? *Journal of the Experimental Analysis of Behavior, 9*, 213–218.

Skinner, B. F. (1968). *The technology of teaching*. Upper Saddle River, NJ: Prentice Hall.

Skinner, B. F. (1969). *Contingencies of reinforcement: A theoretical analysis*. New York: Appleton-Century-Crofts.

Skinner, B. F. (1974). *About behaviorism*. New York: Knopf.

Slifer, K. J., Koontz, K. L., & Cataldo, M. F. (2002). Operant-contingency-based preparation of children for functional magnetic resonance imaging. *Journal of Applied Behavior Analysis, 35*, 191–194.

Smeets, P. M., Lancioni, G. E., Ball, T. S., & Oliva, D. S. (1985). Shaping self-initiated toileting in infants. *Journal of Applied Behavior Analysis, 18*, 303–308.

Smith, R. G., Iwata, B. A., Goh, H., & Shore, B. A. (1995). Analysis of establishing operations for self-injury maintained by escape. *Journal of Applied Behavior Analysis, 28*, 515–535.

Smith, R. G., Iwata, B. A., Vollmer, T. R., & Zarcone, J. R. (1993). Experimental analysis and treatment of multiply controlled self-injury. *Journal of Applied Behavior Analysis, 26*, 183–196.

Snell, M. E., & Gast, D. L. (1981). Applying the time delay procedure to the instruction of the severely handicapped. *Journal of the Association for the Severely Handicapped, 6*, 3–14.

Solnick, J. V., Rincover, A., & Peterson, C. R. (1977). Some determinants of the reinforcing and punishing effects of time-out. *Journal of Applied Behavior Analysis, 10*, 415–424.

Spiegler, M., & Guevremont, D. (2010). Contemporary behavior therapy (5th ed.). Belmont, CA: Wadsworth.

Sprague, J. R., & Horner, R. H. (1984). The effects of single instance, multiple instance, and general case training on generalized vending machine use by moderately and severely handicapped students. *Journal of Applied Behavior Analysis, 17*, 273–278.

Sprague, J. R., & Horner, R. H. (1995). Functional assessment and intervention in community settings. *Mental Retardation and Developmental Disabilities Research Reviews, 1*, 89–93.

Stabler, B., & Warren, A. B. (1974). Behavioral contracting in treating trichotillomania: A case note. *Psychological Reports, 34*, 293–301.

Stajkovic, A. D., & Luthans, F. (1997). A meta-analysis of the effects of organizational behavior modification on task performance, 1975–95. *Academy of Management Journal, 40*, 1122–1149.

Starin, S., Hemingway, M., & Hartsfield, F. (1993). Credentialing behavior analysts and the Florida Behavior Analyst Certification Program. *The Behavior Analyst, 16*, 153–166.

Starke, M. (1987). Enhancing social skills and self-perceptions of physically disabled young adults: Assertiveness training versus discussion groups. *Behavior Modification, 11*, 3–16.

Steege, M. W., Wacker, D. P., Cigrand, K. C., Berg, W. K., Novak, C. G., Reimers, T. M., et al. (1990). Use of negative reinforcement in the treatment of self-injurious behavior. *Journal of Applied Behavior Analysis, 23*, 459–467.

Steinman, W. M. (1970). The social control of generalized imitation. *Journal of Applied Behavior Analysis, 3*, 159–167.

Stephenson, K. M., & Hanley, G. P. (2010). Preschoolers' compliance with simple instructions: A descriptive and experimental evaluation. *Journal of Applied Behavior Analysis, 43*, 229–247.

Stickney, M., & Miltenberger, R. (1999). Evaluation of procedures for the functional assessment of binge eating. *International Journal of Eating Disorders, 26*, 196–204.

Stickney, M., Miltenberger, R., & Wolff, G. (1999). A descriptive analysis of factors contributing to binge eating. *Journal of Behavior Therapy and Experimental Psychiatry, 30*, 177–189.

Stock, L. Z., & Milan, M. A. (1993). Improving dietary practices of elderly individuals: The power of prompting, feedback, and social reinforcement. *Journal of Applied Behavior Analysis, 26*, 379–387.

Stokes, T. F., & Baer, D. M. (1977). An implicit technology of generalization. *Journal of Applied Behavior Analysis, 10*, 349–367.

Stokes, T. F., Baer, D. M., & Jackson, R. L. (1974). Programming the generalization of a greeting response in four retarded children. *Journal of Applied Behavior Analysis, 7*, 599–610.

Stokes, T. F., Fowler, S., & Baer, D. (1978). Training preschool children to recruit natural communities of reinforcement. *Journal of Applied Behavior Analysis, 11*,

285-303.

Stokes, T. F., & Kennedy, S. H. (1980). Reducing child uncooperative behavior during dental treatment through modeling and reinforcement. *Journal of Applied Behavior Analysis, 13*, 41-49.

Stokes, T. F., & Osnes, P. G. (1989). An operant pursuit of generalization. *Behavior Therapy, 20*, 337-355.

Stokes, T. F., Osnes, P. G., & DaVerne, K. C. (1993). Communicative correspondence and mediated generalization. In J. Reichle & D. P. Wacker (Eds.), *Communicative alternatives to challenging behavior: Integrating functional assessment and intervention strategies* (pp. 299-315). Baltimore: Paul Brookes.

Stricker, J., Miltenberger, R., Garlinghouse, M., Deaver, C., & Anderson, C. (2001). Evaluation of an awareness enhancement device for the treatment of digit sucking in children. *Journal of Applied Behavior Analysis, 34*, 77-80.

Stricker, J., Miltenberger, R., Garlinghouse, M., & Tulloch, H. (2003). Augmenting stimulus intensity with an Awareness Enhancement Device in the treatment of finger sucking. *Education and Treatment of Children, 26*, 22-29.

Striefel, S., Bryan, K. S., & Aikens, D. A. (1974). Transfer of stimulus control from motor to verbal stimuli. *Journal of Applied Behavior Analysis, 7*, 123-135.

Stromer, R., Mackay, H. A., Howell, S. R., McVay, A. A., & Flusser, D. (1996). Teaching computer-based spelling to individuals with developmental and hearing disabilities: Transfer of stimulus control to writing tasks. *Journal of Applied Behavior Analysis, 29*, 25-42.

Stromer, R., Mackay, H. A., & Remington, B. (1996). Naming, the formation of stimulus classes, and applied behavior analysis. *Journal of Applied Behavior Analysis, 29*, 409-431.

Stuart, R. B. (1977). *Behavioral self-management: Strategies, techniques, and outcomes*. New York: Brunner Mazel.

Stuart, R. B. (1980). *Helping couples change: A social learning approach to marital therapy*. New York: Guilford Press.

Suda, K., & Miltenberger, R. (1993). Evaluation of staff management strategies to increase positive interactions in a vocational setting. *Behavioral Residential Treatment, 8*, 69-88.

Sugai, G., & Horner, R. (Eds.). (2005). *Encyclopedia of behavior modification and cognitive behavior therapy volume three: Educational applications*. Thousand Oaks, CA: Sage.

Sulzer-Azaroff, B., Drabman, R., Greer, R. D., Hall, R. V., Iwata, B. A., & O'Leary, S. (Eds.). (1988). *Behavior analysis in education 1967-1987: Reprint series* (Vol. 3). Lawrence, KS: Society for the Experimental Analysis of Behavior.

Sulzer-Azaroff, B., & Mayer, G. R. (1991). *Behavior analysis for lasting change*. Fort Worth, TX: Holt, Rinehart, & Winston.

Sundel, S. S., & Sundel, M. (1993). *Behavior modification in the human services* (3rd ed.). Newbury Park, CA: Sage.

Swain, J. C., & McLaughlin, T. F. (1998). The effects of bonus contingencies in a class-wide token program on math accuracy with middle school students with behavioral disorders. *Behavioral Interventions, 13*, 11-19.

Swan, G. E., & MacDonald, M. L. (1978). Behavior therapy in practice: A national survey of behavior therapists. *Behavior Therapy, 9*, 799-807.

Swiezy, N. B., Matson, J. L., & Box, P. (1992). The good behavior game: A token reinforcement system for preschoolers. *Child and Family Behavior Therapy, 14*(3), 21-32.

Tanner, B. A., & Zeiler, M. (1975). Punishment of self-injurious behavior using aromatic ammonia as the aversive stimulus. *Journal of Applied Behavior Analysis, 8*, 53-57.

Tasky, K. K., Rudrud, E. H., Schulze, K. A., & Rapp, J. T. (2008). Using choice to increase on-task behavior in individuals with traumatic brain injury. *Journal of Applied Behavior Analysis, 41*, 261-265.

Taylor, B. A., & McDonough, K. A. (1996). Selecting a teaching program. In C. Maurice, G. Green, & S. Luce (Eds.), *Behavioral intervention for young children with autism: A manual for parents and professionals* (pp. 63-177). Austin, TX: Pro-Ed.

Taylor, J., & Miller, M. (1997). When timeout works some of the time: The importance of treatment integrity and functional assessment. *School Psychology Quarterly, 12*(1), 4-22.

Teng, E. J., Woods, D. W., Twohig, M. P., & Marcks, B. A. (2002). Body-focused repetitive behavior problems: Prevalence in a nonreferred population and differences in perceived somatic activity. *Behavior Modification, 26*, 340-360.

Terrace, H. S. (1963a). Discrimination learning with and without "errors." *Journal of Experimental Analysis of Behavior, 6*, 1-27.

Terrace, H. S. (1963b). Errorless transfer of a discrimination across two continua. *Journal of the Experimental Analysis of Behavior, 6*, 223-232.

Thomas, D. R., Becker, W. C., & Armstrong, M. (1968). Production and elimination of disruptive classroom behavior by systematically varying teacher attention. *Journal of Applied Behavior Analysis, 1*, 35–45.

Thompson, R. H., Iwata, B. A., Conners, J., & Roscoe, E. M. (1999). Effects of reinforcement for alternative behavior during punishment of self-injury. *Journal of Applied Behavior Analysis, 32*, 317–328.

Thompson, R. H., Iwata, B. A., Hanley, G. P., Dozier, C. L., & Samaha, A. L. (2003). The effects of extinction, noncontingent reinforcement, and differential reinforcement of other behavior as control procedures. *Journal of Applied Behavior Analysis, 36*, 221–238.

Thompson, T. J., Braam, S. J., & Fuqua, R. W. (1982). Training and generalization of laundry skills: A multiple probe evaluation with handicapped persons. *Journal of Applied Behavior Analysis, 15*, 177–182.

Thoreson, C. E., & Mahoney, M. J. (1974). *Behavioral self-control*. New York: Holt Rinehart & Winston.

Thorndike, E. L. (1911). *Animal intelligence: Experimental studies*. New York: Macmillan.

Tiger, J., & Hanley, G. (2004). Developing stimulus control of preschooler mands: An analysis of schedule-correlated and contingency-specifying stimuli. *Journal of Applied Behavior Analysis, 37*, 517–521.

Touchette, P. E., MacDonald, R. F., & Langer, S. N. (1985). A scatter plot for identifying stimulus control of problem behavior. *Journal of Applied Behavior Analysis, 18*, 343–351.

Tryon, W. W. (1998). Behavioral observation. In A. S. Bellack & M. Hersen (Eds.), *Behavioral assessment: A practical handbook* (4th ed., pp. 79–103). Boston: Allyn & Bacon.

Tucker, M., Sigafoos, J., & Bushell, H. (1998). Use of noncontingent reinforcement in the treatment of challenging behavior: A review and clinical guide. *Behavior Modification, 22*, 529–547.

Turner, S. M., Calhoun, K. S., & Adams, H. E. (Eds.). (1981). *Handbook of clinical behavior therapy*. New York: Wiley.

Twohig, M. P., & Woods, D. W. (2001a). Habit reversal as a treatment for chronic skin picking in typically developing adult male siblings. *Journal of Applied Behavior Analysis, 34*, 217–220.

Twohig, M. P., & Woods, D. W. (2001b). Evaluating the duration of the competing response in habit reversal: A parametric analysis. *Journal of Applied Behavior Analysis, 34*, 517–520.

Twohig, M. P., Schoenberger, D., & Hayes, S. C. (2007). A preliminary investigation of Acceptance and Commitment Therapy as a treatment for marijuana dependence. *Journal of Applied Behavior Analysis, 40*, 619–632.

Ullmann, L. P., & Krasner, L. (Eds.). (1965). *Case studies in behavior modification*. New York: Holt Rinehart & Winston.

Ulrich, R., Stachnik, T., & Mabry, J. (Eds.). (1966). *Control of human behavior: Expanding the behavioral laboratory*. Glenview, IL: Scott Foresman.

Van Camp, C. M., & Hayes, L. (2012). Assessing and increasing physical activity. *Journal of Applied Behavior Analysis, 45*, 871–875.

Van Camp, C. M., Lerman, D. C., Kelley, M. E., Roane, H. S., Contrucci, S. A., & Vorndran, C. M. (2000). Further analysis of idiosyncratic antecedent influences during the assessment and treatment of problem behavior. *Journal of Applied Behavior Analysis, 33*, 207–221.

Vaneslow, N., & Bourret, J. (2012). Online interactive tutorials for creating graphs with Excel 2007 and 2010. *Behavior Analysis in Practice, 5*, 40–46.

Van Houten, R., & Axelrod, S. (Eds.). (1993). *Behavior analysis and treatment*. New York: Plenum.

Van Houten, R., & Nau, P. A. (1981). A comparison of the effects of posted feedback and increased police surveillance on highway speeding. *Journal of Applied Behavior Analysis, 14*, 261–271.

Van Houten, R., Nau, P., MacKenzie-Keating, S., Sameoto, D., & Colavecchia, B. (1982). An analysis of some variables influencing the effectiveness of reprimands. *Journal of Applied Behavior Analysis, 15*, 65–83.

Van Houten, R., & Rolider, A. (1984). The use of response prevention to eliminate nocturnal thumbsucking. *Journal of Applied Behavior Analysis, 17*, 509–520.

Van Houten, R., Van Houten, J., & Malenfant, J. E. L. (2007). Impact of a comprehensive safety program on bicycle helmet use among middle-school children. *Journal of Applied Behavior Analysis, 40*, 239–247.

Veltum, L. G., & Miltenberger, R. G. (1989). Evaluation of a selfinstructional package for training initial assessment interviewing skills. *Behavioral Assessment, 11*, 165–177.

Verplanck, W. S. (1955). The control of the content of conversation: Reinforcement of statements of opinion. *Journal of Abnormal and Social Psychology, 55*, 668–676.

Vintere, P., Hemmes, N., Brown, B., & Poulson, C. (2004). Grossmotor skill acquisition by preschool dance students under selfinstruction procedures. *Journal of Applied Behavior Analysis, 37*, 305–322.

Vollmer, T. R., Borrero, J. C., Wright, C. S., Van Camp, C., & Lalli, J. S. (2001). Identifying possible contingencies during descriptive analyses of severe behavior disorders. *Journal of Applied Behavior Analysis, 34*, 269–287.

Vollmer, T. R., & Iwata, B. A. (1991). Establishing operations and reinforcement effects. *Journal of Applied Behavior Analysis, 24*, 279-291.

Vollmer, T. R., & Iwata, B. A. (1992). Differential reinforcement as treatment for severe behavior disorders: Procedural and functional variations. *Research in Developmental Disabilities, 13*, 393-417.

Vollmer, T. R., Iwata, B. A., Zarcone, J. R., Smith, R. G., & Mazaleski, J. L. (1993). The role of attention in the treatment of attention-maintained self-injurious behavior: Non-contingent reinforcement and differential reinforcement of other behavior. *Journal of Applied Behavior Analysis, 26*, 9-22.

Vollmer, T. R., Marcus, B. A., & Ringdahl, J. E. (1995). Noncontingent escape as treatment for self-injurious behavior maintained by negative reinforcement. *Journal of Applied Behavior Analysis, 28*, 15-26.

Vollmer, T. R., Progar, P. R., Lalli, J. S., Van Camp, C. M., Sierp, B. J., Wright, C. S., et al. (1998). Fixed-time schedules attenuate extinction-induced phenomena in the treatment of severe aberrant behavior. *Journal of Applied Behavior Analysis, 31*, 529-542.

Vollmer, T. R., Ringdahl, J. E., Roane, H. S., & Marcus, B. A. (1997). Negative side effects of non-contingent reinforcement. *Journal of Applied Behavior Analysis, 30*, 161-164.

Vollmer, T. R., Roane, H. S., Ringdahl, J. E., & Marcus, B. A. (1999). Evaluating treatment challenges with differential reinforcement of alternative behavior. *Journal of Applied Behavior Analysis, 32*, 9-23.

Vorndran, C., & Lerman, D. (2006). Establishing and maintaining treatment effects with less intrusive consequences via a pairing procedure. *Journal of Applied Behavior Analysis, 39*, 35-48.

Wack, S., Crosland, K., & Miltenberger, R. (2014). Using a goal-setting and feedback procedure to increase running distance. *Journal of Applied Behavior Analysis, 47*, 181-185.

Wacker, D. P., & Berg, W. K. (1983). Effects of picture prompts on the acquisition of complex vocational tasks by mentally retarded adolescents. *Journal of Applied Behavior Analysis, 16*, 417-433.

Wacker, D. P., Berg, W. K., Berrie, P., & Swatta, P. (1985). Generalization and maintenance of complex skills by severely handicapped adolescents following picture prompt training. *Journal of Applied Behavior Analysis, 18*, 329-336.

Wacker, D. P., Berg, W. K., Wiggins, B., Muldoon, M., & Cavanaugh, J. (1985). Evaluation of reinforcer

preferences for profoundly handicapped students. *Journal of Applied Behavior Analysis, 18*, 173-178.

Wacker, D. P., Steege, M. W., Northup, J., Sasso, G., Berg, W., Reimers, T., et al. (1990). A component analysis of functional communication training across three topographies of severe behavior problems. *Journal of Applied Behavior Analysis, 23*, 417-429.

Wagaman, J., Miltenberger, R., & Arndorfer, R. (1993). Analysis of a simplified treatment for stuttering in children. *Journal of Applied Behavior Analysis, 26*, 53-61.

Wagaman, J., Miltenberger, R., & Williams, D. (1995). Treatment of a vocal tic by differential reinforcement. *Journal of Behavior Therapy and Experimental Psychiatry, 26*, 35-39.

Wagaman, J., Miltenberger, R., & Woods, D. W. (1995). Long-term follow-up of a behavioral treatment for stuttering in children. *Journal of Applied Behavior Analysis, 28*, 233-234.

Wallace, M. D., & Iwata, B. A. (1999). Effects of session duration on functional analysis outcomes. *Journal of Applied Behavior Analysis, 32*, 175-183.

Wallace, M. D., & Knights, D. J. (2003). An evaluation of a brief functional analysis format within a vocational setting. *Journal of Applied Behavior Analysis, 36*, 125-128.

Warzak, W. J., Kewman, D. G., Stefans, V., & Johnson, E. (1987). Behavioral rehabilitation of functional alexia. *Journal of Behavior Therapy and Experimental Psychiatry, 18*, 171-177.

Warzak, W. J., & Page, T. J. (1990). Teaching refusal skills to sexually active adolescents. *Journal of Behavior Therapy and Experimental Psychiatry, 21*, 133-139.

Waterloo, K. K., & Gotestam, K. G. (1988). The regulated breathing method for stuttering: An experimental evaluation. *Journal of Behavior Therapy and Experimental Psychiatry, 19*, 11-19.

Watson, D. L., & Tharp, R. G. (1993). *Self-directed behavior: Selfmodification for personal adjustment* (6th ed.). Pacific Grove, CA: Brooks/Cole.

Watson, D. L., & Tharp, R. G. (2007). *Self-directed behavior* (9th ed.). Belmont, CA: Thomson/Wadsworth.

Watson, J. B. (1913). Psychology as the behaviorist views it. *Psychological Review, 20*, 158-177.

Watson, J. B. (1924). *Behaviorism*. New York: W. W. Norton.

Watson, J. B., & Rayner, R. (1920). Conditioned emotional reactions. *Journal of Experimental Psychology, 3*, 1-4.

Watson, P. J., & Workman, E. A. (1981). The non-concurrent

multiple baseline across individuals design: An extension of the traditional multiple baseline design. *Journal of Behavior Therapy and Experimental Psychiatry, 12,* 257-259.

Watson, T. S., & Allen, K. D. (1993). Elimination of thumb-sucking as a treatment for severe trichotillomania. *Journal of the American Academy of Child and Adolescent Psychiatry, 32,* 830-834.

Watson, T. S., & Gresham, F. (Eds.). (1998). *Handbook of child behavior therapy.* New York: Plenum.

Welch, S. J., & Holborn, S. W. (1988). Contingency contracting with delinquents: Effects of a brief training manual on staff contract negotiation and writing skills. *Journal of Applied Behavior Analysis, 21,* 357-368.

Wells, K. C., Forehand, R., Hickey, K., & Green, K. D. (1977). Effects of a procedure derived from the overcorrection principle on manipulated and nonmanipulated behaviors. *Journal of Applied Behavior Analysis, 10,* 679-687.

Wesolowski, M. D., Zencius, A. H., & Rodriguez, I. M. (1999). Minibreaks: The use of escape on a fixed time schedule to reduce unauthorized breaks from vocational training sites for individuals with brain injury. *Behavioral Interventions, 14,* 163-170.

Whiting, S., & Dixon, M. (2012). Creating an iPhone application for collecting continuous ABC data. *Journal of Applied Behavior Analysis, 45,* 643-656.

Whitman, T. L., Mercurio, J. R., & Capronigri, V. (1970). Development of social responses in two severely retarded children. *Journal of Applied Behavior Analysis, 3,* 133-138.

Whitman, T. L., Scibak, J. W., & Reid, D. H. (1983). *Behavior modification with the severely and profoundly retarded: Research and application.* New York: Academic Press.

Whitman, T. L., Spence, B. H., & Maxwell, S. (1987). A comparison of external and self-instructional teaching formats with mentally retarded adults in a vocational training setting. *Research in Developmental Disabilities, 8,* 371-388.

Wilder, D. A., & Carr, J. E. (1998). Recent advances in the modification of establishing operations to reduce aberrant behavior. *Behavioral Interventions, 13,* 43-59.

Wilder, D. A., Chen, L., Atwell, J., Pritchard, J., & Weinstein, P. (2006). Brief functional analysis and treatment of tantrums associated with transitions in preschool children. *Journal of Applied Behavior Analysis, 39,* 103-107.

Wilder, D. A., Masuda, A., O'Connor, C., & Baham, M. (2001). Brief functional analysis and treatment of bizarre

vocalizations in an adult with schizophrenia. *Journal of Applied Behavior Analysis, 34,* 65-68.

Williams, C. D. (1959). The elimination of tantrum behavior by extinction procedures. *Journal of Abnormal and Social Psychology, 59,* 269.

Williams, G. E., & Cuvo, A. J. (1986). Training apartment upkeep skills to rehabilitation clients: A comparison of task analysis strategies. *Journal of Applied Behavior Analysis, 19,* 39-51.

Williams, W. L. (Ed.). (2004). *Developmental disabilities: Etiology, assessment, intervention, and integration.* Reno, NV: Context Press.

Winett, R. A., Neale, M. S., & Grier, H. C. (1979). Effects of self-monitoring and feedback on residential electricity consumption. *Journal of Applied Behavior Analysis, 12,* 173-184.

Winton, A. S., & Singh, N. N. (1983). Suppression of pica using brief physical restraint. *Journal of Mental Deficiency Research, 27,* 93-103.

Wolf, M. M. (1978). Social validity: The case for subjective measurement or How applied behavior analysis is finding its heart. *Journal of Applied Behavior Analysis, 11,* 203-214.

Wolf, M. M., Risley, T. R., & Mees, H. L. (1964). Application of operant conditioning procedures to the behavior problems of an autistic child. *Behaviour Research and Therapy, 1,* 305-312.

Wolko, K. L., Hrycaiko, D. W., & Martin, G. L. (1993). A comparison of two self-management packages to standard coaching for improving practice performance of gymnasts. *Behavior Modification, 17,* 209-223.

Wolpe, J. (1958). *Psychotherapy by reciprocal inhibition.* Stanford, CA: Stanford University Press.

Woods, D. W., & Himle, M. B. (2004). Creating tic suppression: Comparing the effects of verbal instruction to differential reinforcement. *Journal of Applied Behavior Analysis, 37,* 417-420.

Woods, D. W., Himle, M. B., Miltenberger, R. G., Carr, J. E., Osmon, D. C., Karsten, A. M., et al. (2008). Durability, negative impact, and neuropsychological predictors of tic suppression in children with through tic disorders. *Journal of Abnormal Child Psychology, 36,* 237-245.

Woods, D. W., & Miltenberger, R. (1995). Habit reversal: A review of applications and variations. *Journal of Behavior Therapy and Experimental Psychiatry, 26,* 123-131.

Woods, D. W., & Miltenberger, R. (1996a). Are persons with nervous habits nervous? A preliminary examination of habit function in a nonreferred population. *Journal of*

Applied Behavior Analysis, 29, 123-125.

Woods, D. W., & Miltenberger, R. (1996b). A review of habit reversal with childhood habit disorders. *Education and Treatment of Children, 19,* 197-214.

Woods, D. W., & Miltenberger, R. (Eds.). (2001). *Tic disorders, trichotillomania, and repetitive behavior disorders: Behavioral approaches to analysis and treatment.* Norwell, MA: Kluwer.

Woods, D. W., Miltenberger, R., & Flach, A. (1996). Habits, tics, and stuttering: Prevalence and relation to anxiety and somatic awareness. *Behavior Modification, 20,* 216-225.

Woods, D. W., Miltenberger, R., & Lumley, V. (1996a). Sequential application of major habit reversal components to treat motor tics in children. *Journal of Applied Behavior Analysis, 29,* 483-493.

Woods, D. W., Miltenberger, R., & Lumley, V. (1996b). A simplified habit reversal treatment for pica-related chewing. *Journal of Behavior Therapy and Experimental Psychiatry, 27,* 257-262.

Woods, D. W., Murray, L., Fuqua, R., Seif, T., Boyer, L., & Siah, A. (1999). Comparing the effectiveness of similar and dissimilar competing responses in evaluating the habit reversal treatment for oral-digital habits in children. *Journal of Behavior Therapy and Experimental Psychiatry, 30,* 289-300.

Woods, D. W., & Twohig, M. P. (2002). Using habit reversal to treat chronic vocal tic disorder in children. *Behavioral Interventions, 17,* 159-168.

Woods, D. W., Twohig, M. P., Flessner, C. A., & Roloff, T. J. (2003). Treatment of vocal tics in children with Tourette syndrome: Investigating the efficacy of habit reversal. *Journal of Applied Behavior Analysis, 36,* 109-112.

Woods, D. W., Twohig, M. P., Fuqua, R. W., & Hanley, J. M. (2000). Treatment of stuttering with regulated breathing: Strengths, limitations, and future directions. *Behavior Therapy, 31,* 547-568.

Woods, D. W., Watson, T. S., Wolfe, E., Twohig, M. P., & Friman, P. C. (2001). Analyzing the influence of tic-related talk on vocal and motor tics in children with Tourette's syndrome. *Journal of Applied Behavior Analysis, 34,* 353-356.

Wright, C. S., & Vollmer, T. R. (2002). Evaluation of a treatment package to reduce rapid eating. *Journal of Applied Behavior Analysis, 35,* 89-93.

Wright, D. G., Brown, R. A., & Andrews, M. E. (1978). Remission of chronic ruminative vomiting through a reversal of social contingencies. *Behaviour Research and Therapy, 16,* 134-136.

Wright, K. M., & Miltenberger, R. G. (1987). Awareness training in the treatment of head and facial tics. *Journal of Behavior Therapy and Experimental Psychiatry, 18,* 269-274.

Wurtele, S. K., Marrs, S. R., & Miller-Perrin, C. L. (1987). Practice makes perfect? The role of participant modeling in sexual abuse prevention programs. *Journal of Consulting and Clinical Psychology, 55,* 599-602.

Wurtele, S. K., Saslawsky, D. A., Miller, C. L., Marrs, S. R., & Britcher, J. C. (1986). Teaching personal safety skills for potential prevention of sexual abuse: A comparison of treatments. *Journal of Consulting and Clinical Psychology, 54,* 688-692.

Wysocki, T., Hall, G., Iwata, B., & Riordan, M. (1979). Behavioral management of exercise: Contracting for aerobic points. *Journal of Applied Behavior Analysis, 12,* 55-64.

Yates, B. T. (1986). *Applications in self-management.* Belmont, CA: Wadsworth.

Zarcone, J. R., Iwata, B. A., Hughes, C. E., & Vollmer, T. R. (1993). Momentum versus extinction effects in the treatment of self-injurious escape behavior. *Journal of Applied Behavior Analysis, 26,* 135-136.

Zeigler, S. G. (1994). The effects of attentional shift training on the execution of soccer skills: A preliminary investigation. *Journal of Applied Behavior Analysis, 27,* 545-552.

Zeiler, M. D. (1971). Eliminating behavior with reinforcement. *Journal of the Experimental Analysis of Behavior, 16,* 401-405.

Zlutnick, S., Mayville, W. J., & Moffat, S. (1975). Modification of seizure disorders: The interruption of behavioral chains. *Journal of Applied Behavior Analysis, 8,* 1-12.

인명

내용

저자 소개

Raymond G. Miltenberger 박사는 1985년 웨스턴 미시간대학교에서 임상심리학 박사학위를 취득하였고, 현재 노스다코타 주립대학교 심리학 교수로 재직 중이며, 학부와 대학원에서 행동수정 및 행동치료 과목을 담당하고 있다. Miltenberger 박사는 제자들과 응용행동분석을 연구하고 있고, 습관장애, 행동장애에 대한 기능평가와 치료 및 자기방어 기술훈련 등에 대해 다양한 저술활동을 하고 있다. 또한 지적장애 아동과 성인을 대상으로 행동수정을 이용한 임상연구를 하고 있으며, 가족과 함께 보내는 시간 이외에도 달리기, 골프, 농구 및 여행을 즐긴다.

역자 소개

■ **안병환**(Ahn Byung Hwan) / bhahn77@hanmail.net
　영남대학교 대학원 교육학과 교육학 박사
　현 중원대학교 대학원 교육학과 교수
　　한국교육포럼 회장

　〈주요 저서〉
　교육사회학의 이해(공동체, 2012)
　성인학습 및 상담(공저, 동문사, 2013)
　평생교육학개론(공저, 동문사, 2015)

■ **윤치연**(Yoon Chi Yeon) / tespia@hanmail.net
　대구대학교 대학원 특수교육학과 문학 박사
　현 춘해보건대학교 언어재활과 교수
　　(사)한국심리협회장

　〈주요 저서 및 역서〉
　특수아동의 이해(공저, 공동체, 2015)
　아동심리평가(학지사, 2016)
　최신 특수교육(공역, 시그마프레스, 2017)

■ 이영순(Lee Young Soon) / leeys05@hanmail.net
전북대학교 대학원 심리학과 문학 박사
현 전북대학교 심리학과 교수
　　전북대학교 부설 심리코칭연구소 소장
　　한국교육치료학회 회장

〈주요 저서 및 역서〉
상담심리학의 이론과 실제(3판, 공저, 학지사, 2015)
상담입문자를 위한 상담기법 연습(공저, 학지사, 2015)
상담심리학(공역, 사회평론, 2017)

■ 이효신(Lee Hyo Shin) / hyoslee@daegu.ac.kr
대구대학교 대학원 특수교육학과 문학 박사
현 대구대학교 유아특수교육과 교수
　　한국유아특수교육학회 이사

〈주요 저서 및 역서〉
발달장애아동 평가(공저, 대구대학교출판부, 2009)
교사를 위한 응용행동분석(역, 학지사, 2014)
최신 특수교육(공역, 시그마프레스, 2017)

■ 천성문(Cheon Seong Moon) / smcheon37@gmail.com
영남대학교 대학원 교육학과 교육학 박사
현 부경대학교 평생교육상담학과 교수
　　한국부부가족상담연구학회 학회장

〈주요 저서 및 역서〉
상담심리학의 이론과 실제(3판, 공저, 학지사, 2015)
집단상담: 이론과 실제(공저, 학지사, 2017)
심리상담과 치료의 이론과 실제(공역, 센게이지, 2017)

최신 행동수정

Behavior Modification:
Principles and Procedures (6th ed.)

2017년 9월 20일 1판 1쇄 발행
2022년 3월 10일 1판 3쇄 발행

지은이 • Raymond G. Miltenberger
옮긴이 • 안병환 · 윤치연 · 이영순 · 이효신 · 천성문
펴낸이 • 김진환
펴낸곳 • ㈜**학지사**
　　　　　04031 서울특별시 마포구 양화로 15길 20 마인드월드빌딩
대표전화 • 02-330-5114　　팩스 • 02-324-2345
등록번호 • 제313-2006-000265호

홈페이지 • http://www.hakjisa.co.kr
페이스북 • https://www.facebook.com/hakjisa

ISBN 978-89-997-1378-1　93370

정가 28,000원

역자와의 협약으로 인지는 생략합니다.
파본은 구입처에서 교환해 드립니다.

이 책을 무단으로 전재하거나 복제할 경우 저작권법에 따라 처벌을 받게 됩니다.

이 도서의 국립중앙도서관 출판시도서목록(CIP)은 서지정보유통지
원시스템 홈페이지(http://seoji.nl.go.kr)와 국가자료공동목록시스템
(http://www.nl.go.kr/kolisnet)에서 이용하실 수 있습니다.
(CIP 제어번호: CIP2017022649)

출판 · 교육 · 미디어기업 **학지사**

간호보건의학출판 **학지사메디컬** www.hakjisamd.co.kr
심리검사연구소 **인싸이트** www.inpsyt.co.kr
학술논문서비스 **뉴논문** www.newnonmun.com
교육연수원 **카운피아** www.counpia.com